# 文成年鉴

# WENCHENG YEARBOOK

文成县地方志编纂委员会　编

# 2017

方志出版社
Publishing House of Local Records

图书在版编目(CIP)数据

文成年鉴．2017 / 文成县地方志编纂委员会编．—北京:方志出版社，2017.11
ISBN 978-7-5144-2763-9

Ⅰ．①文… Ⅱ．①文… Ⅲ．①文成县—2017—年鉴 Ⅳ．①Z525.54

中国版本图书馆CIP数据核字(2017)第296789号

文成年鉴（2017）

编　　者：文成县地方志编纂委员会
责任编辑：李志瑜

出 版 人：冀祥德
出 版 者：方志出版社
地址　北京市朝阳区潘家园东里9号(国家方志馆4层)
邮编　100021
网址　http://www.fzph.org
发　　行：方志出版社发行中心
电话(010) 67110500
经　　销：各地新华书店
印　　刷：杭州富春电子印务有限公司

开　　本：889×1194　1/16
印　　张：26.25
字　　数：591千字
版　　次：2017年11月第1版　2017年11月第1次印刷
印　　数：001 ~ 700册

ISBN 978-7-5144-2763-9　定价：198.00元

# 文成县地方志编纂委员会

**顾　　问**　王彩莲

**主　　任**　章寿禹

**副 主 任**　徐清雨　杨　洲

**成　　员**　县委办、县人大办、县府办、县政协办、县委组织部、县委宣传部、县委政法委、县委史志办、县档案局、县委农办(农业局、扶贫办)、县发改局、县教育局、县民政局、县财政局、县住建局、县交通运输局、县文广新局、县卫计局、县市场监管局、县机关事务局主要负责人

文成县地方志编纂委员会下设办公室,负责日常事务

**办 公 室 主 任**　周建东

**办公室副主任**　季志娥

# 《文成年鉴》编辑部

**主　　编**　张周昌

**执行主编**　余贤福

**编　　辑**(以姓氏笔画为序)

王晶晶　朱慧敏　纪迎春　胡珍敏

# 编 辑 说 明

一、《文成年鉴(2017)》旨在记述文成县自然环境、经济、政治、文化、社会概貌和发展情况,为各级机关单位和社会各界人士了解、研究文成,提供比较全面、翔实、系统的信息资料,并为文成县积累史料。

二、《文成年鉴(2017)》以马克思列宁主义、毛泽东思想、邓小平理论、"三个代表"重要思想、科学发展观、习近平新时代中国特色社会主义思想为指导。收录范围:地域以文成县现有行政区划为界,时间以2016年1月1日至12月31日为限。采用分类编辑法,以类目、分目、条目(有的含子目)3个基本层次组成框架结构,用设类立目突出地方性和年度性,记述并展示全县经济社会发展的综合概貌。

三、本年鉴卷首特载、文成概览、大事记、机构。正文以自然、政治、经济、文化、社会五大部类为序排列,设自然环境、中国共产党文成县委员会、文成县人民代表大会常务委员会、文成县人民政府、政协文成县委员会、社会团体、军事、法治、农业 林业 水利、工业、建筑业 房地产业、商务流通、旅游、交通运输、信息传媒、综合管理、财政税务、金融保险、科技教育、文化体育卫生、社会生活、乡镇概貌和人物。卷末设附录、索引。

四、计量单位采用法定计量单位。考虑到人民群众的使用习惯,全书仍使用"亩""公里"等传统单位,未统一换算。

五、本年鉴采用的文稿、图表均由县各机关、部门单位、乡镇提供,经年鉴编辑部修改、统稿,各项数据有出入的以县统计局统计数据为准。

如有疏漏、差错之处,敬请读者批评指正。

△ 2016年9月30日，时任省委常委、常务副省长袁家军（前排左二）到文成实地指导抢险救灾工作（周峰/摄）

△ 2016年4月14日，浙江省委常委、组织部部长廖国勋（前排左二）到文成调研（王健/摄）

△ 2016年6月7日，浙江省林业厅厅长林云举（前排左二）到文成调研林业工作（林业局提供）

△ 2016年11月1日，温州市委副书记钱三雄（前排右二）到文成调研“大拆大整”工作（王健/摄）

△ 2016年8月1日，温州市委秘书长仇杨均（前排左三）到文成调研重点项目建设（王健/摄）

△ 2016年1月22日，民兵在S330西坑路段铲冰除雪，抵御寒潮（王健/摄）

△ 2016年3月18日，文成县微电影协会成立（王健/摄）

△ 2016年5月4日，举办第六届文成县十大杰出青年颁奖晚会（王健/摄）

△ 2016年5月5日，文成至温州航线首飞（王健/摄）

△ 2016年6月25日，叶大密铜像在公阳乡揭幕（王健/摄）

△ 2016年9月28日，文成民兵抗击台风“鲇鱼”，在双桂乡宝丰村搜寻失联人员(王健/摄)

△ 2016年10月3日，为灾区群众献爱心募捐活动在县政府门口举行(王健/摄)

△ 2016年11月5日，珊溪音乐喷泉正式启用（王健/摄）

△ 2016年11月30日，文成博物馆试开馆（王健/摄）

△ 2016年12月8日，全国微电影大赛颁奖晚会暨文成县第九届“万种枫情节”开幕（王健/摄）

△ 2016年首届文成茶文化旅游节在上海举行（王健/摄）

# 总 目

# Table of Contents

# 目 录

## 2016年主要组织机构及负责人名录



## 自然环境



## 中国共产党文成县委员会

## 文成县人民代表大会常务委员会



## 文成县人民政府

## 政协文成县委员会



## 社会团体

## 农业　林业　水利

## 工　业



## 建筑业　房地产业

## 商贸　流通



## 旅　游　业

## 交通 运输



## 信 息 传 媒

## 综合管理

## 财政 税务

## 金融　保险

## 科技 教育

## 文化　卫生　体育

## 社会生活



## 乡镇概貌

## 人　物



## 附　录



## 索　引

# 特　　载

## 提速“两山”转化　打造“三美”文成 决战决胜全面建成小康社会

——在中国共产党文成县第十三次代表大会上的报告

县委书记　王彩莲

（2016年12月28日）

同志们：

现在，我代表中共文成县第十二届委员会向大会作报告，请予审议。

这次大会的主要任务是：深入学习贯彻党中央、省市委重大决策和习近平总书记系列重要讲话精神，回顾总结县第十二次党代会以来的工作，研究部署今后五年的奋斗目标和主要任务，动员全县各级党组织和全体党员，团结带领全县干部群众，立足新起点，开启新征程，提速推进“两山”转化，全力打造“三美”文成，决战决胜全面建成小康社会。

### 一、五年奋斗奋进，绿色崛起迈出坚实步伐

县第十二次党代会以来的五年，是文成应对各种挑战、自我加压奋进、取得显著成绩的五年。五年来，我们在省市委的坚强领导下，团结

带领全县广大党员和干部群众，紧跟时代步伐，抢抓发展机遇，主动担当作为，全力推进“宜游宜居生态县”建设，经济社会呈现稳中有进、稳中提质、稳中向好的发展态势。

过去五年，我们致力抓投入、强后劲，迈上了一条蓄势待发之路。五年来，我们始终坚持投资驱动、创新驱动、资源驱动同步发力，县域经济较快增长。预计2016年，全县实现地区生产总值78亿元、人均GDP达到19620元、财政总收入突破10亿大关，其中地方财政收入7.9亿元，同比2011年，分别增长60%、50%、56%和67%。争取并推动一批事关文成长远发展、转型发展的战略性平台，深入实施“五大百亿工程”，累计完成固定资产投资280亿元；针对发展短板，实施系列“三年行动计划”，致力破瓶颈、增优势、强后劲。扎实推进一百多项改革任务落地，成功争取十多项国家省市改革试点，生态旅游发展模式探索等一批改革典型经验在省市层面推广，发展活力不断激发。

过去五年，我们致力抓融合、促转型，探索了一条产业提升之路。五年来，我们始终坚持差异发展、错位竞争，大力实施“旅游+”“生态+”“互联网+”，加快产业转型步伐，积极推进三次产业融合发展。深入推进旅游主业化，有序推进伯温故里景区创AAAAA工作，成功列入国家全域旅游示范区，旅游综合收入超过29亿元，年均增长20%以上。大力实施农业规模化、农庄化、品牌化发展，农业产值年均增长6.7%。深入实施工业发展“三年提升计划”和小微企业“三年成长计划”，实现工业增加值年均增长6.9%。积极培育民宿、电商等八大新兴业态，新的经济增长点逐步形成，为我县长远发展奠定坚实基础。

过去五年，我们致力抓统筹、强功能，开辟了一条城乡互动之路。五年来，我们坚持城乡一体化发展，突出规划引领，强化城镇功能，加快打造“三位一体”新型城镇化格局。编制完成县域总体规划等各项规划，启动实施“多规融合”。联动推进小县大城、特色小镇、美丽乡村建设，县城“4+7”区块开发改造加快推进，“森林氧吧”“空中花园”“国际慢城”等一批省市特色小镇加快落地，打造了美丽乡村四条精品带，获得省级美丽乡村创建先进县，平稳完成新一轮行政区划调整。扎实推进以交通为重点的基础设施建设，相继建成56省道花园至西坑段改建工程、南田接线工程等基础设施项目，龙丽温高速瑞文段工程全面开工，溧宁高速文泰段工程动工建设，积极争取温武铁路、通用机场等一批重大项目，基本实现“县域半小时交通圈”，即将融入“温州一小时交通圈”。

过去五年，我们致力抓环境、铸品牌，打造了一条生态转化之路。五年来，我们坚持把生态环境建设作为提升核心竞争力和民生福祉的重大举措，着力以环境优势赢取发展优势。积极打好“五水共治”“三边三化”“大拆大整”等系列组合拳，获评全省首批“清三河”达标县、“两路两侧”“三边三化”专项整治工作优秀县、“无违建”创建先进县，珊溪水源保护工作连续两年被评为“全国基层治水十大经验”，飞云江水质稳居全省八大水系之首。联动推进各大创建，全力打造生态品牌，摘得国际慢城首张国际金名片，创成国家生态县、中国长寿之乡、省级森林城市、省级园林城市，央视微电影基地落户文成，成功纳入国家重点生态功能区、首批省级生态文明先行示范区创建县和低碳试点县，生态文明建设综合评价位居全省前列、全市第一。

过去五年，我们致力抓民生、保民安，拓宽了一条和谐幸福之路。五年来，我们始终坚持“民之所需，政之所为”的工作理念，促进社会事业不断进步。每年实施“十大民生实事”和“十大民生工程”，民生事业财政投入累计达112亿元。大力推进精准扶贫，组织实施两轮“三年特扶”，全面完成“消除4600”工作，城乡常住居民人均可支配收入分别达到32730元、14460元，年均分别增长9.7%、11.3%；有效应对地震和超强台风的严峻考验，有序推进灾后重建工作，荣获全国市县防震减灾工作先进单位。文化、教育、体育、卫生等工作成效明显，创办文成二高、振中学校、武阳书院，县文化中心等一批文体设施建成投用，获评全省农村文化礼堂建设先进县，创成全国义务教育发展基本均衡县、省级文化先进县、省级体育强县、省级慢性病综合防控示范区、省级药品安全示范县。扎实推进"平安文成"建设，不断完善基层治理体系，顺利完成G20杭州峰会等重要时段安保任务，实现了省级平安县"夺银鼎"，有力维护社会和谐稳定。

**过去五年，我们致力抓主业、聚合力，坚定了一条从严治党之路。**五年来，我们始终坚持思想建党和制度建党并抓，从严治党全面加强。深入学习贯彻习近平总书记系列重要讲话精神，理论武装、宣传思想和舆论引导持续深化。扎实开展党的群众路线教育实践活动、"三严三实"专题教育、"两学一做"学习教育，形成了一批实践成果和制度成果。切实加强干部管理，规范选人用人制度机制，选拔了一批"狮子型"干部。扎实推进"整乡推进、整县提升"工程，基层基础逐步夯实。扎实推进纪检体制改革，全面落实"两个责任"，查处了一批违纪违法案件，党风廉政建设持续深化。主动配合省市做好审计巡视巡查工作，深入实施农村基层和县直单位作风巡查，基层作风有效改善。充分发扬党内民主，完善县委常委会议事决策规则，严格党内政治生活。人大、政协工作不断加强，职能进一步发挥；武装、民宗、侨台、群团、老干部、关心下一代等工作在围绕中心、履行职能、助推发展、增进和谐方面发挥了重要作用，取得了明显成绩。

同志们，过去五年取得的进步和成就，在文成发展历程中留下了深刻印迹。我们深知，文成发展的每一点变化、每一份成绩、每一次进步，都得益于上级党委的正确领导，传承了历届班子的努力和发展成果，饱含了全县人民的智慧和力量，凝聚了各界人士的信任和支持。在此，我代表十二届县委，向所有关心、支持、参与文成发展、建设的同志们、朋友们和社会各界人士，表示衷心的感谢并致以崇高的敬意！

五年的奋斗历程，深刻启示我们：必须与党中央和上级党委保持高度一致，把上级精神作为确保文成工作正确方向的准绳，创造性开展工作；必须以经济建设为中心，把加快发展作为解决文成所有问题的关键，推动经济发展不断迈上新台阶；必须深化改革创新，把补短扬长作为夯实文成发展基础的支撑，不断增强发展的动力和活力；必须推进生态立县，把推动绿色发展作为加速文成崛起的路径，促进生态与经济协调发展；必须坚持以人民为中心的发展思想，把造福文成人民作为检验工作成效的标尺，最大限度增进人民群众的获得感、幸福感；必须加强党的领导，把全面从严治党作为成就文成各项事业的保证，努力打造风清气正的政治生态。五年的经验归结起来，就是要把中央和省市委重大决策与县情实际结合起来，明晰目标、找准路径，保持定力、开拓奋进，全面推进文成赶超发展。

成绩属于过去，我们必须以翻篇归零的心态清醒认识工作中还存在诸多短板和问题，主要是：重大基础设施依然滞后，引领示范性的重大项目仍然欠缺；县域经济缺乏强劲的板块支撑，主导产业不强，创新能力不足，加快发展和转型升级任务艰巨；城乡面貌依然落后，离全域旅游化差距较大，环境再造任务异常艰巨；民生事业还有许多突出短板，基本公共服务与人民群众期待还有差距，低收入群众依然量大面广；一些领导干部的能力素质和作风还不适应新的形势任务要求，思想陈旧、观念保守、方法简单，不敢担当、不愿担当、不善担当的现象还不同程度存在；基层基础仍然跟不上大建设大发展的要求，基层治理任重道远。对此，我们必须始终坚持问题导向、需求导向和目标导向，以科学的态度、有力的措施，切实加以解决。

## 二、主动扛起新使命，开创文成赶超发展新局面

经过五年来的打基础、强后劲，文成已经站在新的历史起点上。但是，发展不足仍然是文成的主要矛盾，相对落后仍然是文成的最大县情。我们必须清醒认识、深刻把握这一县情特征，始终扭住发展第一要务，始终贯彻新发展理念，始终坚持真抓实干，不负文成当下与未来，不负人民信任与期望。

综观发展大势，当前和今后一个时期，我县正处于可以大有作为的重要战略机遇期。国家把生态文明建设放在更加突出位置，把全域旅游上升为重要发展战略；省委、省政府加快26县发展，实施万亿旅游产业“511”行动和万亿综合交通工程，并把文成列为交通补短板典型示范区；温州深入实施大都市战略，加快打造西部生态产业带。这些机遇与政策叠加，将为文成补齐突出短板，加快改善区位条件，提速转化比较优势，持续增强内生动力，提供源源不断的外力支撑。

新形势必然面临新挑战，催生新使命。放眼全局，省委站在浙江历史新方位，明确提出要把“浙江的今天”建设得更好，努力为“中国的明天”提供更多的浙江素材、浙江实践。文成作为生态文明先行区，必须紧跟省市步伐，勇于担当、主动作为，在“绿水青山就是金山银山”的实践探索中，率先走出转型跨越新模式，为浙江绿色发展提供鲜活的文成素材。

基于上述分析，未来五年，是文成践行“两山论断”的转化期、新型产业体系构建的加速期、“产城一体”新型城镇化建设的关键期和全面建成小康社会的决胜期。今后一个时期，全县工作的总体要求是高举中国特色社会主义伟大旗帜，深入贯彻习近平总书记系列重要讲话精神和治国理政新理念新思想新战略，坚定不移地推进“宜游宜居生态县”总战略，围绕“美丽经济、美丽家园、美好生活”三大愿景，以赶超发展为中心任务，以全面深化改革为动力，以“生态产业化、全域旅游化、城乡一体化”为主线，以“五大百亿工程”为抓手，统筹推进经济、政治、文化、社会和生态文明建设，全面加强党的建设，努力把文成打造成为国家生态文明建设示范区、全省最佳旅游目的地名城和温州迈入全面小康社会标杆城市的山水理想家园。

今后五年，我们的主要奋斗目标是，与全省同步全面建成小康社会。这一目标，不仅体现在具体指标的完成上，更要让改革发展成果更多更公平地惠及全县人民，实现共同富裕、共创和谐、共享文明。

——**经济实力持续增强**。经济增速高于省市平均水平，经济总量超过100亿元，生态旅游主业地位凸显，农业现代化建设取得新进展，生态工业转型步伐明显加快，新型城镇化加快推进，改革创新能力加快提升，成为温州西南部的重要增长极。

——**生态文明优势凸显**。环境保护和生态建设持续加强，生态环境质量全国一流、全省领先，绿色经济率先发展，资源节约利用水平大幅提高，生态文明制度体系更加完善，成为全省生态文明建设领跑者。

——**人民生活水平和质量普遍提高**。城乡居民收入稳步增长；基本公共服务均等化水平提升，社会保障体系更加完善；现行标准下农村贫困人口全部脱贫，建设全省脱贫攻坚样板区。

——**社会文明程度明显提高**。文化软实力显著增强，人民思想道德、科学文化和健康素质进一步提高，精神文化生活更加丰富；社会主义法治更加完善，人民民主更加健全；社会治理现代化水平逐步提高，社会事业全面进步。

——**全面从严治党水平显著提高**。理论武装不断加强，党内政治生活更加严格更加规范，党组织凝聚力战斗力创造力显著增强，领导干部中坚骨干作用和党员先锋模范作用充分发挥；党风廉政建设和反腐败斗争深入推进，风清气正的政治生态建设全面加强。

必须看到，我们确立的今后一个时期总体要求和奋斗目标，贯穿着中央和省市的要求，承载着群众的期盼，融合着县情实际，体现了宏观战略指导和具体实际操作相衔接，注重了经济发展和社会事业相结合。其中，“宜游宜居生态县”总战略是对文成生态立县一以贯之的坚守与传承，体现了战略思想的稳定性和连续性。“三美愿景”既是对总战略新内涵的有效承接，也是对经济、城市、社会三大转型的延伸支撑，体现文成人民增强获得感和幸福感的现实写照。“三化主线”是推进环境质量改善、产业发展转型、空间格局优化、民生福祉提高的战略路径。“五大百亿工程”是文成赶超发展最根本的举措和抓手，是战略与战术的结合点和突破口。“一区一城一家园”突出生态、生产、生活的协调统一，是最终要实现的目标。我们要将这一战略体系有机统一起来，精准发力、干在实处、落地达效。

## 三、推进总量质量双提升，全力打造美丽经济

经济建设是强县之基、富民之要。必须坚定不移地加快以旅游业为主导的县域经济转型发展，推动经济中高速增长，提升发展质量和效益，使文成的“美丽经济”，美在产业竞争力、美在发展驱动力、美在开放包容力。

**（一）突出增量提质，加快提升生态产业竞争力。**牢牢把握“产业强、经济强、文成强”这一基本发展逻辑，突出增量提质，大力实施产业转型“三大工程”，推进产业深度融合，不断增强经济可持续发展的动力源泉。

**大力实施全域旅游引领工程。**按照“一心两轴六组团”总体布局，以创建国家全域旅游示范区为总载体，形成以AAAAA级旅游景区为核心、以天湖省级旅游度假区和特色小镇为依托、以精品旅游城镇为支撑、以美丽乡村为节点的旅游发展新格局，加快推动文成旅游从量变向质变飞跃、从“跟跑”向“领跑”转型，让文成旅游成为温州乃至全省的标杆。加快打造精品景区，深化旅游资源整合和管理体制改革，加大现有景区景点改造提升力度，打造以伯温故里国家AAAAA级旅游景区为龙头的品质旅游景区集群，推出一批精致线路，形成“多点开花，众星拱月”的生动局面。强化重点板块支撑，推进重大旅游平台落地，把天湖旅游度假区、森林氧吧小镇等特色小镇构筑成为集休闲度假、健康养生、文化体验等为一体的生态时尚经济圈，把云江秀水十里画廊、百里彩化造林等线性工程打造成为水陆两轴的美丽纽带，形成脉络清晰的精品旅游目的地体系。突出“旅游+”业态引领，深入实施“旅游+”“生态+”“互联网+”，以“1+8”新业态培育带动服务业倍增计划，推动服务业发展提速、比重提高、水平提升，使旅游业真正成为美丽经济振兴崛起的第一支撑。

**大力实施现代农业增效工程。**坚持现代化、规模化、精品化导向，大力实施农业“接二连三进四”工程，实现规模经营成为主流、园区农业成为引领、智慧农业成为亮点。加大农业科技创新和推广力度，着力提升农业基础设施建设，推进农业“两区”建设，稳定粮食生产能力。大力培育新型农业经营主体，积极发展土地流转、土地入股等多种形式的规模经营，探索农业众筹模式，构建现代农业经营体系。积极引进工商资本，大力发展现代农业庄园经济，加快推进“菜园、果园、茶园、药园”向“生态庄园”转型。大力实施农业品牌战略，持续提升“文成贡茶”“文成杨梅”“文成高山蔬菜”三大龙头农业品牌，不断扩大“风物文成”品牌影响力。

**大力实施工业扩容提质工程。**坚定不移地发展生态工业，推进工业化和信息化融合，促进工业发展从低位徘徊向质量效益型转变。突出平台建设，按照“边界明晰、主体落实、体制到位、主业突出”的要求，加快实施巨屿工业基地、百丈漈生态产业园和黄坦生态产业基地整合提升，推进“全产业链”招商和生态化改造，优化工

业发展空间。突出企业培育，实施新一轮工业发展提质行动和小微企业成长计划，以产能淘汰倒逼转型，以技术创新促进转型，以重点扶持加快成长，积极引进一批科技型企业和新能源项目，扶持发展有机农产品、旅游产品、水资源开发等绿色加工业，鼓励发展先进制造业，确保“新三板”实现突破。以增强企业活力和竞争力为重心，推动建筑业做大做强、做专做精。突出企业减负，深入推进“降成本、优环境”行动，制定更接地气的政策，打好减税降费、金融支持组合拳，为企业提供更充分的成长空间。

**（二）突出动能培育，加快构筑赶超发展动力支撑体系**。坚持投资、改革、创新三轮驱动，促进新旧动能接续转换，加快构筑新常态下经济社会发展的动力支撑体系。

**强化有效投入**。坚持把扩大有效投资作为第一驱动，认真组织实施“五大百亿工程”，切实为发展增添强劲动力。把大项目、好项目作为提高投资有效性的示范引领，坚持高站位谋划、高水平包装、高精准对接，每年滚动推出一批20亿元以上项目，力争实现重大项目进入国家计划盘子“零突破”、省重点逐年增加。完善重点项目推进机制，强化政策处理攻坚，形成“大干快上”项目的良好氛围。坚持招商引资“一号工程”，突出数量与质量并进，规模与集约并举，招商与安商并重，发扬“五皮”精神，瞄准央企国企，强化全链条招商，确保在招大引强上取得新突破。把要素保障作为关键链条，把握政策窗口期，用好融资杠杆，通过设立引导基金、推广PPP模式、争取政策贷款，抓好耕地垦造、低效土地利用等举措，重点破解资金和用地两大制约，为项目建设提供坚实的保障。

**全面深化改革**。深化改革是加快转型升级的关键之举。要把握改革方向，以供给侧结构性改革为主线，承接落实好中央、省市委重点改革任务。要坚持问题导向，按照“四个有利于”要求，努力在重点领域和关键环节的改革上取得新突破。要突出改革重点，统筹推进以“放管服”为重点的行政审批制度改革、以体制机制创新为重点的财税金融改革、以旅游资源市场化为重点的投资体制改革、以激发发展活力为重点的农村综合改革，切实发挥改革对经济社会发展的牵引和促进作用。要凝聚改革合力，落实改革主体责任，加强协同配合，强化改革跟踪，推动各项改革部署落地生根、取得实效。

**推动创业创新**。强化企业创新主体地位和主导作用，支持产学研用结合构建产业技术创新联盟，培育壮大一批新型科研机构和重点创新基地，推广新型孵化模式，统筹推进科技、管理、品牌、企业组织、商业模式等创新。积极发展文化创意、影视创作、民宿创客等创业新模式，着力打造“候鸟式”众创平台。建立完善创业创新政策机制，把引进外来领军人才与培育本土创业人才有机结合，不断培育壮大创新创业人才队伍，激发大众创业、万众创新的新动能。

**（三）突出互联互通，加快构建内外合作新格局**。扩大开放是加快发展的必由之路。要以内外交通互联互通，带动“引进来”与“走出去”协调互动，加快实现开放共赢。

**加快实现内外交通互联互通**。始终把区位交通改善作为赶超发展的最大支撑，以大交通促进大开放、带动大发展。围绕“建成高速、加密路网、开辟通航、纳入高铁”的具体目标，力争三年内使文成交通实现突围，并逐步实现从交通末端向温州西部交通枢纽乃至浙西南交通枢纽的华丽蝶变。要举全县之力提速推进，要按照“超前谋划、积极争取、加快建设”的要求，从领导机制和建设机制破题，抓环节、抓进度、抓成效，确保五年完成投资120亿元，确保建成龙丽温高速瑞文段工程、溧宁高速文泰段工程、G322樟台至龙川段改建工程和西坑至景宁段改建工程，开工并提速建设溧宁高速文景段工程、青文泰公路玉壶至泰顺段工程、通用航空机场，加快温武铁路、文青高速、环城东路、216省道等关键项目前期，力争获得国家、省有关部门审批，实现国省道干线公路二级以上等级率、主要中心镇二级以上公路通达率、县域主要连接干线公路二级以上改造率、景区公路等级化率、通乡公路等级化率“五个100%”，真正实现县域“半小时交通圈”，融入“温州一小时交通圈”“省会两小时交通圈”。要充分准备做强基础，积极应对高速时代的资源要素吸附效应、旅游市场辐射扩张，打好主动战，夯实发展基础，拓展发展空间，切实为加快文成赶超发展、加快群众增收致富插上腾飞的翅膀。

**加快推动内外文成人互联互动。**发挥世界文成人优势，大力推进“文商回归”工程，积极参与温州“海外乡贤故乡行”“世界温商大会”等活动，引资引智引技并举，大力发展“总部经济”，促进贸易回归、资金回流。充分利用文商侨务资源，借助现有电商平台，积极发展跨境电子商务，促进国际时尚名品和本地特色优势产品内外互通。支持世界文成人联谊总会、异地文成商会和海外联谊会等平台建设，强化乡情传递和信息互通，切实增强在外文成人的家乡归属感。

**加快推动开放合作互融互促。**要以战略的眼光、开放的胸襟，主动对接“一带一路”，加快融入温州都市圈分工体系，积极推动雁荡山—楠溪江—飞云湖旅游一体化发展。推动文成与周边县市区合作，加快推进基础设施共建共享、资源要素对接对流、生态环境联防联控、社会管理互通互认，探索建设浙西南发展共同体。加快参与浙皖闽赣国家东部生态文明旅游区合作步伐，扩大文成旅游影响力和市场占有率。发挥侨团优势，加强中外旅行社合作交流，让文成的山水走进海外视野，加快推进旅游国际化发展。

## 四、推进品位品质双提升，全力打造美丽家园

美丽家园代表形象、体现品质。必须坚持绿色化导向，以全域旅游化环境再造为突破口，筑牢底色、彰显特色，使文成的“美丽家园”，美在城乡一体化、美在生态品牌亮、美在人文素养好。

**（一）突出旅游化改造，加快构建“三位一体”城乡发展新格局。**突出以人口集中、产业集聚、功能集成为重点，以全域旅游化改造为切入点，加快构建亮丽县城、特色城镇、美丽乡村“三位一体”城乡建设新格局。

**大力度推进县城旅游化改造。**紧扣“全省最佳旅游目的地名城”目标定位，按照“交通围绕旅游建、功能围绕旅游造、产业围绕旅游做”的思路，以县城“一心七片”规划布局为底图，以城中村改造为切入点，以亮点区块打造为关键，以重要节点旅游业态植入为支撑，全力组织实施县城旅游化改造五年行动计划，全方位推进县城空间重构、功能优化、形象再造、品质提升。加快推进城中村改造，结合“三个三分之一”的人口集聚战略，坚持区域开发、整体改造、滚动推进，突出规划引领，强化城市设计，按照“每年至少启动一个片区，力争每三年改造一个片区”的时序要求，整体推进城东片区、二新片区、苔湖片区、二中片区等4大块区，樟岭、珊门、下沙垟等7个城中村改造，促进城市有机更新。加快亮点区块开发，坚持重大功能性项目先行，重点打造以省级服务业集聚区、龙船垟城市金融综合体、龙溪谷文教康体园、樟山片区华侨回归创业园为依托的亮点区块，精致打造泗溪河中央水轴，加快形成一批城市建设新景观、新地标和新窗口。加快旅游业态植入，加快布局依托泗溪河中央水轴的旅游休闲业态，以宾馆酒店为重点的餐饮服务业，以提升县文化中心、公园广场、影剧院为重点的文化娱乐产业，以建设县级龙头医院、医养康复中心、民办医疗养老机构为重点的养生养老产业，以打造特色街为重点的商业购物，着力推进产城融合。加强城市精细管理，统筹建设“智慧文成”枢纽，推进城市序化管理，深化省级示范文明县城、低碳城市等城市创建，着力提升城市品位和生活品质。

**大力度打造特色城镇。**坚持把特色小镇作为特色产业和新型城镇化的最佳结合平台来抓，切实为县域经济提供板块支撑。坚持交通

一体、产业互补，加快推动珊溪—巨屿一体化发展；实施黄坦、岀口、周壤同城行动，加快融入县城发展；支持南田、百丈漈、二源、西坑、铜铃山等五镇组团互动发展，打造旅游重镇集群；支持玉壶加快打造国际慢城，真正成为彰显侨乡风情的窗口。坚持全县统筹规划，加快推进中心镇布局发展生态旅游、电子商务、专业物流市场、生态农业等产业，建成空间布局合理、结构优化的城镇市场体系，做活城镇板块经济。科学完善城镇规划体系，按照“整洁有序、生态宜居、一镇一品”美丽城镇的建设要求，全力推进小城镇环境综合整治，建设一批城镇功能设施，打造一批城镇景观带和风景线，提升城镇品位。

**整体推进美丽乡村升级。**以“环境美、产业美、精神美、生态美”为目标，坚持美丽乡村与现代农业发展、山区综合开发、乡村旅游统筹推进，围绕四条精品带建设，全面实施“中国美丽乡村示范工程”，整合资金，加大投入，力争三年内打造一批美丽乡村精品村、10个以上美丽乡村综合体，推进美丽乡村品牌建设。加快推进农村建房设计落地，强化村庄人居环境整治，打造浙派民居和乡愁印迹。加大历史文化村落、民俗风情特色村的保护开发，建设一批美丽乡村特色村寨，全力打造美丽乡村升级版，确保创成省级美丽乡村示范县。

**（二）突出环境再造，加快打造生态文明建设“文成样板”。**绿色生态是文成最大的优势。要牢固树立“绿水青山就是金山银山”的发展理念，先行先试、探索创新，做好治山理水、显山露水的文章，全面构筑全省一流生态高地。

**强势推进综合环境再造。**要按照“点上一年大见成效，块上两年大见成效，面上三年大见成效”的要求，强势推进全域旅游化环境再造工程，以“美化序化一批入城口道路、整治提升一批示范街、统一改造一批外立面风格、改造提升一批城中村、打造一批精致景观设施”等为重点，梯次推进治乱点、整秩序、保整洁、树亮点，强化城镇管网与农村生活污水治理设施建设，逐步实现城镇重点区域建设水平和景观环境品位的显著提升、城镇旅游配套基础设施和服务功能的长足进步，切实打造群众安居乐业的生产生活环境。

**加快建设重点生态功能区。**全面落实主体功能区规划，建立以功能分区为基础的差别化主体功能区发展战略。合理确定各功能区生产、生活、生态空间的规模和比例，科学划定城市开发边界、永久基本农田红线、生态功能红线，落实用途管制，优化国土空间开发。坚持先行先试，大力推进国家重点生态功能区、国家生态文明示范区和省级生态文明先行示范区建设，加快国家生态文明建设示范县创建。

**加快形成生态文明建设制度成果。**健全完善生态资源保护管理制度体系，健全完善“河长制”，实施排污许可证制度，探索污染源一证式管理制度，建立健全环境执法协作联动机制。健全完善生态利益公平分享制度体系，争取水资源交易、碳排放权交易改革试点，完善多元化生态保护补偿机制，探索建立环境损害赔偿制度。健全完善生态建设考核评价制度体系，落实党政领导干部自然资源资产离任审计和环境损害责任终身追究制度，完善反映生态文明建设要求的区域发展绩效评价体系。

**（三）突出涵育特色，加快提升文化软实力。文化是魂。**必须更加重视文化引领，繁荣发展文化事业和文化产业，不断提高全社会文明程度，更好地展示文成的文化特色、精神面貌和社会风尚。

**坚持文化引领。**践行社会主义核心价值观，弘扬以爱国主义为核心的民族精神和以改革创新为核心的时代精神，不断增强精神力量。传承红色基因，发扬优良传统，用老区精神凝聚人心、激励斗志。广泛开展群众性精神文明创建活动，推进志愿者服务制度化，强化对青少年德育培养，完善诚信激励和失信惩戒机制，不断提升市民文明素养。持续开展全民阅读活动，推进“城市书房”和农村文化阵地建设，努力打造"书香文成"。深入开展"最美系列"评选，打造"孝德文成"道德品牌，在全社会形成见贤思齐、崇德向善的浓厚氛围。

**繁荣文化事业**。以构建"15分钟文化圈"为目标，加快乡镇文化服务中心、农村文化礼堂建设。大力实施文化惠民工程，推动公共文化服务向基层倾斜、向公众开放，不断增强公共文化产品供给和服务能力。实施文艺精品创作工程，推出一批具有文成特色的优秀作品。加强文化研究，突出抓好历史街区、名人故居和古建筑保护利用，着力保护文物遗迹和非物质文化遗产，在城乡建设中彰显文化元素，让历史文化和现代文明走进市民生活。

**发展文化产业**。优化文化产业布局，立足伯温文化、红色文化、侨乡文化、畲族文化、长寿文化等特色文化，重点打造以微影创意、国学传承、清心禅修、慢城侨乡、太极养身为依托的特色文化产业基地，引进一批龙头企业，落实一批示范项目，打造一批文化长廊，加快构建具有市场竞争力的文化产业体系。

## 五、推进民生民利双提升，全力打造美好生活

人民对美好生活的向往，就是我们的奋斗目标。必须始终坚持发展经济与社会建设有机统一，更加重视解民忧、增民利、保民安，在共建共享中增强群众获得感和满意度，使文成的"美好生活"，美在群众增收稳、美在民生改善快、美在社会治理好。

**（一）突出精准制导，加快推动共同富裕**。进一步统筹城乡经济社会发展，优化政策环境，拓宽增收领域，广开增收渠道，努力实现低收入农户收入快速增长、城乡居民收入持续增长、村级集体经济稳步增长。

**全力推进脱贫攻坚**。要按照"核心是精准、关键在落实、确保可持续"的要求，整合资源，分类指导，打赢脱贫攻坚战。推进发展脱贫，对有劳动能力的贫困群众，实施产业扶持精准到户工程，采取金融扶贫、科技扶贫等模式，努力发展产业、增加就业、促进创业，提高扶贫对象自我发展能力。推进保障脱贫，对劳动能力脆弱或丧失劳动能力的贫困群众，加大最低生活保障救助，加大教育救助力度，实现兜底救助脱贫。推进健康脱贫，对因病致贫的群众，实施贫困人口健康管理计划，健全新农合、大病保险、大病救助和商业补充保险等制度，提高医疗保障和救治水平，有效防止因病致贫、因病返贫。

**推动居民就业增收**。坚持把城乡居民就业增收作为最大的民生实事，深入实施"三年特扶"和群众增收致富奔小康工程，持续抓好养殖户转产转业，大力发展乡村旅游、电子商务、民宿、来料加工，促进产业增收。推进农村集体产权制度改革，增加农民财产性收入。做好以温商文商回归为重点的青年就业创业和农村转移劳动力，建立职业技能培训与劳动者就业创业需求对接机制、企业岗位需求与劳动者就业意愿对接机制。健全工资正常增长机制，完善最低工资标准调整机制，确保职工收入与企业经济效益同步增长。

**壮大村级集体经济**。强化"执政经济"理念，坚持农民增收与集体增利相统一、强村与富民相结合，精准实施强村惠民三年行动计划，推进"建机制、找路子、抓帮扶"三线联动，因地制宜、因村制宜，探索与落实资源开发、资产租赁、股份参与、飞地经济、项目开发等多种模式，拓宽村级集体经济发展空间，加快打造一批富裕村、带动发展一般村、全面转化薄弱村，使党的执政根基始终迸发着充足的"源头活水"。

**（二）突出共建共享，加快增进民生福祉**。坚持民生优先理念，集中力量加强普惠性、基础性、兜底性民生建设，织密民生"保障网"，让发展更有温度，让幸福更有质感。

**全力构建防灾减灾体系**。强化"不把安全隐患带入全面小康"的理念，坚持标本兼治、软硬齐抓，努力提升防灾减灾救灾能力。围绕重

点环节，科学制定“防汛防洪图”，建立健全防灾减灾综合管理机制，完善重大自然灾害预案，形成快捷高效的指挥调度体系。全力推进强塘固防设施建设，加快避灾安置场所扩面提质，力争两年内实现全覆盖，形成保障有力的防灾减灾工程体系。要把避让搬迁作为防灾救灾的治本之举，重点推进地质灾害点等危险区域群众的异地搬迁，充分结合灾后重建、城乡危旧房改造、下山搬迁等工作，以最大努力实现“安居梦”。

**全力构建公共服务体系**。坚持政府主导、社会联动的思路，加快政府购买公共服务步伐。坚持教育优先发展，围绕创建省级教育现代化县目标，加大教育投入，加快实施教育建设项目攻坚三年行动计划，鼓励和引导优秀团队及社会资本投资办学，推进教育布局优化与落地，完成成职教、县三小等一批校网工程；深化教育教学改革，高质量普及十五年基础教育，大力推进学前教育普惠化、义务教育均等化、职业教育特色化、社会教育规范化发展，教育质量水平达到全市中等以上。加快推进健康文成建设，以创建省级卫生强县为载体，深入推进“双下沉、两提升”工程，加快医疗卫生服务能力建设，完成县人民医院迁建工程，探索县中医院医养结合模式，形成以县级医院为龙头、乡镇卫生院为支撑、村卫生室为网点的卫生服务网络，构建“小病在基层、大病进医院、康复回基层”的就医新格局。坚持计划生育基本国策，提高出生人口素质，促进人口长期均衡发展。大力发展体育事业和体育产业，加大公共体育设施建管用，推动全民健身与全民健康深度融合。

**全力构建社会保障体系**。按照“广覆盖、保基本、多层次、可持续”的方针，加快完善基本养老、医疗等各类保险体系，继续扩大社保覆盖面，推进基本社会保险应保尽保，不断提高保障标准。更加注重“底线民生”，进一步完善社会救助体系，统筹推进扶老、助残、济困、优抚等社会福利事业建设，大力发展慈善事业，动员社会力量参与社会救济。适应人口老龄化趋势，推行“医养融合”养老模式，加强标准化居家养老服务中心建设，推进社区、社会组织、社工“三社联动”，不断健全养老服务体系。

**（三）突出公平正义，加快提升社会治理水平**。社会和谐是全面小康社会的重要内容。要深化系统治理、依法治理、综合治理、源头治理，提高社会治理法治化水平，确保社会秩序和谐安定。

**建设法治文成**。进一步健全党委依法决策机制，确保决策科学透明、合法有效。加强法治政府建设，逐步健全权责统一、权威高效的依法行政体制，完善行政权力运行制约和监督体系，确保行政权力在法定轨道上运行。巩固司法体制改革试点成果，着力打造公正司法、阳光司法。扎实推进“七五”普法，突出抓好公职人员、青少年等重点人群法治教育，在全社会形成办事依法、遇事找法、解决问题用法、化解矛盾靠法的良好法治环境。

**建设平安文成**。完善党委领导、政府负责、社会协同、公众参与、法治保障的社会治理体制，推进社会治理精细化。加快构建立体化、现代化社会治安防控体系，依法打击各类违法犯罪行为，持续提升公众安全感。完善社会矛盾隐患大排查大化解体系，落实重大决策社会风险评估制度，提高网络舆情引导和突发事件应急处置能力。严格落实“党政同责、一岗双责、齐抓共管”要求，建立多层次安全生产监管体系，坚决防范和遏制各类安全事故发生，确保实现省级平安县“夺金鼎”。

**完善基层民主**。坚持和完善人民代表大会制度、政治协商制度，加强和改善党对人大、政协工作的领导。加强县乡人大建设，全力支持县人大及其常委会依法行使职权；支持县政协深入进行调研视察、协商议政，积极开展民主监督。巩固和发展最广泛的爱国统一战线，全面落实民族、宗教、外侨、对台等政策，充分发挥工商联、无党派人士和新的社会阶层人士作用，认真做好群团、双拥、老干部、关心下一代和党管武装等工作。健全基层民主管理制度，深化党务、政务、村务、事务公开，保障人民群众依法行使民主权利，营造民主团结、生动活泼、安定和谐的政治局面。

## 六、坚持全面从严治党，建设风清气正的政治生态

做好文成的工作，关键在党，关键在人。要把全面从严治党政治责任扛在肩上、抓在手上、落在实处，做到真管真严、敢管敢严、长管长严，营造风清气正的政治生态，为文成赶超发展提供坚强保证。

**(一)坚守共产党人的理想信念**。理论上清醒，政治上才能坚定，行动上才会坚决。要强化理论武装，充分发挥党校、理论中心组等平台作用，推动广大干部认真学习中国特色社会主义理论体系、习近平总书记系列重要讲话精神和治国理政新理念新思想新战略，牢固树立“四个意识”，坚定“四个自信”。要严肃党内政治生活，以党章为根本遵循，坚持党的政治路线、思想路线、组织路线、群众路线，着力增强党内政治生活的政治性、时代性、原则性、战斗性；认真贯彻执行民主集中制，确保议而有决、决而有行、行而有效；严格落实“三会一课”制度、民主生活会和组织生活会制度、党员固定活动日制度，推行“党性体检、民主评议”，增强组织生活仪式感、实效性；用好批评和自我批评这个利器，规范和纯洁党内同志交往，真正让党内政治生活严起来、实起来。要强化政治责任，按照“四个牢牢坚持”的要求，加强新闻舆论引导，把握正确方向，让主流思想、正面声音更加响亮，牢牢掌握意识形态工作的领导权、主动权。

**(二)打造担当有为的文成铁军**。宏伟的事业，需要忠诚干净担当的干部队伍。要把正确的选人用人导向鲜明地立起来。突出实干导向，以实战论英雄、视实绩用干部，把项目攻坚、环境攻坚、产业攻坚等作为比选干部的大赛场，注重考察干部在急难险重任务中的表现，引导党员干部埋头苦干、拼命实干、科学巧干；突出基层导向，进一步强化领导来自基层、干部出于一线的观念，坚持优先提拔一线干部，鼓励干部安心基层、用心干事；突出担当导向，大力选拔重用勇于冲锋、能打硬仗、干得成事的狮子型干部，坚决调整困难面前当逃兵、关键时刻撂担子、占着位子不干事的干部，坚决整治“为官不为”现象。坚持结构服从功能，突出抓好各级领导班子建设，加大培养选拔优秀年轻干部力度，统筹做好女干部、少数民族干部、党外干部的选拔培养工作。建立完善容错纠错免责机制，宽容干部在工作中特别是改革创新中的失误，旗帜鲜明地为改革者鼓劲、为实干者撑腰、为担当者担当、为负责者负责。

**(三)夯实坚强有力的基层基础**。基层是一切战斗力的源泉。要坚持大抓基层导向，认真落实基层党建工作责任制，推动基层党建项目化推进、精细化管理。坚持政治功能和服务功能相统一，不断创新基层组织设置模式、服务载体和活动方式，实现党组织和党的工作全覆盖。加快基层党组织带头人队伍建设，培育选树先进典型，加强基层党务工作者能力建设，突出抓好软弱涣散基层党组织整顿。加强党员队伍建设，深化落实“十条红线”“五步严控法”，严把入口、畅通出口，强化教育、严格管理。加强党内激励关怀，关爱基层干部，关心困难党员。全面推行“党建+”，加快打造基层党建示范带、“红色驿站”“红色动力源”等品牌，促进基层党组织全面进步、全面过硬。

**(四)强化常态长效的作风建设**。作风建设永远在路上。要坚持为民务实清廉，自觉践行党的群众路线，巩固提升“两学一做”学习教育成果。高标准落实中央八项规定，定期组织开展落实情况“回头看”，在坚持中见常态，在深化中见长效。建立健全干部作风负面清单、作风评价机制、统一投诉处置平台、联动整治机制，推动作风治理从“运动式”“活动式”向常态化长效化转变。紧盯年节假期，加强对隐性地带、隐

身问题的明察暗访，以关键节点的治理带动日常风气的持续好转。县委常委、县委委员要以身作则、以上率下，模范遵守党章党规党纪，为广大党员干部树立标杆、作出表率。

**（五）建设清正清明的廉洁政治**。腐败是我们党面临的最大威胁，要以建设廉洁政治为目标，保持高压态势，坚定不移把党风廉政建设和反腐败斗争引向深入。坚持“一岗双责”“一案双查”，全面落实“五个一”工作机制和“清单式”管理，健全责任体系，严格责任落实。坚持无禁区、全覆盖、零容忍，以最坚决的态度减少存量，以最果断的措施遏制增量。制定并落实惩防体系实施细则，健全权力运行制约和监督机制，强化自上而下的组织监督，改进自下而上的民主监督，发挥同级相互监督作用，形成监督合力，增强监督实效。坚持把纪律挺在前面，用好监督执纪“四种形态”，突出抓早抓小、防微杜渐，用纪律管住大多数。加强党风廉洁教育，认真学习贯彻党内法规，重视家庭、家教、家风建设，教育引导党员干部特别是领导干部明大德、守公德、严私德。深化纪检监察体制改革，充分发挥巡察“利剑”和派驻“探头”作用，加快形成不敢腐、不能腐、不想腐的体制机制。

同志们，本届县委、县政府将把推动战略平台落地、加快补齐突出短板、加速生态优势转化作为三大核心任务，决心干成几件在文成发展进程中具有里程碑意义的大事要事。开局之年至关重要、意义重大。为此，县委明确2017年要以深入实施系列“三年行动计划”为总抓手，在抓好各项常规工作落实的同时，突出抓好六项重点工作：一要牢牢抓住重大项目建设这个“牛鼻子”。坚持增量与增效并重，抓环节、督进度，抓招商、引大企，抓统筹、强保障，努力打通项目建设全链条，全力推动以交通和重大招商为重点的重大项目落地达效，确保完成限上固定资产投资82亿元以上。二要牢牢抓住全面深化改革这个“突破口”。围绕改革为发展破题、为百姓增利两大目标导向，精准谋划实施一批可落地、可推广的重点改革项目，探索一批改革经验。三要牢牢抓住新业态培育这一“增长点”。坚持“八个一”工作机制，持续推进新业态培育三年行动计划，加大“1+8”新业态培育力度，确保完成年度各项目标，努力形成新的经济增长点。四要牢牢抓住环境综合整治这台“发动机”。以走在全市前列为目标，压实责任、集中攻坚，联动推进“大拆大整”、小城镇环境综合整治和各大创建活动，形成一批可看可学可复制的亮点，确保创成“无违建县”和国家卫生县城。五要牢牢抓住民生实事这一“根本点”。坚持发展为民、发展惠民，认真落实好以“十大民生实事”“精准扶贫十件实事”为重点的利民举措，加快推进灾后重建等一批民生工程，切实增进百姓福祉。六要牢牢抓住基层治理这块“筑基石”。坚持基层组织、基层维稳、基层安全三位一体，把村级组织换届作为固本强基的头等大事，把乡镇“四个平台”建设作为社会管理和服务的重要抓手，大力抓好安全生产、食品安全、防汛防台等工作，积极做好党的十九大等重要时段的维稳安保工作，全力维护社会和谐稳定，确保高分实现省级平安县“十一连创”。

同志们，文成这座美丽的山城，在建县70年的薪火传承中，一直向往着更高水平的文明，憧憬着更加美好的未来，追求着地区富强、社会进步、生活幸福的“文成梦”，并不断地用智慧、勤劳和担当探索前行。今天，这一梦想的蓝图清晰地摆在我们面前。未来五年，建党百年华诞的历史荣光、全面小康社会的使命召唤、打造“三美”文成的时代担当，绘就了继往开来、砥砺奋进的红线图，发出了跨越赶超、矢志崛起的动员令，我们必须拿出舍我其谁、当仁不让的豪气，激发披荆斩棘、志在必得的斗志，坚定不甘落后、奋勇争先的步伐，努力创造无愧于时代、无愧于人民的新业绩，向党的百岁生日献礼！

让我们更加紧密地团结在以习近平同志为核心的党中央周围，在省市委的坚强领导下，带领全县广大党员干部和人民群众，不忘初心、不辱使命，上下同欲、决战决胜，为实现与全省同步全面小康、开创赶超发展新局面而努力奋斗！

# 文成县人民代表大会常务委员会工作报告

## ——在文成县第十六届人民代表大会第一次会议上

县人大常委会主任　刘建忠

（2017年2月22日）

各位代表：

我受县十五届人大常委会的委托，向大会报告五年来的主要工作，请予审议，并请列席会议的同志提出意见。

## 过去五年的工作回顾

过去五年，是文成经济社会发展取得显著成就的五年，也是文成民主法制建设和人大工作取得明显成效的五年。五年来，县人大常委会在中共文成县委的正确领导下，紧紧依靠全体人大代表和全县人民，认真行使宪法和法律赋予的职权，较好地发挥了地方国家权力机关的职能作用。五年来，依法召开县人大常委会会议45次，主任会议81次，听取和审议“一府两院”工作报告86个。提出审议意见26个、评议意见6个，授予爱乡楷模30人。各项工作在历届人大及其常委会奠定的良好基础上又有了创新和进步，为加快文成经济社会发展、推进和谐社会构建做出了积极贡献。

### 一、紧扣中心，服务大局，全力助推文成后发崛起

五年来，县人大常委会紧紧围绕县委中心工作和重大决策部署，主动适应经济发展新常态，突出监督重点，加大监督力度，为促进我县经济社会较好较快发展献计出力。

**深化财政经济监督。**每年安排两次财政经济专题调研，审议计划、预算执行及决算、审计等报告，提出人大建议意见，及时批准年度决算及预算调整方案。积极推进政府全口径预算决算审查，对15个政府部门的年度预算编制和执行情况进行监督。加强专项资金使用情况监督，督查农业、水利、民政、环保、三年特扶等专项资金使用情况，提高专项资金的使用效益。加强政府负债监督，将债务资金纳入预算审查，合理确定政府负债水平，确保财政运行安全。

**强化重大规划执行监督。**关注“十二五”规划纲要实施，审议中期评估报告，督促政府推进规划全面落实。专题调研“十二五”规划完成情

况和“十三五”规划编制情况，提出“十三五”规划修改意见，使“十三五”规划更切合文成实际。专题审议生态县建设规划修编、环境功能区规划、土地利用总体规划修编，切实发挥好规划对地方发展的引领作用。

**突出政府投资项目监督。**通过专题调研、代表视察、跟踪督查等多种形式监督政府投资项目建设。每年年初，把政府投资项目建设方案作为计划草案初审的重点，对建设依据、建设规模、建设周期、资金来源等进行详细审查，并提交县人大常委会会议进行逐一票决。在政府投资项目建设过程中，定期开展监督活动，提出监督意见，要求县政府通过新闻媒体公布项目建设情况，接受群众监督。

**加强特色产业发展监督。**围绕生态旅游、特色农业、生态工业连续开展视察、调研，督促政府培育具有文成特色的主导产业。旅游业是文成的核心产业，县人大常委会从旅游法律法规实施、景区规划和基础设施建设、刘基文化旅游开发、地方特色文化挖掘、古民居保护开发、养生养老产业发展等方面着手，一年接着一年持续监督生态旅游发展，特别是在打造核心景区、完善基础设施、丰富旅游文化内涵等方面提出建议意见，推动文成生态旅游做大做强。农业是文成的基础产业，县人大常委会通过评议农业局工作，督办复耕抛荒土地、农产品安全、农产品加工、农业基地建设等代表建议，开展农产品电子商务调研和科技调研，督促政府重视农业的基础地位，打响具有区域影响力的特色农产品品牌。生态工业是文成发展不可或缺的新兴产业，县人大常委会将工业经济发展、金融支持工业企业情况列入每年必备的监督内容，通过涉工部门工作评议、深入工业企业走访调研等方式，推动营造生态工业发展的良好环境。

依法行使重大事项决定权和人事任免权。深入领会和贯彻县委精神，坚持依法行使决定权与落实县委重大决策部署、支持政府中心工作相结合，先后就慈善日设立、殡仪馆迁建、乡镇行政区划调整、文成旅游集散中心概算调整、公安业务技术用房概算调整、政府债券资金预算调整等事项作出决议决定75个。坚持党管干部和人大依法任免有机统一，规范任免程序，加强任后监督。五年来，共依法任免国家机关工作人员168人次，接受辞职13人次，任免人民陪审员61人次，使党的主张与人民意志实现了高度统一。

## 二、突出重心，恪尽职守，全力助推法治文成建设

五年来，县人大常委会以促进法治文成建设为重点，促进行政机关、司法机关不断提高依法行政、公正司法的能力和水平。

**开展执法检查，规范依法行政。**选择《治安管理处罚法》《律师法》《道路交通安全法》《饮用水水源保护条例》等法律法规开展执法检查。通过执法检查，掌握相关法律法规在我县的实施情况，向“一府两院”提出审议意见，推动解决群众在出行、安全、饮水等方面的困难。配合省人大开展“查找不适应全面深化改革要求的法律法规条文”主题活动，收集不适应的法律法规条文20多条；组织人大代表参与省市人大开展的珊溪水源保护立法调研，从文成实际出发，向立法机关提出有利于文成发展和库周群众利益的建议意见。积极配合省市人大开展《浙江省违法建筑处置规定》立法后评估和《温州市物业管理条例》等立法调研工作，向立法机关及时传递基层声音。

**强化司法监督，促进公正司法。**省市县三级人大联动开展公检法司机关依法履职、公正司法执法专项监督活动，广泛听取各方意见，向公检法司机关提出整改意见并进行满意度测评。听取法院立案、审判监督、民事审判、基层法庭建设和检察院侦查监督、控告申诉、监所检察等工作报告，提出监督意见，促进法院、检察院公正司法、严格执法。

**加强普法监督,推进全民守法**。开展“六五”普法工作调研,督促政府加强普法队伍建设,切实提高普法实效。关注“七五”普法规划编制情况,作出关于开展第七个五年法治宣传教育的决议,从普法重点、普法对象、教育方式、工作机制和法治文化建设等方面提出人大的建议意见。

**重视人大信访,保障群众利益**。把受理和督办群众来信来访作为关注民生、了解民情的重要渠道,健全完善接访、转办、督办、反馈工作机制。认真接待群众来信来访,研究分析社情民意,督促解决信访反映的问题。五年来,受理群众来信268件,来访87批212人次,充分发挥了人大信访在推进社会管理创新和维护社会和谐稳定中的职能作用。

**加强备案审查,维护法制统一**。制定规范性文件备案审查暂行办法,提高备案审查规范化水平。督促制定机关依法及时向县人大常委会报备规范性文件。五年来,共受理和审查县政府规范性文件183件,有效规范了政府的行政行为,维护了国家的法律尊严和法制统一。

## 三、紧贴民心,以人为本,大力促进民生改善

五年来,县人大常委会发挥人大在体察民情、反映民意、化解民忧方面的优势和作用,努力推动和促进以保障和改善民生为重点的社会建设,切实增强文成人民的获得感和幸福感。

**始终把改善生活环境作为监督重点**。生态优势是文成后发崛起的最大优势,县人大常委会持续关注生态环境保护,通过环保局工作评议、生态县建设专项督查、水污染防治法执法检查、环境建设相关议案建议督办等途径,督促县政府利用“五水共治”和生态主体功能区建设的有利时机,持续不断地抓环境建设,常葆文成蓝天碧水空气清新的生态优势。宜游宜居,建设美丽乡村既惠及文成百姓又事关全域景区化战略的打造,县人大常委会把统筹城乡发展、美丽乡村建设、城乡规划审批、“三改一拆”和避震安居工程建设作为监督重点,提出合理化建议,督促政府下大力气改变乡村面貌,千方百计解决群众反映强烈的建房审批难问题。交通是制约文成发展的最大短板,县人大常委会从组织代表实地督促56省道南田接线工程建设进度到督办322国道西坑至景宁段、青文泰公路县城至玉壶段改造建设的代表议案,再到同意龙丽温高速公路文瑞段项目资本金及委托建设资金由县财政负责、G322樟台至龙川段改建工程PPP项目建设等等,督促政府加大力度改善文成内外交通环境,提升文成发展硬件水平,方便群众出行。

**始终把提升生活品质作为监督核心**。丰富人民群众精神文化生活是提升生活品质改善民生的重要内容,县人大常委会组织文化先进县创建视察,就文化基础设施建设、农村基层文化开展、文化员作用发挥等方面提出意见,合力推动基层文化繁荣,满足群众精神文化需求。注重养生和关注养老是当今群众的热门话题,县人大常委会组织养生养老产业发展专题调研,深入分析文成养生养老产业发展的现状和前景,督促政府充分利用文成的资源优势精心布局养生养老产业发展。加强体育锻炼、增强身体素质是群众生活水平提高的重要标志,县人大常委会以督促体育强县创建为契机,推动政府加强体育基础设施建设,提升体育事业发展水平。

**始终把惠民生办实事作为监督重点**。振兴文成教育,让孩子上好学是每个家庭的热切期盼。县人大常委会应群众所盼,围绕教育资金使用、学前教育、教育现代化、校车安全等等,综合运用审议专项工作报告、工作评议、督办代表建议等方式,督促政府及相关部门采取有效措施解决文成教育面临的突出问题,进一步提升人民群众对文成教育的满意度。解决“看病难、看病贵”问题是人民群众的共同愿望。县人大

常委会想群众所想，连续几年关注医疗卫生工作，通过卫生局工作评议和基层卫生院专题调研，就卫生基础设施、医疗卫生队伍、管理机制和完善县人民医院托管等方面提出建议意见，并就县人民医院迁建选址作出决定，有力推动了文成医疗卫生事业的健康发展。食品安全大于天，让人民群众吃得放心是政府的职责也是人大连续多年监督的重点。县人大常委会先后通过专题调研、执法检查、工作评议等监督形式持续关注食品安全问题，推动政府重视食品加工小作坊、流动摊贩、农贸市场的食品安全问题及肉食检疫、农药和食品添加剂使用监管等工作，促进文成食品安全保持整体平稳态势。实现民族地区同步发展是文成实现跨越发展的重要组成部分，县人大常委会开展民族工作专题调研，审议政府民族专项工作报告，督促政府更加重视少数民族群众下山搬迁、民族人才培养、民族乡村产业扶持和基础设施建设等工作，促进各民族团结进步，共同繁荣发展。

## 四、凝聚人心，强化服务，着力发挥代表主体作用

五年来，县人大常委会把加强代表工作放在重要位置，注重加强与代表的联系，努力为代表依法执行职务创造条件。

**丰富载体，大力增强代表活动实效。**为代表搭建好履职平台是发挥好代表作用的前提条件。代表联络站是代表联系选民、汇聚民智、反映民意的重要平台，县人大常委会出台代表联络站建设的实施意见，全面推进代表联络站规范化建设，全县现已建成代表联络站实体站点19个、网上站点1个。知政是督政的前提，为了让代表全面了解政府工作，要求政府及有关部门邀请代表参与重要会议、重大活动，重要工作及时听取代表的意见。每年召开政情报告会，由政府报告半年度工作，代表提出建议意见，使代表及时了解政府工作，政府及时接受代表监督，实现基层民意与政府工作的有效对接。组织人大代表参与省市人大统一组织的“转型升级十大组合拳”落实情况主题监督、查找“基层群众办事审批难事项”、监督“已治理的河”、视察核查年收入4600元以下贫困人口脱贫情况等系列活动，发挥了人大代表的监督作用。组织在文省市人大代表视察旅游资源整合、美丽乡村建设、“五水共治”、库区转产转业、农业产业发展、特色小镇创建等工作，有力推动相关重点工作的顺利开展。

**完善机制，提高议案建议督办成效。**坚持把代表议案建议办理作为落实代表监督职权的重要措施和保障代表依法履职的重要内容。从指导代表提高议案建议质量和督促承办单位提高办理质量入手，修订建议处理办法，完善提高督办实效。采取县人大常委会领导重点督办、县政府领导牵头领办、各工委对口督办、办理结果满意度测评、建议办理回头看等措施，切实加大代表建议督办力度。县十五届人大一次会议以来代表提出的999件代表议案建议，全部办理答复完毕，其中已经解决或基本解决457件，占45.7%；列入计划逐步加以解决410件，占41.1%；因目前条件限制或其他原因难以解决的132件，占13.2%，建议办理测评满意度逐年提升，推进了一批代表关心、社会关注的热点难点问题的解决。

**加强培训，努力提高代表履职能力。**代表是人大工作的主体，人大工作水平的高低主要看代表。县人大常委会通过集中培训、以会代训等形式，组织代表系统学习组织法、代表法、监督法及其他履职必备知识，让代表熟悉权利义务、清楚监督流程。邀请代表参与县人大常委会组织的视察、调研活动，列席县人大常委会会议，让代表在活动和会议中学习履职知识，提高履职能力。

**严格把关，依法选举县乡人大代表。**县人大常委会把坚持党的领导、充分发扬民主、严格依法办事有机结合起来，认真贯彻落实中央和

省市县委对人大代表换届选举工作的要求，严格执行“九个严禁”换届纪律，认真登记选民，科学划分选区，严格考察审查，充分酝酿确定候选人，组织正式代表候选人与选民见面，依法选举产生县十六届人大代表200名，乡镇人大代表932名，顺利完成了县乡两级人大代表换届选举任务。

## 五、不忘初心，改进作风，不断加强人大自身建设

五年来，县人大常委会牢固树立核心意识，强化责任担当，狠抓队伍管理，自身建设取得了长足的进步，履职能力明显增强。

**加强思想建设，增强政治定力。**按照县委的统一部署，先后组织开展了党的群众路线教育、“三严三实”“两学一做”等专题教育活动，进一步增强人大干部的政治意识、大局意识、规矩意识，确保人大常委会各项工作始终与县委同心同向同力。加强党风廉政建设，全面落实中央“八项规定”，严格遵守党风廉政建设各项规章制度，树立人大机关良好形象。加强人大干部学习培训，提高人大干部政治素质、法律水平和履职能力。

**强化制度创新，提升工作效能。**认真总结实践经验，充分借鉴外地做法，积极推进人大工作制度创新，制定出台《审议意见处理办法》《专题询问办法》和《加强调研工作的意见》，人大工作规范化水平进一步提高。加强人大信息宣传工作，开通文成人大微信公众号，传播人大履职声音，扩大人大社会影响力。

**加强工作指导，增强基层水平。**加大乡镇人大工作指导力度，深入调研全面了解乡镇人大发展中存在的问题，督促乡镇人大规范化建设。安排乡镇人大主席列席市、县人大常委会会议，观摩上级人大常委会议事决策过程，组织乡镇人大主席、副主席参加全省乡镇人大工作培训班，进一步提高乡镇人大工作水平。

五年来，县人大常委会坚持干在一线，督在实处，主动融入全县中心工作，积极参与“联系项目”“联片指导”“三边三化”“五水共治”“航空小镇”“总部经济”“防震减灾”等重点工作。

五年来，县人大常委会还配合全国人大华侨委来文开展侨务工作调研，参与省市人大来文开展的民族、宗教、侨务、农业、扶贫、五水共治、生态补偿等课题的调研，为相关工作赢得省市支持发挥了人大特殊的作用。

各位代表，过去的五年，是县人大常委会充分发挥职能作用，为文成经济社会发展做出积极贡献的五年，也是我县人大工作与时俱进、创新发展的五年。五年来取得的成绩，得益于中共文成县委的正确领导，得益于全体人大代表和人大工作者的共同努力，得益于“一府两院”的积极配合，得益于广大人民群众的大力支持。同时，离不开省、市人大的指导帮助，离不开乡镇人大的通力协作，更离不开历届人大常委会打下的良好基础和老同志们的关心支持。在此，我代表县第十五届人大常委会对所有为文成人大发展作出不懈努力的同志们，表示衷心的感谢！

五年来，县人大常委会的工作虽然取得了一些成绩，但离党和人民的要求还有些差距，主要是：增强监督实效的方式方法需要进一步改进；代表履职的服务保障机制仍需进一步完善；常委会会议的审议质量有待进一步提高，对审议意见落实情况的跟踪督办有待进一步加强。这些都有待于在今后的工作中认真加以改进。

## 五年来的工作体会

五年的工作实践，使我们对做好新形势下的人大工作有了更加深刻的体会。

**一、必须牢固树立政治意识，始终保持正确的政治方向。**方向决定成败，目标引领未来。做好人大工作，必须始终坚持党的领导，坚守党的政治纪律、政治规矩，坚决在县委的正确领导

下开展各项工作，把县委的决策部署贯彻到人大工作的全方位、全过程。

**二、必须牢固树立全局意识，正确把握监督的角度与尺度**。同下一盘棋，共谱协奏曲。做好人大工作，必须从整体和大局出发，选准监督角度，把握监督尺度，监督和支持“一府两院”创造性地开展工作，做到监督不找事、不添乱，支持有原则、有力度。人大工作只有服务大局，以自己法定的工作方式促进发展，才能更好地发挥作用、有所作为。

**三、必须牢固树立民本意识，坚持把民生改善作为监督重点**。人大权力来自于人民，维护人民群众根本利益是各级人大的政治责任和法定职责。做好人大工作，必须坚持人民利益高于一切，心中装着群众，密切联系群众，一切为了群众，以高度负责的精神，代表人民行使权力，维护人民利益，体现人民意愿。

**四、必须牢固树立主体意识，紧紧依靠代表履行职权**。人大工作的主体在代表、潜力在代表。做好人大工作，必须始终把加强和改进代表工作作为重点，确保代表作用得到充分发挥。只有突出代表的主体地位，才能进一步畅通民意渠道，使人大真正成为同人民群众保持密切联系的代表机关。

**五、必须牢固树立创新意识，不断加强人大自身建设**。创新是增强人大工作活力、促进人大工作发展的内在要求。做好人大工作，必须持续加强自身建设，从人大职责出发，改革体制机制，解决突出问题，下大力气做打基础、利长远的事情。只有这样，人大工作才能年年有进步，届届有发展。

## 对今后工作的建议

各位代表，在县十五届人大常委会即将完成历史使命之际，对即将选举产生的县十六届人大常委会提出如下工作建议：

**一要服务大局，促进科学发展**。要深入贯彻县十三次党代会精神，围绕“美丽经济、美丽家园、美好生活”三大愿景，依法履行人大监督、决定等法定职权，发挥人大应有作用。要坚持党管干部和人大依法任免干部相统一，正确行使好人事任免权，继续探索任后监督的方式方法，进一步提高国家机关工作人员的人大意识。

**二要关注民生，促进社会和谐**。要通过多种方式，多种途径去倾听民声、反映民意、维护民利。始终把人民群众普遍关注的教育、卫生、社会保障、扶贫、环保、交通等重大民生问题作为重点，安排监督议题，开展监督工作。要深化计划、预算监督，使更多的公共财政用于保障和改善民生，让人民群众共享改革发展成果，促进社会和谐。

**三要发扬民主，促进法治建设**。要选择关系改革、发展、稳定和群众切身利益的法律法规开展执法检查，进一步加强规范性文件备案审查，促进“一府两院”依法行政、公正司法，保障法律法规在我县的正确实施。要督促好“七五”法制宣传教育决议的落实，增强全社会的法律意识和法治观念。探索加强基层民主政治建设、拓宽民意表达及利益诉求渠道的途径，扩大公民有序政治参与，保障人民群众的知情权、参与权、表达权和监督权。

**四要服务代表，发挥主体作用**。要充分重视新一届人大代表的学习和培训，切实增强代表责任意识，着力提高代表履职能力。继续探索闭会期间代表活动的方法和载体，丰富代表活动的内容和形式，增强代表活动的效果和影响。要提高代表服务保障水平，为代表发挥作用提供最优的服务环境，最强的保障措施。要继续加大代表议案和建议的督办力度，创新督办方式，提高办理质量。

**五要改进作风，提升履职水平**。要坚持群众路线，进一步密切与人大代表和人民群众的联系。根据新形势新任务的要求，更加注重自身建设，努力在工作方法上有新创造、工作机制上有新突破、工作落实上有新举措，推动全县人大工作与时俱进。要加强人大舆论宣传和信息化建设，不断增进社会各界对人大工作的认同和支持，为依法履职营造良好的社会环境。要强化对乡镇人大工作的指导，加强与上级人大常委会的沟通，密切与其他县市区人大常委会的工作联系，学习他们的好做法、好经验，提高文成人大的整体工作水平。

各位代表，幸福的明天，属于文成人民，美好的未来，需要我们共同努力。当前，我们正处于一个承接历史，开创未来的伟大时代，正处于一个攻坚克难、奋力前行的历史关头。改革发展任务艰巨，前景光明，人大代表责任重大，使命光荣。县十五届人大常委会圆满完成了历史使命，县十六届人大常委会即将依法选举产生。我们坚信，在中国特色社会主义理论体系指导下，在中共文成县委的坚强领导下，新一届县人大常委会一定会不忘初心、继续前进，不负重托、牢记使命，以更加昂扬的斗志、更加饱满的热情、更加务实的作风，认真履行宪法和法律赋予的职权，为实现与全省同步全面小康、开创赶超发展新境界而努力奋斗！

# 政府工作报告

## ——在文成县第十六届人民代表大会第一次会议上

县人民政府代县长　章寿禹

（2017年2月21日）

各位代表：

现在，我代表县人民政府，向大会作政府工作报告，请予审议，并请县政协委员和其他列席人员提出意见。

### 一、过去五年的工作回顾

县十五届人大一次会议以来，在县委的坚强领导下，我们紧紧围绕“宜游宜居生态县”总战略，立足当前打基础，着眼长远谋发展，精准发力求突破，团结和依靠全县人民，同心同德、负重奋进，较好地完成了县十五届人大历次会议确定的各项目标任务。2016年全县实现地区生产总值79.1亿元，年均增长8.4%；财政总收入突破10亿大关，年均增长7.7%，其中一般公共预算收入7.9亿元，年均增长8.9%；城镇和农村常住居民人均可支配收入分别达到32747元和14414元，年均增长9.7%和11.3%，各重点指标增速均超过省市平均水平，经济社会取得长足发展。

**五年来，我们坚持破瓶颈、强投入，着力夯实发展基础，发展活力显著提升。**项目投资大幅增长。注重筑巢引凤，以产业平台促进项目集聚，争取并推动省级服务业集聚区、天湖省级旅游度假区、省级特色小镇等一批事关长远发展的战略性平台。累计实施限额以上重点项目494个，完成固定资产投资282.5亿元，是上一个五年的3.9倍，年均增长26.5%。交通建设取得重大突破。建成56省道花园至西坑段改建工程、新56省道南田连接线、铜铃山至泰顺黄桥公路，加快建设龙丽温高速瑞文段，动工建设溧宁高速文泰段、322国道西坑至景宁段改建工程、322国道樟台至龙川段改建工程、西南公路和南田十源公路改造提升工程，基本实现县城至主要中心镇“半小时交通圈”，为融入“温州一小时交通圈”夯实基础。要素支撑得到加强。谋划包装南田福地养生中心、巨屿沙洲二期等重大招商项目99个，实际到位浙商回归资金78.5亿元。组建国投、旅投等县级投融资公司6家，通过向上争取、银行融资、内部清理整合等方式筹集资金192.9亿元。完成批而未供、供而未用土地清理5540亩，垦造耕地12555亩，立项实施“旱改水”3231亩，积极推进全省“坡地村镇”试点建设。

**五年来，我们坚持兴实体、促转型，着力优化产业结构，经济实力不断增强。**旅游主导产业蓬勃发展。深入推进旅游主业化、全域景区化，积极推进国家全域旅游示范区、浙皖闽赣国家东部生态旅游实验区建设，完成百丈漈景区改造提升，建成天圣山文化园、天鹅堡小镇、嘉南美地旅游度假中心等项目一期工程，培育西坑让川、南田武阳等一批特色民宿村，新增床位4950张。大力开展旅游推介活动，央视微电影拍摄基地落户文成，成功举办文成杯微电影大赛、浙江自行车系列公开赛等赛事。全县旅游总收入、景区门票收入和接待游客数年均分别增长8.4%、43.7%、10.8%。传统基础产业稳步发展。建成省级粮食生产功能区71个42054亩、市级以上现代农业园区34个68010亩，基本形成茶叶、杨梅、高山蔬菜三大主导农业品牌，新增市级以上农民专业合作社54家、示范性农村合作组织18家，农业产值年均增长6.7%。深入实施扶工兴贸系列政策，引进工业企业26家，完成个转企565家、规下转规上12家，新增成长板1家、创新板14家，工业增加值年均增长6.9%。新业态培育初见成效。大力扶持发展建筑业、总部经济等八大新业态，新增资质建筑企业14家，2016年实现建筑业产值24.6亿元，是2011年的2.7倍。建成绿云电商产业园、"侨品汇"等六大电商平台，2016年实现网络销售额7.23亿元。建成总部经济大楼，引进总部企业26家，实现创税5600余万元。

**五年来，我们坚持强功能、育特色，着力推进城乡一体化发展，城乡面貌明显改观。**县城建设步伐加快。深入实施"小县大城"战略，大力推进城市有机更新，建成区面积增加1.6平方公里。启动县城"4+7"板块改造，二中片区改造基本完成，苔湖片区改造取得阶段性成果，兴福堂片区改造有序推进，珊门、龙川、徐村等片区开发初显成效，县旅游集散中心、社会公共服务中心、公安业务大楼等一批功能性建筑相继落成。推进"亮丽县城"建设，完成泗溪河四至七期治理。中心镇功能日趋完善。推行城镇差异化发展，启动"森林氧吧小镇""国际慢城"等特色小镇建设，玉壶梅园、百丈漈腾飞小区等一批组团式小区和农房改造项目相继建成，百丈漈农贸市场等一批城镇配套项目相继完成，中心镇集聚和服务能力逐步提升。美丽乡村建设亮点纷呈。加速推进美丽乡村4条精品带建设，创成精品村45个、重点村43个，"刘基故里民俗带"获评全省十大美丽乡村示范精品线，梧溪村、培头村入选全国美丽乡村示范点。荣获全国"魅力新农村"十佳县、全省美丽乡村创建工作先进县等称号。

**五年来，我们坚持抓治理、促提升，着力深化生态创建，环境品质持续优化。**五水共治成效突出。投入31亿元建成飞云江治理一期、玉泉溪综合治理等治水项目76个，提前完成畜禽养殖污染整治，入选全省首批"清三河"达标县，建成4个污水处理厂及配套管网工程、253个农村生活污水治理项目，实现主要中心镇污水处理厂和村级污水处理设施全覆盖。生态创建深入推进。坚持治乱点和创亮点双管齐下，推进国家主体功能区试点建设，创成国家生态县、中国长寿之乡、省级森林城市，重要生态环境指标和群众生态环境满意度连续五年位居全省前列。人居环境明显改善。强势推进"三改一拆""无违建县"创建，累计处置违法建筑84.67万平方米，通过"基本无违建县"验收。推进农村生活垃圾减量化资源化处理，生活垃圾无害化处理率达96.34%。建成南田伯温广场、峃口精品绿道等公共休憩场所。创成省级园林城市，国家卫生县城创建通过验收。

**五年来，我们坚持增福祉、保平安，着力保障和改善民生，社会保持和谐稳定。**民生保障不断完善。认真抓好年度十大民生实事，民生支出累计达到113亿元，年均增长12.7%。组织实施"三年特扶"和扶贫攻坚六大专项行动，完成异地搬迁4890户1.65万人，全面消除家庭人均年收入4600元以下的贫困现象，实现欠发达县“摘帽”。养老、医疗等五大保险参保比例不断提高，最低生活保障制度实现动态管理。推进城镇住房保障体系建设，建成保障房491套。扎实推进灾后重建，开工建设抗震安居小区6个1160套，获评全国县级防震减灾工作先进单位。社会事业加速发展。组建文成二高、武阳书院、振中学校，形成公办和民办教育互促互进的良好局面。中高考重点指标创历史新高，高考上线率跃居全市第一，创成全国义务教育发展基本均衡县。有序推进全省分级诊疗和县乡村卫生一体化综合管理两大试点工作，启动县人民医院新建工程，基本实现基础卫生资源全覆盖。扎实做好人口和计生工作，两孩政策全面实施。开通县城公交线路5条，建设公共自行车服务点20个。县殡仪馆迁建等工程顺利推进，县文化中心、博物馆、百姓健身房和一批农村文化礼堂建成投用，创成全省农村文化礼堂建设先进县、省级文化先进县、省级体育强县，列入国家科技富民强县行动计划试点县。社会治理持续加强。深化“网格化管理、组团式服务”，深入开展交通运输、建筑施工、食品药品等十大重点领域专项整治行动，安全生产、社会治安和信访主要负面指标连续五年“零增长”。在全国率先推行“特邀海外调解员”制度，获最高人民法院和中国侨联经验推广。圆满完成“平安护航G20大会战”安保工作，有望实现省级平安县“十连创”。工会、共青团、妇女、儿童、老龄、残疾人、慈善、红十字等事业全面发展，人民武装、民族、宗教、老干部、关心下一代、人防、金融、双拥、移民、气象、档案、地方志等工作取得新成绩。

**五年来，我们坚持转作风、优服务，着力改进方式方法，政府效能日益提高。**行政行为更加规范。坚持依法行政，认真执行县人大及其常委会的决议、决定，认真办理人大代表建议意见和政协委员提案。完善行政执法体制，组建县综合行政执法局。认真落实政府信息公开，严格执行县领导应诉制，法治政府建设得到加强。政府服务不断优化。完成新一轮行政区划调整，基层服务网络得到延伸。推进招投标市场整治，有效净化建设环境。加快审批制度改革，完成“五张清单一张网”改革，率先推进“移动互联网+审批”改革试点工作，便民服务水平进一步提升。作风建设深入推进。完善县政府领导分层协调、考绩考核倒逼机制，强化重点工作过程管控。严格落实中央八项规定，常态化整治四风问题，完成全县公车改革和办公用房清理，三公经费支出大幅削减。注重源头防范和制度化管理，全面落实党风廉政建设“一岗双责”，深入推进农村基层和县直单位作风巡查，严格执行事中、事后审计和问题整改，严厉查处违法违规行为，防腐倡廉工作成效明显。

各位代表，刚刚过去的2016年，是“十三五”规划实施的开局之年，我们在做好各项常规工作的同时，突出抓了以下五个方面：一是认准标杆补短板，全面实施重点工作“三年行动计划”。制定出台并组织实施产业、平台、环境等7大类25个“三年行动计划”，明确发展目标和路径举措，强化责任落实，加大推进力度，为“十三五”规划实施打下良好基础。二是紧盯项目促落地，加快推进产业平台实体化。狠抓产业平台落地，完成省级服务业集聚区、天湖省级旅游度假区、“森林氧吧小镇”等三大平台规划设计，推进“多规融合”试点工作，谋划平台支撑项目142个，概算总投资达360亿元，天顶湖环湖绿道、天湖庄园等项目顺利推进。三是围绕城镇提品位，启动实施城镇旅游化改造。推进小城镇环境综合整治“179”工程，先行实施西坑、百丈漈、铜铃山等3个镇旅游化改造，有序推进城镇重点区域房屋外立面改造、管线“上改下”、道路“白改黑”等环境再造。四是狠抓融资强保障，有效缓解城乡建设资金制约。全力保障交通工程、城镇管网等重大民生项目和基础配套设施建设的资金需求，全年融资总额达到14亿元，是2012年的4.6倍。五是着眼长远保安全，着力改善老百姓居住环境。以“大拆大整”工作为抓手，全面推进城乡危旧房排查整治，完成农村困难群众住房救助4575户。谋划启动15个总面积达82万平方米的城中村改造项目，珊溪街尾片区改造、百丈漈篁庄村改造等项目强势推进。

各位代表，过去五年所取得的成绩，是上级党委、政府和县委正确领导的结果，是县人大、县政协监督支持的结果，是全县人民奋力拼搏的结果。在此，我谨代表县人民政府，向全县广大干部群众、人大代表、政协委员，向驻文部队、武警官兵，向人民团体、工商联和社会各界人士，向情系家乡建设的海内外文成人和关心支持文成发展的朋友们，表示衷心的感谢并致以最崇高的敬意！

在肯定成绩的同时，我们也清醒地认识到，文成经济社会发展仍面临不少困难和问题，突出表现在：经济运行方面，经济总量依然偏小，产业层次依然偏低，旅游主导产业引领力不强，经济发展整体水平还处于全省后列；发展动力方面，重大平台建设进展缓慢，大项目、好项目落地不足，土地、资金、人才等要素制约仍然突出，发展新动能尚未真正形成；城乡建设方面，城镇风貌、品位和特色离全域旅游化的要求相距甚远，城中村改造和基础设施建设依然滞后，城乡危旧房改造任重道远，城镇管理水平还需进一步提高；社会发展方面，教育、医疗卫生、文化等民生事业离群众需求还有较大差距，偏远山区公共交通、城市循环交通亟待改善；自身建设方面，部分干部工作激情不足，不愿担当、不敢担当、不善担当的现象还不同程度存在，一些干部建设城镇和发展旅游的能力还需要进一步提升。对这些问题，我们将高度重视，不回避、不推诿、不怠慢，采取有效措施，切实予以解决。

## 二、今后五年政府工作的总体思路和目标任务

今后五年，是文成加快建设“宜游宜居生态县”的关键期，也是建设全面小康社会的决胜期。审视未来五年，虽然我们面临着复杂的宏观形势，在发展进程中将遇到各种困难和挑战，但是机遇远远大于挑战。国家继续坚持稳中求进工作总基调，强力推进供给侧结构性改革，加大对革命老区和贫困地区的扶持力度，把国家重点生态功能区建设和全域旅游上升为重要发展战略；省委、省政府进一步加大对26县加快发展的扶持力度，大力实施万亿综合交通工程和万亿旅游产业“511”行动，把文成列入全省交通补短板典型示范区；市委、市政府强势推进“大拆大整”工作，更加注重环境建设和产业转型。这些叠加政策符合我县资源禀赋特色和现实发展需求，为我县经济社会加速发展带来难得的历史机遇。改革开放三十多年尤其是“十二五”以来的快速发展，使我县环境更加优化、动力更加强劲、方向更加明晰，为经济社会加速发展奠定了坚实基础。

各位代表，文成正处在奋力直追、奋发崛起的大好时期。只要我们立足实际、因地制宜、应势而谋，就一定能够迈入提速推进“两山”转化的快车道；只要我们拿出逢山开路的闯劲、甩开膀子的干劲、久久为功的韧劲，就一定能够克服前进道路上的重重困难；只要我们坚持绿色发展不偏向、集聚发展不动摇、创新发展不畏难、借力发展不放松、和谐发展不懈怠，就一定能够实现文成赶超发展的宏伟蓝图！

综合考虑各方面因素，今后五年政府工作的指导思想是高举中国特色社会主义伟大旗帜，全面贯彻习近平总书记系列重要讲话精神，坚定不移地推进“宜游宜居生态县”总战略，以“五大百亿工程”为主抓手，创新思维、强化投入、攻坚克难、狠抓落实，着力壮大生态产业、着力优化城乡空间、着力加强社会建设，努力把文成打造成为国家生态文明建设示范区、全省最佳旅游目的地名城和温州迈入全面小康社会标杆城市的山水理想家园，加快实现“美丽经济、美丽家园、美好生活”三大愿景。

按照这一指导思想，今后五年的发展目标是：力争到2021年，全县地区生产总值达120亿元以上，年均增长8%以上；固定资产投资达116亿元以上，年均增长10%以上；城镇常住居民人均可支配收入达49000元以上，年均增长8.5%以上，农村常住居民人均可支配收入达23000元以上，年均增长9.7%以上；财政总收入达14.7亿元以上，年均增长8%以上，其中，一般公共预算收入达11.6亿元以上，年均增长8%以上；全社会消费品零售总额达62亿元以上，年均增长10%以上；服务业增加值占比达65%以上；城市化率达56%以上。经过五年的发展，使文成综合实力更强、城市能级更高、生态环境更美、民生福祉更好、体制机制更活、发展后劲更足。

围绕上述目标，今后五年，我们要重点做好以下三方面工作：

**（一）全力提升旅游产业引领力，构建美丽经济新格局**。始终坚持旅游主业化，促进全产业融合，加快构建结构合理、主体突出、充满活力、效益明显的现代产业体系，不断增强县域经济综合实力。

以产业平台集聚美丽经济。按照“一年打基础、三年有突破、五年见成效”的目标，推动大项目向大平台集聚、传统块状经济向平台经济转型。加快平台建设。加快平台交通、能源、通讯等基础设施网络建设，推动人流、物流和信息流高效便捷流通，增强聚集功能和综合服务功能，把天湖省级旅游度假区打造成省内知名的旅游休闲示范区，把“森林氧吧小镇”打造成产城人融合发展的现代化开放型旅游产业特色小镇，把省级服务业集聚区打造成山区特色旅游配套服务业集聚示范区。加大平台招商。大力实施“产业平台招商引资五年倍增计划”，做深做细项目前期，不断充实完善项目库，瞄准国字号企业、上市大企业、行业领军企业开展精准招商，争取每年引进投资超10亿元的重大项目2个以上，五年实际到位资金150亿元。狠抓项目落地，建成投用兴福堂城市综合体、天圣逸境中华养生城等项目，加快推进西坑隐修谷、“空中花园小镇”等项目，力争完成平台投资150亿元以上。加强平台保障。建立实体化运作的平台管理机构，进一步理顺平台管理体制。花大力气强化保障能力，推动政策、土地、资金、人才等资源要素向平台集聚。完成“旱改水”8000亩，其中直接垦造水田3000亩，盘活存量土地900亩；优化整合政府性投融资平台，新增融资贷款60亿元；依托产业平台，积极建设“候鸟式”众创空间，出台更优惠的人才引培制度，实现平台借智发展。

以旅游产业引领美丽经济。以“一心两轴六组团”空间布局为依托，以国家全域旅游示范区创建为抓手，推动旅游产业从量变向质变飞跃，从跟跑向领跑转型，实现“全景文成、全域旅游、全时旺季”的目标。推进全景式打造。按照全景式旅游发展空间要求，推进核心景区打造和旅游配套项目建设。创成“伯温故里”国家AAAAA级旅游景区，完成铜铃山、龙麒源等A级景区改造，推进朱阳九峰等新景区开发，开展乡村旅游A级创建，到2021年形成国家AAAAA级景区1个、AAAA级景区3个、AAA级景区10个，构成高品质旅游景区集群。建成刘基庙前古街区、“森林氧吧”小镇客厅等工程，加快推进凤凰山主题公园、“东方慢城”飞云湖小镇等项目，完成百丈漈、珊溪、西坑等旅游集散中心建设，努力实现景点内外旅游功能一体化。推进全产业发展。深入实施“旅游+”产业融合工程，大力培育发展酒店民宿、餐饮美食、演艺摄影、运动健身、康养保健、休闲娱乐、欧陆侨品、农特产品等八大旅游配套服务行业。强化伯温文化、红色文化、侨乡文化、畲乡文化、宗教文化、孝文化的植入，倾力打造生态休闲游、时尚体验游和养生度假游三大旅游品牌，建设一批集拍摄、培训为一体的微电影基地；开发提升空中观光旅游、房车露营、滑雪滑草等特色项目，形成一批中高端户外体育休闲度假产品；引入国内知名品牌打造一批带动力强、品牌效益明显的精品民宿，满足不同层次游客的需求。推进全方位管理。把旅游化理念贯穿到城乡建设的全方位、全过程，推进县域整体布局、城乡风貌与旅游产业发展相协调。实施旅游综合服务体系提升工程，促进旅游配套服务业专业化发展，不断规范旅游行业市场秩序。积极融入浙皖闽赣国家东部生态旅游实验区和浙西南旅游共同体，主动促进“雁楠飞”旅游一体化发展，探索推进文成旅游国际化。

以特色农业夯实美丽经济。将规模化、品牌化、时尚化作为文成打造特色农业的主攻方向，大力实施农业“接二连三进四”全产业链融合工程，加快形成品牌更响、业态更新、效益更佳的农业发展新格局，力争实现农业产值年均增长3%以上。着力壮大产业规模。加快推进农业“两区”扩面提质，巩固提升百丈漈、南田高山台地农业发展，推进二源省级特色农业强镇建设，创成省级生态循环农业整建制推进县。落实耕地保护制度，确保粮食播种面积稳定在12.5万亩，年产量5万吨以上。引导推进农村土地整村整组连片流转，促进农业规模化经营，培育年产值5000万元以上农业龙头企业3家、年产值亿元以上农业龙头企业1家。致力深化品牌创建。进一步做大茶叶、杨梅、高山蔬菜三大主导农业品牌，提升品牌效益。加快培育中蜂养殖、中药材种植等特色产业，继续扶持黑木耳、糯米山药等优势农产品生产，到2021年新增省级著名商标2个、省级名牌农产品2个，创成省级农产品质量安全放心县。大力发展时尚农业。鼓励和扶持家庭农场、高品质生态庄园、示范性时尚农家乐发展，推进集循环农业、创意农业、农事体验于一体的田园综合体建设，努力打造全省休闲农业和乡村旅游示范县。更加注重专业化发展，培育示范性“三位一体”合作组织20家以上。依托“特农汇”、高山菜园等平台完善农产品营销体系，提升线上线下营销水平，推动农业产品向旅游产品转化。

以生态工业助推美丽经济。坚定不移推动绿色生态工业发展，优化产业布局，进一步增强工业对美丽经济的推动作用，力争五年完成工业总产值270亿元，工业性投资20亿元。整合园区促集聚。全力打造巨屿轻工产业集聚区、百丈漈汽摩配和旅游商品集聚区、黄坦农副产品集聚区、“工业飞地”高新技术企业集聚区，推进园区基础设施和生活配套设施建设，实现老工业基地整合提升和新平台落地达效。创新提升促转型。深化“四换三名”“三转一市”，提高工业土地亩产率，完成个转企148家、规下转规上15家，“新三板”上市企业实现零的突破。实施“大企业培育”计划，主动承接符合环保要求的发达沿海地区产业转移，力争引进一批技术含量高、带动能力强的工业项目，到2021年产值超亿元企业达12家以上。优化服务促发展。建立健全服务企业长效机制，实施新一轮工业发展提质行动和小微企业成长计划，打好减税降费、金融支持系列组合拳，帮助企业排忧解难，大力营造合力扶工的发展氛围。

以新兴业态拓展美丽经济。按照“巩固一批、提升一批、突破一批”的要求，加速推进八大新兴业态培育，进一步增强产业发展新动能。总部经济和建筑业齐头并进。围绕交通运输、文化创意等领域加大总部企业招引力度，引进企业20家以上，实现创税5000万元以上。建成建筑业总部经济大楼，培育一级建筑企业2家、二级建筑企业5家以上，实现建筑业产值年均增长20%以上。电商业和物流业互促互进。推动绿云电商示范园建设，建成南田农产品电商产业园，谋划推进跨境电商产业园建设，打造省级电子商务专业村5个以上，2021年电商营业额突破15亿元，年均增长20%以上。构建现代物流网络体系，建成县物流中心、3个镇级物流中心和4个物流配送站，打造浙南山区重要物流节点。健康产业和文体产业融合发展。大力开发康体养生服务产品，推进医养结合，积极引进和培育健康养老规模企业2家以上。充分挖掘药师佛文化、太极文化、长寿文化等特色文化的产业潜能,助推健康服务业发展。

**(二)全力提升中心城市首位度,构筑美丽家园新层级**。始终坚持"小县大城"战略,强化县城核心地位,坚持"拆、建、治、管"同向发力,协同推进县城、中心镇、乡村、交通线和面上环境的整体提升,构建"心、片、点、带、圈"争相辉映的城乡空间布局,形成宜游宜居的美丽家园空间体系。

**打造美丽县城,做强吸引核**。全力实施县城旅游化改造,推动县城空间重构、功能优化、形象再造和品质提升,着力打造全省最佳旅游目的地名城。从城中村改造入手,提升城市品位。协同实施产权调换安置与货币化安置,同步推进新区开发与旧城改造,有序拉开"一心七片"发展框架。完成兴福堂、苔湖街(一期)和花园—徐村等片区开发建设,提速推进龙船坪、苔湖街(二期)、樟山等片区开发,加快推进下沙垟、樟岭、珊门等城中村改造,启动二新片区改造。争取到2021年,县城建成区面积拓展至8平方公里以上。从县城旅游化改造入手,重建城市特色。推进城市风貌研究和设计,突出综合环境整治和旅游要素培育,实施泗溪河沿岸、城市出入口、城区主街道、公园广场等重点区域环境再造,把泗溪河打造成立体开放的美丽生态"中央水轴",把县前街、伯温路、建设路、苔湖街、体育场路等五条主街道打造成精品城市街区,把县城中心区域整体打造成兼具山水特色和现代气息的城市客厅。完善城市综合长效管理机制,推进"智慧文成"建设,提升城市管理精细化程度,创建文明、有序、整洁、优美的城区环境,创成省级示范文明县城。从基础配套项目建设入手,完善城市功能。推进产城融合,扶持培育城镇服务产业发展,加快服务功能区建设,建成兴福堂星级酒店等一批接待设施,形成城东华侨特色商业街、苔湖通讯数码商业街等一批特色街区,引导发展写字楼等物业经济。加快城市交通微循环,建成停车场(库)9个,新增公共停车泊位2000个以上。强化市政配套功能,加快推进划行归市,建成周村新农贸市场、建材家具专业市场,完成县城水厂二期扩建、生活垃圾填埋场提升、天然气门站等基础设施项目建设。

**创建美丽中心镇,做特大组团**。以特色小镇建设为载体,以小城镇环境综合整治为抓手,加快培育一批品质凸显、配套齐全、功能突出的新型小城镇,成为全域旅游发展的重要支撑。塑造城镇特色。坚持"镇当城建"的理念,明确乡镇功能定位和发展重点,强化与优势产业、风景资源、特色文化的深度融合,重点推进"森林氧吧小镇""国际慢城"建设,形成"一镇一品、一镇一韵"的发展新格局,建成一批定位准确、特色鲜明、功能集中的"小镇经济"新增长极。加快有机更新。以"大拆大整""三改一拆"为切入点,积极拓展城镇空间,完成珊溪街尾、百丈漈篁庄等城中村改造项目11个,建成玉壶东大门、南田南阳小区等一批组团式居民小区,完成百丈漈商业街区、峃口农产品储藏中心等公共配套设施建设,不断提升中心镇承载力。提升城镇风貌。以路边、水边、山边、城边、屋边为重点区域,深入推进镇区环境洁化、序化、绿化、亮化和美化,加强环境控制和管理,营造美丽宜游的镇区风貌。结合各中心镇在全域旅游化中的功能定位,实施街区改造、景观打造、旅游设施建设等系列措施,推进城镇旅游化改造,打造旅游精品城镇。

**提升美丽乡村,做精支撑点**。按照"村庄优美、特色彰显、家家创业、处处和谐"的要求,统筹推进"中国美丽乡村示范工程""改善农村人居环境示范村创建"和"千村示范万村整治工程",打造美丽乡村升级版。创建省级美丽乡村示范县。进一步完善县域美丽乡村建设规划,在旅游水陆两轴视线范围和重点景区周边的村庄开展美丽乡村精品创建,通过串珠连线创成美丽乡村风景线4条、美丽乡村示范乡镇5个,新增特色精品村50个以上。推进农村人居环境整体提升。对照中国美丽乡村建设国家标准，以村庄环境、大气水体、民房风貌、文化底蕴为主要内容，以“六个一律”要求开展重点村庄环境提升创建活动。扩大村庄设计覆盖面，实现村庄规划全覆盖，积极做好农房设计样板推广应用，全面改善农村生产生活条件。落实长效管理机制。完善美丽乡村运行维护资金保障，健全日常管理维护制度，建立共建共享的收益分配机制，推动美丽乡村管理规范化、常态化，实现美丽乡村“一时美”向“一直美”和“更加美”转化。

**建设美丽交通线，做美连接带。**以“建成高速、加密路网、开辟通航、纳入高铁”为目标，全力推进重大交通工程建设，努力实现文成由交通末端城市向温州西部公路交通枢纽的重大转变。融入浙南“一小时交通圈”。建成龙丽温高速瑞文段和溧宁高速文泰段，提速推进溧宁高速文景段，力争文青高速列入省高速公路网规划，完成322国道西坑至景宁段改建工程建设，加快青文泰公路玉壶至泰顺段建设，争取完成温武铁路、322国道文成县城至马屿一级公路和规划216省道文成段前期，建成通用航空机场和10个直升机临时起降点，打造浙南低空运动基地，全面迈入高速发展期。实现县域“半小时交通圈”。建成322国道樟台至龙川段改建工程，完成西坑至南田、云湖至塘垄等一批县道和周山、平和等一批通乡公路改造提升，组织实施“连村连景公路改造提升计划”“重点景区通景公路改造工程”，实现对外干线公路二级以上等级率、重点景区公路等级化率、通乡公路等级化率“三个100%”。加快建设生态交通走廊。提升交通绿道网，加快建设环天顶湖和环飞云湖慢行系统。推进重要交通节点和干线绿化美化彩化，建成322国道花园至西坑、大峃至南田公路等一批美丽示范路，争创省级美丽公路示范县。

**保护美丽大自然，做彩生态圈。**牢固树立“绿水青山就是金山银山”的理念，筑牢生态安全屏障。实施水污染防治行动，让水更清澈。持续推进“五水共治”，重点抓好飞云湖和天顶湖两大核心水系的保护，实施泗溪河水质综合治理工程，加快打造“云江秀水·十里画廊”，推进河湖库塘清淤、小流域环境整治和生态河道建设，城乡污水处理率和农村安全饮用水覆盖率达到省市要求，确保全县十条入库支流水质符合水环境功能区要求。实施大气污染防治行动，让天更蔚蓝。推进燃煤烟气、工业废气等“五气共治”，确保二氧化硫、氮氧化物等指标符合总量控制要求，空气质量优良天数比例达97%以上，空气环境质量全省领先。实施绿化造林行动，让林更多彩。加大病虫害防治力度，采取有效措施防范和控制森林疫病扩散蔓延，公益林面积稳定在73.6万亩。推进环城彩叶林带建设，加大红枫古道保护力度，推进林相改造，完成造林更新1.5万亩，建成彩色森林20万亩，创成国家森林城市和省级珍贵彩色健康森林示范县。

**（三）全力提升人民群众幸福感，打造美好生活新样板。**始终坚持以人民为中心，投入更多的资源和力量发展民生事业，提高人民群众幸福指数，构建和谐稳定的社会局面。

**促进增收致富，着力增强群众的殷实感。**积极争取和落实革命老区、水源地保护扶持政策，组织实施第三轮特别扶持计划、精准扶贫六大专项行动和增收致富奔小康工程，大力发展乡村旅游、来料加工等致富产业，扩大低收入农户增收渠道，助推创业创新，让老百姓的钱袋子鼓起来。推进农村产权制度改革，积极探索推进“光伏小康工程”，通过生态补偿、土地开发、发展物业、盘活资产等措施，切实增强村集体“造血功能”，确保三年内所有经济薄弱村实现转化。

**完善社会保障，着力增强群众的归属感。**加快建立覆盖城乡、惠及全民、功能完善的社会保障体系，深入推进市民卡、医保平台等信息化建设，不断健全城乡医疗保险制度和自然灾害救助制度，实现常住人口养老、医疗保险全覆盖和农村低收入群体应保尽保。切实做好被征地农民养老保险工作，实现"即征即保"。全面落实以公租房为主的城镇住房保障制度，着力破解城乡无房户、住房困难户建房难问题，持续提升城乡住房保障水平。加大养老保障力度，完成"1+17"养老服务中心改扩建，实现居家养老服务照料中心全覆盖。

**优化公共服务，着力增强群众的获得感。**把办好教育作为提升城市竞争力的头等大事，围绕创建省级教育现代化县目标，深入实施教育提升"八大工程"，建成县职业中专迁建、实验三小等工程，提速建设县城东小学、城北小学、实验二小迁建等工程，切实完善教育基础设施。深化教育教学改革，形成普惠升等的学前教育、优质均衡的义务教育、特色示范的普高教育和产教融合的职业教育，2021年教育教学质量达到全市中等以上，高考上线率达到全省中上水平。推进"健康文成"建设，深化"双下沉、两提升"工作，建成县人民医院新建工程，加快推进县中医院迁建工程，完成乡镇、村卫生院（室）改扩建15家，打造"20分钟医疗服务圈"。坚持计划生育基本国策，提升妇幼保健水平，促进人口长期均衡发展。深入开展省级文化强县和省级公共文化服务示范县创建，新建农村文化礼堂60家，实现乡镇文化服务中心全覆盖，推进非遗馆、玉壶侨乡文化陈列馆等特色场馆建设，打造"城市15分钟、农村30分钟文化圈"。深入实施全民健身计划，积极承办重大体育赛事，着力打造省级运动休闲基地。到2021年，全县公共服务均等化程度达到全省平均水平。

**健全防灾体系，着力增强群众的安全感。**坚持标本兼治，努力提升综合防灾减灾能力。科学编制"防汛防洪图"和重大自然灾害防范预案，建立综合监测预报预警系统，进一步完善应急救援联动机制。建立健全城乡住房安全防控机制，提速推进城乡危旧房治理改造，尽最大努力消除城乡住房安全隐患。加快推进灾后重建工程，规划建设灾后异地搬迁小区12个以上，建成抗震安居小区9个，实现异地搬迁3000户10000人以上；全面整治156处地质灾害隐患点和不稳定滑坡，完成避让搬迁466户1637人；扎实推进避灾场所建设，实现县、乡、村三级避灾安置场所全覆盖。

**加强社会治理，着力增强群众的满意度。**以基层基础为核心，抓好村级组织换届选举，深入开展"四个平台"建设，完善社会治理"一张网"和"一三五"应急处置体系。加快构建"以防为主、打防结合"的立体化治安防控体系，严防严打各类违法犯罪活动。推进网络生态治理，切实抓好网络舆情研判引导和突发事件应急处置。扎实推进"七五"普法，深入开展矛盾纠纷排查化解，不断健全大信访大调解机制，保障群众合理合法的利益诉求。强化金融监管，防止发生区域性金融风险。持续推进食品药品、消防等安全生产十大重点领域专项整治，坚决遏制较大以上安全事故发生，有力保障人民生命财产安全，切实维护社会稳定。创成省级食品安全示范县。

## 三、2017年政府工作的主要任务

2017年，是新一届政府的开局之年，也是实施"十三五"规划的重要一年。我们将以强势推进"五大百亿工程"开局，以全域旅游化环境再造开路，以提振干事创业精气神开干，撸起袖子，加压奋进，努力实现地区生产总值86亿元，同比增长8%；一般公共预算收入8.3亿元，同比增长8%；城镇和农村常住居民人均可支配收入分别达到35370元和15710元，同比增长8%和9%。重点抓好以下十方面工作：

**（一）以小城镇环境综合整治为重点全面推进城镇旅游化改造。**全面启动全域旅游化环境再造工程，按照小城镇环境综合整治规划方案，落实"一加强二推进三整治"系列举措，突出治乱点、创亮点、整秩序、保整洁，大力实施入城口和滨水区提升、房屋外立面和屋顶改造、管线"上改下"、道路"白改黑"等综合措施，全面提升17个小城镇(集镇)的功能和品位。基本完成铜铃山、西坑、百丈漈等三个镇的小城镇环境综合整治试点工作，创成小城镇环境综合整治达标乡镇5个。

**(二)以城中村改造为重点撕开城镇开发建设突破口**。紧抓2017年棚户区改造政策红利窗口期，进一步完善运行机制和相关政策，集中力量和资源，坚决打好城中村改造攻坚战。推行货币化安置，坚持"签、拆、征、建"环环相扣，提速推进兴福堂、龙船垟等片区改造，启动苔湖街二期、珊门一期和樟岭城中村改造，完成下沙垟旧村改造房屋拆迁434户5.9万平方米。其他中心镇重点围绕危旧房集中区、城镇核心区、旅游配套功能区、城镇形象展示区实施一个规模性城中村改造项目，总签约数达1500户以上，老旧区拆除面积达20万平方米以上。

**(三)以城乡危旧房整治为重点打赢除隐患、保安全攻坚战**。把保安全作为民生工作的核心任务，铁腕提速"大拆大整"专项行动，强势推进城乡住房安全再排查再整治，扎实推进全国农村农民建房试点县，组织实施避险和民房灾后重建、避灾安置场所规范化建设、地质灾害防治等行动计划，完成农村困难群众住房救助1000户；开工建设避险安置小区10个以上；完成地质灾害治理34处、避让搬迁44处；建成县防灾减灾应急中心和8个镇级避灾中心，基本实现村级避灾点全覆盖；完成农村自住D级危房和涉及公共安全的C级、D级危房治理改造。完成拆违10万平方米以上，力争创成"无违建县"。严格落实安全生产责任，完成平安建设"双十"目标，高质量实现省级平安县"十一连创"。

**(四)以交通项目为重点推进重大基础设施建设**。加快建设龙丽温高速瑞文段、溧宁高速文泰段、322国道西坑至景宁段和樟台至龙川段改建工程，开工建设公阳等通乡公路改建工程，深化溧宁高速文景段和通用航空机场前期，完成青文泰公路玉壶至渡渎段前期并具备开工条件，加快构建内畅外快的交通网。以大干交通的气势和力度持续推进重大基础设施建设，确保全年完成投资79.2亿元以上，同比增长10%以上。

**(五)以"伯温故里"国家AAAAA级景区创建为重点提升旅游产业核心竞争力**。全力争创"伯温故里"国家AAAAA级景区，创成九溪欢乐谷、新亭村AAA级景区2个，建成百丈漈洞式电梯、问道刘基馆布展工程等项目，开工建设凤凰山主题公园、峃口新联印象秋波谷等项目，进一步夯实旅游产业基础。制定出台八大旅游配套服务行业培育扶持政策，启动建设南田武阳、百丈漈嘉南美地等微电影拍摄基地，开工建设兴福堂、鸭头山等区块的旅游配套酒店3个，打造下石庄、新联等民宿村5个，新增床位1500张，进一步增强旅游配套功能。举办旅游文化高峰论坛、"青春秀文成"四季主题活动等，进一步提升旅游影响力。实现旅游总收入、门票收入分别同比增长11%和25%以上。

**(六)以招大商引大企为重点推进重大产业平台落地**。大力开展"重大平台项目招商攻坚年"活动，以"空中花园小镇"、南田大水桥等17个项目为重点，组建攻坚团队，明确月度计划，紧盯意向企业，发扬"五皮精神"，强化跟踪对接，确保引进国药集团等一批支撑力强并能够带动关联产业发展的龙头企业，争取开工10亿元以上项目3个，完成浙商回归到位资金22亿元以上。

**(七)以市场主体培育为重点壮大经济增长点**。围绕"提增量、稳存量、优质量"的要求，着力提升企业规模和活力。引进工业企业10家，完成个转企30家、规下转规上3家、企业股份制改造1家、区域股权交易平台挂牌3家；建成农业基地10个以上、农家乐10家以上；新增资质建筑企业3家以上，力争培育一、二级建筑企业各1家；培育规模性商贸企业3家以上，完成线下转线上8家，苔湖街商贸综合体实现对外运营。

**（八）以创新融资为重点强化项目要素保障**。按照“项目建设到哪里，要素保障到哪里”的要求，建立项目“一对一”要素保障清单。积极申请政策性贷款，实现银行授信20亿元。用足用好旅游产业基金，鼓励引导社会资本投入开发建设。加快推进“坡地村镇”建设项目，着力解决生态农庄等涉旅项目建设用地问题。立项实施“旱改水”3000亩，其中直接垦造水田1000亩，有效破解耕地占补平衡难题。

**（九）以补齐公共品供给短板为重点提速社会事业发展**。加快推进县职业中专迁建、实验三小、南田伯温小学等项目，开工建设武阳书院，完成城东小学、黄坦镇小等迁建项目前期并力争开工，启动温州佛学院教学区建设，建成投用大峃、玉壶、西坑等乡镇中心幼儿园。开工建设县人民医院新建项目，启动县中医院迁建工程前期。推进毛泽东像章文化博物馆建设，建成浙南民俗展示馆布展工程、24小时城市书房。开工建设黄坦敬老院和峃口中意康乐养老院，建成安福怀老中心、7个乡镇养老服务中心和20个村级居家养老服务中心。启动第三轮特别扶持计划，全力巩固“消除4600贫困现象”成果，实现低收入农户充分就业，确保低收入农户人均可支配收入达12000元以上，同比增长10%以上。

**（十）以“五水共治”为重点巩固提升生态创建成果**。深入推进国家生态文明建设示范区创建，开展西坑、铜铃山等5个国家生态示范乡镇创建。积极争取珊溪水库列入国家“良好湖泊”工程，完成飞云江治理二期整治7.2公里，开工建设县城自来水厂二期扩建、周壤城镇自来水等工程，加快推进西部片区饮用水工程前期，开工建设城东污水处理厂尾水深度处理、大峃城镇污水管网改造等工程。同步推进环城彩叶林和美丽公路建设，新增彩色健康森林21947亩，完成公路干线彩色防滑硬路肩改造60公里。

## 四、切实加强政府自身建设

新的形势、新的任务，对政府自身建设提出了更高的要求。治政必须先治吏，打铁还需自身硬，我们将着力打造一支干事担当、干净自律、充满激情的“政府铁军”，努力建设一个开拓、高效、法治、廉洁的政府。

**一要致力打造“更有担当，更有活力”的开拓政府**。进一步提升政府干部学习力，大力倡导终身学习的理念，更加注重学习产业发展、城市建设和社会管理等方面知识，不断提高政策理论水平和专业业务能力，让干部能干事。强化行政问责，坚决整肃庸政懒政怠政行为，完善激励机制，增强各级干部“增一分、进一位”的争先创优意识，让干部愿干事。健全完善鼓励创新、宽容失败、允许试错的容错纠错免责机制，给改革者撑腰鼓劲，让干部敢干事。通过教育开导、机制激励、榜样引领，营造良好的干事创业氛围，推动政府干部实干苦干、开拓创新。

**二要致力打造“有令必行，有行必果”的高效政府**。坚持把提高工作落实力作为建设高效政府的重中之重，实施差异化重点工作清单制度，强化行政首长负责制，更加注重精准考核，更加注重常态督查，确保重大决策部署不折不扣落到实处。按照“最多跑一次”的要求进一步简政放权，创新政府管理理念和方式，提高为市场主体服务的水平。围绕群众需求，深入基层问政问计，使各项政策措施更加符合实际，坚决打通政府工作和群众利益的“最后一纳米”。

**三要致力打造“规范施政、依法行政”的法治政府**。自觉遵法学法守法用法，积极运用法治思维和法治方式，切实规范各项行政行为，坚持法无授权不可为、法定职责必须为。坚持依法决策、民主决策、科学决策，完善重大事项公众参与、专家论证、合法性审查等制度。加强改进行政执法和行政复议工作，严格规范公正文明执法。深化规范性文件管理，持续做好政务公开。健全行政权力监督制约机制，自觉接受县人大及其常委会的法律监督、工作监督和县政协的民主监督，加强政府内部层级监督，主动接受社会监督、舆论监督。

**四要致力打造“群众放心，干部正心”的廉洁政府**。始终把纪律和规矩挺在前面，高标准落实中央八项规定，切实巩固“四风”整治成果。大力弘扬艰苦奋斗精神，严格控制一般性行政支出，降低运行成本。进一步规范政府采购、工程招投标和政府投资行为，健全国有资产、公共资金、公共资源监管制度，加强行政监察和审计监督，强化审计整改成果运用，严肃查处违法违纪案件，真正把权力关进制度的笼子里。严格落实党风廉政建设“两个主体”责任，深入贯彻《准则》和《条例》，始终保持惩治腐败的高压态势，以清正廉洁的政府形象取信于民。

各位代表！赶超发展的使命激励我们奋起直追，全县人民的重托鞭策我们勇毅笃行。让我们更加紧密地团结在以习近平同志为核心的党中央周围，在中共文成县委的坚强领导下，紧紧依靠全县人民，以更加负责的姿态励精图治，以更加高昂的斗志砥砺前行，为加快建设“三美”文成，实现与全省同步全面小康而努力奋斗！

**注释：**

**1. “特色小镇”**：省委、省政府于2015年提出的推进产业集聚、产业开发、产业创新的发展新模式，是聚焦特色产业、融合文化、旅游、新区功能为一体的创新创业发展平台。

**2. “旱改水”**：通过实施旱田改水田工程，解决建设用地占补指标。

**3. “坡地村镇”**：省国土资源厅创新推进的对山坡地进行乡村建设和旅游开发实行“点状布局、点状供地”的一种开发模式。

**4. 浙皖闽赣国家东部生态旅游实验区**：是指与“一带一路”、京津冀一体化、长江旅游带一起列入国家重大区域旅游发展战略。涉及四省14个市，总面积近22万平方公里，其中浙江省包括衢州市、丽水市全域，温州市文成、泰顺、平阳、苍南，杭州市临安、淳安、建德等，面积约4.1万平方公里。

**5. “三年特扶”**：从2011起，省委、省政府对文成等12个县分类实施特别扶持政策，三年为一轮，已连续实施两轮，其中对文成、泰顺、开化、松阳、庆元、景宁每年每县省财政安排财政专项转移支付资金2亿元，用以扶持6县群众加快增收致富奔小康。

**6. 扶贫攻坚六大专项行动**：特色产业、异地搬迁、基层基础、金融惠民、公共服务和社会保障等六大扶贫行动。

**7. “一岗双责”**：指一个单位的领导干部对本单位的业务工作和党风廉政建设负双重责任。

**8. 管线“上改下”**：将通信、电力等空中管线实施地埋改造。

**9. 道路“白改黑”**：把原来的水泥混凝土路面（灰白色）改建为沥青混凝土路面（黑色）。

**10. “大拆大整”**：温州市委、市政府，为认真贯彻省委、省政府部署要求，深刻吸取鹿城双屿农房倒塌事故教训开展的能全面消除安全隐患的专项行动，强力推进城乡危旧房隐患排查和治理改造、“四无”生产经营单位集中整治促进小微企业成长提升、违法建筑排查整治和拆除、城中村改造、流动人口管理、“居住出租房、合用场所、民宿”消防安全整治、市区旧市场搬迁整治提升以及双屿综合整治等八大专项行动。

**11. 小城镇环境综合整治“179”工程**：“1”即把县城打造成为全省旅游目的地名城；“7”以旅游产业为主体功能，打造珊溪、玉壶、南田、黄坦、西坑、百丈漈、铜铃山等7个旅游精品城镇；“9”即建成峃口、巨屿、周壤、二源、周山、双桂、平和、公阳、桂山等9个美丽宜游城镇(集镇)。

**12. 供给侧结构性改革**：就是从提高供给质量出发，用改革的办法推进结构调整，矫正要素配置扭曲，扩大有效供给，提高供给结构对需求变化的适应性和灵活性，提高全要素生产率，更好满足广大人民群众的需要，促进经济社会持续健康发展。

**13. 万亿旅游产业“511”行动**：2016年11月30日，浙江省旅游局、浙江旅游集团等5家单位联合成立“浙江省国有旅游集团联盟”，设立100亿元旅游产业投资基金，主要投向优质旅游项目和重大旅游平台，力争通过5年努力，培育5家旅游类上市企业，撬动社会资本投资1000亿元以上，参与建设100个旅游项目。

**14. “五大百亿工程”**：文成县“十三五”期间，文成县实施产业转型升级、交通优化完善、城镇开发建设、公共服务共享、环境美化提升等五大领域各投资100亿元以上的工程。

**15. “一心两轴六组团”**：“一心”即县城旅游集散中心；“两轴”即云江秀水十里画廊休闲轴和青山翠谷养生度假生态轴；“六组团”即伯温文化体验组团、佛教文化旅游组团、山水观光度假组团、森林养生度假组团、滨水休闲娱乐组团、侨乡慢城休闲组团。

**16. “雁楠飞”旅游一体化发展**：即加强区域合作，推进雁荡山、楠溪江、飞云湖三大景区旅游一体化发展。

**17. 农业“接二连三进四”全产业链融合工程**：即农业发展要依托工业，发展现代观光农业，壮大互联网农业。

**18. “四换三名”**：实施腾笼换鸟、机器换人、空间换地、电商换市，培养名企、名品、名家。

**19. “三转一市”**：指个体工商户转企业、规模以下工业企业转规模以上工业企业、有限责任公司转股份有限公司、推动企业上市等工作。

**20. “六个一律”**：重点村庄管线一律简洁有序、河道一律干净清澈、脏乱点一律整治绿化、主入口一律创成亮点、主道路一律硬化整洁、核心区一律立面改造。

**21. 教育提升“八大工程”**：高标准普及十五年教育、优质教育资源扩张、教师素养提升、学生综合素质提升、校园文化提升、教育信息化提升、民办教育优质发展、教育教学质量提升等八大工程。

**22. “一三五”应急处置体系**：“一”指突发事件应急联动处置方案；“三”指突发事件应急处置力量整合联动；“五”指劳资纠纷突发事件、非正常死亡、重点工程建设引发群体性事件、暴力抗法妨碍公务突发事件、突发暴恐事件等应急联动处置预案。

**23. “五皮精神”**：“硬着头皮、厚着脸皮、磨破嘴皮、饿着肚皮、踏破脚皮”的招商精神。

# 中国人民政治协商会议第八届文成县委员会常务委员会工作报告

——在政协第九届文成县委员会第一次会议上

县政协副主席 胡晓雄

（2017年2月20日）

各位委员：

我受政协第八届文成县委员会常务委员会的委托，向大会报告工作，请予审议，并请列席会议的同志提出意见。

## 一、八届政协工作回顾

政协第八届文成县委员会任期的五年，是我县在面对各种挑战下，经济社会发展稳中有进，综合实力持续提升的五年，也是我县民主建设扬帆起航、政协事业取得显著成效的五年。五年来，县政协八届常委会在县委的坚强领导下，在市政协的关心支持下，高举中国特色社会主义伟大旗帜，深入贯彻落实中央、省市县委重大决策和习近平总书记系列重要讲话精神，紧紧围绕建设“宜游宜居生态县”战略目标，认真履行政治协商、民主监督、参政议政职能，为文成绿色发展、后发崛起做出了积极贡献。

**（一）把握全局，履职尽责，全力服务经济社会发展**

常委会始终坚持把服务发展作为履行职能的第一要务，紧紧围绕事关全局的重大问题和全县中心工作，积极拓展领域、探索途径，推进协商民主，深化民主监督，广泛议政建言，全力助推文成经济社会发展。

**政治协商积极有为。**着力推进协商民主广泛多层制度化发展，不断增强协商密度、创新协商形式、完善协商机制，围绕全县中心工作，组织委员积极协商议政，共谋发展大计。五年来，先后召开全体会议5次，常委会议22次，主席会议40次，其他协商座谈会议90余次。全体会议认真协商讨论我县每年的“一府两院”工作报告和国民经济计划报告、财政预决算报告，以大会发言、分组讨论等形式，提出380多条意见建议，一些真知灼见得到了县委、县政府领导的重视和采纳，切实发挥了参谋助手作用。常委会议和主席会议着重就“十三五”规划、行政区划调整、高速公路建设、全域景区化、农村土地流转等事关全局的大事要事开展专题协商讨论，以事实和数据深入分析问题实质，提出许多具有前瞻性和可行性的意见建议，促进了党政决策的科学化、民主化。各专委会、界别工作组主动加强与对口部门的联系交流和沟通协调，通过组织座谈、情况交流、征求意见等形式，及时就县城交通环线建设、出租车投放、水价调整、民宿发展等某一领域内的重要事项，开展对口协商或界别协商，促进了部门相关工作的顺利开展。

民主监督务实有效。积极探索民主监督的有效形式，不断完善机制、拓宽渠道，紧盯全县重点难点工作，组织委员深入开展民主监督，有力推动县委、县政府重大决策部署落实和部门工作改进。2014年起，持续深入开展“五水共治”专项集体民主监督，围绕“河长制”落实、污水处理设施建设和运行、长效机制建设等治水重点工作开展督查，实事求是地反映问题，跟踪督促整改落实，为“五水共治”工作实践贡献了智慧和力量，得到省政协督查组和县委主要领导的高度评价。组织委员就我县重点工程建设、科教文卫体事业发展、文明县城创建等重要工作开展专项视察。五年来，共形成视察报告12个，其中《关于我县重点工程项目建设情况的视察报告》《关于我县文化事业发展情况的视察报告》《关于我县公建民营养老机构建设运营情况的视察报告》等高质量的报告得到县委、县政府主要领导的充分肯定，并批转有关部门研究办理，有力推动了相关工作的落实。扎实推进行政效能监督，组织开展“四单一网”专项民主监督，持续推行委派民主监督员制度，选派推荐30多名委员担任民主监督员，主动参与全县政风行风评议和作风效能整治专项活动，有效推动部门单位转变工作作风、提升工作效能。

参政议政成效显著。精心选取党政关注的重点问题、改革发展稳定面临的难点问题、人民群众反映强烈的热点问题，充分发挥政协人才荟萃的优势，组织专业对口的委员深入开展调研，积极为党委政府出实招、谋良策。五年来，县政协相继就我县交通建设、工业发展、食品安全、土地流转、农房改造、环境保护等重要工作开展调研，形成《关于我县高速公路建设情况的调研报告》《关于打造药师佛文化旅游胜地的调研报告》《关于加快发展我县华侨侨眷老人养老事业的调研报告》《关于稳步推进我县农房改造集聚建设工作的建议案》等调研报告和建议案13个，提出的许多意见建议为做好有关工作提供了重要参考，有的直接转化为县委、县政府的决策部署。高度重视提案工作，不断完善提案办理协商机制，积极探索创新提案办理方法，促进提案办理取得实效。实行政协主席、副主席牵头督办重点提案制度，各专委会依据界别成立提案督办小组，通过重点提案督办、组织提案办理面商、跟踪“不满意件”复办、协助开展提案办理“回头看”等措施，促使各类合理化建议得到落实和采纳。五年来，共收到以提案形式提出的意见建议622件，立案交办617件，办答率100%，满意率99.4%。其中《关于加快落实县人民医院搬迁的建议》《关于推进震后重建，加大库周搬迁力度的建议》《关于实施“全面二孩”政策后加强高龄孕产妇保健和提高幼儿教育资源的建议》等一大批优秀提案的办理和落实，使许多党政关注、社会关切、群众关心的热点难点问题得到妥善解决。

**(二)关注民生，维护民利，努力增进人民群众福祉**

常委会始终坚持把人民群众的根本利益作为履行职能的出发点和落脚点，积极反映社情民意、助力公益活动、建言民生改善，努力促进人民群众生活水平提升。

积极反映社情民意。充分发挥政协社情民意“直通车”作用，紧扣社会热点，及时反映民声诉求，为党委政府了解民心民意、掌握社会舆情，更好地保障和改善民生提供参考。通过外聘信息员、加强业务培训、完善激励机制、深入基层调研等措施，县政协反映社情民意信息水平显著提升，排名由全市倒数逐年上升至全市第六。五年来，共编报154篇社情民意信息，其中《完善委员界别述职制度，充分发挥委员主体作用》被全国政协采用,《推行特邀海外调解员制度,提升涉侨案件审判质效》《建议畅通渠道,简化华侨回国定居办理手续》等信息被省政协采用,《完善珊溪库区生活污水治理设施的几点建议》《畜禽养殖户转产转业难,建议政府加强扶持》《农村集体资产产权制度亟须全力推进》等信息获得市主要领导批示。这些高质量的社情民意信息,为党政决策和有关部门工作落实提供了民意民智支持。

倾情服务民生公益。充分发挥界别优势和特长,组织引导委员和社会各界人士深入基层,开展扶贫济困、爱心救助和“六送下乡”活动,以实际行动践行履职为民宗旨。据不完全统计,五年来,共引导广大委员和社会各界人士为我县教育发展、美丽乡村建设、抗台救灾等社会公益事业捐款捐物价值6800余万元,助学结对贫困生1100多人,慰问困难群众1700多人。此外,还积极争取省、市政协来文开展“送文化、送教育、送科技下乡”活动,联合县有关单位开展“送医、送药、送文化下乡”“侨界爱心公益活动”“情系震区,真诚相助”“纪念革命先烈,慰问老区贫困妇女”等一系列公益慈善活动,为困难群众送去温暖和关怀。委员们用真情善举赢得了广大群众的一致好评和赞誉,树立了政协委员“善行天下”的良好社会形象。

努力建言民生改善。坚持把保障和改善民生贯穿于政协履行职能的各个方面,关注民生需求、建言民生改善,为县委、县政府增进民生福祉提供参考和依据。围绕教育、医疗卫生、食品安全等事关群众切身利益的重点民生问题,组织开展教师队伍建设、华文教育、基层医疗机构运行、食品安全检测等课题调研,为我县教育和医疗卫生事业发展建言;围绕空巢老人、留守儿童、失地农民、农村妇女的权益保障问题,以大会发言、政协提案等形式提出意见建议,为弱势群体生活保障和改善献策;围绕美丽乡村建设、环境整治、文化体育设施建设等群众普遍关心的政府民生工程,组织开展视察监督,为人民群众生活水平的进一步提升出力。

**(三)团结民主,凝心聚力,着力营造和谐稳定氛围**

常委会始终坚持把发扬民主、增进团结作为履行职能的着力点,努力营造和衷共济、聚力发展的社会氛围,为和谐文成建设提供了有力支撑。

加强联谊交流合作。充分发挥政协联系广泛的优势,创新形式、拓展载体,将各方的智慧和力量凝聚到党委和政府的周围,共同为全县经济社会发展服务。重视加强合作共事,主动邀请人民团体、工商联、无党派人士参加各类协商会议和调研视察活动,共同研究政协工作中的重要事项,充分发挥他们在政协履行职能中的骨干作用。深化与港澳台侨界人士的联系,鼓励侨商回乡投资创业,深入侨资企业考察调研,努力帮助侨企走出困境。坚持联系商会制度,积极做好非公有制经济人士等新社会阶层的团结联合工作,为党委政府与新社会组织架起沟通联系的桥梁。加强与民族宗教界人士的联系,走访民族村和宗教场所,关心支持少数民族地区发展,引导宗教与社会主义相适应,巩固和促进了民族团结、宗教和睦的良好局面。在台风和地震灾害发生期间,县政协领导班子带领广大委员和机关干部深入灾区,实地察看、指导抗台抗震抢险救灾工作,倾听百姓呼声、安抚灾民情绪,全力协助党委政府维护社会稳定。

重视文史资料工作。积极发挥文史资料“存史、资政、团结、育人”的独特作用,加强文史工作队伍建设,聘请文史委特邀委员,团结组织文史爱好者,共同做好文史资料编辑工作。开展文史考察活动,组织文史队伍赴全县各乡镇,搜集氏族宗谱文献资料,深入挖掘文史古迹和民俗文化。五年来,共编辑出版六辑《文成文史资料》,为地域文化与经济社会协调发展,提供了详实的第一手材料。协助市政协完成“五水共治”和抗战胜利70周年相关史料征集课题。协助编纂《文成县志》(续志)政协相关篇目,系统记录了县政协的发展历程和工作实况，为推进爱国统一战线工作的发展创新提供重要参考。

**促进文化传承发展。**充分发挥政协书画院广泛联系艺术人才的优势，紧扣“助推旅游发展”这一主题，每年组织书画院成员赴全县各景区开展采风创作活动。五年来，共编辑出版七辑《文成县政协书画院作品集》，不仅弘扬了传统书画艺术，还为文成旅游宣传做出了积极贡献。成立文成县茶文化研究会，组织开展茶艺师培训和茶文化研讨、茶艺交流等系列茶文化活动，推动了茶文化与旅游、商贸业的深度融合，加快了我县茶叶产业的发展。积极组织学生参加浙江省“兰亭奖”温州赛区中小学书法大赛，连续五年取得全市前列的优异成绩，促进了优秀传统文化的传承和发展。

**（四）夯实基础，增强活力，稳步提升政协履职水平**

常委会始终坚持把履职能力现代化建设作为提升履职水平的重要抓手，不断加强学习培训、健全工作机制、推进机关建设，努力提升政协履职能力和水平。

**夯实共同思想基础。**组织广大委员和政协机关干部学习党的十八大、十八届历次全会以及习总书记系列重要讲话精神，深刻领会其精神实质和科学内涵，进一步坚定中国特色社会主义道路自信、理论自信、制度自信和文化自信，把握正确的政治方向，增强履职的责任感和使命感。组织学习统一战线理论和人民政协基本知识，以及经济、文化、生态文明、社会管理、文成县情等方面知识，进一步提高委员的理论素养和履职能力。组织委员开展政协理论研究，形成了《浅析推进政协履职能力现代化的有效路径》《发挥界别优势促进政协履职能力现代化建设》和《加强协商民主机制建设的思考》等理论调研文章8篇，为探索和推进新形势下人民政协工作提供了理论参考。

**发挥委员主体作用。**积极探索委员管理办法，健全委员激励约束和考核评价机制，实行委员履职动态管理，对委员履职情况登记备案，并以此作为委员留任的重要依据，增强委员履职的积极性和主动性。坚持政情通报制度，每年邀请县政府主要领导参加常委会并通报政府工作情况，积极为委员知情明政、履职尽责创造条件。加强与委员的经常性联系，组织开展走访慰问委员活动，帮助委员解决实际困难，增强委员的归属感。加强对界别工作组、乡镇联络组的工作指导，设立专项经费，组织引导委员开展形式多样、内容丰富的联谊交流和履职活动，促进了广大委员主体作用的发挥。

**推进政协机关建设。**扎实开展“党的群众路线”“三严三实”和“两学一做”系列教育实践活动，严格落实中央“八项规定”和省市县作风建设、廉洁自律的有关规定，建立健全各项规章制度，使政协机关工作更加规范、有序。加强专委会建设，增加专委会领导职数5个，明确职能、优化结构，经常性组织开展调研视察、对口协商等活动，使其在政协履职中较好地发挥基础性作用。加强政协宣传工作，增设办公室信息宣传中心，增强宣传工作力量；密切与宣传部门和新闻单位的联系和协作，认真做好政协会议和活动的宣传报道；开展纪念人民政协成立65周年庆祝活动，制作宣传画册，印发政协知识宣传手册，提升社会对政协工作的认识；加强政协网站管理，开通微信公众平台，发布各类信息300余条，不断扩大政协的社会影响力。

回顾过去五年，我们深切感受到，县政协工作取得的成绩是县委正确领导和上级政协精心指导的结果，是县人大常委会、县政府、县各部门单位及社会各界大力支持的结果，是县政协各参加单位、全体政协委员及政协工作者团结奋斗的结果。在此，我代表八届县政协常委会表示诚挚的感谢和崇高的敬意！

在看到成绩的同时，我们也清醒地认识到工作中存在的不足，主要是协商民主机制仍不健全，民主监督实效有待增强，参政议政成果转化不足，委员主体作用发挥不够，政协履职能力现代化建设还需进一步加强，等等。我们相信，这些问题，通过新一届政协领导班子和全体委员的共同努力，一定会得到改进。

## 二、主要工作经验和体会

回顾五年来的工作，我们主要有以下四点体会：

**（一）坚持党的领导，是做好政协工作的根本保证**。人民政协是共产党领导的统一战线组织。只有坚持党的领导，才能使多党合作和政治协商制度充满生机与活力，才能反映人民当家做主的社会主义民主本质，体现我国政治制度的特点和优势。县政协始终坚持在思想上、政治上和行动上与县委保持高度一致，充分发挥政协党组在政协组织中的领导核心作用，积极组织引导广大委员和社会各界人士，贯彻落实县委决策部署，使党的主张成为社会各界的广泛共识。县委、县政府的高度重视和各部门单位的大力支持，使我县政协的发展环境不断优化，社会影响力持续扩大，是推动政协事业迈上新台阶的根本保证。

**（二）坚持服务发展，是做好政协工作的首要任务**。人民政协工作是党全局工作的重要组成部分。只有围绕党委政府中心工作，始终关注发展、支持发展、服务发展，才能更好地体现人民政协自身的作用和价值。县政协主动把政协工作融入全县工作之中，按照“党委想什么、政协议什么；政府做什么，政协帮什么”的要求，精心选择事关全县发展大局的问题开展调研视察、民主监督、协商议政活动，努力为全县经济社会发展建有用之言、献务实之策、出实在之力。实践证明，只有坚持围绕全县中心工作、服务发展大局，政协工作才会有作为，政协才能有地位。

**（三）坚持履职为民，是做好政协工作的必然要求**。实现和维护最广大人民的根本利益，是人民政协的立身之本、参政之基、活力之源。只有坚持履职为民，政协工作才能得到人民的广泛支持和拥护，政协事业才能不断发展。县政协牢固树立“亲民协政”的理念，在履行职能的过程中，无论是对全局性重大问题、重大事项的建言立论，还是就热点难点问题的献计献策，都努力做到既贯彻大政方针，又符合民情民心民意，切实保障和维护人民群众的根本利益。履行职能为了人民、依靠人民、造福人民，使政协组织牢牢扎根于人民之中，赢得了人民的信赖，提升了政协的社会影响力。

**（四）坚持团结民主，是做好政协工作的重要基础**。实行团结和民主，是人民政协产生和发展的历史依据。只有坚持团结和民主两大主题，才能展现政协作为爱国统一战线组织的特色，才能更好地在建设社会主义和谐社会中发挥独特作用。县政协始终注重加强与社会各界人士的团结联谊，及时反映他们的呼声，维护他们的利益；坚持民主协商、平等议事原则，支持各人民团体、工商联、无党派人士行使民主权利，积极参政议政。不断增进团结，广泛发扬民主，使县政协的感召力、亲和力和凝聚力持续增强，也为全县经济社会发展营造了融洽和谐、生动活泼、安定有序的氛围。

这些认识和体会，是我县广大政协委员和政协工作者积极探索、勇于实践的结果，来之不易，我们要倍加珍惜，在今后的工作中发扬光大。

## 三、对九届县政协工作的建议

今后五年，是文成践行“两山论断”的转化期、新型产业体系构建的加速期、“产城一体”新型城镇化建设的关键期和全面建成小康社会的决胜期。县第十三次党代会对今后五年我县经济和社会发展作出了科学规划，提出了明确的指导思想和奋斗目标。文成县政协将高举中国特色社会主义伟大旗帜，全面贯彻习近平总书记系列重要讲话精神，牢牢把握团结和民主两大主题，紧紧围绕“宜游宜居生态县”总战略，以服务发展、改善民生、促进和谐为重点，扎实履行政治协商、民主监督、参政议政职能，为提速“两山”转化，打造“三美”文成，决战决胜全面建成小康社会而努力奋斗。

**（一）围绕中心工作，在服务发展大局上展现新作为**。要广泛协商议政，灵活运用全体协商、专题协商、对口协商、界别协商、提案办理协商等协商形式，围绕县委全会重大决策、“一府两院”工作报告、“十三五”规划的实施，以及生态产业发展、城乡建设、社会治理等事关经济和社会事业发展大局的课题开展多层次协商。要深化民主监督，充分利用专项民主监督、视察监督、委派民主监督等监督形式，围绕重点工程项目建设、“大拆大整”专项行动、环境综合整治和各大创建活动，以及部门行政效能和廉政建设等方面工作开展民主监督，促进党委、政府和部门单位重要工作得到落实。要积极参政建言，不断探索和创新参政议政形式，完善委员议政、政情咨询等履职方法和途径，围绕全县经济、政治、文化、社会和生态文明建设中的重大问题，深入开展调研，努力为县委、县政府完善决策部署提供高质量的参考意见。

**（二）牢记履职为民，在改善基层民生上做出新贡献**。要真实反映社情民意，充分发挥政协各参加单位、各专委会和广大委员的重要作用，逐步壮大信息员队伍，不断拓宽信息来源，重点就事关民生的热点问题，深入开展调研，积极反映社情民意。要帮助群众解忧纾困，深化“六送下乡”活动，鼓励和引导政协委员关爱弱势群体，积极投身于社会公益事业和慈善活动，不断提升服务民生的实效。要全力维护人民利益，紧紧围绕群众最关心、最直接、最现实的教育、医疗卫生、社会保障等方面的民生问题，以及政府扶贫实事和民生实事，通过专题调研、视察监督、政协提案等形式，反映诉求、提出建议、督促落实，促进民生保障与改善。

**（三）坚持团结民主，在促进社会和谐上取得新成效**。要主动加强与人民团体、工商联和无党派人士的合作共事，鼓励和支持他们利用政协平台参政议政。要密切联系社会各界，加强与社会各阶层、各领域代表人士的交流交往，引导他们有序参与政治协商，共同致力于文成经济社会发展。要贯彻民族宗教政策，积极助推少数民族地区发展，加强与宗教界人士的经常性沟通，主动关心、及时反映民族宗教界的意见和诉求，巩固和促进社会和谐稳定局面。要加强政协文史工作，扎实开展史料研究，认真做好《文成文史资料》征集编纂出版工作。要发挥政协社团作用，通过茶文化研究会和政协书画院，广泛开展茶文化、书画交流活动，进一步做好联系人、团结人、凝聚人的工作。

**（四）加强自身建设，在提升履职水平上实现新突破**。要加强思想政治建设，认真组织学习中央、省市县委全会和习总书记系列重要讲话精神，加强政协理论学习和研究，积极探索新形势下政协工作的新思路、新方法，引导广大委员凝心聚力共谋发展。要重视发挥委员主体作用，组织开展委员培训，完善委员管理机制，加强对界别工作组、乡镇联络组的工作指导，搭建履职平台，丰富委员活动，不断激发广大委员履职的积极性和主动性。要强化政协机关建设，严格贯彻落实中央和省市县委各项规定，加强干部队伍建设、优化人员结构、完善工作制度，着力推进政协机关规范化、制度化、程序化建设，使政协工作更加科学规范、务实高效、充满活力。

各位委员，政协文成县第八届委员会已经完成了自己的历史使命。政协文成县第九届委员会即将肩负起承前启后、继往开来的历史重任。“风正潮平，自当扬帆破浪；任重道远，更须策马扬鞭”。让我们更加紧密地团结在以习近平同志为核心的党中央周围，在中共文成县委的坚强领导下，同心同德、开拓奋进，为我县实现与全省同步全面小康、开创赶超发展新局面而努力奋斗！

注释：

1. **“四单一网”**：2014年，浙江省提出以“四张清单一张网”为主抓手，推进政府治理能力现代化。“四张清单”即政府权力清单、企业投资项目负面清单、财政专项资金管理清单、责任清单；“一张网”即浙江政务服务网。

2. **“五水共治”**：2013年11月，中共浙江省委十三届四次全会提出，要以“治污水、防洪水、排涝水、保供水、抓节水”为突破口推进转型升级。2014—2016年，省、市、县三级政协持续深入组织开展了“五水共治”专项集体民主监督。

3. **“六送下乡”**：政协开展的以“送文化、送卫生、送科技、送教育、送法律、送体育”为主要内容的走进基层活动。

4. **“大拆大整”**：温州市委、市政府，为认真贯彻省委、省政府部署要求，深刻吸取鹿城双屿农房倒塌事故教训开展的全面消除安全隐患的专项行动，强力推进城乡危旧房隐患排查和治理改造、“四无”生产经营单位集中整治促进小微企业成长提升、违法建筑排查整治和拆除、城中村改造、流动人口管理、“居住出租房、合用场所、民宿”消防安全整治、市区旧市场搬迁整治提升以及双屿综合整治等八大专项行动。

# 文成概览

## 地理环境

【位置】 位于温州市西南部，飞云江中上游，北纬27°34’～27°59’，东经119°46’～120°15’。东邻瑞安市，南界平阳、苍南县，西倚泰顺、景宁县，北接青田县，总面积1292.16平方千米。隶属温州市，县政府驻地大峃镇，距省会杭州市274千米，距温州市区62千米，距东海62千米（均系直线距离）。

【地貌】 县域属浙南山地，境内山峦起伏，连绵不绝，山地面积占全县总面积的82.5%，俗称“八山一水一分田”。地势自西北向东南倾斜，西北部地势较高，山势高峻陡峭，千米以上山峰有159座，最高为石垟林场杨顶峰，海拔1362米，东南部地势显得平坦，县境入口平和乡大垟口，海拔15米，为全县最低点。山脉分属两支，江北属南田山脉，为洞宫山脉分支。江南为南雁荡山脉分支，从平阳县进入文成县，南田高山平台，为文成县山地的典型地貌。河流绝大部分属飞云江水系，主要河流是飞云江（中上游），横贯县境南部，流程43.5公里。

【气候】 属中亚热带季风湿润气候区，常年温暖湿润，四季分明，雨量充沛，光照充足。2016年较常年（1981—2010年）年平均气温略偏高；年降水量偏多，雨日偏多。上半年1—3月均有冷空气影响，4—5月冷空气偏少，冷空气总体偏弱，总体气温略偏高，日照充足，气候条件对农业生产、林业生产等都比较有利；下半年前期多晴好天气，中期受台风影响持续阴雨天气对农业收成极其不利，阴雨寡照天气影响，光照缺少，雨量偏多，光合作用不足，对瓜果、蔬菜等农作物均带来较大影响。年内受台风“尼伯特”“莫兰蒂”“鲇鱼”影响，全县房屋、农业、水利、电力、交通等设施损失严重。

## 自然资源

【生物资源】 全县林业用地面积141.18万亩，占全县土地面积的72.6%，有林地面积135.05万亩，森林覆盖率70.9%，活立木总蓄积492万立方米。生态公益林73.62万亩，占全县林业用地总面积的52.14%；商品林（地）67.56万亩，占全县林业用地总面积的47.86%。建有4个国有林场，其中，石垟林场曾为全国先进单位。有南方红豆杉等国家珍稀濒危树种18种，有树龄百年以上，胸径1米以上的古树250多株，其他林产品有油茶籽、油桐籽和乌桕籽。在原始森林中有脊椎动物5纲34目379种，其中列为国家重点保护的珍贵动物有云豹、黑麂、黄腹角雉、猕猴、短尾猴、金钱豹、金猫、白颈长尾雉、穿山甲、水獭等17种，其他两栖类和鸟类等动物100余种。

【水资源】 水资源蕴藏丰富，水能蕴藏量达50万千瓦，可开发资源42.29万千瓦，居温州市第一位，全省第五位。百丈漈水力发电厂坐落在县城北面，后相继建成百丈二级、三级电站，西坑高岭头一级、二级和三级电站。珊溪水利枢纽工程为全国重点工程，截流形成的飞云湖面积35.4平方公里，装机容量20万千瓦，平均年发电量3.55亿千瓦时。

【矿产资源】 矿产资源分布面广量多，发现的有锰、铜、金和铅锌矿等13种，其中尤以非金属矿、花岗石、高岭土、萤石、叶蜡石储量最为丰富，其中花岗岩储量达15亿立方米。

【旅游资源】 风景旅游资源得天独厚，自然人文风光独树一帜。境内百丈漈——飞云湖国家重点风景名胜区的百丈飞瀑，为全国最高的瀑布；铜铃山国家森林公园的壶穴碧潭，属世界奇观；饱经沧桑的刘基庙（墓），系国家重点文保单位，驰名遐迩。全年平均气温15.2摄氏度，舒适期长，空气负离子含量高，空气质量优于国家一级标准，地面水环境符合国家一类标准。年末，全县旅行社4家，星级饭店2家；国家AAAA级和AAA级旅游景区分别为3家和5家，其中2016年新增猴王谷景区和七星武阳乡村旅游景区为国家AAA级旅游景区。刘伯温故里旅游景区申报国家级AAAAA景区通过国家级资源评估。浙江省首个微电影基地落户文成。年末，列入1个市级特色小镇、1个省级特色小镇，2个市级旅游社区（铜铃山运动休闲旅游社区、武阳乡村旅游社区）、6个市级特色旅游村（让川村、西坑梧溪村、龙川村头村、大会岭脚村、培头村）；3个市级自驾车旅游驿站、4个市级旅游特色客栈、3个特色旅游购物场所。

## 政区人口

【行政区划】 经浙民区〔2016〕11号、温政函〔2016〕14、文政发〔2016〕3号等文件批复同意，调整大峃镇、珊溪镇、西坑镇、百丈漈镇、峃口镇范围，增设周壤、二源、铜铃山3镇，双桂、平和、公阳、桂山4乡及铜铃山村1个行政村。调整后，全县辖大峃、珊溪、玉壶、南田、黄坦、西坑畲族、百丈漈、峃口、巨屿、周壤、二源、铜铃山12镇，周山畲族、双桂、平和、公阳、桂山5乡，56个农村新社区、385个行政村。县人民政府驻大峃镇建设路125号。

【人口】 全县年末总户数13.56万户，总人口40.20万人，男女比例为112.74∶100。全县出生人口（含清查补报）共6089人，出生率为15.26‰，死亡人口2222人，死亡率5.57‰，自然增长率为9.69‰。2016年，计划生育率(剔除清查）为97.50%。全年国家免费孕前优生健康检查1919人，目标人群覆盖率82.72%。

**2016年文成县人口数及其构成**

表1

| 指　标 | 年末数(人) | 比重(%) |
|---|---|---|
| 全县总人口 | 401972 | 100.0 |
| 其中：城镇人口 | 121202 | 30.0 |
| 乡村人口 | 280770 | 70.0 |
| 其中：男性 | 213025 | 53.0 |
| 女性 | 188947 | 47.0 |
| 其中：0～17岁 | 81553 | 19.7 |
| 18～34岁 | 92908 | 24.3 |
| 35～59岁 | 155876 | 38.6 |
| 60岁及以上 | 71635 | 17.4 |

## 经济发展

【经济总量】 2016年，全县实现地区生产总值79.07亿元，同比增长8.4%。其中，第一产业增加值8.44亿元，同比增长3.8%；第二产业增加值22.51亿元，同比增长5.0%；第三产业增加值48.13亿元，同比增长10.9%。按户籍人口计算，全县人均GDP为19671元(按年平均汇率6.6423折算为2961美元),较上年增长9.4%。全年实现财政总收入10亿元,同比增长10.4%,实现税收收入3.70亿元,同比增长18.7%。财政支出不断增加,实现公共财政预算支出41.23亿元,同比增长21.2%。

【农林牧渔业】 农林牧渔业产值实现增长。在库区环境整治政策制约下,文成县农林牧渔业促转型、求改善、力提升,全年实现农林牧渔业总产值12.21亿元,按可比价格计算,比上年增长3.9%,较上年同期提升0.6个百分点。其中,农、林、牧、渔业产值,分别为9.84亿元、0.88亿元、12.19亿元、0.13亿元,分别同比增长4.5%、-2.0%、2.3%和8.5%,农林牧渔服务业0.13亿元,同比增长5.2%。农、林、牧、渔、服务业行业结构为80.6∶7.2∶10∶1.1∶1.1。

【工业】 工业生产稳中有进,企业效益有所回暖。全年实现工业总产值43.21亿元,同比增长5.2%。其中,规模以上工业产值25.83亿元,同比增长5.2%。规模以上轻、重工业产值分别为1.26亿元、5.2亿元,分别为下降27.72%和增长14.53%。规模以上工业销售产值25.42亿元,同比增长4.5%,产销率为98%,其中出口交货值1.22亿元,同比增长3.8%。规模以上新产品产值4.14亿元,同比增长9.8%,新产品产值率16.0%,规模以上工业企业主营业务收入20.02亿元,同比增长1.1%;主营业务成本14.46亿元,同比下降5.4%;利润总额3.5亿元,同比增长68.2%;亏损企业亏损额0.18亿元,同比增长43.6%。

【建筑业】 年末,全县拥有资质建筑业企业17家,比上年增加4家。实现建筑业产值24.63亿元,同比增加23.4%,其中在外省完成产值6.01亿元,同比增长17.4%,占比为24.4%。房屋施工面积92.27万平方米,竣工面积28.82万平方米。实现营业收入23.61亿元,利润总额0.57亿元。

【旅游业】 旅游业持续较快发展。全年到文成旅游总人数576.33万人次,同比增长3.87%;实现旅游总收入28.63亿元,同比增长10.07%。各主要景区(点)累计接待游客100.90人次,同比增长10.10%,实现门票收入4302.22元,同比增长14.95%。全县接待过夜游客37.05人次,同比增长20.82%。

【固定资产投资】 全年限额以上固定资产投资72.02亿元,同比增长10.8%。其中,第一产业投资8.80亿元,同比增长10.8%;第二产业投资4.34亿元,同比下降26.1%;第三产业投资58.87亿元,同比增长9.8%,占限额以上固定资产投资的81.7%。全县在建固定资产投资项目269个,比上年增加12个;其中本年新开工项目239个,比上年增加44个。

【开放型经济】 全年进出口总额4649万美元,同比增长20.8%。其中,出口总额4550万美元,同比增长19.3%。全年实现外贸出口供货值3.09亿元,同比增长30.6%。其中,外贸公司实现出口供货值0.24亿元,同比下降25.8%。实际使用外资200万美元,同比增长102.0%。

## 历史人物

周定(1897—1927),原名志贤,字静之。幼时,右眼因伤致残。17岁考取省立第十一中学,因反对学校封建式教育而被开除。次年转入第十中学就读。民国8年(1919)6月,考入国立北京法政专门学校,受"五四运动"洗礼。民国13年(1924)大学毕业,回乡任教于南屏小学,继任校长。其间,提倡科学,破除迷信,反对歧视妇女;创办平民夜校,编写《平民千字读本》,教育民众子弟识字。曾试图推行减租，但无收效。民国15年春离家外出，在上海加入中国共产党。民国16年1月，被派往江西从事秘密工作，曾参加南昌起义。后奉命返浙从事农民运动和党务工作，先在家乡介绍长工周福图等入党，继转青田县进行革命活动，在上新街新宝华打银店建立联络点，建立青田县第一个共产党支部。10月，中共浙江省委贯彻党中央"八七"会议精神，指定北起钱塘江，南至温州湾的《浙东暴动计划》。与郑敬衡同被任命为省委特派员，协助代省委书记王家谟实施暴动，先返浙南。11月10日，由于叛徒出卖，与王家谟在温州东门外蔡万兴客栈被捕。狱中受尽严刑，大义凛然。11月18日上午10时，与王家谟，郑敬衡一起，被杀害于温州紫福山麓。1958年9月，经文成县人民委员会批准，追认为革命烈士。

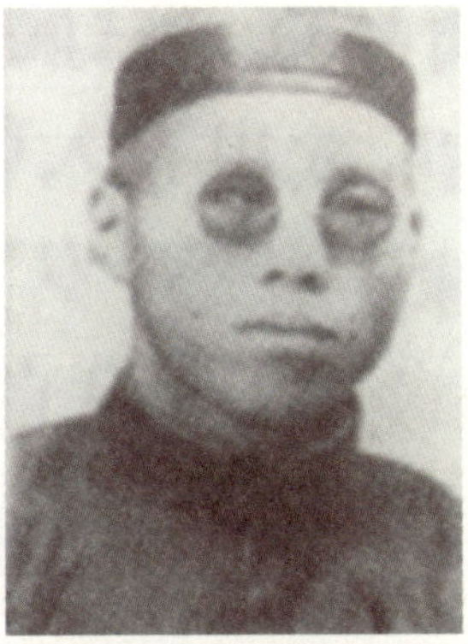

周 定

郑敬衡（1900—1927），原名一里、益明，因排行老七，又叫老七。小时右腿跌残，绰号老跛。金垟乡谷山村人。父郑培熊富甲乡里。敬衡自幼聪颖性烈，怜贫惜苦，常拿家中饭食送给贫农子弟，并言："自家有余，人家挨饿，布施他们，有何不可？"初就读于谷山初等小学，后转大峃群益小学。瑞安中学毕业后，于民国8年（1919）考入北京工业大学，参与"五四运动"，入故宫，逐宣统。民国14年至杭州，受聘于浙江省工业专门学校，授度量衡专业。民国15年初，在杭州参加中国共产党。时浙江省长夏超授郑培熊蔚为省参议员。敬衡认为时值国共合作，父如能以"民意代表"身份对夏施加影响，对革命有利，于是专程返里，劝父赴杭。民国16年（1927）"四一二"反革命政变后，革命形势急转直下。敬衡受中共浙江省委委派，转到温州从事农运和党务活动，在瑞安发展3名党员，建立党组织。11月初，以省委特派员身份，携带介绍信，到宁波、温州等地，意欲联合"温州独立支队"李超麟和中央农运特派员王国桢等共同实施《浙东暴动计划》。11月10日，乘"海晏"轮抵温，一走出甲板，就被一反动学生认出其跛足特征而遭拘捕。狱中虽遭严刑，但除承认为共产党员外，无其他口供。曾说服一看守买到一把锉刀，准备越狱，惜未能如愿。11月18日，被押赴刑场时，高呼"打到国民党反动派"等口号，至死不屈。牺牲后，中共中央《布尔什维克》杂志很快就发表悼念文章。1945年党的"七大"前夕，列入中央组织部编写的《死难烈士英名录》。

郑敬衡

赵刚（1887—1930），小名廷爱，又名友仁。龙川乡上村人。民国4年（1915）毕业于浙江铁路学校，民国6年复入北洋政府交通部短训班，结业后先后在天津、上海火车站工作。入铁路工会，积极参加工人运动。民国10年调入杭州。民国14年加入中国共产党，任杭州艮山门车站总支部书记。民国16年2月参加"铁道兵团"，迎接北伐军进城。3月，沪杭甬铁路总工会成立，被选为候补执行委员。7月，中共杭州中心区委改组为杭县县委，任县委书记。同年11月，中共杭州市委成立，当选市委委员。民国17年3月，乘回乡之机在龙川、中堡、金山、岚岩等地召开群众大会，宣传革命道理。5月，奉命返杭进行兵运工作。次年3月，因准备兵变事泄遭捕，被

赵 刚

判处有期徒刑15年。在浙江监狱囚禁期间，坚强不屈，积极策划劫狱。未果，重判死刑。在给其妻的遗书中，嘱咐教育子女长大后继续革命，如能这样，则“我死幸矣！”民国19年(1930)8月27日，在高呼“中国共产党万岁”声中英勇就义。1956年6月，由国务院批准追认为革命烈士。

## 文成县2016年国民经济和社会发展统计公报

2016年，全县上下全面贯彻落实市委、市政府决策部署，紧紧围绕“宜游宜居生态县”总战略，立足当前打基础，着眼长远谋发展，精准发力求突破，着力培育经新动能，积极打造赶超发展宏伟蓝图，奋力谱写美丽文成辉煌篇章。

### 一、综合

据初步核算，2016年，全县实现地区生产总值79.07亿元，同比增长8.4%。其中，第一产业增加值8.44亿元，同比增长3.8%；第二产业增加值22.51亿元，同比增长5.0%；第三产业增加值48.13亿元，同比增长10.9%。按户籍人口计算，全县人均GDP为19671元(按年平均汇率6.6423折算为2961美元)，较上年增长9.4%。

图1　2006—2016年文成县生产总值及其增长速度

图2　2006年—2016年文成县人均生产总值
(按户籍人口计算)

一、二、三次产业对经济增长的贡献率分别为4.9%、18.4%和76.8%。三次产业的构成由上年的10.7∶30.5∶58.7调整为10.7∶28.5∶60.9，第三产业比重比上年提升2.1个百分点。

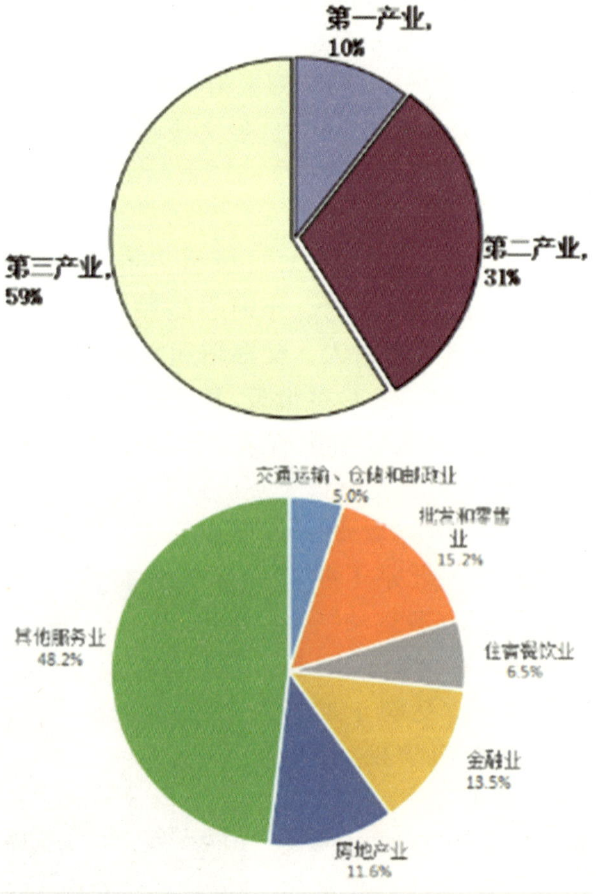

图3　2016年文成县生产总值及第三产业增加值构成

## 二、农业和农村建设

农林牧渔业产值实现增长。在库区环境整治政策制约下，文成县农林牧渔业促转型、求改善、力提升，全年实现农林牧渔业总产值12.21亿元，按可比价格计算，比上年增长3.9%，较上年同期提升0.6个百分点。其中，农、林、牧、渔业产值分别为9.84亿元、0.88亿元、1.22亿元和0.13亿元，分别同比增长4.5%、-2.0%、2.3%和8.5%，农林牧渔服务业0.14亿元，同比增长5.2%。农、林、牧、渔、服务业行业结构为80.6：7.2：10：1.1：1.1。

农作物种植面积总体稳定。全年农作物种植面积1.79万公顷，比上年增加362公顷。粮食种植面积8232公顷，减少10公顷，其中谷物种植面积减少42公顷，豆类种植面积减少8公顷，薯类种植面积增加40公顷。蔬菜种植面积6036公顷，增加278公顷。中药材种植面积757公顷，增加80公顷。

粮食作物丰收，经济作物收益稳中有增。全年实现粮食作物产值1.62亿元，增长1.6%；蔬菜产值3.09亿元，增长3.7%；水果产值2.35亿元，增长3.8%；中草药材产值1.17亿元，增长12.4%；食用菌产值0.48亿元，增长3.4%；茶叶产值0.54亿元，增长4.0%。

全年肉类总产量3741吨，比上年增加122吨，其中猪肉产量同比下降9.9%，禽肉产量同比增长3.5%；禽蛋产量630吨，同比下降16%。年末生猪存栏0.27万头，年内生猪出栏0.63万头，分别比上年减少0.04万头和0.12万头；牛存、出栏分别为2421头和1251头；羊存、出栏分别为1.36万只和2.20万只；家禽存、出栏分别为33.60万只和103.52万只；兔存、出栏分别为30.55万只和72.43万只。

推进农业“两区”建设，建成认定粮食生产功能区71个，面积4.23万亩，累计发展市级以上现代农业园区34个（其中现代农业综合区1个、主导产业示范区6个、特色农业精品园22个、休闲观光农业示范园区5个）。建成美丽乡村建设示范乡镇2个、综合体1个、精品线1条，美丽乡村精品村8个，当年建设完成历史文化村落保护利用点（项）30个。共有在册农家乐经营户（村、点）65个，直接从业人员达1940人。2016年全面完成48个村的农村生活污水治理项目建设任务，新增受益农户5629户。加强农村土地流转，累计流转面积达11.7万亩。积极推进农业招商引资，累计到位资金6.56亿元。“三年特扶”、精准扶贫取得实效2015年顺利完成全面消除家庭人均收入4600元以下的贫困对象任务，2016年低收入农户人均纯收入达到11429元。

全县水库61座，其中大型水库1座，中型水库3座，小型水库57座。全年水利基建投资3.17亿元，完成率118%；“五水共治”建设美丽山水田园智城重点项目累计投资6.1亿元，完成率109%。2016年完成13个省级农村饮水安全巩固提升工程，5个农村供水标准化管理创建工作。河长河道243条，治理河长21.4公里，象溪和龙溪小流域水土流失治理面积18.08平方公里，拆除涉河违章4859平方米，查处非法采砂案1件，查处非法捕捞案件33起；获全国第二批验收合格的水土保持监督管理能力建设县，小农水重点县建设绩效考核连续三年获省级考评优秀，靛青山水力发电厂在2016年全国水利安全生产责任状评比活动荣获三等奖。2016年度全省五水共治先进县暨“大禹鼎”奖杯，五水共治满意度全省第五、全市第一，首届温州市水产技术技能竞赛优秀单位等荣誉。

## 三、工业和建筑业

工业生产稳中有进，企业效益有所回暖。全年实现工业总产值43.21亿元，同比增长5.2%。其中，规模以上工业产值25.83亿元，同比增长5.2%。规模以上轻、重工业产值分别为1.26亿元、5.20亿元，分别为下降27.72%和增长

14.53%。规模以上工业销售产值25.42亿元，同比增长4.5%，产销率为98%，其中出口交货值1.22亿元，同比增长3.8%。规模以上新产品产值4.14亿元，同比增长9.8%，新产品产值率16.0%，规模以上工业企业主营业务收入20.02亿元，同比增长1.1%；主营业务成本14.46亿元，同比下降5.4%；利润总额3.50亿元，同比增长68.2%；亏损企业亏损额0.18亿元，同比增长43.6%。

2016年规模以上工业主要行业产值及其增长速度

表2

| 指　标 | 产值（万元） | 增速（%） |
| --- | --- | --- |
| 规模以上工业产值 | 258368 | 5.2 |
| 其中：农副食品加工业 | 42296 | -3.7 |
| 饮料和精制茶制造业 | 8264 | -8.2 |
| 化学制品制造业 | 6647 | -47.7 |
| 非金属矿物制品业 | 7879 | -30.6 |
| 黑色金属压延加工业 | 39283 | 38.8 |
| 有色金属压延加工业 | 9583 | 2.1 |
| 通用设备制造业 | 4753 | -12.25 |
| 电力生产和供应业 | 98622 | 22.8 |

年末，全县拥有资质建筑业企业17家，比上年增加4家。实现建筑业产值24.63亿元，同比增加23.4%，其中在外省完成产值6.01亿元，同比增长17.4%，占比为24.4%。房屋施工面积92.27万平方米，竣工面积28.82万平方米。实现营业收入23.61亿元，利润总额0.57亿元。

## 四、固定资产投资

全年限额以上固定资产投资72.02亿元，同比增长10.8%。其中，第一产业投资8.80亿元，同比增长10.8%；第二产业投资4.34亿元，同比下降26.1%，其中工业技改投资3.69亿元，同比增长84.3%，占工业投资的85.0%；第三产业投资58.87亿元，同比增长9.8%，占限额以上固定资产投资的81.7%。全县在建固定资产投资项目269个，比上年增加12个；其中本年新开工项目239个，比上年增加44个。

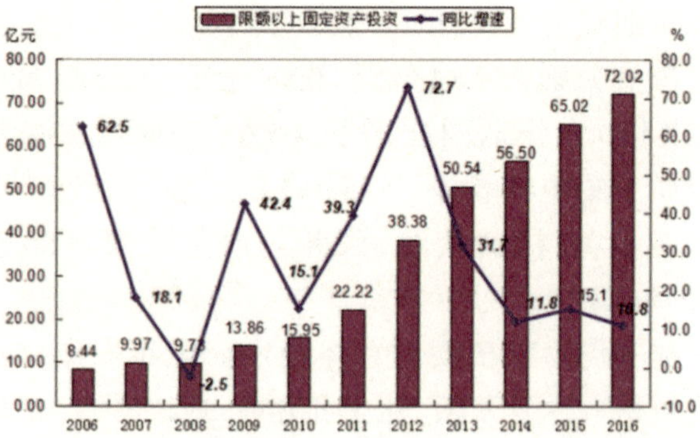


图4　2006—2016年文成县限上固定资产投资及其增长速度

全年国有投资33.22亿元，同比增长9.3%；民间投资38.80亿元，同比增长12.1%，占固定资产投资的53.9%。基础设施投资25.32亿元，同比增长14.0%。房地产开发投资18.82亿元，同比增长130.2%。商品房销售面积13.95万平方米，同比增长5.5%。

## 五、国内贸易和旅游

全年实现社会消费品零售总额38.57亿元，同比增长9.5%。按行业分，零售业零售额34.28亿元，占社会消费品零售总额的88.9%，同比增长10.8%，是带动社会消费品零售总额增长的主要动力；批发、住宿和餐饮业零售额分别为0.42亿元、0.37亿元和3.51亿元，分别同比下降55.0%、同比增长7.9%和16.2%。实现限额以上消费品零售额8.51亿元，同比下降2.7%。实现批零住餐四大行业销售额80.32亿元，同比增长6.9%。批零住餐限上销售额11.27亿元，同比下降19.0%。

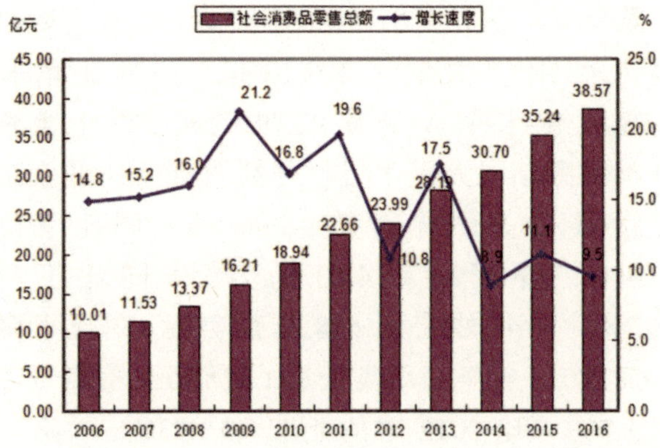


图5 2006—2016年文成县社会消费品零售总额及其增长速度

旅游业持续较快发展。全年到文成旅游总人数576.33万人次，同比增长3.87%；实现旅游总收入28.63亿元，同比增长10.07%。各主要景区（点）累计接待游客100.9人次，同比增长10.10%，实现门票收入4302.22元，同比增长14.95%。全县接待过夜游客37.05人次，同比增长20.82%。年末，全县旅行社4家，星级饭店2家；全县国家AAAA级和AAA级旅游景区分别为3家和5家，其中2016年新增猴王谷景区和七星武阳乡村旅游景区为国家AAA级旅游景区。刘伯温故里旅游景区申报国家级AAAAA景区通过国家级资源评估。浙江省首个微电影基地落户文成。年末，列入1个市级特色小镇、1个省级特色小镇，2个市级旅游社区（铜铃山运动休闲旅游社区、武阳乡村旅游社区）、6个市级特色旅游村（让川村、西坑梧溪村、龙川村头村、大会岭脚村、培头村）；3个市级自驾车旅游驿站、4个市级旅游特色客栈、3个特色旅游购物场所。

## 六、对外经济和资金利用

全年进出口总额4649万美元，同比增长20.8%。其中，出口总额4550万美元，同比增长19.3%。全年实现外贸出口供货值3.09亿元，同比增长30.6%。其中，外贸公司实现出口供货值0.24亿元，同比下降25.8%。实际使用外资200万美元，同比增长102.0%。

全年包装推介招商项目30多个；新签约项目9个，协议资金16.29亿元。引进总部经济企业10家。完成招商引资到到位资金30.19亿元，完成市定任务数30亿元的100.6%。2016年新项目省外到位资金15.43亿元，占省外总到位资金的68.18%；结转项目省外到位资金7.2亿元，占省外总到位资金的31.82%。

## 七、交通、邮电和电力

全年全社会公路货运量180万吨，同比增长6.5%，货物周转量23539万吨公里，同比增长6.4%；全社会客运量879万人，同比增长6.5%；旅客周转量44410万人公里，同比增长6.2%。截至2016年年底，全县公路总里程1828.02公里，其中国道56.56公里，省道4.24公里，县道471.97公里，乡道173.82公里，专用公路40.28公里，村道1081.16公里。按技术等级分，二级公路71.01公里，三级公路72.85公里，四级公路666.19公里，准四公路855.14公里，等外公路162.85公里。

年末实有城市公交车30辆，全年实现客运量220万人次；出租车8辆，实现客运量5.5万人次；拥有农村客运班车96辆，客位1842位。年末城乡客运班车通村率为90.63%。年末，全县机动车45828辆，同比增长0.24%；其中，汽车35943辆，同比增长16.47%。

全年邮政行业业务总量1063万元，同比增长5.7%。邮政函件总量4.23万件，包裹总量51540件，自营和代理速递业务合计9622件，订销杂志15.86万份、报纸432.91万份。电信业务收入1.98亿元，同比增长12.6%。2016年全县通信业务收入1.38亿元，年末固定电话用户数1.95万户，移动电话用户数18.47万户，互联网用户数18.41万户，其中宽带用户数4.62万户，移动互联网用户数13.79万户。

全社会用电量42292万千瓦时，同比增长21.7%。其中，工业用电18065万千瓦时，同比增长30.7%；建筑业用电1204万千瓦时，同比下降2.7%；信息传输、计算机服务和软件业用电1679

万千瓦时，同比增长29.5%；商业、住宿和餐饮业用电2015万千瓦时，同比增长14.31%；公共事业及管理组织用电3391万千瓦时，同比增长25.61%；城乡居民生活用电14365万千瓦时，同比增长12.8%。

## 八、财政、金融和保险

财政收入持续增长。全年实现财政总收入10亿元，同比增长10.4%。其中，公共财政预算收入7.92亿元，同比增长13.7%；上划中央"六税"收入2.08亿元，同比下降0.5%。全年实现税收收入3.70亿元，同比增长18.7%。其中，增值税、营业税、企业所得税和个人所得税分别为0.32亿元、0.79亿元、0.46亿元、0.26亿元，分别同比下降5.8%、22.4%、15.7%、同比增长25.5%。财政支出不断增加。实现公共财政预算支出41.23亿元，同比增长21.2%。其中，一般公共服务支出4.22亿元，同比增长18.0%。

**文成县2016年公共财政预算支出情况**

表3

| 指　标 | 总量（万元） | 同比增速（%） |
|---|---|---|
| 公共财政预算支出 | 412320 | 21.2 |
| 其中：一般公共服务 | 42221 | 18.0 |
| 教育支出 | 76440 | 13.5 |
| 科学技术 | 2789 | 11.8 |
| 文化体育与传媒 | 9263 | 22.5 |
| 社会保障和就业 | 35707 | 0.2 |
| 医疗卫生与计划生育 | 52550 | 31.4 |
| 节能环保 | 10912 | 31.3 |
| 城乡社区服务 | 22696 | 102.5 |
| 农林水事务 | 77136 | 12.6 |
| 交通运输支出 | 21096 | -9.6 |

金融运行总体平稳，存款增长明显快于贷款。全县共有银行业金融机构10家，机构网点70家，年末金融机构人民币存款余额234.98亿元，同比增长28.8%，其中城乡居民人民币储蓄存款157.15亿元，同比增长34.7%。年末金融机构人民币贷款余额102.12亿元，同比增长8.5%。年末个人贷款92.79亿元，同比增长11.4%，占年末人民币贷款总额的90.9%；非金融企业及机关团体贷款9.21亿元，同比下降12.7%。外汇存款4.60亿美元，同比下降31.7%。全年外汇汇入8.16亿美元，同比下降8.3%；2016年年底不良贷款1.52亿元，不良贷款率1.59%，比2012年的不良率1.92%，下降了0.33%，处于全市最低水平。

保险业发展良好。保险机构9家，全年保费收入2.5亿元，其中，财产险保费收入1.05亿元，同比增长10.5%；人身险保费收入1.47亿元，同比增长30.3%。全年赔付支出1.03亿元，同比增长37.3%。其中，财产险赔款支出0.6亿元，人身险赔款支出0.43亿元。

## 九、教育和科学技术

全县现有各级各类学校总计79所(含幼儿园30所)，在校学生33611人。其中，民办学校24所(含幼儿园)，在校生6281人。3～5周岁幼儿入园率98%，比上年提高0.3个百分点；小学与初中学龄儿童入学率均为100%；外来务工人员子女入学率100%。初中毕业生升学率97.8%，比上年提高0.5%。

**2016年文成县各类学校基本情况**

表4

| 指　标 | 学校数（所） | 专任教师数（人） | 在校学生数（人） |
|---|---|---|---|
| 职业高中 | 1 | 77 | 1181 |
| 普通高中 | 2 | 221 | 2689 |
| 普通初中 | 16 | 645 | 6527 |
| 小学 | 24 | 1175 | 15742 |
| 特殊教育 | 1 | 12 | 157 |
| 幼儿园 | 30 | 397 | 7150 |

全县人均教育经费投入2069.59元，比上年增长8.9%。中小学生均占地面积34.75平方米，生均建筑面积15.26平方米，生均投入教育技术装备经费599.46元，生均图书40.24册，每百名学生拥有计算机26.41台。中小学实验室配齐率、教学仪器设备和音体美器材配备达标学校、公办学校五类基本功能室达标率、无线校园覆盖率、校园网建有率均为100%，创建数字化校园10所、标准化计算机教室共计73个（其中新增1个）、智慧教室22个、远程录播教室7个、创客实验室10个。教育技术装备指标达到省平均水平，100%的中小学达到教育信息化建设省级标准。

教育创建活动取得成效。创成全国数字化学习先行区、省教育装备管理示范县；创建省义务教育标准化学校6所、省示范社区学校1所、省标准化成技校5所，创建市示范和标准化书香校园分别1所、3所，市一级和二级社区学校分别1所、3所；创建一级、二级和三级幼儿园各1所；创建温州市义务教育办学水平一级、二级分别1所、4所。创办武阳书院（富中分校）及振中学校，引进教育名家名校到文成合作办学。

教学质量明显提高。高考第一批录取77人（其中体艺类10人），创历史新高；高考录取率96.7%（比上年提高9.4%），均创历史新高。

全年新增国家高新技术企业2家。国家级“星创天地”1家；省科技型中小企业5家，省级高新技术企业研发中心1家，高成长科技型中小企业1家；市级创新型企业7家，市级专利示范企业2家。建成首家市级众创空间——“文成县农e众创空间”，总投资173万元，面积2100平方米，招商入驻企业（团队）25家。

“国家科技富民强县行动计划专项——文成县肉兔产业提升关键技术集成与示范”成功通过上级主管部门项目验收，文成县成为国家科技富民强县试点县。“高铁轨道扣件系统高性能锻压垫板产业化提升”项目获2016年省重点研发计划重大专项立项，获得150万元经费支持。“青钱柳繁育及其深加工关键技术研究与产业化”项目获2017年度省重点研发计划26县绿色技术应用专项立项，首期获得100万元经费支持。

实施农业和社会发展项目53项，下达资金216.5万元，引导社会资金915万元，产生经济效益3410万元。落实县本级专利授权补助141万元，同比增长60.04%。全县知识产权意识显著提升，专利申请量与授权量继续大幅增长。2016年，全县专利申请量1188项，同比增长44.0%，其中发明专利申请量26件；专利授权量407件，其中发明专利授权量26件。

## 十、文化、卫生和体育

年末，共有文化站14个，文化馆1个，公共图书馆8个（包括乡镇图书分馆），艺术表演团体25家，电影放映影院3家。全年艺术团体演出6260场次；农村数字电影放映2676场次，观众38.52万人次。县图书馆借还图书31.07万册次，新增读者8432人，文献利用率达76%，到馆40万余人次。年末拥有国家级、省级、县级文物保护单位分别为1处、8处和76处，拥有国家级、省级、市级、县级非物质文化遗产分别为2个、3个、65个和147个。抓好乡镇“五有十化”建设，完成5个乡镇文化站的“五有十化”示范建设。

积极举办“百场活动惠万民”，包括文成县第三届市民文化节系列活动、三月三畲族风情节、庆祝建党95周年文艺晚会等大型群众文化活动48场，组织文艺活动进文化礼堂142场，送戏下乡340场，送展览讲座89场，文化走亲10场。积极创作文艺精品参加省市系列赛事，完成文艺作品创作495个，其中声乐4个作品，舞蹈2个，小品2个，小戏1个，视觉艺术486幅。

2016年，全县医疗机构诊疗病人179.25万人次，入院人数1.33万人，基层就诊比例61.2%；公立医院门诊均次费用169.24元，公立医院住院均次8389.66元，乡镇卫生院病床使用率33.7%；2016年无孕产妇死亡，新生儿死亡率0.66‰，婴儿死亡率1.64‰，5岁以下儿童死亡率为3.94‰。

文成县2016年卫生情况

表5

| 指标名称 | 计量单位 | 数量 |
| --- | --- | --- |
| 医疗卫生机构数 | 个 | 146 |
| 其中：医院、卫生院数 | 个 | 19 |
| 医疗卫生机构床位数 | 张 | 887 |
| 其中：医院、卫生院床位数 | 张 | 887 |
| 医疗卫生机构技术人员 | 人 | 1400 |
| 其中：医生数（执业医师+执业助理医师） | 人 | 599 |
| 医院、卫生院卫生技术人员数 | 人 | 1150 |
| 注册护士 | 人 | 501 |

全县体育场馆3个，体育场所485个。2016年完成省小康体育村综合提升工程8个，登山健身步道3条，改造人工草坪门球场2个，省社区多功能运动场（笼式足球场）1个，创建省村级体育俱乐部6个，省体育特色乡镇1个，省级幼儿体育示范幼儿园1个，体育强镇复评3个，完成3～69周岁公民体质测试2000人，组织开展国家二级社会体育指导员培训50人次，三级社会体育指导员培训50人次，参加省级群体赛事6次，市级群体赛事15次，开展全县性群体活动30余次，参与人数3万多人次。文成籍运动员获全国少年田径锦标赛金牌1枚，获省青少年田径锦标赛金牌3枚，银牌3枚，铜牌1枚，获市少年儿童柔道比赛团体总分第一名，向市运动队输送优秀运动员9名；体育产业：成功创建“浙江省运动休闲基地”，获评省运动休闲旅游优秀项目1个，省体育产业发展资金项目库补助2个，市运动休闲旅游示范基地2个，市户外运动精品线路1条，市运动休闲旅游优秀项目1个，承办中美篮球对抗赛1次，全国性体育品牌赛事3次，全省性体育品牌赛事2次、全市性体育赛事3次。6月16日，“金立杯”中国围棋甲级联赛在百丈漈景区内举行，来自全国各地的围棋选手齐聚文成，开展棋艺的切磋对决。6月26日，全国象棋男子甲级联赛在刘基故里武阳顺利举行，两支全国象棋职业队伍为观众展示了四场巅峰对弈。10月8—9日，“江阴周庄”杯2016中国体育彩票全国象棋业余棋王赛浙江分区赛在县体育馆内隆重举行，来自全省7个地级市的64名象棋高手呈现了一系列精彩的棋艺对决。10月13日，“刘伯温杯”中美篮球对抗赛在县体育馆内激情上演，浙江稠州职业篮球队与美国自由人NBA发展联盟明星联队为我县广大市民献上了一场精彩绝伦的“篮球盛宴”。11月20日，2016环浙江自行车公开赛(文成总决赛)在我县百丈漈隆重举行，来自全国37支队伍共计184人参赛。12月31日，浙江省首届冰雪嘉年华在绿水尖滑雪场举行，来自全省各地的200多名参赛者参与此次冰雪盛宴。

## 十一、人口计生、人民生活和社会保障

全县12镇5乡，年末总户数13.56万户，总人口40.20万人，男女比例为112.74∶100（以女性为100）（公安2016年报数据）。全县出生人口（含清查补报）共6089人，出生率为15.26‰，死亡人口2222人，死亡率5.57‰，自然增长率为9.69‰。2016年，计划生育率(剔除清查）为97.50%。全年国家免费孕前优生健康检查1919人，目标人群覆盖率82.72%。

**2016年文成县人口数及其构成**

表6

| 指 标 | 年末数(人) | 比重(%) |
|---|---|---|
| 全县总人口 | 401972 | 100.0 |
| 其中:城镇人口 | 121202 | 30.0 |
| 乡村人口 | 280770 | 70.0 |
| 其中:男性 | 213025 | 53.0 |
| 女性 | 188947 | 47.0 |
| 其中:0~17岁 | 81553 | 19.7 |
| 18~34岁 | 92908 | 24.3 |
| 35~59岁 | 155876 | 38.6 |
| 60岁及以上 | 71635 | 17.4 |

2016年,全县城镇单位(不含私营)从业人员平均劳动报酬76049元,同比增长15.43%,其中在岗职工平均工资90282元,比上年增长11.01%。据城乡居民住户调查,2016年城镇常住居民人均可支配收入32747元,同比增长9.0%;2016年城镇常住居民人均可支配收入32747元,同比增长9.0%;人均生活消费支出26317元,同比增长13.1%,其中食品支出8854元;城镇恩格尔系数为33.6%。农村常住居民人均可支配收入14414元,同比增长9.4%;人均生活消费支出15549元,同比增长29.7%,其中食品支出5108元;农村恩格尔系数为32.9%。

全县城乡居民基本养老保险参保118417人,企业职工基本养老保险参保31649人;城乡居民基本医疗保障353525人,城镇职工基本医疗保险参保22912人;参加工伤保险22172人;参加生育保险6720人;参加失业保险11309人。企业退休人员基本养老金月人均水平达到2680元;城乡居民基础养老金月人均最低标准提高到120元;失业保险月人均标准1224元;因工死亡职工供养亲属抚恤金月人均标准780元。2016年全年下岗失业人员实现再就业468人,其中就业困难人员再就业207人。年末城镇登记失业人员22人,城镇登记失业率2.71%。举办人力资源招聘会3次,开发公益岗位212个。全年完成用人单位劳动用工书面审查1632家,收受劳动人事争议仲裁申请案件23件,结案率100%。

年末,全县城乡居民享受最低生活保障对象9169户12348人、重度残疾人2185户2201人,全年下达低保资金4303.94万元,发放重度残疾人生活补贴1321.4645万元。农村低保标准提高到625元/月,同比增长16.8%,达到城镇最低生活保障水平,率先全市实际城乡低保标准一体化,低保人数占比3.13%,超额完成省定任务。全县社会福利收养性单位10个,其床位1922张,当年新增300张;居家养老服务照料中心229家,当年新建60家;农村老年食堂100个,当年新增23个。农村五保集中供养率98%,城镇三无集中供养率100%。发展社会组织210家,其中社会团体115家、民办非企业单位94家,基金会1家。当年新登记社会团体2家、民办非企业单位7家,基金会1家。全年办理结婚登记2860对、离婚登记610对,补发婚姻登记证1058本,出具无婚姻登记记录证明61份。办理收养登记12件。

## 十二、资源、环境和安全生产

年末,拥有森林面积9.19万公顷,森林覆盖率为70.9%,森林蓄积量492.22万立方米,当年人工造林100公顷。

生态环境良好。根据监测数据显示,全年文成县地表水11个断面水质情况均达标;同时,珊溪水库集中式饮用水源地水质全年达标率为100%,满足功能区要求;文瑞交接断面水质情况均为II类水质,水质情况稳定。据省厅的通知公告显示,2016年1—12月份,我县空气优良率为99.1%,PM2.5均值为27微克/立方米(2015年同期PM2.5均值为29微克/立方米),1—12月份,全省58个县级城市和13个同类县中排名均为第5名;完成年度功能区噪声、区域噪声、交通噪声环境质量监测，根据监测数据显示，(昼间)区域环境噪声等效声级54.8dB(A)，道路交通噪声加权平均声级值为64.6dB(A)，功能区噪声2类功能区及4类功能区均达标，2016年，文成县区域环境噪声质量等级为较好，道路交通噪声质量等级为好。全年共完成竣工验收监测报告8份，监例报告37份，监测督监测41份，委托性监测报告44份。

全县发生各类事故8起(不包含火灾事故)，死亡9人，比上年度减少1人。其中，道路交通事故5起，死亡6人；工矿企业事故3起，死亡3人。

**注释：**

1. 本公报所列部分数据为年度初步统计数据。部分数据因四舍五入原因，存在与分项合计不等的情况。

2. 全县生产总值和各产业增加值绝对数按现行价格计算，增长速度按可比价格计算。

3. 规模以上工业是指主营业务收入2000万元以上的工业企业。限额以上批发、零售、住宿和餐饮贸易业是指批发企业年营业收入2000万元以上，零售企业年营业收入500万元以上，住宿和餐饮企业年营业收入200万元以上。固定资产投资是指计划总投资500万元及以上的固定资产投资项目和房地产开发项目的投资

4. 居民家庭恩格尔系数：指居民家庭食品消费支出占生活消费总支出的比重。

5. 2014年始城乡收入采用城乡一体化住户调查改革后新口径数据，农村居民收入之前口径为农村居民人均纯收入。

6. 因2016年度统计口径改革，道路交通13类车辆在从事相应运输活动中负有责任的运输车辆发生人员伤亡事故纳入统计口径，同比数据无法对比。

# 大 事 记

## 1月

**1月5日** 文成县纪委派驻机构改革工作正式启动，全县60家县级党政机关将实现派驻监督全覆盖。全县共派驻纪检组15家(综合派驻10家，单独派驻4家，派出机构1家)，其中派驻县委办、县府办、组织部、宣传部、统战部等5家，按照有关规定进行高配，组长为正科级；其他派驻机构组长为副科级。

**1月6日** 受国家发改委委托，博拓投资有限公司副总裁卫柏松率项目组及专家组一行到文成，对溧阳至宁德高速公路(G4012)浙江文成至泰顺段工程可行性研究报告进行现场评估调研。文成至泰顺段工程起点位于文成樟台枢纽，顺接龙丽温高速公路瑞安至文成段，路线经文成巨屿、珊溪、仰山，进入泰顺新浦、筱村、罗阳，至浙闽交界的友谊桥附近连接福建的福寿高速公路。线路总长约57.5公里，其中文成段长23.5公里，泰顺段长34公里，估算总投资约108.8亿元。

**1月21日** 瑞安市委书记李无文，瑞安市委副书记、市长陈胜峰率团到文成开展2015年瑞安·文成“山海协作工程”结对帮扶活动，捐赠山海协作帮扶资金480万元，低收入农户奔小康帮扶资金270万元。

**1月22日** 县委召开十二届十次全体(扩大)会议，深入贯彻落实中央和省市委系列决策部署，回顾总结2015年工作，研究部署2016年任务，精心谋划“十三五”发展，审议通过《中共文成县委关于制定文成县国民经济和社会发展第十三个五年规划的建议》。

## 2月

**2月3日** 县人民政府召开部分行政区划调整工作动员大会，传达省市关于文成县部分行政区划调整的批复精神，对行政区划调整工作进行动员部署。这标志着乡镇行政区划优化调整工作正式进入方案实施阶段。经过调整，新增周壤、铜铃山、二源3镇，桂山、双桂、平和、公阳4乡，全县辖12镇5乡。现场举行新设立乡镇授牌授印仪式。

**2月4日** 文成县入选2015浙江旅游总评榜年度旅游发展十佳县(市、区)，百丈漈景区荣获年度旅游景区提升奖。此次评选活动由省旅游联合会、浙江日报报业集团指导，浙江日报、钱江晚报、浙江在线和江南游报联合主办，2月3日晚在杭州正式揭晓。

**2月9日** 文成侨网正式上线。

## 3月

**3月1—4日** 中国人民政治协商会议第八届文成县委员会第五次会议在县文化中心剧院开幕。

**3月2日** 中共文成县委、文成县人民政府印发关于给予蔡建强等38名同志记三等功和毛燕微等237名同志嘉奖的通报。

**3月2—5日** 文成县第十五届人民代表大会第五次会议召开。

**3月21日** 市委书记徐立毅到文成调研，先后察看县兴福堂城中村改造项目、县欧陆风情商业街项目（侨品汇）及铜铃山景区建设情况。兴福堂城市综合体项目是文成“省级服务业集聚区”平台的重要组成部分，一期总用地面积350亩，其中安置房项目用地面积74亩，出让地块109亩，其余为高速公路安置用地及公共设施用地。项目总建筑面积约35万平方米，其中安置房项目建筑面积12.6万平方米，出让地块建筑面积约14.7万平方米，项目总投资约22亿元。

## 4月

**4月1日** 全县农村工作会议召开。会议全面贯彻落实中央和省市农村工作会议精神，总结“十二五”时期“三农”工作，分析当前农业农村形势，部署当前和今后一个时期农村发展任务，并表彰涉及“三农”的各类工作先进集体和个人。

**4月14日** 省委常委、组织部部长廖国勋到文成调研。重点调研铜铃山镇休闲旅游项目开发建设情况，听取“森林氧吧小镇”规划情况介绍。森林氧吧小镇占地面积约5.2平方公里，坐落于海拔700米以上的高山平台上，总投资41.3亿元。

**4月15日** 文成县在全省“三改一拆”电视电话会议上，被评为2015年度“无违建创建先进县（市、区）”。2015年全县拆除19.68万平方米，完成率196.78%，居全市第二。全县4个乡镇通过市级“无违建乡镇”验收，217个村通过县级“无违建村”验收，占全县385个村居的56.2%；验收和命名24条“无违建河道”和2条“无违建道路”。

**4月26日** 文成县第八届归侨侨眷代表大会召开。会议审议通过县侨联七届委员会所作的《工作报告》；选举产生县侨联第八届委员会；表彰文成县侨联系统先进集体和个人；推举县侨联第八届委员会名誉主席的聘请顾问。

## 5月

**5月1—3日** 假期全县景区共接待游客40290人次，实现景区门票收入231.1997万元，同比增长4.69%。

**5月3日** 县委召开平安护航G20行动誓师大会。会议围绕平安护航G20峰会以及夺取平安县“十连创”两大重点任务进行动员和部署。

**5月5日** 县委召开乡镇换届选举工作动员部署暨业务培训会。会议进一步明确全县乡镇换届的具体任务和政策要求，特别是要严格遵守中央纪委机关、中组部提出的“九个严禁、九个一律”纪律要求。

**5月5—9日** 省督查组到文成对“三改一拆”“三边三化”和“五水共治”相关工作开展为期5天的督查活动。

**5月13日** 县委宣传部、文明办、妇联、民政局和计生协会联合举办的文成县“最美家庭”颁奖典礼暨女性社会组织风采展示活动在县文化馆4楼多功能厅举行，吴杨芬等25户家庭获得“最美家庭”称号，郑柳英等10人获得“最美村妇代会主任”称号。

**5月18—19日** G322文成西坑至景宁段改建工程可行性研究报告评审会在文成召开，省公路局副局长寿华及省市相关部门负责人、专家，县领导王彩莲、陈成武、郑文东、刘建华参加会议。G322文成西坑至景宁段改建工程起点位于西坑畲族镇竹园寮，经石垟、下垟，终点位于文成与景宁交界处界牌岙，路线全长约22.342公里，设计采用《公路工程技术标准》中设计速度60公里/小时的二级公路标准，路基宽度采用10米。项目计划施工期3年，于2017年年底开工，2020年年底建成通车。

**5月25日** 县委召开经济新业态培育工作情况汇报会，分别就全县健康服务业、文体产业、生态高效农业、建筑业、物流业、电子商务、总部经济及乡村民宿这8大经济新业态培育工作进展情况进行发言，总结2015年培育情况、存在问题以及2016年工作的主要目标、工作思路、重点项目谋划。

## 6月

**6月6日** 国务院扶贫办规划财务司处长余平一行在省市扶贫办有关领导的陪同下，到文成县调研精准扶贫工作，实地走访察看了珊溪镇塘山村东魁杨梅示范基地、巨屿镇方前村移民来料加工点。

**6月7—8日** 省林业厅厅长林云举到文成调研，实地走访察看西坑畲族镇彩色健康森林建设情况、铜铃山镇绿水尖滑草场、水牛塘林区大径材培育情况及猴王谷民宿建设情况。

**6月14—15日** 省人大常委会副主任姒健敏到文成，对文成县创新驱动发展战略实施情况进行专题调研，深入县文化中心、“侨品汇”O2O体验中心、山哥哥科技孵化创业园、西坑畲族镇公共文化点等现场，详细了解文成县实施创新驱动发展战略工作有关情况。

**6月16日** 县综合交通运输“十三五”发展规划审查会召开，就未来五年交通运输发展征求专家意见，经专家审议，一致通过该规划。

**6月23日** 省委书记夏宝龙到文成进行调研慰问，对文成城镇化建设、美丽乡村建设、生态环境保护、群众增收致富等提出了诸多指导意见和具体要求，主要为7个方面内容，即要加快“小县大城”和中心镇的建设步伐，要进一步重视刘伯温文化的挖掘，要更加重视宗教工作，要进一步加大“三改一拆”工作力度，要进一步加大“五水共治”力度，要加大旅游交通网建设，要重视旅游饮食文化的培育，为文成下步发展明确了目标方向、给出了路径方法。

**6月23日** 县人民政府召开创建国家卫生县城资料收集建档工作会议，就下阶段做好创卫资料收集建档工作进行安排部署，对参会人员进行系统培训。

**6月27日** 文成县庆祝建党95周年暨纪念红军长征胜利80周年文艺晚会在县文化中心剧院上演。

**6月30日** 县委召开庆祝中国共产党成立95周年暨“七一”表彰大会，回顾党的光辉历程，缅怀党的丰功伟绩，表彰先进基层党组织、优秀共产党员和优秀党务工作者。

## 7月

**7月13日** 县人民政府召开创建国家卫生县城工作汇报暨考核反馈会。省考核组领导和专家一致认为基本达到创建国家卫生县城申报标准，通过省级技术评估，同意向全国爱卫会进行推荐申报“国家卫生县城”。

**7月20—22日** 第二十三届上海国际茶文化旅游节暨2016年首届文成茶文化旅游节在文成县隆重举办。活动以茶为媒、以茶会友、以茶促旅，营造诚信友善、和谐共处、协调发展的美好氛围。

**7月21日** 县委召开十二届十一次全体(扩大)会议，学习贯彻习近平总书记系列重要讲话精神，全面贯彻落实省委十三届九次全会、市委十一届十一次全会精神，回顾总结上半年工作，研究部署下半年任务，审议通过《中共文成县委关于补短板的实施意见》。

**7月26日** 省审计厅副厅长陈焕昌带队的省“五水共治”“三改一拆”第29督查组到文成开展督查工作。1—7月份文成县共完成“三改”面积71.88万平方米，完成市定任务的112.3%；完成拆违13.2万平方米，完成率132%。

**7月27日** 温州市美丽乡村建设暨农村土地承包经营权确权工作现场会在文成县召开。

与会人员考察了西坑畲族镇让川村农村生活垃圾农户分类情况、农村生活垃圾分类减量化资源化处理中心、土地确权登记开展情况以及南田镇武阳美丽乡村精品村建设情况。会上，文成、永嘉、平阳等三个县分别作了典型发言。

**7月28日** 县第二届网络文化节正式开幕。网络文化节主题为“共享精彩网络共建醉美文成”，包括“评文成事，传好声音”文成首届时评挑战赛、“互联互通共建共享”网络联盟等系列活动，旨在贯彻落实党的十八届五中全会精神，大力实施网络强国战略、“互联网+”行动计划和大数据战略、促进互联网和经济社会融合发展。

**7月29日** 文成县旅游发展大会暨刘伯温故里旅游景区创AAAAA动员大会召开。会议明确，旅游发展的总体思路是，紧紧围绕建设“宜游宜居生态县”战略目标，深入实施全域景区化战略，做强生态旅游，做精乡村旅游，努力打造国家全域旅游示范区和全省最佳休闲度假旅游目的地名城，到2018年刘伯温故里创成国家AAAAA级旅游景区，到2020年全县旅游收入达到60亿元以上。

## 8月

**8月5日** 香港文成同乡会招商引资项目推介会召开。重点推介适合投资的玉壶东大门开发、苔湖街商业街综合体、石飞垟欧陆风情宜居宜养特色小镇、天湖半岛酒店、朱阳九峰景区整合等项目，涵盖生态农业、休闲农庄、旅游产业等多个领域。

**8月10日** 全国武术散打冠军赛在江苏无锡市体育中心体育馆开赛，县籍散打健将蔡颖颖获全国武术散打冠军赛女子60公斤级冠军。

**8月19日** 县政府召开第六次全体（扩大）会议，贯彻落实县委十二届十一次全会精神，总结上半年工作，分析当前形势，部署下一阶段任务，动员全县上下进一步统一思想，以重点工作“三年行动计划”为主抓手，对标找差距、精准补短板、全力增优势，克难攻坚、狠抓落实，确保年度各项目标任务全面完成，努力实现“十三五”良好开局。

**8月26日** 省发改委副主任徐幸到文成调研，实地走访考察飞云江治理二期工程、九溪电站、森林氧吧小镇客厅选址、天圣山文化园、中华健康养生城，现场听取有关项目基本情况介绍。

## 9月

**9月6日** 住建部、国家发改委等7部委共同发布了最新一批全国3675个重点镇名单，大峃镇名列其中。

**9月14日** 公务用车制度改革工作推进会召开。

**9月28日** 受第17号台风“鲇鱼”影响，文成地域风大雨急，局部特大暴雨。监测显示，27日08时至28日20时文成县面雨量408.7毫米，大峃雨量为410.3毫米，超过400毫米的站点有：周山乡649.3毫米，双桂乡575.3毫米，公阳557.1毫米，桂山554.8毫米，朱雅549.6毫米，玉壶林龙526.7毫米，玉壶光明493.2毫米，峃口镇484.1毫米，珊溪毛坑479.7毫米，大峃里阳475.1毫米，玉壶456.4毫米，巨屿镇451.9毫米，大峃金炉447.8毫米，大峃金垟428.4毫米，百丈漈421.9毫米，黄坦420.5毫米，南田驮湖408.9毫米。

**9月28日** 受17号台风“鲇鱼”影响，双桂乡宝丰村发生山体滑坡自然灾害，导致4户6间四层砖混结构房屋被冲毁，6人失联。

**9月29—30日** 省交通运输厅党组成员、省公路局局长洪秀敏到文成指导公路水毁救灾工作。实地查看双桂乡宝丰村、新56省道南田连接线、县城至西坑等地道路沿线水毁、塌方情况，详细了解抢险救灾和灾后恢复工作进展。

**9月30日** 省委常委、常务副省长袁家军到文成实地指导抢险救灾工作。

## 10月

**10月1日** 省民政厅厅长尚清到文成，先后前往双桂乡宝丰村和巨屿镇垟尾村深入了解抢险救灾工作和人员转移情况，实地检查指导抢险救灾工作。

**10月3日** 截至10月3日11时，全县17个乡镇受灾人口16.87万人，其中死亡6人，全县倒塌房屋128间、严重损坏161间、一般损坏1069间；2条省道（330省道）、21条县道、24条乡道中断，村道塌方212条；12个乡镇29条线路279个村70423户断电，9个镇116个村通信受影响；防洪堤损坏214处23.8千米，防洪堤决口18处1.1千米，损坏护岸244处，冲毁塘坝37处，灌溉设施损坏465处、水文遥测站和气象监测站损失2处；农作物受灾面积9.5万亩、成灾7.03万亩、水产养殖损失3.4万亩，直接经济损失8.1811亿元。

**10月13日** 全县投资工作座谈会召开。1—9月，全县累计完成投资51.06亿元，同比增长12.02%，完成率居全市中等偏上。其中省市重点项目完成投资10.05亿元，完成年度投资计划的83.8%。飞云江治理二期工程、九溪水电站、百丈漈景区旅游配套设施建设工程、天顶湖旅游接待中心、兴福堂城市综合体（包括安置房）、文成森林氧吧小镇等6个项目正常推进；职业中等专业学校（党校、成人教育中心）迁建工程、珊溪镇李井避震小区一期、黄坦镇低丘缓坡开发基础设施配套项目、56省道文成樟台至龙川段改建工程等4个项目进展缓慢。

**10月26日** 省防指副指挥、水利厅副厅长徐国平一行到文成调研检查防汛工作，实地检查双桂乡水毁工程、房屋倒塌点、宝丰村山体滑坡点，珊溪水利枢纽工程，西坑畲族镇基层防汛体系、水毁工程、防汛物资仓库等地，与相关人员进行深入交流。

## 11月

**11月1日** 县委召开十二届十二次全体会议，决定中国共产党文成县第十三次代表大会于12月中下旬召开。

**11月16日** 县委召开全县领导干部会议，宣布省委、市委对县委主要领导班子调整的决定。省委、市委决定，王彩莲任中共文成县委书记，提议不再担任文成县人民政府县长职务；汪驰任中共温州市委副秘书长，免去中共文成县委书记、常委、委员职务，保留正县级；章寿禹提名为文成县人民政府县长候选人。

## 12月

**12月7日** 第三届市民文化节系列活动——文成县第五届民营剧团戏曲展演在县建设路老电影院举办。

**12月13日** 县人民政府召开防范和处置企业拖欠工资工作会议。会议通报2016年全县防范和处置企业拖欠工资工作情况，部署下阶段防范和处置企业拖欠工资工作。1—11月共受理投诉举报案件73件，涉及劳动者794名，涉及拖欠1547万元，为379名劳动者补发、清欠工资479.37万元。

**12月14日** 市委书记徐立毅到文成调研并开展挂钩帮扶活动。先后察看龙丽温（瑞文）高速文成段工程、大峃镇苔湖街片区旅游化改造项目、百丈漈镇篁庄旅游特色村整治项目、珊溪镇街尾片区城中村改造项目，详细了解全县交通发展规划、县城旅游化改造、全域旅游空间布局规划、“大拆大整”专项行动等进展情况，率队赴巨屿镇开展挂钩帮扶活动，为当地落实帮扶资金185万元。

**12月15日** 县人民政府召开户籍管理工作新闻发布会，向社会通报户籍基本状况、人口分布状况、户籍业务基本情况和近年来县公安局如何打造“民生户籍”工程。根据2016年人口年报统计，全县户籍人口401972人，户数135642户，男性213025人，女性188947人，其中0～17岁81553人，18～34岁92908人，35～59岁155876人，60岁及以上71635人。其中旅居72个国家地区的华侨约168000人，华侨人数占全县总人口的三分之一以上。

**12月15日** 县人民政府召开“双下沉、两提升”工作情况新闻发布会，向社会通报当前全县“双下沉、两提升”工作情况及取得的成效。在资源整合方面，全县自托管以来，温医附一院共派出各类专家2556人次，托管后门诊量从2010年的240507人次达到2015年的412147人次，增长71.37%；出院人次从7195人次达到10516人次，增长46.16%；手术量从1178人次达到1850人次，增长57.05%；下派专家16人次，诊疗人次2684人，取得良好社会效益。在联动方面，加快推进县级资源下沉，联办5家乡镇卫生院，使乡镇卫生院总住院人数上升到676人次，基层病床使用率提高40.01%，全县基层就诊率提高62.21%，全县医疗同质化培训覆盖率达90%以上。在合理布局方面，快速推进基础设施建设，进一步提高基层医疗机构服务能力。

**12月16日** 县人民政府召开社会救助工作新闻发布会，向社会通报为消除贫困群体服务的社会救助一系列关爱措施。从12月1日起，农村人均低保标准每人每月从原来的535元提高到625元，同比增长16.8%，达到城镇人均低保水平，在全市率先实现最低生活保障城乡“一视同仁”“一体救助”。坚持“决不让安全隐患带入全面小康”的理念，不断完善县、乡镇、村自然灾害应急救助预案，健全县、镇、村自然灾害信息员、灾情报送等组织制度。

**12月16日** 县人民政府召开农村困难家庭危旧房改造新闻发布会，向社会通报当前文成县的农村困难家庭危旧房改造的总体情况以及下步工作重点。从2006年开始至2015年年底止，共实施农村危旧房改造对象19897户，53732人，其中低保人数占11.3%、五保人数2.2%，完成固定资产19.5亿元，累计发放金额1.1679亿元，其中县财政配套资金为1312万元。截至2016年年底，全县农村困难家庭危房改造工程累计开工4881户，开工率108.46%；累积竣工4757户，完成率为105.71%，超出省级下达任务数257户。“十三五”规划期间尚需危旧房改造的农户9000户。

**12月19日** 县人民政府召开扶贫开发工作新闻发布会。宣布全面实施“低收入农户收入倍增计划”，支持发展扶贫重点村特色农业配套建设和小型公益项目建设。

**12月21日** 瑞安市委书记陈胜峰、代市长麻胜聪带队到文成开展瑞安·文成“山海协作”结对帮扶活动。瑞安市政府与文成县政府签订了“山海协作”年度结对协议书，两地将进一步加强合作与交流，实现优势互补，推动两地经济社会共同繁荣发展。

**12月22日** 温州市第一届市民运动会暨2016年温州市体育系统运动会在县体育中心举行。

**12月28—30日** 中国共产党文成县第十三次代表大会召开。大会的主要任务是，深入学习贯彻党中央、省市委重大决策和习近平总书记系列重要讲话精神，回顾总结县第十二次党代会以来的工作，研究部署今后五年的奋斗目标和主要任务，动员全县各级党组织和全体党员，团结带领全县干部群众，立足新起点，开启新征程，提速推进“两山”转化，全力打造“三美”文成，决战决胜全面建成小康社会。

**12月30日** 中国共产党文成县第十三届委员会第一次全体会议召开。受中共文成县第十三次代表大会主席团的委托，王彩莲主持全会。会议选举产生县第十三届委员会常务委员会委员和县委书记、副书记。王彩莲当选为县委书记，章寿禹、徐清雨当选为县委副书记。蔡爱东、季昌丰、郑文东、吴昌亮、徐良悟、虞绍榜当选为县委常务委员会委员。通过县纪委第一次全体会议选举结果；确定出席党的十九大代表候选人初步人选推荐名单和省第十四次党代会代表候选人初步人选推荐名单；审议通过《中国共产党文成县委员会工作规则》。

**12月30日** 中国共产党文成县第十三次代表大会选举产生的中共文成县纪律检查委员会第一次全体会议召开。会议以投票方式，选举产生新一届县纪委常委、书记和副书记。蔡爱东当选为县纪委书记，赵富春、刘树智当选为县纪委副书记。蔡爱东、赵富春、刘树智、王宝坎、赵彬洁、黄金杰、郑志华当选为县纪委常委。

**12月31日** 浙江省首届冰雪嘉年华(文成站)在铜铃山绿水尖滑雪场启幕。此次冰雪嘉年华是由浙江体育总会和浙江体育记者协会主办的省内第一届大型冰雪活动。

# 2016年主要组织机构及负责人名录

## 中共文成县第十三届委员会

书　记　王彩莲(女)
副书记　章寿禹　徐清雨
常　委　王彩莲(女)　章寿禹　徐清雨　蔡爱东　季昌丰　郑文东　吴昌亮　徐良悟　虞绍榜

## 县第十五届人大常委会

**人大常委会**

主　任　刘建忠
副主任　吴宇凌(女)　钟信友(畲)　林乐融　陈成武
委　员(共19名,以姓名笔划为序)
王慧琴(女,5月4日止)　叶云峰　朱慧杰　刘　英(女)　李修勤　吴正豪　吴笑媚(女)　陈式海　陈红兵(女)　金一玲(女)　金邦富　金光宇　周智华　赵东平　翁文明　傅华斌　蒋东海　雷本钱(畲)　雷建华(畲)

**人大党组:**

党组书记　郑建华
党组副书记　吴育民

## 县人民政府

县　长　王彩莲(女)*
代县长　章寿禹
常务副县长　李建业*　徐清雨*
副县长　金立强(挂职)*　吴承亮(挂职)　蔡爱东　季昌丰　郑文东　吴昌亮　雷宇(畲)*
副县长级干部　郑士钗*　郑书讯*　褚长龙*

## 县政协第八届委员会

**政协常委会**

主　席　郑建华
副主席　余云初　刘建华　胡晓雄　郑士钗(3月4日始)
秘书长　郑书讯(2月3日止)　叶洪锋(3月4日始)
常务委员(共32名,按姓氏笔画为序)
叶　飞　叶　萍(女)　刘　剑　池文锋　纪庆南　李顺华　李道銮　吴信满　张丽俊(女)　陈正溪　陈继森　陈清清(女)　林芳梅(女)　林金松　季成夏　周小春(女)　郑　华(女)　郑丹丹(女)　赵　华　赵　蔺(女)　赵文忠　赵国柱　赵翁钦　胡长林　胡文铰　胡守益　洪汝锦　徐声福　徐瑞霞(女)　释达照　富健旺　蓝旭丹(女,畲)

**政协党组**
党组书记　刘金红(女)

## 中共文成县纪律检查委员会

书　记　钟方成(畲)*　蔡爱东
副书记　赵富春　刘树智
常　委　钟方成(畲)*　蔡爱东　赵富春
　　　　刘树智　刘　彤*　周建东　王宝坎
　　　　赵彬洁(女)　黄金杰　郑志华

## 县纪委派驻纪检组

**县纪委派驻第一纪检组(驻县委办纪检组)**
组　长　郑爱国
副组长　郑延东

**县纪委派驻第二纪检组(驻县府办纪检组)**
组　长　刘光煜
副组长　李进催

**县纪委派驻第三纪检组(驻县委组织部纪检组)**
组　长　张慧君(女)
副组长　叶建春

**县纪委派驻第四纪检组(驻县委宣传部纪检组)**
组　长　刘华芳(女)
副组长　蔡丹丹(女)

**县纪委派驻第五纪检组(驻县委统战部纪检组)**
组　长　赵丽春
副组长　李春娥(女)

**县纪委派驻第六纪检组(驻县财政局纪检组)**
组　长　王彩梅(女)

**县纪委派驻第七纪检组(驻县委农办纪检组)**
组　长　周上党

**县纪委派驻第八纪检组(驻县住建局纪检组)**
组　长　杨有根

**县纪委派驻第九纪检组(驻县卫计局纪检组)**
组　长　刘丽红(女)

**县纪委派驻第十纪检组(驻县市场监管局纪检组)**
组　长　廖兴华

**县纪委驻县人民法院纪检组**
组　长　郭瑞一

**县纪委驻人民检察院纪检组**
组　长　朱丽静(女)

**县纪委驻县教育局纪检组**
组　长　刘立光

**县纪委驻县公安局纪检组**
组　长　徐松灿

**县直机关纪工委**
书　记　刘　敏(女)

## 县委工作部门

**县委办公室**
主　任　赵东佐
副主任　赵建怀*　夏晓恩　王国林
　　　　吴炎春(兼职)(女)　王　宗　王庆州

**县考绩委员会办公室**
主　任　王　宗*　王国林
副主任　蔡微微(女)

**组织部**
部　　长　徐清雨*　虞绍榜
常务副部长　金一玲(女)

副 部 长 傅华标* 王 军 陈增聪(兼职)
包学潘(兼职) 周成高(兼职)
钟邑标(畲兼职) 邢越锋
“两新”党工委书记 傅华标* 王 军
“两新”党工委副书记 毛瑞务

**宣传部**

部 长 刘金红(女)* 郑文东
常务副部长 郑志阳* 王荣华
副 部 长 王孟森(兼职) 吴 丰 李 武

**统战部**

部 长 吴育民* 季昌丰
常务副部长 季成夏
副 部 长 刘 军 周 斌

**政法委员会**

书 记 章寿禹* 徐清雨
副 书 记 李建业* 吴昌亮 徐良悟
林炳欧 郑国法

**综合治理办公室**

主 任 林炳欧
副 主 任 包小春(女)

**610办公室**

主 任 林炳欧
副 主 任 赵智勇

**维稳办**

主 任 林炳欧
副 主 任 郑国阳* 张晓斌

**机构编制委员会办公室**

主 任 包学潘
副 主 任 林绍生 罗运魁*

**县直属机关工作委员会**

书 记 钟邑标(畲)
副 书 记 林锡珠(女)* 潘方开

**县委党校**

校 长 章寿禹* 徐清雨
行政校长 李建业* 徐清雨* 吴昌亮
常务副校长 蓝昌盛(畲)
副 校 长 刘飞娥(女) 林增金* 林建辉
党委书记 蓝昌盛(畲)

**老干部局**

局 长 周成高
副 局 长 张琦巧(女)* 蔡忠钏
张志敏(兼职)

**党史县志办公室**

主 任 钟雪华(女,畲)
副 主 任 蓝潮平 季志娥(女)

**档案局**

局 长 刘化田
副 局 长 赵文波* 金光侠 陈 才

**县委台湾工作办公室**
**政府台湾事务办公室**

主 任 刘 军

**县委县政府农村工作办公室**
(县农业局、县扶贫老区工作办公室)

主 任 蔡建国
副 主 任 刘利华 蔡晓艳(女)
刘少彬 王慧琴(女) 胡学铐
吴淑丹(女)*
党委书记 蔡建国
党委副书记 刘利华
纪委书记 厉琰乾*

**信访局**

局　　长　吴炎春(女)

副 局 长　周建闽　陈　亮*　刘　波(兼职)*
　　　　　朱和平　李　广

党组书记　吴炎春(女)

纪检组长　朱和平*

**县精神文明建设指导委员会办公室(创建办)**

主　　任　王孟森

副 主 任　王君巧*　陈思然　胡瑜庆(女)
　　　　　张世朝

## 县人大常委会工作部门

**办公室**

主　　任　赵东平

副 主 任　吴笑媚(女)　刘忠秀

**法制工作委员会**

主　　任　叶云峰

副 主 任　朱慧杰

**财政经济工作委员会**

主　　任　李修勤

副 主 任　刘　英(女)

**农村与资源保护工作委员会**

主　　任　傅华斌

副 主 任　包向阳

**城乡建设环境保护委员会**

主　　任　金光宇

副 主 任　虞循友

**科教文卫民侨工作委员会**

主　　任　蒋东海

副 主 任　雷建华(畲)

**代表工作委员会**

主　　任　雷本钱(畲)

副 主 任　王慧琴(女)*　周　跃

## 功能区

**文成大岀城市新区管委会**

党委书记　郑士钗

党委副书记　程旗荣

主　　任　程旗荣

副 主 任　陈永坤　刘优林　刘文锋

纪委书记　赵东进

**文成百丈漈-飞云湖**
**生态旅游度假区管委会**
(县风景旅游管理局)

党委书记　王建军

党委副书记　林永熙　赵惠文(女)

主　　任　林永熙

副 主 任　赵惠文(女)　赵汉海　王　炜
　　　　　陆文东*

纪委书记　胡希隆

总工程师　赵汉增

## 政府工作部门

**办公室**

主　　任　陈永格

副 主 任　王汉曹　朱昌乐　周洪胜*
　　　　　苏海成　王荣华*　余协胆
　　　　　胡希文　毛振味　姚瑞琼(女)
　　　　　林世铮(兼职)

党组书记　陈永格

党组副书记　王汉曹

纪检组长　李正益*

**法制办公室**

主　　任　陈永格

副 主 任 陈茂平

**人民防空办公室**

主 任 廖观星

**发展和改革局(粮食局)**

局 长 李 标
副 局 长 纪相伦 厉旭华 朱曙光 赵松青
统计局副局长 陈 铣
党 委 书 记 李 标
党委副书记 纪相伦
纪 委 书 记 赵松青*
人 武 部 长 朱炳淼

**经济贸易和信息化局**

局 长 程 东
副 局 长 金东柱* 金光侠* 胡曙明 赵献慧(女) 魏 剑
党委书记 程 东

**教育局**

局 长 王新亮
副 局 长 夏建秋 胡国栋 徐 峰*
党 委 书 记 王新亮
党委副书记 夏建秋

**科学技术局**

局 长 吴昌银
副 局 长 周晓东 周宗华
党 组 书 记 吴昌银

**民族宗教事务局**

局 长 季成夏
副 局 长 黄升霞(女)* 蓝旭丹(女、畲)

**公安局**

局 长 徐良悟
常务副局长 季知章
副 局 长 吴建斌 潘振达 林彬彬
党 委 书 记 徐良悟
政 委 褚长龙* 潘青来
党委副书记 褚长龙* 潘青来 季知章

**监察局**

局 长 赵富春
副 局 长 刘 彤* 周建东 徐声福* 王宝坎

**民政局**

局 长 施彩微(女)
副 局 长 陈燎原 俞 东 陈汉斌

党 组 书 记 施彩微(女)
纪 检 组 长 赵丰平*

**司法局**

局 长 林加会
副 局 长 周士焕 赵丽春* 徐剑平 徐声福 叶葱葱(女)
党 组 书 记 林加会
党组副书记 周士焕
纪 检 组 长 王一荣

**财政局**

局 长 朱明阳
副 局 长 金宪树 叶信钏 王光远
党 委 书 记 朱明阳
党委副书记 叶小荣* 金宪树
纪 委 书 记 刘鸿翔*

**国有资产管理办公室**

主 任 金宪树(兼职)* 朱明阳(兼职)
副 主 任 胡国鑫 王晓宗

**地方税务局**

局　　长　朱明阳
副 局 长　叶小荣*　刘少民　包建阳
总会计师　包建阳*　王　彬

**人力资源和社会保障局**

局　　长　陈增聪
副 局 长　张慧君(女)*　李忠彬　叶仕平
　　　　　陈　光
党组书记　陈增聪
党组副书记　张慧君(女)*
社会保险管理服务中心主任　陈　光

**国土资源局**

局　　长　林观海
副 局 长　周碎榜　周月钱　林　哲
党委书记　林观海
党委副书记　周碎榜
总规划师　秦振国
纪委书记　郑建立

**住房和城乡规划建设局**

局　　长　陈　琪*　郑志阳
副 局 长　胡三东　赵金远　夏景宜*　赵小飞
　　　　　周江深　郑金桥
总工程师　赵小飞
党委书记　陈　琪
党委副书记　胡三东

**县保障性安居工程建设统筹办公室**

主　　任　赵金远

**交通运输局**

局　　长　季建明
副 局 长　叶怀华　夏克余　叶李林　毛振味*
总工程师　吴士华
党委书记　季建明
党委副书记　叶怀华
纪委书记　陈圣豹

**畜牧兽医局**

局　　长　刘小昌

**水利局**

局　　长　孟晓豪
副 局 长　刘化领*　郑长进　赵雪微(女)*
　　　　　周光毅　刘勇(兼职)
总工程师　邢伟济
党组书记　孟晓豪
党组副书记　郑长进

**县珊溪水利枢纽水源保护管理委员会办公室**

副 主 任　刘　勇

**林业局**

局　　长　廖忠明
副 局 长　蒋赛平　池文锋　朱应理
　　　　　叶正环(兼职)
党委书记　廖忠明
党委副书记　蒋赛平
纪委书记　蔡小忆

**文化广电新闻出版局**

局　　长　蒋海波
副 局 长　张　璐　周建吐　陈清清(女)
党组书记　蒋海波
党组副书记　张　璐

**卫生和计划生育局**

局　　长　王日康
副 局 长　周国勇　周　云　李顺华　季敏华
党委书记　王日康
党委副书记　周国勇

**审计局**

局　　长　梅则铭
副 局 长　胡冰亮　钱德荣
总审计师　郑爱忠
党组书记　梅则铭
党组副书记　胡冰亮
纪检组长　金　琦

**环境保护局**

局　　长　黄　伟
副 局 长　池元亮　郑剑康
党组书记　黄　伟

**安全生产监督管理局**

局　　长　赵　聪
副 局 长　钟永亮(畲)　吴正川
党组书记　夏朝敏
纪检组长　黄正千

**市场监督管理局**

局　　长　赵建荣
副 局 长　朱正选　陈汉斌*　刘日年
　　　　　赵献慧(女)*　余坚(兼职)　林日进
党委书记　赵建荣
党委副书记　朱正选
纪委书记　郑东晓*
总工程师　梅伟杰

**综合行政执法局**

局　　长　吴志成
副 局 长　孟世忠　陈　杰
党组书记　吴志成
党组副书记　孟世忠

## 政协工作部门

**办公室**

主　　任　叶洪锋
副 主 任　叶葱葱(女)*　夏玲(女)　谢俊杰

**提案与委员工作委员会**

主　　任　赵　华*
副　主任　夏凤英(女)

**学习文史委员会**

主　　任　赵翁钦
副 主 任　谢俊杰*

**经济委员会**

主　　任　胡文铰
副 主 任　胡永袍

**社会法制民族宗教委员会**

主　　任　郑丹丹(女)
副 主 任　赵东旭

**港澳台侨委员会**

主　　任　徐瑞霞(女)
副 主 任　刘少锋

**科教文卫体委员会**

主　　任　胡长林
副 主 任　叶丽华(女)

## 法院　检察院

**县人民法院**

院　　长　朱鹏鸣
副 院 长　陈永海　包晓龙　蒋学高*
党组书记　朱鹏鸣
党组副书记　陈永海

**县人民检察院**

检 察 长　卢小明
副检察长　刘际当　施明聪　周恩峰
党组书记　卢小明

党组副书记　刘际当

## 军事机构

**县人民武装部**
部　　长　吴步程
政　　委　周钧
副 部 长　范方彪

**县公安消防局**
局　　长　詹云雷
政　　委　彭成志

**县武警中队**
中 队 长　徐华杰
指 导 员　吴建强
排　　长　陈衍森

## 直属事业　企业单位

**行政审批中心(审管办)**
主　　任　周洪胜
副 主 任　罗文增　张　静
党组书记　周洪胜

**机关事务管理局**
局　　长　赵文锋
副 局 长　吴霏霏(女)　李　斌　郑锋炎
党组书记　赵文锋
党组副书记　吴霏霏(女)

**广播电视台**
台　　长　陈岳平
副 台 长　赵青松　赵雪微(女)
　　　　　钟建芬(女,畲)
总工程师　林文旌
总 编 辑　周林燕(女)
党组书记　陈岳平

**体育事业发展局**
局　　长　刘　飚
副 局 长　郑国模　吴　刚
党组书记　刘　飚
纪检组长　胡碧华

**经济技术协作办公室**
(招商引资管理局)
主任(局长)　周琦峰
副主任(副局长)　钟晓炜(畲)　周友银*
　　　　　　　　陈蓓蓓(女)
党组书记　周琦峰
党组副书记　钟晓炜(畲)　周友银*
纪检组长　纪泽锋

**移民安置办公室**
主　　任　王光满
副 主 任　张　圣　吴海青
党组书记　王光满
纪检组长　吴桂芳(女)

**生态产业园管理办公室**
主　　任　张　敏(兼职)*　朱志斌
副 主 任　孟世清(兼职)*　魏运贵(兼职)*

**公共资源交易管理委员会办公室**
主　　任　胡学奏
副 主 任　周洸毅*　朱应波
党组书记　胡学奏

**公共资源交易中心**
主　　任　周洸毅

**商业工作办公室**
主　　任　李先炜
副 主 任　王廷军　张　灵
党委书记
党委副书记　李先炜　王廷军

纪委书记 毛文袍

**供销总社**

主　　任 陈　琪
副 主 任 胡三东* 厉林甫 程建利
党委书记 陈　琪
党委副书记 胡三东*
纪委书记 程建利*
“农合联”专职副主任 傅丽萍(女)

**二轻工业总公司**

总 经 理 郑爱国*

**物资总公司**

总 经 理 刘光煜*

**公路管理局**

局　　长 叶建斌
政治教导员 赵建军*

**道路运输管理局**

局　　长 纪庆静

**长途汽车运输有限公司**

董事长、总经理 季碎平
党总支书记 金献平

**电力开发投资有限公司**

副总经理 周向阳
党委副书记 周向阳
纪委书记 林德标

**县公用事业投资有限公司**

董 事 长 魏运贵
总 经 理 魏运贵

**县国有资产投资有限公司**

副总经理 刘建平

**石垟林场**

场　　长 叶正环
副 场 长 潘建瑞
党委书记 叶正环
党委副书记 潘建瑞
纪委书记 周小华

**金融工作办公室**

主　　任 夏德明
副 主 任 张世锋

## 双重管理部门

**邮政局**

局　　长 刘正敏
局长助理 叶　卿* 苏仕聪

**浙江省电信公司文成分公司**

总 经 理 王浙江
副总经理 贾克林 张时夏
党委书记 王浙江

**移动通信有限公司**

总 经 理 赵洪生
副总经理 郑　加
总经理助理 严一莲(女)

**中国联通有限公司文成分公司**

总 经 理 秦声平
总经理助理 郑　乐(11月起)

**供电公司**

总 经 理 王大军
副总经理 刘际波 季余忠 刘文标
党委书记 陈思长* 叶小绪
党委副书记 王大军 徐元校
纪委书记 徐元校

**国家税务局**
局　　长　王向阳*　林　毅
副 局 长　王海燕　金崇波　杨汉康　蔡勋祈
党组书记　王向阳
纪检组长　蔡勋祈

**烟草专卖局(烟草公司)**
局长(经理)　汤时荣
副　局　长　钟景杰
副　经　理　李文武
党 组 书 记　汤时荣
纪 检 组 长　钟景杰

**气象局**
局　　　长
副　局　长　杨林燕(主持工作)　朱　景
　　　　　　邢文理

**中国人民银行文成县支行**
行　　长　林肖亮
副 行 长　赵海慰　黄忠伟

## 社会团体

**县工商业联合会(总商会)**
主　　席　张丽俊(女)
副 主 席　林佳俊
党组书记　周　斌

**县总工会**
主　　席　刘建华
副 主 席　陈式海　赵东者　赵小燕(女)
党组书记　陈式海

**共青团文成县委员会**
书　　记　周智华
副 书 记　吴　键

**县妇女联合会**
主　　　席　陈红兵(女)
副　主　席　钟菲菲(女,畲)*　张琦巧(女)

**县归国华侨联合会**
**外事侨务办公室**
主　席(主任)　胡立帅
副主席(副主任)　吴筠霄(女)　包小荣(女)

**县科学技术协会**
主　　　席　陈上都
副　主　席　林海斌

**县文学艺术界联合会**
主　　　席　王国侧
党 组 书 记　王国侧
副　主　席　林　文*　柳晓峰

**县社会科学界联合会**
主　　　席　王国健*
主 席 人 选　周　洁
副　主　席　王国林(兼职)　刘华芳(女,兼职)
　　　　　　张　璐(兼职)　赵东平(兼职)
　　　　　　俞　东(兼职)

**县残疾人联合会**
理　事　长　温文平*　黄拥政
副 理 事 长　钟旭彬(畲)
党 组 书 记　温文平*　黄拥政

**县红十字会**
会　　　长　雷　宇(畲)*
常务副会长　夏宏伟
副　会　长　包雪玲(女)*　林　文

## 乡镇机构

**大峃镇**
党委书记　刘　云*
副 书 记　杨小锋*　刘文光*　严旭武*
　　　　　赵沛标　林增金
纪委书记　刘玉明*　叶　胜

委　　员　兰大潘*　刘日力　王庆捷　林胜斌　吴世忠　李文福　王文杭(女)　赵赣生*
人大主席　黄拥政*　刘文光
副 主 席　陈挺汉*　陈永登　胡启候
镇　　长　杨小锋
副 镇 长　兰大潘*　叶　胜*　李文福　王庆捷　王晓薪　雷锦凯(畲)
(注:党委书记、副书记、纪委书记同时为党委委员,*为当年调离,下同)

**珊溪镇**
党委书记　富汉峰
副 书 记　蓝绯绯*(女,畲)　吴方海　金丽丽(女)
纪委书记　王彩梅(女)*　叶明友
委　　员　季伟斌*　毛海伟*　刘　坚*　刘化切　陈方美
人大主席　蓝绯绯(女,畲)*　季伟斌
副 主 席　刘广伟*　周作存　陈方明
镇　　长　毛伟新
副 镇 长　季伟斌*　刘　坚*　陈方美　刘化切　刘晓彬　叶永梳

**玉壶镇**
党委书记　包朝阳
副 书 记　王　军*　刘丽丹(女)*　孟世忠*　严旭武　毛跃锋
纪委书记　王建文
委　　员　刘万民*　蔡友标　赵军勇　赵汉柒　蔡丽英(女)　钟建忠(畲)　张　杰　徐秀秀(女)*　刘玉明*
人大主席　刘丽丹(女)*　包雪玲(女)
副 主 席　周日进*　陈永登*　胡永星　胡建南
镇　　长　王　军*　严旭武
副 镇 长　毛跃锋*　刘万民*　徐文桂*　赵汉柒　赵军勇　王　任　程　洲

**南田镇**
党委书记　王　军*　赵建怀
副 书 记　李晓群　常小东(挂职)　林安海*　陈　亮
纪委书记　陈增国
委　　员　王　炜*　蔡海潮*　严　成*　白洪川　吴　军　陈方静　雷海武(畲)　陈珊珊
人大主席　陈维强
副 主 席　潘方松*　吴志通　胡建南*　李瑞超*　林卫斌
镇　　长　李晓群
副 镇 长　严　成*　吴军夏　美　妙*　陈方静　胡瑞烨　赵东夏

**黄坦镇**
党委书记　薛乐之
副 书 记　林永波*　兰大潘(畲)　包绍兴　吴　丰*　富绍平*
纪委书记　包绍兴*　李瑞超
委　　员　陈维强*　赵沛宽　赵小惠(女)　刘俊杰　赵　浒　叶金成　钟胜男*(女,畲)
人大主席　吴　丰*　富绍平
副 主 席　张　幅　胡启侯*　雷隆章(畲)*　季丰林
镇　　长　林永波*　兰大潘(畲)
副 镇 长　陈维强*　赵小惠(女)　施明池*　刘俊杰　郑海燕(女)　王啸侠

**西坑畲族镇**
党委书记　严炳宽
副 书 记　蓝建荣*　张仁化(女)*　徐秀秀(女)
纪委书记　吴国英(女)
委　　员　夏建武*　苏立峰　钟汉忠(畲)*　潘　跃　周国安　周　容　赵立群　林晓武　薛立富　刘悦斌*

人大主席　张仁化(女)*　夏建武
副 主 席　吴宽强*　吴碎荣*　李日东*
　　　　　雷美兰(女,畲)
镇　　长　蓝建荣(畲)*　雷旭燕(女,畲)
副 镇 长　夏建武*　钟汉忠(畲)*　周　容
　　　　　周国安　蔡少瑜　刘小洲
　　　　　蓝旭丹(女,畲)*　周　洪*

**百丈漈镇**
党委书记　邢文东
副 书 记　张　敏*　朱志斌　胡立杆　林　统
纪委书记　黄　霞(女)*　孟世清
委　　员　林守斌　赵岳丰　富嫣嫣(女)
　　　　　刘旭红(女)　余尉军　陈镇亮
　　　　　朱炳森*　吴国伟*
人大主席　林小波
副 主 席　吴宽词*　林式威*　徐闽力*
　　　　　纪相君
镇　　长　张　敏*　朱志斌
副 镇 长　余尉军　赵岳丰　贾约拿*
　　　　　杨微微(女)*　黄亦锋　林来来

**峃口镇**
党委书记　徐文鑫
副 书 记　戴智勇*　刘俊峰　周　赞
　　　　　叶乐安(挂职)
纪委书记　叶　华(女)*　毛海伟
委　　员　张淑芳(女)*　张　灵*
　　　　　雷小明(畲)　郑晓建*　赵然东*
　　　　　郑强强*　周　洪　毛雄斌
　　　　　赵淑清(女)　刘双燕(女)
人大主席　戴志勇*　张淑芳(女)
副 主 席　蔡永茂*　黄成标　周作存*
镇　　长　刘俊峰
副 镇 长　张淑芳(女*)　赵然东*　郑灵敏*
　　　　　毛雄斌　周　洪　雷武(畲)
　　　　　李国平

**巨屿镇**
党委书记　夏晓恩*　王　军
副 书 记　周洁(女)*　林　文*　刘　波
　　　　　夏青云　徐延鸿*　徐一波
纪委书记　胡立杆*　钟胜男(女,畲)
委　　员　陈建全　杨剑明*　朱应军*
　　　　　叶明友*　夏景瑞*　林庆文
　　　　　刘志林　杨微微(女)　张　帆
人大主席　毛祥劲
副 主 席　黄英标*　彭福地*　郑志民*
　　　　　雷隆章　朱应军
镇　　长　周　洁(女)*　刘　波
副 镇 长　朱应军*　夏景瑞*　郑明道*
　　　　　刘志林　李　莉(女)
　　　　　夏澎云　郑吴静

**周壤镇**
党委书记　林永波
副 书 记　刘丽丹(女)　姜伟杰
纪委书记　徐文桂
委　　员　朱伟德　赵赣生　刘碎芬(女)
　　　　　蒋学友
人大主席　叶　华(女)
副 主 席　郑献东
镇　　长　刘丽丹(女)
副 镇 长　赵赣生　翁仕鹏　周世锋

**二源镇**
党委书记　张　敏
副 书 记　兰绯绯(女、畲)　严　成
纪委书记　贾约拿
委　　员　赵建军　吴国伟　林素丹(女)
　　　　　叶　委　胡伟光
人大主席　王君巧
副 主 席　叶　斌
镇　　长　兰绯绯(女、畲)
副 镇 长　赵建军　吴国伟　卢健斌

**铜铃山镇**

党委书记　蓝建荣(畲)
副 书 记　李正益　钟汉忠(畲)
纪委书记　夏美妙(女)
委　　员　王荣伟　周裕前　蔡小彬　吴昌连
人大主席　刘玉明
副 主 席　李　陈
镇　　长　李正益
副 镇 长　王荣伟　郑晓建　吴春怀

**周山畲族乡**

党委书记　刘一忠
副 书 记　雷旭燕(女,畲)*　钟菲菲(女,畲)
　　　　　雷文宾(畲)*　陈余友
纪委书记　王延满*　余荣中
委　　员　林庆文*　赵军勇*　雷昌华(畲)
　　　　　王邦巨　郑丽丽
人大主席　刘一忠*　王延满
副 主 席　叶　斌*
乡　　长　雷旭燕(女,畲)*　钟菲菲(女,畲)
副 乡 长　陈友余*　纪相君*　雷昌华(畲)
　　　　　蓝秀燕(女,畲)

**双桂乡**

党委书记　刘　彤
副 书 记　林安海　吴黎明
纪委书记　吴江燕(女)
委　　员　郑灵敏　刘国荣　程洪亮
　　　　　纪爱芬(女)
人大主席　厉琰乾
乡　　长　林安海
副 乡 长　郑灵敏　陈海龙　金晶晶(女)

**平和乡**

党委书记　张仁化(女)
副 书 记　罗运魁　蔡海潮
纪委书记　周作林
委　　员　苏　城　林　建　陈丕雷　徐开杰
人大主席　黄　霞(女)
乡　　长　罗运魁
副 乡 长　苏　城　朱爱晓

**公阳乡**

党委书记　戴智勇
副 书 记　吴淑丹(女)　蓝文杰(畲)
纪委书记　雷文锋(畲)
委　　员　叶瑞兴　廖建锋　章碎孟
　　　　　张艳晴(女)
人大主席　郑明道
乡　　长　吴淑丹(女)
副 乡 长　廖建锋　李丙滚

**桂山乡**

党委书记　周友银
副 书 记　雷文宾(畲)　刘繁荣
纪委书记　叶慧君(女)
委　　员　潘　跃　刘日胜　包绍庆
人大主席　刘　坚
乡　　长　雷文宾(畲)
副 乡 长　潘　跃　陈思利

（供稿：县委组织部）

# 自然环境

## 气象

【概况】 2016年较常年(1981—2010年)年平均气温略偏高;年降水量偏多,雨日偏多。上半年1—3月均有冷空气影响,4—5月冷空气偏少,冷空气总体偏弱,总体气温略偏高,日照充足,气候条件对农业生产、林业生产等都比较有利;下半年前期多晴好天气,中期受台风影响持续阴雨天气对农业收成极其不利,阴雨寡照天气影响,光照缺少,雨量偏多,光合作用不足,对瓜果、蔬菜等农作物均带来较大影响。年内受台风"尼伯特""莫兰蒂""鲇鱼"影响,全县房屋、农业、水利、电力、交通等设施损失严重。

【主要气象要素】 气温 年平均气温19.4℃,与常年(1981—2010年)18.3℃偏高1.1℃,月平均气温除2月比常年偏低外,其余月份均比常年偏高。其中偏高1℃或以上的有4月、5月、6月、7月、8月、10月和12月共7个月。年平均最高气温39.9℃,出现在6月22日,年平均最低气温-4.0℃,出现在1月25日。年内≥35℃的高温日数有45天。

2016年度与历年各月平均气温(℃)

表7

| 时间 | 1 | 2 | 3 | 4 | 5 | 6 | 7 | 8 | 9 | 10 | 11 | 12 | 全年 |
|---|---|---|---|---|---|---|---|---|---|---|---|---|---|
| 本年度 | 8.9 | 9.1 | 12.7 | 18.6 | 23.2 | 26.4 | 29.5 | 28.6 | 24.8 | 22.7 | 16.0 | 12.3 | 19.4 |
| 历年 | 8.2 | 9.3 | 12.3 | 17.3 | 21.7 | 25.1 | 28.3 | 27.6 | 24.6 | 20.0 | 15.1 | 9.9 | 18.3 |
| 距平 | 0.7 | 0.2 | 0.4 | 1.3 | 1.5 | 1.3 | 1.2 | 1.0 | 0.2 | 2.7 | 0.9 | 2.4 | 1.1 |

降水 年降水量2531.2毫米,比常年1830.6毫米偏多700.6毫米,降水日数191天,比常年178.4天偏多12.6天。降水量的月际变化:全年有5个月的降水量比常年偏多,其中9月偏多最多,8月偏少最多。

2016年度与历年各月降水量(毫米)

表8

| 时间 | 1 | 2 | 3 | 4 | 5 | 6 | 7 | 8 | 9 | 10 | 11 | 12 | 全年 |
|---|---|---|---|---|---|---|---|---|---|---|---|---|---|
| 本年度 | 164.3 | 71.0 | 86.5 | 278.4 | 200.7 | 223.7 | 82.1 | 106.5 | 1018.6 | 175.1 | 117.8 | 6.5 | 2531.2 |
| 历年 | 57.9 | 81.3 | 155.1 | 156.9 | 210.8 | 274.0 | 226.5 | 289.5 | 203.5 | 69.5 | 63.1 | 42.5 | 1830.6 |
| 距 平 | 106.4 | -10.3 | -68.6 | 121.5 | -10.1 | -50.3 | -144.4 | -183 | 815.1 | 105.6 | 54.7 | -36 | 700.6 |

**日照**　全年日照时数1489.4小时，比常年1714.2小时偏少224.8小时。年度有8个月的日照时数偏少，其余4个月略偏多。在偏少的8个月份中，1月、6月、10月、11月均偏少50小时以上。

表9

**2016年度与历年各日照时数（小时）**

| 时　间 | 1 | 2 | 3 | 4 | 5 | 6 | 7 | 8 | 9 | 10 | 11 | 12 | 全　年 |
|---|---|---|---|---|---|---|---|---|---|---|---|---|---|
| 本年度 | 54.9 | 134.0 | 126.9 | 100.6 | 127.3 | 110.8 | 243.9 | 219.5 | 121.5 | 58.3 | 71.7 | 120.0 | 1489.4 |
| 历　史 | 106.2 | 89.2 | 101.5 | 127.3 | 142.1 | 140.1 | 228.3 | 207.4 | 157.7 | 151.0 | 127.6 | 135.8 | 1714.2 |
| 距　平 | -51.3 | 44.8 | 25.4 | -26.7 | -14.8 | -117.5 | 15.6 | 12.1 | -36.2 | -92.7 | -55.9 | -15.8 | -224.8 |

**【主要气候事件】**　**冷空气**　1月有3次冷空气过程，分别出现在6—8日、18—20日和22—25日。其中22—25日的强寒潮对全县影响较大，受其影响，截至22日14时，全县普降中到大雨，面雨量35.4毫米；截至23日12时，全县雨雪基本停止，中高山地区出现不同程度的积雪与道路积冰等情况；25日早晨全县气温普遍降至-4℃以下，西北部高山地区和南部高山地区-9℃～-12℃，大部分地区最低气温接近或突破本地站点历史极值。其中日最低气温突破历史极值的站点如下：下垟-11.9℃、朱雅-11.7℃、石垟林场-11.7℃、十源-11.2℃、光明-11.1℃等5个站点（文成历史极值为2009年石垟站-10.8℃），出现极为罕见的低温寒潮天气，严重的低温冰冻天气给全县农畜牧业、生产生活带来严重的影响。2月有次冷空气过程，出现在13—16日。3月有次冷空气过程，出现在8—12日。10月影响本县的冷空气总体偏弱，主要有一次，出现在28—29日。11月主要有3次冷空气过程，分别出现在1—2日、8—12日和22—24日。12月主要有两次冷空气过程，分别出现在13—16日和26—30日。

**梅汛期**　4月8—20日，全县出现一段严重连阴雨天气过程，平均降水量173.5毫米，较常年同期（68.8毫米）明显偏多，为1971年以来同期雨量第二多，仅次于1983年同期（195.2毫米）。4月下旬出现重度连阴雨天气，旬累计雨量70～100毫米，局部120～150毫米，较常年同期（常年同期44.8毫米）明显偏多。全县6月11日入梅，7月7日出梅，梅雨期持续26日。梅雨期较明显，6月和7月降水较常年都明显偏少，7月总降水量82.1毫米，属于降水较少的月份。

**热带气旋**　第1号台风"尼伯特"过程雨量大，7月8日08时—10日07时全县各地普遍出现暴雨，局部大暴雨，面雨量55.5毫米，县城雨量51毫米，其中桂山137.6毫米，仰山109.1毫米，全县有20个自动气象站点中超过50毫米。3个站点出现8级以上大风，最大风速出现在平和20米/秒。第14号台风"莫兰蒂"过程，全县普降暴雨到大暴雨，局部特大暴雨。9月14日08时至16日08时全县面雨量274.9毫米。大峃289.4毫米，桂山481.1毫米，周山322.3毫米，公阳310.8毫米，铜铃山255.6毫米，巨屿298.9毫米，周壤247.9毫米，珊溪288.8毫米，峃口299.2毫米，南田257.3毫米，双桂291.2毫米，黄坦208.2毫米，二源281.9毫米，百丈漈280.0毫米，西坑188.6毫米，平和247.5毫米，玉壶228.1毫米。其中文成本站日降雨量（14日20时到15日20时）达246.8毫米，破建站以来9月份历史同期日降雨量极值。13个站点出现8级以上大风，最大风速出现在巨屿为25.1米每秒。第17号台风"鲇鱼"对全县影响较大。过程普降大暴雨，局部特大暴雨。27日08时至29日14时全县面雨量538.7毫米，文成本站550.8毫米，雨量超过500毫米的站点有周山乡820.3毫米，朱雅774.8毫米，双桂乡715.2毫米，玉壶林龙710.5毫米，公阳701.2毫米，玉壶光明698.5毫米，桂山641.9毫米，里阳621.9毫米，峃口镇612.4毫米，巨屿镇609.1毫米，玉壶599.5毫米，百丈漈573.7毫米，大峃金炉571.6毫米，平和569.4毫米，南田驮湖563.3毫米，珊溪毛坑561.2毫米，玉壶上林555.2毫米，黄坦545.7毫米，大峃金垟538.5毫米，周村524.7毫米，岭头519.7毫米，黄坦富岙519.6毫米，大峃龙川516.3毫米，东溪515.4毫米，下垟505.2毫米。同时，全县普遍出现8级以上大风，最大风力12级以上的站点为平和39.3米/秒（13级）、珊溪35.1米/秒（12级），巨屿32.8米/秒（12级）。经浙江省气候中心专家评估确认：文成国家站28日降水量388.7毫米，破历史日降水记录（文成历史最大1990年8月20日292.2毫米），超百年一遇（百年一遇为320毫米）；3小时最大为144毫米，超百年一遇（百年一遇为125毫米）。单站雨量最大文成周山乡802.7毫米，周山乡水井头村最大1小时雨量（28日16—17时）108.5毫米，周山乡水井头村最大3小时雨量227.3毫米（28日16—18时）。

【气候影响综合评价】 **气候与粮食生产** 2016年气候上半年前期冷空气频繁，4—5月冷空气偏少，总体气温略偏高，日照充足，气候条件对农业生产比较有利；下半年前期接连的台风天气对粮食的收割不利，直接影响粮食的产量。许多农田被冲毁或受淹，粮食、蔬菜及一些水果受灾或绝收。一些单季晚稻倒伏需要提前收割，一些蔬菜由于菜苗被毁需要重新育苗。前期发育期就推迟的单季稻收割期延迟，收晒受阻，造成农业大户收割压力大，产量和品质均受到较大影响，连续阴雨也严重影响了冬种。单季晚稻生育期间，平均气温偏高，降水偏少，雨日偏少，日照时数偏多，气象条件属于较好年景。单季晚稻播种育秧顺利，秧苗长势较好。移栽分蘖期多高温晴热，高温伴随着强日照，降水稀少，山区一些田块缺乏灌溉，出现局部旱情，影响植株的生长。成熟期在国庆前后，由于9月份受第14号台风“莫兰蒂”和第17号台风“鲇鱼”的影响，本地出现严重灾害，许多农田被冲毁或受淹，粮食、蔬菜及一些水果受灾或绝收。蔬菜受年初的寒潮冻害，对产量影响较大；大棚作物因棚内温度低、湿度大，甜度降低，品质变差，还发生腐烂掉落。不利天气对3月蔬菜瓜果上市量影响较大。

**气候与林业** 气候对林业生产而言是正常年景。春季雨量与往年相比属较正常，总体上来说还是有利于植树造林。全年无降水日174天，最长连续无降水日10天，气温高于35℃的高温天气有45天，气候条件虽然极易引发森林火灾，但由于林业和其他有关部门措施到位，制度到位，全县未发生重特大森林火灾事故，火灾引起的各种灾情也减少到了最低限度。

**气候与水电** 发电效益大小主要决定于自然降水量、时空分布及降水强度等因素。全年雨量与往年相比偏多，主要集中在9—10月份。县内各水电站发电量，除因珊溪水力发电站因台风泄洪外，发电量比去年略偏少；其他水电站，如百丈漈水电站、高一电、高二电等全年总发电量均比上年同期增长。

（陈　勇）

## 环境保护

【概况】 县环境保护局人员编制数52名，年末在岗人员46名，其中在岗高级职称技术人员4名，中级职称技术人员9名，初级职称技术人员11名。12月，省统计局、省环保厅公布生态环境质量公众满意度调查排名中，文成县位列全省第五，全市第一；环境信息宣传工作获得全市环保政务信息第一。县环保局被市委、市政府评为温州生态市建设考核优秀奖，被市环保局评为温州市环保系统先进集体，被县委、县政府评为生态县建设（“三边三化”）工作先进单位。文成县环境监察大队被市环保局授予市环保系统先进集体称号。黄伟被市环保局评为温州生态市建设先进个人；王时杰、周国南2人被市环保局授予先进个人荣誉称号；周国南被市珊管办评为2016年珊溪水源保护百日联合执法专项行动执法标兵；包朱翔被县委、县政府评为2015年度文成县生态县建设（“三边三化”）工作先进个人。

全县环境综合整治推进会（县环保局提供）

【国家生态县创建】 2016年10月，环保部正式授予文成县国家生态县称号，国家生态县品牌效应初步得到体现。此前于2014年10月通过国家生态县创建技术核查评估，2015年6月通过国家生态县现场考核验收。

中国环科院到文成对飞云湖列入国家较好湖泊进行专家会审（县环保局提供）

【“三边三化”工作】 根据文成实际，先后出台《文成县2016年度“三边三化”行动考核办法》《深入开展“三比三看一规范”活动全力整治重点沿线环境乱点的通知》等文件，进一步加强对环境保护工作责任的落实。借力“三边三化”“两路两侧”“三比三看一规范”工作，以省、县道公路、河边沿线为重点，深入推进沿线村庄综合整治，梳理河边整治点151处，已整改126处，整改率83.4%；公路边市级整改点20个，整改14个，整改率70%。赤膊房的排摸建档工作。“三边”重点部位乱点基本消除，脏乱差现象明显好转。

全县“三边三化”工作专题会（县环保局提供）

【环境监测】 全面加强环境监测，多项目、多方位、多频次地开展水质、大气、噪声等监测项目并形成监测月报，供领导决策参考。根据监测数据显示，全年文成县地表水11个断面水质情况均达标；同时，珊溪水库集中式饮用水源地水质全年达标率为100%，满足功能区要求；文瑞交接断面水质情况均为II类水质，水质情况稳定。据省厅的通知公告显示，2016年1—12月，全县空气优良率为99.1%，PM2.5均值为27微克/立方米（2015年同期PM2.5均值为29微克/立方米），1—12月，全省58个县级城市和13个同类县中排名均为第五名；完成年度功能区噪声、区域噪声、交通噪声环境质量监测，根据监测数据显示，（昼间）区域环境噪声等效声级54.8dB（A），道路交通噪声加权平均声级值为64.6dB（A），功能区噪声2类功能区和4类功能区均达标，全年完成竣工验收监测报告8份，监例报告37份，监测督监测41份，委托性监测报告44份。县域环境噪声质量等级为较好，道路交通噪声质量等级为好。

**【环境监察】** 加大环境监察执法力度。坚持重点污染源现场监察频次每月不低于1次，一般污染源现场监察频次每季度不低于1次。全年共计出动执法人员1350人次，检查企业630家次，发送企业整改通知书18份，立案查处5起环境违法行为，行政处罚金额10万元。对全县20家排污企业信息进行全面核对，对企业排污费进行动态核定，1—3季度排污费征收企业20家，合计征收排污费28.1313万元，入库24.3702万元。“三同时”现场验收建设项目20个，现场勘查笔录45份，向企业提供相关污染设施防治资料25份，严格预防控制新污染源的产生。健全机制，完善“12369”投诉热线，出台《文成县环保局夜间执法巡查工作管理规则》，安排人员24小时值班。健全环境信访制度，每月安排“民主恳谈会日”和“环境信访调处日”活动，对所有来信来访，都安排专人进行深入调查和及时调处，确保信访调处意见得到真正落实，尽可能减少重复信访甚至越级上访的发生，全年共受理信访件106件，其中省厅转办2件，市局转办34件，县本级70件，办结104件，未出现集体访事件。受理人大建议、政协提案以及党代会提案共4件，全部按期办结，代表、委员们满意率100%。

**【环境管理】** 注重服务前移，强化提前介入，在日常工作中主动加强与发改、经信、招商等相关部门的沟通联系，努力实现工作重心由“审批型”向“服务型”转变；推行阳光政务，公开办事程序，依据建设项目环境管理职责，建立首问责任制、AB岗制等。全年共审批环境影响评价文件48份，其中报告书6份、报告表20份、登记表22份，共验收建设项目21个，没有审批两高一资项目，环评执行率100%。

**【环境整治】** 全力助推“五水共治”。按期完成中央农村连片整治工作，全年建成农村污水处理设施79套，污水收集管网199.41公里，农村垃圾收集设施20套。根据国家生态县创建要求，县环保局承担实施39个生态县创建点生活污水治理设施示范项目的整改提升工程，完成投资额近1600万元。严格按照“降总量、调结构、强管理、严执法”的工作思路，配合县珊管办启动畜禽养殖业污染综合整治，提前完成市委、市政府下达的目标任务，全县生猪当量从原来的20多万头削减到1.03万头，黄坦坑水质从劣五类提升到三类，飞云江水质在全省主要水系中继续领先。

县委书记汪驰调研河道整治(县环保局提供)

水环境保护和治理修复课题进展顺利。配合县委组织部，引进以日本九州大学郝爱民教授为学科带头人的“水质污染生态工程技术控制及生态修复”环保专业团队，开展全县水环境保护和治理修复课题研究，分别编制完成《百丈漈水库蓝藻控制和生态修复总体规划研究》和《百丈漈水库入库口生态净化与修复工程实施方案》两个专项规划。

县长王彩莲调研环境治理(县环保局提供)

推进大气污染防治工作。根据《G20峰会温州市环境质量保障方案》和《温州市大气污染源排放清单调查实施方案》要求,开展全县大气污染源排放清单调查,完成第一批18家企业的培训与调查以及第二批18家企业的培训。完成淘汰黄标车总数75辆。

县委副书记章寿禹调研农村生活污水治理(县环保局提供)

【污染物减排】 全县全年主要污染物总量减排目标为:化学需氧量、氨氮、二氧化硫、氮氧化物排放量,分别比2015年下降2.0%、2.0%、1.3%、1%。为确保完成目标任务,结合全县经济社会发展和环境保护要求,制订并落实《文成县2016年主要污染物总量减排计划》。根据上级核定结果,全年全县化学需氧量、氨氮、二氧化硫和氮氧化物排放量,分别比上年同期下降2.0%、2.0%、1.3%和1%,完成减排任务。

【环境宣传】 紧紧围绕国家生态县创建和饮用水源保护这两项重点深入开展生态县建设和生态文明主题宣传教育。通过"6·5"环境日、"温州市生态文化月"等专题宣传活动的开展,使文化月和生态日概念深入人心。加大政务信息报道力度,国家环保部刊登7篇,在浙江环保政务网刊发80篇,温州市委两办录用4篇,省政府4篇,上报县委、县政府及法制办信息20多篇,位于全市前列。做好绿色载体创建工作,与教育局联合完成省级绿色学校1所,市级绿色学校1所,县级绿色学校2所的申报工作,分别是南田中学、文成二高、童之乐和凤垟幼儿园。

(周志林)

## 土地资源

【不动产统一登记】 成立不动产登记服务中心,明确为副科级事业单位,落实人员编制16名。组织相关人员学习《不动产登记暂行条例》《不动产登记暂行条例实施细则(草案)》《中央编办关于整合不动产登记职责的通知》等法律法规和文件精神,做到准确理解和把握动态。9月26日颁发全县第一本不动产权登记证。

【表土剥离再利用项目】 4月28日,县政府出台《文成县表土剥离再利用实施办法》(文政发〔2016〕43号)。全年立项表土剥离再利用项目5个,剥离耕作层土壤约15万立方米。表土剥离项目的实施开展,为旱改水项目实施提供强有力的表土支撑。

【"坡地村镇"试点项目】 成功申报南田蔬康产业园项目,并将实施方案报省厅审查,逐步指导业主开展项目组件报批前期的准备工作。

【耕地保有量】 守住基本农田和耕地保有量这两条红线，确保耕保平衡。修改完善县级和乡级土地利用总体规划，完成永久基本农田划定工作，通过省厅审查并上图入库。实现耕地保有量37.73万亩，基本农田保护面积37.52万亩，建设用地总规模为8.95万亩，城乡建设用地规模为4.65万亩，新增建设用地7575亩，划定基本农田面积为37.48万亩。

【"旱改水"质量提升项目】 立项"旱改水"项目21个，总面积2312亩，计划建成水田面积2148亩，其中含新增耕地270.27亩。

【标准农田和高标准农田】 新建标准农田项目1个，实施总面积341.17亩，建成标准农田334.74亩，完成竣工验收，并报备入库。认定高标准基本农田项目22个，面积14364.49亩，在建高标准基本农田58个，实施面积19045.11亩，计划建成高标准基本农田面17741.33亩，合计完成高标准基本农田32106亩。

【城镇低效用地再开发】 启动城镇低效用地再开发项目6个，面积147.252亩，其中启动200亩，完成100亩，完成率73.63%。完成开发项目5个，面积140.235亩，其中涉及城镇低效用地282.3亩，完成率140.24%

【土地供应与清理】 完成土地供应358.5亩，其中存量用地194.7亩，批而未供163.8亩，完成率51.21%。国有建设用地出让1宗0.85亩，出让合同价款130万元。完成供而未用土地清理878.84亩，完成率76.5%。

【闲置土地处置】 自查发现闲置土地13宗，面积385.011亩。处置完毕7宗，共计260.3265亩，尚有6宗124.6845亩未处置到位。

【建设用地报批】 上报新增建设用地农转用13个批次444.45亩，其中耕地206.86亩。完成规划局部修改方案项目10个，用地预审项目36个。

【地质灾害防治】 全年，全县共发生地质灾害（隐患）78起，倒塌房屋60间，人员伤亡8人，其中死亡6人，负伤2人，造成直接经济损失748.4万元。成功避让地质灾害1起，减少人员伤亡1户3人，减少财产损失5万元。完成列入市级目标考核任务和县级重点工程治理项目1个，即文成县求知中学后山滑坡治理工程，拆除地质灾害搬迁后原房屋9间。

【征地补偿安置】 完成征地报批计划批次6个，单独选址项目1个，面积24.6056公顷，其中耕地面积12.7432公顷。全县历年被征地农民基本生活应参保人数7039人，落实2022人。全年办理被征地农民参保750人，累计支付征地补偿费3703万元，其中支付出让土地179万元，支付划拨土地3524万元。

【卫片执法】 立案查处违法用地67宗，包括历史遗留违法用地，处罚面积53亩，罚款金额54.71598万元。

【动态巡查】 年初划分乡镇、路段和区域，明确巡查责任人和应对措施，划定动态巡查重点防范区，专人定期动态巡查，及时记录备案巡查情况和上报违法用地情况，切实做到对违规违法行为早发现、早制止、早处置。全年全县动态巡查发现违法用地219起，制止219起，面积63.5亩，其中耕地29.9亩。

【信访维稳】 全年受理群众来信来访83件，答复83件。未出现到部省市集体上访、异常上访的现象。

【地籍管理】 办理各类土地登记2143宗，其中国有土地使用证827本，集体土地使用证1318本。接受对外查询800余人次，法院系统查询434件，查封登记20宗，注销登记72宗。

**【矿产资源开发管理】** 完成温州珊溪水泥制品有限公司对双桂旁岸采石场（闭坑矿山）生态环境治理工程验收的整改工作。进一步规范矿山粉尘专项治理，完成《文成县矿产资源总体规划（2016—2020）》初稿编制。加大矿山储量监管力度，一次性收取4个矿山的复垦费（生态治理备用金），共计149.42万元，矿产资源补偿费17.3916万元。

**【基层所建设】** 针对市巡查小组《关于基层所干部配备不到位的意见》，及时按照相关规定增设副所长3名，加强基层人员力量，为各国土资源所高效管理辖区用地情况提供人力支持。

**【政务公开】** 进一步健全完善国土资源政务公开制度，严格做到规范化工作每季度公开一次，临时性的工作随时公开。坚持将所有行政审批事项的名称、办理条件、程序、时限、政策依据等全部在门户网站予以公开，自觉接受社会各界监督。全年公开土地使用权和矿业权出让、土地登记、征地公告等信息82条。

（雷叶倩）

# 中国共产党文成县委员会

## 概　述

【概况】 2016年是“十三五”规划实施的开局之年，县委认真贯彻落实中央和省委、市委重大决策部署，聚力补短板、破瓶颈、创亮点，组织实施7大类27个“三年行动计划”，经济运行呈现“稳中有进、稳中向好”的良好态势，为“十三五”规划实施打下良好基础。全年全县实现地区生产总值79.1亿元，年均增长8.4%；财政总收入突破10亿大关，年均增长10.4%，其中一般公共预算收入7.9亿元，年均增长13.7%；城镇和农村常住居民人均可支配收入分别达到32747元和14414元，年均增长9.0%和9.4%，各重点指标增速均超过省市平均水平，经济社会取得长足发展。

【农村农业】 推进现代农业产业发展，加快打造农业“两区”升级版，修编调整粮食生产功能区建设规划，累计建成粮食生产功能区71个面积4.2346万亩；加快提升现代农业园区建设，累计建成市级以上现代农业园区34个，二源镇成功入选首批省级特色农业强镇。重点抓好休闲农业项目建设及改造提升，形成仙人居农庄马鞭草、武阳荷花、周山彩色稻、二源投缘花海等一批创意农业，累计建成生态农庄22家，已有12家对外营业。全县共有在册农家乐经营户(村、点)65个、农家乐总餐位数15450个，床位4054张。推进农村环境建设，建成美丽乡村建设示范乡镇2个、综合体1个、精品线1条，创建美丽乡村精品村8个，完成历史文化村落保护利用村5个、历史文化村落保护利用点30个。实施农村生活污水治理，完成治理村48个，新增受益农户5629户。加强农村土地流转，新增土地流转面积0.4万亩，累计流转面积11.7万亩。新增农业招商引资项目14个，累计实际到位资金6.56亿元。持续打好脱贫攻坚战，“三年特扶”、精准扶贫取得实效，低收入农户年人均纯收入11429元，农民增收渠道持续得到拓宽。

【生态工业】 以生态化改造提升壮大工业，以“一核多园”模式，推进四大生态工业平台整合提升，深入实施工业发展“三年提升行动”和小微企业“三年成长计划”，全面深化“四化三名”“三转一市”，引导企业加大技改投入，传统产业得到进一步改造提升。全年实现工业总产值43.21亿元，同比增长5.2%。其中，规模以上工业产值25.83亿元，同比增长5.2%。规模以上轻、重工业产值分别为1.26亿元、5.20亿元，分别下降27.72%和增长14.53%。规模以上工业销售产值25.42亿元，同比增长4.5%，产销率为98%，其中出口交货值1.22亿元，同比增长3.8%。规模以上新产品产值4.14亿元，同比增长9.8%，新产品产值率16.0%，规模以上工业企业主营业务收入20.02亿元，同比增长1.1%；主营业务成本14.46亿元，同比下降5.4%；利润总额3.50亿元，同比增长68.2%；亏损企业亏损额0.18亿元，同比增长43.6%。扶持建筑企业转型提升，实现资质建筑业总产值24.63亿元，同比增长23.4%。

【服务产业】 以新业态培育引领服务业，实施“旅游+”战略，加快乡村旅游发展，推进三次产业融合互动发展。重点培育以环湖自行车绿道、航空飞行营地、浙南滑雪中心为特色的体育产业，以央视微电影基地为龙头的文化创意产业，以茶叶、杨梅、高山蔬菜为龙头的现代休闲农业，以美丽乡村为依托的乡村民宿产业，以在外华侨和农村电商为平台的电商产业，以佛教文化为特色的养生禅修产业等新型业态，成功列入国家全域旅游示范区。全年，全县游客576.33万人次、景区接待100.90万人次、旅游综合收入28.63亿元，同比增长3.9%、10.1%、10.1%。

【项目投资】 推动重大平台落地。重点围绕“十二五”争取的国家主体功能区建设试点、省级重点生态功能区小城市培育试点、省级健康服务业建设试点、省级旅游度假区、省级服务业集聚区等发展平台，深入推进平台基础配套建设，实行项目化、实体化运作，谋划包装了一批大项目好项目，“森林氧吧小镇”“空中花园小镇”等特色小镇项目加快实施，成功摘取浙江省首个“国际慢城”。全年完成平台投资45亿元，占投资完成总额的60%。加快项目建设。严格落实重大项目推进机制，重点研究完善工作例会、项目巡查、督查通报和相应奖惩等重大项目推进机制，成立亮点项目、新建开工项目、重大招商项目、重大前期项目、重点督办项目等5个工作组，分别由县四套班子主要领导和县委副书记担任组长，并梳理16个重点项目予以重点巡查督办，有效解决项目推进不快的问题。全年项目开工率100%，完成固定资产投资72.02亿元，同比增长10.8%。加强招商引资。依托省市重点大平台，充分发挥国家生态县、中国长寿之乡、央视微电影基地等国字号金名片效应，突出招大引强，以“十大招商项目”为重点，组织开展重大招商活动及招商引资项目落地攻坚，全力助推文商侨商回归创业。全年全县完成招商引资到到位资金30.19亿元，完成市定任务数30亿元的100.6%；完成签约项目9个，投资金额16.29亿元。

【环境建设】 推进“五水共治”。深化“河长制”责任落实，加快推进“水岸同治”，全面巩固“清三河”治理成果。城乡污水管网建设、飞云江治理二期、泗溪河治理七期、飞云江(坦岐段)治理等一批治水工程加快建设，珊溪水库申报“良好湖泊”项目列入国家水污染防治计划。坚持以全域旅游化改造的理念统筹推进“大拆大整”、小城镇环境综合整治、美丽乡村建设等环境工程。“大拆大整”专项行动中，全县共排查农村危旧房住房96459户(其中核实D级危房1664户)，拆除866户12.95万平方米；全年完成农村困难家庭危房改造4520户，完成率100.44%；完成“四无”单位整治1892家，完成率126.13%；拆除违章262处7.3353万平方米，完成市定任务的183.38%。统筹推进“两个县城”创建。开展国家卫生县城、国家生态文明建设示范县和省级示范文明县城创建，统筹推进“四边三化”“两路两侧”、绿道网建设等工作，开展乡村旅游A级创建，建成彩色健康森林13600亩，成功获评“两路两侧”“三边三化”专项整治工作优秀县，列入首批省级生态文明先行示范区创建县和低碳试点县。

【民生事业】 补齐民生短板。全面推进教育现代化县创建，职业中专、城乡幼儿园等一批教育重点工程加快建设。稳步推进医药卫生体制改革，深入开展分级诊疗试点工作，县人民医院新建、县中医院迁建项目前期工作顺利推进。加大交通基础设施投入，加快推进快捷交通、民生交通、游憩交通建设，56省道南田接线建成通车，龙丽温高速瑞文段、56省道文成樟台至龙川段改建工程重大项目加快推进，溧宁高速文泰段动工建设。全力维护社会和谐稳定。面对两次超强台风冲击，举全县之力开展抢险救灾和灾后重建工作，在最短时间内恢复灾区生产生活。始终坚守“不给市里添乱”这条平安底线，全面深化法治文成、平安文成建设。开展安全生产、消防、交通和食品药品等专项整治行动，打好“平安护航G20大会战”，社会大局保持和谐稳定，实现省级平安县“十连创·夺银鼎”。

【深化改革】 对接省市全面深化改革工作部署，研究制定《县委全面深化改革领导小组2016年工作要点》和《“1+3”重点改革项目工作方案》，扎实2016年度8大类38项改革任务落实，重点推进旅游资源市场化改革、村干部管理机制改革、司法体制综合改革和“多规融合”等“1+3”重点改革项目，在全省创新开展“海外特邀调解员”“移动互联网+审批”改革，成功争取国家重点生态功能区试点、省级低碳试点和杨梅采摘期气象指数保险试点等一批国家和省级改革试点。建立健全改革工作推进机制，制定改革工作议事制度、重点项目管理制度、督查考核评估制度和经验推广制度等系列便于操作、执行力强的改革制度。建立“一个项目、一名领导、一套班子、一抓到底”的工作机制，严格责任制落实、项目化管理。全面深化改革群众满意度位居年度全市第三。

【党建工作】 按照“党要管党、从严治党”的要求，围绕“基层党建深化年”，压实全员抓党建的责任体系，进一步严明管党治党责任，实现基层党建全面进步、全面过硬。开展“两学一做”学习教育，引导广大党员争做“四讲四有”的合格党员。推动农村党员进出口管理改革，探索推出党员发展教育管理“五步严控法”“党员发展积分制”，加强党员队伍先进性建设。深化实施“四单一平台”做法，进一步规范基层党组织生活。创新实施村干部履职“双十清单”，推进村级组织规范化运转。组织开展“示范、达标、整转”三大行动，打造特色党建示范带，推进“整乡推进、整县提升”。创新推出发展壮大村级集体经济“强村十策”，夯实发展基础，全年减少集体经济薄弱村88个，完成市订任务的251%。严格落实党风廉政建设党委主体责任和纪委监督责任，建立重大项目巡查督办机制，部署“大起底、大巡查、大整治、大推进、大评议”作风建设五大行动，深入开展农村基层作风巡查和县直单位作风巡查，发现、查纠一批发生在群众身边的腐败问题和不正之风。全年立案查处违纪案件113件，其中实施“两规”措施1件，查处党员干部111人（乡科级领导干部5人），其中开除党籍49人，移送司法机关处理3人。

（王丽丽）

## 重要会议

【县委十二届十次全会】 1月22日召开，会议深入贯彻落实中央和省市委系列决策部署，回顾总结2015年工作，研究部署2016年任务，精心谋划“十三五”发展，审议通过《中共文成县委关于制定文成县国民经济和社会发展第十三个五年规划的建议》。

【县委十二届十一次全会】 7月22日召开，会议认真学习贯彻习近平总书记系列重要讲话精神，全面贯彻落实省委十三届九次全会、市委十一届十一次全会精神，回顾总结上半年工作，研究部署下半年任务，审议通过《中共文成县委关于补短板的实施意见》。

【全县作风效能建设大会】 2月17日召开，会议表彰2015年度千人评议满意单位、科室及基层站所。县委书记汪驰在会上强调，要以踏石留印、抓铁有痕的决心将作风建设一抓到底，以壮士断腕、刮骨疗毒的勇气根治作风顽疾，以铁面无私、军令如山的态度确保作风建设取得实效。

【全县领导干部会议】 3月18日召开，会议传达学习全国“两会”精神以及习近平总书记参加各代表团审议时的重要讲话精神。县委书记汪驰强调，要准确把握中央和省市政策导向，运用法治思维推动全面深化改革，以“补短板”为依托引领经济社会加快发展，坚持为官有为营造良好政治生态，各级党员干部要进一步提振精气神，驰而不息改作风，坚决整治“为官不为”，推动形成“以实干论英雄、以实绩论成败”的鲜明导向。

【县委农村工作会议】 4月1日召开，会议全面贯彻落实中央和省市农村工作会议精神，总结“十二五”时期“三农”工作，分析农业农村形势，部署农村发展任务，表彰涉及“三农”的各类工作先进集体和个人。

【全县宣传思想工作会议】 4月21日召开，会议总结2015年宣传思想文化工作，研究部署2016年工作任务。县委书记汪驰强调，要切实增强做好宣传思想工作的责任感和使命感，着力增强宣传思想工作的针对性和实效性，合力构建党管宣传的工作格局，传播时代强音、凝聚全县力量，为全面推进“宜游宜居生态县”战略实施、建设“两美”文成提供有力的思想保证、精神动力、道德滋养和文化条件。

【平安护航G20行动誓师和总结大会】 5月3日上午，召开平安护航G20行动誓师大会，会议围绕平安护航G20峰会以及夺取平安县“十连创”两大重点任务进行动员和部署。县委书记汪驰强调，全县上下要时刻对标峰会工作这把尺子，提振精神、克难攻坚，担当担当再担当，落实落实再落实，在保障峰会工作这场大考中交上一份满意的答卷。11月7日，召开G20杭州峰会维稳安保总结表彰大会，会议学习贯彻习近平总书记关于G20峰会的重要批示精神和省市表彰总结大会精神，表彰先进典型，总结经验做法，发扬精神作风，进一步提升平安建设水平，推动各项事业发展。

【全县旅游发展大会】 7月29日，召开文成县旅游发展大会暨刘伯温故里旅游景区创AAAAA动员大会。会议明确全县旅游发展的总体思路是，围绕建设“宜游宜居生态县”战略目标，实施全域景区化战略，做强生态旅游，做精乡村旅游，努力打造国家全域旅游示范区和全省最佳休闲度假旅游目的地名城，到2018年刘伯温故里创成国家AAAAA级旅游景区，到2020年全县旅游收入达到60亿元以上。会议表彰2015年度旅游工作先进集体和个人；县旅游功能区、交通局、百丈漈镇分别在会上作了表态发言；各乡镇和有关部门现场签订了责任书。

【全县“大拆大整”专项行动动员会】 10月20日召开，会议贯彻落实市委、市政府“大拆大整”专项行动动员会议精神，深刻吸取鹿城双屿农房倒塌事故教训，动员全县上下迅速组织开展“大拆大整”专项行动，全面消除各类安全隐患，切实保障民生，加快推进文成转型发展。

【全县考绩工作会议】 11月21日召开，会议对全年各项重点工作再加压、再部署、再鼓劲，助推全年各项任务完成和下年工作谋划。县委书记、县长王彩莲强调，要切实增强自我加压、奋勇争先的责任感和紧迫感。要高度重视，站在讲政治、讲大局的高度，切实增强做好考绩工作的自觉性和主动性；要认清形势，寻找差距，巩固长板，补齐短板；要自我加压，在省级层面确保在13个同类县中排名达到中游，在市级层面确保良好、力争优秀，在自身层面要努力完成县委全会和县“两会”确定的目标任务。

【县第十三次党代会】 12月28-30日召开中国共产党文成县第十三次代表大会。会议指出，县第十三次党代会，是在全县取得“十三五”良好开局、各项工作进入一个关键时期召开的一次十分重要的会议，这是全县人民政治生活的一件盛事，也是广大干部群众非常关注的一件大事。会议回顾总结县第十二次党代会以来的工作，研究部署今后五年的奋斗目标和主要任务，明确今后一个时期，全县工作的总体要求是：高举中国特色社会主义伟大旗帜，深入贯彻习近平总书记系列重要讲话精神和治国理政新理念新思想新战略，坚定不移地推进“宜游宜居生态县”总战略，围绕“美丽经济、美丽家园、美好生活”三大愿景，以赶超发展为中心，以全面深化改革为动力，以“生态产业化、全域旅游化、城乡一体化”为主线，以“五大百亿工程”为抓手，统筹推进经济、政治、文化、社会和生态文明建设，全面加强党的建设，努力把文成打造成为国家生态文明建设示范区、全省最佳旅游目的地名城和温州迈入全面小康社会标杆城市的山水理想家园。

（王丽丽）

12月27日县第十三次党代会开幕（县委办提供）

荣誉牌匾（县委办提供）

## 县委办公室

【概况】 县委办公室（政研室、考绩办）设人事秘书科、政策体制改革科、综合科、机要局（县密码管理局）、新闻信息科、保密局、考绩办综合科、督查考核科，下属事业单位记者站、法治中心、县委计算机网络处理中心、农村政策调研中心、县保密技术检查中心、县委县政府总值班室（新设立）、目标考核服务中心，共15个科室。核定编制数45人，其中行政编制22人，事业编制22人，行政工勤编制1人。年末，办公室共有在编在岗人员39人，其中行政编制21人，事业编制17人，行政工勤编制1人。

【办文办会】 全年共办理上级文件1312件，下发文件573件，办理市级会议通知114件，领导批示、督考件208件；完成县第十三次党代会报告、县十二届十次、十一次全会报告、历次“比学树”现场观摩活动汇报材料和全县旅游发展大会讲话等各类综合文稿180余篇；负责接待90多人次省市领导到文成调研任务，办理以县委和县委办名义召开会议125次，同比下降38.4%。

【信息】 县委办新闻信息科及时、准确、全面收集和报送社会热点信息和全县经济社会发展的特色信息，为各级党委掌握情况、科学决策提供重要参考。全年组织上报中办和省委、市委办公厅信息1732条次，被省委办、市委办录用1421条次，被转报中办68条次。全年共编辑《政研与信息》《“大拆大整”专项行动工作简报》76期，其中《领导参阅》9期，《专报》9期。获得2015—2016年全省党委系统信息工作先进单位。

**【新闻稿】** 全国各大媒体报道文成新闻1074篇（条），其中，温州日报545篇，专题11个，浙江日报56篇，新华网、人民网等转载170多篇，首次获评全省先进报道组。文成的一系列工作举措和成绩得到了省市的充分肯定，其中《侨乡山城开卖“洋货”》《351个低收入村全部“脱壳”》《低收入农户人均收入六年翻一番》《民宿村里“百家争鸣”》《“造血”扶贫让山区产业多点开花》《文成初心不改绿水长流》等新闻，在上级媒体引起广泛关注。精心策划“鲇鱼”抗台、“三十年重走扶贫路”等一系列重大专题，对全县如何摘帽快跑加快发展、扶贫开发、空壳村脱壳、五水共治、重点项目开发等中心工作进行大篇幅生动报道，向40万文成人民阐述文成发展的一步步脚印，后发崛起的一次次超越。

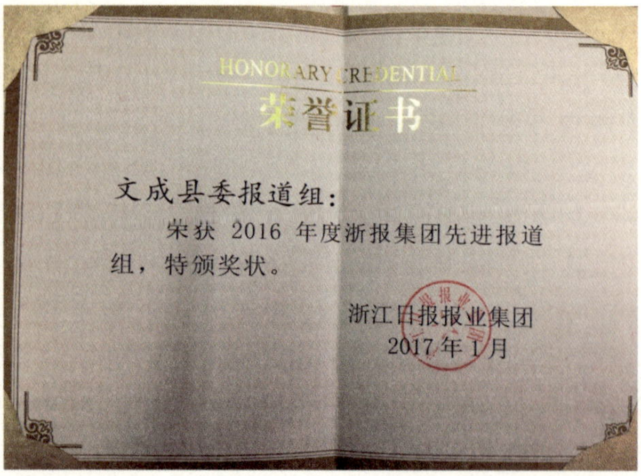


荣誉证书（县委办提供）

**【督查考绩】** 按照“强化导向、突出重点、体现差异、确保公平”的原则，制定《2016年度乡镇、功能区考绩办法》《2016年度县机关单位考绩办法》，发挥考绩的导向和激励作用。研究制定《文成县工作绩效考绩奖惩办法》，强化绩效考核结果运用。明确考绩结果作为干部使用、评先的重要参考和干部问责的重要条件，实行末位问责，有力推动各项工作落实。紧盯省、市各项考核目标推进落实。全面收集省对26县、市对县各项考核指标公布的数据，根据考绩办法按月代入测算，进行同类县横向和本县时间进度纵向分析比较，为部门推进工作和县领导决策提供意见建议。2016年度文成县在市里的考绩中被评为“良好单位”。

围绕重点，推进督查。重点围绕《2016年度重点工作任务分解表》、上级考绩目标任务、县委县政府主要领导批办和交办事项开展督查，将督查情况列入乡镇、县机关单位考绩内容。每月对考绩重点指标进展情况进行督查通报。联合职能部门围绕有效投资、城镇污水管网建设、青山白化、亮点项目推进、平安建设、服务保障G20杭州峰会、“大拆大整”等重点工作开展专项督查。对《今日聚焦》《新政聚焦》《今日关注》等省、市、县60项媒体曝光事项进行跟踪督查。强化督查结果运用，将督查结果纳入到县工作绩效考绩奖惩措施中，对督查事项中未按规定时限要求整改到位的责任单位，落实提醒谈话、约谈等系列措施。全年，督查室共下发领导批示抄告单18件，办理县领导批示件434件，上报《督查汇报》40余期，刊发《重点工作月报》7期、《督查通报》79期。

**【政研改革】** 研究制定《县委全面深化改革领导小组2016年工作要点》和《“1+3”重点改革项目工作方案》，明确全年度8大类38项改革任务，重点推进旅游资源市场化改革、村干部管理机制改革、司法体制综合改革和“多规融合”，在全省创新开展“海外特邀调解员”“移动互联网+审批”改革，成功争取国家重点生态功能区试点、省级低碳试点和杨梅采摘期气象指数保险试点等一批国家和省级改革试点。全面深化改革群众满意度位居全市第三。围绕补短板促发展、主要领导任期内经济责任审计审前自查、G20安保维稳、重点工作三年行动计划、八项规定自查、"大拆大整"等一系列推动工作落实的制度机制,开展工作调研并建言献策。参与起草县第十三次党代会报告、县委第十二届十一次全会报告、平安护航G20动员誓师大会、经济形势分析例会、"比学树"活动、旅游发展大会等主要领导系列讲话稿。

【保密工作】 年初,与全县96部门单位签订保密工作责任书,明确各级保密职责,逐步形成"主要领导督促抓、分管领导亲自抓、专职部门具体抓、涉密人员自觉抓"的保密责任体系。5月,对全县56个单位进行实地检查,对发现的问题及时做好记录并现场进行指导。同月,开展互联网门户网站等自查工作,全年有47家门户网站,61个微信公众号,20个政务微博,2个互联网办公自动化系统(OA),3个互联网政务邮箱纳入县信息公开保密审查数据库。科学制定国家秘密载体登记本300余份,用于各单位涉密文件的发文、收文、传阅等日常管理,使管理更加规范。建立全县单位分管领导和保密员数据库,涉密人员和涉密等级数据库,互联网门户平台数据库及部门单位保密工作情况数据库,对数据库进行动态管理。发放《机关、单位保密自查自评工作指导手册》《保密工作》等资料,利用"文成保密"微信公众号等互联网平台,定期发布保密工作知识及国内最新保密工作动态,不断增强干部保密意识。

【机要与密码管理】 以建设文成"机要楼"为核心,着力推进设施提升、通信创优、信息化拓展、管理平安等四大工程,连续4年获评全省密码管理先进单位。一是设施提升工程。率先开展基础密码基础设施达标建设,文成"机要楼"列入全市密码规范化建设重点项目并通过省安全厅技术检测验收,成为省市一流的规范化密码工作阵地。二是通信创优工程。认真做好电报译传办工作,加快传统手段与现代技术的更新换代,先后增加应急通信车和便携通信站2个通信系统,全年承办明密电1000余份,没有发生任何疏漏。三是信息化拓展工程。新建2套涉密高清视频会议系统,共完成200余次中央和省市组织召开的相关视频会议的技术保障。加快全县电子政务内网建设,建立文成县电子政务内网协调办,完成县级节点建设和保密测评等工作,首批25家单位接入,开启涉密文件上网的新里程。四是管理平安工程。严格执行"专业化安保、规范化管理、窗口化服务",不断健全24小时值班AB岗等工作制度,连续两年以满分通过全省实施平安密码考核。

【法治建设】 县委将法治创建工作纳入全县年度科学发展总体目标。提升纳入乡镇(机关)考绩的法治工作赋分。对市委出台的《县(市、区)法治建设(法治政府)项目考核办法》的各项内容进行细化,明确了具体的牵头单位和责任单位。形成了党政一把手负总责、亲自抓,分管领导具体抓、其他领导干部共同抓的法治建设工作责任体系。在制度创新工作中,建立健全法治领导小组成员单位述职制度,推行村居"法治副主任"制度,通过不断完善法治工作"六个一"工作机制,形成法治创建"九个一"工作机制,省市法治网分别进行刊登介绍。在备案审查工作中,健全完善备案工作流程图,建立备案工作四大关口工作制度。全面落实《文成县规范性文件制定和备案管理办法》和《党内规范性文件前置审核工作制度(试行)》,切实做到有件必备、及时报备和规范报备。全年共备案审查规范性文件63件,其中向市委报备规范性文件26件,均未出现漏报、迟报、瞒报、被纠现象。率先开展县党群系统机关部门规范性文件报备工作。在全省创新开展的"海外特邀调解员工作"成功入选温州市“十大法治”事件，大峃市场监督管理所、公安局交警大队获2015年度市级基层法治示范站所荣誉，黄坦镇荣获2015年度市级法治创建示范乡镇荣誉。2015年度文成县法治县创建工作名列全市前三，获市级法治先进县荣誉。

**【值班室】** 县委，县政府总值班室于5月12日设立，8月1日全面投入运转，核定财政全额拨款事业编制4名（所需编制分别从文成县记者站划转1名，从文成县委计算机网络中心连人带编划转1名，从文成县民情处置中心划转2名），其中领导职数2名，重点负责做好县委、县政府24小时值班，受理和处置非工作时间接报的各类经济社会紧急情况，负责各地各部门一把手的请假备案工作等。建立健全总值班室各项工作制度，全县初步形成以县委县政府总值班室为枢纽，以各乡镇、部门值班室为节点，层层相连、上下畅通的网络体系，受理处置各类紧急信息50余条次，全县未出现重大突发事件迟报、漏报、瞒报情况。

（王丽丽）

## 纪检监察

**【概况】** 县纪委（监察局）下设办公室、干部室、宣传教育室、党风政风监督室（县纠风办）、信访室（申诉复查室）、案件监督管理室、第一纪检监察室、第二纪检监察室、第三纪检监察室、案件审理室。年末委局干部33人，其中乡科级领导15人；县纪委派驻（出）机构干部51人，其中乡科级领导20人。刘日森获2016年度温州市优秀基层纪检监察干部荣誉称号；程鹏获评2016年文成县事业单位工作人员年度考核优秀等次。

**【党风廉政和惩防体系】** 推动“两个责任”落实。协助县委制定实施《关于落实党风廉政建设党委主体责任和纪委监督责任的意见（试行）》，明确了党委（党组）主体责任清单和纪委（纪检组）监督责任清单。实行党政领导班子履行主体责任“五个一”机制，完善廉情记分制度，县领导带队开展半年度督查、年终考核检查，层层传导压力。县纪委召开专题汇报会，当面听取10个乡镇、12个部门单位党委（党组）“一把手”情况汇报，当场评议并反馈整改意见103条，各单位按要求向县委、县纪委报送落实主体责任情况报告，形成“有要求、有报告、有评议、有整改、有反馈”的工作机制。

保障党委、政府决策落实。严明党的纪律、保障政令畅通，围绕保障G20峰会、五水共治、大拆大整等县委和县政府中心工作开展专项督查，督办问题98个，问责23人，助推党委、政府重大决策部署落到实处。建立重大项目巡查督办机制，围绕16个县级重大项目开展督查，发现并督促问题整改35个，对县第三小学项目和飞云江综合治理项目存在的工程进度缓慢问题给予问责。全面加强换届风气监督，严格执行“九严禁”换届纪律，查处2起换届中的违规违纪案件，10名责任人受到了相应处理。

严格教育监督管理。坚持抓早抓小、治病救人，完善分级分层谈心提醒机制，对一般性、苗头性问题进行扯袖子、敲警钟，全县各级党组织、纪检组织谈心提醒党员干部1702人次，实施信访谈话函询27件次。精心打造“清廉文成”宣传品牌，改造提升刘基廉政教育基地，完成“问道刘基”馆布展方案施工招投标，拍摄《刘基家风》《刘基廉政文化》专题片。增强党员干部的纪律和规矩意识，开展观看《永远在路上》专题片、《准则》《条例》专题宣讲、“家规家训”文章征集、廉政文化走基层文艺巡演等宣传教育活动。

**【作风效能】** 以“敢担当、树标杆”为主题，牵头开展大起底、大巡察、大整治、大推进、大评议五大行动。坚持“一月一主题、一月一通报”，开展

"清风除弊"系列行动，县级开展专项检查24次，查纠作风问题126个，实名曝光83个单位和个人，对24名领导干部违规持有的农商银行股份进行了及时清理。开展违规发放津补贴问题和招投标市场专项整治，整改违规发放津补贴问题12个，自查自纠未按规定招标工程项目36个，查处案件2件，移送司法机关处理2人。开展中央八项规定落实情况"回头看"行动，全面巩固整改成果。持续开展"千人评议"活动，将53个部门单位、104个中层科室和66个基层站所纳入评议，实现服务群众评价全覆盖。

【纪律审查】 按照"件件有着落、事事有回音"的要求，建立健全信访隐患排查、集中研判分析、领导督办包案等制度机制，全年共受理群众信访举报339件，信访件同比下降27.4%，其中属于纪检业务范围初信初访141件，当年度办结率97.8%。以"四种形态"为指导，持续加大执纪审查力度，全县纪检监察组织共立案查处违纪案件113件，同比增长57%，党政纪处分111人，涉及乡科级领导干部5人，移送司法机关处理3人。坚持依纪依法安全文明办案，严格落实安全责任制，确保零差错、零意外、零事故。

【农村基层作风巡察】 在上年开展农村基层作风巡察的基础上，将巡察工作向县直单位、重点项目延伸，构建县直单位、重点项目、农村基层"三位一体"作风巡察模式。抽调31名派驻纪检干部直接参与作风巡察，乡镇同步组建17个巡察工作组，发挥主力军作用。全年分类巡察、联动巡察重点项目2个、部门单位11个、乡镇2个、基层站所2个、行政村136个，实现换届重点难点村巡察全覆盖；共接待群众来访369人次，受理信访举报件235件，梳理反馈并督促问题整改421个，立案查处14起，党纪处分10人。

【自身建设】 深化纪检体制改革，出台派驻机构"1+7"制度，对派驻机构职责权限、工作关系和工作流程等作出规定。巩固乡镇纪委专职化改革成果，实行规范化建设"六项制度"，强化作用发挥。制定实施乡镇纪委书记、副书记，派驻纪检组长等2个提名考察办法，顺利完成县、乡纪委换届，进一步优化干部队伍结构。按照上级部署，制定《文成县深化监察体制改革试点实施方案》，整合行政监察和检察院查处贪污贿赂、失职渎职以及预防职务犯罪等相关职能，完成县监察委员会的组建工作。开展"两学一做"教育和纪检系统"树新形象、做好榜样"主题活动，坚持"周一夜学"制度，组织开展专题学习研讨班、岗位"大练兵"、应知应会知识测试等活动，着力提升干部的政治素质和执纪能力。严格执行温州市纪检监察干部"十项负面清单"、文成县《调整不适宜担任现职纪检监察干部工作办法(试行)》，不断完善自我监督与外部监督相结合的有效监管机制，恪守"严予律己、谦虚文明、忠诚务实"的形象定位。

(赵美珍)

## 组 织

【概况】 县委组织部(县"两新"工委、县党代表联络办)下设办公室、组织科(组织员管理办公室)、干部一科、干部二科、干部监督室、干部教育科、干部综合科(参照公务员制度管理办公室)、党代表指导科、党建指导办(两新科)、县委人才办、电教中心、干部教育培训中心、组织史编纂办，全年在编在岗人员37人。

【县乡村集中换届】 县级换届。在人选把关上，严格按照省市有关文件要求，坚持好中选优，注重从素质好、履职能力强的优秀党员干部、群众中产生代表委员人选，有效确保代表的先进性和纯洁性。在当选的代表委员中，结构比例均符合上级要求。在资格审查方面，成立由28个部门组成的"两代表一委员"资格审查领导小组，分批次对879名党代会初步人选候选人进行严格审查,审查出瑕疵人员153人;对477名县政协委员初步人选进行审查,审查出瑕疵人员125人;对871名县人大代表人选进行审查,审查出瑕疵人员204人。在严肃换届纪律方面,组建换届风气监督指导组,建立换届风气"一日一报"机制,实现换届纪律全程监督、全程指导、全程掌控。建立违反换届纪律案件快核快办机制,县委换届期间对1起拉票助选案件进行严肃查处,在全县形成有力震慑,较好营造了风清气正的环境氛围。做好市县人大代表、政协委员推荐考察、公示及县委、县纪委、人大常委、政协人事安排等工作。12月30日,选举产生十三届县委、县纪委领导班子成员,选举产生28名出席市第十二次党代会代表候选人。

乡镇换届。乡镇换届适逢部分乡镇行政区划调整,乡镇由原来的10个优化调整为17个,相比往届,此次换届干部人事调整范围更广、难度更大。在前期乡镇换届专题调研、年度考核的基础上,经过深入了解、综合分析后,共分5批次对乡镇领导班子进行充实调整。乡镇换届启动后,通过制定换届工作意见、换届工作行事历、换届工作操作手册等指导材料,对换届选举的时间、方法、步骤和标准做出详细、具体的规定,实现乡镇换届选举"零失败"、程序操作"零失误"、不合格人员"零当选"。到7月20日,全县17个乡镇顺利召开党代会、人代会,在全市率先完成乡镇集中换届工作。换届期间,共选举产生乡镇领导班子215名,其中党委委员148名、纪委委员75名;人大主席17名,副主席18名;乡镇长17名,副乡镇长56名。乡镇换届选举成功率100%,组织意向人选得票率达96%以上,乡镇党代会、人代会代表到会率98%以上。各乡镇新当选的领导班子中,1980年以后出生的干部有63名,占29.3%;妇女干部有40名,占18.6%;少数民族干部19名,占8.8%;"三类人员"当选的46名,占21.4%。换届后,乡镇领导班子结构进一步优化,功能进一步增强,干部素质进一步提高。

村级换届。在分线推进抓"六清"方面,强化多部门协同作战,通过攻坚式整治转化"重点村"、清单式整治打击"重点人"、联合式整治处置"重点案",共完成113个重点难点村的整转,在136个村开展农村巡查,298个村开展财务清算,重点审计86个村,化解信访案件45件,查处案件14起,涉及党员干部10名,审查出资格条件不符合人选128名,排查出能力不足、长期不在岗、威信不高的村主职干部59名,并储备了2819名后备干部。在"六谈六审"抓人选质量方面,采取驻村干部全面谈,联片领导、社区书记属地谈,乡镇党委书记重点谈,纪委书记与有意向人选、公安人员与涉黑涉恶对象、组织委员与初步人员专项谈的"六谈"方式,并对排摸出来的人选进行违反法律、纪律、政策和违背道德、诚信、民意等六方面审查,有效保障人选质量。在健全保障抓试点方面,西坑畲族镇被列为省级换届试点后,第一时间组建县级指导组、巡回督导组、驻村指导组三级指导机构,建立联席会议制度、联合查核机制和选情日报制度,同时制定可能影响换届的问题清单,针对性制定预案,实现换届试点工作全程研判、业务全程指导、风气全程监督、选情全程掌握,把握主动权。

【基层组织建设】 "两学一做"学习教育。按照中央和省市委的统一部署,认真组织开展"学系列讲话、学党章党规、做合格共产党员"主题教育活动,以领导带学、党课导学、因类施学、图册辅学、宣传引学等多形式、多层面开展学习教育,引导广大党员争做"四讲四有"的合格党员。全年县委常委会讨论4次,县委书记带头上党课4次,乡镇党委书记带头上党课133次;制发宣传图册2.2万份。设立"文成先锋在行动",岗位业务大比武、无职党员认岗定责三大平台载体,激发党员以实际行动争做合格党员。全县建立21支专业性较强的党员志愿服务队，覆盖17个乡镇、385个行政村；6843名党员通过活动增强了岗位争先意识；7148名农村党员认领了岗位进行服务。在做好各项规定动作的同时，针对农村党员特点，运用文艺会演、民间小调、快板书、三句半等群众喜闻乐见的形式，使“两学一做”学习教育精神和内容入脑入心。百丈漈镇通过方言版“三句半”学习宣传“两学一做”学习教育的做法在浙江日报、浙江新闻联播等媒体上播出。

压实全员抓党建的责任体系。压实县领导联片“五包”责任，县委带头坚持“四个定期”研究机制。推行基层党建报表、责任清单、基层党建联系点、领办项目、工作清单等“五张清单”，严明乡镇党委党建责任。制定出台“每月一督查一排名一追责”的督查制度，共开展督查15次，对17个乡镇和56个村进行通报。强化党建责任追究，对农村基层党建工作中落实不力、工作滞后的，对乡镇党委书记、联片包村领导、驻村干部及相关责任人视情采取约谈、诫勉谈话、调整岗位等措施倒逼工作落实。全年共约谈的乡镇党委书记8人次、组织委员10人次。

创新实施“双十清单”。针对农村村干部履职不明确、“整村推进”缺乏有效载体等问题，全面实施村干部履职“双十清单”，明确村干部履职“办公管理、便民服务、村务协商、走村入户、环境巡查、矛盾调处、生产指导、安全检查、公益行动、自身建设”十项主要任务和“坐值班、民情分析、例行会议、民主议事、民主公开、关爱帮扶、民主考评、村情报告、村规民约、评优评先”10项主要制度。县委组织部抽调精干力量“下管两级”加强业务指导，从日常鼓励、通报表扬、典型宣传、荣誉表彰和项目扶持等5个方面进行正向激励，从约谈教育、通报批评、经济处罚、组织处理、纪律处分等5个方面出发，对履行不力的村干部进行严肃问责，倒逼村干部尽心尽力履职，真正解决不想干、不会干、怎么干的问题。全年全县共有37名村干部被扣发了工资报酬，约谈教育村干部18名，通报批评15名，30名村主职干部因长期不在岗等原因被组织处理并清退出队伍。这一做法得到了省市的充分肯定，浙江日报、市瓯江先锋频道、省共产党员杂志社、市委组织部组工信息等都对村干部履职“双十清单”进行宣传报道。

全面实施“271”工程。综合分析全县行政村基本情况、党建基础和薄弱环节，扎实开展“示范、达标、整转”三大行动，推行“一镇一图”“一村一策”工作法，逐镇挂出“作战图”，逐村制定创建方案、工作计划，明确具体责任人、工作任务和完成时限，完成一项，销号一项；实行“一月一督查、一月一通报，一月一排名”制度，及时梳理在明察暗访中发现的问题，以整改清单方式交办到乡镇或村要求限期整改，倒逼问题整改到位。以“一村一品牌”的理念做实做精示范点，连点成线、以线带面，在沿江、沿路、沿景区等三沿地段，串联建成“刘基清廉、云江传承、侨胞创业、畲乡凝聚”4条党建示范带。全年成功创建76个县级示范村，建成西坑畲族镇梧溪村市级样板村，建成玉壶镇龙背村、百丈漈镇新亭村、巨屿镇垟尾村、黄坦镇稽垟村等12个市级示范村，24个县级软弱落后村已全部整转，推动广大基层党组织全面晋位升级。

发展壮大村级集体经济。制订出台“强村惠民三年行动计划”，在用地保障、财力支持、税费减免、项目扶持、贷款贴息等方面给予支持，研究总结资源开发、资源保护、产业带动、资产租赁、物业经济等“强村十策”，安排24位县领导、89个县机关部门、101位行政村“第一书记”到村帮扶指导，共帮助解决问题583个、到位资金1010万元。针对140个“三无”偏远山区村，采取县财政兜底“一次性打包”整合资金5800万元，以村集体股份形式投入电站壮大村级集体经济。县委专门拿出117万元专项资金，奖励村级集体经济发展工作优秀乡镇，全县减少集体经济薄弱村88个，完成市下达任务的251.4%。

推进村民中心建设。将村民中心建设列为县委书记“一把手工程”，组织部部长“领办项目”，全年累计投入超过2600万元（其中县财政安排专项资金1300万元），建成和修建村民中心32个。严格村民中心的日常管理、使用管理和安全管理，使村民中心真正成为农村政治中心、文化中心、服务中心。在抗击台风“鲇鱼”的过程中，村民中心切实发挥主阵地作用，全县35个村民中心总计转移接纳受灾人员1150余人次，成为避灾中心新堡垒。

【干部工作】 干部人事制度改革。制定《关于进一步加强好班长好班子好梯队建设的贯彻意见》《文成县治理领导干部为官不为实施办法（试行）》《文成县推进领导干部能上能下实施办法（试行）》《文成县惩戒性教育培训实施办法（试行）》《文成县干部能力素质提升三年行动计划（2016—2018年）》《激励干部干事创业宽容失误失败的实施办法》等系列政策，从制度层面落实干部的教育、培养、选拔和管理工作，强化制度刚性执行，动真碰硬调整为官不为、为官慢为、为官乱为的干部，形成能者上、庸者让、劣者汰的用人导向。全年共调整不适任干部12名，其中改任非领导职务4名，平职交流8名；对干部提拔公示期间有信访举报的3名干部，主动深入核查情况，在充分掌握事实的基础上，为他们“撑伞”、撑腰。配合县考绩办出台工作绩效考绩奖惩措施，切实发挥绩效考核的“指挥棒”作用，激发干部干事热情，打通工作绩效考核和干部管理系统接口问题，营造执行有力、优质高效、奖优罚劣、争创一流的工作环境，更好地促进全县中心工作的落实。

干部培养锻炼。突出学干一体化、培训项目化，确定主体班次8期，审核通过30个单位办班31期。抽调76名优秀年轻后备干部和33名乡科级干部，进行为期7天的军事化集中培训，干部的理想信念与政治素养、业务能力和专业知识、规矩意识等得到明显提升。发现一大批“好苗子”，其中41名学员在2016年的干部调整中得到了提拔任用。抽调160多名干部组建若干个“攻坚狮团”参与“三改一拆”“五水共治”“信访维稳”“美丽乡村”建设、招商引资、高速公路建设和地震灾后重建等重点工作，通过交任务、压担子的方式，切实提升年轻干部实战能力。与浙大合作举办为期7天的城乡建设管理专题研讨班，通过实地考察、专家授课和现场互动、分组座谈、心得交流、总结报告等多种形式，有力提升城建干部的专业素养。

干部选拔任用。以县乡换届的“干部集中调整期”为契机，在前期组建5个考察组深入七大片区开展调研的基础之上，打破论资排辈和隐形台阶，在选人用人上牢固树立“重实干、重基层、重专业”三大导向，在乡镇班子配备中，提拔12名素质过硬、表现突出的“狮子型”干部作为乡镇党政正职，提拔具有丰富基层经历干部83名，交通、城建、国土等“专业型”干部27名。注意配备妇女干部和少数民族干部，着力优化领导班子的年龄、性别、素质结构。乡镇党政领导班子中，35岁以下的干部占28.33%，有6个乡镇党政领导班子配备正职女干部和少数民族干部，9个乡镇政府领导班子共配备10名党外干部，乡镇领导班子结构性干部配备均符合上级政策要求，有力激发全县干部队伍活力，较好实现“导向明、配备准、结构优”的目标。

干部人事监督。聚焦关键环节，对选拔任用提名人选的干部档案实行“凡提必审”，个人有关事项报告做到“凡提必核”，纪检机关廉政意见做到“凡提必听”，反映有关问题的信访举报做到“凡提必查”等“凡提四必”，防止干部“带病提拔”“带病提名”。在换届提名推荐干部期间，共审查干部个人档案115份，其中2人因档案存疑暂停提拔使用，审查个人有关事项报告115份。与纪委、政法、法检、信访、银行等部门联动，研究制定《文成县县管干部“负面信息”量化监管暂行办法（试行）》，建立干部“负面信息库”，强化干部日常监督管理。全年共收录干部“违法、违纪、违规、违德、违章、违信”以及“不作为、乱作为"等各类负面信息137条，为加强干部规范管理、推动干部能上能下提供了科学的依据。

公务员管理。严格落实公务员职务与职级并行工作。全年全县共有2名干部晋升正处级、122名干部晋升副处级、13名干部晋升正科级、26名干部晋升副科级。扎实做好公务员考录工作，全年乡镇和机关党群口共考录公务员31名。加强公务员队伍日常管理，规范和统一介绍信、转任审批表、任免审批表及转任程序，全年共办理干部调动309人次，其中调往县外10人，县内调动299人次。开展干部人事档案专项审核工作。全县共审核县管领导干部档案693份，一般公务员档案1283份，共审核出各类问题2633个，完成认定人数1396人，补充各类档案材料3857份。

**【人才工作】** 深化"联合办学"运营模式，引进省特级教师2人，正高1人，副高10人，研究生3人；深化"医院托管"运营模式，将县人民医院委托温一医全权管理，引进主任医师、教授、博士生导师1人（担任院长），主任医师4人。借助中国美院、浙江大学等"国字号"科研院校高起点谋划全县产业发展思路，邀请国学大师曾仕强教授来文谋划刘伯温文化产业，聘请上海电影艺术学院美学教授刘梅子推介文成旅游等，借势借力、借智借脑推动文成各大产业健康发展。搭建人才创新创业平台，完成投资150万元、面积2337平方米的文成首家众创空间——"文成农e众创空间"的创建，招商入驻25家企业（团队），引进浙江大学众创空间和温州众创空间联盟的创业导师资源，并被评为2016年温州市众创空间。

**【两新组织】** "红色动力工程"建设。以"工作体系建设、实质作用发挥、党建工作基础"为抓手，全面推行"定期研究""定责述职""定向激励"工作机制，将软弱落后党组织整顿、党建示范品牌创建、区域化党建等15项工作任务纳入乡镇履行好抓两新党建职责主要内容，有效解决两新党建"抓什么、怎么抓、怎么评"的问题。以行业协会党委和乡镇两新工委为抓手，建立健全工委委员挂点联系、"三同步"工作机制及"区域共建、组织覆盖"的"1+X"模式，把辖区内的两新组织以两新工委党建联席会议的形式凝聚起来，统筹区域资源、推动区域化党建工作。以"书记领衔破难""一企一品"等党建项目建设为切入点，引导党组织打造党建品牌，形成"企业发展'改善件'制度""一带四创争五星"等7个党建品牌，全县创成8个两新党建示范点。农村小微企业太多、不易管理的问题，依托乡镇两新工委委员联席会议平台，建立"区域共建、组织覆盖"的"1+X"模式，在区域化全覆盖的基础上抓规范、抓提升，全县有非公企业456家，规模以上非公企业30家，已建党组织109个，其中单独组建支部数57个，联合组建19个，拓展组建33个，党员686名。

特色小镇党建。探索创新"聚人谋事优环境"的特色小镇党建新途径，通过两新工委、合作社党组织牵线搭桥，整合社会各界的资源力量，把企业的资金、技术优势与农村人力、资源优势结合，实现双方合作共赢，加快外来企业与当地农村的融合，实现特色小镇党建"一盘棋"工作格局。11月，该做法被浙江省共产党员杂志录用推荐。

**【远程教育】** 深化远教基础建设。建立站点设备逐年更新、季度巡检维护、年度普查登记等站点管理制度，做到问题及时发现、快速解决。与县财政局沟通，投入160余万元用于电脑、电视和投影的配备和更新，其中电脑252台、电视245台、投影45台，将远教站点的带宽全部提到8兆。加强管理员队伍建设，加大对基层站点运行管理监督帮扶力度，排摸登记站点AB岗管理员，实行动态管理，年末登记在册的管理人员667名。

创新党建宣传。做好做强《红色星期一》党

建电视栏目，将该栏目打造成长与短（专题片+党建新闻）、正与反（先进典型+工作曝光）、官方与地方（普通话版+方言版）相结合的具有文成特色的党建电视品牌。全年《红色星期一》共制播《全封闭军事化集训》《朱福财：一腔“热血”献真情》等24期，营造良好的党建工作氛围。坚持用本土特色浓厚的教材吸引党员，用身边的人和事教育引导党员，重点拍摄人物专题片《淬火人生》，党建做法专题片《“四单一平台”助推党员管理》，科技教育片《水果皇后—蓝莓的栽培植技术》，其中《淬火人生》被选送参与全省党员教育电视片暨党员干部现代远程教育课件观摩交流。

推进党建信息化建设。依托智能党建信息化技术，重点选取50个村试点推广党建信息化管理系统，实现“三会一课”智能签到、党费网上交纳、党员档案网上全程纪实等功能作用，进一步提升了党建信息化工作水平。发挥“民情E通”平台作用，建立上下联动、全领域覆盖的民情处置系统，实现民情诉求“一个口子受理、一个口子办结、一个口子回复”，有效解决群众反映的热点难点问题。全年共收集群众反映问题1457个，已处置1362个，在服务联系群众方面取得较好成效。抓好智慧党建IPTV安装使用，要求基层站点结合“两学一做”学习教育、固定党日学习等，及时播放智慧党建内容，让党员干部、村民群众可以通过电视直接收看和学习远程教育教学资源等信息，不断提升远教学用水平。

**【部机关自身建设】** 面对“党要管党、从严治党”新常态、新要求，部机关狠抓组工干部能力素质提升，着力打造模范部门和过硬队伍。抓政治引领，创党性最硬。以“两学一做”为载体，开展“微型党课”和党性专题教育，把牢讲政治、顾大局、守原则三条硬性标准，努力把组织部门建成“讲政治、重公道、业务精、作风好”的模范部门。抓学习培育，创素质最好。坚持开展“学理论、记简历、背政策”活动，每年组织1次测试，以考促学，争做组织工作的“政策通、活字典”。针对全县职工干部队伍，常态化开展业务培训，确保省市最新的政策和业务知识入脑入心。抓岗位历练，创能力最强。坚持开展实战大练兵活动，有计划进行部机关内部轮岗，或选派到基层一线历练，或选派到急难险重岗位磨炼，在工作中不断提升“干”的能力。抓服务水平，创作风最实。坚持开展“走基层、接地气”活动，每个科室挂钩联系1个乡镇、2至3个社区党总支、3至4个村党支部、3至5名贫困群众，建立常态联系机制，定时到各自联系点服务，密切干群关系。抓情感关怀，创团队最美。关心组工干部身心健康，经常性举办心理辅导、文体竞赛、户外拓展等活动，定时为干部减压，做到“五必到、五必访”，增强部机关向心力、凝聚力。

（胡　进）

## 宣　传

**【概况】** 重新核定县委宣传部主要职责、内设机构和人员编制，将文化科与宣传科分离单独设置，设立文成县互联网信息管理中心、文成县互联网新闻宣传中心。核增事业编制2名、中层领导职数1名。社科联内部增设综合科，核定中层领导职数1名。结合乡镇行政区划调整，在乡镇人员力量普遍不足的情况下，配齐配强乡镇宣传文化队伍。包括17个乡镇配备宣传委员，16个乡镇配备宣传干事。在全县宣传文化领域开展“两学一做”主题教育活动，进一步提高认识、统一思想、指导实践、推动工作。加强与高校合作，全年举办全县农村文化礼堂业务培训班1期，全县领导干部媒介素养培训班1期，全县网络文化传播培训班1期，选派人员参加市里“春风行动”、文博系统、民营文艺表演团体等培训。在县中青年干部集训班中，安排《正确理解和把握意识形态工作切实提高党员领导干部意识形态能力》的专题教育，引导中青年后备干部坚持正确的政治方向、政治立场，始终与党中央保持高度一致。每月定期召开新闻联席会议，强化对县级新闻媒体开展宣传报道工作的指导。强化干部队伍管理，健全宣传系统部门及干部管理机制，宣传文化系统各单位中层干部考察任免由县委宣传部统一管理，县级宣传文化系统单位领导班子由宣传部会同组织部共同管理。

【理论党教】 理论学习制度化。结合“两学一做”学习教育，提出2016年全县各级党委（党组）理论学习中心组学习意见，制订《中共文成县委理论学习中心组2016年学习计划》。全年县委中心组组织集中学习25次计12.5天，其中文成讲坛3期、“两学一做”专题学习3次。不断深化“导学、领学、评学、督学、考学、送学”六学制度，明确述学、考学、评学的具体内容和具体方式，全面铺开“八个一”系列活动（即强化一项考核、落实一次考试、提交一篇读后感、组织一次轮训、举办一场比赛、开设一档专栏、开展一轮巡讲和办好一系列主体班次），明确把理论学习工作纳入意识形态工作责任制考核。组织开展12期伯温讲坛，打造“没有围墙的市民课堂”。扎实开展第五届全民“伯温读书节”，围绕“书香文成·全民阅读”主题，策划推出全民开卷、书香满城、书伴青春、书韵童年四大板块各类读书活动，浓厚全民阅读氛围。举办第五届微型党课赛课活动，参加温州市第六届精品微党课大赛获组织奖。围绕形势政策和中心工作，通过“1+2”的模式，以县委讲师团+微型党课宣讲团组合巡回宣讲模式，开展巡回宣讲活动17次。其中“七一”讲话精神巡讲活动得到了省市媒体的关注，浙江新闻APP对此进行宣传报道。据不完全统计，全年围绕党中央治国理政新理念新思想新战略、“两学一做”学习教育等主题开展各类宣讲活动近1000场次，受众9万多人次。

【宣传文化阵地】 按照“补短板、破难题”的工作要求，坚持文化礼堂“建、管、用、育”一体化发展。有序推进各农村文化礼堂建设，探索尝试多元多级的分类考评机制，对乡镇进行考绩赋分，完成年度15家农村文化礼堂建设任务，明确“十三五”期间规划建设60家以上的农村文化礼堂，力争2020年前农村文化礼堂建成数达到120家以上。出台《关于加强文成县农村文化礼堂公益基金规范化管理的若干意见》，推动形成政府、民间“多元基金”共建共管共用文化礼堂，实现公益基金“全覆盖”工作全面铺开，有60家农村文化礼堂合计完成60.5万元公益基金的捐赠入账工作。相关工作信息入编全省农村文化礼堂建设工作现场会书面交流材料，入选全市农村文化礼堂建设工作推进会典型交流发言，获市委领导批示推广。全县在农村文化礼堂建管用育过程中，巧妙将礼堂+民宿进行有机结合，在管理运行模式上开展民宿托管礼堂日常管理的有益探索。全年开展传统婚礼进文化礼堂活动，礼堂婚礼深受群众喜爱。加强社科普及示范基地建设，成功申报市级社科普及示范基地2家。

【重大主题宣传】 围绕中央、省委、市委和县委提出的一系列重要思想、重大举措，组织新闻媒体开设《回眸十二五·展望十三五》《同心同力五水共治·携手共推三改一拆》《护航G20文成在行动》《“大拆大整”文成在行动》等专题专栏，推出报道500余篇，大力宣传文成全面深化改革的政策举措和创新成果，为推进政府中心工作落实提供强大的舆论支持。完善舆论监督栏目运行机制，定期开展《今日关注》回头看，加大对工作不力、进展缓慢的单位和个人的曝光和监督力度。全年共播出45期，涉及需整改事项54项，整改37项。通过“肩负使命·筑梦中华”“扬帆起航·追梦中华”“感恩奋进·圆梦中华”三大板块内容，开展形式多样的革命传统宣传教育活动。以纪念建党95周年和纪念红军长征胜利80周年为契机，丰富“我的中国梦”主题教育实践活动，在全县各中小学校开展“童心向党”歌咏活动。在全县党员干部中开展“弘扬长征精神践行‘两学一做’”主题演讲比赛等活动。制定《关于规范新闻发布报批流程及发布要素的通知》，建立健全信息发布审核备案制度，对新闻发布工作进行分类审核，统一指导进一步加强新闻发布审核。印发《关于开展2016年新闻发布会系列活动的通知》，规范新闻发布管理，指导各单位开展新闻发布工作。

**【外宣品牌展示】** 以“寻梦中国·醉美文成”为主题，以生态旅游、刘伯温文化、长寿文化等县域特色文化为切入点，做好对外宣传工作。组织开展“寻梦中国·醉美文成”全国微电影大赛、百家新闻媒体美丽文成行、北美旅游作家走进文成、2016年首届文成茶文化旅游节等活动，大力推荐文成的山水、人文文化；邀请CCTV2频道《生财有道》栏目来文拍摄畲乡“三月三”专题节目；与钱江卫视合作，拍摄《美丽乡村》《两山路上的变迁》等专题宣传片，反响强烈。加大在中央、省、市媒体的宣传力度，推出《森林氧吧小镇引得浙商归》《文成“三改一拆”护美青山绿水》《奋力开辟“绿水青山就是金山银山”新境界》等一批重点稿件，刊(播)发正面宣传报道800多篇(条)，提升文成的知名度和美誉度。

**【网络宣传引导】** 发挥文成新闻网、文成发布等新兴舆论阵地作用，开展网上宣传活动，营造良好网络舆论氛围。组织开展第二届网络文化节，围绕“净网清源”“感恩思进”“两美文成”三大篇章，策划“平安互联网护航G20”“网络忆征程思源颂党恩”等系列主题活动，通过开展“向党旗献礼”网络宣誓等16项活动，繁荣发展健康向上网络文化，营造向好向上网络生态。建立每周常态化信息发布机制，不断完善“文成发布”信息编辑审核、栏目设置管理，推进“文成发布”规范化运行。制定党政“一把手”对话网民访谈活动方案，常态开展“文网议事厅”访谈直播活动，重抓网民提问回复，全年共举办访谈直播10期，征集网友留言、意见建议140多条。推进以“文成发布”为龙头的新媒体矩阵平台建设，严格落实网络管理法规制度，加强对移动新媒体的建设、管理，建立政务微博、微信信息发布通报等机制，推进“文成发布”矩阵平台品牌建设。推进新媒体平台建设提质扩面，吸纳微博、微信公众号和致力网络事业发展与建设的民间网络自媒体平台加入“大枫树”网络微联盟，开展“大枫树”微联盟10+X系列活动，扩大微联盟影响力。

**【舆情应对管理】** 深入开展互联网“清朗”专项整治行动，推进网络空间净化治理。落实24小时网络监测，建立健全舆情风险点排摸、网络舆情会商研判、舆情零报告等制度，及时跟进舆情后续处置发展。全年共监测到换届选举、水源地保护等舆情事件82起，编制《网络舆情月报》12期，《网络舆情专报》9期。要求各单位明确网络舆情处置分管领导、联络员，接到网信办舆情抄告单后，严格落实《文成县网络舆情应急处置预案》，定人定岗定时定责推进网络舆情线下处置。重大舆情实行“1+X”舆情处置联席会议制度，形成县分管领导牵头召开联席会议，网信办专报分析舆情，涉事部门合力处置舆情的“一盘棋”格局。实行网络舆情销号制度，及时跟进线下处置和后续发展情况。每月总结分析舆情处置情况，根据舆情情况反馈、处置措施应对等分3个等级进行星级评定并通报，送达给县四套班子领导、涉事部门主要领导。针对网络舆情处置滞后、互相推诿或无处置结果等现象，及时通过《今日关注》等新闻媒体监督栏目联合推进舆情事件的线下处置。对全县各机关事业单位新闻发言人、网评员进行重新登记备案，落实网评任务。通过集中培训、专题辅导、模拟演练等方式提升队伍素质，全年共发动网军2500余人次，开展网络评论1.5万余条次，有效推进正面网络舆论引导。

【公民思想道德建设】 开展“最美系列”推荐评选活动，评选“最美青年”“最美社工”等最美人物152名。推进民间道德设奖工作，设立“街头村孝顺女儿奖”“张鑫助学奖”等民间道德奖119个，表彰149人。开展“第五届文成县道德模范”评选活动。深化“我推荐我评议身边好人”活动，7人入围浙江好人评选活动，1人入围助人为乐类“中国好人”评选活动；陈云和林炳良成功入选2016年度“浙江好人”等。开展首届孝道人家评选活动，评出文成县首届孝道人家10户等。开展系列民俗节庆活动，深化志愿服务活动，开展创卫整治等活动。探索建立帮扶和礼遇道德模范长效机制，出台《文成县道德典型关爱帮扶实施办法》，推动形成崇尚好人、“好人好报”的社会价值导向。开展“两创”宣传教育活动。以公益广告为载体推进两个县城创建，开展“礼让斑马线，文明我先行”“文明餐桌从我做起”等文明宣传实践活动。

开展全县中小学德育工作专题调研，起草并出台《文成县中小学德育工作三年行动计划》。打造“一校一品牌”，形成学校、社会、家庭“三位一体”齐抓共教的德育大格局，形成协调会议制度。重点培育中小学德育工作示范学校，构建“优雅德育”课程框架，实施主题课程群，努力探索分年级分层次的德育内容和实施路径，制定《学生优雅行为50条》，助推德育实践。深化“新青年下乡”工作，有效加强与温州商学院的对接，开展国旗护卫暨“国歌嘹亮、国旗飘扬”“春泥护花”培训辅导等系列主题活动。协调开展“新青年下乡”各项服务工作，扎实推进以乡镇文化礼堂为主阵地开展的理论宣讲、文艺送演、志愿服务、文化传承、服务惠民、社会调查等各类活动300多场次，累计社会实践学生2000多人次，服务群众2万多人次。

未成年人核心价值观教育。制定《关于进一步加强乡村（城市）学校少年宫建设及管理的通知》，建立健全乡村学校少年宫相关工作机制，实现“一校一品牌，校校有特色”，开展形式多样的社团活动。全年共建设乡村学校少年宫22所，开设兴趣班130多个，参与人数1.5万多人。推进常态化工作，切实加强社会主义核心价值观宣传教育。开展“洒扫应对”主题实践活动，组织未成年人广泛参与到“两城”创建的活动中来，助力“两城”创建。结合雷锋精神，引导广大未成年人开展“日行一善”和“小小志愿者”主题实践等各类志愿实践活动。开展祭奠先烈、民风民俗、先进事迹讲座、诵读经典等活动，自觉培育和践行社会主义核心价值观。

【农村精神文明建设】 创新规划美丽乡村项目，重点布局武阳村、让川村、石垟林场、新联村、西坑村5个省级示范精品村，利用美丽乡村建设平台带动产业转型升级。推进五美乡村建设，召开文成县“五美乡村”创建暨新一轮“双百结对共建文明”工作部署会议，明确创建“五美”乡村35个。全县17个乡镇385个行政村中，已创成省、市、县级文明镇各3个，省级文明村7个，市级文明村96个，县级文明村140个。开展家训家风工作，依托本地乡贤挖家训，依托普通农户传家训。从“十星级文明户”入手，深挖翁氏百年家训；紧抓侨字文章，建设侨情长廊，宣扬华侨资助家乡建设的善行义举。各村制订简洁明了的家训，以不同形式展示，以良好家风带动和谐民风。开展“家训上门墙”活动，家家户户整理、提炼家训，并挂在家门口显眼位置，勉励家人遵守家训传家风。

【文化事业】 创新公共文化服务。充分发挥县文化中心作用，补齐公共文化阵地建设短板。图书馆、文化馆、博物馆等各场馆相继投入使用，引入社会资本，建成3家3D影院，增强公共文化服务效能。创新公共文化服务供给，制定文成县《关于加快构建现代公共文化服务体系的通知》(征求意见稿),进一步充实文化服务内容,提高文化服务质量、效率和社会化程度。县文化馆推出"文艺快递"服务,得到市委宣传部部长胡剑谨的批示肯定;努力建设"书香文成",组建文成县图书馆理事会,图书馆实行晚上开放制度,开放时长达到省级馆标准。在"书香文成·全民阅读"活动中,开展阅读推广活动300余场,直接参与4万余人次。征集畲族文献3000余件,成为全国收藏畲族文献种类和数量最多、最全的公共图书馆。县博物馆藏品从2011年的230件增加到2016年的7900多件,接待5万余人次。2016年对各级文物的修缮保护力度达到历年之最,各级文物保护工程总投资逾550万元,文物保存完好率得到大幅提升。推出多样化、特色化的百场活动惠万民的"文化大餐",举办文成县第三届市民文化节系列活动等文艺活动162场;摄影、美术等免费公益培训154期,"纪念红军长征胜利80周年专题展览"等展览讲座89场,送戏下乡234场、送鼓词104场、送电影下乡2676场。县图书馆送书下乡2.5万多册,借还图书30多万册,到馆40余万人次。

文艺精品创作。文成县文艺家在《诗刊》《中国报告文学》《星星诗刊》等省级以上刊物发表文学作品221件。出版发行《江南·文成之文》《刘伯温文化丛书》《泗溪文丛》等研究文成人文历史、地域文化、伯温文化的文成作家丛书。完成文艺作品创作369个,其中声乐3个作品,舞蹈2个,小品2个,小戏1个,视觉艺术361幅。参加各类艺术活动国家级2项、省级17项、市级24项。在市级以上举办的文艺赛事中,共有2018件文艺作品获奖、入展或展演。其中夏肇旭摄影作品《小信徒》《灾后》获中国摄影家协会举办的中国第16届国际摄影艺术展入展奖,慕白获温州市政府主办、市文联承办的温州市第九届文学艺术创作奖"金鹿奖";创作编排表演唱《和文成来一个深呼吸》获浙江省特色小镇群众文艺展演展示活动入围作品奖,参加浙江省新人新作声乐大赛获兰花金奖;小品《吃饭,请关手机》参加浙江省报送全国群星奖选拔节目录像等。组织拍摄10余部微电影作品参加浙江最美文成微电影大赛。

文化产业培育。大力推进文化产业发展,编制文化产业振兴规划。聘请南京大学专业团队编制文化产业发展纲要。出台《文成县文化产业发展三年行动计划(2016—2018年)》,结合建设"宜居宜游生态县"发展战略,探索新常态下文化产业培育转型升级路径,利用3年时间,建设一批文化大项目、大平台,引进和培育一批上规模的文化企业,努力构建具有区域优势的特色文化产业体系。探索微电影基地建设,致力打造没有围墙的影视城。成立文成微电影协会,与北京卷石影视文化有限公司达成初步合作意向。培育和鼓励草根团队,组织拍摄37部微电影作品,多部作品荣获第四届亚洲微电影艺术节金海棠奖、2016中国梦微电影大赛三等奖等。引入剧组拍摄《睡前恐怖故事》《风水局》等网络大电影。组织微电影协会和企业参展2016温州国际时尚文化创意产业博览会和义乌文博会。弘扬本土民族文化,加速振兴传统文化产业。成功举办第二届根雕艺术展,开展根雕、工艺品推介活动。民营剧团培育工作持续深化,队伍已经发展到25家。推进太极基地建设,筹划筹建叶大密纪念馆,举行叶大密雕像奠基仪式、揭像仪式,举办太极培训活动,弘扬与

2016年全市"比学赶超"活动走进文成(朱伟/摄)

继承太极文化。推进文旅融合发展，打造智慧体育旅游产业。创建文成县运动休闲服务中心，发挥“体育+”特色，整合运动休闲与文化资源，推出文化休闲项目，提供优质旅游服务。充分挖掘地域文化特色，打造文成首个美丽乡村文化旅游综合体，将自然景观、人文创意、现代技术等多种文化旅游要素有机组合，形成“互联网+美丽乡村+文化+旅游”的体验式发展模式。推进天圣逸境健康养生庄园、浙南民俗文化展示馆建设，助推文旅产业发展。

（胡芳妹）

## 信　访

【概况】 根据文编〔2016〕51号文件精神，在县信访局办公室增挂“文成县统一政务咨询投诉举报平台管理办公室”牌子。调整后，县信访局共有编制19人（在编16人），其中行政6人（在编6人），事业编制13人（在编10人）；内设2个行政科室，为办公室（督查科、政务平台管理科）、接访科；下设2个事业科室，为民情接访中心和12345政务热线服务中心。全年全县共接待群众信访586批次1010人次（其中受理群众信访553批次733人次），同比上升8%和2%。其中，接待群众来访256批680人次（包括领导接待日接待群众160批461人），受理223批次403人次，办结214件；办理群众来信330件（其中:中央、省、市转来信119件；“省长信箱”50件、微信信访7件、领导信箱28件、国家投诉受理办公室转来的网上信访件26件、重要网站留言1件；县级来信99件），办结321件。接待不予受理、不再受理及咨询类来访69批176人。受理群众复查申请15件，其中不予受理5件、撤销处理意见4件、维持处理意见1件，5件还在受理中。群众越级上访63批次130人次，同比批次下降25.4%、人次上升18.18%（其中进京上访11批11人次；赴省上访24批次34人次；到市上访28批次85人次），非正常上访为零。全年组织全县信访干部培训1期90人次。

【信访格局】 全面形成主要领导率先垂范亲自抓、基层属地分块联系共同抓、责任单位一线具体办、信访部门及时督的“立体式、全方位”工作格局。在G20杭州峰会、各级“两会”和十八届六中等重要节点前夕召开全县信访工作专题会议，就全面排查化解各类矛盾纠纷、集中开展信访积案化解、村级组织换届“清仓”行动、信访重点人员稳控落实、非访及缠访闹访整治等工作进行了专门部署。将信访工作列为乡镇部门“一把手工程”，党政主要负责人对本地区、本部门、本系统的信访工作负总责，其他班子成员根据分工，对职权范围内的信访工作负具体领导责任。年初，县委、县政府，与各乡镇、有关单位签订信访工作目标责任书，各乡镇与各村（居）签订目标责任书，将定性、定量和专项指标融入信访工作考核体系。加大对上访量、案件办结率、案件处理力度、稳控工作等方面的，考核、督查、通报力度，发挥信访局在改进工作、完善政策、给予处分等“三项建议权”的作用，使信访工作逐步走向规范化和制度化的轨道。

【滚动排查重点督办】 以防患于未然的思路抓源头防控，全面部署矛盾纠纷排查工作，确保矛盾排查“无盲区、无疏漏”，从根本上减少问题。针对实际工作中存在的底子不清、情况不明的短板和薄弱环节，开展信访事项和信访重点人员大排查及村级组织信访积案“清仓”活动，及时补漏洞、补短板。通过对三改一拆、五水共治、征地拆迁安置、民间借贷、重点工程等重点行业、领域和涉企涉众型不稳定问题方面的矛盾纠纷隐患进行拉网式、地毯式排查化解。根据工作实际，从4月份开始每月进行一次滚动排查，共排摸出矛盾纠纷188件，被列为省、市、县信访积案的125件。通过发督办函、实地走访、电话催办等方式，特别是对上级交办和领导关注的重点信访积案，督促相关事权单位加大工作力度，尽早妥善解决。每月对各乡镇、部门开展初信初访督查督办，重点对信访事项录入情况、限期办结情况、办理质量情况开展督查。全年承若或协议息访化解35件，其中列为诉求合理A类的24件全部化解，有关村级组织方面的信访积案45件（涉及36个行政村），按要求全部化解（报结）。

【源头防控分层化解】 全力做好全国、省、市、县“两会”，“G20”杭州峰会、十八届六中全会、第三次世界互联网大会等各个重要节点期间的驻会劝返工作，着力化解矛盾。严格落实县级领导接访日和包案制度，年初就明确并向社会公布一年的县领导接访日程计划表和县级领导包案清单，全年安排县领导接访日活动120人次，接待群众160批次461人次，25个县级信访积案全部落实领导包案，通过县领导带头包案、召集事权单位和属地乡镇负责人分析案情、实地督查等形式，有效推动信访积案化解，全年化解县级领导包案信访件25件。组织国土、住建、劳动监察大队等信访量较大的部门共同参与信访突出问题集中化解整治，建立“第三方力量”（社会组织、“两代表一委员”、律师、老党员、老干部、社会影响力人员等）化解帮扶小组，通过基层代理、律师参与接访、“两代表一委员”家访、老干部评访等方式，动员社会力量参与信访矛盾纠纷化解。

【信访舆论氛围】 建立由县政法委、县公安局、县检察院、县法院、县综治办、县维稳办、县信访局、县司法局等单位组成的非访打击协调小组，下设“依法打击非访办公室”，形成依法快速处置非正常上访行为的工作机制。通过文网议事厅党政部门一把手访谈栏目、文成电视台播放信访卡通片和信访知识、制作非访打击专题片、现场咨询、发放宣传资料、在大型户外LED电子屏上播放《条例》等方式进行正反两方面宣传，教育引导广大群众特别是上访人依法信访，理性表达诉求，特别是对一些信访问题引起的舆情，给予正面舆论引导。

【平安护航G20】 “G20”杭州峰会期间，做到“严防、严查、严管、严打、严治”有机结合，筑牢第一道防线。坚持依靠基层、依靠群众，千方百计做好人员排查与稳控，将排查梳理出信访重点人员，全部录入浙江省统一政务咨询投诉举报平台（除一人外国护照不能监控外），并与公安部门无缝对接。做好驻会劝访查控工作，组建G20杭州峰会期间县驻杭信访劝返工作组和县内劝返处置工作组，主动加强与省、市驻会工作组等上级信访部门的沟通联系，做好杭州城内及周边地区8个分流点文成籍群众的劝返处置工作，完成G20杭州峰会期间“零非访、零滋事”“不去人、不出事”的工作目标。

【平台整合】 按照“四张清单一张网”的建设要求，及时开展浙江省统一政务咨询投诉举报平台整合工作，根据文成县实际，将除了110、119、120等报警和紧急救助热线外的40条非紧急类政务服务热线整合起来，与来信、来访、网上信访、领导信箱等信访平台相融合，统一以“12345”号码对外服务，群众通过这个平台，可精准找到投诉请求办理单位，从而形成“平台分流、部门办理、社会评价、信访监督”的互动局面。全年完成热线整合39条，其中市场监管、风景旅游及公积金等3家单位9条热线实行技术整合（已整合但未统一接听），另有1条广电台的因热线是属于提供新闻线索的号码，未予整合。协调有关单位，做好信访事项法定途径分类处理清单梳理工作，所涉及的27个单位完成清单梳理工作并相应正式发文。

（柳双林）

## 统　战

【概况】 2016年，文成统一战线凝聚线上线下合力，新增在外知名人士数据175人，新建3个城市联络站，新增“世界文成”微信公众平台粉丝3000余人，在两次大台风期间，开展公益捐款活动，共计捐款600余万元。加大党外干部使用力度，在全县17个乡镇设立民族宗教事务管理所并落实专兼职民宗员48名，属全省首创。宗教文化建设取得新成效，统战部部长亲自牵头，协县玉壶镇围绕《文成县玉壶“国际慢城”创建规划》，打造富有侨韵、彰显统战特色的“国际慢城”。在周壤镇项山村挂牌成立浙江省首个侨界青年爱老护老基地——“温州侨界青年爱老护老基地”，与华数集团合作，成立健康动态数据库。开设侨爱童心乐园，落实“春泥计划”，建立3000多位侨界留守儿童成长档案。全年举办“中国寻根之旅”“亲情中华　汉语桥”、留守儿童“快乐营”等3个夏令营活动，360余名侨界青少年参加，增强华裔青少年“家”的感觉、“根”的观念。

【城市联络站】　新建三明、厦门、宁波城市联络站，宣传推介项目20余个，为当地的文成籍精英人士建立数据库，入库200人次，并指导新建联络站开展联谊、交流活动11次，凸显了联络站联谊交往、回归共赢的强大功能。通过沟通走访、多级互动等方式，全面完成新一轮在外文成知名人士调查，新增在外知名人士数据176人。

【网络统战】　全年新增“世界文成”微信公众平台粉丝3000余人，总粉丝数超过1.6万人，覆盖78个国家或地区，国内40多个城市。新建6个城市联络站微信交流群，在原有的世界文成人微信群、世文会会长微信群、港澳台文成同乡微信群等交流群中传播“统战”声音，每日发布、转发统战工作相关内容100余次，在朋友圈发布统战工作图片、视频、链接等内容2000余次，以此凝聚人心，汇聚力量，助力文成招商引资。

【公益行动】　通过微信公众平台凝聚公益正能量，特别是在遭受17号台风“鲇鱼”的严重袭击后，共发动世界各地文成商会、联络站、侨团40余个，爱心人士5万余人，向灾区捐赠600余万元，帮助受灾群众尽早渡过难关、重建家园；开展民革温州市委会、温州市童鞋商会“爱心助学情系校园”公益活动，为贫困儿童捐赠童鞋7000双，助学金4.8万元；做好2016上海温籍名医第十二期“报效家乡、送医送药”走进文成活动，开展健康保健讲座，现场义诊、送药，医务交流，义诊活动惠及600余人，使文成群众在家门口就得到上海专家的优质医疗服务。

【非公经济人士综合评价】　牵头协调15家单位，召开全县非公有制经济代表人士综合评价工作联席会议，分批次开展非公经济人士综合评价，助力非公经济人士素质提升。全年共对423人开启评价工作，评价表已经收回前3批291人，其中市、县工商联换届工商联执常委综合评价工作已全部完成。

【参政议政】　县工商联界政协委员、人大代表就全县小微企业创业成长、康居养老养生、全县旅游一体化等中心工作开展调查研究，两会期间为县委、县政府建言献策，共上交提案与议案18件次，其中政协委员陈晓春《关于加快322国道西坑至景宁段公路改建的建议》的提案发言被列为县领导重点督办的发言提案。

【走访企业】　开展“暖心助企”大走访活动和工商联换届调查摸底工作，共走访企业60余家，了解企业生产经营情况，听取企业心声，努力帮助企业协调解决发展难题。与县检察院联合开展依法和保障非公经济健康发展活动，召开2次座谈会，建立联席会议、日常联络、信息交流沟通等机制，帮助全县13家企业解决因容积率致土地审批和厂房产权证办理难的问题。

【党外人士和民族人才】　抓住领导班子换届、

职位空缺等各种机会，实行政策倾斜，把优秀党外干部推上领导岗位，党外干部毛伟新、雷旭燕提名为副县长、政协副主席人选；巨屿镇原人大副主席郑明道提任为公阳乡人大主席，使全县党外正科人数从原来的4人增至5人；西坑畲族镇原副镇长蓝旭丹到县民宗局任副局长，使全县政府部门党外干部由8人增至9人（安监、农业、监察、住建、水利、林业、文化、卫生、民宗）；原侨联办公室主任包小荣提任为侨联副主席，使得群团组织领导班子中配备的党外干部达到2名（工商联、侨联）；还有2名优秀的党外中层女干部，经统战部门推荐分别成为西坑畲族镇副镇长、平和乡副乡长人选，使得党外干部队伍更年轻化更有活力。加强联系，提升党外干部素质。充分发挥统战部作为“党外干部娘家”的主阵地作用，落实“统战部长谈心日”制度，统战部部长每月抽出一天时间专门与党外干部谈心，全年开展谈心活动8次，“一对一、面对面”约谈200余人次。抓好民族人才培养，新提拔任用或转任重要岗位正科级少数民族干部6人；副科级转任同职级重要岗位4人；新提拔使用副科级6人。

【宗教事务】 在全县17个乡镇设立民族宗教事务管理所并落实专兼职民宗员48名，为12个民族宗教工作重点乡镇落实专职民宗员事业编制13名，人员经费财政全额拨款，其余民宗工作人员由乡镇内部调剂，属于全省首创。推进安福养老院和利生大楼建设并做好温州佛学院去筹有关工作，1—11月完成投资11819万元。其中，佛学院教学综合楼7月1日奠基开工，县政府帮助解决佛学院办学经费600万元。10月29日，国宗局批复正式设立温州佛学院。全年以建设“东方佛国、福地文成”为重点，打造特色宗教文化，开展2016年温州市佛教讲经交流会、2016年度安福利生年会、纪念叶均居士一百周年诞辰座谈会、2016天圣山安福寺禅茶音乐会、文成县第二届天圣山安福寺药师文化节开幕式暨《皓月正当空》音乐晚会等系列活动，进一步弘扬文成特色的宗教旅游文化，扩大“药师文化”影响力，提升文成城市品牌的知名度和美誉度。

【海外统战】 拓展联谊交流，促进侨商回归。全年接待到文成华侨及外宾740多人次，指导县侨联做好外出考察，由县委书记汪驰为团长的考察团一行6人赴德国、意大利进行为期8天的考察交流。协调做好美国旅游作家协会20余人在首次中国年会接待工作。全年共签约引进文成县兴福堂城市综合体、侨品汇O2O体验中心（引进近百侨商入驻）、百丈漈旅游服务中心商务度假酒店、玉壶镇优品咖啡4个项目，引资近15亿元，到位资金4.9亿元。打造统战特色基地，创建国际慢城，玉壶镇在慢城葡萄牙维泽拉年会上正式领取“侨韵玉壶.国际慢城”证书，正式成为中国第五个、浙江省首个“国际慢城”，这是文成县获得的首张国际金名片，也是著名侨乡玉壶极具统战特色的重量级身份标识。协助玉壶镇围绕《文成县玉壶“国际慢城”创建规划》，打造富有侨韵、彰显统战特色的“国际慢城”，全年推进华侨产业园、华侨博览馆、东溪欧式外墙和玉壶东大门200亩的高级养老中心等7个项目建设，总投资7353万元。做好华侨养老工作，在周壤镇项山村挂牌成立浙江省首个侨界青年爱老护老基地——“温州侨界青年爱老护老基地”，试点每周三安排医生坐诊，与华数集团合作，成立健康动态数据库，在医疗和便民方面提升侨乡老人的生活质量。关注华文教育，弘扬传统文化，开设侨爱童心乐园，落实“春泥计划”，建立3000多位侨界留守儿童成长档案，实行长期跟踪机制，把握其成长脉动，及时提供相关帮助。全年举办“中国寻根之旅”“亲情中华汉语桥”、留守儿童“快乐营”等3个夏令营活动，有360余名侨界青少年参加，增强了华裔青少年“家”的感觉、“根”的观念。

（统战部供稿）

## 民族宗教

【民族团结进步】 开展民族团结进步宣传月活动，开展统战、民宗干部、乡镇统战委员上好一堂课等活动；举办贯彻落实中央、省、市统战工作会议暨民族团结进行宣传活动，开办民族工作图片展、发放宣传资料2200多份；利用文成发布平台，开展民族宗教知识竞赛；在县广播电视台开设《民族之窗》和《民族科技》栏目，全年播出48期。通过网络、微信、手机短信等形式宣传党的民族政策和有关民族特色活动，做好西坑、周山等4个民族团结进步模范社区创建活动，推进城市民族“六进”工作，建立“四微”组织，为少数民族群众服务。

【少数民族民生工程】 开展民族工作大调研活动，梳理民族乡村发展思路，建立项目库。争取各类帮扶资金6789.01万元，其中各结对帮扶单位向12个结对帮扶村落实帮扶资金120万元；争取各级少数民族发展专项资金592.86万元（中央125万元，落实项目10个；省140万元，落实项目4个；市110万元，落实项目13个；县217.86万元，落实项目98个），宗教界“五水共治·五教同行”帮扶资金60万元，整合县级各类资金5109.15万元。抓好省政府办公厅《关于进一步加快民族乡（镇）经济社会发展的意见》的贯彻落实，做好省财政给2个民族乡镇的200万元转移支付资金的落实、监测、评估工作。做好与省财政厅、国土厅和余杭区、余姚市等4个单位的沟通对接联系，对接落实帮扶资金250万元。减免民族乡镇农户和其他乡镇少数民族农户农房保险资金，所需资金由县财政补足。开工建设西坑叶岸避震小区、黄坦栖村垟避震小区二期（新康村整村搬迁项目）、西南公路（西坑到南田）改造提升工程、周山畲族乡通乡公路等级提升等一批重大项目。开展特色小镇和民族风情特色村寨建设。文成森林氧吧小镇（包括西坑畲族镇和铜铃山镇)入选省级特色小镇，西坑畲族镇入选首批浙江省美丽乡村示范乡镇。全年共投入资金1000余万元，推进培头、西坑、周垟、高村等4个民族特色村寨建设，其中，培头村入选第二批中国少数民族特色村寨名录和市级农家乐休闲旅游特色村。全力打造西坑畲族镇让川畲族特色民宿村落，形成悦慢小院、香樟小院、红枫小院、畲家小院等一批特色民宿，带动村民增收致富。抓好少数民族成分管理服务，全年共办理少数民族成分更改审批2例，出具少数民族学生民族成分证明357份。

【民族文化】 举办西坑、培头“三月三”畲族风情旅游文化节和周山畲族乡“稻梦之旅，邂逅畲乡”主题创意农业观光活动。由县旅游局牵头引入旅游团队的形式，通过举办百家宴、看婚嫁表演、农事体验等形式，全方位展示畲族文化，打响畲族文化品牌，助力民族旅游产业发展。由文成县少数民族联谊会发起，在意大利佛罗伦萨成功举办首届中华“三月三”畲族风情文化节暨少数民族联谊交流活动，为旅欧畲族同胞提供交流平台，增进了民族感情。抓好培头民族小学畲汉“双语”教学基地和西坑民族学校、黄坦中学民族传统体育项目训练基地建设，为民族传统体育运动培养优秀人才。在省体育局主办的浙江省第二届音乐竹竿舞比赛中，西坑民族学校获得两副竹竿男女四人跳和单副竹竿男女双人跳两项金奖。做好文成畲族志的编撰工作，拿出专项工作经费，聘任熟悉民族工作的专职人员，收集整理文成县有关畲族工作的资料，编撰文成县畲族志。在文成县博物馆设立畲族展厅，收集畲族民间文物，展示畲族传统文化。加强民族村文化礼堂建设，建成民族村文化礼堂5个。

【民族人才培养】 配合组织、统战部门做好少数民族后备干部的培养和推荐工作。全年定向招录少数民族公务员1名，事业单位干部2名；新提拔使用副科级少数民族干部6名；提拔转任少数民族领导干部正科级以上6名，其中，副县级1名（雷旭燕），正科级5名（蓝建荣、兰绯绯、雷文宾、钟菲菲、兰大潘），副科级转任同职级重要岗位4人（钟汉忠、蓝旭丹、蓝文杰、钟胜男）。做好文成中学民族招生工作，民族班降75分录取少数民族考生53名，学杂费减半收取。提高少数民族劳动技能，大力培训致富带头人。开展民族乡村干部及致富带头人培训班1期，培训人员110人，其间赴外县民族乡村考察学习民族特色村寨建设和美丽乡村建设。开展"金秋助学"活动，向42名家庭生活困难的应届高考本科上线少数民族考生每人发放1000元的助学金。安排10余万元的专项资金，帮助少数民族困难群众解决解决一些实际的困难。

【宗教领域维稳】 全面落实宗教工作责任制。落实对乡镇民族宗教工作考核细则，与各宗教活动场所和民间信仰活动场所签订消防安全责任书。完善县、乡（镇）、社区（村）3级宗教工作网络。成立G20、世界互联网大会维稳安保领导小组，制定维稳安保工作总体方案，层层落实工作责任。召开全县宗教工作会议，传达上级有关文件和会议精神，对全年宗教工作主要任务进行分解落实。县委、县政府建立民族宗教工作联席会议制度，制度出台《文成县民族宗教群体性突发事件应急预案》《文成县民族宗教工作联席会议制度》，成立民族系统网络评论员队伍和新闻发言人制度等，建立突发事件舆情应对预案，为维护民族宗教领域安全稳定提供制度保障。

【规范化管理】 加强大型宗教活动和非通常宗教活动的管理，依法审批，实施"事前审批、事中监督、事后总结"的全过程监督管理，严格控制活动规模，指导宗教活动安全有序开展，全年审批大型活动2起。加强隐患排查整治，联合维稳、公安（国保）等部门，加大对重点人员、重点场所的排查管控力度，及时帮助化解矛盾纠纷。加强情报信息工作，建立健全信息情报定期报告制度，及时获取准确有效信息。深入开展涉恐人员基础大排查，强化涉恐关注群体动态管理。劝离4名在寺院的邪教"法轮功"转化人员和1名新疆籍人员。依法打击非法宗教活动，做好反渗透工作，制止基督教非法串联活动。开展佛道教专项整治工作，查处假僧及违规违戒僧人6名。开展文明敬香、创建生态寺院活动，禁止在佛道教场所内燃大蜡烛、烧高香，在全县范围内推广无烟蜡烛、电子功德箱，推荐省级文明敬香、生态寺院示范场所3处。开展宗教和民间信仰场所大排查大整治活动，重点加强场所违章建筑、消防安全、危旧房排查工作，发现隐患及时落实整改，完成86处宗教活动场所和441处民间信仰场所安全排查整治和信息系统录入工作，维护全县宗教领域的和谐稳定。加强宗教活动场所规划布局，委托浙江大学亚欧旅游规划设计研究院承担《文成县宗教活动场所专项规划（2015—2020年）》和《天圣山文化园详细规划》的编制，整个规划70万元经费由县财政承担。开展宗教活动场所二维码制度管理，在依法登记的宗教和民间信仰场所统一制作并悬挂印有二维码的标识牌。加强宗教场所的财务监管力度，完成17处宗教场所的财务检查审计工作。加强宗教行政执法专项工作力度，办结执法案件5件。开展佛教、道教、基督教3个宗教团体述职评议。召开佛教协会第五次代表会议，完成佛教协会换届工作，启动道教协会换届工作。

【"和谐寺观教堂"和星级场所创建】 6月，召开由全县各有关乡镇分管领导、宗教团体成员和各宗教活动场所负责人参加的专项工作会议。对2015年度"和谐寺观教堂"创建工作先进单位和先进个人进行表彰，并提出下一步创建目标和重点，对2016年“和谐寺观教堂”和星级场所创建的任务指标进行分解落实。全年创成省级“和谐寺观”达标场所3处，一、二星级场所20处，推荐五星级场所1处、三星级场所9处。推进宗教教职人员认定备案工作，引导宗教团体和宗教活动场所按照自愿参保、协商一致、统一办理的基本要求，积极稳妥开展教职人员社会保障工作。全年完成宗教教职人员认定备案46人，完成76名佛道教教职人员认定备案上报工作，落实46名宗教教职人员社保工作，77个宗教活动场所办理了机构代码证，开设单位银行账户。组织宗教界开展慈善公益活动(如鲶鱼台风重创后，组织义工队到重灾区双桂乡开展救援行动，开展困难慰问等)，全年累计向五水共治、结对帮扶等捐赠善款150余万元。

【安福寺和佛学院建设】 推进安福寺和浙江佛学院(筹)温州佛学院建设，推进养老院、安心寮、利生大楼和温州佛学院新教学综合楼及师生宿舍建设(7月1日奠基开工)，1—11月，完成投资15549万元。全力做好佛学院去筹迎检有关工作，10月29日，国宗局批复同意浙江佛学院温州佛学院正式设立。县政府帮助解决佛学院办学经费600万元并纳入每年的县财政预算。

【栖真寺重建和净福寺迁建】 支持县重点工程黄坦镇凤凰山文化园暨栖真寺震后重建工程和净福寺迁建工作，县委、县政府高度重视，专门成立以县委常委、统战部部长为组长的栖真寺震后重建工作领导小组，启动相关前期工作，完成项目前期规划、立项等工作，正在进行土地政策处理及落实土地指标、农转用审批等手续。栖真寺扩建项目4月18日得到省民宗委批复同意，该项目包括栖真寺和凤凰山文化园，建设总用地面积为410亩，总建筑面积为14.22万平方米，总投资约15亿元。净福寺迁建项目6月7日得到省民宗委批复同意，净福寺始建于清康熙五十一年(1712年)，位于文成县大峃镇屿根村，为文成县佛教协会驻地。该寺院已完成项目选址、规划、拆迁合同签订、新址土地政策处理等工作。经协商，县规划等相关部门已同意净福寺迁建至大峃镇屿根村路西自然村岩壁下(文成县人武部后山)，建设总用地面积为5.5亩(约3667平方米)，建筑占地1910.8平方米，总建筑面积3102平方米。

【宗教传统文化】 以建设“东方佛国、福地文成”为重点，打造特色宗教文化，举办2016年温州市佛教讲经交流会、2016年度安福利生年会、纪念叶均居士100周年诞辰座谈会、2016天圣山安福寺禅茶音乐会、文成县第二届天圣山安福寺药师文化节开幕式暨《皓月正当空》音乐晚会、观音画展等系列活动，参加全市宗教书画展，安福寺参访团到斯里兰卡参加“叶均(了参)居士100周年诞辰纪念会暨郑立新(光宗)居士百岁寿辰庆活动”，进一步弘扬文成特色的宗教优秀传统文化，扩大“药师文化”影响力，提升文成城市品牌的知名度和美誉度。达照法师应邀到各地进行了讲经交流活动。

【“同心同行·共建和谐”活动】 深入开展“五进场所五级联系五项机制”等15大举措，实现86处宗教场所全覆盖。县委书记办公会、县委常委会2次专题听取工作汇报，县委副书记和县委常委、统战部部长、分管副县长3次召集有关部门、乡镇召开“同心同行·共建和谐”推进会，专题研究部署全县宗教工作。8月22日，召开全县宗教工作会议，对全县宗教工作进行部署，县委书记作重要讲话，县委副书记、县长主持会议，县四套班子领导、各乡镇党委书记、乡(镇)长、党委副书记、统战委员及宗教工作领导小组成员单位参加会议，县教育局、县公安局、黄坦镇、西坑畲族镇作交流发言。8月30日，县编委办率全省、全市之先发文在各乡镇成立民宗所并落实专兼职民宗员48名，其中为12个民族宗教工作重点乡镇落实专职民宗员事业编制13名，人员经费财政全额拨款，其余民宗工作人员由乡镇内部调剂。完成全县23个基督教场所“一场所一档案一策略”和“一人一档一策”工作，开展场所标准化建设，实现全县86个宗教场所“五个一标准”全覆盖（即一面国旗、一个宣传专栏、一个创建主题、一场法律讲座、一套管理制度全覆盖）。全年全县进行宗教政策法规宣讲教育6555人次，领导干部与宗教界人士谈心交心2600人次，赠阅党报党刊268份、《中国宗教》11期330份，编发《宗教政策知识问答》3500份，送医赠药1600多人次，慰问宗教界代表人士和困难信众120人次，发放慰问金12万元，帮助梳理问题25个，解决实际问题20个。

【民间信仰事务管理】 贯彻落实《浙江省人民政府办公厅关于加强民间信仰事务管理的意见》和省、市、县有关民间信仰事务管理政策措施，加强民间信仰事务管理。按照省市要求，开展民间信仰场所编号登记管理工作，指导场所加强规范化建设，建立健全人员、财务、消防等8项规章制度。开展文明敬香、禁燃大蜡烛、建设生态场所活动，指导乡镇和场所按照民间信仰场所编号登记的要求，逐条达标验收，在规定时间内完成45处民间信仰场所登记编号申报材料的上报和有关数据录入宗教信息系统。加强场所财务监管工作，与建行沟通衔接，指导场所统一在建行开设单位银行账户29个，对已编号登记场所统一制作并悬挂印有二维码标识的铜牌。

（李东东）

## 党 校

【概况】 县委党校下设办公室、教务科、教研室，下属事业单位科研信息中心。全校在岗16人，其中高级职称4人，中级职称3人。2016年获“全省党校系统先进集体”“全市科研进步奖”“全县宣传工作先进集体”等荣誉称号。

2016年12月，文成县社会主义学院挂牌成立（党校提供）

【干部培训】 围绕中心，创新模式，教学培训提档增效。全共举办主体班次6期，培训524人次；举办部门班次12期，培训1690人次。在干部教育培训中，围绕县委、县政府中心任务和深化改革战略部署需要，确定乡科级领导干部综合素质提升班、中青年后备干部集训班、纪检监察工作研讨班等8个主体班次。与浙江大学对接共同承办城乡建设管理专题研讨班，不断提升学员推动发展、开拓创新、维护稳定的能力。精心设置“理论提升、党性锻炼、实践能力”三大板块课程，突出主体班次“党性教育”红色主题。在全市创新推出“全封闭军事化”教学管理模式，提升培训效果，将内务训练、队列训练、学唱红色歌曲、观看红色电影和新闻联播、参加10公里拉练体能训练、聆听党的理论课等党性教育贯穿培训始终，制定《集训管理规定》，以军事化管理模式严格规范一日生活制度、课堂管理、手机使用管理等规章制度，设立内务评比公示栏，通过张贴小红旗的形式进行综合考评，增强学员党性修养。根据文成实际，将文成的工作特色成果转化为教学资源，向全市积极推出现场教学，串联专题讲解、现场观摩体验、观看纪录片、交流讨论等培训元素讲好“文成故事”。通过多次实地考察、精心设计教学环节，向市委党校主体班学员重点推出“珊溪水库水源地生态环境保护”现场教学专题，推介文成人为“大水缸”敢于壮士断腕的气魄，以及义无反顾走上转产转业的亮点做法，设计了对珊溪水库生态环境保护面临诸多考验进行思考和探讨的环节，收到了良好的教学效果。

【教科研工作】 全年向省、市申报科研课题7项，获省委党校立项2项、市委党校立项3项。常务副校长领衔的1项课题获得省优秀课题，是2016年度全市党校系统唯一一个获得优秀级别的课题；组织《新型城镇化视域下的浙南山区旅游小镇建设》等9篇论文参加省、市委党校理论研讨会、全市社科等论文评比，其中1篇获省优秀决策咨询成果三等奖，3篇获市三等奖。《刘基文化产业化的发展机制研究》等3篇论文在省级刊物上公开发表。鼓励教师就县委、县政府的重点问题和社会热点问题，开展调查研究，第一时间形成《决策参阅》和《县情研究》内刊。在省级特色小镇第二批创建时，科研人员撰写的《山区旅游小镇与新型城镇化融合发展探析》获县长批示。《文成县长寿健康产业发展对策研究》获县委书记批示，提出的建议被相关部门采纳落实，成为重要的决策依据。全年编发《文成县情研究》2期，撰写《决策参阅》4期，获县委书记批示2期次、县长批示1期次、县委副书记批示1期次、副县长批示1期次。强化“合力”，倾心打造协作团队。通过向县委、县政府积极争取，赢得县委常委会专题研究科研咨政激励机制的机会，将在全市县（市、区）级层面中率先出台《文成县关于科研课题经费及奖励标准管理办法》，解决文成在科研咨政方面存在的最大困扰问题。建立校委挂帅机制，校委领导班子成员每人每年负责1～2项调研课题，组建“校委班子领衔、教研骨干带头、相关学科交叉、团队合作攻关”的科研咨政团队，每位校领导率先垂范，参与课题研究和撰写。全年校委班子参与7项课题和9篇调研文章的撰写。整合县委政研室、县政府政策研究中心、县社科联和党校资源，组建“大师资”队伍，共同攻关文成发展中心课题和重点课题。县政府政策研究中心与党校联合组建课题调研组，共同开展《打造最美养生福城——文成美丽县城建设暨旅游化发展研究报告》课题研究，取得良好的效益。

【社会宣讲】 凝心聚力，加强推广，社会宣讲扩面拓源。当好“党的政策宣讲员”和“县委决策解说员”，挖掘“弘德讲坛”“方言党课”等平台，结合“伯温讲坛”“红色星期一”等渠道，宣传十八大以来党中央治国理政新理念新思想新战略、核心价值观等内容，传播好党的声音。在全县“两学一做”活动中，刘飞娥副校长在“红色星期一”电视栏目现场解读“两学一做”专题，得到全县党员干部的一致认可。培养新苗子，发挥理论宣讲合力，与县委宣传部联合开展“十三五树标杆话担当”微党课赛课活动，定期举行青年教师新课试讲活动，培养党课宣讲新苗子20余人。组织5名骨干教师赴上海交大、省委党校等地参加“两学一做”师资班宣讲培训，开展新党课宣讲磨课、赛课活动。选派4名教师参与县宣讲团，参加“七一”讲话精神巡回方言宣讲活动，全年对外巡回宣讲58场次。精心设计“两学一做”学习教育课程菜单，在全县发出《关于在“两学一做”学习教育中充分发挥党校职能作用的通知》，供广大机关部门单位和广大党员选课点单，及时把“两学一做”学习教育专题党课送入各机关各乡镇。

【师资队伍】 加强教师业务培训，组建教学“5人团”、科研“3人组”，由4位高级职称教师担任带培导师，带领青年教师开展党课试讲、课题调研撰写，促进青年教师快速成长。组织教师参加全市精品课比赛，蔡耕勇的《马克思主义宗教观》获得全市精品奖。组织科研人员赴桐庐、淳安等兄弟党校开展现场教学观摩交流活动，通过学先进、找差距、补短板，提升教学质量和咨政研究水平。建立“局长讲坛”教学平台，结合特邀讲师制度，邀请部门主要负责人上讲台授课，丰富党校教学内容，壮大党校教师队伍。全年安排旅游功能区、发改局、财政局等13个部门单位主要负责人讲课14场次。通过交任务、压担子，要求教研人员按各自研究领域及擅长专业，提交特色教学课程清单，建立习近平治国理政新理念新思想新战略、刘基廉政文化、孝德文化、马克思主义宗教观等25个特色精品专题。

**【后勤管理】** 坚持制度治校，加强党校管理服务工作。立足党校职能抓好“两学一做”，组织党校人先学一步、学深一层，发挥党校教师教育辐射作用。坚持党校姓党，大力开展“讲政治、守纪律、强党性”等4个大专题学习教育活动，安排4位校领导和3位高级讲师轮流专题辅导，组织党员围绕专题进行学习讨论，切实提高党员干部学习教育的实效性。开展“联村、包村、蹲村、强村”活动，组织党员干部到西坑畲族镇敖里社区和铜陵山镇苍降村等开展基层走亲、结对共建、蹲点调研等联系服务活动，摸清基层情况、为农村和群众提供服务。优化党校办学条件。完善和提升“文成党校网”，创建“文成党校”公众微信号，确定专人负责网站维护与信息更新。投入10余万元，对党校4个研讨室、校园停车棚、大院楼道窗户进行改造和布置，为学员提供舒适、整洁的学习环境。跟进新校区建设进程，参与新校区布局、规模和内部设计等工作，提议对新建校区边坡治理安全性进行评估。完善后勤服务管理。召开行政后勤专题会议，明确各条线教职工岗位和服务职责。自觉贯彻中央“八项规定”精神，严格落实“一把手”五不直接分管制度。全年公务接待、公务用车、外出学习考察等活动均符合有关纪律、财务规定，相关经费支出均在预算范围内。

（夏克李）

## 老干部工作

**【概况】** 2016年，全县有离休干部124人，其中行政单位离休干部75人，企事业单位离休干部49人；抗日战争时期参加革命工作的8人，解放战争时期参加革命工作的116人；县处级待遇35人；年龄最高的98岁，最年轻的81岁，平均年龄88.58岁；老干部局工作人员15人，其中行政编制人员（包括参照公务员管理人员）12人，事业编制人员3人。

**【老干部待遇】** 政治待遇。春节期间，县四套班子领导亲自上门对享受副处级以上的离退休干部进行走访慰问。重大节庆期间，局班子带队全面慰问县处级退休干部和离休干部，送去党和政府对老同志的关心问候。坚持每季一次离退休党支部书记工作例会，确定每月15日为各离退休干部学习日，组织离退休干部集中学习。针对离休干部“双高期”行动不便的特点，开展“送学上门”，向每位老干部送《人民日报》《浙江老年报》《温州晚报》，让他们能及时在家阅读文件、学习理论。4月11—13日，举办一期离退休干部读书班，参加学习的离退休干部达120多人，县长王彩莲为老干部作了“十三五”发展思路专题讲座。县委不定期召开老干部经济形势和党建工作通报会，通报全县经济社会发展和党建工作情况，党代会、人代会报告征求老干部意见，全年县领导组织老干部参加社会经济发展通报会4次，座谈会4次，享受副县级以上老干部参加县级报告会11次。

县委书记王彩莲（右）慰问老干部严中杰（老干部局提供）

生活待遇。以全力打造亲情关爱网、生活服务网、困难帮扶网“三张网”为切入点，不折不扣落实好生活待遇政策。推行挂钩联系制度，每位老干部由局班子领导、工作人员挂钩联系服务。班子领导定期登门走访老干部，通报工作、征求意见、解决困难；实行“一月一电话一走访”制度。县委组织部、县委老干部局联合发文督促检查离休干部及遗属的生活待遇落实情况，深入老干部原单位开展对落实离休干部“三个机制”运行情况的督查，对检查中发现的问题进行及时整改。5月，集中组织老干部到人民医院进行健康体检，建立健康档案。11月为12位逢十离休干部举行集体祝寿会。建立了病困离休干部和遗属帮扶制度，对身患重病、生活不能自理，或因灾损失严重、有抚养智障子女，以及其他原因造成家庭生活特殊困难的老干部或遗属，给予困难补助，使他们感受到党和政府的关怀。全年慰问生病住院的离休干部70人次，落实帮困资金60万元。

**【离退休支部建设】** 全县共有离退休支部17个，其中离休退休支部合并的5个，针对年老体弱、居住分散、行动不便等问题，推选年富力强的离退休人员担任支部书记，促使党组织班子健全、制度完善、活动经常。组织离休干部党员学习十八届六中全会精神和中央两办《意见》，领会实质内容，把“两学一做”学习教育作为离退休干部“两项建设”的龙头任务。开展老干部“十个一”活动，即每年参加一项老年活动、开展一次社会调查、提交一份合理建议、关心一户特困家庭、帮扶一个贫困学生、教育一位后进青年、调解一起社会矛盾、订阅一份老年刊物、发挥一门技术专长、争做一名合格党员，让老党员永远保持共产党员本色，使他们思想常新，信仰永存。建立局领导班子成员联系各离休党支部制度，每月到各支部参加学习活动，给老干部上党课，听取老干部的意见和建议，向各离休党员活动室赠送相关资料，保证离退休组织活动有领导、有计划、有场地、有资料、有经费。

**【老干部活动中心】** 设有电脑室、台球室、乒乓球室、棋牌室、阅览室、书画室、健身房、多功能厅、排练厅，致力于丰富老干部的晚年生活，让他们真正感受到“满意家园”。文成老年大学现有学员210人，设置二胡、文艺、舞蹈、电脑、综合保健等5个专业课程，有腰鼓、书画、健身球、乒乓球等10个协会，1个临时党支部、2个临时党小组。

**【老年大学】** 开展丰富多彩的实践活动：组织老年大学党员赴平阳一大会址重温入党誓词，赴永嘉接受红色教育，永葆党员先进性；老年大学临时党支部成立志愿队，开展与县城的离休干部进行结对送温暖活动；组织老干部200余人赴烈士墓祭奠革命英魂，组织班委会、学委会赴岀口参观美丽乡村建设情况、举办保健知识讲座，邀请医学专家为老干部答疑解惑，举办老干部乒乓球友谊赛及猜灯谜比赛；举办“老少同乐庆六一，携手共筑中国梦”文艺演出；联合县委宣传部、县文明办、县关心下一代委员会，依托老干部活动中心和老年大学两大平台，举办以“永远跟党走、唱响中国梦”为主题的纪念建党95周年暨长征胜利80周年红歌演唱会以及老干部主题书画展；组织学员参与“平安文成”“平安妈妈”实践活动，组织班委赴铜铃山镇进行联谊活动，丰富学员课余生活，真正做到日日有学习，月月有活动。

赴永嘉接受红色教育（老干部局提供）

**【“红色典藏”行动】** 为推动中央办公厅、国务院办公厅印发的《关于进一步加强和改进离退休干部工作的意见》的学习贯彻，文成县委老干部局班子高度重视，召开专题会议学习领会主要内容和精神实质，同时在老干部读书班上作专题学习，正确把握其中的新思想新要求新举措。以为党增添正能量为价值取向，把正能量活动与“四大行动”结合起来，为经济社会发展大局加油添力。组织老同志挖掘红色文化，以《追寻红色足迹弘扬老区精神》为主题，联合今日文成、文成电视台《红色星期一》等党建栏目，对解放战争时期亲自参加过战斗的离休老干部的红色经历进行挖掘报道，全年有12位老干部的事迹在《今日文成》上进行报道以及在文成电视台进行播报，进一步弘扬了老干部的优良传统和作风。全县有60名老干部，分别担任人民理想信念、党的科学理论、红色文化的宣传员。

**【“走、看、促”行动】** 围绕“展示阳光心态、体验美好生活、畅谈发展变化”的主题，组织老干部深入开展“走基层、看变化、促发展”活动，5月份，组织离休干部赴江心屿开展红色教育，重温入党誓词；组织离休干部20余人参观考察峃口美丽乡村建设情况，7月，组织离休干部赴铜铃山镇参观考察，激励老干部献计献策，为社会经济建设贡献智慧力量。

老干部到峃口镇为美丽乡村建设献计献策(老干部局提供)

**【争做最美老干部】** 5月底，联合县委组织部、县委宣传部、县广播电视台、县新闻中心，开展“最美老干部”“最美离退休干部党支部书记”的评选，评选出的20位“两美”老干部，通过文成新闻网、今日文成等媒体报道。组织老干部参与到关心下一代工作中去，组建“五老护苗”宣讲团到学校讲历史、讲传统，受教育学生3000人次，帮助青少年树立正确的世界观、人生观、价值观，扣好人生的“第一粒扣子”，引导社会各界了解老干部、学习老干部，支持老干部工作，形成“老干部增添正能量、全社会关爱老干部”的良性循环。精心打造银色人才工程，搭建起老有所为、发挥作用的展示平台。本着身体健康、自愿参加、量力而行、奉献友爱、服务社会原则，让老干部在宣讲、帮教、科技等方面为社会奉献余热，动员吸纳更多老干部加入志愿者队伍，根据专业特长，在自愿量力的前提下积极参与到城市文明创建监督、“五水共治”“三改一拆”“文商回归”“慈善一日捐”、社区志愿服务等活动中来。5月初，组织有医疗特长的老专家赴培头民族小学、挂山乡小学，为200多名山区学校师生进行健康体检。7月，组织党员义工队为创建全国卫生县城添力。

**【关心下一代工作】** 开展“两史三爱”主题教育。全县各级关工委组织青少年开展学雷锋志愿者活动1.2万人次；利用纪念建党95周年和红军长征胜利80周年等活动载体，开展主题宣讲活动300余场次，召开主题班会1200余课次，演讲比赛100余场次，中小学生参与各类征文比赛3500余篇。

开展革命传统教育活动。联合县委史志办向全县中小学送去文成党史500余册，开展红色革命故事宣讲50余场次，受教育学生8000余人；清明节、烈士纪念日期间，各级关工委组织学生到官山背烈士陵园、刘英烈士纪念馆等爱国主义教育基地缅怀活动20余场次，1.5万余名青少年受到了革命传统教育。

开展优秀传统文化教育。全年全县各级关工委利用元宵、端午、中秋等传统节日，将节日文化融入青少年德育教育，使广大青少年更好地传承传统节日文化，促进青少年思想道德建设。

做好为家境困难学生送温暖活动。建立困难学生档案500余份，从社会各方争取资金50余万元，资助困难学生435名。为山区学校送去励志教育书籍和学生字典5000余册，价值6万余元；为桂山学校全体学生送去校服80余套，价值8000余元；联合县卫生协会关工委，组织20余名老专家到桂山、仰山等山区学校为298名师生进行健康体检。

青少年法制教育和帮教。各级关工委继续配合有关部门，做好青少年法制宣传教育和问题青少年的帮教工作，在全县各中小学开展宪法和未成年人保护法宣传教育100余场次，受教育学生1.2万余人次；参与5例未成年人刑事案件诉讼审理听审工作。

健全和完善基层关工委组织。及时督促各乡镇和学校做好关工委组织的调整和建立工作；全县20余支“五老”宣讲团队伍也及时进行调整；全县共有11个基层关工委组织获得市级“五好”关工委组织称号。充实和壮大关工委组织队伍。全年有100多位“五老”骨干充实到关工委组织，县老年大学建立一支由50多位退休妇女组成的“妈妈志愿者”队伍，参与青少年禁毒、交通安全等教育。加强关工委组织的自身建设，全年共组织学习交流20余次，到基层走访调研12期，座谈交流150余人次，在本系统网站上发表通讯报道及有关文件52篇，被省市媒体录用报道9篇。

关工委资助珊溪中心小学学生(老干部局提供)

(老干部局供稿)

## 文明创建

**【概况】** 县文明办内设综合科(宣传教育科)、城镇文明建设协调科、农村文明建设指导科等3个职能科室，下设未成人思想道德建设办公室、亮丽县城美丽乡村创建中心等2个下属事业单位。核定行政编制9名，事业编制8名。2016年，县文明办荣获中国未成年人网“中华小导游活动”优秀组织奖、浙江省信息工作先进集体、温州市精神文明建设先进集体、文成县获温州市未成年人思想道德建设工作先进县称号。由文成推荐的陈云和林炳良2人入选“浙江好人”，包学冠获温州十大网络达人提名奖，刘化民、胡希读入选温州“节俭先锋”。

**【公民思想道德建设】** 加强道德典型选树。挖掘好人好事，评出第五届道德模范9名、提名奖8名；陈云和林炳良2人入选2016年度“浙江好人”；包学冠获温州十大网络达人提名奖；刘化民、胡希读入选温州“节俭先锋”。开展首届孝道人家评选、最美环卫工人评选、孝道人家采风报道等活动，评出孝道人家10户、最美环卫工人10人。出台《文成县道德典型关爱帮扶实施办法》，举办身边好人座谈会、道德红榜进校园、道德模范慰问活动等。

推进孝德品牌建设。围绕“孝德文成”品牌建设目标，在南田镇武阳村筹建文成首个家风家训馆——刘基(刘氏)家风家训馆，弘扬刘氏孝道文化。开展刘基家训家风作品征集大赛、《刘伯温治家之道》讲座、“争做‘四品八德’好少年”、学家训传家风育美德主题教育活动等；联合开展“最美家庭”活动，评出“最美家庭”25户。开展孝道人家、孝顺子女、孝顺媳妇、孝顺家庭、全家孝等系列评选活动。

开展道德实践活动。利用传统节日，联合开展“春节送温暖”“元宵佳节”“文明祭扫”“九九重阳节”等活动。以“9·20公民道德宣传日”为契机，启动“文明出行、文明旅游、文明服务、文明礼仪、文明用餐”等主题实践活动。开展“勤俭养德”“8·8诚信日”“纪念中国工农红军长征胜利80周年”红歌演唱会等主题宣传活动20多场。组建巾帼文明志愿服务队伍，志愿服务取得良好效果，开展“老少齐上阵闹元宵，助力创建国家卫生县城”“学雷锋活动月”“文明旅游”“服务红七月”“国际志愿者日”“清洁家园”“服务G20——做文明有礼文成人”等系列活动100余场次。

**【未成年人思想品德培育】** 制定出台加强乡村学校少年宫建设及管理、校园及周边治安环境集中专项整治、开展“孝学堂”活动等系列文件。召开全县中小学德育工作座谈会、未成年人思想道德建设工作协调会、校园周边环境集中专项整治会、“春泥计划”和乡村学校少年宫建设工作等会议。年度新增乡村学校少年宫10所，评选出示范乡村学校少年宫4所，达标乡村学校少年宫6所，基本达标乡村学校少年宫2所。开展“春泥计划”示范点创建工作，新增示范点31个。

推进“做一个有道德的人”“我的中国梦”等主题活动及常态化工作。开展“网上祭英烈”“学习和争做美德少年”“童心向党”“向国旗敬礼”网上签名寄语、感恩母亲节、红五月文艺会演等活动，共牵头大型活动6场。参与“少年行中国文明在路上”第四届中华小导游活动，参赛选手包韩非获二等奖，文明办获优秀组织奖。开展优秀童谣征集活动，共收到优秀童谣作品107件。打造活动品牌，印发《关于在全县中小学校开展“孝学堂”活动的通知》，“孝学堂”活动主要以弘扬传统文化、打造“孝德文成”为目标，具体包括“孝德教育”主题班会、一封家书表孝心、“孝——我心中的大爱”主题征文、《弟子规》课堂等11项内容。

招募成立一支小小志愿者队伍，结合弘扬雷锋精神，开展“做小小志愿者”文明交通劝导、“小小志愿者在行动”志愿服务、“洒扫应对”主题教育、“不文明行为”劝导、“我是环保小卫士”“微孝行动”“小小书法家现场赠春联”公益活动等道德实践活动30多场。发挥职能部门作用，开展校园及周边环境集中专项整治工作，进一步净化未成年人健康成长的社会环境。强化社会和家庭教育，发挥职能部门和社会组织作用，开展暑期公益课堂、夏令营、缤纷假日等活动，加强对未成年人的教育引导、精神抚慰、课业辅导、关爱帮扶等。

**【“两个县城”创建】** 成功创建国家卫生县城。制定下发《双月攻坚活动实施方案》《创建指标任务分解表》《督查督办工作制度》《工作联席会议制度》《国卫创建省级暗访反馈问题整改工作方案》《国卫创建迎检重点项目一览表》《国卫创建迎接技术评估工作方案》等创建文件。根据创建要求，做好迎检工作，每周召开国卫创建工作会议，作部署落实，每天对市容市貌、市政设施、五小行业等攻坚项目开展专项督查。2016年顺利通过市、省、国家级验收。

城市文明指数测评。制定《文成县城市文明程度指数和国家卫生县城实地考察测评体系》，成立测评小组，每季度对测评体系内的项目、单位和场所进行一次综合测评，测评结果抄告相关责任单位，督促整改到位。以公益广告为载体扮靓城区大街小巷，全方位利用各类媒介和平台刊播社会主义核心价值观和两个县城创建公益广告，实现宣传全覆盖。制作投放公益宣传牌、提示牌2万多个，刊载播放公益广告5千多条次，发放宣传资料3万多册、致市民一封信2万份。开设《创建专题报道》《跟着镜头创文明》等栏目，宣传报道创建工作。

打造“文明示范一条街”。制定《关于创建

"文明示范一条街"的实施意见》,拟在全县推行文明示范街创建活动,重点打造黄坦镇"文明示范一条街"示范点,按照"整一条街、成一条街"的思路,抓好环境综合整治,达到洁化、硬化、绿化、亮化、美化的"五化"目标。

【农村乡风文明建设】 文明细胞创建。推进省、市、县各级文明村镇、文明单位、文明服务示范点创建工作,累计创成省级文明单位16个、市级文明单位41个、县级文明单位91个。全县17个乡镇385个行政村,已创成省、市、县级文明镇各3个、省级文明村7个、市级文明村96个、县级文明村140个。创成1个四星级幸福社区、创建1个五星级幸福社区。启动新一轮"双百结对共建文明"工作,组织文明单位与共建村结成27个对子。

移风易俗。以"五美乡村"创建为主载体,召开"五美乡村"创建工作部署会,明确35个"五美"乡村创建任务,打造西坑畲族镇南坑垟村、百丈漈镇新亭村等6个示范点,于11月底召开"五美乡村"创建现场会,组织各乡镇和五美创建村负责人实地参观示范村创建。倡导"婚事新办、丧事简办"的易俗理念,为便于学习和推广,在百丈漈镇新亭村举办"婚礼秀",组织各乡镇现场参观学习,婚礼现场使用传统道具,仪式中穿插拜天地、拜高堂、夫妻对拜、新人敬茶感恩父母、父母致辞传承家训家风等传统民俗环节,深受广大群众喜爱。文成"婚礼进文化礼堂"的做法先后被人民网、光明日报等媒体报道。

美丽乡村建设。全年投入资金2555万元创建美丽乡村项目,累计打造美丽乡村精品村45个、重点村43个,建成4条精品线、4个综合体。以"氧吧小镇"为中心,提升"山水寻幽奇观带";配套玉壶镇"国际慢城",以"玉泉侨情风采带"为核心,打造悠享壶中慢生活的休闲体验区;立体打造"云江秀水,十里画廊"精品线。重点布局5个省级示范精品村。利用美丽乡村建设带动产业转型升级,驮湖村美丽乡村精品民宿开工建设,文成中青旅出资打造"慢步葛垟"。

【信息与调研】 全年向上级文明办报送各类信息500多篇,其中中央精神文明导刊采用4篇,中国文明网站采用6篇(其中评论4篇),省级纸质信息7篇,省级网站采用45篇,市级纸质信息4篇,市级网站采用323篇。利用"文明文成"微信平台精选各类动态信息,每星期发布3次,每次发布3~5篇,全年约计发布400多篇,粉丝量达6350人次。

(邢丽萍)

## 机关党建

【概况】 文成县直机关工委现有行政编制5名,事业编制3名(2016年增加编制1名),借用1名,在职干部9人,下设办公室(组宣科),机关工委工会。纪工委3名(编制在纪委)。管辖机关党委23个,直属党总支部9个,直属党支部57个,共计党支部271个,党员4292名。2016年,县直机关工委荣获2016年度全省机关党建信息工作三等奖;《严把总要求突出先进性——文成县直机关工委深化发展党员"13312"工程》获全市机关党建品牌创建二等奖;潘方开获2016年度全省机关党建信息工作优秀个人奖。

【党员教育】 "两学一做"专题学习教育。成立领导小组,制定实施方案,督查指导机关单位党组织开展"两学一做"学习教育活动。4月,联合县委宣传部等部门举办全县第五届"十三五、树标杆、话担当、做合格党员"微型党课比赛活动,选拔出18名优秀人才,成立党课宣讲队,赴基层党组织开展"两学一做"学习教育宣讲。6月份,筛选人员组团参加全市机关"学党章党规学系列讲话”知识竞赛。9月，参与举办全县党员干部“两学一做”演讲比赛。

“两学一做”中国梦微型党课（机关工委提供）

集中培训。3月，组织100多名机关党务干部在县委党校举办以党员发展、换届选举等为主要内容的知识培训，提高机关党务干部业务操作能力。7月初，组织110多名机关党务干部在市委党校举办为期3天的培训班，全面提升党务干部的综合素质。7月底组织80多名入党积极分子开展为期一周的集中培训，进一步端正入党动机。

特色活动。6月，组织20多名党务干部到珊溪刘英纪纪念馆开展红色教育，缅怀革命先烈，追忆前辈足迹，激发奋斗热情；组织党务干部到法院旁听职务犯罪庭审，“零距离”接受反腐倡廉教育，提高党员干部遵纪守法意识。

课题研究。根据温州市直机关工委《2016年温州市机关党建调研课题实施方案》的要求，围绕以机关党建历史方位和工作模式问题研究，以机关党建工作责任落实问题研究，以机关党建制度保障问题研究三个课题进行调研。全县机关党组织撰写调研文章21篇，被市直机关工委评为二等奖1篇，三等奖2篇。

【党员发展】 全面深化发展党员“13312”工程，即“一张清单明责任、三级审查保标准、三次谈话提质量、一次承诺表决心、二库数据优管理”的发展党员规范管理，该项目被市直机关工委评为2016年度品牌创建二等奖。制作《发展党员全程纪实表》，规范党员发展的工作流程，对入党申请人进行全面了解，对入党积极分子进行动态管理，对发展对象进行严格政治审查，对预备党员进行组织培养考察，全面把牢党员发展“入口关”。始终把政治标准放在首位，把一贯表现和社会服务、组织评价和群众评议相结合，把入党动机端正，具有坚定的理想信念和良好的道德品行，在工作一线起先锋模范作用的入党积极分子列入优先发展对象，突出先进性。全年全县机关党组织共收到260份入党申请书，确定入党积极分子185名，按计划接收预备党员40名，审批预备党员转正48名。

【党建考核】 全面落实机关党建考绩，重新启动对乡镇机关党建的考核。制定《乡镇机关党建考核细则》和《县直机关党建考核细则》，完善考核办法，实施动态考绩，机关党建列入考绩办法实行单独考核，千分制占比40分，较上年提高5分。加大动态考核力度，注重日常管控，按季度抽查日常工作、不定期巡查科室站所、依规定开展专项工作督查、全过程跟踪审查核心任务。

【组织建设】 制订机关基层党组织换届规范操作范本，把好基层党组织换届选举工作程序，把关基层党组织班子人选，采用“公推直选”方式对机关基层组织进行集中换届，完成县机关23个机关党委，9个党总支部和271个党支部换届任务。全年批准设立机关党委1个、直属党总支部7个、直属党支部2个。联合制定《关于机关基层党组织专职党务干部配备的实施意见》，进一步明确机关党委（党总支）专职副书记中层正职的岗位设置。

【党员管理】 3月以来，相继召开多次全县机关党员组织关系专题会，要求以党支部为单位，对全县机关党员的组织关系按要求进行排查，排查出失联党员17名，遗失《入党志愿书》179份。失联党员均已取得联系，机关党组织中没有“空挂”和“失联”的党员，确保每一名党员都纳入到有效管理。全年共接转组织关系652人次，认真审核，严格把关，对党员的档案不齐备、不规范的，一律要求补正后予以办理接转。

**【评议和帮扶】** 负责县第十六届人代会和第十三次党代会机关单位选区的“两代表”的选举工作。分别在131个机关单位和全县机关党组织中选举产生8名县人大代表和83名县党代会代表。根据《关于印发〈2016年度全县千人评机关部门、中层科室和基层站所活动工作方案〉的通知》（文委办发〔2016〕154号）文件要求，负责抓好对县机关中层类31个、行业服务类10个、基层站所66个的“科室和基层站所的满意和不满意评议”工作。下派干部到黄坦镇黄垟村任第一书记，服务农村发展建设。走访农户200多户，联系帮扶资金120余万元，帮助修建党员活动室和改善基础设施建设。春节期间走访慰问困难群众和党员15人，发放慰问金5000元。

机关工委在黄垟村蹲点调研（机关工委提供）

**【违纪查处】** 发挥纪工委监督执纪问责职能，严肃查处党员干部违纪。审理县残疾人联合会周某某违反组织纪律、县工商业联合会朱某某违法犯罪等两起案件，按组织程序研究处理违纪党员2人，其中党内警告1人，留党察看一年1人。定期与不定期走访暗查机关党员干部作风纪律，深化机关作风效能建设。

**【党内关爱】** 落实党内关怀帮扶制度和“五访”关爱制度，坚持春节、“七一”等重大节日走访和慰问的常态化，全年走访党员241人，发放慰问金10.46万元。

（谢劭蔚）

# 文成县人民代表大会常务委员会

## 概 述

【概况】 2016年，县人大常委会紧紧围绕全县工作大局，努力践行党的领导、人民当家做主、依法治国的有机统一，认真履行宪法和法律赋予的职责和权力，较好地完成了县十五届人大五次会议确定的工作任务。一年来，共召开10次县人大常委会会议，14次主任会议，听取和审议"一府两院"专项工作报告17个、部门年度工作报告28个、重大事项议案5个，作出15项决议、决定和4项审议意见。

## 第十五届人民代表大会第五次会议

【概况】 文成县第十五届人民代表大会第五次会议于3月2—5日在县城举行，会期4天。出席会议代表198人，列席196人。

会议听取和审议县人民政府县长王彩莲所作的《政府工作报告》、县人大常委会主任刘建忠所作的《文成县人民代表大会常务委员会工作报告》、县人民法院院长朱鹏鸣所作的《文成县人民法院工作报告》、县人民检察院代检察长卢小明所作的《文成县人民检察院工作报告》，审议县发展和改革局的《关于文成县2015年国民经济和社会发展计划执行情况与2016年国民经济和社会发展计划草案的报告》和县财政局的《关于文成县2015年地方财政预算执行情况与2016年地方财政预算草案的报告》（书面报告）。会议对上述6个工作报告通过相应决议。会议审查和批准文成县国民经济和社会发展第十三个五年规划纲要。

大会秘书处共收到代表10人以上联名提出的议案25件。其中，农业资源类2件，城建环保类4件，旅游生态类3件，社会事业类3件，交通运输类9件，其他类4件。经讨论研究，这些代表议案内容均不属于县人大及其常委会职权范围内的事项，不由县人大及其常委会作出决议、决定，为此大会秘书处决定将25件议案全部转为建议、批评和意见，交有关机关、组织研究处理并负责答复代表。此外，166件代表建议、批评和意见中，城建环保类20件，交通运输类48件，旅游生态类12件，农业资源类40件，社会事业类33件，其他类13件。

## 第十五届人大常委会会议

【第三十三次会议】 1月29日在县地税局六楼会议室举行。副主任钟信友、林乐融主持会议。主任刘建忠，副主任吴宇凌、钟信友、林乐融、陈成武和常委会其他组成人员共23人出席会议，列席25人。会议听取县政府办公室、发展和改革局、经济商务和信息化局、教育局、科学技术局、民族宗教事务局、公安局、监察局、民政局、司法局、财政局、人力资源和社会保障局、国土资源局、交通运输局、水利局、林业局、文化广电新闻出版局、卫生和计划生育局、审计局、环境保护局、安全生产监督管理局、市场监督管理局、综合行政执法局、行政审批服务中心、体育事业发展局、风景旅游管理局、招商引资管理局、公共资源交易管理委员会办公室等单位的2015年度工作报告,并进行满意度测评(综合行政执法局因机构刚建立,只听取其报告不进行满意度测评);会议听取市人大代表施巨盛、张鑫的述职报告。

**【第三十四次会议】** 2月2日在县委四楼会议室举行。副主任陈成武主持会议。主任刘建忠,副主任吴宇凌、钟信友、林乐融、陈成武和常委会其他组成人员共22人出席会议,列席10人。会议听取和审议县人大常委会主任刘建忠提请的《关于举行县第十五届人民代表大会第五次会议的议案》和《关于建立县第十五届人民代表大会第五次会议筹备处的议案》,并表决通过相关决定。

**【第三十五次会议】** 2月18日在县地税局六楼会议室举行。副主任吴宇凌、钟信友主持会议。主任刘建忠,副主任吴宇凌、钟信友、林乐融、陈成武和常委会其他组成人员共23人出席会议,列席30人。会议听取和审议县政府关于"十二五"规划纲要实施和"十三五"规划纲要编制情况的报告和县人大常委会调研组关于"十二五"规划纲要实施和"十三五"规划纲要编制情况的调研情况汇报,初审"十三五"规划纲要(草案),同意提交县十五届人大五次会议审查批准;初审县政府、法院、检察院工作报告及县政府关于文成县2015年国民经济和社会发展计划执行情况与2016年国民经济和社会发展计划草案的报告、关于文成县2015年地方财政预算执行情况和2016年地方财政预算草案的报告,提出一些具体的修改意见,要求"一府两院"对报告进行修改完善后提请县十五届人大五次会议审查;审查2016年拟新建的政府投资项目计划草案,经无记名投票表决,同意将53个新建项目提交县十五届人大五次会议审查批准;审议重点审查的2016年部门预算(草案),经无记名投票表决,同意将农业局、水利局、文化广电新闻出版局、市场监督管理局、公共资源交易管理委员会办公室等5个重点审查的年度部门预算(草案)提交县十五届人大五次会议审查;审议通过县人大常委会工作报告稿,决定修改后提请县十五届人大五次会议审查,并确定刘建忠主任为报告人;听取和审议县人大常委会代表资格审查委员会主任委员林乐融所作的《关于文成县第十五届人民代表大会代表变动情况的报告》,决定将该报告提交县十五届人大五次会议审议;审议通过县十五届人大五次会议各项建议名单,决定提请县十五届人大五次会议预备会议和主席团会议审议;初审县十五届人大五次会议日程(草案),决定提请县十五届人大五次会议主席团会议审议;初审县十五届人大五次会议选举办法(草案),决定提请县十五届人大五次会议主席团会议审议;听取和审议县人大常委会主任刘建忠提请的《关于推荐2015年度优秀代表议案和建议的议案》《关于确定2015年度人大工作先进工作者的议案》,并表决通过相关决定;分别听取和审议县人大常委会主任会议提请的《关于蓝文杰免职的议案》、县政府提请的《关于提请郑志阳等职务任免的议案》,经无记名投票表决,决定任命郑志阳为县住房和城乡规划建设局局长,免去蓝文杰的县人大常委会办公室信访办公室主任(副科长级)职务、陈琪的县住房和城乡规划建设局局长职务。

**【第三十六次会议】** 5月4日在县地税局六楼会议室举行。副主任林乐融主持会议。主任刘建忠,副主任吴宇凌、钟信友、林乐融、陈成武和常委会其他组成人员共23人出席会议,列席32人。会议听取和审议县政府关于文成地方特色文化挖掘工作的报告和县人大常委会调研组关于文成地方特色文化挖掘工作的调研报告;听取和审议县政府《关于提请审议调整县客运(旅游集散)中心工程概算的议案》,经无记名投票表决,否决了对县客运(旅游集散)中心工程概算的调整,要求县政府对该调整作进一步说明,提交下一次人大常委会会议审议;听取和审议县政府《关于56省道樟台至龙川段改建工程PPP项目建设有关事项的议案》,经无记名投票表决,同意将56省道文成樟台至龙川段改建工程PPP项目合同中约定的可用性服务费和运维绩效服务费纳入县级跨年度中长期财政预算;听取和审议县人大常委会刘建忠主任提请的《关于建立文成县各乡镇选举委员会的议案》《关于确定文成县部分行政区划调整后各乡镇人大代表名额的议案》,并表决通过相关决定;听取和审议县人大常委会主任刘建忠提请的《关于黄升霞等同志职务任免的议案》、县法院朱鹏鸣院长提请的《关于陈永海等同志职务任免的议案》、王慧琴提出的《关于辞去县十五届人大常委会委员的报告》,经无记名投票表决,任命黄升霞为县人大常委会办公室信访办公室主任(副科长级),任命陈永海为县人民法院审判员,免去王慧琴的县人大常委会代表工委副主任的职务,免去程婷婷县人民法院审判员职务,同意王慧琴辞去县十五届人大常委会委员。

**【第三十七次会议】** 6月8日在县地税局六楼会议室举行。副主任吴宇凌主持会议。主任刘建忠,副主任吴宇凌、钟信友、林乐融、陈成武和常委会其他组成人员共22人出席会议,列席13人。会议听取和审议县政府提请的《关于再次审议文成县客运(旅游集散)中心工程概算调整的议案》,经无记名投票表决,同意县政府提出的调整方案;听取和审议主任会议提请的《关于调整部分乡镇选举委员会的议案》,并表决通过相关决定;听取县人大常委会代表资格审查委员会主任委员林乐融所作的《关于包连樟辞去代表职务代表资格终止的报告》,并表决通过相关决定和公告;听取和审议县政府提请的《关于徐清雨等职务任免的议案》,经无记名投票表决,任命徐清雨为县人民政府副县长,免去李建业、雷宇的县人民政府副县长职务。

**【第三十八次会议】** 7月26—27日在县地税局六楼会议室举行。副主任钟信友、林乐融、陈成武主持会议。主任刘建忠,副主任吴宇凌、钟信友、林乐融、陈成武和常委会其他组成人员共22人出席会议,列席62人。会议召开政情报告会,分别听取县政府关于2015年政情通报会代表建议意见落实情况的报告和县人民政府王彩莲县长关于上半年全县经济社会运行情况及下半年政府工作思路的报告,县人大代表各中心组就群众关心的热点问题做了中心发言;先后听取和审议县发展和改革局局长李标、县财政局局长朱明阳、县审计局局长梅则铭分别受县政府委托所作的《关于2016年1至6月国民经济和社会发展计划执行情况的报告》《关于2016年全县限额以上建设项目进展情况的报告》《关于2015年县级财政决算(草案)和2016年1至6月财政预算执行情况的报告》《关于2015年县级财政预算执行和其他财政收支的审计工作报告》,听取县人大常委会财经工委主任李修勤所作的《关于2015年县级财政决算的审查报告》;批准县政府提出的2015年县级财政决算;听取和审议县政府常务副县长徐清雨所作的关于2016年度地方政府债券资金预算调整的报告和关于确定2016年度地方政府债务限额的报告,经无记名投票表决,同意县政府提出的相关方案;听取和审议县政府副县长季昌丰所作的关于扶贫开发工作情况的报告和县人大常委会调研组包向阳所作的关于扶贫开发工作调研情况的报告;分别听取和审议主任会议提请的《关于周跃任职的议案》、县政府提请的《关于杨洲等职务任免的议案》、县人民法院提请的《关于蒋学高免职的议案》和《关于胡卫平等免职的议案》,经无记名投票表决,任命杨洲为县人民政府副县长、周跃为县人大常委会代表工委副主任，免去金利强的县人民政府副县长职务，免去蒋学高的县人民法院副院长、审判委员会委员、审判员职务，免去胡卫平、刘晓伟、吴志亮、包进冲、董希鹏等的县人民法院审判员职务。

【第三十九次会议】 9月21日在县地税局六楼会议室举行。副主任吴宇凌、钟信友主持会议。主任刘建忠，副主任吴宇凌、钟信友、林乐融、陈成武和常委会其他组成人员共22人出席会议，列席38人。会议听取和审议县政府常务副县长徐清雨所作的关于2016年政府投资项目进展情况的报告；听取和审议县政府副县长郑文东所作的关于避震安居工程建设情况的报告和县人大常委会调研组虞循友所作的关于避震安居工程建设情况的调研报告；分别听取和审议县农业局局长蔡建国所作的《关于县人大常委会农业局工作评议意见整改落实情况的报告》和县住建局局长郑志阳所作的《关于县人大常委会住建局工作评议意见整改落实情况汇报》，并对两个评议意见整改落实情况进行满意度测评，根据测评结果，会议要求两个被评议部门正确对待和客观分析常委会组成人员提出的意见建议和满意度测评结果，针对工作中存在的不足和薄弱环节采取更加积极的态度和有力的措施做好再整改，并及时向县人大常委会报告有关再整改情况；分别听取和审议县政府常务副县长徐清雨关于县十五届人大五次会议代表建议办理情况的报告、县人大常委会代表工委副主任周跃所作的关于县十五届人大五次会议代表建议办理情况的督查报告，并对重点建议办理工作进行满意度测评。

【第四十次会议】 10月24日在县委四楼会议室举行。副主任林乐融主持会议。主任刘建忠，副主任钟信友、林乐融、陈成武和常委会其他组成人员共21人出席会议，列席8人。会议听取和审议主任会议提请的《关于建立文成县选举委员会的议案》，并表决通过相关决定。

【第四十一次会议】 11月24日在县地税局六楼会议室举行。副主任吴宇凌、陈成武主持会议。主任刘建忠，副主任吴宇凌、钟信友、林乐融、陈成武和常委会其他组成人员共21人出席会议，列席42人。会议分别听取和审议县人民政府提请的《关于章寿禹任职的议案》、县人民法院提请的《关于陈尔赞等同志职务任免的议案》，经无记名投票表决，决定任命章寿禹为县人民政府副县长，免去姜达标的县人民法院民事审判第一庭庭长职务、陈尔赞的县人民法院玉壶人民法庭副庭长职务、吴正德的县人民法院南田人民法庭副庭长职务、毛爱芬的县人民法院审判监督庭副庭长职务，任命陈尔赞为县人民法院民事审判第一庭庭长、吴正德为县人民法院民事审判第三庭庭长、毛爱芬为县人民法院玉壶人民法庭副庭长；听取和审议王彩莲请求辞去县人民政府县长职务的报告，经无记名投票表决，决定接受王彩莲辞去县人民政府县长职务的请求，并报县第十五届人民代表大会备案；听取和审议县人大常委会主任会议提请的《关于提议章寿禹代理文成县人民政府县长的议案》，经无记名投票表决，决定章寿禹代理文成县人民政府县长职务；听取和审议县发展和改革局局长李标受县政府委托所作的关于2016年1—10月国民经济和社会发展计划执行情况的报告及关于2016年重点工程和政府投资项目建设情况的报告；听取和审议县财政局局长朱明阳受县政府委托所作的关于2016年1—10月财政预算执行情况和年度预算调整（草案）的报告。表决通过关于批准2016年度县级财政预算部分调整的决定；听取和审议县政府常务副县长徐清雨所作的关于县本级2015年度财政预算执行和其他财政收支审计查出问题的纠正情况和整改结果报告；听取和审议县政府常务副县长徐清雨所作的关于“七五”普法规划编制情况的报告，审议通过县人大常委会关于开展第七个五年法治宣传教育的决议；听取和审议县政府常务副县长徐清雨所作的关于道路交通安全法执法检查审议意见落实情况的报告和县人大常委会检查组叶云峰所作的相关检查报告；听取和审议县政府常务副县长徐清雨所作的关于民族工作审议意见落实情况的报告和县人大常委会检查组雷建华所作的相关检查报告。

**【第四十二次会议】** 12月8日上午在县委四楼会议室举行。副主任林乐融主持会议。主任刘建忠，副主任吴宇凌、林乐融、陈成武和常委会其他组成人员共18人出席会议，列席8人。会议分别审议刘建忠、刘金红、虞绍榜、林乐融、叶云峰、朱明阳、李修勤、陈式海、陈红兵、林炳欧、金光宇、周智华、赵东平、蒋东海、傅华斌、雷本钱等人辞去县选举委员会相关职务的报告，经表决，通过关于接受刘建忠等16人辞去县选举委员会相关职务的决定；听取和审议县人大常委会主任会议提请的《关于调整县选举委员会组成人员的议案》。经表决，决定对县选举委员会组成人员进行调整，由郑文东担任选举委员会主任，金一玲担任副主任，刘忠秀、李武、林加会、季成夏、周跃、赵富春、施彩微、潘青来8人担任委员；听取和审议县政府提请的《关于徐清雨免职的议案》，经无记名投票表决，决定免去徐清雨、吴承亮的文成县人民政府副县长职务。

## 常委会日常工作

**【视察检查调研】** 4月12—22日，县人大常委会调研组由钟信友副主任带队，对地方特色文化挖掘和保护利用工作进行调研。

6月13—27日，县人大常委会调研组由吴宇凌副主任带队，对全县扶贫开发工作情况进行调研。

7月4—15日，县人大常委会调研组由陈成武副主任带队，对全县2016年上半年有关财政经济方面的工作情况进行调研。

7月25—8月5日，县人大常委会检查组由钟信友副主任带队，对县住房和城乡规划建设局工作的评议意见落实情况进行检查。

8月2—11日，县人大常委会调研组由吴宇凌副主任带队，对县农业局工作的评议意见落实情况进行调研。

8月16—22日，县人大常委会调研组由林乐融副主任带队，对全县普法工作情况进行调研。

8月16—25日，县人大常委会调研组由林乐融副主任带队，对全县基层法庭工作情况进行调研。

8月16—25日，县人大常委会调研组由钟信友副主任带队，对全县避震安居工程建设进行调研。

9月22—30日，县人大常委会检查组由钟信友副主任带队，对全县民族工作审议意见落实情况进行跟踪检查。

10月10—20日，县人大常委会检查组由林乐融副主任带队对《中华人民共和国道路交通安全法》执法检查审议意见落实情况进行跟踪检查。

11月7—17日，县人大常委会调查组由陈成武副主任带队对2016年1—10月全县经济运行情况进行调研。

1月13日，县人大常委会主任刘建忠（前排左二）在珊溪镇调研避震安居小区建设情况（县人大提供）

开展政府性重大投资项目监督。政府投资项目监督小组在4月初分别对监督方案确定的第三实验小学、刘伯温故里创建国家AAAAA级旅游景区提升工程、珊溪镇第13号台风“苏迪罗”灾后基础设施修复工程、飞云江二期治理工程等4个重点政府投资项目开展实地督查；9月中旬召集县代建办、县住建局、县教育局、县水利局、县供电局、县卫生局、县交通局、县旅游功能区等部门召开座谈会，深入分析全县工程项目进展缓慢的原因和存在的困难、问题，提出有针对性的建议意见。11月中旬赴铜铃山镇、二源乡、周壤镇、黄坦镇、南田镇等乡镇对小流域综合治理、联网道路建设、抗震安居小区、旅游景区提升工程、特色民宿建设等重点投资项目工程进行实地调研，督促解决项目推进过程中存在的问题。

【干部任免】 坚持党管干部和人大依法任免相结合，进一步规范人事任免工作，严格落实任前法律知识考试、任前承诺、民主票决、任职宣誓和颁发任命书制度，全年任免国家机关工作人员29人次，接受辞职2人次。

【代表工作】 发挥代表主体作用。组织代表集中开展视察促进、调研献策、检查督促、听取专项工作汇报、参与贡献等活动。各中心组重点关注民生实事，选取交通基础设施建设、震后重建、“五水共治”、扶贫、卫生、教育等内容组织代表开展视察活动。还组织代表开展“转型升级十大组合拳”主题监督活动，各代表联络站共征集到“五水共治”“三改一拆”等7个方面共44件意见建议，县人大常委会及时将上述意见交县政府处理，县政府也对落实情况向县人大常委会进行专题报告，44件意见建议已经解决或基本解决的18件，正在解决或列入既定计划解决的有25件，另有1件受政策、资金等原因尚难解决。

代表建议督办。改进代表建议督办方式，开展代表建议专项督办活动，由县人大常委会领导和各委办分别到相关承办单位督促办理进度，协调解决相关问题。对上年度代表建议答复内容落实情况开展“回头看”，跟踪督促“列入计划解决”的B类件落实到位。开展代表对建议办理满意度测评和县人大常委会组成人员对重点建议办理满意度测评，推动代表议案建议办理落到实处。经各承办部门和单位的努力，191件建议全部办答完毕，解决或基本解决79件，占41.4%；列入计划逐步加以解决98件，占51.3%；因条件限制或其他原因难以解决的14件，占7.3%。

县乡换届选举。指导好乡镇人大代表的换届选举工作。从4月开始启动乡镇人大换届选举，涉及区划调整的12个乡镇在6月底前完成换届选举工作，未涉及区划调整的5个乡镇在7月底前完成换届选举工作。在换届选举工作过程中，始终坚持“党委领导，人大主办，各方协作”的原则，充分发扬民主，严格依法办事，精心组织，共选举产生的932名乡镇人大代表。做好县人大代表换届选举工作。10月县人大换届工作启动后，县人大常委会及时建立选举委员会，依法做好人员培训、选区划分、代表名额分配、连任代表推荐等工作，并成立换届工作指导组到各乡镇及时开展换届工作指导，确保各个换届环节依法进行。12月19日为选举日，共选举产生200名文成县十六届人大代表。

【信访工作】 分析新形势人大信访工作，探索完善人大信访工作新机制。县人大常委会领导带头接访和阅批重要信访件，有关委办及时转办、督办有关信访案件，妥善处理信访反映问题，耐心做好息诉息访工作。全年共接待群众来访18批58人次，受理来信63件。

【办公室工作】 办文办会。县十五届人大五次会议、10次人大常委会会议、14次主任会议和有关省市人大领导到文成的会议筹备工作；全年起草、印发县人大常委会文件21个，常委会会议纪要10个，主任会议纪要14个，办公室文件72个；强化人大信息宣传工作，向省市人大推荐采写信息，文成人大网站、文成人大微信公众号的日常维护，完善人大资料库，为机关的正常工作运转提供保障。

办事。在各工委的参与下，制订好年度工作计划，统筹安排好各阶段的工作，确保机关工作有条不紊地推进；创造条件为机关干部服务，安排好干部的业余活动，丰富干部业余生活；做好财务、车辆管理及物资采购等工作。严格执行各项财务制度，加大财务管理水平，使有限的资金发挥最大的效益；为老干部做好服务，定期召开老干部座谈会，通报常委会的重大工作，倾听他们的建议、意见，为老干部征订报纸、杂志，组织老干部外出考察，丰富老干部的晚年生活。

接待。全年接待上级和外县人大常委会到文成考察人员22批320人次。

6月14日，省人大常委会副主任姒健敏（前右）到文成县调研创新驱动发展战略实施情况（县人大提供）

## 常委会组成人员及工作机构负责人

**【县十五届人大常委会组成人员】**

主任：刘建忠

副主任：吴宇凌(女)、钟信友（畲）、林乐融陈成武

委员：(共19名，以姓名笔画为序)

王慧琴（女，5月4日止）、叶云峰、朱慧杰刘英（女）、李修勤、吴正豪、吴笑媚（女）、陈式海、陈红兵（女）、金一玲（女）、金邦富、金光宇、周智华、赵东平、翁文明、傅华斌、蒋东海、雷本钱（畲）、雷建华（畲）

**【县人大常委会工作机构负责人】**

常委会办公室主任:赵东平

副主任:吴笑媚、刘忠秀

信访办主任：黄升霞(5月4日起)

法制工作委员会主任:叶云峰

副主任:朱慧杰

财政经济工作委员会主任:李修勤

副主任:刘英

农村与资源保护工作委员会主任：傅华斌

副主任：包向阳

城乡建设环境保护工作委员会主任：金光宇

副主任：虞循友

教科文卫民侨工作委员会主任:蒋东海

副主任：雷建华

代表工作委员会主任:雷本钱

副主任：王慧琴（5月4日止）、周跃（7月27日起）

县人大常委会专职常委：吴正豪

（胡　杰）

# 文成县人民政府

## 概　述

【平台投资】　成功争取“森林氧吧小镇”“空中花园小镇”等省市级特色小镇；开展“云江秀水十里画廊”项目整体建设，挖掘沿江产业发展新优势；加快推进天湖省级旅游度假区、省级服务业集聚区项目谋划和建设，旅游开发及配套服务功能进一步加强。加大招商引资力度，完成浙商回归到位资金22亿元，完成签约项目9个，签约资金16.3亿元。完成固定资产投资72亿元，完成年度计划的98.6%；11个省市重点建设项目完成投资16.6亿元，完成年度计划的137.9%。重大项目前期继续深化，G322文成西坑至景宁段改建工程完成工可审查，通用航空机场由省政府报东部战区空军选址核准，县人民医院新建工程可研批复，莒湖街改造二期完成设计方案。G322樟台至龙川段改建工程、飞云江治理二期、兴福堂城市综合体、珊溪李井抗震安居小区一期等项目开工建设；龙丽温高速瑞文段、莒湖街改造、天鹅堡小镇二期、天顶湖旅游接待中心等续建项目加快推进。切实加强项目管理，紧盯重大项目推进，强化领导领衔督办，建立健全项目前期联席会议制度和全县项目前期工作网络。

【产业发展】　成功列入“国家全域旅游示范区”创建，加快观光旅游向休闲度假旅游转变。开展精品景区创建，推进刘伯温故里旅游景区创AAAAA，指导九溪欢乐谷景区创AAA。引导乡村旅游品质建设，武阳、新联、让川等乡村旅游日趋火爆，开发绵岭、悦慢等民宿建设。实施“旅游+”发展战略，促进与文化、康体、商贸等业态融合发展。全县景区接待游客100.9万人次，同比增长10%；门票收入4302.2万元，同比增长15%。成功打造欧陆风情商业街，实现线上线下一体化销售。加大绿云电子商务产业园招商引资力度，新引进电商企业3家。建筑业发展增量提质，新培育三级企业5家，资质建筑业实现产值24.6亿元，同比增长23.4%。加大总部经济企业引进力度，新引进总部企业10家。推进县商务应急物资临时存储中心项目建设，缓解当前物流仓储供需矛盾。加快影视文化产业发展，致力打造网络电影基地。全面深化农业“两区”建设，累计建成粮食生产功能区71个、面积4.2万亩，二源镇入选首批省级特色农业强镇。深度开发文成贡茶、文成杨梅、文成高山蔬菜三大主导产业。大力发展休闲观光农业，实施仙人居、天顶湖、迷途武阳、邱老汉等农庄改造提升。完成农林牧渔业总产值12.2亿元，同比增长3.9%，其中农业产值9.8亿元，同比增长4.5%；实现粮食播种面积12.5万亩、粮食总产量5.1万吨。开展7家铸造企业整治提升，推进企业节能降耗，完成节能审查11项。努力推进工业项目建设，百丈漈生态产业基地在建项目14个，竣工面积3.5万平方米；盘活巨屿工业基地闲置土地70亩，引进企业4家。全县实现工业总产值43.2亿元，同比增长5.2%；完成技改投资3.7亿元，同比增长84.3%。

【城乡发展】 联动推进小县大城、特色城镇、美丽乡村“三位一体”新型城镇化格局。加速推进苔湖街、兴福堂等重点区块建设攻坚，深入推进大峃镇重点生态功能区小城市培育试点建设，促进县城人口和产业集聚。泗溪沿岸线缆入地工程、百丈漈垃圾填埋场、城镇管网建设等市政设施项目加快建设。推进停车设施建设，完成专用停车位500个、公共停车位139个。加快公共交通系统覆盖，新增公交线路2条。绿化建设步伐加快，新建绿地25公顷、立体绿化1000平方米。扎实开展美丽乡村建设，重点布局武阳村、西坑村、让川村、石垟林场、新联村等5个省级示范精品村，努力打造“山水寻幽奇观带”和“云江秀水十里画廊”精品线。国家主体功能区建设试点取得新进展，成功命名国家生态县，纳入国家重点生态功能区、省级首批低碳试点县和生态文明先行示范区创建县。深入推进“五水共治”攻坚战，完成“五水共治”重点项目投资6.1亿元，深化实施河长制，着力以制度化、规范化推动治水长效化；全面推进农村生活污水治理工程建设，开工48个村，完工40个村。进一步推进大气污染防治，完成36家企业大气源清单调查工作，淘汰黄标车75辆、燃煤锅炉11台。强力推进“大拆大整”专项行动，深入推进“无违建县”创建，加大“三改一拆”推进力度，完成拆违23万平方米、“三改”175万平方米。

【民生事业】 全面落实各项就业政策，完成城镇新增就业人员1541人，下岗失业人员实现再就业人数468人，失业率为2.71%；社保覆盖面不断扩大，养老、医疗、失业、工伤保险参保人数分别新增7543人、813人、192人和155人。实施精准扶贫开发，新增来料加工从业人员200人，完成扶贫搬迁3962人。启动县级防灾减灾应急中心建设，创建省级以上综合减灾示范村（社区）15个。创办日月星养老服务中心，完成60个居家养老服务照料中心建设。统筹推进抗震安居工程，加快10个抗震安居小区建设。实施文成中学扩建项目（武阳书院），推进社会资本和优秀教育团队投资办学；开展义务教育标准化学校建设，标准化学校创建率达到94.7%。县博物馆对外开放，筹建新设乡镇的综合文化站；持续开展文化惠民服务，举办大型群众性文化活动40多场次。进一步抓好分级诊疗工作，引导县级医院优质资源下沉，成立文成县人民医院南田住院分部；继续推进县级公立医院改革，设立温州市中医院文成分院。县体育中心与杭州黄龙体育中心开展战略合作，建设百姓健身房与游泳馆恒温改造，进一步满足群众健身锻炼需求。

【改革创新】 推进县“1+3”重点改革项目和八大领域38项改革任务。实施旅游资源市场化改革，完成国有旅游资源普查，实施所有权、管理权和经营权“三权分离”，设立10亿元的旅游产业发展基金，引导金融资本和社会资本投入旅游建设；加快“多规融合”试点改革，创建完善统一的空间规划管理制度，立足国家主体功能区规划，推进“十三五”经济社会发展规划、城乡规划、土地规划等规划的“多规融合”；加大政府自身改革力度，创新开展“移动互联网+审批”改革，利用手机APP软件，试行“证照网上申请、快递送达”，打造审批服务手机暨微信公众号综合服务平台；探索建立农村产权交易体系，扎实开展农村土地承包经营权确权登记颁证试点，新增农村产权交易108宗。创建首家众创空间——文成县农e众创空间，招商入驻企业（团队）25家。鼓励企业引进科技创新人才，加大科技创新投入，全力建设科技创新平台，通过国家高新技术企业认定2家，新增省科技型中小企业5家、市级创新型企业7家，文成县山哥哥农业星创天地被科技部列入第一批“星创天地”备案名单。

## 县政府常务会议

【第五十四次常务会议】 2月2日召开，县长王彩莲主持。参加会议的有常务副县长李建业，常委副县长金利强、吴承亮，副县长蔡爱东、季昌丰、吴昌亮、雷宇，县府办主任陈永格。会议审议并原则通过县农办提交的《关于推进现代农业发展的若干扶持政策意见》、县市场监管局提交的《关于推进“浙江制造”品牌建设的实施意见》、县国土资源局提交的《文成县国有划拨土地使用权转让及协议出让有关问题的补充意见》、县发改局提交的《文成县国民经济和社会发展第十三个五年规划纲要》，同意《政府工作报告》《关于文成县2015年国民经济和社会发展计划执行情况与2016年国民经济和社会发展计划草案的报告》和《关于文成县2015年地方财政预算执行情况和2016年地方财政预算草案的报告》，听取县国土资源局关于解决县前街1号地块4号楼土地登记发证历史遗留问题、大峃城市新区关于兴福堂出让地块建筑方案相关问题的汇报。

【第五十五次常务会议】 3月17日召开，县长王彩莲主持。参加会议的有常务副县长李建业，副县长蔡爱东、季昌丰、郑文东、吴昌亮、雷宇，县府办主任陈永格。县政协副主席胡晓雄应邀参加会议。会议审议并原则同意县农办提交的《文成县“精准扶贫三年行动计划”实施方案》《关于全面深化农村改革加快推进美丽乡村建设和城乡一体化发展的若干意见》，通过县国土资源局提交的《文成县建设占用耕地耕作层剥离和再利用项目以及资金管理办法》，听取县发改局关于2016年重大项目推进机制、县交通运输局关于G322樟台至龙川段改建工程融资模式和飞云江二期工程——峃口绿道大桥相关事宜、县文明办关于“最美文成人——第五届文成县道德模范”评选活动结果的汇报。

【第五十六次常务会议】 5月6日召开，县长王彩莲主持。参加会议的有常务副县长李建业，常委副县长金利强、吴承亮，副县长蔡爱东、季昌丰、郑文东，县府办主任陈永格。县人大常委会副主任陈成武、县政协副主席余云初、县人武部部长吴步程应邀参加会议。会议审议并原则同意县资管办提交的《文成县政府投资项目标后管理实施意见》和《文成县招标投标违法案件联动管理办法》、县交通运输局提交的《文成县公共交通发展规划(2016—2030年)》、县旅游功能区提交的《文成县加快旅游业发展若干扶持政策》、县编委办提交的《文成县统一政务咨询投诉举报平台实施方案》、县金融办提交的《文成县小额贷款保证保险试点工作方案》、县府办提交的《关于县二轻总公司和物资总公司体制改革方案》，听取县国资办关于规范县属国有企业薪酬管理工作、县法制办关于2016年度行政规范性文件制定计划、县旅游功能区关于《百丈漈——飞云湖风景名胜区总体规划》直接委托编制的相关事宜、珊溪镇关于飞云江治理二期工程增氧设施项目建设相关事宜的汇报。

【第五十七次常务会议】 6月22日召开，县长王彩莲主持。参加会议的有常务副县长徐清雨，常委副县长吴承亮，副县长蔡爱东、季昌丰、吴昌亮，县府办主任陈永格。县政协副主席胡晓雄应邀参加会议。会议通过县旅游功能区提交的《文成县漂流旅游管理暂行办法(试行)》、县教育局提交的《文成县高中学校目标管理考核办法(试行)》和《文成县高中学校高考质量评估奖励办法》《关于创办文成县武阳书院实施方案(修订)》，听取县市场监管局关于进一步明确电梯安全监管职责相关事宜、县人社局关于提高乡镇在编在岗干部经济待遇相关事宜、县教育局关于县实验二中等校舍加固项目建设相关事宜、县安监局关于2016年上半年全县安全生产工作情况、县国土资源局关于文成县地热和矿泉水资源勘查项目相关问题、县住建局关于要求县城水厂扩建工程（二期工程）相关情况、巨屿镇政府关于巨屿镇二级支管网及接户管网配套工程建设有关问题以及县国土资源局、兴福堂片区改造指挥部关于兴福堂出让地块延迟交地交款有关事项的汇报。

【第五十八次常务会议】 7月7日召开，县长王彩莲主持。参加会议的有常务副县长徐清雨，常委副县长吴承亮，副县长蔡爱东、季昌丰、郑文东、吴昌亮，副县长候选人杨洲。会议审议并原则通过县经信局提交的《关于进一步降低企业成本减轻企业负担的若干意见》、县国土资源局提交的《文成县耕地保护补偿机制实施办法》，听取县交通运输局关于G322樟台至龙川段改建工程PPP项目招投标事宜、大峃城市新区关于文成县水泥电杆厂历史遗留问题处置建议方案和全县第一批重点工作“三年行动计划”的汇报。

【第五十九次常务会议】 7月25日召开，县长王彩莲主持。参加会议的有常务副县长徐清雨，常委副县长吴承亮，副县长蔡爱东、季昌丰、吴昌亮，县府办主任陈永格。县人大常委会副主任陈成武，县政协副主席刘建华应邀参加会议。会议审议并原则同意县发改局提交的《关于文成县2016年上半年国民经济和社会发展计划执行情况的报告》和《关于2016年全县限额以上建设项目进展情况的报告》、县财政局提交的《关于文成县2015年度财政决算和2016年1至6月财政预算执行情况的报告》、县审计局提交的《关于2015年度县本级财政预算执行和其他财政收支审计结果的报告》，通过县农办（农业局）提交的《关于实施强村惠民三年行动计划的意见》和《文成县农村集体经济组织“三资”管理办法》、珊溪镇关于新建村三门前收储地块征地历史遗留问题处理方案事宜、大峃城市新区关于文成县水泥电杆厂历史遗留问题处置协商方案、县监察局关于给予有关干部相关处分事宜的汇报。

【第六十次常务会议】 8月31日召开，县长王彩莲主持。参加会议的有常务副县长徐清雨，副县长蔡爱东、季昌丰、郑文东、吴昌亮、杨洲，县府办主任陈永格。县人大常委会副主任钟信友，县政协副主席余云初应邀参加会议。会议审议并原则同意县公安局提交的《关于进一步推进户籍制度改革的实施方案》、县发改局提交的《文成县政府投资项目代建制管理办法》，通过县发改局提交的《关于文成县产业平台整合提升实施方案》、县人力社保局提交的《文成县被征地农民基本生活保障与城镇职工基本养老保险制度衔接的实施意见》、县交通局提交的《文成县综合交通运输“十三五”发展规划》、县住建局提交的《文成县市政基础设施配套费管理办法》，听取县财政局关于设立文成县旅游产业基金有关事宜、县人力社保局关于贯彻执行浙人社发〔2015〕64号文件相关事宜、县民政局关于设立铜铃山镇铜铃村民委员会有关情况、县交通运输局关于要求全县近期交通工程前期服务项目自行采购有关事宜、县财政局关于调整2016年度向社会力量购买服务年度指导目录相关事宜、县住建局关于文成县城镇管网改造工程项目融资有关问题、县监察局关于给予有关干部开除处分事宜的汇报。

【第六十一次常务会议】 11月10日召开，县长王彩莲主持。参加会议的有常务副县长徐清雨，副县长蔡爱东、季昌丰、郑文东、吴昌亮，县府办主任陈永格。县人大常委会副主任陈成武，县政协副主席胡晓雄应邀参加会议。会议审议并原则通过县发改局提交的《关于大峃镇居民生活用水实行阶梯水价和政策性调价方案》、县资管办提交的《文成县小型建设工程简易招标暂行办法》、县农业局提交的《文成县深化供销合作社和农业生产经营管理体制改革构建“三位一体”农民合作经济组织体系实施方案》、县住建局提交的《文成县农房救助和美丽宜居示范村建设专项资金管理办法》和《文成县农村生活污水处理设施运行维护管理实施办法》、县交通运输局提交的《G322文成樟台至龙川段改建工程征地拆迁政策处理实施办法》，听取县交通运输局（公路管理局）关于台风灾后水毁公路抢修工程有关事宜、县利邦公用公司关于确立文成县城东污水处理厂尾水深度处理（二期）工程（包括一级A提标工程）和玉壶污水处理厂尾水深度处理（一期）工程建设模式有关事宜及关于文成县珊溪水利枢纽水源地生活污水治理设施移交协议有关事宜、县财政局关于要求成立文成县兴旅建设投资有限公司有关事宜和关于要求成立县良种场资产经营有限公司有关事宜、县人社局关于授予县公安局集体记三等功有关情况的工作汇报。

【第六十二次常务会议】 12月2日召开，代县长章寿禹主持。参加会议的有常务副县长徐清雨，副县长蔡爱东、季昌丰、郑文东、吴昌亮、杨洲，县府办主任陈永格。县人大常委会副主任钟信友，县政协副主席刘建华应邀参加会议。会议审议并原则同意县安监局提交的《文成县安全生产“党政同责、一岗双责”暂行规定》、县发改局提交的《关于扶持分布式光伏发电的若干意见》、县民政局提交的《文成县临时救助办法》、县府办提交的《文成县小城镇环境综合整治行动实施方案》，听取县国土资源局关于鸭头山出让项目诉讼协商事宜、县财政局关于全县开展盘活财政存量资金工作情况和关于文成县“中国美丽乡村”示范工程规划设计项目采用单一来源采购的工作汇报。

【第六十三次常务会议】 12月26日召开，代县长章寿禹主持。参加会议的有常务副县长吴昌亮，副县长蔡爱东、季昌丰、郑文东、杨洲，县府办主任陈永格。县人大常委会副主任陈成武，县政协副主席胡晓雄应邀参加会议。会议审议并原则通过县民政局提交的《关于推行节地生态安葬的实施意见》、县人力社保局关于修改《进一步完善大病保险制度的实施意见》的建议意见、《文成县旅游产业发展十三五规划》《文成县工业发展“十三五”规划》《文成“十三五”商贸流通业和商业网店规划》《文成县教育发展“十三五”规划》《文成县农业发展“十三五”规划》《文成县水利发展“十三五”规划》《文成县林业发展“十三五”规划》《文成县环境保护与生态建设“十三五”规划》《文成县文化发展“十三五”规划》等10个规划，听取平和乡政府关于平和通乡公路改造提升项目有关事宜、县人力社保局关于调整机关事业单位工资标准和增加离休人员离休费有关事宜和关于做好2017年度城乡居民基本医疗保障工作有关事宜、县国投公司关于县旅游产业基金参股文成县兴旅建设投资有限公司有关事宜和关于收购高一电个人股权（债权）有关事宜的汇报。

## 县政府办公室

【概况】 县政府办公室设秘书科、政工科、综合一科、综合二科、信息科、督办科，法制办行政执法投诉中心、法制办复议应诉科，人防办人防审批管理科、人防工程建设所，升格应急办为副科级，并成立下属事业单位县社会应急联动协调中心。县政府办公室下属事业单位有县电子政务中心、县政府政策研究中心。共有行政科室9个，事业科室5个。年末，办公室有工作人员45人，其中行政干部25人，事业干部16人，临时人员4人。

【办文办会】 全年以县政府及县府办名义起草印发各类文件480余件；处理上下级来文3500余件；送阅县政府领导文件2500多件。行政规范性文件制定计划共立项40件，法制办进行合法性审查63件；收到行政复议申请13件，受理13件。为县政府领导起草各类报告、讲话稿

750余篇,其中大型综合报告150余篇。

【应急管理】 基本形成大峃、珊溪、南田、玉壶4个镇各有2支综合应急救援队伍,其他乡镇各有1支综合应急救援队伍局面。温医一院与上海金汇航空公司航空医疗救援工作开展航空医疗应急救援演练,实现危重病人20分钟直飞温州就医。

【调研督查】 编发调研文章5篇,其中,《新型城镇化下偏远山村"裂变"发展的思考》获2015年度温州市发展研究奖。立项督查各类政府工作事项351项,其中专项督查10项,下发督查通报33期。督办人大代表建议191件,满意率99.48%;政协提案118件,满意率99.13%。

(赵友红)

## 外事侨务

【概况】 县侨联、外侨办是县委县政府联系全县广大归侨侨眷和海外侨胞的桥梁和纽带,是县政协组成单位之一,事业参公编制8人,下设办公室、外事侨务科2个科室,下属事业单位华侨服务中心,事业编制3人,合计实有工作人员11人,其中主席(主任)1人,副主席(副主任)2人,党组成员1人。2016年,县侨联、外侨办获全市侨联系统考核第一名、全市外侨办系统先进集体。

【第八届归侨侨眷代表大会】 4月26日召开,167名归侨侨眷代表出席。省侨联副主席张维仁、市侨联党组书记许益伟到会祝贺,县领导章寿禹、吴育民、钟信友、郑文东、胡晓雄应邀出席会议。会议审议通过县侨联七届委员会所作的《工作报告》;选举产生县侨联第八届委员会;表彰文成县侨联系统先进集体和个人;推举县侨联第八届委员会名誉主席。县委副书记章寿禹在会上作讲话。县侨联第八届委员会有委员75人,常委24人,其中主席1人(胡立帅),专职副主席2人(吴筠霄、包小荣),兼职副主席3人(胡志忠、陈爱琴、胡和进),秘书长1人(包小荣兼)。

第八届归侨侨眷代表大会会场(侨联外侨办提供)

【服务大局】 全年签约文成县兴福堂城市综合体、侨品汇O2O体验中心(引进近百侨商入驻)、百丈漈旅游服务中心商务度假酒店、玉壶镇优品咖啡4个项目,引资近15亿元,到位资金4.9亿元。实现全方位跟踪服务,帮助企业解难题、办实事,为项目配套服务落地及时开工建设、早日竣工努力。做好筹建华侨产业园、华侨博览馆和玉壶东大门200亩的高级养老中心,增加华侨文化因素,致力打造美丽侨乡新形象。创建国际慢城,玉壶镇已被国际慢城联盟总部授予"侨韵玉壶·国际慢城"称号,成为中国第五个被授予"国际慢城"称号的城市,浙江省首个国际慢城。

【造福桑梓】 指导"文成县侨界爱心协会"开展工作,引导海外侨团和侨胞侨眷捐资全县基础设施建设、台风救灾、教育等各项公益事业,组织侨团侨胞开展结对帮扶活动。据不完全统计,全年全县共引导侨胞侨眷捐资1230余万元,其中救灾款350余万元。

【华侨文化】 指导华侨文化研究的会员、顾问开展华侨文化研究工作,出版2期《文成华侨研究》。暑期,分别举办"亲情中华·汉语桥"夏令营、“中国寻根之旅”华裔青少年夏令营、亲情中华侨界留守儿童“快乐营”，共有500多人参加活动。

**【海外联谊】** 全年接待到文成华侨及外宾团组740多人次，10月22—24日接待了美国旅游作家协会理事会成员一行20人，是该协会自成立以来首次走进中国。在出访方面，5月，由县委书记汪驰为团长的考察团一行6人到德国、意大利两国进行为期8天的考察交流。与意大利内尔维亚诺市、法国库尔贝瓦市缔结友好关系。

**【调解纠纷】** 全年接待侨界来信到访160多人次，牵线搭桥，调处刘小鹏投资纠纷和玉壶镇人民政府旧址隐性纠纷等侨界信访热点问题，重视海外联络调解委员会工作。

**【为侨服务】** 进一步优化窗口服务工作。加强与其他涉侨部门的沟通，方便广大侨胞办理华侨回国定居手续等服务工作。推行周六无休日电话预约受理制度，情况特殊或情况紧急时可预约周六前来受理。全年共办理华侨回国定居1700多人。深入开展“送温暖”活动，慰问知名侨胞和困难侨胞侨眷等，为玉壶镇70周岁以上的3000多位老人免费理发、免费拍照。组织开展集中走访慰问活动，全年慰问300多户侨领家属和困难归侨侨眷。华侨养老工作，5月4日“温州侨界青年爱老护老基地”在周壤镇项山村挂牌成立，标志着文成县成为浙江省首个侨界青年爱老护老基地。基地集吃、住、医疗保健、娱乐、休闲、健身于一体，与华数集团合作，将血压、血糖等数据动态输入数据库，方便医生和国内外的子女监控、了解，在医疗和便民方面提升了侨乡老人的生活质量，达到老人养老安心，子女在外创业放心。开设侨爱童心乐园，关注留守儿童，侨界留守儿童父母长期居留海外，隔代教育导致其在行为、心理、情感等方面容易出现问题。紧扣玉壶侨乡留守儿童多的特点，联合当地小学，落实“春泥计划”，全力打造侨界留守儿童“侨爱童心乐园”暖心工程，为3000多位侨界留守儿童建立了成长档案，并建立长期跟踪机制，将每一个侨界留守儿童纳入关爱视线，随时把握其成长脉动，提供相关帮助。定期在“侨爱童心乐园”开展儿童游园、趣味互动、心理辅导、感恩社会等活动，为他们带去新知识、新思想、新理念，引导其人生观、价值观。

**【因公出国】** 科学制订并公开公示因公出国(境)年度计划。根据中央、省、市有关文件要求，制订《文成县2016年因公出国(境)计划》，经市委外事工作领导小组审定后并在文成政府网公示。2016年，全县因公出国计划指标数为12人次，因公出国(境)计划外限量管理指标为8人次。对出访任务、人员、邀请函、国家、逗留时间等方面的审核力度，督促出访单位和人员落实出访成果公开公示和上报等工作。

(刘海民)

## 招商引资

**【概况】** 2016年，县招商引资局有编制15名，其中行政编制数10人，全年调出干部2人，调入0人，年末在编人员7人，行政科室数3个，分别为综合科、招商科、协作科；事业编制数5人，全年调出干部0人，调入1人，年末在编人员5人，事业站所一个，为招商服务中心。全年梳理、包装森林氧吧特色小镇、巨屿沙洲项目、南田福地养生中心等招商项目30多个；完成招商引资到位资金30.19亿元，达到市定任务数30亿元的100.6%；完成签约项目9个，投资金额计16.29亿元。

**【总部经济】** 围绕“稳中求进、量质并举”的工作思路，引“新血”激活经济活力，助推文成县产业结构转型升级。全年新引进并认定广告设计、建筑类、电子商务等总部经济企业共10家，创税2775.3万元。

【在外文商】 开展“走商会送政策、访文商促回归”活动，全年走访异地文成商会及文成籍担任会长的省、市级商会，走访文商企业70余家，发放招商宣传资料8000余册。发动在外文成商会积极开展助困、助老、助学等公益活动，14号台风“莫兰蒂”和17号台风“鲇鱼”连续袭击文成，全县受灾情况严重，北京、上海、义乌等文成在外商会纷纷发出爱心募捐倡议书，共290余人参与捐款活动，累计捐款约188万元。开展走访慰问活动，以重阳节、春节等重要节日为契机，以总部经济回归文商、异地商会会长、重点来文投资企业代表等亲属为慰问重点，以小队形式分别前往峃口、黄坦、玉壶、珊溪、巨屿等地进行入户走访慰问，共走访慰问60余人次。

【山海协作】 全县共引进“山海协作工程”项目42个，到位资金480万元，主要用于产业发展、基础设施配套、村容村貌整治等一些基础性民生项目，取得了良好的经济社会效益。创新人力资源培训，为解决全县企业招工难、农民就业难等问题，将瑞安市落实的农村劳动力培训经费用于劳力合作平台搭建，着力提升农村劳动力素质。全年共组织20多个村2000多名劳动力，进行种养植业培训，转移劳动力就业985人，落实农村劳动力培训经费10万元，山海协作工作经费30万元。支持农业产业发展，发挥文成的生态资源优势，对农村农业特色产业给予重点扶持，支持杨梅、高山蔬菜、茶叶、中药材种植加工等基地项目建设13个，投入经费95万元。开展村庄环境整治，以美丽乡村创建为抓手，对各类违章建筑、赤膊房等乱点进行统一治理，加快完善污水处理、垃圾收集等环卫配套设施，着力改善农村人居环境。支持农村饮用水、村庄道路硬化等社会事业和美丽乡村创建项目29个，投入经费245万元。深化结队帮扶，按照“山海协作工程、百村经济发展促进计划”“浙江省重点欠发达县群众增收致富奔小康工程”的要求，由瑞安安阳中心城区、滨海新区、江南新区、新滕街道、飞云街道5个单位分别与玉壶镇、西坑畲族镇、百丈漈镇、峃口镇、周山乡进行挂钩结队，各安排美丽乡村项目帮扶资金20万元，共计100万元。

【招商活动】 抓契机推项目，利用清明节、中秋节的节日契机，召开“温州市文成籍归侨侨眷联谊会扩大会议”，参与“2016世界温州人大会”，成功签约峃口镇新联印象秋波谷项目、百丈漈天湖庄园项目，共计签约资金10.5亿元。抓资源引大企，紧抓在外文成商会、海外侨团等关系资源，接待侨团、青年企业家等抱团考察客商40余批次，共计200多人，其中包括省物产集团、省旅投集团、万洋集团、华东建筑集团有限公司、国药集团、安邦集团等国企和知名企业。

【重点项目】 东方慢城飞云湖小镇（半岛小镇）项目：位于黄坦镇塘垄村郑公山背，总用地面积约368亩，投资估算3亿元，规划建设独栋、双拼、联排、叠拼等多种类型来打造个性化的湖边小筑。年底完成6幢别墅主体结顶。

文成百丈漈天湖庄园项目：位于百丈漈镇镇头村、西段村，占地面积为158.88亩，总投资规模2亿元。该项目作为文成首个村镇坡地试点项目已获批，5月签约。

秋波谷风情小镇项目：位于峃口镇新联村区域内，占地约300亩，计划投资8亿元，谋划建设集生态旅游、特色民宿、商务休闲等为一体的乡村特色风情小镇，将峃口镇打造成为文成县旅游名片的第一站。8月19日，县人民政府与江苏万洋投资发展公司签订秋波谷风情小镇项目投资框架协议书。

兴福堂片区改造项目：位于县城东大门，邻近即将开工建设的文成高速公路县城出口，地处县城核心区，人口密集，商业发达，交通便捷。项目总用地面积约110亩，其中净出让用地104亩，总建筑面积9.3万平方米，总投资15亿元。项目将有大面积的绿化作为其营造园林景观的基础，同时拥有齐备的生活系统，能满足居住、消费、休闲、娱乐、多种形态的高品质生活需求，蕴藏着巨大的商业价值。该项目是集滨水休闲、商业居住等为一体的城市综合服务体。

**【招商机制】** 落实工作例会制度。通过重大项目主要领导协调推进制度、招商工作例会制度、重大项目协调会等，全年共计召开各类招商项目会议20次，根据项目“对症下药”，解决了秋波谷、清心谷的前期推进等问题，有效推进项目的建设步伐。实行“5+1”跟踪服务模式。对兴福堂片区改造项目、文成百丈漈天湖庄园项目等重点招商项目实行“5+1”跟踪服务模式，即“一个招商项目、一名责任领导、一个责任部门、一个服务团队、一套促进办法”为内容的精准服务，确保项目和资金的落实。实行“五大推进”机制。围绕亮点项目推进、新建项目开工攻坚、重大项目招商、重大前期项目谋划、重大项目巡查督办等5方面主要内容，成立相应的5个重点项目工作组，明确工作推进机制，通过这些制度的贯彻落实，确保全年目标任务完成。

（林　跃）

## 机关事务管理

**【概况】** 文成县机关事务管理局现内设办公室、财务科、接待科、房产管理科、车辆管理科、保卫科、公共机构节能管理科等7个职能科室，下设文成县公务用车服务中心。现有工作人员28人（其中公务用车服务中心4人），大专以上文化程度的25人。根据《关于同意文成县县级机关事务管理局更名等事项的通知》（文编〔2015〕56号）文件，于2016年3月完成名称变更，由文成县县级机关事务管理局更名为文成县机关事务管理局。

**【公车改革】** 出台《文成县公务用车制度改革实施方案》及配套工作意见。车改机构范围为

涉改车辆封存于文化广场地下车库（文成县公务用车服务中心提供）

全县各级党政机关和参公事业单位，共计82家，其中党政机关64家，参公事业单位18家；参改人员2144人，过渡事业编制人员1597人；保留各类车辆总计268辆，处置的车辆103辆，其中36辆于12月28日公开拍卖，67辆报废或过渡使用；安置司勤人员258人。经测算，本轮车改后节支率为13.55%，将非参公事业单位事业编制人员过渡性补贴纳入全县节支率测算，节支率为8.18%，达到节支率不低于7%的要求。

制定《关于明确公务用车封车后注意事项的通知》《关于实行公务用车标识化管理的通知》《关于实行公务用车信息化管理的通知》等文件，明确车改后公务用车服务平台机要应急用车使用和公务出行租车范围口径，规范公务用车服务平台派车程序，严明公车用车有关纪律，实行“三统一两定点”制度，即统一标识、统

车辆GPS监控管理系统界面（文成县公务用车服务中心提供）

一保险、统一入库管理、定点加油、定点维修，实行标识化和信息化管理。

【办公用房管理】 对县四套班子、县委农办、县机关工委、县文明办、县妇联、团县委、县文联等共计34家单位的办公室进行调整，其中规范12家单位的办公用房使用面积，改善18家单位的办公用房使用情况，解决行政综合执法局等3家新设单位的办公用房问题。调整前县府大院实有办公用房使用面积5051平方米，在驻单位21个，工作人员618人，人均使用面积8.1平方米；调整后办公用房使用面积8538平方，在驻单位19个，工作人员589人，人均使用面积14.5平方米。

【行政中心装修】 累计投入资金450余万元，对老广电大楼、老公安局大楼、县政府主楼等进行装修，面积6700余平方米，新装修会议室7个。投资800余万元对鉴定为D级危房的县府礼堂进行翻建。

文成县行政中心(吴志伟/摄)

【节能减排】 联合多个部门在全县开展主题为“节能领跑、绿色发展”的全国节能宣传周和全国低碳日等系列活动。经统计，2016年上半年人均综合能耗、水耗、单位建筑面积能耗同比下降3.02%、2.44%、1.69%。公共机构办公楼顶光伏项目前期工作，经调查统计，全县共有10处办公用房的楼顶适用于光伏发电项目，面积达11361平方米。

【日常保障】 加强设备管理和维护保养，做到勤检查、勤维护、勤保养，确保县行政中心水电、电子设备等正常运转。优化会议服务工作，购置远程会议报到系统，智能化提高会议服务的质量和水平。推广便民服务，加强公务自行车、电子邮柜、电瓶车充电点的推广和管理工作。

行政中心公务自行车(胡杨杨/摄)

【安全防范】 强化技防力量，投入资金80余万元，购置人面识别系统、门禁系统、车辆号牌管理系统等设施设备，更新监控设施设备。增强人防力量，新增保安员4名，加强人员和车辆的出入管理、验证、监控等工作，保证县行政中心安全。配合有关部门处理农民工讨薪、民师群体上访等事件，维护行政中心正常的办公秩序。

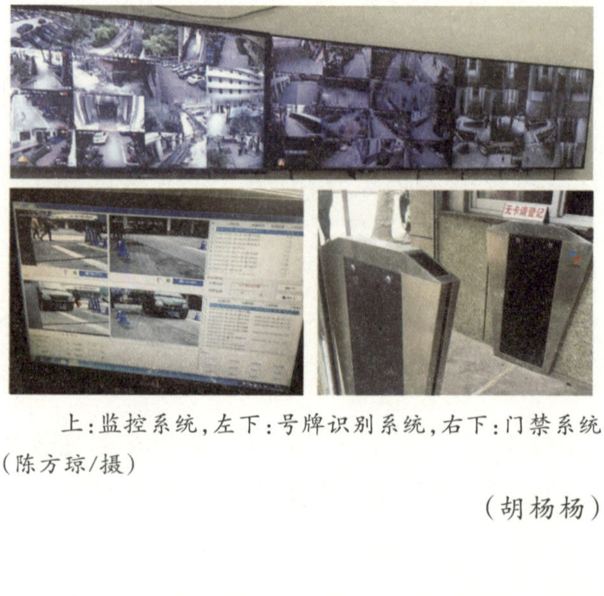

上：监控系统，左下：号牌识别系统，右下：门禁系统(陈方琼/摄)

(胡杨杨)

# 政协文成县委员会

## 概　述

【概况】 2016年，县政协八届常委会在县委的坚强领导下，在市政协的关心支持下，高举中国特色社会主义伟大旗帜，深入贯彻落实中央、省市县委重大决策和习近平总书记系列重要讲话精神，紧紧围绕建设“宜游宜居生态县”战略目标，认真履行政治协商、民主监督、参政议政职能，为文成绿色发展、后发崛起做出积极贡献。

【第八届文成县委员会第五次全体会议】 3月1—4日在县城举行，会期4天。出席会议委员198人，列席151人。

县政协主席郑建华向大会报告工作(县政协提供)

会上，县政协主席郑建华代表政协第八届文成县委员会常务委员会，向大会报告工作。报告总结回顾了县政协一年来的工作，报告指出，2015年是“十二五”的收官之年，是全面深化改革的关键之年，也是全面推进依法治国的开局之年。一年来，县政协常委会在县委的坚强领导下，紧紧围绕县委、县政府中心工作，充分发挥政协协调关系、汇集力量、建言献策、服务大局的作用，努力打造“聚智政协、亲民政协、和谐政协、活力政协”，为新常态下文成后发崛起做出积极贡献。主要表现在四个方面：一是围绕中心，服务大局，政治协商积极有为；二是敢于负责，勇于担当，民主监督务实有效；三是深入调研，精准发力，参政议政成果突出；四是凝心聚力，关注民生，和谐氛围日益浓厚；五是夯实基础，突出主体，履职能力显著提升。

在肯定成绩的同时，报告也客观剖析了新形势下政协工作存在的问题与不足，主要表现在：组织引导委员发挥主体作用不够，委员履职管理有待加强；协商民主的广度和深度不够，协商民主领域有待拓展；建言献策成果转化不足，委员履职成果“落地”机制有待健全等。对此，常委会将高度重视并在今后工作中认真研究，切实加以改进。

报告强调，2016年是实施“十三五”规划的开局之年，也是本届政协任期的最后一年，认真做好全年的各项工作具有承前启后的重要意义。全年县政协工作的总体要求是：高举中国特色社会主义伟大旗帜，深入贯彻落实党的十八届五中全会和省市县委全会精神，以“四个全面”战略布局为统领，牢固树立“五大发展理念”，围绕建设“宜游宜居生态县”战略目标，充分发挥协商民主重要渠道作用，扎实履行政治协商、民主监督、参政议政职能，进一步凝聚人心、汇集智慧和力量，为助推文成开创“十三五”赶超发展新局面做出积极贡献。重点要抓好五个方面的工作：一是围绕中心工作，助推经济社会健康发展。坚持把服务发展作为政协履职的第一要务，围绕县委、县政府中心工作，组织开展多层次协商民主活动，为“十三五”赶超发展开好局、起好步建言献策。二是牢记履职为民，促进民生保障持续改善。坚持把关注民生、保障民生、改善民生作为政协履职的根本出发点和落脚点，将履职为民贯彻落实到政协各项工作中。三是坚持团结民主，维护社会环境和谐稳定。坚持把维护社会和谐稳定作为政协履职的重要责任，牢牢把握团结和民主两大主题，充分发挥政协职能优势，把各界人士的智慧和力量凝聚到党委政府周围，为地方经济社会发展营造良好氛围。四是推进协商民主，增强人民政协履职实效。坚持把协商民主作为政协履职的重要抓手，将协商民主贯穿于政协履职的全过程，推进协商民主广泛多层制度化发展。五是加强自身建设，提升履职能力现代化水平。坚持把履职能力现代化建设作为提升履职水平的基础，不断加强学习培训、健全工作机制、强化机关建设，努力提升政协履职能力和水平。

县政协副主席余云初向大会作政协提案工作情况报告。县政协八届四次会议以来，广大政协委员、政协各参加单位，围绕县委、县政府的工作中心以及人民群众关心的热点问题，认真调查研究，通过提案积极建言献策。一年来，共提出意见建议142件，经审查确定139件提案，分别送交40家部门单位办理。所提问题已经解决或基本解决74件；列入计划，正在逐步落实49件；因政策、条件所限，暂时难以解决16件。收到委员意见反馈表136份，反馈率为97.8%。对承办单位的答复表示非常满意56份，满意80份，满意率为100%。

大会选举郑士钗为政协第八届文成县委员会副主席，叶洪锋为政协第八届文成县委员会秘书长。

县委书记汪驰在闭幕式讲话。他对广大政协委员主动谋事、积极干事、能干成事，为推动全县经济社会发展凝聚合力、鼓劲添彩，表示肯定，对会议成功和新当选的副主席、秘书长表示祝贺。2016年是“十三五”的开局之年，面对新目标、新要求，希望县政协和广大政协委员，切实增强政治责任感、历史使命感、工作荣誉感，运用好、发挥好人民政协的独特优势，聚万众之心，汇八方之力，纳各界之策，为“十三五”顺利开局做贡献。对于2016年的工作，他提出了四点希望和要求：一是增强看齐意识，在加强理论学习中坚定政治方向；二是增强担当意识，在服务发展大局中贡献力量；三是增强服务意识，在改善社会民生中履职尽责；四是增强创新意识，在加强自身建设中提升能力。他指出，县委将一如既往地重视政协工作，确保人民政协政治有地位、建言有机会、出力有舞台、工作有作为。他要求各乡镇、各部门要主动配合支持政协组织开展的各项活动，自觉接受政协民主监督，认真办理政协提案，积极吸纳政协议政成果，为政协委员开展活动创造便利条件。他期盼，在新的一年里，广大政协委员紧密凝聚起来，拉高标杆、争先进位，勇当排头兵，再创新辉煌，为谱写“十三五”赶超发展新篇章，全面建成小康社会而努力奋斗。

政协第八届文成县委员会第五次会议会场（县政协提供）

## 县政协第八届常委会议

【八届十九次常委会议】 2月23日举行。主席郑建华，副主席余云初、刘建华、胡晓雄参加会议。县委常委、常务副县长李建业列席会议。会议听取《政府工作报告（征求意见稿）》《关于文成县2015年国民经济和社会发展计划执行情况和2016年国民经济和社会发展计划草案的报告（征求意见稿）》《关于文成县2015年财政预算执行情况和2016年财政预算草案的报告（征求意见稿）》《文成县国民经济和社会发展第十三个五年规划纲要（送审稿）》等。常委们就交通、旅游、教育、宗教等方面进行讨论，提出建议。

【八届二十次常委会议】 3月3日举行。主席郑建华，副主席余云初、刘建华、胡晓雄，秘书长叶洪锋及政协常委参加会议，郑建华主持会议。会议审议通过《八届五次会议选举办法（草案）》；审议通过监票人建议名单；审议通过副主席、秘书长候选人名单；审议通过《政协第八届文成县委员会第五次会议决议（草案）》。

【八届二十一次常委会议】 8月2日举行。主席郑建华，副主席余云初、刘建华、胡晓雄、郑士钗参加会议。县委常委、常务副县长徐清雨列席会议。会上，徐清雨通报全县2016年上半年国民经济和社会发展情况及下半年政府工作情况。会议审议《关于我县新生代华侨华人华文教育情况的调研报告》，通过有关人事事项，谢俊杰任政协文成县委员会办公室副主任，增补赵文波为政协第八届文成县委员会委员。

## 主要工作

【视察调研】 4月，县政协成立调研组，对全县道教发展进行专题调研。调研组通过实地考察南田镇无为观遗址，走访道教知名人士，召开座谈会进行讨论交流等形式，形成《关于我县道教传承与发展情况的调研报告》。报告叙述了全县道教的历史传承，指出当前道教发展存在的主要问题：道教活动场所没有依法登记，自我管理弱化，缺乏道教文化的发展、保护和研究工作等，提出了重塑道教文化活力，推动无为观等精品道观建设，推进道教规范化管理，促进道教文化传承等有建设性的建议。

5月，县政协港澳台侨委组织侨联、教育等部门开展华文教育专题调研活动。调研组一行先后实地走访了玉壶镇小、文成实验小学。详细了解玉壶镇小在华文教学工作中的隔代教育突出、家庭教育缺失、侨乡学生出境入境转居留忙、流动频繁影响学习进度等问题；在实验小学，认真听取实验小学在每年暑假开展的海外青少年“中国寻根之旅”夏令营开展情况。通过实地走访调查，开展座谈交流，广泛听取各方意见的基础上，形成《关于新生代华侨华人华文教育的调研报告》，提出加快筹建华侨子弟学校，破解“隔代教育”“无学籍”等难题，科学设置华侨子女夏令营课程、建设融中西教育文化为一体的师资队伍等建议。

县政协在玉壶镇小开展华文教育调研活动（县政协提供）

10月下旬，县政协视察组在余云初副主席的带领下，对全县卫生事业发展情况进行视察。通过视察南田镇卫生院，实地走访科室、查看设施，了解卫生院发展相关情况。召开座谈会，听取县卫计局关于全县卫生事业发展情况汇报，详细了解全县卫生事业发展“亮点”以及存在的问题和困难，形成《全县卫生事业发展情况的视察报告》，提出进一步加大医疗卫生事业投入，完善分级诊疗、双向转诊制度，优化资源配置、推进优质医疗资源下沉，提高卫生队伍整体素质和服务水平，加强卫生事业监督等建议。

县政协在南田镇卫生院调研（县政协提供）

12月中旬，县政协组织文史特邀委员视察组对县文物馆、文化馆、图书馆、博物馆、非遗中心进行文史视察。在座谈会上，县文化局就文化产业竞争力较弱、文化高端人才缺乏、乡村文化阵地使用率不高、文物保护难等问题与视察组成员进行探讨。视察组建议文化部门进一步拓宽思路，支持和引导民间力量参与博物馆建设，并将民间博物馆建设与发展文化产业结合起来，带动全县文化事业和文化产业的同步发展，加大对博物馆建设的宣传力度，举办各种文化活动，吸引市民到博物馆参观，感受文成丰富多彩的博物馆文化，达到文化惠民的目的。

县政协文史视察组在文化馆考察（县政协提供）

**【重要活动】** 1月20日，县政协召开“十三五”规划建议专题政治协商会议，郑建华主席主持会议，副主席余云初、胡晓雄参加会议。

2月3日，县政协召开八届三十四次主席（扩大）会议，研究讨论八届十九次常委会相关事宜。

2月3日，县政协党组召开“三严三实”民主生活会。

2月23日，县政协召开八届三十五次主席（扩大）会议，审议通过有关人事事项。

3月1—4日，县政协召开八届五次全体会议。

3月18日上午，县政协召开八届三十六次主席（扩大）会议，研究部署“五水共治”长效机制专项民主监督实施方案。

3月21日，县政协召开“五水共治”民主监督“万千行”活动动员会，部署年度“五水共治”实施方案，副主席刘建华参加动员会。

3月22日，县政协班子领导带队分赴全县各乡镇开展省、市、县三级联动“五水共治”民主监督“万千行”活动。

3月30日，全市政协提案工作会议在文成召开，主席郑建华、副主席余云初出席会议。

4月6日，县政协书画院组织会员到南田开展采风活动，副主席余云初参加活动。

4月14日，余云初副主席参加关于福建省农科院到文成县洽谈创建茶文化研究所会议。

4月14日，副主席余云初参加县人大代表建议、政协委员提案交办会。

4月15日，县政协茶文化研究会举办的县茶文化研讨会暨第三届“采茶节”活动，主席郑建华，副主席余云初、刘建华出席开幕式。

4月22日，副主席余云初率县政协文史委到南田镇驮湖村进行文史考察。

5月13日，市政协副主席徐育斐一行到文成县调研特色小镇建设工作，副主席胡晓雄参加座谈会。

5月16—18日，县政协到永嘉县开展文史考察活动，主席郑建华、副主席余云初参加。

5月20日，县政协召开八届三十七次主席（扩大）会议，讨论确定八届五次会议重点提案及领导班子分工调整事宜。县政协召开机关支部“两学一做”专题教育动员部署会暨专题学习研讨会。

5月24日，副主席余云初率医药卫生组到玉壶开展送医药下乡活动。

6月6日，由县政协书画院参与主办的“人与自然——云江护生行”文艺创作活动在巨屿镇葛垟举行，副主席胡晓雄出席致辞，并为活动揭幕。

6月7日，市政协副主席谢树华一行到文成县调研社区养老医养结合工作，副主席胡晓雄陪同调研。

6月7日，副主席郑士钗带队到泰顺县开展“五水共治”情况互查活动。

6月14日，县政协到各乡镇开展“五水共治”民主监督活动。

6月17日，县政协举办“两学一做”专题学习教育党课。

6月29日，县政协到县卫计局开展政协提案督办工作，副主席余云初、郑士钗参加会议。

6月29日，县政协召开督办会，对八届五次会议以来的重点提案办理情况进行督办。郑建华主席、胡晓雄副主席参加。

7月1日，主席郑建华陪同鹿城区政协到文成学习考察。

7月6日，县政协到县旅游度假区管委会开展政协提案督办工作，副主席胡晓雄参加会议。

7月7日，县政协召开八届三十八次主席（扩大）会议，讨论华人华侨新生代教育视察报告，研究确定八届二十一次常委会相关事宜。

7月19日，主席郑建华赴到大峃镇王家村调研。

7月20日，省政协到文成县监督调研农村困难家庭危房改造工作，副主席余云初陪同调研。

8月2日，县政协召开八届二十一次常委会议，听取县政府政情通报，审议《关于我县新生代华侨华人华文教育情况的调研报告》及人事事项。

8月12日，副主席刘建华一行到鹿城交叉督查“五水共治”情况。

8月17日，市政协委员活动日活动在文成举行，县政协领导班子参加活动。

9月7日，主席郑建华到龙川乡小开展教师节慰问活动。

9月30日，县政协班子领导参加烈士纪念日活动。

10月1—3日，县政协领导班子到各乡镇督查指导抢险救灾工作。

10月4日，主席郑建华陪同市政协余梅生主席赴双桂乡开展灾后慰问。

10月13日，副主席郑士钗陪同瑞安市政协到文成县开展“五水共治”督查工作。

10月20日，主席郑建华到西坑、二源等镇慰问受灾政协委员。

10月20日，副主席余云初率监督组到泰顺县开展飞云江流域“河长制”工作互查行动。

10月24日，副主席余云初到珊溪慰问受灾政协委员。

10月24—25日，主席郑建华到台州市参加在温省政协委员活动。

11月17日，主席郑建华到温州参加全市“五水共治”专项集体民主监督工作汇报会。

11月23日，副主席郑士钗带队到水利局督办提案办理情况。

11月29日，副主席余云初到体育局开展提案办理回头看活动。

【提案工作】 2016年，县政协充分发挥委员作用，组织委员参与提案调研、提案办理协商会等活动，扩大委员参与度，调动委员积极性；组织委员开展走访、调研视察、民主监督活动，充分了解社情民意，把握社会热点问题，围绕中心工作撰写高质量的提案。广大政协委员、政协各参加单位和各专门委员会，聚焦全县政治、经济、文化、社会等重大问题，以提案形式提出意见建议118件，经审查确定118件，分别送交33家部门单位办理。相关部门单位均在规定时间内予以办理并答复，收到答复件118件。所提问题已经解决或基本解决50件；列入计划，逐步落实55件；因政策、条件所限，暂时难以解决13件。收到委员意见反馈表115份，反馈率为97.5%。对承办单位的答复表示非常满意31份，满意83份，不满意1份。

【办公室工作】 办文办会。县八届五次会议、政协常委会会议、主席会议和有关省市政协领导到文成的会议筹备工作，全年起草、印发县政协委员会文件18个，办公室文件34个，党组文件4个；强化政协信息宣传工作，向省市政协投报社情民意信息30余篇，文成政协网站、微信平台的日常维护；政协资料归档工作。

办事。为机关服务，充分发挥桥梁、纽带和窗口作用，配合政协常委会拟定调研视察的计划、方案，确保调研视察取得实效。后勤保障服务，严格执行《党政机关厉行节约反对浪费条例》和《党政机关国内公务接待管理规定》，严格按照规定接待、财务管理、车辆管理。做好离退休干部的服务工作。上级和外县政协到文成考察人员的接待工作。

【委员、常委、常委会人员变动】 政协第八届文成县委员会第十九次常委会议决定：同意郑书讯辞去政协第八届文成县委员会秘书长职务；同意王国健、赵晓清、傅华标、王彩梅、朱志斌、刘波、严旭武、林文、林安海、周友银、郑书讯、郑晓建、孟世忠、钟菲菲、富绍平、雷文宾、潘跃等17人辞去政协第八届文成县委员会委员职务；增补王志利、毛跃锋、包绍兴、邢越锋、朱国栋、李武、吴方海、陈亮、陈燎原、周赞、郑士钗、赵沛标、徐秀秀等13人为政协第八届文成县委员会委员。政协第八届文成县委员会第五次会议选举郑士钗为政协第八届文成县委员会副主席、叶洪锋为政协第八届文成县委员会秘书长。政协第八届文成县委员会第二十一次常委会决定，增补赵文波为政协第八届文成县委员会委员（中共界）。

## 常委会组成人员及工作机构负责人

【县政协第八届委员会常委会组成人员】

主席：郑建华

副主席：余云初、刘建华、胡晓雄、郑士钗（3月4日始）

秘书长：郑书讯（2月3日止）、叶洪锋（3月4日始）

常务委员：（共32名，按姓氏笔画为序）

叶　飞、叶　萍（女）、刘　剑、池文锋、纪庆南、李顺华、李道銮、吴信满、张丽俊（女）、陈正溪、陈继森、陈清清（女）、林芳梅（女）、林金松、季成夏、周小春（女）、郑　华（女）、郑丹丹（女）、赵　华、赵　蔺（女）、赵文忠、赵国柱、赵翁钦、胡长林、胡文铰、胡守益、洪汝锦、徐声福、徐瑞霞（女）、释达照、富健旺、蓝旭丹（女，畲）

【县政协第八届县委员会办公室及各专门委员会成员】

办公室主任：叶洪锋

副主任：叶葱葱、夏　玲、谢俊杰（8月3

日始）

提案与委员工作委员会主任：赵　华

副主任：夏凤英

港澳台侨委员会主任：徐瑞霞

副主任：刘少峰

社会法制民族宗教委员会主任：郑丹丹

副主任：赵东旭

经济委员会主任：胡文铰

副主任：胡永袍

学习文史委员会主任：赵翁钦

副主任：谢俊杰（8月2日止）

科教文卫体委员会主任：胡长林

副主任：叶丽华

（王　芳）

# 社会团体

## 工商联

**【概况】** 2016年，县工商联内设办公室和会员服务中心，行政编制4名，事业编制2名，专职工作人员5名。设有专职主席1名，专职副主席兼秘书长1名，兼职副主席12名（非公经济人士），常委27名（其中非公经济人士25名），执委70名（其中非公经济人士59名），会员965名，其中企业会员127名，个人会员829名，团体会员18个。

**【信念教育】** 开展以“守法诚信、坚定信心”为重点理想信念教育系列活动。3月27日，组织县工商联执委50多人赴市人民大会堂参加学习贯彻习近平总书记3月4日重要讲话精神专题报告会；与县宣传部、团县委联合开展“最美文成人——文成县第六届十大杰出创业青年”评选活动。5月，在基层商会、协会中开展贯彻习总书记3月4日重要讲话精神学习活动。6月，在全县基层商会、协会、企业党员中开展“两学一做”活动。引导全县非公经济人士进一步构建“亲、清”政商关系，坚定理想信念，深刻认识和准确把握“创新、协调、绿色、开放、共享”五大发展理念，增强企业发展信心。

**【参政议政】** 立足县“十三五”规划，围绕交通、旅游、企业发展、康居养老养生、电子商务及县有关产业发展，开展调查研究。引导县工商联界政协委员、人大代表积极参政议政，全年共上交提案与议案21件次。县政协会议期间，工商联界别组委员陈晓春所作的《关于加快322国道西坑至景宁段公路改建的建议》的提案发言，被列为县领导重点督办的发言提案。开展全县非公有制经济代表人士综合评价工作，积极配合做好县换届“两代表一委员”中的非公经济代表人士综合评价工作，为全县非公经济代表人士政治安排把好关。

3月1日，县长王彩莲参加县政协工商联组讨论会（县工商联提供）

11月3日，全县非公经济代表人士综合评价工作联席会议（县工商联提供）

【公益活动】 全县非公经济人士共为各项公益捐资364万元，助学结对贫困学生36人，慰问困难群众256人。认真贯彻中央精准扶贫工作会议精神，深入开展“百会（企）扶百村助千户”精准扶贫行动，利用上下联动优势，不仅发动内外商会参与扶贫行动，还争取省、市、兄弟工商联的支持，共发动19家商协会结对19个村，发动商协会数和所结对的村数居全市之首，共落实资金86.5万元。9—10月，针对强台风“鲇鱼”造成的重大灾害，发动内外商会和全县非公经济人士，开展“情系台风灾区献爱心”捐资活动，共募集善款261.50万元，并发放到受灾群众手中。

【服务企业】 开展“暖心助企”大走访活动，共走访60多家企业，听取企业反映意见，帮助企业协调解决发展难题。4月以来，与县检察院联合开展了依法保障和促进非公有制经济健康发展活动，建立联席会议等工作机制，设立了检察院驻工商联服务站，帮助解决了浙江华广精工制造有限公司、温州莱利斯阀门铸造有限公司、温州华力达汽配有限公司等3家企业土地证办理问题。为会员企业提供法律服务、人才信息服务、学习培训服务。

【信息宣传】 与县电视台、新闻中心等主流媒体合作，对县工商联重要活动和全县非公经济人士先进事迹进行全方位宣传，共刊发《文成商人》专刊4期，利用“世界文成”微信转发28条信息。加强信息通联工作，县工商联信息被省工商联采用15条，市工商联采用19条。

【重要事件】 1月13日，县工商联主席张丽俊应邀做客《直播温州》栏目，就如何发挥工商联作用，助推文成产业发展接受记者专访，相关信息在《温商》等微信公众号转发，在《温州商会》杂志上刊出。

县工商联主席张丽俊做客直播温州频道（县工商联提供）

3月15日，省工商联副主席李任治一行到文成开展“万企帮万村”精准扶贫典型村考察调研活动，考察南田镇武阳村、黄坦镇培头畲族村，市工商联副主席周有铭，县委常委、统战部部长吴育民，统战部副部长、工商联党组书记周斌等陪同调研。

省工商联副主席李任治（前排中）在培头村调研考察（县工商联提供）

5月24—25日，杭州市工商联副主席陈刚在杭州文成商会会长刘旭平等陪同下到文成周山畲族乡双新村开展精准扶贫活动。县委统战部副部长、工商联党组书记周斌，县工商联主席张丽俊等陪同慰问。

10月10日，县工商联组织机关干部到“鲇鱼”台风重灾村双桂乡宝丰村开展灾后慰问活动。在主席张丽俊带领下，走访慰问该村因灾遇难者家属、房屋倒塌户等，共落实慰问资金6.6万元。

县工商联主席张丽俊到宝丰村慰问台风重灾户
（县工商联提供）

11月5日，市工商联副主席周有铭率市直属纺织商会到南田镇武阳村开展精准扶贫活动，共慰问了8户贫困户，给他们送上困难补助资金及生产发展基金共4万元。

12月11日，市工商联副主席周有铭率市民革机关、浙江军浩科技有限公司总经理方双等赴二源镇陈钟村开展精准扶贫工作，慰问困难群众30户，落实扶贫资金共计5万元。

（毛征亮）

## 工　会

【概况】 县总工会内设办公室和权益保障部2个科室，设主席1名，党组书记、副主席1名，副主席2名，党组成员1名，工会常委1名，退二线领导干部2名。下属县工人文化宫和职工维权帮扶中心，职工人数8人，职业化工会工作者4名，临时工3名。

【申报推荐】 全国、省五一劳动奖章（状）和工人先锋号的申报推荐、劳模协会成立等工作。2016年来，中国邮政集团公司浙江省文成县分公司玉壶邮政支局被评为省级工人先锋号；五洋建设集团股份有限公司（文成项目部）、文成县火化殡仪馆等2家单位被评为市级工人先锋号；文成县第二实验中学教师吴柳萍被评为省五一劳动奖章（状）获得者。

【疗养修养】 打造文成县劳模（职工）疗休养基地，获温州市总工会命名授牌。结合文成县实际，2016年度职工疗休养推荐15条线路，组织安排全县干部职工疗休养人员2152人次。不管是在疗休养规模上，还是服务质量上，都有了新的突破，让更多老职工、一线、优秀职工享受到了疗休养政策给予的实惠；线路也从原来单一旅游转向多元观光休养发展，开辟了一条红色革命教育特色线路。

【劳模创新工作室】 创建浙江万喜精密铸造有限公司林芳梅“三位一体”劳模创新工作室和文成县电工协会赵沛夏创新工作室，组建职工技术服务队，鼓励职工参加岗位创造发明，技术革新，助推全县经济发展。

【工会组建】 以“建会建家筑和谐，维权维稳促发展”为载体，坚持“党建带工建”，形成党委领导、政府支持、各方配合、上下联动，层层抓落实，将两新组织工会建设纳入工作重要内容，着力扩大工会组织覆盖面。新增设的周壤镇、铜铃山镇、二源镇、桂山乡、双桂乡、平和乡、公阳乡等7个乡镇全部成立乡镇总工会（或工会），组织乡镇总工会主席进行岗位业务知识培训。全年，共新建独立工会11家，新发展农民工1064人。"六有工会"达标率65%，厂务公开和职代会建制率达90%。开展创建"双亮双比双争"活动。全年"三型六好"创建6家，其中示范基层工会1家，达标基层工会5家；选树、培育了2家先进职工之家和4家先进职工小家。

**2016年度"三型六好"工会、先进职工之家、先进职工小家名单**

表10

| 序号 | 单　位 | 时间 | 荣誉称号 | 授予部门 |
|---|---|---|---|---|
| 1 | 浙江万喜精密铸造有限公司工会委员会 | 2017.1 | "三型六好"示范基层工会 | 市总工会 |
| 2 | 文成县二源镇总工会 | 2017.1 | "三型六好"达标基层工会 | 市总工会 |
| 3 | 文成县平和乡工会委员会 | 2017.1 | "三型六好"达标基层工会 | 市总工会 |
| 4 | 文成县铜铃山镇总工会 | 2017.1 | "三型六好"达标基层工会 | 市总工会 |
| 5 | 文成县双桂乡工会委员会 | 2017.1 | "三型六好"达标基层工会 | 市总工会 |
| 6 | 文成县周壤镇总工会 | 2017.1 | "三型六好"达标基层工会 | 市总工会 |
| 7 | 中国教育工会文成县委员会 | 2017.1 | 先进职工之家 | 市总工会 |
| 8 | 浙江德卡控制阀仪表有限公司工会委员会 | 2017.1 | 先进职工之家 | 市总工会 |
| 9 | 文成县二源绿色农业种植专业合作社大峃分社工会小组 | 2017.1 | 先进职工小家 | 市总工会 |
| 10 | 文成县粮食收储有限公司中心库工会小组 | 2017.1 | 先进职工小家 | 市总工会 |
| 11 | 温州市天顶湖休闲农庄股份有限公司宣传部工会小组 | 2017.1 | 先进职工小家 | 市总工会 |
| 12 | 文成县电工协会技术服务队工会小组 | 2017.1 | 先进职工小家 | 市总工会 |

**【劳模管理】** 春节期间，开展"迎新春·送温暖"系列慰问活动，先后开展"送温暖"困难职工家庭、一线劳模访贫问苦慰问活动、"鲜花送劳模""送健康"体检慰问活动，狠抓落实和提高劳模荣誉津贴、医药费报销等服务工作；"五一"劳动节期间开展关爱劳模系列活动，走访慰问韩宝国、田毅、刘文莉、赵东远等10多位一线劳模，为他们送去慰问金和节日的问候，组织全县14名全国、省、市县级一线劳模在温州兹铭体检医院进行免费体检，及时了解劳模的身体状况；全年，共走访慰问患病、困难劳模87人，共计慰问金15.45万元；组织45名劳模参加职工疗休养；组织85名劳模进行免费体检。

**【职工文体】** 紧贴"中国梦·劳动美"时代主题，开展"一月一主题"职工文体活动，丰富职工文娱生活，传播正能量，进一步加强职工精神文明建设。1月，首届职工"交警杯"乒乓球比赛；3月，"三八"趣味运动会；4月，第三届"采茶节"技能大赛；5月，"五一"拔河比赛；7月，"迎七一"建党95周年暨红军长征胜利80周年书法比赛；8月，职工职业道德标兵评选活动；9月，干部职工羽毛球团体邀请赛；10月，干部职工篮球赛；11月，承办温州市职工文艺宣传基层（文成站）活动；12月，首届工业企业"文成工匠"评选活动。落实职工素质提升"百千万"行动计划，开展流动职工讲堂下基层10场次；开展工会干部业务提升培训2期，共120人次；开展职工技能提升培训2期，200人次；开展"送文艺下基层"活动，其中，送演出下基层2场次，送电影下基层10场次，免费送电影票880张；推选申报全国、省级工会职工书屋示范点各1家。

**【依法治会】** 深入乡镇（社区）、企业开展"七五"普法宣传活动，发放《中华人民共和国女职工劳动特别保护法》《中华人民共和国工会法》

《中华人民共和国劳动合同法》《职工维权手册》《中华人民共和国劳动争议专辑》《心理健康知识》等各类宣传材料5000多份，现场接受群众解答法律咨询500余人次。通过设立法律援助点、悬挂宣传标语、发放宣传资料等方式切实加强普法宣传力度，进一步增强职工群众的法律意识，营造法治文成的社会氛围。县总工会被评为县“六五”普法工作先进单位。积极部署劳资纠纷大排查，稳抓“促和谐、保平安”，开展G20杭州峰会前劳动争议排查化解专项行动，主动配合当地综治部门，开展平安巡防服务和“三送安全”进企业宣传活动，共计排查99家单位（包括规上企业、建筑工地、小型企业等），合计巡防118次，全力维护做好G20杭州峰会期间职工维稳工作。

**【关爱职工】** 工资集体协商。建立健全女职工组织规范化建设，签订女职工特别保护专项合同，申报妈咪暖心小窝1家；举办文成县第四届劳动关系和谐企业创建活动，文成县百丈飞云湖旅游开发投资有限公司等5家单位被评为劳动关系和谐企业，由县政府进行表彰；推进开展企业工资集体协商工作，新增签订工资集体协商41家，其中落实示范工资集体协商7家，行业工资集体协商示范点1家。

职工医疗互助保障。将全县机关事业单位的互助保障金列入年度财政预算，全年新参保人数26502人，投保金额446402元，完成率为294.47%，全市排名第一。全年共理赔156人，理赔金额为384700元。

职工服务新平台。重视劳动保护，保障职工安全健康。深化“强保障促和谐”工作，开展区域性职工生活后勤保障，为中小微企业职工提供多样化服务，制定转发了2016年度“安康杯”竞赛实施意见。推动职工创新创业，联合多单位召开春夏秋季招聘会，参加人数3500多，有意向就业700多人。组织班子下基层，引导农民工县内就业、县内创业。

职工帮扶。争取县财政专项资金20万元，用于困难劳模（职工）春节慰问，落实项目化扶贫1个，加大临时救助扶持力度；开展“关爱职工·夏送清凉”高温慰问活动，共发放慰问品2000份，慰问金额10万多元；开展“金秋助学”活动，资助学生46人，其中大学生20人，高中及高中以下26人，发放助学金6.6万元。

优化财务经审。推进乡镇（社区）工会财务规范化建设，推动工会经费向基层倾斜、向职工倾斜、向企业文体活动倾斜，县总工会全年安排100万元资金用于乡镇总工会基础设施建设和文体活动等，保障全县工会重点工作顺利开展。

**【宣教平台建设】** 以文成工会网、微信为主要平台，线上线下相结合，打造“O2O”宣传模式，大大拓宽了宣传工作的途径，初步实现了与职工“面对面，零距离”的宣传和互动。

（陈永广）

## 共青团

**【概况】** 共青团文成县委内设办公室、基层工作部（组宣部）2个科室，核定行政编制5人。下设县志工中心、县青少年活动中心2个事业单位，核定事业编制5人。2016年，全县共青团组织有基层团委40个、团总支15个、团支部760个，团员17722人。

**【青少年思想建设】** 举办第六届“文成县十大杰出青年”评选活动，介绍候选人的微信阅读量达到7万人次，温州网以及文成县的各大媒体进行轮动宣传，组织杰青进行宣讲活动；在颁奖晚会上，全县500余名杰出青年代表参与。通过对“十大杰出青年”进行表彰，鼓励团员青年在文成发展中建功立业。开展“团干部如何健康成长大讨论活动”督查工作，引导广大团干部在围绕中心、服务大局和竭诚服务青年中健康成长。

开展多样活动，培育和践行社会主义核心价值观。开展“红领巾相约中国梦”“红领巾心向党”等主题活动，筑牢少先队阵地，引导少先队员树立正确的道德价值取向。通过“狠抓机制、形成共识、活动推进”等措施占据舆论高地，以青年网军主力30人为基础建立并完善共青团网宣员、网评员队伍。通过加强青年“网军”队伍的网络舆情引导演练，开展“清朗网络”等网络宣传活动和舆论斗争，引导青少年在网络文明志愿者队伍中发挥作用。在各中学开展马克思主义宗教观教育，让青少年更好地了解宗教，认识宗教，培养正确对待宗教的自主能力，在少先队辅导员培训班中添加马克思主义宗教观教育课程，带动少先队员树立正确的人生观和价值观。

深化青少年思想教育。根据农村青年、企业青年、新居民青年、青少年学生等四类青年群体的不同特点，做好分类引导工作。举行“小手拉大手，共创文明城”等主题活动，有效引导广大青少年参与国家卫生县城和省级示范文明县城创建；开展“美德好少年”“雏鹰争章少先队员”等评选活动，最终评选出50名“美德好少年”和5名“最美文成少年”；开展志愿服务先进表彰，评选出全县第一批“星级志愿者”。

**【服务经济社会】** 平安建设。以组织志愿者开展“平安三率”调查，在县城及各乡镇人员密集场所完成500份问卷调查，及时梳理数据并撰写调研报告，为推进和完善全县平安建设工作提供真实的参考依据。组织召开“青春护航G20”助力平安建设专项志愿行动誓师大会，志工委成员单位及全县团组织负责人共120余人参会。召开会议对平安志愿服务工作进行再动员、再部署、再发动，集中开展以“平安宣传进校园、安全生产进企业、消防安全进社区、急救知识进礼堂、号手岗队进基层”等5类助力平安建设活动31场次，让学生在文体活动中学习平安自护知识，帮助企业经营者和员工强化责任意识和提升防范能力，推动各地群众增强消防安全意识，有效提升群众自护和急救自救能力，保障基层群众生活平安。

生态保护。以“五水共治”为主题，依托“哨兵护水”“小鱼治水”等重点项目实施，推进活动常态化，在县城泗溪河等重点河段开展“五水共治·共建美丽浙南水乡”小鱼治水志愿服务活动，其中仅3月8日就投放小鱼1.5万余尾。组织志愿者到天圣山、百丈漈等地开展“共青林、深呼吸、我为美丽文成代言”植树活动，累计植树1500余株，为全县生态建设增添绿衣衫。加强对学校社团与学生志愿者的管理，组织小小志愿者开展“文明旅游从我做起”景区卫生清洁志愿服务活动，依托文成中学“樟树下”环保社、县职业中专环保社到百丈漈等景区开展旅游讲解、环保宣传活动，帮助游客培养爱护环境、文明出行意识。

两城创建。以“共创文明、志愿同行”等为主题，组织广大团员青年、志愿者参与卫生文明县城创建活动，以“3·5”志愿者日等节日为契机，在全县范围内先后开展了“文明餐桌”“文明出行”等志愿服务活动，招募两城创建志愿者100多名，通过知识竞猜、发放宣传资料、现场劝导、卫生文明随手拍等形式，为进一步提升全县公民卫生习惯、文明素质和社会文明程度贡献了志愿者的一分力量。在整合现有资源基础上，充分联合妇联、文明办等单位，依托“巾帼文明劝导志愿服务队”“红领巾文明宣传志愿服务队”“夕阳红志愿服务队”等力量开展“当一天城市管理员”活动，组织志愿者到建设路、伯温路等重点路段对过往行人、商户进行文明劝导，提示居民保护环境卫生，及时制止乱停乱放、占道经营等行为，通过温馨的劝导和广泛深入的宣传服务，以被劝者乐于接受的方式引导其纠正不良行为、改正陋习，扩大社会影响。

抢险救灾。在台风“莫兰蒂”和“鲇鱼”来袭时，全力投入“抢险救灾”中。组织县医疗志愿队开展“送医送药”活动，全力筑牢卫生防线，为安置群众提供生活保障。在巨屿镇垟尾村安置点，为100余名群众进行健康体检，发放洪灾疾病预防资料500余份，预防性药品100余份。主动联系各乡镇团委书记，了解灾情及抢险救灾需求，全力为受灾地区救援工作提供服务，在提供基本物资外，运输新鲜水果65箱、备用衣物300件。组织“仁爱义工”服务队，联合双桂乡卫生院开展消杀防疫工作，在菜市场、学校等重点区域进行全面消杀，防止周边环境污染、病媒生物滋生，同时向受灾群众讲解灾后防疫知识，切实保障群众身体健康。联合县委组织部，组织32名“村第一书记”到双桂乡宝丰村，深入田间地头，帮助群众抢收庄稼、打稻脱粒，最大限度减少群众损失；联合“温州市家电协会”志愿者，沿双桂乡至峃口镇，开展受淹家电维修服务，助力群众生产自救。组织志愿者到县城嘉盛小区、朝阳新村等地开展清洁家园志愿行动，以实际行动感染带动周边居民加入到灾后自救。

【青少年成长成才】 青年创业创新。组织多层次的创业培训，在县内举办普惠型的基础培训，在浙江大学科技园举办专题培训，带领创业青年参观杭州梦想小镇和众创空间，让创业青年切身感受创业前沿，激发创新思维。全年共开展各类培训6次，累计培训400余人。转变创业竞赛的模式，将创业青年的实践能力摆在突出位置，举办“特农汇杯”青年电子商务创业大赛。常态化走访电商创业青年，深入了解创业青年的业务情况，详细询问创业发展面临的困难和需求，认真记录下青年们亟待解决的创业难题，并与创业青年探寻创业路上各种难题的解决方案。

关爱留守儿童。打造“青年之家”。借鉴先进市县区青少年综合服务平台建设，整合青少年活动中心现有资源，进一步拓展服务空间、丰富服务项目。全年青少年综合服务平台开展放飞童心出山城、青少年手工DIY等服务活动30余场。依托“周末学校”、侨爱童心乐园等基础，整合资源，开展主要针对留守儿童的亲情陪护、学业辅导、自护教育等服务项目。办好“流动少年宫”，全年开展12场公益少年宫活动，普惠青少年儿童1500多人。用好“12355”热线，推进“青少年维权岗”的创建，在大型志愿活动现场设立摊位，开展“12333青少年维权”宣传工作，全年组织“青少年维权岗”进社区活动3次，“12355”服务台开展青少年维权服务4次，努力引导市民关心青少年维权工作，呵护青少年健康成长。

平安校园建设。推进“平安宣传进校园”，着力增强校园安全责任感，严防学校周边治安事件，消防、溺水等意外事故发生。到各校集中开展安全宣传志愿活动，以识别毒品、提高防火防溺意识、讲授安全自我防范知识为主要内容来营造深厚的校园平安氛围。全年开展“平安宣传进校园”活动8期，服务学生1000余人。开展“青春护航中高考”志愿服务活动，在各考场门口设立服务摊位，通过为高考学生和家长提供等候休息场所、饮用水、常用避暑药品，竭力为考生及家长提供良好的高考专项服务。引导考生入场，维持家长接送秩序，协助劝导考场外可能影响考试的突发事件。提供准考生考证遗忘、文具缺失、遗漏的应急服务，努力实现“平安高考”“平安中考”目标，助力青少年升学成才。

新青年下乡。对接、帮助青年学生实践队顺利到县、乡镇、村开展活动，在服务中受教育、增才干。组立后勤保障组，帮助实践队解决遇到的困难。在年初“暖冬行动”和暑期“双百双进”社会实践活动中，力促校地供需对接精准化，17个乡镇与商学院7个专业学院逐一明确结对关系。将青年学生的专业特长、优势与各乡镇所需、所盼、所求相结合。如针对艺术设计学院特点设计文化礼堂彩绘活动等，将具体的活动落实到村(居)或文化礼堂。实践队到达乡镇后，各乡镇团委书记全程服务，随时帮助解决实践活动中遇到的问题。全年温州商学院来文开展各类活动80余场，参与志愿者5000余人次，“文艺下乡”和“美化乡村”等活动深受广大群众喜爱。

【基层组织建设】 团建示范村。按照“十村样板百村示范”创建活动要求，以党建带团建，不断夯实村级团组织建设，在南田镇武阳村、西坑畲族镇梧溪村等13个有特色的市级团建示范村，按照“一村一策”、团建“五好”标准要求，由各村团组织负责人制定创建方案，明确工作目标。通过实地走访示范村，核查团支部活动计划落实情况，指导各村分类归纳团组织活动，形成各自的团组织重点推进项目或特色品牌活动，全年建成市级团建示范村12个和市级团建样板村1个。在各示范村中开展村级青年优秀人才库人员排查，重点排查具有一定专长和能力水平优秀青年，首批挖掘出在农村特定岗位上能较好发挥作用的村级优秀青年90名。

（柳孟魁）

## 妇联

【概况】 县妇联内设办公室、权益部，编制8人，其中县妇联行政编制5个，县政府妇女儿童工作委员会事业编制1个，县妇女儿童活动中心事业编制2个，年末单位人数9人。主席陈红兵，副主席张琦巧，党组成员施丽丽、周海萍。2016年获温州市优秀家庭教育故事征集活动组织奖，县年度考绩优秀奖。

【“双学双比”活动】 依托县绿云电子商务园——温州市巾帼电商孵化基地，建立了文成县“创业创新服务中心”，努力构筑集创业成果展示、导师指导、资金扶持、项目对接于一体的综合性服务平台。4月14日，母婴护理员（月嫂）岗位专项技能培训班在成职教中心举行。

与县人力资源局等单位联合开展春风送岗位，举办春季招聘会、秋季女性专场招聘会，帮助女性就业。开展巾帼创业信贷助推行动和小额贷款贴息支持行动，将15万元的妇女创业周转金和4万元的省妇女儿童发展专项资金用于重点扶持现代农业、电子商务、女大学生创业等项目和群体。

以巾帼文化沙龙活动为主载体，开展“闻香沙龙”创业交流活动。开展“双学双比”女能手协会系列活动，参与电商培训、采茶技能比赛、素质提升学习。

开展“双学双比”评选活动，评选出7位女能手，1个科技示范基地，2个“巾帼示范民宿”，有效发挥示范带动作用。

委托文成县知源职业技能培训学校和社区学院常态化开展月嫂技能培训，聘请温州蓓蕾家政职业培训学校的资深专家为待业妇女进行母婴护理员（月嫂）专项技能培训。

【“巾帼建功”活动】 整合多方资源，协助优秀女性社会组织——阳光之家社工服务中心承接政府购买社会服务项目；联合民政局开展女性社会组织负责人座谈会，指导“你我同行”志愿者协会组建妇委会。

组织巾帼文明岗到基层妇联试点结对村开展巾帼百岗联村行“三农服务”活动。开展“让爱不留守”——岗村结对送温暖活动。

11月10日举办巾帼“双创”电子商务技能培训班，来自全县40余名有意愿从事电商创业的农村妇女参加了培训。12月13日由县妇联和县经信局联合举办的文成县助理电子商务师技能培训暨网店创业培训班在县绿云电子商务园电商产业孵化园开班，来自全县各乡镇的50余名学员参加了为期5天的免费培训。

11月24日，“巾帼助力大拆大整共建共享生态文成”专项行动启动仪式。（县妇联提供）

【孝文化进家庭】 评选“道德人家”、孝子孝媳等活动。邀请专家开展婚姻与家庭知识讲座，帮助家庭成员树立正确的婚姻观和家庭观。以各类节庆日为契机，举办“感恩母爱 传承孝道”“六一”亲子运动会“情定七夕幸福启程”为新婚夫妇送谏言、“为空巢老人送温暖”等妇联品牌活动。整合县朗诵学会和妇女儿童活动中心资源，依托县妇联亲子读书会，开展形式多样的亲子阅读和朗诵比赛等活动。

【文明创建活动】 开展寻找“最美家庭”和“立家训、树家风”活动。做好“最美家庭”的评选和宣传工作，组织“最美家庭”宣讲活动。利用网络和新媒体，扩大“最美家庭”宣传示范效应。1月组织各妇女干部参加“让爱住我家”为主题的2016全国寻找“最美家庭”活动启动仪式现场直播，评选出县级最美家庭25户；9个家庭获市“最美家庭”荣誉称号，夏美珠家庭获省“最美家庭”荣誉称号。4户家庭获省文明家庭，2户家庭获省绿色家庭。申报市十路英才最美女性候选人16名，3人获“最美温州女性”称号。结合农村文化礼堂建设，举办文成县“最美家庭”颁奖典礼暨女性社会组织风采展示活动，邀请10个女性社会组织进行了精彩表演，对征集到的最美家庭的摄影获奖作品和好家规家训进行展示。发挥妇女儿童活动中心的作用，举办“小手拉大手文明伴我行”、周末亲子影院、DIY亲子活动60余场。举办县家庭才艺大赛，共评出一等奖1个、二等奖2个、三等奖5个。

【妇女维权】 开展婚姻家庭危机干预行动，通过对家暴家庭进行系统的摸底和测验，针对性地开展心理援助、家庭教育、家庭和谐文化建设等服务。将求助接访的对象进行筛选，对3个涉及家暴严重的家庭实施危机干预措施，组织3名婚姻家庭咨询师及时关注和跟进这些重点家庭，对受暴妇女进行心理援助。积极关注和跟进家暴案件，全面推进家庭暴力告诫制度，协助人民法院推行和落实人身安全保护裁定，联合县法院筹备成立家事审判合议庭，婚调中心进驻婚姻登记大厅。全年发放家暴告诫书21份，人身保护令1份，陪审60余场，提供法律援助11起。

开展《中华人民共和国反家庭暴力法》主题宣传活动，依托女检察官协会会员组建“嫣嫣说法”反家暴宣讲团到各乡镇巡回宣讲;联合公、检、法、司等单位成立反家暴志愿者队伍，不定期开展“反对家庭暴力”巾帼志愿者活动；配合市妇联开展7场“与法同行平安相伴——百场家庭平安讲座进基层”活动；开展“反对家暴，情暖你我”维权服务进社区、进农村、到身边活动，努力构建全方位的大普法宣传格局。发挥各乡镇“妈妈禁毒联盟”的主力军作用，联合县禁毒办开展“护航G20平安巾帼行”“不让毒品进我家”等宣传活动，教育广大妇女和家庭做好“五防”，实现“七无”，以家庭平安幸福助推社会和谐稳定。

家庭才艺大赛（县妇联提供）

反家暴宣传活动现场（县妇联提供）

召开妇女儿童发展“十二五”规划终期监测评估暨“十三五”规划编制工作会议，各成员单位联络员参加了会议。完成“十二五”妇女、儿童发展规划终期监测评估报告。编制完成“十三五”妇女、儿童发展规划并颁布实施。发挥性别平等咨询评估机制的作用，对接有关部门，推动男女平等基本国策在农村妇女土地相关权益保障中的贯彻落实。推进部门协调联动，加强成员单位联系，形成工作合力，从源头上确保妇女儿童的合法权益。

**【少儿工作】** 依靠文成亲子阅读志愿者讲师团启动家庭教育学堂进图书馆，面向全县儿童家长，不定期邀请家庭教育专家举办家庭教育公益讲座，提升家长的综合素养和家庭教育水平，共开展3期以亲子沟通、亲子阅读等为主题的家庭教育知识讲座。

家庭教育巡讲（县妇联提供）

协调县四套班子领导到各大幼儿园和学校开展“六一”慰问关爱活动，为小朋友送去节日的关爱与祝福。开展“亲子系列”活动。举办“健康成长 快乐分享”庆“六一”第六届亲子运动会，搭建亲子互动平台。联合县文明办等单位举办“童心向党”“传家训、守家风、争做四品八德好少年”等系列主题教育活动。

县委书记汪驰在幼儿园慰问（县妇联提供）

组织志愿者前往二源镇、平和乡等地开展“青果飘香，情暖留守儿童”“情暖中秋爱在校园”等主题活动，不仅让留守儿童体验到中国的传统文化内涵，也拉近志愿者代理家长与结对留守儿童的距离。全面开展“女童保护”主题教育活动，举办生命安全教育“百场讲座进校园”公益活动启动仪式，以社会购买服务的形式在全县开展“女童保护”生命安全教育50多场。全年结对贫困儿童95名，其中女童50名。

动员女性社会组织中的爱心妈妈们一起开展以“守望童心，亲情体验”为主题的“六一”关爱留守儿童“县城一日游”活动，让这些留守儿童过个“不一样”的儿童节。

**【关爱工作】** 开展“三八”“妇女关爱基金捐赠日”捐赠活动，共募得5090元上交温州市妇女儿童关爱基金，促进妇女慈善事业发展，努力实现“帮扶一位妇女 幸福一个家庭”。

庆“三八”趣味运动会（县妇联提供）

在樟台东降村成立“邻里守望——姐妹帮帮团”妇女小组，首批18名妇女加入妇女小组，成为巾帼志愿者的一员。3月20多名巾帼志愿者到西坑镇西坑村参加“共植巾帼林共享一片绿”活动。

针对“妇字号”基地和妇女儿童在第17号台风“鲇鱼”中的受灾情况，县妇联部署相关灾后各项工作，制定灾后慰问方案，慰问受灾家庭和妇女字号基地

依托县健身舞协会组建“巾帼文明劝导队”，以“创国卫”为中心，开展多形式的志愿服务和宣传活动，并以微信的形式及时反映情况。劝导队得到了县委县政府主要领导的肯定，被温州日报赞为“劝导婆婆妈妈，文明潜移默化”，并转载“文明温州”等微信公共平台。“平安妈妈志愿者”队伍被评为县级“护航G20”先进集体，并在表彰大会上做典型发言。组织侨界名媛会爱心捐资和巾帼志愿者服务队开展“清果飘香 浓浓爱意”等敬老送温暖活动和“端阳艾香，军民情深”包粽子军民共建活动。

社区文艺活动(县妇联提供)

【妇联组织建设】 全面推进会改联工作。开展20个村“会改联”和大峃镇妇联换届试点工作，增设兼职副主席，增加执委人数，不断壮大妇联的工作力量。在原有试点工作的基础上，建立岗村结对挂钩帮扶制度，妇联执委和机关干部联村，实施基层妇联组织工作“任务清单制度”等。评选出10名县最美村妇代会主任，苏淑娟获省最美村妇代会主任称号。

开展“下基层、访妇情、送温情”，举办“两学一做·争当党员先锋”活动，确保学习教育扎实有效。探索“线上+线下”互动模式，加强“妇女之家”建设，拓宽“网上妇女之家”。

11月24日在县青少年活动中心多功能厅召开全县加强和改进基层妇联组织建设工作暨妇女干部培训班，共100多名妇女干部参加了培训。

(胡巧云)

## 科　协

【概况】 县科协编制6人，其中公务员编制3人，工勤人员编制2人，全额事业编制1人，在岗工作7人(超编1人)；设主席1名，副主席3名(其中兼职2名)，常委13名，委员35名；下属10个乡镇科协，8个学会，5个农技协。2016年县科协获得省级和市级“全国科普日”优秀组织单位称号。

【科普活动】 科技·科普活动周和全国科普日期间，在周壤镇、二源镇举办“创新引领，共享发展”和“创新放飞梦想·科技引领未来”两场大型科普活动，板块多、氛围浓、效果好，市政协、市科协、县政府、县政协的领导和多所大专院校、科研机构专家教授，15个部门、10个学会近2万多人参加活动。联合相关单位在桂山举办全县春防实训和土鸡蛋生产技术现场会。浙江大学教授王友明、邵强分别了《春防技术要点》《无公害土鸡蛋生产技术和市场前景》专题报告。联合相关部门举办第二届糯米山药文化节，对全县的糯米山药文化进行有效的宣传和传播。联合市科协开展9场科普进文化礼堂活动，邀请市老卫协老中医为村民免费义诊，并开展科普现场咨询活动，共计发放科普宣传资料2万余份，蔬菜种子5000余包，免费药品2万余元。通过邀请专家讲座、现场咨询、科普知识进校园、进社区、进农村、进企业等不同形式，向广大群众宣传防震减灾、抗台救灾的主题科普知识。组织15批次专家、科技人员下基层，有针对性地开展服务活动，把技术服务送到厂房、送到田间、送到老百姓身边。

科普日活动(县科协提供)

【科普渠道】 完善便民的微信、微博“掌上科普”,针对社会上的科学热点和舆情,精准定位,共编辑推送图文信息753篇,微信关注用户5017人,年阅读总数超过186548次,127242人,涉及全国每个省(包含港、澳、台),284个城市,与2015年相比,关注用户增长4.7倍,年访问总量提速1.9倍,开展微信在线报名科普知识有奖竞赛活动,共有3000多用户参加。

网上数字科技馆。包含科普动漫虚拟体验、图文、视频、讲座、每日科普等科普资源,手机直接可以通过3G/4G网络访问,全年网站浏览次数达60371人次。对《科技之窗》进行改版,由农民推荐和要求搜集节目素材,结合农民群众的需求进行节目录制,通过精美的多媒体展现,公众能够深入科学内涵,体验研究过程,感受科学的快乐以及科技文明的魅力。

科普活动进学校(县科协提供)

【科技服务农业产业】 全年主办多场学术性研讨会。举办文成县蜂业产业提升研讨会,会议对全县蜂产业进行深入研讨,提出发展建议,会上省畜牧技术推广总站副研究员李奎、浙大副教授郑火青还分别作《浙江省养蜂产业振兴计划政策解读》《中蜂产业多元化发展及养殖关键技术》专题报告。举办中药材发展研讨会,会议就全县中药材产业的发展进行富有成效的研讨,会上浙江农林大学陈渊、潘兰英、徐建伟3位教授到会,并分别作《中药材产业现状及发展方向》《中药材药理筛选和药物代谢研究方向和发展》《青钱柳临床试验课题成功总结》等专题报告。开展全县蔬菜产业专题调研,分析当前蔬菜产业的发展现状,剖析难点,预判走向,由徐明飞教授领衔形成《文成县蔬菜产业发展和对策》专题调研报告。

蔬菜病虫害防控技术培训(县科协提供)

【农函大办学】 建成1家市级农函大教学实践基地,组建学科专业比较齐全的专家讲师团,举办不同类别的技术培训,全年各专业共计培训1400余人次,农函大获得省级先进分校称号。

【乡土人才】 组织30多名优秀乡土人才到省农函大校区进行为期一周的综合素质提升培训,至2016年木,全县优秀乡土人才中评上高级农民技师2人,技师10人,助理技师15人,金玉堂被评为全国科普惠农新村带头人，蒋加勇被评为全市优秀科技工作者。

【科普示范基地】 建成文成舞羊家庭农场、文成益禾农业科技2家农村科普示范基地，申报创建峡谷景廊、舞羊荷花基地2家科普教育基地，百丈漈镇、巨屿镇获市级科普示范乡镇称号，巨屿垟尾村、二源湖底村获市级科普示范村称号。

【青少年科普活动】 举办青少年创新大赛，专家进校园专题报告会，校园创客、科技小创作等等活动，激发青少年学科学、爱科学的热情。

【科技软课题研究】 组织科技工作者建言献策，形成《文成县蔬菜产业发展和对策》《关于文成畲族盘瓠文化对旅游产业的对策和建议》等两个科技工作者建议。县科协牵头的《文成县畲族盘瓠文化的内涵与旅游发展》获市级重点软课题，通过市科协验收，该课题就文成畲族盘瓠文化的历史、科学、社会、伦理与旅游，从不同的层面价值和内涵，进行认真深刻的研讨，对畲乡和旅游的结合具有重要的指导意义。

（孟安清）

## 残　联

【概况】 文成县残疾人联合会于1989年6月正式成立，为中国残疾人联合会的地方组织，具有“代表、服务、管理”职能，由县政府直接领导，承担县政府委托的部分行政职能，业务上受市残联指导。根据浙江省残疾人联合会业务系统统计，至2016年底全县办理二代残疾人证的在册残疾人6935人，其中视力残疾742人，听力残疾903人，言语残疾151人，肢体残疾3689人，智力残疾628人，精神残疾670人，多重残疾152人。县残联机关有工作人员11人，其中，残联8人，残疾人劳动就业服务所3人。

【残疾人社会保障】 全县持证残疾人6935人，其中一、二级重度残疾人3429人。按照浙江省加快推进残疾人全面小康进程的意见精神，出台《文成县人民政府办公室〈关于贯彻落实浙江省人民政府关于全面建立困难残疾人生活补贴和重度残疾人护理补贴制度的实施意见〉的通知》（文政办发〔2016〕78号）、文成县民政局文成县财政局文成县残疾人联合会关于印发《文成县困难残疾人生活补贴实施办法（试行）》、《〈文成县重度残疾人护理补贴实施办法（试行）〉的通知》（文民〔2016〕148号）、《文成县人民政府关于加快推进残疾人全面小康进程的实施意见》（文政发〔2016〕122号）文件和相关配套政策，重点推进落实困难残疾人生活补贴、重度残疾人护理补贴、残疾人康复补贴、社会保险补贴制度，解决好特殊困难残疾人生活生存的问题。精准落实残疾人社会福利，全年落实困难残疾人生活补贴共4123人、重度残疾人护理补贴共2816人。

认真贯彻落实《关于加快推进残疾人小康进程的意见》（国发〔2015〕7号），紧紧围绕《温州市残疾人事业发展“十三五”规划》，协调政府残工委各成员单位，将残疾人工作纳入各项领域统筹规划。与县发改局联合编制出台《关于印发文成县残疾人事业发展“十三五”规划的通知》（文发改发〔2016〕37号）文件。

【教育培训就业】 加快发展特殊教育，继续实施“助学工程”。全县基本形成以特教学校为骨干、随班就读为主体的残疾人儿童少年义务教育格局，一对一送教上门服务；对全县残疾学生（含贫困残疾人家庭）给予助学补助126人次，发放资金12.56万元。促进和扩大残疾人就业，落实残疾人就业创业帮扶政策。残疾人按比例就业人数达到108人，其中完成当年新增12人。大力拓展残疾人就业创业平台，全年完成残疾人职业技能培训134人，培训残疾人参与电商创业就业67人，组织3个对象参加“创新浙江”助残帮扶创业创新大赛，组织3个残疾人参加残疾人工匠比赛。依法推进按比例就业，出台《关于2016年文成县残疾人就业保障金征缴工作有关事项的通知》文件，全年征收残保金329.9万元。

【助残活动】 开展第17次全国“爱耳日”宣传教育活动，以户外专题宣传、残疾预防知识讲座、发放康复服务手册等为载体，做好残疾预防知识的宣传和普及；开展“残健共融·益起行”关爱孤独症儿童，在第26次全国助残日，县残联以“关爱孤残儿童，让爱洒满人间”为主题开展一系列形式多样助残活动；开展五进社区文化演出宣传活动，共10场次；积极开展助残活动，为市民发放助残宣传材料及生活用品，旨在呼吁社会各界爱心人士以更大的热忱、更切实的行动关心和支持残疾人公益事业。

全年慰问贫困残疾人家庭。在全国助残日、国际助残日、春节前夕，积极开展走访慰问活动，共慰问177位贫困残疾人，共计慰问金12.08万元，一行每到一户都详细询问残疾人家庭、生活情况以及在生活中存在的问题和困难，向他们致以亲切的问候，鼓励他们要正视困难，乐观生活，让他们感受到党和政府对残疾人的关爱，增强他们热爱生活的信心，树立自尊、自信、自立、自强的信念。

助残日活动（县残联提供）

五进社区文化演出（县残联提供）

残健共融·益起行（县残联提供）

【康复工作】 扩大康复服务覆盖面，实行白内障患者免费复明手术100例；适配低视力患者助视器6例；适配助听器50台；假肢安装8例；开展0～6周岁儿童抢救性康复42例；抢救性康复资金补助47人（其中：脑瘫儿童康复训练

13例，聋儿语训7例，聋儿家长培训5例，智力儿童康复训练11例，孤独症训练7例，矫形器装配2例，人工耳蜗2例）；免费配发轮椅、拐杖等辅助器具200多件，无障碍设施进家庭150户。

【信访维权】 全年开展残疾人合法权益法律法规宣讲活动2次，发放宣传资料960册/份。做好残疾人来信来访和接待工作，从残疾人的愿望出发，充分发挥好服务职能，做到热情接待，认真查处，事事有落实，件件有结果，使残疾人来信来访落到实处。全年共接到来信21件，来访35人次，办结率100%，集体访0件。

【数据动态更新】 落实国务院残工委办公室《关于印发〈全国残疾人基本服务状况和需求信息数据动态更新工作实施方案〉的通知》（残工委办发〔2016〕7号）和中国残联等12部门《关于做好全国残疾人基本服务状况和需求信息数据动态更新工作的意见》（残联发〔2016〕9号）精神，将残疾人基本服务状况和需求信息集中调查转变为日常性的信息数据动态更新，为做好全县残疾人基本服务状况和需求信息数据动态更新工作，县残联结合实际，出台《文成县残疾人基本服务状况和需求信息数据动态更新工作实施方案》。动态更新指标以首次全国残疾人基本服务状况和需求专项调查涉及的残疾人基本状况36项调查指标和村（社区）基本公共服务11项调查指标为基础。

【残疾人家庭收入状况监测】 2016年度残疾人家庭收入状况监测工作，客观掌握“十三五”时期残疾人事业发展的主要指标“残疾人家庭人均可支配收入年均增速情况”，依据省残联的抽样调查样本数据，精准调查全县220户残疾人家庭，对残疾人家庭的26项指标的进行监测调查。

（王　施）

## 文　联

【概况】 文成县文联是参照公务员法管理的事业单位，编制6人，内设1个科室（办公室），1个下属事业单位（文成县刘基文化研究会）；全年调入1人，调出1人，年末在职人员7人；提拔任用1名中层副职、1名党组成员。2016年度获温州市文联系统先进集体、温州市文联系统信息工作先进集体和第十六届温州市少儿文艺大赛优秀组织奖。

【县文联第五次代表大会】 8月10日上午在地税局六楼会议室召开，全县179名文艺界代表参加，市文联主席邹跃飞、县委书记汪驰等领导出席会议。会议听取、审议并通过县文联第四届委员会《与时代同行凝心聚力共创文艺佳绩》工作报告，选举产生了新一届文联领导班子及委员，王国侧当选县文联第五届委员会主席，陈丕欢、陈清清、柳晓峰、富健旺当选副主席，郑碎珍当选秘书长。

【全国性文学采风】 3月18—20日，与《十月》杂志联合举办全国著名诗人作家看文成写文成采风活动，邀请《十月》主编陈东捷、编辑谷禾、李浩，《诗林》主编潘虹莉，《诗刊》编辑聂权，《青春》执行主编育邦，《芳草》副主编哨兵，《星星诗刊》编辑熊焱，国内知名诗人、作家、评论家李元胜、汤松波、唐小米、东篱、韩文戈、程一身，包括浙江各地诗人代表达达、张敏华、赖子、伊有喜、乔国永、杨雄、周能兵、胡加平、白马、翁美玲、张巧慧、小路及本土文学爱好者深入百丈漈、刘基故里（庙）、安福寺、铜铃山、岭南茶场等景区采风，并开展文学讲座。诗人作家们撰写的反映文成的诗文在《十月》杂志（2016·第4期）“文成诗章”栏目及全国各级媒体刊发，进一步提高文成的知名度和美誉度。

**【第四届“铜铃山杯”全国诗歌（散文）征文大赛】** 县文联、浙江省作家协会《江南》杂志社、浙江省铜铃山国家森林公园联合举办。2月，在《江南诗》杂志和有关网站刊登征稿启事，11月25日截稿。组委会收到有效稿件5107件，计13269首诗歌(含散文诗)。由商震、梁平、霍俊明等11位诗人、编辑、诗歌评论家认真审读，记名投票，按得票数评出等级奖，武强华获一等奖，冯金彦、扎西才让、郑皖豫获二等奖，云冉冉、东篱、赵目珍、王秀云、寒寒、正七、雨倾城、林新荣、张琳获三等奖。

**【出版发行《江南》“文成之文”增刊】** 分三个版块——“文成作家作品”“当代作家写文成”“古代作家写文成”，从不同方面与年代对文成人文及地域文化进行了推介。从自然景观到人文历史，集中反映了文成的政治、文化、经济、山川、河流、民俗、风情、旅游等，展现文成地域风貌。

**【名家讲座】** 6月22日上午，邀请浙江省文联书记处书记张均林作《把握精神实质勉力奋发有为》讲座。张均林书记结合自身学习体会，围绕《习近平总书记在文艺工作座谈会的重要讲话》“体现了什么，引发了什么，我们应该做些什么？”详细解读讲话的精神内涵，加深全县文艺工作者对讲话精神内涵的理解，以及对文艺工作的规律性认识。3月20日下午，湖南文理学院教授程一身在县青少年活动中心开展“永久消失与不断返回——谈谈《白鹭》中的友谊诗”为主题的诗歌欣赏讲座。4月15日下午，著名诗人霍俊明在县实验二中展开了一堂主题为《自媒体时代：写诗的人与“诗人”》的诗歌讲座。8月25日下午，邀请《安徽文学》副主编何冰凌、《诗歌月刊》编辑黄玲君作文学讲座。10月18日，与文广新局联合邀请中国人民大学中文系教授冷成金来文作“苏轼词的审美超越”文学讲座。多次文学讲座使全县文学爱好者丰富艺术内涵，领略文学的魅力和价值，进一步激发创作热情。

**【少儿文艺大赛】** 7月23日，第十六届温州市少儿文艺大赛暨第二届文成县少儿文艺大赛在县实验中学举行。围绕“我”与“两美温州”“两美文成”积极互动的内涵，全县707名少年儿童参加了写作、书法、美术、剪纸、篆刻等传统类比赛，用文艺手法表达少年儿童关心“两美”温州和“两美”文成建设。200人次获得县各艺术门类奖项，132人次获得市各艺术门类奖项。

**【县内外文化交流活动】** 召开文艺座谈会，谋划创作规划。6月22日下午，文艺工作座谈会在县地税局六楼召开，刘金红部长和吴承亮副县长，县文联各协会负责人，省级以上文艺家40余人参加了会议。座谈会上，文艺家们结合实际各抒己见，畅谈文学艺术对文成发展的重要意义及当前存在的问题和困难，并就发展繁荣文成文艺事业献计献策。7月17—24日，浙江省作协组织浙江青海“心连心”文艺结对签约和交流采风活动，县文联主席王国侧受邀参加，并代表文成县文联与刚察县文联签订友好合作单位协议，两地文联将在文艺文学、人才培养、采风创作等领域增进交流，加强东西部地区文化交流，共同推动文艺事业繁荣发展。8月24—26日，《山风》文学创作笔会在西坑畲族镇让川村举行，来自县内的20余名文学爱好者聆听专家讲座，交流创作心得。与新闻中心联合开展“走遍文成·寻找村庄古事”，走访了培头村、南田村、九都村、武阳村、金星村、三垟村、王宅村、盘谷底自然村、公阳村、梧溪村等，挖掘大量地方文献资料，撰写“地方记”文章。

**【文化艺术精品创作奖】** 做好文化精品创作生产扶持奖材料收集、整理、初审和终审工作。根据文成县文化艺术精品创作与活动奖励评奖实施细则，经申报、初评、审核、终评等程序评出2015年度第七届文化艺术精品创作奖，颁发奖励资金43.75万元。县摄影家协会、书法家协会等5个优秀文艺团体，赵沛包等128位文艺工作者荣获“2015年度文成县文化艺术精品创作奖”，6月23日举行颁奖仪式。

【文艺队伍】 加强文艺协会建设，指导文艺工作者成立文艺协会，至年底县文联下辖12个协会。指导书法、诗词楹联、文学等团体会员完成换届工作。通过“请进来教”与“走出去学”相结合，加强协会会员技艺培训。先后邀请何昌贵、程一身、霍俊明、何冰凌、黄玲君、杨小贺、李利民等书法、美术、文学门类专家、学者来文讲学、培训，受益人员达600多人。联合有关单位组织摄影家协会举办第二届摄影人才培训班。来自全县各行各业的121名摄影爱好者，通过3个多月的培训学习，两次外出采风实践和摄影作品展而顺利结业。10月6日，邀请书法家杨小贺来文成做隶书专题辅导培训。县朗诵艺术学会携青少年朗诵团及导师先后到温州、平阳、瑞安等地以及浙江图书馆、嘉兴图书馆作专题讲座和交流。同时，支持鼓励协会会员参与上级协会组织的专题交流培训和活动赛事。全年加入国家级会员6人、省级会员11人、市级会员6人。

【文艺创作】 各文艺团体创作成绩喜人。据不完全统计，115件作品在国家级文艺大赛中获奖，117件作品在省级文艺大赛中获奖；10件作品入选年度作品选，27件作品在国家级文艺期刊上发表，195件作品在省级文艺期刊上发表；11部文艺作品集公开出版。富旭、王贵森（王日康整理）、徐世槐、朱赞全、胡加斋、王永贞、叶秋文、包芳芳8位作家丛书《泗溪文丛》由现代出版社出版发行。诗词楹联作品集《安福诗草》《秋水集》公开出版。慕白组诗《丙申行吟图》（组诗）、《在人间》分别获“临川之笔”暨纪念汤显祖逝世400周年全国诗歌大赛二等奖、第四届马鞍山李白诗歌奖二等奖；王国侧获第九届温州市文学艺术创作奖金鹿奖。赵沛包、叶文华、郑光书法入展“沙孟海奖”第九届全浙书法大展。雷斌水彩《致青春·周末阳光》获浙江省首届水彩画写生作品展优秀奖（最高奖），张䜣《雨季》、罗挺《雨后秋菊》入展。夏肇旭《小信徒》《灾后》入展中国第16届国际摄影艺术展览；胡立雷《日月同辉》《山魂》入展“大美黄山逍遥四季”第五届中国黄山国际摄影大展；刘化武《春意》、包成义《一个村庄的消失》《水墨广场舞》《绿地天使》、夏肇旭《意外》入展2016第六届全国农民摄影大展。小品《吃饭，请关手机》入选2016年度浙江省“群星奖”；表演唱《和文成来一个深呼吸》获特色小镇题材音乐新作展演活动暨浙江省第十五届音乐新作演唱大赛兰花金奖。包韩非朗诵《丰碑》获“森林杯”浙江省首届青少年朗诵大赛总决赛少儿组银奖。在中国义乌国际森林博览会第六届中国木（竹）雕展中，根雕作品获2金5银6铜。

【文艺下乡活动】 1—2月，组织县书法家协会、老干部书画协会骨干到社区、乡镇文化礼堂开展“迎新春送春联”活动，为村民送去10000多副春联。2月3日下午，2016迎新春楹联展暨文成书法家送福送春联进万家活动在文化中心广场举行。2月21日下午，联合有关单位在文化中心广场开展文成历史规模最大的一次丙申元宵灯会。4月29—5月10日，以“匠意根魂”为主题的县第二届根雕艺术作品展在文化中心广场展出。6月6日，县书法、美术等5个协会与县政协书画院、佛教协会在温州十亩之间休闲农庄开展人与自然——云江护生行文艺创作活动。现场创作20多幅书画作品和大量摄影作品，编辑出版《云江护生画集》。7月1日，在县文化中心举办“迎七一”庆祝建党95周年暨红军长征胜利80周年文成职工书法作品展及鹿城文成政协书画展。10月26日，组织各艺术协会30多人到公阳乡参加“利柿节”，现场为百姓书写作品，送去书法、美术、摄影等艺术作品30多幅。全年开展各类文艺活动53场次。

【文艺惠民活动】 开展“文艺八进”等文艺惠民活动，丰富城乡群众文化生活。3月2日晚，组织县书法、美术、摄影等8个文艺协会在国际大酒店伯温厅联合举办“2016年文成县‘一拍即合’新春文艺作品拍卖爱心嘉年华”活动。30余件书法、美术、摄影作品参加义拍，筹集善款78400元，用于贫困学生助学、急病大病帮扶和自然灾害救助等公益事业。1月27至2月3日，举办成人特色水彩基础班公益免费培训以及优秀学员作品展。2月9日，组织摄影志愿者开展“摄影进万家，温暖全家福”活动，免费为68户家庭拍摄全家福照片。

【文艺志愿服务活动】 为纪念第3个中国文艺志愿者服务日，文联组织文艺志愿者广泛开展“到人民中去”文艺扶贫志愿服务主题活动。5月21日，组织文艺志愿者走进养老中心开展慰问演出。5—9月，县诗词楹联学会翁仞袍、王重楷、周文扬等会员义务撰写200余幅诗词书法作品赠送给全县各村文化礼堂。送文艺演出进农村文化礼堂、广场、社区，举办书法骨干创作小组辅导培训，开展公益讲座等形式多样、内容丰富的文艺志愿服务活动。7月4日至—8月5日，举办首期“青少年诗词创作培训班”。王美伟、王商杰、郑扬松、叶秋文等诗词楹联学会文艺志愿者通过“理论讲授+习作修改”方式在县青少年活动中心开展1个月的诗词创作免费培训。

【刘基文化】 刘基文化是文成核心文化之一，是县委县政府精心塑造的一个文化品牌。近几年文联在挖掘刘基文化内涵，提升文化品位上做了一定的工作。2016年编印会刊《刘伯温研究》第9期；《刘伯温文化遗产研究论文集》由光明日报出版社出版发行；论文《刘基文化产业发展机制研究》在《浙江工贸职业技术学院学报》上发表。

（郑碎珍）

## 社科联

【概况】 县社会科学界联合会（简称县社科联）成立于2012年4月25日。2016年4月，增设内设机构综合科，核定中层领导职数1名（文编〔2016〕13号）。年末，编制3人，实有3人。年末，归属县社科联管理的社团组织有6个：即县新四军历史研究会(会员88人)、县刘基文化研究会(会员58人)、县富弼研究会(会员98人)、县华侨文化研究会(会员54人)、县叶式太极拳研究会(会员282人)、县长寿研究会(会员87人)。县图书馆、县青少年活动中心，被评为温州市2016“社科普及周”先进集体；县图书馆的张飞飞、县青少年活动中心的刘化斌和县社科联的林永汉3人，被评为温州市2016“社科普及周”先进个人。

【社科研究】 课题研究。由县富弼研究会申报、金邦一撰写、县社科联推荐的课题《浙江千年望族——富弼与富氏家族》，2015年获得浙江省社科联立项，2016年顺利推进。该课题以传世史料和富氏家族史料（宗谱的序言、人物传、诗词，富氏后代名人传，各宗庙题匾、对联，富氏后人借据，代讼词等地方文献）的相互印证，寻找南田、西坑的富氏祖裔文物及古迹，整理《四库全书》里富弼未出版文集及和富弼相关名人文章，挖掘富弼家族作为文成（原青田）簪缨相继的家族历史和崇文尚德的家风，展示浙南政治、经济、社会风貌的演进传承。

与县委党校、县教育局、县新闻中心、县文联等单位联合推出一大批社科研究课题，有《文成地域文化研究》《刘基从戎后的心旅历程探究》《刘伯温非常见史料集》《刘伯温诗词编年笺注》《新常态下浙南山区新型城镇化的制约因素与发展路径》《文成县长寿健康产业发展对策研究》《发展乡贤文化推进乡村治理现代化》《用五大发展理念引领库区群众转产转业——以文成县珊溪水库水源保护区为例》《"美丽乡村"建设的成效、经验、问题与对策——基于文成"美丽乡村"的调查分析》《构建长效运行机制，助推文化礼堂健康发展——以文成县的实践探索为例》《基于发展权视角的水源保护区(文成珊溪库区)生态补偿路径研究》《推进文成法治县创建工作的探索与思考》等12个课题，被列为县级课题并向省社科联、市社科联申报研究课题。

社科论文评比。3月，县委宣传部、县社科联联合开展全县优秀社科论文评奖活动，论文主题围绕创新、协调、绿色、开放、共享五大发展理念，结合全县经济社会发展状况。经有关专家评审，共评选出一等奖2篇、二等奖4篇、三等奖6篇和优秀奖7篇。县社科联推荐参加全市社科论文评比论文19篇，获奖2篇，其中《文成县乡村旅游发展探讨》(周洁、林建辉)获二等奖、《刘基郁离子经济思想略论》(蒋伟煌)获三等奖。

【社科普及】 宣传品牌《伯温讲坛》，以普通市民为受众，坚持"面向群众、关注民生、传播知识、提升文明"原则，以"百姓讲身边事、专家讲百姓事"为基本形式，根据群众要求，全年主要围绕教育、医疗、文学、历史等方面，邀请省市县专家开展10期讲座，累计听课1200多人。与县非遗中心、新闻中心联合，围绕文成地方特色，用微电影形式记录传播文成地域文化，如《文成往事之月子》，以妇女产后坐月子要吃红酒索面为主线，向观众展示了市级非遗项目龙川索面制作技艺和传统红酒酿制技艺，在新闻网微信客户端发布，获得良好口碑，被网友点赞称颇具《舌尖上的中国》的韵致。

【社科宣传】 8—12月，组织开展了主题为"坚定文化自信建设美丽文成"的文成县2016"社科普及周"活动，共30个具体活动项目，分为广场咨询、读书系列、理论研讨、社科进基层、社科图片展、科普读物展、系列讲座、其他主题活动等8个板块，面对家庭、学校、机关以及农村等不同群体，推进全县社会科学的普及和发展。

9—12月，县社科联与县委宣传部、县委组织部、县纪委、县委党校等单位联合举办党章、党规、党纪专题、十八届六中全会精神、法治专题学习等学习会。9—11月，县社科联与县文广新局等单位联合举办第八届刘伯温传说讲故事大赛、第五届民营剧团戏曲展演、第六届农村文艺会演、民间文学表演性、2016年文成县视觉艺术作品展等活动。10—11月，与县教育局等单位联合举办"北银之星"县中小学生英语风采大赛、第三届"我爱记诗词"大赛、"亲子共读、书香家庭"网上读书评选活动、"爱阅读"公益指导团到学校、乡镇进行阅读公益指导、第五届"新华杯"教师读书论坛等活动。10月，县社科联与县委党史办、县文明办等单位联合举办纪念长征胜利80周年诵读比赛。

县社科联单独开展的活动：全县社科知识竞赛、全县社科论文评比、先进社科普及示范基地评选等活动。县社科联下属研究会和社科基地开展的活动：叶式太极拳免费培训、"图书馆就在我身边"征文比赛、"我爱阅读随手拍"摄影大赛、"文化惠民、送书下乡"活动、"我与中华古籍"摄影作品巡回展、社科读物专题展、"最美汉字"展览。

9月22日，"社科普及周"社科知识竞猜活动在二源镇中心广场举行(县社科联提供)

11月11日，"社科普及周"社科知识进校园活动在公阳乡中心学校举行（县社科联提供）

【社科基地】 成功申报2个市级社科基地：玉壶镇龙背文化礼堂、珊溪镇新建文化礼堂。年末，全县拥有市级社科基地10个：百丈漈水力发电厂展览馆、珊溪镇刘英纪念馆、珊溪镇街头村孝文化馆、黄坦镇培头村畲族传承教育基地、西坑畲族镇田寮村翰墨园、玉壶镇华侨陈列馆、大峃镇官山背烈士纪念馆、黄坦镇雅梅文化礼堂、玉壶镇龙背文化礼堂、珊溪镇新建文化礼堂。拥有县级社科基地27个，县级先进社科基地10个：一类基地（1个）珊溪镇街头村孝文化馆；二类基地（2个）黄坦镇培头村畲族传承教育基地、百丈漈水力发电厂展览馆；三类基地（7个）文成烈士纪念馆、文成县成人教育中心、文成县图书馆、西坑畲族镇翰墨园、巨屿镇穹口文化礼堂、周壤镇周墩文化礼堂、文成县龙凤木偶剧团。

（林永汉）

## 红十字会

【概况】 县红十字会于2011年5月由县卫生局托管转为县政府联系，列为县群团机关正科级单位管理，会长由县政府分管领导兼任。2013年9月，县委、县政府出台《关于促进红十字事业发展的意见》，2014年9月配备了常务副会长。年末编制3人，工作人员5人。2016年被温州市红十字会评为红十字灾害救援工作先进单位。

【精神传播】 全年，省、市、县各大媒体为文成县红十字会报道救护培训、器官捐献、造血干细胞采样、贫困助学、志愿服务等新闻46条。在县红十字会官网和微信公众号全年更新信息共24条。文成电视台综合频道及图文频道继续宣传红十字"情暖文成"项目，呼吁"三救""三献"业务的开展。5月12日协同人防办、民政局、科技局等单位在电信广场开展知识展览、知识问答等多种形式的防灾减灾主题宣传。9月12日在玉壶小学开展主题为"儿童学急救，急救为儿童"的世界急救日活动。12月23日联合人防办等单位在嘉盛小区开展"急救知识进社区，急救包进家庭"的主题宣传活动。

【救护培训】 全年培训救护员1137人，完成率103.4%；普及人数5570人，完成率101.3%。2016年是联合县教育局制定3年教育系统培训计划的第二年，根据市红十字会的部署，县职高、二源幼儿园、文成中学、中小学生实践基地、文成县雷霆户外救护队和消防中队等都作了救护员或普及的培训。加强师资力量培训，派出2名中小学生实践基地的老师参加市红十字会举办的师资队伍培训，并取得合格证书；2013年取得证书的2名讲师又参加复训。

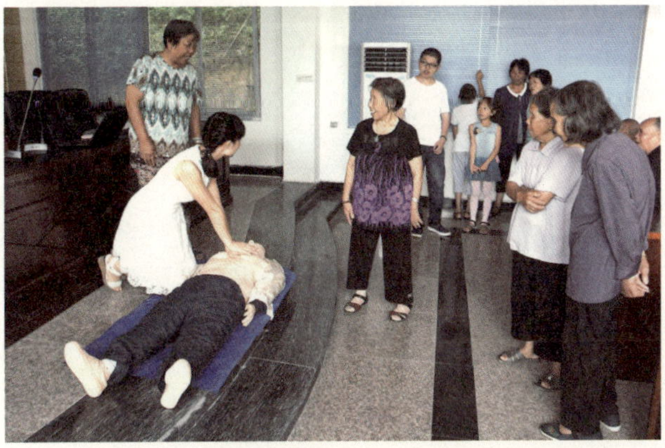

应急救护进文化礼堂（县红十字会提供）

【关爱生命】 人体器官捐献工作取得突破，全年器官捐献登记5例，实现人体器官及遗体捐献1例，这是文成县首例器官及遗体捐献，在新蓝网和温州都市报进行过报道。造血干细胞血样采集任务37人，完成采集37人，完成率100%，参与无偿献血宣传10余次，弘扬了红十字会“人道，博爱，奉献”的精神。

【人道救助】 全年社会筹资39万余元，用于助学、助困、帮扶等活动。救助贫困学生75人12.7万元，分别是小学生每人1000元，初中生每人2000元，高中生每人3000元。政府人道救助金15万元，救济162户困难家庭；开展关爱精神疾病患者项目，救助困难家庭的精神疾病患者，向社会发出消除偏见，勇于关爱的呼吁，让精神病患者积极地面对治疗，生活得有尊严。

【救灾备灾】 鲇鱼台风期间，及时向省、市红十字会争取救助，第一时间将棉被、家庭包、夹克衫等物质发放到双桂乡灾民手中，共计价值35万余元。红十字会救灾物资储备仓库于年底装修完毕投入使用。

【志愿者队伍】 县红十字会金手杖志愿者队伍，人员不断增多，队伍不断壮大，服务质量不断完善，开展活动逐渐增多，在全县范围内经常开展敬老爱幼助贫等志愿服务活动。1月22日联合“你我同行”服务队在平和乡开展送温暖活动，5月8日在西坑敬老院开展志愿服务活动。

（林尚东）

# 军 事

## 人民武装部

**【思想政治建设】** 2016年，文成县人武部以“两学一做”专题教育为抓好，按照“全员参与、全年贯穿”的要求，结合单位实际严密组织教育活动。将教育方法由说教式向互动式转变，通过课堂交流、课后讨论，引导干部职工主动思考，真学真悟党的理论和习主席讲话精神，做到入脑入心。将教育场所由营区内向营区外拓展，组织机关党员参加“文成讲坛”辅导、参观文成县廉政教育基地、邀请地方党史研究室主任为党员授课；“七一”节间，组织机关和民兵骨干党员赴烈士陵园重温入党誓词，不忘入党初心；在机关党支部开展“党员之星”和“党员先锋岗”等评星创优活动。在创新丰富教育平台的同时，不断调剂教育“口味”，激起大家学习热情，引领广大干部职工自觉践行合格党员要求。注重抓细抓常，坚持每日手抄党章，坚持每月一次述学、每两个月一次践诺自评、每季度一次党课制度不放松，切实把学习教育活动抓出成效。

“两学一做”中国梦党课课堂(县人武部提供)

**【征兵工作】** 按照“尽早发动、大力宣传、严格登记、规范体检、廉洁征兵”的工作思路，贯彻落实省、市征兵工作会议和军分区业务培训会精神，在国防动员部征兵工作“五率”量化评比中取得满分，实现连续两年零退兵，文成县人民政府被省政府评为“征兵工作先进单位”。

9月14日，文成县热烈欢送首批新兵光荣入伍(县人武部提供)

**【民兵整组】** 根据省军区有关民兵整组工作指示精神，调整民兵组织整顿工作领导小组，召开整组工作领导小组会议，组织人员到各乡镇和企事业单位进行调查摸底，拟制文成县民兵整组工作计划方案，以提高应急处置力量为牵引，提升遂行任务能力为目的，加强民兵“四队”能力建设。3—4月，结合深化民兵调整改革固强补弱工作，完成年度民兵整组任务。通过整组，进一步落实人员，纯洁队伍，增加技术含量，提高民兵质量，做到规模适当、布局合理、重点突出、可靠管用，确保民兵队伍拉的出、用得上、起作用。

【民兵训练】 依据担负的作战任务，民兵训练主要紧密结合G20峰会安保、抗洪抢险等任务需要，集中组织反恐维稳、冲锋舟操作、地质灾害救援、山林灭火等专业民兵干部骨干集训；将民间“雷霆救援队”编入民兵应急分队，拓展任务职能，提升训练质量和遂行任务能力。完善战备方案和反恐维稳、防汛救灾、山林灭火、地质灾害救援等遂行非战争军事行动预案，全区投入10万元添置战备物资器材。扎实组织“民兵情报信息月”活动，调整优化民兵情报信息员队伍。训练中，民兵干部骨干突出组织指挥、军事技能、军事理论；应急分队突出反恐维稳、防台抗洪、核化救援、山林灭火等基本技能训练，注重在参加地方抢险救灾等应急行动中开展动员集结、快速机动、展开行动等实案化演练；重要目标防卫（协防）分队按照“动、合、抗”要求，夯实战术训练基础，突出熟悉预案、熟悉战斗岗位、依案开展实战化演练，确保民兵队伍能够一声令下迅即行动、完成任务。

5月24日，县人武部组织全县民兵应急连护航G20集训（县人武部提供）

6月30日，举行珊溪水库重要目标联合演练（县人武部提供）

【抢险救灾】 全年出动民兵30批次800余人参与了森林扑火、防抗台风、“三月三”畲乡文化节秩序维护等行动。1月23日，县人武部干部职工和县民兵应急连200余人，投入抗雪除冰救灾行动中，连续奋战两天一夜，共疏通道路近20公里，有力保障了330省道西坑至文成与景宁交界路段当地居民安全便捷出行，诠释了“招之即来、来之能战”的使命要求。在9月份防抗“鲇鱼”台风行动中，县应急分队共出动23批500余人次，转移人员700余人，搜救遇难者6名，搬运救灾物资20多吨，成为救灾行动的中坚力量。作为第一支进入灾区、最后一支撤离的救援力量，县民兵应急分队经受住了实战考验，得到县委、县政府和群众的一致赞扬。

1月22日，民兵在S330西坑路段铲冰除雪（县人武部提供）

9月28日，文成民兵抗击台风“鲇鱼”，持续奋战在抗台救灾第一线双桂乡宝丰村(县人武部提供)

【国防教育】 发挥文成县“革命老根据地县”红色资源优势，广泛开展国防教育“五进”活动，“文成国防”微信公众号和网站点击率持续上升。抓住党政领导这一重点，2批次组织全县后备干部和乡科级领导干部封闭式军事化训练，让广大领导干部在体验“当兵”生活中自觉强化关心国防、建设国防的使命感和责任感。打好侨乡文化牌，将国防教育向海外侨胞群体拓展，通过侨联、统战部等机构，借助微信、QQ群等网络媒体，向海外群体推送国防教育信息和征兵政策，提升他们的爱国热情。以宣传“弘扬伟大抗战精神，同心共筑强大国防”为主题，向广大人民群众宣扬中国人民抗日战争胜利的伟大历史意义，弘扬伟大的抗战精神，进一步增强广大人民群众的国防观念。9月，组织文成中学入学军训680人次，开展以纪念红军长征胜利80周年为主题的国防教育宣传周活动。

1月4日，文成县中青年后备干部封闭式军事化集训(县人武部提供)

【党管武装】 突出以制度抓规范，严格落实双重领导、双向兼职、党委议军、党管武装述职、“军事日”活动等7项党管武装制度。在年底全市党管武装工作考核中，成绩位列同类县第一名。专武干部队伍建设，结合区划调整，提拔使用8名专武干部到部长岗位，队伍结构进一步优化。突出业务技能训练，在全市专武干部竞赛性集训比武中，取得团体第一名的成绩。

【国防动员】 协调县委严格规范国动委各办公室工作制度，调整完善组织，保持机构常态运行。定期组织“八办”联络员会议和业务培训，开展国防潜力普查，系统梳理录入“动员一号”“辖区战场环境”“双拥潜力数据”等八大类900余项动员潜力指标数据，定期更新完善。

【后勤保障】 开展财经领域“两项整治”，全年压缩接待费65%、行政消耗9%。针对遂行抢险救灾、反恐维稳、处理突发公共卫生事件等后勤保障任务，建立一套非战争军事行动后勤保障军地协作机制。

12月20日，对特困优秀退役军人进行慰问(县人武部提供)
（洪婷婷）

## 武警中队

【概况】 2016年，武警文成县中队认真贯彻上级指示精神，深入学习习主席重要讲话精神，扎实开展创先争优活动，不断提高党支部“三个能力”。依据新《军队基层建设纲要》和条令条例，进一步理清思路，打牢基础，高标准实现“两个确保”。中队坚持以“做人、做事、吃苦、奉献”八字精神和“不择土壤不怕寂寞，扎根偏远无私奉献”的队训为主线教育引导官兵，工作学习中真诚帮带、日常生活中真心帮助，遇到困难真爱帮扶，着力传承中队优良传统。在全体官兵的努力下，中队被上级评为基层建设先进单位。

【思想政治建设】 结合自身实际，严格落实理论学习日、教育、晨读和“三个半小时”制度，深入抓好习主席系列讲话精神传达学习，组织肃清周永康、徐才厚、郭伯雄案件的影响，较大转变战士观念。结合封闭式管理、老兵退伍、抢险救灾等任务实际和工作特点，有针对性地开展随机教育，借助地方资源，丰富教育形式。始终坚持把战士作为部队建设的主人，不断提升官兵主人翁意识。每月召开思想汇报会、官兵恳谈会，广泛与战士谈心交心。组织开展“致战士家长一封信”活动，向战士家长汇报每名战士日常表现，征求战士家长对中队战士管理教育的意见建议。

【军事训练】 在全面落实《大纲》的基础上，坚持以任务为牵引和“两严”方针，狠抓“八落实”，开展“五小练兵”活动，主要突出体能训练、技能训练等科目，狠抓战训结合，突出实战应用，加强情况研讨，训练成绩较往年进步明显。在总队、支队组织的各项军事比武中，均取得优异成绩，创造近年军事比武最好成绩，获得2016年度军事训练先进单位。

【执勤战备】 严格落实勤务制度，确保执勤和处突任务圆满完成。一是正规执勤秩序。在贯彻上级有关执勤规定的同时，结合中队实际，制定中队的执勤补充规定，对各类执勤人员的职责进一步细化，坚持每周半天的勤务训练，扎实提高官兵的处置能力；研究整改执勤“常见病、多发病”，端正哨兵的形象。二是加快“五防一体化”建设，中队的整体执勤硬件软件水平都得到了质的提升。三是加大监控查勤和实地查勤相结合的力度，确保哨兵以高度的警惕性站好每一班岗。四是加大哨兵防袭击动作的训练，学会一招制敌和首发命中的本领。落实上级指示精神，对新的要求进行规范和训练，确保执勤人员技能过硬、应变灵敏，保证目标绝对安全。五是中队支部做到常抓常议，协同目标单位搞好“三共”“三个一遍”活动。中队还根据任务的需要，进行处突预练，注重研究各种突发事件特点规律，通过演、练、讲、做相结合进一步提高官兵们的执勤处突能力。9月，中队因在杭州峰会警卫安保任务表现出色，被温州市委市政府表彰为峰会安保先进集体。

【后勤保障】 始终牢记和发扬部队的优良传统，艰苦奋斗、勤俭节约，不断提高后勤建设科学化水平。中队党支部经过认真研究，对军械员和炊事员的选拔进行严格把关，合理调配。在日常工作中严格落实管理的各项规章制度，适时抓好思想建设和业务训练，后勤队伍的作用发挥明显。始终严格落实经费管理规定，抓好各项制度落实，对经费开支，支部能从严把关，按章办事，始终做到有计划、有研究、有审批、有检查，制定落实日清、周查、月结、季度核对制度。按照“统一领导、财务归口、收支有序、加强监督”的原则，严格实行“收支两条线”，保证经费使用科学规范。落实《武警部队伙食管理规定》，尤其是落实好伙食管理五项制度，着重从抓好食物配送、实物验收等方面入手，发挥经济民主组等组织的作用，既克服“跑、冒、滴、漏”现象，确保饮食卫生，防止病从口入。中队炊事员因工作出色，多次得到上级领导表扬。

【拥政爱民】 中队支部高度重视军政军民的关系，积极参加县里的各项活动，支持地方建设，把关注弱势群体、开展扶贫帮困活动作为回报人民厚爱的具体活动。中队在春节前开展以宣传“三大纪律，八项注意”为中心的爱民月活动，提高遵守群众纪律，改进工作作风的自觉性。借助“雷锋日”活动组织官兵看望慰问孤寡老人，集中组织官兵进行一次无偿献血活动。9月中旬，出色完成抗击台风“鲶鱼”抢险救援任务，得到各级领导的高度肯定和赞扬。2人被温州市委、市政府表彰为抗台抢险先进个人。

（武警中队供稿）

## 人民防空

【概况】 2016年，文成县人民防空办公室（简称“文成县人防办”）贯彻“长期准备、重点建设、平战结合”的方针，履行“战时防空、平时服务、应急支援”的使命要求，以习总书记在全国第七次人防代表会议“人民防空是国之大事，是国家战略，是长期战略”的讲话精神为引领，紧紧围绕年初省、市人民防空会议的部署，较好地完成年度目标任务。

【人防指挥工程】 人防地面指挥中心系统每周二8时40分与温州市11个县市区进行短波电台联通训练，15时与省、市人防办进行视频会议对接及训练，全年考核成绩优异。人防基本指挥所于12月底通过立项，总投资4569.12万元。

人防地面指挥中心（人防办提供）

【方案与演练】 在完成“十二五”规划的前提下，重新修编“十三五”人防专业规划，参与县城地下空间开发利用规划编制。修订《文成县信息化条件下人民防空行动方案》，形成初稿。5月18日，参加市人防办承办的“浙江金盾—16”浙江省暨温州市人民防空实战化演习，县人防办全体成员高度重视，多次召开会议，商讨演习服装、内容、会场布置等相关事宜，按时参加市办组织的演练、合练，保证了“浙江金盾—16”演习在文成的顺利进行。其间，分管副县长、指挥长吴昌亮全程参加，这也是地面指挥大厅建设以来第一次正式演练检验。

人防实战化演习指挥部（人防办提供）

5月25日，组织40余名专业队成员，进行为期2天的军事训练，训练涵盖体能训练、基本列队、国防人防知识培训等内容。通过训练，队员应急救援能力、相互协作能力、思想素质方面都得到提升，为切实履行战时防空、平时防灾职能奠定坚实的基础。

人防专业队成员军事训练（人防办提供）

11月5日下午，县人防办联合中石化文成分公司、安监局、县消防队等6家单位1个社区150余人，联合举办危化品消防安全应急综合演练。通过现场模拟意外火灾、车辆事故、人员情绪失控造成突发状况等情景，训练应急救援队伍在紧急情况下的应变能力和应对灾害事故、突发事件的协调配合处置能力。对中石化文成分公司员工开设人防教育课和应急疏散安全事项的培训。

危化品消防安全综合演练（人防办提供）

**【人防宣传教育基地】** 与县中小学生素质教育实践基地合作，委托教育部华中师范大学素质教育研究中心设计，立足建设高质量人防宣传教育基地，把它打造成科技含量高，可视性强，学习教育成果好的作品，融学习、教育、体验、互动、拓展为一体的省市一流基地，使全县学生能全面掌握空袭防护、灾害逃生、安全救护知识，提高应对突发事件的能力。完成教师的讲解培训，11月28日组织试验性开馆。

中小学生人防宣传教育（人防办提供）

**【民防应急报警演练】** 全年新安装固定电声警报器2台，进一步扩大警报覆盖的范围，确保警报鸣响效果。5月12日、9月18日，全县统一试鸣防空、防灾警报信号。全县4所中学和第二实验小学开展人防课程教育和常年应急疏散演练。10月25日，组织参与“浙江金盾—16”演习。

小学生应急疏散演练（人防办提供）

【综合执法】 5月进行动员部署，成立“三清三查三确保”领导小组，细化任务分工，制定专项工作方案。6月对文成县已竣工的11个工程进行全面检查，对于检查过程中发现的问题，及时向管理和使用单位进行反馈，责令其限时落实整改，并不定期进行复查。

【人防宣传】 抓住“3·1”国际民防日、“5·12”防灾减灾日等特殊日子，通过分发宣传资料、知识竞猜、宣传展板等方式，不断提高市民防空防灾知识。3月1日在珊溪镇文化广场开展“3·1”国际民防日活动。5月12日在电信广场组织开展全国第八个防灾减灾日暨文成县“减少灾害风险，建设安全城市”主题宣传教育活动，展出宣传展板70余幅，发放宣传资料2500余份。9月18日在文化中心广场开展“铭记历史、勿忘国耻”纪念“9·18”事件85周年主题宣传活动。与电视台签订合作协议，把人防民防动画搬上电视，在文成电视台每天播放。

人防宣传现场（人防办提供）

（人防办供稿）

# 法　　治

## 平安综治

【概况】　中共文成县委政法委员会和文成县社会治安综合治理委员会办公室（简称“综治办”）、中共文成县委维护稳定工作领导小组办公室（简称“维稳办”）、中共文成县委防范和处理邪教问题领导小组办公室合署办公。核定行政编制7名（含工勤1名），参公3名，事业5名，编外用工2名，设办公室（政治处）、执法监督室、综治工作督导科、平安建设协调科、防范办综合科、平安维稳工作协调中心等6个职能科室。年末在职人员18人，其中行政干部11人（领导7人，工勤1人，退二线1人），事业5人，编外用工2人。2016年，县委政法委以“平安护航G20”和平安建设“双十”目标为导向，坚持机制创新，精准找短板，合力补短板，全力提成效，扎实推进平安综治维稳各项机制落地生效，打赢G20杭州峰会维稳安保决胜战，为创建更高水平平安县奠定坚实的基础，确保社会大局持续和谐稳定。2016年度平安建设考核和“负面清单”均居全市第一，省级平安县考核排名全省第九，圆满完成省级平安县创建“十连创”和考核进全省前十的“双十”目标。

平安银鼎（政法委提供）

【平安维稳机制】　“八个一”工作机制。继续实施责任年初一落实、问题月初一告知、形势季末一分析、工作一季一暗访、情况每季一通报、半年工作一督查、难点适时一攻坚、成效年终一奖惩的“八个一”工作机制，一环接一环将工作抓到实处，构建党政主导、部门协同、整体联动、齐抓共管的工作格局，有力地推进平安建设深入开展。

平安维稳工作责任追究机制。严格落实《平安建设工作约谈制度》（文委办发〔2012〕209号），制定实施《文成县平安维稳工作责任追究办法（试行）》（文委办发〔2016〕72号）等责任追究机制。全年对50名存在监管责任落实不到位、安保措施不到位、主体责任落实不到位等问题的单位主要负责人、分管领导、企业负责人、村居干部、网格责任人进行约谈，其中平安文成领导小组约谈16人，县纪委约谈24人，县检察院约谈4人，按反恐法追责6人。

明察暗访督查机制。制定实施《2016年全县平安建设暗访活动实施方案》（文委办发〔2016〕74号），实行县领导带队查、与外县对口查、专职督查员常态查、乡镇部门自查以及责任追究的“四查一究”督查机制。在G20杭州峰会期间，加大督查力度，实行县委主要领导亲自查、县委常委分片查、县分管领导专项查、人大政协专题查、职能部门全线查、乡镇全域查、与外县对口交流查、专职督查员常态查的督查暗访“八查机制”，将督查作为推进工作开展的强有力手段，形成督查常态，确保问题整改到位。全县出动23767人次，检查31621个点，查处问题14766个问题，处罚金61.02万元，停产停工整改41家企业、工地，刑事拘留44人，行政拘留30人，行政处罚24人，约谈38人次。

平安综治领导责任制。根据中共中央办公厅、国务院办公厅出台的《健全落实社会治安综合治理领导责任制》和省、市关于综治领导责任制的一系列要求，综治委与各乡镇、综治委成员单位，各乡镇、综治委成员单位与村、站、所，层层签订社会管理综合治理目标管理责任书，明确各自职责，营造齐抓共管格局。建立党政“一把手”为第一责任人，分管领导为直接责任人，其他领导负与其职责相应的责任规范。将综治工作纳入全员绩效考核，对责任事故实行“一案双查”，严肃追究相关单位和人员的责任，全年对2个单位进行社会治安专项问题挂牌整治。严格落实“一票否决”机制，将“一票否决”审核纳入单位和个人评先、评奖、晋职、晋选的各个环节中，全年对490个单位（村）和5389名个人进行了综治“一票否决”审核，否决1名公职老赖，对4000余名“两代表一委员”初步人选进行资格审查。

【维护稳定】 以“平安护航G20大会战”为总牵引，充分发挥统筹部署、牵头协调、督导暗访等职能，全力以赴推动开展十大专项行动，坚持问题导向，查补短板，有效防控应对各类安全风险，确保各项工作整体联动、步调一致、运转高效。深入推进“无邪教县”创建工作，成功创建“全省第四批无邪教示范县”。全面实施社会稳定三色预警机制，认真分析研判社会稳定工作的重点、难点问题，切实掌握社会稳定动态。全年共发预警通报12期，发出黄色预警44项，橙色预警7项，红色预警10项。深化“三评一考”重大决策社会稳定风险评估机制，通过指定评、督办评、追责评、强化考核，应评尽评。通过各乡镇的摸排，联合发改、住建等部门进行审核，确定35个项目为2016年度重大决策社会稳定风险评估重点评估报备项目，对47个事项进行风险评估。探索“一三五”乡镇应急体系建设工作，不断提高基层应急处突工作能力及水平。

5月3日，召开全县平安护航G20行动誓师大会（政法委提供）

【平安创建】 平安宣传。创新宣传形式，丰富宣传载体。深化电视媒体宣传力度，设立“平安文成频道”，以平安建设为主题，包含《平安文成》电视专栏、平安文成公益广告宣传、文成新闻、电视剧场、天气预报、少儿栏目，音乐剧场以及涉及平安建设方方面面的专题节目、广告等，将节目内容上载至文成新闻网，进一步扩展宣传渠道和范围。宣传载体更加灵活，根据县内快递运送车辆跑街串巷、上路频率高、流动频繁的特点，与申通、韵达、圆通等快递公司合作，将平安宣传标语等制作大幅海报包装在快递运送车辆上，在街道上形成一道亮丽的风景线。宣传队伍进一步扩大，成立“平安妈妈”志愿者服务队，由50位各行各业的中、老年妇女组成。“平安妈妈”志愿者以其特有的亲和力，走街入户进行面对面平安知识宣传，效果显著；推进平安巡防“红马甲”建设工程，对各类专兼职巡防员统一发放配备红马甲，有条件的乡镇村居配备电动巡逻车，建立“骑兵”“步兵”巡防队伍，开展平安巡防及平安知识宣传。宣传活动更加丰富，组织开展“共建平安文成·共享美好生活”平安建设有奖问卷调查活动，发放问卷10万余份，获奖人员350人，发放奖品价值5万元。利用农村文化礼堂这一有效宣传载体，开展形式多样的宣传活动；联合职能部门“环境保护日”“安全生产月”禁毒宣传日“法制宣传日”等活动穿靴戴帽开展平安知识宣传。制作平安宣传挂历12万份，发放到各村各户。2016年度平安建设群众知晓率87.4%，高出全省平均水平1.6个百分点，全市第一；参与率59.3%，高出全省平均水平8.7个百分点，全市第二；群众安全感满意率(治安安全、食品药品安全、生产安全、生态环境安全四方面综合测评)97.34%，排名全市第一。

基层系统创安。推进平安细胞工程创建，开展平安乡镇、平安社区、平安村(居)、平安校园、平安医院、平安工地、平安交通、平安景区、平安寺观庙堂等基层和系统创安，切实扩大创建面，夯实平安建设的群众基础。

平安妈妈志愿者服务队开展平安宣传活动(政法委提供)

【综合治理】 夯实基层基础。深化综治“一张网”建设，进一步明确乡镇联片领导、村居干部和驻村干部以及网格长、网格员三级网格干部责任，形成“定格、定人、定责”的“一张网”组织工作体系。扎实推进县、乡镇两级社会治理综合指挥室和社会服务管理中心规范化建设。深化“网格化管理、组团式服务”和平安建设信息系统“两网”融合。补助31万元完成8个乡镇综合指挥室规范化建设，其余乡镇完成基本建设。加大平安建设信息系统、综治视联网、公共安全视频监控联网应用力度，提升政法综治工作信息化水平。强化群防群治队伍建设，全县384个村共成立442支专兼职群防群治队伍，新增巡逻电动车60辆，防暴装备60套。

注重信息排查。发挥网格责任人的“排头兵”作用，落实网格责任人培训制度、周二全员入社入格制度；加强科技应用，“平安通”网格责任人全覆盖；发动群众参与，注册“平安浙江APP”21946人。实施格情信息录入考核奖惩机制，调动网格责任人的积极性、主动性，形成全方位、无盲点的信息排查网络。全县共排查录入平安建设信息系统动态信息12972条，其中排查录入矛盾纠纷4577条、治安隐患7277条、民生服务1118条；补助网格信息采集“以奖代补”资金57452元。

强化责任落实。出台实施包含巡防、矛盾纠纷排查化解、安全隐患排查整治、重点人员管控、流动人口管理、出租房及合用场所管理、电动车违法行为整治宣传及劝导、防范邪教、平安建设宣传、平安村创建等内容的“村级十大任务清单”制度，切实将责任传递到基层，强化村两委干部参与社会治理的责任感和主人翁意识。组织开展“大排查、大起底、大整治、大化解、大巡防、大走访”等系列专项行动，落实问题排查清单、问题整治清单、检查督查清单责任人签字备案制度，确保排查、整治、督查、追责到位。

推进社会治理。深化治安防控体系建设，对全县公共视频监控资源进行整合，将视频监控和应急广播进行有效的融合，采取多方投入，共建共享的原则，创建“看得见，喊得响”的“云眼声控”平台。9月26日和文成县华数广电网络有限公司签订项目战略合作协议，搭建视频接入平台、视播结合平台，接入点位165个，在巨屿镇的试点建设稳步推进。加强重点人服务管理，全面开展易肇事肇祸精神病人专项排查活动，新排查出精神障碍患者176例，其中鉴定出三级以上13例，全部实现强制医疗场所、严重精神障碍患者监护责任人“以奖代补”和救治救助经费“三落实”。加强重点物、重点部位监管。推进瓶装燃气实名制登记制度，全县瓶装燃气活跃用户总数34820户，全部实名登记。严格落实散装汽油各项管理制度，对销售散装汽油站点均安装“散装汽油购销实名登记系统”。实行出租房、民宿、农家乐、旅馆、酒店、网吧等100%实名登记制。实行客运实名制，落实旅客身份采集查验和物品安检制度，做到人、证、票一致。开展涉枪涉爆专项整治工作，全力收缴非法枪爆等危险物品。开展电动车违法行为专项整治行动，全面规范电动车行驶秩序。牵头开展寄递业专项整治，全面规范收寄、登记、查验流程，开展检查148次，约谈告诫13起，责令整改4起，关停26个无证无照经营网点，确保所有寄递物流网点全面落实3个“百分百”，推进寄递物流企业管理规范化、制度化、常态化。牵头开展成品油市场专项整治，检查涉嫌非法加油点37家，抽查样品10个批次，查获涉嫌无证照经营案件5起，立案2起，刑拘1人，取保候审2人，移送交警案件1起，查扣非法加油车1辆，查封油罐6个，查扣柴油12吨，形成打击威慑氛围，有效扼制成品油市场乱象。深化矛盾纠纷化解，建立健全横向衔接、纵向到底、分级负责的立体式多元化大调解体系。实现全县乡镇级人民调解组织和“以奖代补”奖励机制全覆盖。全县共有人民调解员2430名，专职调解员18名，村(社区)人民调解员1778人，“两代表一委员”特邀人民调解员164名。全年，全县人民调解共受理矛盾纠纷2914件，调处成功2893件，调处率100%，调处成功率达99.7%。不断完善特邀海外调解员工作机制，全年开庭审理33件，全市特邀海外调解员制度现场会在文成召开。“创立特邀海外调解员制度，维护海外侨胞合法权益”被评为2006—2016年温州市“十大法治”事件之一。

**【执法司法】** 开展涉法涉诉信访积案清理专项活动，有序开展积案化解工作。开展专项执法检查、案件评查工作，完成10起涉法涉诉信访积案的案件评查，没有发现违法违规的重大问题。开展司法救助工作，共有司法救助案件18起，发放司法救助金共计32.43万元，受助人数18人。

**【法学会】** 6月，常务副县长徐清雨、县委政法委副书记郑国法、县委政法委专职委员刘剑茹、县人大法工委副主任朱慧杰、县法制办副主任陈茂平等5人发起成立文成县法学会。10月11日，召开法学会成立大会并选举产生第一届理事51人，其中常务理事11人，选举产生文成县法学会会长徐清雨(时任常务副县长)、常务副会长郑国法(政法委副书记)、秘书长刘剑茹(政法委专职委员)，及副会长8人。首批会员共有179名，涵盖全县范围内公、检、法、司等从事法律工作及爱好法律的工作人员。其中中共党员124名，非党员55名；涉及法学法律业务部门152人、党政管理部门19人、企业8人。

10月11日，法学会成立大会召开(政法委提供)

【队伍建设】 全年政法委机关"一把手"上党课2次,其他班子成员上党课4次,组织理论中心组学习12次,集中专题学习19次;撰写十八届六中全会及党纪党规等相关学习心得体会11篇,撰写"两学一做"感言11篇。教育引导全委党员干部严格遵守党的政治、组织、廉洁、群众、工作、生活等纪律,严格执行党内政治生活准则和党的各项规定。如实开展干部人事档案、领导干部个人事项报告,违规拥有农商银行等非上市公司(企业)股份(证券)专项清理、单位、党员干部违建情况等进行全面自查,无相关违规现象。坚持厉行节约,反对奢侈浪费,深化公务用车改革和办公用房清理,严格控制"三公"经费,全年委机关公车经费4.06万元,比2015年度同比下降23.64%;公务接待经费1.2万元,比2015年度同比下降54.12%,没有公费出国,办公用房符合规定要求。严格落实"四个亲自""五个不直接分管""五个不准""五个严禁"等党风廉政原则。用好、落实好谈心提醒制度,全年开展谈心提醒21次。严格遵守和落实《干部选拔任用条例》及《中层干部选拔任用实施办法》。全年推荐并提拔任用副科级干部1名,中层正职1名,中层副职1名。

5月9日,全县政法队伍建设工作会议暨"两学一做"专题党课召开(政法委提供)

## 2016年荣誉名录

表11

| 序号 | 集体/个人 | 荣誉称号 | 授予部门 | 授予时间 |
|---|---|---|---|---|
| 1 | 文成县 | 2015年度省级平安县"夺银鼎" | 中共浙江省委<br>浙江省人民政府 | 2016.3 |
| 2 | 文成县 | 综治工作优秀县 | 中共温州市委<br>温州市市政府 | 2016.4 |
| 3 | 县委政法委 | 温州市G20杭州峰会维稳安保工作先进集体 | 中共温州市委<br>温州市政府 | 2016.9 |
| 4 | 林炳欧 | 浙江省G20杭州峰会工作先进个人 | 中共浙江省委<br>浙江省人民政府 | 2016.9 |
| 5 | 郑国法 | 温州市G20杭州峰会维稳安保工作先进个人 | 中共温州市委<br>温州市人民政府 | 2016.9 |
| 6 | 郑国阳 | 温州市G20杭州峰会维稳安保工作先进个人 | 中共温州市委<br>温州市人民政府 | 2016.9 |
| 7 | 包小春 | 文成县"平安护航G20"工作先进个人 | 中共文成县委<br>文成县人民政府 | 2016.10 |
| 8 | 赵智勇 | 文成县"平安护航G20"工作先进个人 | 中共文成县委<br>文成县人民政府 | 2016.11 |

续表11

| 序号 | 集体/个人 | 荣誉称号 | 授予部门 | 授予时间 |
|---|---|---|---|---|
| 9 | 刘剑茹 | 2016年温州市安全生产摄影比赛优秀奖 | 温州市安全生产监督管理局<br>温州市人力资源和社会保障局<br>温州市总工会 | 2016.7 |
| 10 | | 《平安妈妈走村入户》——“平安护航G20”摄影作品评展活动优秀奖 | 浙江省平安办<br>浙江省摄影家协会<br>浙江法制报社<br>浙江省政法摄影协会 | 2016.11 |
| 11 | 陈静 | 文成县“平安护航G20”工作先进个人 | 中共文成县委<br>文成县人民政府 | 2016.10 |
| 12 | 程丽丽 | 优秀共产党员 | 中共文成县委<br>文成县人民政府 | 2016.6 |
| 13 | 兰礼杰 | 文成县“平安护航G20”工作先进个人 | 中共文成县委<br>文成县人民政府 | 2016.6 |
| 14 | 吴正壤 | 文成县“平安护航G20”工作先进个人 | 中共文成县委<br>文成县人民政府 | 2016.11 |
| 15 | 钟建忠 | 全省百日维稳攻坚大会战先进个人 | 浙江省委办公厅<br>浙江省人民政府办公厅 | 2016.1 |

（政法委供稿）

## 公 安

**【概述】** 2016年，文成公安以“G20峰会”安保为工作主线，以“平安建设保底线、公安业务逆增长、民意认可争上游、队伍建设创一流”为工作目标，紧抓“维稳护航、平安建设、服务民生、队伍建设”等工作，充分发挥平安建设公安主力军作用，强化打击，整治隐患，实现平安建设公安局“零扣分”。全年共接刑事警情703起，同比下降18.53%，刑事移诉犯罪嫌疑人379人，同比上升4.4%；共接治安警情1653起，同比下降14.03%，行政处罚违法人员1194人，同比上升21.86%；刑事警情和治安警情日均分别降到2起、5起。刑拘侵财犯罪嫌疑人同比上升42%，侵财警情同比下降33.5%；全年接报山头赌博警情13起，同比下降86%，社会治安持续清净。2016年，文成县局共有内设科室24个，基层派出所11个，其中一个为飞云湖水上派出所。共核定编制367人，在册公安民警329人，职工16人，其中外县籍民警96人，约占四分之一；30岁以下民警114人，占全局的34%；工龄在5年以下的民警125人，约占38%。有局党委委员10人，中层干部123人，民警数占全县常住人口的0.081%。全年共有1个集体立集体三等功，1人立个人二等功，16人荣立个人三等功，有15个集体、77个个人荣获县级以上表彰。

**【护航发展】** 打赢G20杭州峰会安保、第三届世界互联网大会安保、省市主要领导到文成调研安保等几场大战役。推行重点工程项目警长制，阻碍重点工程施工案件查处率达100%；推出《文成县公安局保障“大拆大整”专项行动接处警工作规范》，明确规定涉及“大拆大整”警情的依法一律顶格处理，阻碍“大拆大整”行动的违法行为查处率达100%，保障“大拆大整”活动进行。为打击违法犯罪、维稳安保提供有力支撑。

【黄赌毒整治】 全年接报山头赌博警情13起，山头赌博引发的斗殴类、非法拘禁类案件“零发生”；破获涉毒刑事(行政)类案件123宗，移诉毒品犯罪嫌疑人12人，居全市同类地区第一；查处吸毒人员100人次，作出强制隔离戒毒32人，打掉一个3人互相容留的团伙案件；利用无人机航测毒品原植物，查处毒品原植物案件9起，处罚9人，铲除毒品原植物1041株，此方法被《中国禁毒报》、中国禁毒杂志《温州日报》等多家媒体报道；查处黄赌行政案件38起，行政处罚248人，破获黄赌刑事案件19起，移送起诉74人，打掉城南发卡招嫖的组织卖淫团伙，抓获犯罪嫌疑人21人。

【打黑除恶】 移诉起诉涉恶势力团伙4个，五类案件和寻衅滋事类案件均仅发2起；全年实现“命案”“两抢”“街面持械斗殴”3个“零发生”。

【打击侵财犯罪】 全年发生盗窃、抢夺、诈骗、掩饰掩瞒犯罪所得四类侵财型刑事案件425起，破125起；采取强制措施侵财犯罪嫌疑人129名，移诉侵财犯罪嫌疑人92人，起诉4个10万元以上个案，起诉7个犯罪团伙，起诉2起掩饰掩瞒犯罪所得案件。

【合成作战机制】 3月21日，县公安局开始实行合成作战常态化办公，并制作职责、流程工作清单，做实合成作战，推进合成作战在全局各警种侦查破案工作中的支撑引领作用和信息研判工作。全年突破案件抓获47个嫌疑人(其中视侦23个，研判支撑24个)；扩线支撑47案，发起线索33案23人。

【道路交通管理】 查处各类交通违法行为44629起，排查道路交通安全隐患293处，报有关主管部门整改34处；拆除加高栏板渣土车383辆，处罚渣土车违法行为896起，录入重点车辆监管平台的渣土车146辆；共查处醉酒驾驶62起，酒后驾驶158起；办理交通类刑事案件76起，采取刑事强制措施76人；办理交通类行政案件36起，行政拘留36人；致人死亡交通肇事逃逸案件全部成功侦破，特别是“5·20”交通肇事致人死亡逃逸案侦破后，市县多家媒体先后进行报道，起到警示作用。办理车辆驾驶管理各类业务33068笔，处理非现场道路交通违法行为33673起。

【消防管理】 2016年，全县消防队伍共接警183起，出动消防车279辆次，消防人员1629人次，抢救被困人员46人，疏散人员41人，抢救财产价值2531.5万元。其中发生火灾77起，死亡1人，受伤0人，直接经济损失281.5861万元，同比2015年，火灾起数下降25.49%，亡人数上升100%，伤人数与去年持平，直接财产损失下降6.19%，圆满完成G20杭州峰会和第三届世界互联网大会等一系列重大消防安保任务，成功处置“9·28”双桂泥石流救援等社会影响较大的抢险救援，为文成“绿色发展、生态富民、后发崛起”提供强有力的消防安全保障。2016年，大队被总队评为安全工作先进大队，所属文成中队被总队评为先进中队、被支队评为先进基层党支部、先进团支部，1人被总队评为优秀警官，1人荣立个人三等功，2人被支队评为优秀士官，1人被支队评为优秀义务兵。全年检查单位4073家，整改火灾隐患8104处，责令“三停”单位11家，临时查封37处，拘留14人，罚款23.935万元。以平安护航G20杭州峰会为圆心，聚焦防控风险，持续开展“五大重点领域”消防安全专项整治和“大拆大整”居住出租房、合用场所、民宿消防安全整治专项行动，联合多警种开展“祥和”“铁网”系列行动，强化刚性执法打击，消除一大批消防安全隐患，实现火灾形势的总体稳定。

【“治爆缉枪”】 破获涉枪涉爆刑事案件14起，刑事拘留15人，移诉15人；查处涉危行政案件74起，行政拘留74人；共收缴各类枪支63支(其中已经鉴定为枪支48支)、子弹5发,黑火药1.5公斤,管制刀具9把,烟花爆竹3000余箱。

【打造服务品牌】 立足文成实际,打造为侨服务品牌。通过优化行政审批中心出入境窗口服务水平,全年受理出入境业务13523件次,没有发生一件群众不满意投诉的事件,4次被市公安局和县行政审批中心评为红旗窗口。创新"互联网+"模式,开通微信办事平台,设立出入境证件受理点和服务站,畅通为侨服务渠道。

【物联网治安管控】 登记流动人口总数为13762人,发e居卡总数13685张,总发卡率99.44%,居住出租房信息采集率、治安责任书签订率均为100%,配置桌面发卡器20台,安装使用"e居站"27台,配置"流管通"25只,列管高危人员116名。安装使用门禁系统30套,企业考勤系统安装使用47套,用工报送仪8套,在线率和使用率分别为96.84%和85.15%,企业门禁和考勤系统授权刷卡率91.39%,授权人数占比36.42%。安装固定基站105个,稽查基站21个;电动车销售店和登记备案点87处,电动车行业协会1家,登记备案新车943辆。通过物联网管控,查处对象32人、打击处理高危人员8人。

【"警灯工程"建设】 新建岗亭4个,通过岗亭值守、巡逻防控等"警灯工程"工作措施,破获刑事案件6起,刑事拘留6人,查处治安案件9起,查处10人,上报市局重点成果审批数16名,批6名;调解纠纷975起,采集信息47713条,帮助和解决群众求助1609起。

【规范执法】 构建、规范的执法体系,推行奖优罚劣预警监督制度,出台《派出所警情处置六个一律》《案件员工作职责》、"三位一体"执法制度。加大对不捕、不诉案件复议、复核力度,12月28日,成功复核季某某存疑不捕案件。每月开展执法预警、优劣质案件评比活动,倒查复议、诉讼、信访案件16件,倒查上级检查扣分案件6件,计追究违反《办案区管理五项禁令》、劣质案件等执法过错的责任民警35人次,记局规52分。

【从严治警】 以"无限忠诚.走在前列""两学一做""三严三实"等主题教育活动为载体,以作风建设为切入点,全面推进"保忠诚、保前列、保健康、保活力、保和谐"的队伍建设五大篇章。开展"向梅振盈、潘超俊等同志"学习活动,增强民警的党性观念和责任意识,以从严治警和"零容忍"导向把纪律挺在前面,全年共对2名中层领导干部诫勉谈话,5名民警予以警诫,3名民警予以通报批评,对158名民警按《局规》予以记分,总记233分,并在局域网上设置"曝光台",将问题予以曝光。

【公安宣传】 首部自编自导自拍自演的廉政微电影《警戒人生》获省公安厅廉政微电影大赛二等奖,以廉政文化育警,保持队伍的良性状态。以警务创新作为队伍建设活力剂,大力提倡民警微创新,提炼总结优秀工作法和技战法24篇,其中"智网围捕"工程获得市公安局警务创新大赛三等奖。以典型培树内部励警,以精品宣传外部亮警,开展以"为荣誉而战"和"为平安而战"的两季群英榜活动,以形式多样的宣传,塑造文成公安的良好形象。

【文化育警】 坚持"文化育警、文化兴警、文化强警"的工作思路,将警营文化建设作为年度重点工作来抓,开展美丽警营创优、文化警营创牌工作,创新警营文化载体,印发《全县公安机关"美丽窗口、花园警队、文化警营"创建活动实施方案》,全年投入400余万元用于警营文化建设和派出所生活区等区域标准化建设。组织开展"最美歌声、唱响警营"歌唱比赛、"我们与健康有约"登山健身等11项文体活动。

(公安局供稿)

## 检　察

【概况】 2016年，文成县人民检察院有在职干警55人，下设办公室、政治处、侦查监督科、公诉科、反贪污贿赂局、反渎职侵权局、监所检察科、民事行政科、控告申诉科、案件管理办公室、职务犯罪预防科、法警大队、行政装备科、监察室、珊溪检察室、检察事务中心等16个下属机构及科室。全年业务竞赛获市级以上奖励3人次，包括1名干警被评为全省明星公诉人，成为温州地区唯一获得该荣誉称号的检察人员。注重理论调研能力建设，全年共有1篇获全省检察理论调研一等奖，1篇获全市优秀检察调研成果三等奖；8篇调研文章在省级以上刊物公开发表，其中1篇被全国知名期刊采用，2篇被高检院采用。

【审查批捕、起诉】 全年共受理公安机关提请批准逮捕案件139件174人，经审查，批准逮捕90件117人；共受理公安机关移送审查起诉案件305件413人，起诉242件328人，移送其他院审查起诉2件。打击影响群众安全感的多发性侵财犯罪和严重暴力犯罪，批捕“两抢一盗”、诈骗、故意伤害、强奸等犯罪案件51件64人，起诉88件114人。贯彻宽严相济刑事政策，对未成年人犯罪、老年人犯罪、危险驾驶犯罪等依法从宽处理。不批准逮捕56人，决定不起诉63人，不捕不诉率与上年相比分别提高11.5%和10.8%，最大限度节约司法资源、减少社会对抗、修复社会关系。

【反腐倡廉】 以打击重点领域职务犯罪和保障涉农资金安全为重点，全年共立案侦查职务犯罪案件6件6人（科局级干部2人），其中贪污贿赂案3件3人（均为涉农领域贪污、挪用案件），渎职侵权案3件3人，移送审查起诉5件5人，为国家挽回经济损失80余万元。率先办理的供销社滥用职权案为市检察院展开对全市供销社侦查提供经验和素材，全市检察机关先后立案查办供销系统职务犯罪案件11件11人，推动全市供销系统的自查自纠，刘某某贪污案被市检察院评为十大反贪精品案件。以信息化为支撑推进职务犯罪预防，不断推进文成县职务犯罪预防信息共享平台建设，39家单位接入。建立扶贫领域信息数据共享机制，将县农办、县财政局有关扶贫信息放在共享平台，运用专门账号对有关扶贫人员进行实时管控。树立行贿档案查询工作的窗口服务意识，以窗口化服务理念服务社会，全年受理各类查询214次。

【诉讼监督】 加强刑事诉讼监督，对应当立案而不立案的刑事案件，监督立案5件5人，其中对涉嫌食品药品安全的监督立案4件4人，建议行政机关移送案件线索1件。对应当起诉而未移送起诉的，追诉漏罪2件2人，漏犯4人。对侦查活动中的不当行为，发出纠正违法通知书9份，检察建议2份，发现非法证据排除2件。对认为确有错误的刑事裁判，提出抗诉2件；加大对刑罚执行和监管活动的监督，对逮捕后没有继续羁押必要的，建议变更强制措施6人，监督指定居所监视居住1人，对违规的社区矫正人员监督收监执行7人，审查社区矫正人员延长暂予监外执行4人，监督财产刑执行6人。加强民事行政检察监督。综合开展生效裁判监督、民事执行监督、行政执法监督、审判(执行)人员违法行为监督等工作，依法受理生效裁判监督案件4件，执行监督案件1件，行政执法监督案件1件，虚假诉讼案件2件。

【G20峰会期间安全稳定】 坚持守土有责，坚决抓好G20峰会维稳安保工作。开展“涉法涉诉信访矛盾大化解”专项活动，“拉网式”排查清理各类涉法涉诉案件7件，对其中3件重点涉检信访案件实行领导包案，协助乡镇做好稳控工作。创新矛盾化解新渠道，与县司法局法律援助中心在检察院信访接待大厅设立法律援助工作站，为信访人提供法律服务，律师参与成功化解矛盾7件。

【服务非公经济发展】 紧扣检察职能，把服务非公企业发展作为服务经济社会发展大局的重要切入点。通过召开联席会议、走访非公企业、在县工商联建立检察服务站、预防法治宣讲等方式，加强与县工商联、非公企业的互联互动。协助作好对380名非公有制企业代表人士综合评价工作。梳理非公企业诉求，进行分类汇总，参与政府沟通协商，帮助企业解决实际困难和历史遗留问题，妥善解决3家企业的产权办理。在具体案件中落地宽严相济刑事政策2件2人，依法对涉企轻罪案件的1名犯罪嫌疑人作出不起诉决定。

县检察院服务非公有制经济服务站挂牌(检察院提供)

【检民连心桥】 建成一站式检察服务大厅，整合接待人民群众和有关单位举报控告申诉、查询案件程序性信息、公开诉讼文书等功能。通过检察信息平台，大力推进办案信息公开，向社会公开重要案件信息、案件程序性信息、法律文书687条(份)。邀请人大代表、政协委员、人民监督员以及社会各界人士参加检察开放日等相关活动3次，班子成员走访或联络人大代表30余人次；依法提请人民监督员监督评议案件2件。组织干警到县人民医院、县道路运输管理局、文成中学等开展法治宣传，出席人数1000多人，向社会各界发放画说职务犯罪手册、微电影合集、案件选编等共计195份。

检察官为文成中学军训新生开展“法护花季”进校园主题讲座(检察院提供)

【律师执业权利保障】 开展保障律师会见权专项活动，牵头召开座谈会，走访多家律师事务所，听取相关建议意见后，制定出台《关于保障律师执业权利的八项要求》，切实解决律师会见难、阅卷难、调查取证难等问题。全年共接待律师阅卷57人次，根据需求为律师免费刻录光盘31次。

【从严治检和司法改革】 院班子领导带头，强化干警“四个意识”学习教育，把讲政治贯穿在履行职能、队伍建设、改革推进的每一个环节。通过两学一做、学习先进典型等活动，引导干警树立忠诚、干净、担当意识。狠抓队伍作风建设，增强领导干部一岗双责意识。进一步推进财务管理工作规范，节约公务开支，纪检组对各项经费使用情况进行监督检查，做到每月三公经费备案、公开公示等工作。加大检务督察力度，开展文明办案专项活动，对讯问犯罪嫌疑人同步录音录像、办案安全防范执行情况、警车使用管理等情况进行检务督察，确保职务犯罪侦查等执法办案规范安全。安排侦查人员到公安派出所挂职，推荐干警到高检院帮助工作，资深员额检察官帮扶结对年青干警，综合部门干警到主要业务科室辅岗，组织全体干警到浙大参加综合素能培训等多种形式，提升干警综合素质。贯彻落实省院全面推进司法体制改革精神，结合单位实际，制定司法体制改革实施方案。推进司法人员分类管理、司法责任制、司法人员执业保障、省级以下检察院人财物统一管理4项改革试点工作。完成两批共15名员额检察官选任工作，员额检察官全部分配到业务部门，院领导和中层干部回归办案一线，独任检察官作为办案基本组织，实现在办案部门全覆盖。审查逮捕、审查起诉案件的办案时间同比缩短了14%和6%。

(赵周群)

## 法　院

【概况】　在编干警101人，其中行政编制92人，事业编制9人，实有在职干警90人，其中员额法官20人。2016年，县法院牢牢把握司法为民、公正司法工作主线，着力提高服务经济社会发展、维护群众合法权益、保障社会公平正义的水平，各项工作取得新成效。全年共受理各类案件4739件，办结4561件，同比分别上升39.55%和37.59%，生效裁判息诉率99.60%，为经济社会发展提供有力的司法保障。

【服务大局】　坚持严格司法审查标准与服务大局的有机统一，妥善处理涉强制搬迁、拆除违法建筑案件21件，有力支持"大拆大整"等重点工作的有序推进。妥处因重大项目落地和推进而引发的各类矛盾纠纷，如原告温州润泰建设有限公司与被告文成县国土资源局国有建设用地使用权出让行政合同纠纷及行政赔偿一案，因案情复杂且系涉诉标的额为3.03亿元，其裁判结果将会对全县产生重大影响，法院"一把手"亲自部署案件审理步骤，县委、县政府多次召开协调会，对此案以外的相关争议一并作出协调处理，最终促成双方达成和解协议。坚持涉诉困难企业差异化司法处置机制，帮扶有市场前景的中小微企业渡过难关、恢复生产，保护企业借款展期、支持应急转贷2次，涉及标的额达310万元。继续做好企业市场化破产工作，新收3件破产案件裁定宣告破产，其中2件审结，1件进入资产处置阶段。

【审判】　刑事审判。依法严惩刑事犯罪。受理各类刑事案件243件，审结243件，同比分别上升11.98%和7.52%。判处罪犯337名，其中，判处5年以上有期徒刑的10人。依法严惩强奸、寻衅滋事、聚众斗殴等严重危害社会治安的犯罪31件31人，保障群众人身安全。审结涉"黄、赌、毒"犯罪50件105人，有效净化社会风气。审结危险驾驶罪45件45人，维护公共安全。审结"毒包子、毒油条"等食品安全犯罪案件9件9人，发送"禁止令"一份，保障群众"舌尖上的安全"。惩治贪污贿赂犯罪，审结贪污、贿赂、渎职等职务犯罪案件6件8人，其中单位受贿罪1件，判处正科级2人，促进反腐败斗争深入开展。

民商事审判。受理各类民商事案件2938件，审结2897件，同比分别上升34.89%和35.82%。审结劳动争议、人事争议案件22件，执结到位拖欠农民工工资等案件65万余元，审结涉及人身损害、医疗纠纷等案件99件，保障和改善民生。对11人司法救助33万元，为12个案件的经济确有困难的当事人依法缓交诉讼费9.5万元，体现司法人文关怀。认真开展扩大刑案指定辩护范围工作，为42名可能被判3年以上有期徒刑但无力聘请律师的被告人指定辩护人，充分保障刑事被告人的诉讼权益。注重案件调解，充分发挥调解的纠纷庭前过滤功能，诉前引导调解成功283件，诉前纠纷化解率9.55%，位居全市法院第二。民商事案件实际履行率75.79%，同比上升5.66个百分点，位居全市法院第一。审结民间借贷、公司、证券、保险等纠纷案件940件，促进经济持续健康发展。定期召开金融审判联席会议，办结金融借款合同纠纷案件338件，同比上升106.1%，结案标的额1.83亿元，执结涉金融债权案件225件，涉案标的额2.16亿元，有效防范区域性金融风险。审结“红枫大厦”商品房买卖等涉房地产案件82件，依法维护房地产市场健康发展。

行政审判。受理各类行政诉讼案件25件，审结26件，调撤率为30.77%。审查非诉行政案件29件，不予执行率27.59%。贯彻新修正的行政诉讼法，适应行政案件逐渐呈现“新类型案件多、群体性案件多、信访转诉讼案件多，审理难度大、协调难度大”等趋势，妥善处理全市首例行政合同案件和涉案标的额过亿且为建院以来最高的案件。充分发挥行政审判司法监督职能，与县政府联合召开府院联席会议，专题研究预防和化解行政争议。推进行政机关负责人出庭应诉制度，行政机关负责人出庭应诉率100%，有效解决“告官不见官”问题。

【立案信访】 成立“大立案、大调解、大服务”机制建设工作领导小组，启动新诉讼服务中心建设，为群众提供一站式、立体化、综合性的新型诉讼服务。严格落实立案登记制，确保有案必立、有诉必理，当场登记立案率99.96%。建立敏感案件“日报告、周会商、月通报”制度，“一把手”带头包案“钉子户”“骨头案”，增加接访下访的频率和密度，带队深入各个乡镇摸底排查。加强同党委、政府、行政机关、人民调解组织等诉讼外纠纷解决机构的对接，形成合力，推动重大矛盾纠纷和不稳定因素的化解。实质性化解涉诉信访积案5件，依法终结备案2件。深入推进涉诉信访工作，受理申诉和申请再审案件20件，接待群众来访24批次32人，处理来信13件，着力解决当事人合理诉求。

【执行】 受理各类执行案件1398件，执结1256件，同比分别上升49.36%和37.87%，执行申请标的额4.04亿元。争取县委、县政府和社会各界的支持，推动县委召开专题工作推进会，为打好“基本解决执行难”攻坚战奠定基础。落实专人做好涉执行暂存款集中清理工作，让执行款发放更加便捷高效。推动县委将执行征信记录等纳入“两代表一委员”、非公有制经济人士、部分领导干部和模范代表候选人资格审查，分批次对全县17乡镇相关提名人选进行综合评价。开展涉民生、涉特殊主体等专项行动，通过到各乡镇张贴公告、召开新闻发布会、邀请人大代表、政协委员现场见证、电视台全程跟踪拍摄报道等各种措施，形成强大声势，扩大社会影响。加大房产处置力度，有财产案件执毕案件占有财产可供执行案件的比例90%以上，比最高院的总要求高出10个百分点。用足用好法律规定的执行措施，通过媒体公布不履行执行义务当事人2665人次，布控663人，司法拘留185人次。违法制裁率、执行标的清偿率均位居全市法院第一，实际执行率位居全市法院第二。

【司法为民】 组织开展党员送温暖、抗台防汛救灾、资助贫困学生等活动，切实帮助解决群众切身利益难题。延伸司法服务职能，向相关行政机关发送司法建议2件。通过录制“以案释法”微型党课、开展法律知识讲座、开展巡回审判等形式，深化法治宣传。与《法治天下》栏目合作制作《慈父之罪》法治教育片，在中央教育一台播出，承办法官以案释法，取得良好社会反响。

【品牌建设】 完善特邀海外调解员工作机制，拓展双方当事人分别在国内外的审理模式，全年通过网络视频开庭审理33件，创历史新高。总结特邀海外调解员工作成果，在全市法院特邀海外调解员工作会议上介绍经验，召开特邀海外调解员工作新闻发布会,《人民日报(海外版)》、百度头条新闻、搜狐网、国务院侨务办公室、中国侨网、欧联网、意大利新闻网等知名媒体均予以转载。“创立特邀海外调解员制度,维护海外侨胞合法权益”被评为2006—2016年温州市“十大法治”事件之一。

【司法改革】 完善审判权运行机制。完成两批员额法官共21人的遴选工作,组建15支以员额法官为核心的审判团队、6支以执行员为中心的执行团队。探索符合司法规律的审判权运行机制,建立未入额法官协助办案、法律文书签发权限、审判委员会运行、法官审判绩效考评等制度,在员额制改革、司法责任制落实方面取得显著成效,一线法官人均结案数144.85件,同比增加53件,办案力量得到充实。员额法官独立签发裁判数量3213件,经审判委员会讨论的案件只有15件,仅占办结案件数的5.7‰,同比下降26.32‰,当庭裁判率69.96%,位居全市法院第二,法官担当意识得以增强,真正实现“由审理者裁判、由裁判者负责”。“院庭长遵守并践行入额承诺,完成法官岗位办案任务”和“胡振华‘1+2+2’审判团队办案成效显著”均获得温州市中级人民法院徐建新院长的批示肯定。对司法体制改革工作情况进行总结和推广,温州电视台《转型路上看改革》栏目播出文成法院改革成效,《浙江审判》以《完善审判权运行机制落实“谁审理、谁裁判”》为题对朱鹏鸣院长进行专访并在2016年第9期刊登。《积极探索未入额法官协助员额法官办案》被浙江高院司法改革领导小组办公室编入全省法院全面推进司法改革试点法院经验交流材料。

推进庭审实质化改革。推动县委成立庭审实质化改革工作领导小组。严格落实罪刑法定和疑罪从无等法律原则,驳回检察院关于王乃表贪污罪的起诉,确保无罪的不受刑事追究。推进证人、鉴定人出庭作证工作,通知包括警察在内的17名证人出庭作证,证人出庭作证工作获得市中院徐建新院长的批示表扬。

推行家事审判方式和工作机制改革。出台《关于开展家事审判方式和工作机制改革的实施方案》,推动县委政法委成立家事案件多元化纠纷解决机制领导小组并召开专题会议,会同有关部门共同推进家事审判工作。成立家事审判合议庭,启动家事审判专区建设,贯彻落实《中华人民共和国反家暴法》,发送首份人身安全保护令,促进社会和谐。

推进庭审记录方式和简式裁判文书制作改革。制作包括刑事案件在内的令状式、表格式判决书752份,其中金融借款合同纠纷判决案件简式法律文书使用率为82%,大幅减轻经办法官裁判文书制作工作量,提高审判效率。

【社会监督】 始终坚持党的领导,向县人大常委会汇报法庭建设、法院普法等工作。办理县政协交办的提案1件。以走访人大代表、召开社会各界人士座谈会、开展“问计献策、共谋发展”活动等各种形式,悉心听取意见和建议。继续深化阳光司法,在新浪网直播庭审案件18件,公布裁判文书2022份,上网率为96.6%。举办5次公众开放日活动,召开2场新闻发布会,制作人民法庭专题片并在电视台播放、创办内部刊物《文成审判》发送上级法院、党委政府及相关单位。研发随机抽取人民陪审员参与庭审系统并试运行,普通程序陪审率达99.64%。

【司法能力建设】 重视干警教育培训,组织干警到上级法院接受培训104人次,坚持“周一夜学”,举办9期法官论坛、院领导带头为全体干警讲课。全年提拔中层正职3名,中层副职2名。领导带头落实廉政制度,层层签订廉政责任状,提升干警廉政意识。教育干警坚决落实省委“七个绝不允许”,严守“五个严禁”,进一步完善考勤和请休假制度,全年开展巡查23次,编写巡查通报20期,编写纪检通报11期,不断压缩干警违法违纪空间。完成数字化审委会和中心机房建设，基本完成珊溪法庭审判楼的装修和附属工程。完成诉讼服务中心建设、启动院机关和南田法庭的家事审判庭的建设工程。完成所有审判庭庭审录音设备的安装，推行以数字证书登录内网电脑的各类应用软件，做好法院安保工作，完成押解、看管犯罪嫌疑人、罪犯508人次，无安全责任事故发生。

（林　丹）

## 司法行政

【概况】 2016年，文成县司法局认真贯彻落实习近平总书记系列重要讲话讲话精神，深入推进司法行政平安建设、法治建设和过硬队伍建设，为全县提供优质高效的法律服务和法律保障。县司法局内设办公室（法制科）、政治处、法制宣传教育科、基层工作管理科、社区矫正工作管理科（刑释解教人员安置帮教工作科）、法律服务管理科（行政审批科）、法律援助工作管理科等7个职能科室。全年组织集中学习10次，党章知识测试1次，提拔任用中层干部9名。

【司法所建设】 开展星级司法所创建活动，全县9个司法所，其中大峃司法所被省厅命名为五星级司法所，黄坦司法所被省厅命名为四星级司法所，峃口、巨屿、百丈漈、西坑、珊溪、南田、玉壶等7家司法所被省厅命名为三星级司法所（2016年大峃司法所被省厅新命名为五星级司法所），全县星级司法所创建率100%。

【人民调解】 构建“人民调解+”社会矛盾纠纷多元化机制。全年，各级调委会共受理矛盾纠纷2914件，调处成功2893件，调处率100%，调处成功率99.7%。在新设乡镇设立人民调解组织，完善提升医调、诉调、警调、交调等专业纠纷调处机制。创新设立个人品牌调解工作室，在交调设立“赵国柱律师个人调解工作室”，在百丈漈镇、珊溪镇分别成立周祖发、周圣望个人调解工作室，全县共有各类调整组织471个。加强对调解员分类培训，乡镇调委会、行业专业调委会由县司法局组织培训3天，村居、社区调委会由基层司法所负责培训2天，全县共有人民调解员2430名，专职调解员18名，“两代表一委员”特邀人民调解员164名。建立人民调解“以奖代补”省、县、乡镇三级奖励机制。

【社区矫正】 全年接收社区矫正人员224名，解除234名，在册社区矫正人员294名。接收刑释人员380名，在册刑释解矫人员2250名。为司法所全体干部配备温州社区矫正APP终端，落实全天候、无缝隙管控。为矫正对象配备定位手机，配备率达100%。利用新建成的社区矫正指挥中心的视频系统，对全县社区矫正对象进行集中点验，全年开展集中点验活动9次。在老司法局办公楼建设面积600余平方米的文成县社区矫正中心，分为监督管理区、教育帮教区、综合办公区3个区域15间办公室。完善安置帮教工作机制，加强与民政、人社等部门协调，对全县12个刑释安置帮教基地的使用情况进行调查，对37名生活困难、身患重病等情况的人员进行帮扶。

【法律服务】 出台《关于进一步完善农村（社区）法律顾问制度的通知》，提升农村（社区）法律顾问工作质量。将农村法律顾问工作开展情况纳入“民主法治村”建设和“平安文成”建设的内容。农村法律顾问定期到村（社区）坐班，定期开展法律知识培训和现场普法宣传活动。成立文成县农村法律顾问微信群，方便群众联系。引进瑞安市三家律师事务所19名律师到文成担任农村法律顾问。全年法律顾问提供法律服务300次。

【公证业务】 全年受理涉外公证4928件，国内公证3620件，涉港澳台公证25件。温州市公证系统在文成公证处试点公证卷宗扫描工作并取得成功，县公证处成为全市首先完成公证卷宗电子化管理的单位。开通公证处在线公证平台，当事人只需要通过网络系统，即可完成公证申办、网上缴费，待公证办理完毕后，通知领证时再补齐相关手续，全年网上办证53件。电话录音、网页保全、手机拍照、现场录音等电子数据云储存，等需要证据时再来办理公证，全年数据保管640份。打造公证微官网，即微信服务平台建设，通过与公证办证系统无缝对接，当事人只需关注公证处微信公众号，就可以在线咨询、网上预约、手机网上申办、在线付款、公证办证进度查询、公证书真伪核实等。

文成县公证处办证大厅（司法局提供）

【法律援助】 将受援人的经济困难标准放宽到所有享受“最低工资标准”者，对农民工讨薪、工伤赔偿案件实行“零门槛”。全年办理免于经济审查案件31件。实行首问责任制、一次性告知等制度，发挥内部互查和外部协查两类监督方式，全年中心未受到群众投诉，群众满意率达百分百。创新法律援助案件承办“签约制”，与浙江品和律师事务所、浙江安瑞律师事务所签订法律援助案件承办合同，承办中心部分刑事案件，全年通过签约制办理法援案件13起。建设法律援助工作站32个、法律援助联络点56个，完善“半小时法律援助服务圈”。全面开展法律援助户工作，全年全县共有法律援助户408户。县法律援助中心全年受理法律援助案件192件，接待和解答各类法律咨询796件，组织开展听庭活动13次、案件回访43件。

【法治宣传】 组织召开全县“六五”普法总结表彰暨“七五”普法部署大会，出台《县委宣传部县司法局关于在全县公民中开展法治宣传教育的第七个五年规划（2016—2020年）》和《关于建立重点单位法治宣传教育责任清单制度的意见》，县人大常委会专门作出《关于开展第七个五年法治宣传教育的决议》，保障七五普法规划实施。落实党委（党组）中心组集体学法、法治讲座、法律知识考试、非人大任命的县管领导干部任前法律知识考试等制度，形成“要提拔、先考法”的良好氛围。全年举行非人大任命县管领导干部任前法律知识考试6次，134名提任领导干部参加考试，参考率和通过率都是100%。组织全县2000多名公务员年度法律知识考试1次。健全青少年法制教育格局，为71所学校配齐法制副校长。开展“尊法守法迎新春，法治宣传进村晚”“与法同行，平安相伴”“大力弘扬宪法精神共筑伟大中国梦宪法走进你我”等活动，全年在文化礼堂举行法治文艺会演10场，法治宣传活动55次。建立一支以检察官、法官、行政执法人员、法律工作者、律师、法律顾问为主的普法讲师团，全年组织以案释法讲座31次，普法志愿者下基层宣传50余次。利用《今日文成》开通每月2期“普法氧吧”栏目；利用“世界文成”微信平台设立“周二说法”专栏；利用“妈妈禁毒联盟”，扩大法制教育圈。联合县委政法委在文成电视台开播“平安文成频道”。做好“三微一端”普法宣传教育平台建设，将微信公众平台、新浪微博、微视频三个普法宣传工作平台整合在手机客户端，打造“互联网+”新模式普法，全年利用平台发布30例典型案例，法律知识问答30余次。

3月25日，非人大任命的县管领导干部任前法律知识考试（司法局提供）

【依法行政】 联合县检察院研究制定《人民监督员选任管理办法（试行）》《人民监督员案件工作规定（试行）》等文件，加强县内人民监督员的培训、考核、奖励、惩戒等工作，全年开展县内案件监督1次，各类活动10次。全面贯彻执行《文成县司法局行政执法责任制实施方案》，坚持每月25日学法日制度。执行《文成县司法局公务员参加行政执法资格考试的有关规定》，组织干部参加行政执法知识培训和考试。建立法制部门监督审查机制，健全社区矫正重大执法合议制，对于存在重大人身社会危害或可能决定不适用社区矫正的评估结果等社区矫正重大奖惩事项实行执法合议制。以“政府信息公开”及“法治文成”为平台，将司法行政系统行政工作信息在政府信息公开网站、文成法治网站上公开。

【荣誉】

先进集体

表12

| 序号 | 单位 | 荣誉名称 | 发文时间 | 授予单位 |
|---|---|---|---|---|
| 1 | 文成县司法局 | 2011年—2015年全省法治宣传教育先进集体 | 2016-07-13 | 中共浙江省委办公室、浙江省人民政府办公厅 |
| 2 | 文成县司法局 | 2015年度文成县社会管理综合治理先进集体 | 2016-04-12 | 中共文成县委、县人民政府 |
| 3 | 县司法局黄坦司法所 | 文成县“平安护航G20”工作先进集体 | 2016-10-31 | 中共文成县委、县人民政府 |
| 4 | 文成县大峃镇人民调委员会驻大峃派出所调解室 | 温州市人民调解工作先进集体 | 2016-11-03 | 中共温州市委办公室<br>温州市人民政府办公室 |
| 5 | 文成县大峃镇<br>人民调解委员会 | 温州市人民调解工作先进集体 | 2016-11-03 | 中共温州市委办公室<br>温州市人民政府办公室 |
| 6 | 文成县黄坦镇<br>人民调解委员会 | 温州市人民调解工作先进集体 | 2016-11-03 | 中共温州市委办公室<br>温州市人民政府办公室 |
| 7 | 文成县玉壶镇中村<br>人民调解委员会 | 温州市人民调解工作先进集体 | 2016-11-03 | 中共温州市委办公室<br>温州市人民政府办公室 |
| 8 | 文成县峃口镇九山村<br>人民调解委员会 | 温州市人民调解工作先进集体 | 2016-11-03 | 中共温州市委办公室<br>温州市人民政府办公室 |
| 9 | 文成县珊溪镇街尾村<br>人民调解委员会 | 温州市人民调解工作先进集体 | 2016-11-03 | 中共温州市委办公室<br>温州市人民政府办公室 |

## 先进个人

表13

| 序号 | 姓名 | 荣誉名称 | 文件名称(证书) | 发文时间 | 授予部门 |
|---|---|---|---|---|---|
| 1 | 王周烁 | 温州市2015年度学法用法模范公务员 | 关于表彰全市普法依法治理工作先进集体和先进个人的通报(温普治办〔2016〕6号) | 2016-03-30 | 温州市普法依法治理领导小组办公室 |
| 2 | 胡峥伟 | 温州市2015年度“优秀普法信息员” | 关于表彰全市普法依法治理工作先进集体和先进个人的通报(温普治办〔2016〕6号) | 2016-03-30 | 温州市普法依法治理领导小组办公室 |
| 3 | 程娟红 | 文成县2015年度考核优秀嘉奖 | 中共文成县委、文成县人民政府关于给予蔡建强等38人记三等功和毛燕微等237名同志嘉奖的通报(文委发〔2016〕11号) | 2016-03-02 | 中共文成县委、文成县人民政府 |
| 4 | 刘景华 | 文成县2015年度考核优秀嘉奖 | 中共文成县委、文成县人民政府关于给予蔡建强等38人记三等功和毛燕微等237人嘉奖的通报(文委发〔2016〕11号) | 2016-03-02 | 中共文成县委、文成县人民政府 |
| 5 | 雷德玖 | 文成县2015年度考核优秀嘉奖 | 中共文成县委、文成县人民政府关于给予蔡建强等38人记三等功和毛燕微等237人嘉奖的通报(文委发〔2016〕11号) | 2016-03-02 | 中共文成县委、文成县人民政府 |
| 6 | 徐守松 | 文成县2015年度考核优秀嘉奖 | 中共文成县委、文成县人民政府关于给予蔡建强等38人记三等功和毛燕微等237人嘉奖的通报(文委发〔2016〕11号) | 2016-03-02 | 中共文成县委、文成县人民政府 |
| 7 | 雷　鹏 | 文成县2015年度考核优秀嘉奖 | 中共文成县委、文成县人民政府关于给予蔡建强等38人记三等功和毛燕微等237人嘉奖的通报(文委发〔2016〕11号) | 2016-03-02 | 中共文成县委、文成县人民政府 |
| 8 | 胡峥伟 | 文成县2015年度考核优秀嘉奖 | 中共文成县委、文成县人民政府关于给予蔡建强等38人记三等功和毛燕微等237人嘉奖的通报(文委发〔2016〕11号) | 2016-03-02 | 中共文成县委、文成县人民政府 |
| 9 | 朱琼琦 | 文成县2015年度考核优秀嘉奖 | 中共文成县委、文成县人民政府关于给予蔡建强等38人记三等功和毛燕微等237人嘉奖的通报(文委发〔2016〕11号) | 2016-03-02 | 中共文成县委、文成县人民政府 |
| 10 | 陈永久 | 文成县2015年度考核优秀嘉奖 | 中共文成县委、文成县人民政府关于给予蔡建强等38人记三等功和毛燕微等237人嘉奖的通报(文委发〔2016〕11号) | 2016-03-02 | 中共文成县委、文成县人民政府 |

续表13

| 序号 | 姓名 | 荣誉名称 | 文件名称(证书) | 发文时间 | 授予部门 |
|---|---|---|---|---|---|
| 11 | 刘荷娜 | 文成县2015年度考核优秀嘉奖 | 中共文成县委、文成县人民政府关于给予蔡建强等38人记三等功和毛燕微等237人嘉奖的通报(文委发〔2016〕11号) | 2016-03-02 | 中共文成县委、文成县人民政府 |
| 12 | 徐剑平 | 2015年度文成县社会管理综合治理先进个人 | 中共文成县委 文成县人民政府关于表彰2015年度文成县社会管理综合治理先进集体和个人、平安建设先进集体的通报(文委发〔2016〕16号) | 2016-04-12 | 中共文成县委、文成县人民政府 |
| 13 | 周士焕 | 文成县"平安护航G20"工作先进个人 | 中共文成县委 文成县人民政府关于表彰文成县"平安护航G20"工作先进集体和先进个人的通报(文委发〔2016〕33号) | 2016-10-31 | 中共文成县委、文成县人民政府 |
| 14 | 雷 鹏 | 温州市司法行政系统G20峰会维稳安保工作先进个人 | 关于对全市司法行政系统G20峰会维稳安保工作先进集体、先进个人予以嘉奖和表扬的通报(温司〔2016〕44号) | 2016-11-02 | 温州市司法局 |
| 15 | 朱一军 | 温州市司法行政系统G20峰会维稳安保工作先进个人 | 关于对全市司法行政系统G20峰会维稳安保工作先进集体、先进个人予以嘉奖和表扬的通报(温司〔2016〕44号) | 2016-11-02 | 温州市司法局 |
| 16 | 徐守松 | 温州市司法行政系统G20峰会维稳安保工作先进个人 | 关于对全市司法行政系统G20峰会维稳安保工作先进集体、先进个人予以嘉奖和表扬的通报(温司〔2016〕44号) | 2016-11-02 | 温州市司法局 |
| 17 | 陈永久 | 温州市司法行政系统2016年第三季度星级个人 | 温州市司法局关于表扬2016年第三季度星级集体和星级个人的通报(温司〔2016〕48号) | 2016-11-14 | 温州市司法局 |
| 18 | 王一荣 | 2011 2015文成县法治宣传教育先进个人 | 县委办公室 县政府办公室关于表彰2011—2015年全县法治宣传教育先进集体和先进个人的通报(文委发〔2016〕157号) | | 中共文成县委、文成县人民政府 |
| 19 | 季周颖 | 2015年度全县政务信息工作先进个人 | 文成县人民政府办公室关于表彰2015年度政务信息工作先进单位和先进人的通报(文政办发〔2016〕27号) | 2016-04-29 | 文成县人民政府办公室 |
| 20 | 吴锡准 | 温州市人民调解工作先进个人 | 市委办公室、市政府办公室关于表扬全市人民调解工作先进集体和先进个人的通报(温委办发〔2016〕106号) | 2016-11-03 | 中共温州市委办公室温州市人民政府办公室 |
| 21 | 王仕闹 | 温州市人民调解工作先进个人 | 市委办公室、市政府办公室关于表扬全市人民调解工作先进集体和先进个人的通报(温委办发〔2016〕106号) | 2016-11-03 | 中共温州市委办公室温州市人民政府办公室 |

续表13

| 序号 | 姓名 | 荣誉名称 | 文件名称(证书) | 发文时间 | 授予部门 |
|---|---|---|---|---|---|
| 22 | 周祖发 | 温州市人民调解工作先进个人 | 市委办公室、市政府办公室关于表扬全市人民调解工作先进集体和先进个人的通报(温委办发〔2016〕106号) | 2016-11-03 | 中共温州市委办公室温州市人民政府办公室 |
| 23 | 富法成 | 温州市人民调解工作先进个人 | 市委办公室、市政府办公室关于表扬全市人民调解工作先进集体和先进个人的通报(温委办发〔2016〕106号) | 2016-11-03 | 中共温州市委办公室温州市人民政府办公室 |
| 24 | 周圣望 | 温州市人民调解工作先进个人 | 市委办公室、市政府办公室关于表扬全市人民调解工作先进集体和先进个人的通报(温委办发〔2016〕106号) | 2016-11-03 | 中共温州市委办公室温州市人民政府办公室 |
| 25 | 林学聪 | 温州市人民调解工作先进个人 | 市委办公室、市政府办公室关于表扬全市人民调解工作先进集体和先进个人的通报(温委办发〔2016〕106号) | 2016-11-03 | 中共温州市委办公室温州市人民政府办公室 |
| 26 | 陈永厚 | 温州市人民调解工作先进个人 | 市委办公室、市政府办公室关于表扬全市人民调解工作先进集体和先进个人的通报(温委办发〔2016〕106号) | 2016-11-03 | 中共温州市委办公室温州市人民政府办公室 |
| 27 | 雷大南 | 温州市人民调解工作先进个人 | 市委办公室、市政府办公室关于表扬全市人民调解工作先进集体和先进个人的通报(温委办发〔2016〕106号) | 2016-11-03 | 中共温州市委办公室温州市人民政府办公室 |
| 28 | 雷德玖 | 温州市人民调解指导工作先进个人 | 市委办公室、市政府办公室关于表扬全市人民调解工作先进集体和先进个人的通报(温委办发〔2016〕106号) | 2016-11-03 | 中共温州市委办公室温州市人民政府办公室 |
| 29 | 林为口 | 浙江省司法行政系统“第五届百名优秀人物” | (荣誉证书) | 2016.12 | 浙江省司法厅 |
| 30 | 林为口 | 2016年温州市最美公证人 | (荣誉证书) | 2016.11 | 温州市委宣传部,温州市司法局 |
| 31 | 郑柳青 | 2016年文成县“特色小镇”摄影大赛优秀奖 | (荣誉证书) | 2016.12 | 文成县委宣传部 |
| 32 | 郑柳青 | 摄影作品《天顶湖幸福人生》、《美丽天顶湖》、《峃口新貌》入选文成县首届“共建移民两美村居”摄影比赛 | (荣誉证书) | 2016-11-10 | 文成县移民安置办 |
| 33 | 刘景华 | 文成县2015年度部门决算工作二等奖 | (荣誉证书) | 2016-12-09 | 文成县财政局 |

续表13

| 序号 | 姓名 | 荣誉名称 | 文件名称(证书) | 发文时间 | 授予部门 |
| --- | --- | --- | --- | --- | --- |
| 34 | 叶淑峰 | 2015年度“十佳政法干警” | 关于表彰2015年度“十佳政法干警”的通报(文政法〔2016〕6号) | 2016-02-17 | 中共文成县委政法委员会<br>文成县人力资源和社会保障局 |
| 35 | 陈伊伦 | 2016年度温州市基层司法所岗位大练兵活动优秀个人 | 温州市司法局关于表扬2016年度全市基层司法所岗位大练兵活动优胜单位和优秀个人的通报 | 2016-01-17 | 温州市司法局 |
| 36 | 季周颖 | 2015年度温州市司法行政系统优秀信息员名单 | 关于表彰2015年度全市司法行政系统理论调研和信息工作先进集体、先进个人的通报 | 2016-02-19 | 温州市司法局 |
| 37 | 季周颖 | 2015年度全县党委系统信息工作先进个人 | 中共文成县委办公室关于表彰2015年度全县党委系统信息工作先进单位和先进个人的通报 | 2016-03-22 | 中共文成县委办公室 |

(季周颖　周峰烽)

# 农业　林业　水利

## 概　述

【概况】 农林牧渔业产值实现增长。在库区环境整治政策制约下，全县农林牧渔业促转型、求改善、力提升，全年实现农林牧渔业总产值12.21亿元，按可比价格计算，比上年增长3.9%，较上年同期提升0.6个百分点。其中，农、林、牧、渔业产值分别为9.84亿元、0.88亿元、1.22亿元和0.13亿元，分别同比增长4.5%、-2.0%、2.3%和8.5%，农林牧渔服务业0.14亿元，同比增长5.2%。农、林、牧、渔、服务业行业结构为80.6∶7.2∶10∶1.1∶1.1。

农作物种植面积总体稳定。全年农作物种植面积1.79万公顷，比上年增加362公顷。粮食种植面积8232公顷，减少10公顷，其中谷物种植面积减少42公顷，豆类种植面积减少8公顷，薯类种植面积增加40公顷。蔬菜种植面积6036公顷，增加278公顷。中药材种植面积757公顷，增加80公顷。

粮食作物丰收，经济作物收益稳中有增。全年实现粮食作物产值1.62亿元，增长1.6%；蔬菜产值3.09亿元，增长3.7%；水果产值2.35亿元，增长3.8%；中草药材产值1.17亿元，增长12.4%；食用菌产值0.48亿元，增长3.4%；茶叶产值0.54亿元，增长4.0%。

全年肉类总产量3741吨，比上年增加122吨，其中猪肉产量同比下降9.9%，禽肉产量同比增长3.5%；禽蛋产量630吨，同比下降16%。年末生猪存栏0.27万头，年内生猪出栏0.63万头，分别比上年减少0.04万头和0.12万头；牛存、出栏分别为2421头和1251头；羊存、出栏分别为1.36万只和2.2万只；家禽存、出栏分别为33.60万只和103.52万只；兔存、出栏分别为30.55万只和72.43万只。

推进农业"两区"建设，建成认定粮食生产功能区71个，面积4.23万亩，累计发展市级以上现代农业园区34个（其中现代农业综合区1个、主导产业示范区6个、特色农业精品园22个、休闲观光农业示范园区5个）。建成美丽乡村建设示范乡镇2个、综合体1个、精品线1条，美丽乡村精品村8个，当年建设完成历史文化村落保护利用点（项）30个。共有在册"农家乐"经营户（村、点）65个，直接从业人员达1940人。2016年完成48个村的农村生活污水治理项目建设任务，新增受益农户5629户。加强农村土地流转，累计流转面积达11.7万亩。推进农业招商引资，累计到位资金6.56亿元。"三年特扶"、精准扶贫取得实效2015年完成全面消除家庭人均收入4600元以下的贫困对象任务，2016年低收入农户人均纯收入达到11429元。

全县水库61座，其中大型水库1座，中型水库3座，小型水库57座。全年水利基建投资3.17亿元，完成率118%；"五水共治"建设美丽山水田园智城重点项目累计投资6.1亿元，完成率109%。2016年完成13个省级农村饮水安全巩固提升工程，5个农村供水标准化管理创建工作。河长河道243条，治理河长21.4公里，象溪和龙溪小流域水土流失治理面积18.08平方千米，拆除涉河违章4859平方米，查处非法采砂案1件，查处非法捕捞案件33起；获全国第二批验收合格的水土保持监督管理能力建设县，小农水重点县建设绩效考核连续三年获省级考评优秀，靛青山水力发电厂在2016年全国水利安全生产责任状评比活动获三等奖。2016年度获全省"五水共治"先进县暨"大禹鼎"奖杯，"五水共治"满意度全省第五、全市第一，首届温州市水产技术技能竞赛优秀单位等荣誉。

## 农　业

**【概况】** 2016年，县委农办(县农业局、扶贫办)是负责全县统筹城乡发展和主管全县农村、农业经济发展的综合部门，既是党委工作部门，又是政府工作部门。下设办公室(科教科)、行政审批科、农村改革科、经营管理科、经济发展科、社会发展科、扶贫开发科、农产品质量安全监管科等8个行政职能科室；下辖畜牧兽医局(参公)、农业行政执法大队、扶贫开发服务中心、土地承包仲裁办公室，农业站、植物检疫站、经济特产工作站、农村合作经济经营管理站、农机管理总站、农产品质量安全监督管理站、农业科学研究所、动物疫病预防控制与动物产品安全检测中心、畜禽屠宰管理所、动物卫生监督所大峃分所、动物卫生监督所黄坦分所、动物卫生监督所珊溪分所、动物卫生监督所南田分所等17个全额事业单位。年末工作人员103人，其中，公务员19名、行政工勤人员2名、参公人员14名、事业编制人员68名。

**【城乡统筹改革】** 牵头制定《关于实施强村惠民三年行动计划的意见》《文成县农村集体经济组织"三资"管理办法(试行)》《关于推进现代农业发展的若干扶持政策意见》等相关政策性文件。全年新增土地流转面积0.4万亩；推进农村土地承包经营权确权登记颁证工作，完成权属调查344个村、外业指界测绘331个村、一轮公示328个村，完成率分别达100%、96.22%、95.35%。推进农村产权制度改革，新增农村产权交易数108宗(其中土地流转70宗，物业38宗)，交易金额达5320.5万元；发展壮大农村村级集体经济，全面消除空壳村9个，完成转化经济薄弱村106个。构建新型经营主体，新增家庭农场35家、农民专业合作社46家、示范性"三位一体"农村合作组织10家。

**【农业生产】** 农业经济继续保持良好发展态势，实现农林牧渔业总产值11.54亿元，按可比价格计算，同比增长3.8%。其中，农业产值9.31亿元，同比增长4.5%，畜牧业产值1.13亿元，同比增长2.3%。城镇居民人均可支配收入32747元，农村常住居民人均可支配收入14414元，分别同比增长9.0%和9.4%。全年农作物播种面积26.79万亩，其中：粮食播种面积12.35万亩，总产量5.08万吨；蔬菜播种面积9.05万亩，总产量12.86万吨，产值2.67亿元；茶园面积1.98万亩，总产量408吨，产值5448万元；水果栽培面积9.21万亩，总产量4.48万吨，产值2.35亿元。

**【生态农业发展】** 修编调整粮食生产功能区建设规划，累计建成粮食生产功能区71个面积4.2346万亩；提升现代农业园区建设，二源镇成功入选首批省级特色农业强镇，建成标准化茶厂6个，引进名优茶生产线6条、夏秋茶利用成套机械生产线5条；搭建蔬菜气雾栽培等高山无土栽培设施农业示范面积10多万平方米。发展生态循环农业，创建生态循环农业示范镇1个、示范主体3个，完成测土配方施肥面积15.7万亩，推广商品有机肥0.65万吨、应用配方肥0.24万吨，减少不合理施用化肥量97.4吨、农药减量3.9吨；收获各类秸秆作物14.12万亩，产生农作物秸秆5.27万吨，综合利用率达96.23%。制定出台《文成县废弃农药包装物回收处置工程实施方案》，投入资金34.18万元回收农药废弃包装物25.5吨，回收率达83.6%。

黄坦逢左花卉产业园花卉自采自乐(农办提供)

南田五源黑木耳基地(农办提供)

【农业品牌建设】 深入推进区域公共品牌建设，"文成高山蔬菜"荣获国家级作品登记证书，"文成杨梅""文成贡茶"分别荣获国家级地理标志证明商标，"邱老汉"品牌被评为全市唯一的中国百强农产品品牌，成功举办公阳利柿节、峃口糯米山药文化节等系列农事节庆活动。开展农产品"三品一标"认证，有效期内无公害农产品共有34个、绿色食品11个、有机食品2个，"三品"产地面积9.23万亩。

【农业行政执法】 实施"绿剑"集中执法、禁限用农药专项整治、杨梅质量安全管控等专项整治行动，加强农产品质量检测，定性检测首次由各乡镇农业公共服务中心和农产品基地承担，有效确保全县农产品质量安全。全年出动执法人员428人次，检查全县农资经营单位、规模养殖场等160家次，查处案件17起。全年完成各级农产品定量抽检724批次、农业投入品监督抽检111批次、农产品监督抽检21批次，瘦肉精抽检3191头次(合格率达100%)，设立高毒、高风险农药专柜8个，首次为规模以上生产经营主体配备二维码机112台，印制杨梅质量追溯卡15万张，成功入选省级农产品质量安全放心县创建点。

【养殖污染治理】 抓好畜禽散养场扩面整治，发现并拆除反弹生猪养殖场(点)21个7000多平方米，完成沼液利用0.3万吨，病死猪肉无害化处理84.84头，无害化处理率达100%。加大重大动物疫病防控力度，免疫注射猪口蹄疫疫苗4.11万毫升，免疫猪0.67万头次、牛羊口蹄疫疫苗2.88万毫升；使用禽流感疫苗57.97万毫升，免疫家禽56.57万羽次；使用猪瘟疫苗0.44万头份，免疫生猪0.22万头次，使用蓝耳病疫苗0.37万头份，免疫猪0.2万头次，全县未发生重大动物疫情。全县年内生猪出栏0.63万头，比上年减少0.12万头，年末生猪存栏0.27万头，比上年末减少0.04万头；牛存、出栏分别为2421头和1251头；羊存、出栏分别为1.36万只和2.20万只；兔存、出栏分别为30.55万只和72.43万只；家禽存、出栏分别为33.6万只和103.52万只；养蜂年末箱数为5321箱。

【农业生产】 推进农机作业用油(柴油)优惠供应、优先加油、优质服务、免费办理的"三优一免"惠农便民举措，落实农用柴油指标40吨。落实农业机械购置补贴政策，投入购机资金322.805万元，购置各类补贴机具1132台(套)(其中耕整地机械1068台，田间管理机械31台，种植施肥机械3台，动力机械1台，农产品初加工机械28台，收获后处理机械1台)，享受财政补贴资金98.956万元。加强农机化技术服务，开展农机免费实地检验服务96台,检修农机具520台套,完成机耕面积6.2万亩,机收面积1.8万亩,机插面积0.15万亩,水稻耕种收综合机械化水平42.03%。开展农机安全生产活动,检测在册道路运输拖拉机290台,实施报废拖拉机18台,检查上道路拖拉机467台次,企(事)业单位52次。

【农民知识化培训】 依托"基层农技推广体系改革与建设补助项目"、农业科技大讲堂、市农科院等平台选派105名农技干部参与农技人员知识更新培训,组织35名2015级蔬菜生产班学员完成课程学习及职业技能鉴定,全面完成2014级果树生产班毕业工作。制定出台《文成县新型职业农民认定管理办法(试行)》,培育初级新型职业农民250人。

【生态农庄建设】 重点抓好仙人居、天顶湖、迷途武阳、邱老汉农庄、二源投缘农业观光园等项目建设及改造提升,形成仙人居农庄马鞭草、武阳荷花、周山彩色稻、二源投缘花海等一批创意农业,全县累计建成生态农庄22家,已对外营业12家。

魅力武阳(农办提供)

(胡小丽)

## 农 村

【美丽乡村建设】 协助创建办推进提升"山水寻幽奇观带"、配套打造"国际慢城"、立体打造"云江秀水,十里画廊"精品线以及森林氧吧特色小镇等重点项目,建成美丽乡村建设示范乡镇2个、综合体1个、精品线1条,创建美丽乡村精品村8个。突出抓好历史文化村落保护利用工作,完成历史文化村落保护利用村5个、历史文化村落保护利用点30个,其中珊溪镇朱川村、峃口镇东方村成功入选第四批中国传统村落名录。7月27日,全市美丽乡村建设暨农村土地承包经营权确权工作现场会在文成召开。

7月27日,全市美丽乡村建设暨农村土地承包经营权确权工作现场会(农办提供)

7月27日,市委副书记、政法委书记钱三雄在全市美丽乡村建设现场会(农办提供)

【乡村农家乐】 引进工商资本扶持下属国有场圃——种羊场转型升级,精心打造"迷途·绵岭客栈"特色高端民宿,委托途家网实施客房经营管理,与旅行社协作开发游玩项目,"悦慢小居""香樟小院"等一批精品民宿成功投入运营。全县共有在册“农家乐”经营户(点)65个、“农家乐”特色村9个,总餐位15450个,总床位4054张。其中省级“农家乐”特色村2个、市级“农家乐”特色村3个,五星级“农家乐”经营户(点)4家、四星级“农家乐”经营户(点)3家,三星级“农家乐”经营户(点)22家,直接从业人员1940人,间接从业人员556人,全年接待游客165.88万人次,实现直接营业收入8538.8万元,比上年同期分别增长14.05%、18.89%

**【农居环境】** 推进农村生活污水治理。全县整治村实行统一规划、分类实施、重点治理,完成2014—2015年度175个村的农村生活污水治理竣工验收和移交。治理模式改为实行设计一个、审查一个、招投标一个、开工一个,农村生活污水治理进度连续6个月排名全市第一,完成治理村48个,新增受益农户5629户。实施农村生活垃圾分类资源化试点。统筹安排920万元资金用于太阳能堆肥房等基础设施建设和垃圾桶等设备购买,集中分片建设阳光堆肥房、生态处理中心,因地制宜实施太阳能垃圾减量化处理模式、机械设备发酵催肥模式、就地无害化处理模式,完成落实农村生活垃圾分类减量化资源化处理试点村42个,其中西坑11个村实行整镇整乡推进。

西坑畲族镇垃圾资源化处理中心(农办提供)

**【农村基础建设】** 农村“三资”管理。制定出台《文成县农村集体经济组织“三资”管理办法(试行)》,对内组织纪检、农经、财政等部门开展村级财务清理,对外聘请会计师事务所、原退休干部对2013年以来财务管理混乱、群众意见较大、问题较为突出的村开展重点审计,完成审计384个村,重点审计86个村,追回挪用资金75.51万元。部署开展老年协会专项治理,全面完成195个村级老协资金资产移交,取消账户43个,收回现金48.99万元、银行存款877.23万元,移交资产165宗,收回债权113.82万元、债务53.94万元。

基层农业公共服务推广。全年推广主导品种9个、主推技术10项,培育科技示范户100户,实施科技示范基地项目4个,建成智慧农业(农业物联网)基地2个。

农村工作指导员(第一书记)制度。省、市、县、乡镇各级选派农村工作指导员(第一书记)346名(其中省派3名、市派10名、县派108名、乡镇225名),各级农村指导员共走访农户6.7万户,召开各类座谈会8277次,完成农业农村调研报告250篇。

(胡小丽)

## 老区扶贫开发

**【三年特扶】** 组织实施扶贫开发、产业发展和公共服务三大领域共16子类39个项目,计划投资34184.19万元,安排省特扶补助18102万元,全年完成投资15448.63万元,完成率为45.19%;拨付特扶资金2608.5万元,资金拨付率为14.41%;103个子项目中开工的有70个,开工率为67.96%。

**【扶贫开发】** 制定出台《文成县“精准扶贫三年行动计划”实施方案》,在全面消除家庭人均收入4600元以下贫困户的基础上,进一步瞄准扶持对象，全面落实各项扶贫政策。通过产业扶贫，新增来料加工点6个，巩固加工点218个，年发放加工费1.62亿元，解决1.09万人的就业问题；通过搬迁扶贫，探索实施差异化补助，完成异地搬迁1114户3962人（其中低收入农户260人）；通过金融扶贫，向3474户低收入农户发放贴息贷款1.06亿元、发放财政贴息270万元、金融扶贫再贷款1.2亿元；累计发展扶贫资金互助会71家，向4541户会员发放借款6542.07万元，特别是6家互助组织将互助资本金折股量化，扩大3倍以上贷款规模加大力度帮扶低收农户发展生产、自主创业、增加收入。完善省市县3级与扶贫重点村的结对帮扶体系，落实帮扶项目66个，资金1127.9万元。

表14

**2016年度县级及以上先进集体获奖名录**

| 序号 | 单位名称 | 获奖集体或科室名称 | 荣誉称号 | 表彰时间 | 授奖单位 |
|---|---|---|---|---|---|
| 1 | 文成县委农办（农业局） | 文成县 | 2015年度温州市社会主义新农村建设优秀单位 | 2016.2 | 温州市委、市政府 |
| 2 | 文成县委农办（农业局） | 文成县委农办（农业局） | 2015年度文成县党委系统信息工作先进单位 | 2016.3 | 中共文成县委办公室 |
| 3 | 文成县委农办（农业局） | 文成县 | 2015年度浙江省社会主义新农村建设优秀单位 | 2016.4 | 浙江省委省政府 |
| 4 | 文成县委农办（农业局） | 文成县委农办（农业局） | 文成县2015年度食品药品安全工作先进单位 | 2016.4 | 文成县人民政府 |
| 5 | 文成县委农办（农业局） | 文成县委农办（农业局） | 2015年度文成县人大代表建议、政协委员提案办理工作先进单位 | 2016.4 | 中共文成县委办公室、文成县人大常委会办公室、文成县人民政府办公室、政协文成县委员会办公室 |
| 6 | 文成县委农办（农业局） | 文成县委农办（农业局） | 2015年度文成县政务信息工作先进单位 | 2016.4 | 文成县人民政府办公室 |
| 7 | 文成县委农办（农业局） | 文成县畜牧兽医局 | 2015年度温州市农办农业系统先进集体 | 2016.8 | 温州市委农办（农业局）、温州市人力社保局 |
| 8 | 文成县委农办（农业局） | 文成县农村合作经济经营管理站 | 2015年度温州市农办农业系统先进集体 | 2016.8 | 温州市委农办（农业局）、温州市人力社保局 |
| 9 | 文成县委农办（农业局） | 文成县委农办（农业局、扶贫办） | 温州市扶贫开发工作先进集体 | 2016.10 | 温州市委办、市府办 |

表15　**2016年度县级及以上先进个人获奖名录**

| 序号 | 姓名 | 性别 | 所在单位 | 荣誉称号 | 表彰时间 | 授奖单位 |
|---|---|---|---|---|---|---|
| 1 | 刘少彬 | 男 | 文成县委农办（农业局） | 温州市2015年度社会主义新农村建设先进个人 | 2016.2 | 市委、市政府 |
| 2 | 程银肖 | 女 | 文成县委农办农业局 | 温州市2015年度社会主义新农村建设先进个人 | 2016.2 | 市委、市政府 |
| 3 | 蒋加勇 | 男 | 文成县委农办（农业局） | 文成县科技进步奖二等奖 | 2016.3 | 文成县人民政府 |
| 4 | 胡小丽 | 女 | 文成县委农办（农业局） | 2015年度文成县党委系统信息工作先进个人 | 2016.3 | 中共文成县委办公室 |
| 5 | 胡小丽 | 女 | 文成县委农办（农业局） | 2015年度文成县人大代表建议、政协委员提案办理工作先进个人 | 2016.4 | 中共文成县委办公室、文成县人大常委会办公室、文成县人民政府办公室、政协文成县委员会办公室 |
| 6 | 胡小丽 | 女 | 文成县委农办（农业局） | 2015年度文成县政务信息工作先进个人 | 2016.4 | 文成县人民政府办公室 |
| 7 | 陈朝明 | 男 | 文成县委农办（农业局） | 2015年度温州市农办农业系统先进个人 | 2016.8 | 温州市委农办（农业局）、温州市人力社保局 |
| 8 | 胡小丽 | 女 | 文成县委农办（农业局） | 2015年度温州市农办农业系统先进个人 | 2016.8 | 温州市委农办（农业局）、温州市人力社保局 |
| 9 | 林 玲 | 女 | 文成县委农办（农业局） | 2015年度温州市农办农业系统先进个人 | 2016.8 | 温州市委农办（农业局）、温州市人力社保局 |
| 10 | 刘小昌 | 男 | 文成县委农办（农业局） | 2015年度温州市农办农业系统先进个人 | 2016.8 | 温州市委农办（农业局）、温州市人力社保局 |
| 11 | 周盈庭 | 女 | 文成县委农办（农业局） | 2015年度温州市农办农业系统先进个人 | 2016.8 | 温州市委农办（农业局）、温州市人力社保局 |
| 12 | 谢南林 | 男 | 文成县委农办（农业局） | 2015年度温州市农办农业系统先进个人 | 2016.8 | 温州市委农办（农业局）、温州市人力社保局 |
| 13 | 蒋加勇 | 男 | 文成县委农办（农业局） | 2013-2015年度浙江省优秀教师 | 2016.9 | 浙江省科协 |
| 14 | 蒋加勇 | 男 | 文成县委农办（农业局） | 温州市优秀科技工作者 | 2016.11 | 温州市科协 |

（胡小丽）

## 林　业

**【概况】** 全县林业用地面积141.18万亩，占全县土地面积的72.6%，有林地面积135.05万亩，森林覆盖率70.9%，活立木总蓄积492万立方米。生态公益林73.62万亩，占全县林业用地总面积的52.14%；商品林（地）67.56万亩，占全县林业用地总面积的47.86%。局机关内设办公室、行政审批科、绿化造林科、资源林政科等4个行政科室和森林公安局等1个直属行政机构，种苗站、林业技术推广站、森林病虫害防治检疫站、森林消防办公室、林权管理中心和木材运输巡查大队等6个事业科室，下属事业单位有叶胜林场、山华林场、金朱林场和县苗圃。

【绿化造林】 完成珍贵彩色健康森林建设14800亩，完成计划的118.5%，其中县城至西坑段彩色树种改造2000亩，珊溪库区周边彩色树种补植造林3000亩，珍贵树种基地造林1800亩，国有林场木材战略储备林培育8000亩。完成珍贵树种四旁植树23.7万株。绿化造林完成人工更新1117亩，人工造林1050亩，森林抚育2.5万亩。

【资源保护】 全年审批窗口受理办结各类行政许可4207件，其中即办件3814件，承诺件393件。与国土部门配合，对设施农用地项目选址进行联合踏勘，严把设施农用地项目占用林地的审批关，实地踏勘项目选址76处。完成一类森林资源调查，布设调查样地315个；二类调查的外业调查，通过省市联合检查组的验收。开展古树名木保护工作，通过对全县古树分布现状的摸底调查，第一期筛选80株树龄在500年以上的一级保护古树和部分急需保护的古树，委托专业公司编制“一树一策”古树保护方案，组织实施保护。

【森林消防】 及时把省市关于森林消防工作精神传达到乡镇基层。在清明节等重点时段，由县政府发布《关于切实做好清明期间森林消防工作的通告》，确保森林消防工作各项防范措施落到实处。“3·19”森林消防宣传日活动在县文化广场举行，发放森林消防宣传单1000余份、宣传册500余份。G20峰会期间，充分利用横幅、宣传车、农民信箱短信、微信等方式开展森林消防宣传，还在全县各重点路段增设大型宣传牌，营造浓厚氛围。各乡镇、国有林场组织精干力量，加强巡山护林，对烧田埂山灰、上坟烧纸等野外用火行为严加监管。进一步完善乡镇半专业森林消防队伍建设，推进森林消防队伍的专业化。清明期间，组织4个督查组到全县各乡镇开展森林消防工作督查，发现问题及时整改。全年未发生重大人员伤亡事故。

“3·19”森林消防宣传活动（林业局提供）

【森林公安】 组织开展“2016利剑1号”清火行动、“利剑”专项行动、严厉打击非法占用林地等涉林违法犯罪等专项整治行动，受理各类森林案件30起，查处30起，其中刑事案件受理立案3起，破3起，行政案件受理立案27起，破27起；林业行政处罚30人次。

【森林病虫害防治】 投入防治经费110余万元，使用药剂80.5吨，防治柳杉毛虫面积4.7万多亩。做好松材线虫病防治，完成除治清理枯死木3059亩，清理疑似病死树3815株（其中火烧枯死木500株），烧毁病死树及其他枯死木1.9万多公斤。释放生物天敌昆虫花绒寄甲5.1万头，用于防治传播媒介松褐天牛。防治百丈漈景区游步道毒蛾类昆虫幼虫5公里。

【林业产业】 中央木本油料产业提升项目，完成油茶良种推广1282亩，油茶抚育8171亩。实施标准化推广示范项目2个、县级标准化推广示范项目2个；省级农推基金会项目1个。根据产业、文化、旅游“三位一体”的特色小镇建设要求，在铜铃山镇依托森林资源和生态优势，推进景区提升工程建设，重点发展森林休闲养生业，兼顾历史经典产业，实施三产融合发展。通过建设森林特色小镇、森林人家，打造石垟林场、叶胜林场美丽乡村建设升级版。

【国有场圃建设】 石垟林场完成吴垟管护用房1400平方米的地基建设，投入57万元完成石垟林场溪坑的堰坝工程，启动廷培林区至双苗林区道路硬化工程，编制完成《文成石垟森林公园提升项目建设规划》。叶胜林场继续开展美丽乡村建设，完成环境卫生清理2300平方米，河道整治600米，河道挡墙建设460米，房屋外立面改造6000平方米；编制完成《浙江省铜铃山国家森林公园总体规划》和《铜铃山景区提升工程设计方案》。金朱林场加强森林公园建设，投入200万元建设完成滨水公园，完成5公里林区道路硬化工程建设。山华林场完成杨梅交易场所1600平方米，基本完成河道整治（拦水坝），投资126万元开工建设九峰林区、三十六培林区、后坑源林区的道路硬化工程。县苗圃培育容器苗128万株。

（陈丽伟）

## 石垟林场

【概况】 国营文成县石垟林场位于文成县西北部，地处文成、景宁、泰顺三县交界处，总面积81200亩，活立木蓄积为54万立方米，森林覆盖率为98.2%。主要从事林业生产管理、护林防火、林产品加工、种植业（包括厚朴、红豆杉等药材基地）。全场工作由场两委会领导班子成员分工负责，场纪律检查委员会、人武部、森林派出所等机构和工会、共青团、妇联等社会团体组织健全，下设综合办公室、计划财务科、经营管理科、森林旅游科、防火办5个科室，2016年上斜行政村划归铜铃山镇管辖，石垟林场现辖吴垟、干坑坳、竹苗、新演、廷培、石展、石角、双苗、水牛塘等9个林区，人口900多人，在册职工452人（其中离退休254人、在岗管理人员39人）。

【环境资源】 林场山地属浙闽山地组成部分中山地带，境内最高峰杨顶岗海拔1362米，为文成最高峰，温州第二高峰；最低点新演林区干坑口，海拔380米。东西长7.5公里，南北宽约15公里，总面积54.13平方公里，为温州市海拔最高、面积最大、森林植被最好、森林资源最丰富的林场。

【森林公园提升】 完成石垟森林公园总体规划（修编）工作，11月3日省林业厅同意实施石垟森林公园总体规划（修编）并复函；申报猴王谷、月老山景区提升项目，于11月11日在省林业厅通过专家会审；协助做好天鹅堡滑雪场、温泉、红豆杉二期别墅排屋建设工作。

【基础设施】 投入242万元开工建设吴垟管护用房1400平方米，完成地基建设；投入57万元完成石垟林场溪坑的堰坝工程；开工建设廷培至双苗林区的道路硬化工程。

【营林生产】 完成中幼林抚育2000亩和大径材培育3000亩；投入50余万元完成柳杉毛虫防治工作，面积达1.5万亩；完成造林50亩，补植1.5万株。

【森林防火】 与林区护林员签订森林防火责任书，对林场各林区周边的群众进行防火宣传教育，使护林防火家喻户晓，林场各林区护林员对本林区进行全年的巡护，尤其是在防火期，要进行重点巡护。通过一系列的防火措施，全场连续30多年没发生大的山林火警火灾。

【安全生产】 确保G20杭州峰会期间全场安全生产，开展安全生产宣传，建立安全生产责任制，同各滑雪场、宾馆、山庄、餐厅、服务点签订责任书，组织有关人员对景区的旅游设施、交通工具、宾馆、山庄、餐厅服务点进行检查，为平安护航G20杭州峰会提供坚实的安全生产保障。

【现代国有林场创建】 成立现代国有林场创建工作领导小组，编制实施方案报县主管部门。

（龚　勉）

## 水　利

【概况】 县水利局内设有办公室、水利行政审批科、规划建设科、治水科4个行政职能科室和防汛办、水政（渔政）监察大队、水土保持监督管理站、水利工程质量监督站、水利管理所、水产技术推广站、小水电开发管理站、河道管理中心〈测量队〉、治水建设促进中心9个下属事业单位，全年机关在册干部职工62人，其中，行政编制10个（包括工勤1个）、事业编制52个（参公管理15个）。专业技术人才中，高级工程师4人，高级统计师1人，工程师15人，助理工程师9人，技术员4人，见习期1人，高级技工1人。管理类职员中，行政八级1人，行政九级2人。2016年3月，为进一步理顺基层水利管理机制，推进基层水利服务体系建设，县人力资源和社会保障局印发《关于乡镇行政区划调整后乡镇水利员调配到乡镇管理的通知》（文人社〔2016〕26号），将乡镇44名水利员调配到乡镇管理。全年列入温州市2016年水利重点项目建设任务13个，完成水利建设投资3.17亿元，完成率118%。

【河道综合整治】 全年完成投资7793.9万元。其中，完成10个面上河道治理工程，治理河长17.9公里，投资1313万元，完成率107%。"十二五"期间玉泉溪、龙溪及象溪、梧溪、泗溪4个中小河流和飞云江坦岐段独流入海中央投资水利重点在建工程逐渐接近尾声，完成玉泉溪三标段、象溪标段的完工验收和工程审价工作。完成玉壶、西坑、黄坦、百丈漈等4个中小流域综合治理规划审批工作，共计治理河长40.53公里，计划投资43391万元，玉泉溪完成前期设计招标工作并进入设计阶段。

平和乡平和村河道整治（水利局提供）

【农田水利建设】 根据省考核任务，实施27个高效节水灌溉工程，投资903万元，受益面积4400亩，提升工程生态效益，改善当地的农业生产条件，编制完成《文成县高效节水灌溉工程总体建设方案》，促进文成小型农田水利工程建设不断规范化、有序化。分别选取珊溪镇毛坑灌区、百丈漈镇镇头灌区两个样点灌区，根据考核指标任务完成考核工作。

【农村饮水工程】 实施13个省级农村饮水安全巩固提升工程，完成投资584万元，提升农村饮水安全人口1.16万人；完成2015年度16个村市级农村饮水安全提升工程的建设任务。农村供水工程标准化管理，实施日供水规模200立方米/日以上农村供水工程4处，完成县级验收。

【水利行政审批】 全年受理办结行政许可事项16件。发放催缴水资源费通知书69份，收取水资源费399.85万元。

【小水电管理】 完成农村水电站安全生产标准化评审验收电站17座，全面完成总装机1000千瓦以上电站达标创建评级工作，累计建成33座安全生产标准化电站。2016年文成县的降雨充沛，降雨量创历史新高，水电站高度重视安全生产，加上合理调度，水资源得到充分利用，据县水电统计年报数据，截至年底，全县水电站总计有86座，总装机容量18.51万千瓦，从业人员837人，其中技术人员有333人，年发电量5.79亿千瓦时，比上年增长22.56%，发电总收入达2.71亿元，比上年增长26.17%，以上两项都创历史新高；上缴税金3323.91万元。

【淡水渔业】 水产养殖面积8655亩，稻田养鱼26041亩，新增示范面积1035亩，水产品产量961吨，增长8.5%。试点鱼菜共生1个获得成功，南田镇两个示范基地顺利通过验收。增殖放流投放水产苗种1135万尾。完成洁水渔业4300亩。加强水产品质量安全生产监管，签订水产品质量安全生产承诺书的规模养殖企业55家，组织配合省市县水产品抽检33批次，检测结果全部合格。争取省市渔业项目资金130万元。获得首届温州市水产技术技能竞赛优秀单位荣誉。

【水利工程质监管理】 新建在建水利工程项目共计9个标段，开展质量监督活动28次，对质监活动中发现的问题，要求立即纠正并跟踪结果。进入县公共资源交易中心的项目（标段）有9个，均顺利完成招投标工作。

【水土保持】 水土保持规划审批：县人民政府于10月对《文成县水土保持规划(报批稿)》予以批复（文政发〔2016〕110号）；全年完成黄坦镇黄垟和济下小流域水土流失治理、珊溪镇坦岐和新湖小流域水土流失治理项目，治理面积为10.87平方米，工程总投资876万元。全年审批生产建设项目水土保持方案8项，开展90人次的专项督查活动，对在建的36个开发建设项目水土保持方案审批落实情况及时跟踪督促；对已经完工的工程，给建设业主发放水土保持设施验收通知书14份，要求限期验收，对未缴纳水土保持补偿费的生产建设项目，给建设业主发放水土保持保持费缴纳通知书，限期缴纳。

【五水共治】 全年完成“五水共治”市重点项目37个，完成投资6.13亿元，完成率109.36%，“五水共治”满意度列全省第五、全市第一，“五水共治”考核名列全市同类县第二，夺得2016年度浙江省“五水共治”工作先进县“大禹鼎”。“大禹鼎”是浙江省“五水共治”工作的最高奖项，是文成县继获得全省首批、全市首个“清三河”达标县后首次获得该奖项。

“大禹鼎”奖杯（水利局提供）

【行政执法】 以“三边三化”“五水共治”“无违建县”工作和河道采砂专项整治以及珊溪水利

枢纽水源保护属地联合执法相结合作为水政渔政执法的中心工作，加大执法力度，严厉打击涉水涉渔违法行为。全年立案查处各类涉水案件1起，现场制止5起，发放责令停止违法行为通知书12份；拆除4859平方米涉河违章建筑；查处非法捕捞案件33起、抓获非法捕捞人员33名；收缴罚没款4.08万元。

【飞云江治理二期工程】 浙江省重点工程项目，包括护岸工程、治滩整治和绿道工程三部分，以防洪为主，结合生态修复保护与综合利用。工程共涉及整治飞云江干流河道23.4千米，支流5条，护岸20.03千米，滨水生态修复节点15处，绿道23.2千米，计划投资27306万元。项目实施后将两岸亲水走廊串联，形成一个云江秀水，十里画廊的旅游模式。2016年该工程主要有Ⅰ标段、Ⅱ标段以及子项目岀口绿道大桥及珊溪镇增氧配套工程（喷泉）在施工建设，截至12月底，累计完成投资5000万元。

11月初，珊溪大型音乐喷泉正式亮相，该音乐喷泉属于增氧配套工程，是飞云江治理二期工程重要组成部分，位于飞云江珊溪镇城区段，长120米，宽15米，喷泉中心离主观景平台约50米，最高水柱高度58米，具有广阔的观赏空间，工程造价约600万元。

珊溪音乐喷泉夜景（水利局提供）

【水利工程标准化管理】 坚持稳步推进的原则，结合文成水利工程现状，突出“文成元素”，推动实施全县水利工程标准化管理，加快建立和完善浙江省水利管理标准化体系，实现水利建设与管理能力现代化。全年完成12座水库、1座山塘、9公里堤防、4处农村供水工程、17座农村水电站创建和验收，完成投资512万元。

【河湖库塘清淤（污）】 针对山区源头县，河流清澈、塘多库少和少污多淤的实际，制订《文成县河湖库塘清污（淤）计划》，进行有效消除水体内污染，做到河湖库塘底无污染土、无障碍物，促进水生物群落多样化，提高防洪减灾能力，提升水体水质，改善水域水环境。全年全县河湖库塘清污淤工作计划完成66万立方米，其中河道9条64.21万立方米、水库2座0.6万立方米、山塘11座1.19万立方米，估算投资1647万元，实际完成79.03万立方米，其中河道77.8万立方米，山塘1.23万立方米，完成投资1963万元。重点推进百丈漈水库清淤工作，制订《百丈漈水库清淤三年行动计划（2016—2018年）》，三年计划完成清污淤泥42.3万立方米，估算总投资4800万元。

【防汛抗灾】 落实防汛责任人，做到防汛责任人横向到边，纵向到底。县政府与各乡镇，水利局与各电站业主分别签订防汛工作责任书和安全生产目标管理责任书。分别落实55座水库防汛责任人和全县86座农村水电站防汛安全责任人，及时在网络、报纸等平台上公示。调整完善384个行政村的防汛工作预案，对各乡镇预案进行督查。特别是新设置的7个乡镇，对防汛防台应急预案等各类预案进行编制，组织4次预案演练，参加人数230多人次。投入资金20万元用于防汛物资采购，对县级防汛物资进行补充；对7个新设置的乡镇配足必备的防汛物资，落实防汛物资仓库。投入资金81万元对监测预警设施进行维护。全县水雨情遥测站90处，视频监控设施18处，防汛防台视频会商系统覆盖17个乡镇，全年共组织水雨情遥测站抢修累计65站次；组织视频监控设施维护维修累计13站次，设备更新升级10个站；组织视频会商系统维护保养12站次，新建7个乡镇的视频会议系统。投资230余万元的上林水文站完成竣工验收。

上林水文站管理房（水利局提供）

【山塘除险加固】 针对一些山塘水库安全隐患，组织开展水利工程安全检查和安全鉴定工作，对发现的问题及时落实加固措施。其中黄坦镇济下水库、百丈漈镇盖后水库和大峃镇川盘山水库经安全鉴定确认大坝为三类坝，根据有关规定，县水利局立即委托加固设计，向省水利厅争取除险加固资金1000余万元。落实100余万元资金，对全县15座存在安全隐患的山塘进行加固。

【水毁工程修复】 受上年“苏迪罗”台风影响，全县水利水毁工程较多，为了确保水毁工程及时修复，向上级争取水毁资金1900余万元，全县200多处水毁项目得到加固修复。完成珊溪流域山洪沟治理项目，完成投资1100余万元，其中上级资金补助916万元。

【抢险救灾】 成立县抢险救灾工作领导小组，县委书记汪驰担任组长，县长王彩莲担任副组长。9月30日由季昌丰副县长带队组成抢险指导组长驻双桂乡重灾区，负责抢险救灾指导和工程抢修技术指导工作，省第11地质大队着手调查设计双桂乡治理方案。10月2日，县两办制定《文成县抢险救灾工作实施方案》，开展“为灾区群众献爱心”活动。全年投入防台干部群众在17万人次，投入险情抢险5535人次，运输车辆84班次，机械66台班，转移危险地段群众33285人次。危房鉴定方面，17个乡镇全部完成，排查出属D级民房1482间（531户）；交通设施抢修恢复方面，全县中断的2条国省道、21条县道、24条乡道全部恢复通车，中断的212条村道已完成疏通工作；水利工程抢修恢复方面，完成修复防洪堤99处，清理河道221处，204个村恢复通水；电力方面全县涉及12个乡镇279个村756个台区70423户停电已全部恢复供电；救灾救助工作方面，累计下达救灾金5030万元，其中上级1500万元，县级3530万元（含慰问金58.3万元），社会各界认捐总额达987万元。

【台风期间水文灾情】 2016年受14号和17号台风严重影响，造成较严重经济损失。

水情。受14号台风“莫兰蒂”和17号台风“鲇鱼”严重影响，由于强降雨，全县水库水位上涨迅猛，各地小流域山洪暴涨。

14号台风：据实测，飞云江流域峃口水文站9月15日15时20分洪峰水位达29.68米，超保证水位1.1米，洪峰流量达3520立方米每秒。泗溪流域樟台水文站9月15日14时15分洪峰水位达53.8米，超保证水位0.4米，老樟台交通桥过水约1米深。全县60座中小型水库水位偏高，其中有17座水库超汛限水位并泄洪。

17号台风：据实测，全县所有水库均超汛限水位并进行泄洪。其中珊溪水库，最高水位147.7米，超汛限水位5.7米，比2005年13号“泰利”台风最高水位145.78米高1.92米，超建库以来历史记录；百丈漈水库最高水位653.46米，超汛限水位1.46米，超征地线0.56米，是建库以来历史第三高水位。飞云江峃口水文站实测28日18点40分洪峰水位29.96米，超保证水位1.38米，洪峰流量达3680立方米每秒。泗溪樟台水文站实测28日17点25分洪峰水位53.71米，超保证水位0.31米。

9月27日上午，珊溪水库开闸泄洪（水利局提供）

灾情。14号台风“莫兰蒂”和17号台风“鲇鱼”接踵而来，全县的交通、水利等基础设施造成严重损毁，农业大幅减产，市政设施损毁严重。

14号台风受灾情况。全县受灾人口达11.35万人，倒塌民房24间，严重损毁10间，一般损毁130多间，造成2人死亡；据不完全统计，全县直接经济损失1.7784亿元，其中农业损失6745万元，工业交通运输业损失4962万元，水利设施损失2660万元，其他损失3417万元。

17号台风受灾情况。17号台风“鲇鱼”带来的持续强降雨和大风，给全县的水利、农业、电力、交通等基础设施造成严重损失。特别是桂溪小流域，出现超历史纪录强降水，发生超标准洪水，导致山体滑坡、山洪暴发，造成交通线瘫痪，防洪堤严重冲毁。据不完全统计，全县受灾人口16.87万人，因灾死亡6人，倒塌房屋78间，转移人口28756人，全县直接经济损失8.181亿元。其中，农林牧渔业直接经济损失7740万元，交通市政设施直接经济损失3.89亿元，电力通讯市政设施直接经济损失7600万元，水利设施直接经济损失9146万元，其他直接经济损失1.8424万元。其间桂溪小流域和梧溪小流域灾情特别严重，发生超标洪水，9月27日桂溪洪水超过双桂乡政府前交通桥桥面约80厘米，洪水冲进两岸居民房，低洼地带水深近1米，桂溪两岸防洪堤冲毁严重，直接威胁两岸40多间民房的安全，其中有6间民房全部冲毁（人员已及时转移）。双桂乡宝丰村发生山体滑坡，造成6间半民房冲毁，6人死亡。梧溪两岸的叶岸村和西坑村低洼地带受淹，水深近1米，其他区域内涝严重，民房进水；叶岸村水位遥测站被冲毁，水文数据终止在9月28日14时。

（叶迎男）

# 工　业

## 概　述

【概况】 工业生产稳中有进，企业效益有所回暖。全年实现工业总产值43.21亿元，同比增长5.2%。其中，规模以上工业产值25.83亿元，同比增长5.2%。规模以上轻、重工业产值分别为1.26亿元、5.20亿元，分别下降27.72%和增长14.53%。规模以上工业销售产值25.42亿元，同比增长4.5%，产销率为98%，其中出口交货值1.22亿元，同比增长3.8%。规模以上新产品产值4.14亿元，同比增长9.8%，新产品产值率16.0%，规模以上工业企业主营业务收入20.02亿元，同比增长1.1%；主营业务成本14.46亿元，同比下降5.4%；利润总额3.50亿元，同比增长68.2%；亏损企业亏损额0.18亿元，同比增长43.6%。

**2016年规模以上工业主要行业产值及其增长速度**

表16

| 指标 | 产值(万元) | 增速(%) |
|---|---|---|
| 规模以上工业产值 | 258368 | 5.2 |
| 其中：农副食品加工业 | 42296 | -3.7 |
| 饮料和精制茶制造业 | 8264 | -8.2 |
| 化学制品制造业 | 6647 | -47.7 |
| 非金属矿物制品业 | 7879 | -30.6 |
| 黑色金属压延加工业 | 39283 | 38.8 |
| 有色金属压延加工业 | 9583 | 2.1 |
| 通用设备制造业 | 4753 | -12.25 |
| 电力生产和供应业 | 98622 | 22.8 |

全社会用电量42292万千瓦时，同比增长21.7%。其中，工业用电18065万千瓦时，同比增长30.7%；建筑业用电1204万千瓦时，同比下降2.7%；信息传输、计算机服务和软件业用电1679万千瓦时，同比增长29.5%；商业、住宿和餐饮业用电2015万千瓦时，同比增长14.31%；公共事业及管理组织用电3391万千瓦时，同比增长25.61%；城乡居民生活用电14365万千瓦时，同比增长12.8%。

## 工业经济

【概况】 全年完成工业总产值43.21亿元，稳中向好；规上工业产值25.84亿元，同比增长5.2%，符合预期；规上工业增加值6.46亿元，同比增长10%，增速排名全市第一。

【工业性投资】 全年完成工业性投资4.3亿元，同比增长26.1%，其中现代化工业技改完成3.7亿元，同比增长84.3%，占比为86%。深入推进小微企业“三年成长计划”，黄坦生态产业基地进场施工，百丈漈生态产业园项目水、电、路等基础建设基本完成，产业平台整合提升工作已经开展。深入实施工业发展“三年提升行动”，深化“四换三名”“三转一市”，全年培育小升规工业企业2家，处置“僵尸企业”3家，整治“脏乱差”小作坊177家，企业完成技改投资3.7亿元，超额完成年度任务。

3月20日，副县长李标在百丈漈工业园区调研（经信局提供）

【节能减排】 制订有序用电方案，调节用电需求侧运行，分解下达能源双控任务，开展重点用能企业能源监察工作。组织开展以低碳节能为主题的节能宣传周活动，分发节能宣传品、宣传单、播放公益广告、节能征文比赛、摄影比赛等方式，广泛开展节能宣传，取得良好效果。绿色照明推广成效显著，全县27个单位和9个乡镇政府所辖室内照明全部完成改造，合计改造6642只，实现年节约电量45万千瓦时。利用省级节能资金推进27家企业半导体照明改造，合计下达资金116.95万元，推动企业半导体照明改造11091只，实现年节约电量200万千瓦时，全县总共推广半导体照明17733只，超额完成市里要求的推广10000只的目标任务，实现年节电量245万千瓦时，年节约电费220万元，年减排二氧化碳2810吨。

【减负降本】 以维护企业权益、优化发展环境、减轻企业负担为重点，联合多部门开展减负降本工作，惠及企业285家，涉及金额7100万元。对失业保险费单位缴费费率实行临时性下调，允许符合产业结构调整方向的困难企业暂缓缴纳社会保险费。贯彻执行工伤、生育保险费率下调政策，累计减免135万元；优化企业应急转贷资金作用，累计向小微企业办理转贷16笔，金额4977.44万元，受益企业7家。推动银行业和保险机构合作互补，提升金融业服务经济社会发展的能力，拓宽小微企业、农户、城乡创业者等群体的融资渠道，缓解融资难问题。落实电价政策，1月1日起，一般工商业及其他用电价格每千瓦时降低4.47分；6月1日起，大工商企业业和一般工商业及其他用电价格每千瓦时降低1分。落实电力直接交易试点单位用电政策，39家企业列入试点单位，每度电降低3.5分，共计减少274.42万元。深化商事制度，推行住所登记制度改革，放宽企业住所和经营场所登记条件，节约小微企业设立的空间成本，53家企业从中获益。优化审批手续，全面推行“五证合一、一照一码”登记制度，进一步减少企业创立时各种制度性成本。全年办理“五证合一”营业执照1243份。

【行政审批】 严格按照《浙江省行政审批管理办法》履行职责，深化行政审批改革，牵头做好工业企业“零增地”技术改造项目审批方式改革，简化项目审批，提高工作效率。全年共办理企业技术改造项目备案14项，固定资产投资项目节能备案8项，酒类经营者备案登记1项，直销企业服务网点核查和设立分支机构审核1项，对外贸易经营者备案登记9项。梳理出固定资产投资项目节能审查、酒类流通备案登记、对外贸易经营者备案登记等3项上报为网上直办事项，根据网上申报的特点，简化申报流程和申报材料，编制办理事项规范表，其中行政许可事项6项、备案事项3项审核转报8项，其他事项2项。

（吴慧侨）

## 供 电

【概况】 2016年，文成县供电公司完成全社会用电量4.23亿千瓦时，同比增长21.65%，售电量3.91亿千瓦时，同比增长20.35%，创历史新高。线损率7.5%，农网综合供电电压合格率

99.95%，农网供电可靠率99.91%。7月23日22时35分，文成电网最高负荷达10.83万千瓦，创历史新高。

【安全供电】 全年电网安全稳定运行。履行到岗到位，开展全覆盖式现场安全监察，实现有作业现场就有人到场监督，全年共开展现场安全稽查3906次，查处违章作业776次，违章人次780次，违章计分1662分。开展春季、秋冬季安全大检查，圆满完成第三轮安评复查工作。应用安全风险管控系统，全年共报计划数415条，现场管控完工数294条，取消数120条，实现评估及时率100%，闭环及时率100%、现场管控覆盖率99.54%。开展隐患排查治理，全年共排查发现安全隐患92项，完成治理率100%。安装配网在线监测终端266台，进一步提高线路故障智能诊断能力和故障处置能力。作为市公司系统首批单位完成110千伏线路运维属地化交接。通过调控机构安全生产保障能力评估，加强调控安全保障能力，完成县内86座水电站的发电信息采集工作，采集完整率由第二季度的98.2%提升到100%，通过2016年度第三批县级供电公司继电保护精益化评价。开展情景式"防暴、防恐"应急演练，全面提升公司应急救援整体水平和工作效能。全年未发生有关人员越级上访或不稳定事件。

【电网建设】 全年电网建设总投资达3.01亿元，为地方经济发展打下良好的基础。圆满完成"十三五"新一轮农网改造升级规划、35千伏配电网专项规划、2016—2020年10千伏及以下配电网建设改造项目需求编制、2017年配电网建设与改造工程可研编制等工作。完成文成城区变电站全停全转专题研究编制。与县新区管委会签订《新区电力发展合作框架协议》。推进主配网工程建设，有效解决政策处理难、衔接协调难、工程进度跟不上等问题，110千伏樟山输变电工程、35千伏黄坦变迁改工程按里程碑计划完成日历进度。完成4座变电站的14台35千伏开关和17组刀闸大修任务，处理配变单相超载18台、单相过载48台、单相重载112台、低电压29台、负荷超载2台、负荷重载9台和低电压用户893户，城乡供电质量和水平得到有效提高。小型基建项目顺利推进，巨屿线路工区生产用房工程和百丈漈供电所用房一期工程完成主体工程建设，百丈漈供电所二期工程按期开工。

【城农网改造升级】 公司在全市范围内，率先完成总投资为2.39亿元的新增城农网升级改造工程，为历年来投资的总和。组织4家电力施工企业、31个施工班组、700余施工人员活跃在全县网改一线。克服施工任务重、工期安排紧、安全压力大、恶劣天气频发等困难和挑战，新建与改造10千伏线路639.45千米，新增配变布点64台，增容与改造配变164台，新建与改造0.4千伏线路357.2千米；22项大修项目顺利完成，改造10千伏线路28.6千米，改造0.4千伏线路138.6千米。

【供电服务】 推进业扩提质提速与"互联网+电力营销"应用，居民电子账单应用率82%，低压用户线上受理率87.47%。推广电子服务平台，全年共完成微信公众账号绑定3.78万个、95598智能互动网站注册数2950个、国网"掌上电力"APP注册1.25万个。开展电能替代宣传并在国家级主流媒体发布2篇新闻，实施煤改电用户接入配套工程优惠举措，全年完成电能替代电量1258万千瓦时，超额完成电能替代年度目标。提升配电设备运维能力，加强配网故障抢修的管控、值班及故障应急处置，及时处理客户用电故障；加强停电检修计划管控，减少计划性重复停电，开展绝缘操作杆作业法带电作业，最大限度的保障客户用电。公司荣获2015年温州公司营销工作先进单位、供电服务"三位一体"综合竞赛优胜单位、业扩服务"三不"竞赛优胜单位、"电子服务平台推广暨客户基础数据治理双月攻坚”竞赛优胜单位。珊溪供电所峃口服务站被授予温州公司营销工作先进集体称号。

【集体嘉奖】 公司广大干部员工主动放弃周末双休和节日假期，连续作战在G20杭州峰会保供电和“莫兰蒂”“鲇鱼”台风的抗台抢险第一线，峃口服务站的“楼梯哥”冒险营救老人孩子、南田供电所的“生命椅”送待产孕妇到安全地带等事迹得到了县政府的充分肯定，完成重要节日及重大活动保供电任务，公司获得县政府集体嘉奖。

【经营管理】 成功解决历史遗留问题，重启并完成职工住房货币化改革工作。完成资产清查工作，所有资产账卡物符合一致，资产清查完成率达100%。档案目标管理获评省级优秀达标。首部《文成县电力工业志（1948—2014年）》完成编纂及出版。加强电费回收日常监控，强化风险预控，与文成农村信用联社携手推出全市最低的“电费9折，银行返利优惠”活动，使公司银行批扣率达80%，总结催费成功经验，提炼出“柔性催费十二法”并加以推广，公司获2015年电费回收“三零”竞赛优胜单位。强化营业厅规范建设，提升营业厅管理水平和服务能力，国网文成供电营业厅被评为四星级、黄坦营业厅被评为三星级。开展星级班组建设，建成省公司四星级班组3个、三星级班组3个。昌泰公司取得三项管理体系认证、三级物业管理资质，被授予温州公司2015年度集体企业先进班组称号。文成县图盛供电服务有限公司取得承装五级资质。浙江电力建设监理有限公司文成配网项目部完成全年各项工作任务，为电力建设发挥重要的保驾护航作用。科技创新取得重大突破，取得发明专利1项、实用新型专利4项、市公司QC成果1个一等奖和1个三等奖。企业管理创新成果创历史最好成绩，获市公司1个二等奖、1个三等奖。公司《数据贯通助力可靠性管理提升》项目获省公司首届数据价值挖掘大赛铜铲奖。

【多表合一】 6月28日，文成县“中央公馆”小区建成为首个“多表合一”智能化小区，小区内170户居民实现微功率无线采集水、电费数据。公司多渠道推进“多表合一”信息采集工作，牢抓县城新区建设契机，与县新区管委会达成战略合作意向并联合发文推进“多表合一”工作，全年完成420户的电表、水表合一采集，实现公共抄表收费、管理智能化。

【企业文化】 将国网统一的企业文化精神与文成地域特色文化结合，打造“忠、孝、仁、义、廉”五美企业文化，推进“五型”供电所建设，大峃供电服务部展现忠贞之美、珊溪供电所厚植孝顺之心、黄坦供电所奉行仁厚之德、玉壶供电所打造重义之情、南田供电所呈现廉洁之明，开展“五美”文电人评选，树立先进典范。公司被县总工会、县文明办授予“2015年度文成县职工职业道德标兵单位”称号，获县“双百结对共建文明”活动先进单位称号。公司职工书屋被全国总工会评为“全国职工书屋”示范点。客户服务中心被省电力公司授予“2015年度浙江省电力工会先进职工小家”称号，公司调控中心被评为“浙江省巾帼文明岗”，珊溪供电所获“温州市巾帼文明岗”称号，党群工作部、黄坦供电所获“文成县巾帼文明岗”称号。

【依法治企】 落实“一岗双责”，严格执行中央“八项规定”精神及相关实施细则，有效提振干事创业精气神。落实党风廉政建设党委主体责任，明确党政共担共责的工作机制，坚持管业务必须管廉政，履责约谈领导干部19人。落实纪委监督责任，运用“四种形态”，创新“三方”立约、“五方”联审监察模式，高效完成新增城农网改造升级工程效能监察项目，全年检查28次，走访现场280个，发现问题51个，该项目在效能监察项目评比中荣获市公司一等奖、省公司二等奖。多形式开展“德廉双修”廉政教育活动，学习宣贯《中国共产党廉洁自律准则》

《中国共产党纪律处分条例》《供电所员工廉洁从业一本通》《党员干部廉洁从业一本通》，廉政风险防控安全性评价项目以第二名的成绩荣获市公司二等奖。开展作风建设六大行动，实施员工自我导航，共起底问题296个，制定整改措施296条，全面完成整改。强化工程项目投资审计，完成配网、技改工程项目决算审计57项。严格执行国网公司通用制度，利用“五步法”筛选适用制度并宣传贯彻至部门末端，实现通用制度精准落地，制度集约率达98.77%。严把合同审核关，组织开展合同专项管理检查，累计审核合同175件。苏环作为省公司代表队选手，参加国网法治企业知识竞赛总决赛并获团体二等奖。

深化民主管理，全年开展职工代表巡视24次，征集到一线职工意见和建议160条，并由相关部门给予沟通和落实，发挥工会桥梁纽带作用。在县委组织部的支持下，选派6名干部组建成为电力联络员，主动服务地方经济发展。加强人才梯队建设，以“三位一体”工作室、梅慧敏大师工作室为平台，做实“攻坚克难”虚拟团队，推行各级人才“继任”计划，举办、外送各类培训65期，参培员工1215人次。成功举办公司第二届职工“创意创新”大赛等群创活动，有效服务企业生产经营。

（王　哲）

## 水电开发

【概况】 文成县电力开发投资有限公司投资建设的控股、参股电站有5座，即高岭头一级水力发电有限公司、高岭头二级水力发电有限公司、高岭头三级水力发电有限公司、东溪三级水力发电有限公司、坑下山电站，总装机6万千瓦，总投资41614万元。2016年，共完成发电量19648万千瓦时，产品销售收入1.06亿元，上缴税费约1800万元，公司实现利润782万元，突破历史记录。

【企业管理】 补充、完善党（企）务公开、财务管理、三重一大、重大事项报告、资产租赁管理、固定资产管理、法人治理结构议事细则、工作要事登记、月工作交流日等20个制度或细则，公司管理进一步规范化、科学化。及时公示企业重大决策、重要人事任免、重大项目安排、大额资金使用、“三公经费”使用、职工工资和奖金分配情况等事项。正确处理好员工利益、股东回报和企业发展三者关系，化解矛盾纠纷，消除不和谐因素，确保企业和谐稳定发展。资金运作科学合理，成本费用明显减少，与温州银行达成到期融资转贷协议，月利率由原0.609%降至0.45%，公司年成本节省100余万元。

【安全生产】 贯彻落实安全生产法律、法规和各项制度，各电站开展春秋两季安全大检查，全面强化安全监管，防范各类安全风险，实现全年安全生产零事故的总目标，取得良好的安全生产成效。G20杭州峰会期间分别与各电站签订《平安综治暨G20杭州峰会维稳安保目标管理责任书》，对各电站进行安全生产和G20杭州峰会安保督查，为峰会的召开创造良好的社会环境。

【防汛抗台】 在防御14号台风“莫兰蒂”和17号台风“鲇鱼”中，公司根据上级部门的部署，早分析、早防范、早落实，及时启动防汛防台预案，在百年一遇的自然灾害面前，实现了“无人员伤亡，损失最小化，效益最大化”的既定目标，利用这难得的水资源，使发电效益最大化，总计系统电站多增加库容2000多万立方米，增加产值700余万元。其中东三电受17号台风“鲇鱼”的严重影响，洪水淹没了厂房设备，公司党委立即组建党员抗台救灾先锋队和外援专家凌晨徒步3个多小时到达东三电厂房，经过4天3夜的不懈努力全面恢复正常工作秩序，实现正常发电。

【重点工程】 110千伏高文1039线跨龙船垟段

线路设计施工一体化项目进入决算预审阶段。

2016年正式启动高一电和坑下山电站增效扩容(报废重建)工程,高一电将原装机容量2×8000千瓦机组扩容为2×9000千瓦,总投资2975万元,竣工后年均发电量将增加500多万千瓦时。坑下山电站将原装机容量2×2000千瓦,扩容为2×2500千瓦,总投资1020万元,竣工后年均发电量将增加185万千瓦时。

【帮扶关爱】 做好结对帮扶工作,公司领导班子多次深入黄坦镇驮岙民族村调研分析该村存在的各方面问题,为该村解决资金5万元,用于建设村避灾安置点。“红七月”期间组织党员捐资1200元慰问帮扶村特困老党员,台风“莫兰蒂”“鲇鱼”严重影响全县后,公司系统各电站和干部职工踊跃捐资57070元。

【企业党建】 发挥水电企业党组织作用,“两学一做”学习教育活动效果显著,党员干部自觉性明显提高,理想信念、政治意识、大局意识、核心意识和看齐意识进一步加强。组织建设跟进,圆满完成机关党组织及下属党支部换届工作,做好党组织关系集中排查工作。结合实际,完成县委及有关部门下达的阶段性动态党建考核任务。狠抓党风廉政建设工作,严格落实“两个责任”,确保从严治党新形势下党员干部队伍的纯洁性和先进性。

(周 瑾)

# 建筑业　房地产业

## 概　述

**【概况】** 2016年年末，全县拥有资质建筑业企业17家，比上年增加4家。实现建筑业产值24.63亿元，同比增加23.4%，其中在外省完成产值6.01亿元，同比增长17.4%，占比为24.4%。房屋施工面积92.27万平方米，竣工面积28.82万平方米。实现营业收入23.61亿元，利润总额0.57亿元。全年住建系统新增高级工程师1名。

## 建筑业

**【产业培育】** 产业培育从被动向主动转变，制订《文成县建筑业扶持发展三年行动计划》，在优化招投标、培育龙头企业等政策进一步明确，主动服务，实实在在为企业排忧解难；联合资管办召开县内建筑业企业座谈会，梳理有关问题和建议；全县完成建筑业施工总产值24.63亿元，与2015年同比增长24.63%。新培育三级企业5家（龙耀建设、亦文实业、会豪园林、胜源水利、顺宝建设）三级资质均已获批，并取得安全生产许可证。截至2016年12月，全县拥有建筑业企业17家（二级资质5家，三级和专业承包资质15家），其中建筑工程14家，公路工程1家，水利工程2家，电力工程1家，绿化工程专业承包2家。

**【市场行为规范】** 严把开工审查关，不具备施工条件和未办理施工许可的一律不准开工。按照"严把关、高效率、优服务"的原则，为27个建设工程项目办理了施工许可证，为23个项目办理了竣工备案，为400多人次办理了建筑师、安全员等从业人员注册及变更手续。

**【新墙材使用】** 不定期组织工作人员在各建制镇、住建所、在建工程通过悬挂横幅标语、发放宣传资料、设点咨询等方式广泛宣传新型墙体材料推广应用政策法规。严格按照有关规定征收、返退和管理使用新墙材基金，全年征收墙改专项基金预缴总金额199.8万元，征收率达100%，返退158.27万元，公建和房地产开发项目的新墙材使用达到全覆盖。7月，温州城泰新型墙体材料有限公司的"加气混凝土砌块"通过省级新型墙体材料认定，取得"浙江省新型墙体材料认定证书"，这是文成县首家生产企业新墙材通过省级认定。

**【质量安全监管】** 利用互联网技术，推进建筑工地"全球眼"和起重机械"黑匣子"安装全覆盖，实现信息化监管。全年共开展建筑工地检查37次，签发质量安全整改通知书734份，签发停工通知书41份，强制停电整顿9个工程，约谈施工企业、监理单位、建设单位共45家次，书面通报批评施工企业、监理单位、租赁单位等64家，对18家施工企业、10家监理单位、15名项目经理、2名总监理工程师进行不良行为公示。对41家单位实施了信用扣分，分别对1家施工企业和建设单位处以10万元和6.01万元罚款。

【工地创建】 推进标化工地创建工作，县城区和中心镇全面开展标化创建，创建率100%，达标率100%。开展建筑工地扬尘污染防治专项检查，创建绿色工地1个，创市标化工地2个，市级优质工程（瓯江杯）1个——文成县文化中心。

（董芳芳）

## 城镇规划

【规划编制】 指导新成立的周壤镇、二源镇、铜铃山镇启动镇总体规划的编制；启动受地震影响乡镇的控制性详细规划调整，完成黄坦、西坑、珊溪、巨屿等镇的规划修编调整工作；编制完成《飞云江沿岸峃口段人居风貌特色及改造建设规划》。

【规划管理】 制订《文成县中心城区停车场（库）建设三年行动计划（2016—2018年）》，计划在县城中心城区范围内，规划新建地上及地下停车（场）库9个，3年总计新增总停车位2038个；制定《文成县城乡规划三年行动计划》，推进村庄规划、村庄设计、建房图集全面覆盖，3年计划编制村庄规划270个；精心设计《魅力文成、美丽乡村农房设计通用图》，供建房户免费选用，并打造样板村。

对2009年出台的《文成县基础设施配套费管理办法》（文政办发〔2009〕198号）进行修改，根据现行的政策对市政基础设施配套费的征收标准进一步明确。

做好避灾安置建设工作，配合民政部门对全县避灾安置场所进行调查选址，深入全县各个村庄，对全县385个行政村进行避灾安置场所的选址。

严格执行国家强制性标准和规范，依法进行各项行政许可的审批，依法开展批前公示和批后公告。个人建房方面：全县办理建设用地规划许可证366本，总用地面积15.59万平方米；办理建设工程规划许可证552本，总建筑面积18.16万平方米；办理规划核实确认书334本，总核实建筑面积9.95万平方米；办理乡村建设规划许可证227本，总用地面积1.82万平方米，总建筑面积7.91万平方米。公建方面：全县办理建设项目选址意见书25本，总用地面积55.72万平方米；建设用地规划许可证29本，总用地面积49.94万平方米；办理建设工程规划许可证31本，总建筑面积33.76万平方米；办理规划核实确认书19本，总核实建筑面积33.15万平方米。

【审批事项】 全年办理规划选址意见书17件，面积44.33万平方米；建设规划用地许可证20本，面积70.7万平方米；建设工程规划许可证18本，面积17.3万平方米；办理质量监督手续16件，面积12.2万平方米；开工安全条件生产条件审查14件，面积11.89万平方米；建筑施工许可证20件，面积25.57万平方米，建筑工程质量监督手续2件，面积6.13万平方米，实现办结率100%。

【基础测绘】 “数字文成”地理空间框架平台建设升级、维护和地理信息资源共建共享。与温州市勘察测绘研究院签订《数字文成地理空间框架维护（2016）合同》，以满足基础测绘动态更新要求，实现生产数据与库体数据统一管理，对原系统数据分发转换功能升级。新增2个天地图应用：文成县水利工程巡查安全管理平台、移动GIS警务指挥系统。

（董芳芳）

## 市政建设

【市政管理】 重点项目建设。全年实施的重点项目10个，有城镇三级管网、百丈漈垃圾填埋场、伯温路线缆入地工程、县城天然门气站等，总投资6.8亿元，共完成投资3.35亿元。其中泗溪沿岸（伯温路）线缆入地工程已完成第一施工段(凤溪桥头至鹤川大桥段)的沥青稳层浇筑、第二施工段（鹤川大桥至沙垟桥段）完成封道及进场施工；百丈漈垃圾填埋场4月下旬进场施工，建设地点为文成县百丈漈镇米斗山，一期用地面积80913平方米，投资概算为6307.51万，设计填埋库容量为37.7万立方米，使用年限为13.8年，垃圾处理规模为75t/d，渗滤液处理量为100t/d，全年完成填埋场库区清表成型、分渗漏液场区基础施工等；文成县城镇管网（珊溪、玉壶、南田、百丈漈标段）建设4个标段完成约90%的工程量，完成总投资2.44亿元；栖云路（云都花园—云景花苑）污水管网改造工程于8月全面完工；文中巷污水管网改造工程完成文中巷段的污水改造，横河巷段完工；城东小区东片污水改造工程完工；城东污水处理厂一级A提标工程进场施工。编制《文成县城镇地下管网综合改造工程实施计划（2016—2020年）》，计划5年内完成大峃镇、珊溪镇、南田镇等7个镇21个城镇地下管网改造项目。

泗溪沿岸（伯温路）线路入地工程开工建设（住建局提供）

【五水共治】 9月，提前超额完成全年省市下达的五水共治考核任务。其中，完成污水管道建设33公里、新建雨水管网2.6公里、提标改造雨水管网9公里、排水管网清淤55公里、积水点改造4个、雨污分流13公里、供水管网改建14公里、新建供水管网3公里；完成珊溪镇江滨公园建设、玉壶镇玉泉溪两岸景观工程。

【农污运维】 委托县公用事业有限公司负责全县农村生活污水运维工作，该项工作于8月17日完成招标，9月21号日对百丈漈镇、二源镇、黄坦镇、西坑镇等共计10个村展开试点性现场验收检查，9月28日接收该10个村污水处理配套设施的相关资料。

【城镇绿化】 全年完成新建绿地25公顷、示范路2条、街旁（滨水）小游园2个、自然花镜一组、立体绿化1000平方米，珊溪镇进入省级园林镇申报阶段。维修县城路面约100处、补植绿化苗木小灌木约15万棵、行道树约200棵。配合生态县建设、国家级卫生城市创建等工作，联合县森源林业有限公司引进“GPS微型定位器”，助力城市绿化管理智能化。

【城市管理】 完成伯温路改造2公里，打通断头路西山路的改造；完成专用停车位600个、公共停车位161个、景区停车位200个、交通文明示范小区（湖滨小区）停车位改造50个；在原有的公交线路基础上新增105、106两条公交线路，至年底全县共有5条公交线路、20个自行车站点、600辆公共自行车。

【公用事业】 供水行业水质管理。定期对局下属供水企业开展安全生产大检查，针对检查中发现的问题，进行整改落实；全年县城水厂供水372万立方米，县城出水水质和管网水质均达到国家标准。

小液化气质量安全整治与规范。依法取缔2家非法燃气经营点，拘留2人，查处并扣留116个燃气钢瓶，停业整顿13个燃气经营点、限期整改3个燃气经营点；全县瓶装燃气活跃用户总数34820户，实名用户登记总进度100%。全年实现供气6065立方米，实现安全无事故。

【城镇道路照明】 将县城道路路灯委托县电业局下属的昌泰公司进行维护，确保县城道路亮灯率在98%以上。每月定期对县城大路路灯和背街小巷路灯进行两次排查，全年共修理大路路灯150盏、背街小巷路灯165盏。完成安装太阳能路灯50盏，解决公阳村等4个无路灯村的照明问题，提高农村群众夜间活动的安全。

【可再生能源应用】 完成县政府部署的685个沼气池补偿任务；全面开展民用建筑项目节能评估工作，全面应用温州市民用建筑节能评估管理系统；完成既有公共建筑节能改造0.8万平方米；完成文成县广播电视大楼公共建筑用能监管示范工程1项并接入市民用建筑能耗监管信息平台。严格执行《民用建筑可再生能源应用核算标准》，推动可再生能源在建筑中的应用，实施太阳能等可再生能源建筑应用30万立方米，全年完成16万立方米。

（董芳芳）

## 房地产

【保障性住房建设】 制定《文成县城镇住房保障十三五规划》《文成县公共租赁住房保障实施细则（试行）》，全年下发城镇廉租住房保障资金13.62万元；启动公共租赁住房申报工作，全年新增25户公共租赁住房保障对象；完成花园A区36套公租房装修。坪心巷直管公房基本腾退，河头巷里进入司法程序，并完成装修设计。

【住房补贴】 开展2016年度退休干部职工住房货币化分配补贴申报人员的审核工作，受理62家单位600人住房补贴申请。

【房产交易】 因县不动产登记局成立，住建局于9月26日停止房产交易管理。截至9月25日，登记中心办理各类登记、注销10371件，确权房屋面积183.28万平方米。转移登记住宅和非住宅193件，面积3.52万平方米。变更登记和更正登记136件，面积2.94万平方米。办理商品房转移登记911件，面积10.42万平方米，收取交易费21.5万元。办理交易411件，面积6.09万平方米，收取交易费26.04万元。办理各类抵押登记4367件，其他各类登记2425件。

【房地产市场管理】 全年办理商品房预售许可项目11个，销售商品房2261套，共20.38万平方米；商品房买卖合同备案1722份，销售面积17.51万平方米，销售金额17.78亿元，与2015年基本持平。全县在建商品房开发项目15个，建筑面积92.35万平方米，约6808套。

【农房改造救助】 美丽宜居示范村建设。全县共在建省级美丽宜居示范村6个，预计2017年验收大峃镇岭脚村、百丈漈新亭村，珊溪镇雅坪村，2018年验收珊溪镇南阳村、巨屿镇花竹岭村、平和乡东方村。

农村困难家庭危旧房改造。全县农村困难家庭危旧房改造工程累计完成4525户，完成率100.56%，排名全市第五，全省第九。

房屋安全鉴定。受台风“鲇鱼”影响，全县房屋受损严重。国庆期间，抽调县城多家房屋安全鉴定机构人员和局相关科室工作人员，组建12支鉴定小组分赴17个乡镇完成全县危房鉴定工作。在实施农村困难家庭危旧房改造过程中，对3650户老旧房子进行安全鉴定。开展危房鉴定机构备案工作，共审核备案10家危房鉴定机构。

【三旧改造】 全县实施“三改”面积175.37万平方米，其中旧住宅区改造11.32万平方米，旧厂区改造2.3万平方米，城中村改造161.75万平方米，完成市定任务64万平方米的274.01%，县定任务的108.8%；拆违面积为20.84万平方米，完成市定任务10万平方米的208.43%，县定任务的104.2%。

【无违建县创建】 以“无违建县”创建工作为目标，制订《文成县“无违建县”创建三年行动计划》。全县累计拆除违法建筑314处9.28万平方米，完成县定任务的116.06%。12个乡镇通过“无违建村（居）”市级预验收。4月，文成县获评2015年度全省“无违建”创建先进县。

3月10日，省经信委考核验收“无违建县”创建(住建局提供)

【大拆大整】 10月20日，召开“大拆大整”专项行动动员会，贯彻落实市委、市政府“大拆大整”专项行动动员会议精神，深刻吸取鹿城双屿农房倒塌事故教训，动员全县上下迅速组织开展“大拆大整”专项行动，全面消除各类安全隐患，切实保障民生，加快推进文成转型发展。全县从10月中旬，在全县范围内集中开展“大拆大整”专项整治行动。总的要求是，按照“今年年底初见成效、明年上半年大见成效”的目标，以铁的决心、铁的手腕、铁的措施，强力推进危旧房治理改造、“四无”生产经营单位专项整治、城中村、违法建筑排查整治和拆除、流动人口管理、居住出租房整治、旧市场整治提升搬迁等“七个领域”的专项治理，从根本上消除各类安全隐患，务求必胜，务求实效。

10月20日，全县“大拆大整”专项行动动员会(住建局提供)

【危旧房隐患排查和治理改造】 全县累计查漏补缺城镇危旧房279幢，无新增D级危房，完成3年改造治理任务数的93.48%。排查农村危旧住房96459户，其中排查后鉴定为C级危房1787户(已治理835户)，D级危房1664户，腾空1664户(拆除880户)。

【城中村改造】 城中村改造专项行动累计签约户数30户，累计拆除户数40户。11个镇共上报2017年旧村改造项目22个，确定项目选址、建筑面积、计划开工时间及竣工时间等。全县共计划签约2559户、拆除2287户、改造面积134万平方米。

7月20日，省政协常委、副秘书长郭吉丰带队省政协监督组到文成县监督调研农村困难家庭危房改造工作(住建局提供)

省政协常委、副秘书长郭吉丰到文成县调研农村困难家庭危房改造工作(县农救办提供)

省政协常委、副秘书长郭吉丰到文成县调研农村困难家庭危房改造工作(县农救办提供)

全县"无违建县"创建工作现场会(文成新闻网提供)

2016文成县城乡建设管理研讨班在参观云和县(罗何坚/摄)

2016年文成县城乡建设管理研讨班在参观景宁县凤凰小镇展示馆(罗何坚/摄)

2016年文成县城乡建设管理研讨班在浙江大学学习(罗何坚/摄)

(董芳芳)

## 大峃城市新区

**【概况】** 文成大峃城市新区管委会内设行政科室4个,设立建设项目前期工作中心、工程建设服务中心、征收与补偿服务中心3个下属公益一类事业单位。年末在职人员41人,其中行政干部13人,事业干部28人。全年完成固定资产投资145416万元,受理小额工程招投标项目5个,总投资额达115万元,

**【固定资产投资】** 全年完成固定资产投资14.54亿元,完成年度占比100.3%,其中,莒湖街

改造项目A区旧城改造项目交付业主。保障房部分一标段结顶，外墙涂料基本完成，进入装饰装修阶段，景观施工进场；二标段BD地块锚杆桩进场施工，完成投资5.17亿元，完成年度占比129%；宾馆前出让地块1幢结顶，2幢地下基础开工，完成投资2.42亿元，完成年度占比110%；珊门龙前山地块主体建筑完成，完成投资1.29亿元，完成年度占比162%；花园二期保障性住房B地块进行门窗安装，外墙粉刷，完成投资1.33亿元，完成年度占比265%；兴福堂一期安置房项目二层地下室工程桩完成，完成投资1.37亿元，完成年度占比137%；兴福堂城市综合体项目正在做桩基工程，完成投资2.51亿元，完成年度占比72%；周村新农贸市场和安置房（二中片区3B地块）进行底板锚杆打孔，完成投资2680万元，完成年度占比89%；苔湖街市政道路工程完成红枫路段施工，完成投资990万元；完成年度占比165%。

苔湖片区CE区块施工现场（新区管委会提供）

苔湖片区BD区块施工现场（新区管委会提供）

苔湖片区现状夜景照片（新区管委会提供）

苔湖片区效果图（新区管委会提供）

**【项目前期工作】** 做好4个项目前期工作，其中：苔湖街改造二期项目年底启动征询改建意愿工作，应征询共766户，已征询718户，完成率

93.7%，完成项目概念性规划及土地利用总体规划调整方案上报省国土资源厅审批；樟山片区完成控制性详细规划编制和报请审查；龙船垟城市综合体项目完成定界图、红线图；龙船垟安置房项目（龙船垟片区AX-07地块）完成招投标与施工前准备工作。

**【融资引资】** 探索投融资管理新方法、新路径，争取银行贷款，全年实现新增授信6.1亿元，还贷3.96亿元，争取国债资金0.5亿元。做好招商项目的包装与推介，多次组织外出招商引资，重点推介苔湖街商业体项目。

**【资金回笼】** 开展苔湖片区和樟山功能区的安置房交付与安置剩余房源销售工作，全年累计回笼资金2.2亿元。其中，苔湖片区A地块（19、21号楼）首期安置房，共有安置户81户、房源166套，于9月1日开始办理结算交付手续，截至年底，完成房屋结算交付70户、132套，回笼资金153万元；苔湖片区一期改造项目安置剩余房源全年售出66套，回笼资金7400万元；樟山功能区一期安置点（朝阳嘉园）可安置房源367套按计划全部完成预售，办理正式合同签约，回笼资金1.46亿元。

**【规划许可审批】** 全年办理建设项目选址意见书6件，建设用地规划许可证9件，建设工程规划许可证12件，项目节能审查意见书5件，项目建筑工程施工许可证7件。

**【安全生产】** 与各联片领导、各内设机构、服务中心负责人、各项目业主分别签订责任书，分解落实责任。实行新开工建设项目开工前安全生产条件审查和现场踏勘制度。坚持安全生产例会制度、不定期检查制度，全年共召开安全生产例会12次，开展安全检查工作13次。

**【信访维稳】** 全年接待来访群众132批次1503人次；办理县信访局签转信访件17件，经研究16件予以受理，其中答复信访件16件；利用网络问政平台回应群众述求，全年接收网络问政57个，其中2个因反应情况不明按规定退回；多次参加领导干部大接访活动，有效化解矛盾，保证项目建设的有序推进。

兴福堂城市综合体项目施工现场（新区管委会提供）

兴福堂整体规划效果图（新区管委会提供）

樟山片区效果图（新区管委会提供）

（陈　彬）

## 住房公积金

【概况】 温州市住房公积金管理中心文成分中心内设综合科、业务科(行政审批科)2个科室。事业编制参照公务员法管理7人。中级经济师1人;本科以上学历5人,专科学历2人。全年归集住房公积金2.44亿元,住房公积金缴存单位492个,缴存职工13554人,净增411人。全年发放住房公积金贷款2.04亿元,在贷户数1857户,贷款逾期率为0‰,继续保持17年贷款零逾期,因购建房、退休等提取19655人次1.48亿元。全年实现增值收益1162.88万元,上缴财政廉租住房建设补充资金116.29万元。荣获温州市住房公积金管理中心2016年度目标责任制考核“优秀单位”“标杆窗口”、温州市“最美巾帼文明岗”、温州市第五次学法用法“示范基层站所(服务窗口)”称号;通过温州市文明单位复评;获得县首届职工“交警杯”乒乓球比赛团体亚军、县第十二届“农行杯”庆“三八”趣味运动会“8字跳绳”项目三等奖;业务科获2016年度全县千人评议“满意科室”称号。林琼获得温州市巾帼建功标兵荣誉称号;邵疆疆被评为2016年度优秀公务员,获县“弘扬长征精神践行‘两学一做’”主题演讲比赛活动三等奖;胡晗初获县“两学一做”重点书目读后感征文比赛三等奖;吴方亮、吴剑威分别获得县首届职工“交警杯”乒乓球比赛个人单打季军和个人单打第五名。

【制度扩面】 县政府下发《文成县人民政府办公室关于分解落实2016年度住房公积金扩面任务的通知》(文政办发〔2016〕28号),制定扩面考核细则,将全年扩面任务发解至各个乡镇和部门,并由县考绩办把扩面工作任务列入各乡镇和部门的年度考绩。与县财政局联合发文,开展2015年度住房公积金基数调整工作。

【风险防控】 完善业务内核制度,执行“贷前严审、贷中规范、贷后跟进”的贷款管理机制,严格按照规定标准受理贷款业务,加快推进贷款预抵押转抵押业务办理,加强贷后催收、小额支付扣款及时等工作,建立业务自查台账。同时,强化公积金提取、贷款过程监督,使用业务电子档案拍照程序,通过住建、地税、民政部门,实时查询掌握职工的婚姻、购房、贷款等有关信息数据,全面加强窗口工作人员业务技能和综合素质,全年共查处骗提案件8起金额79.86万元,其中未遂7起金额70.11万元、既遂追回1起金额9.75万元;收回骗贷案件1起金额18.89万元,将骗提、骗贷行为函告当事人单位批评教育,有效遏制骗提、骗贷、套提住房公积金的行为。

【规范管理经费使用】 加大内审力度,重新修订《内部会计控制制度》(文公积金〔2016〕8号)、《印章管理制度》(文公积金〔2016〕4号)等内部管理文件。落实“日检查,周巡查,月抽查”的监督机制,完成全年资产清查主体工作,加强对票据、印鉴和重要凭证的保管,对预告登记转正式抵押登记的及时跟踪,对受理、调查、验收抵押、签订合同、审批、放款和回收各环节的全程监控,对借款人及配偶的征信调查,对大额资金划转的集中决策,对贷款业务的交叉审计,对业务归档材料的三级复核,省市部门委派的各类审计,及时发现在业务办理中存在的各类问题,确保管理经费使用规范。

【增值收益竞争性存放】 规范权力运行,建立和完善文成县住房公积金资金竞争性存放机制,提升理财水平,制定《2016年度文成县住房公积金资金竞争性存放实施方案》,将2016年增值收益2000万元作为公开招投标的资金,存放期限一年,年利率2.025%,高于基准利率35%。最终确定农行文成支行、建行文成支行、信用联社3家合作银行为分中心为增值收益存放单位,有效确保住房公积金资金增值效益,更好地服务地方经济发展。

【创新服务】 开展以“服务零距离、工作零差错、管理零投诉、资金零风险、业务零收费、廉政零违纪”为主要内容的“阳光公积金·‘六〇’服务”品牌创建工作，持续深化“四连办”“手机集中”“三项免费”“综合柜员”“预约服务”“延时服务”“12329短信服务”“微信公众平台”“意见征求常态化”“站立”服务等日常便民服务工作；主动打通多媒体平台间的信息渠道，联动推出门户网站、业务QQ群、微信公众号在线咨询、“12329”无偿短信提醒等立体多元的咨询办理平台，提升业务办理的便捷度和满意率。全年办理单位和个人住房公积金业务23268笔，维持常年零投诉。

（邵疆疆　吴方亮）

# 商贸 流通

## 概 述

【概况】 2016年，贸易服务业全年业务培训5期，培训276人次，新增限上商贸业企业4家，新增规上其他营利性服务业国际企业1家。实现社会消费品零售总额38.57亿元，同比增长9.5%。按行业分，零售业零售额34.28亿元，占社会消费品零售总额的88.9%，同比增长10.8%，带动社会消费品零售总额增长的主要动力；批发、住宿和餐饮业零售额分别为0.42亿元、0.37亿元和3.51亿元，分别同比下降55.0%、同比增长7.9%和16.2%。实现限额以上消费品零售额8.51亿元，同比下降2.7%。实现批零住餐四大行业销售额80.32亿元，同比增长6.9%。批零住餐限上销售额11.27亿元，同比下降19.0%。

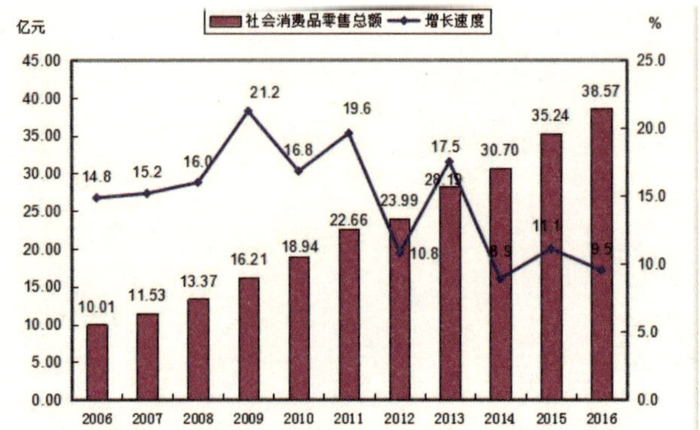


2006—2016年社会消费品零售总额及其增长速度

## 商品零售

【概况】 实现全社会消费品零售总额38.57亿元，同比增长9.5%。其中限上消费品零售额8.5亿元，同比下降2.7%，限上批发、零售、住宿和餐饮业业销售额11.27亿元，同比下降19%。

【农产品流通体系】 立足良好的生态环境，推进农产品流通体系建设，以文成南联超市有限公司为现代农产品流通试点企业，进一步推进培育工作。峃口农产品储藏中心完成土地平整，开工准备基本就绪。完成县生态农产品交易中心土地出让、设计建筑施工方案、地质勘查。

【欧陆风情街】 位于大峃镇城东大道，是一条销售、寄卖国外进口商品的欧陆风情商业特色街区。主要由线上"侨品汇"电子商务平台和线下欧陆风情商业街两部分构成，线下实体店为线上商品的质量提供保障，由温州侨品汇电子商务股份有限公司进行管理运营。街区商铺建筑总面积达1.5万平方米，完成商铺建筑面积4500平方米。2016年侨品汇累计销售额5014.03万元（其中线上平台销售241.53万元），在售商品2万余种，当地员工65人，海外购货人员700余人。侨品汇泰顺分店于12月24日在泰顺县罗阳镇隆重开业，着手创建太原、贵州、天津及温州平阳等地线下体验店。

1月15日，欧陆风情街隆重开业(经信局提供)

## 电子商务

【网络零售额】 全年实现网络零售额7.23亿元，同比增长26.84%。

【电子商务产业园】 占地15亩，总建筑面积1.5万平方米，总投资近3000万元，是一家集“种植、加工、科研、电商产业园区”为一体的综合型农业企业，以“互联网+传统农业”为突破口，主推全县优质农产品，2016年获得省级电商创业创新园区荣誉称号。完善县绿云电商产业园管理机制，创立农村青年网络创业基地，园内管理实行优胜劣汰，入驻企业35家。

【农村电子商务服务体系】 推进农村电子商务发展，全年完成电子商务服务网站293个，覆盖率达76%。对全县网络经济企业进行调研，上报5家电商企业限下转限上。重点支持第三方电商交易平台，鼓励农户通过电商交易平台开展农产品网上销售，上半年特农汇平台组织了郁金香、槟榔芋、白蘑菇等团购活动，帮助农户解决滞销问题。组织电商企业30多家到浙江大学开展电子商务企业中高层管理人员专题培训；组织20多家电商企业开展沙龙交流活动，邀请淘宝大学讲师授课；12月组织开展全县电商从业人员助理电子商务师资质培训。

【公共服务设施建设】 启动建设“县物流中心、岀口农产品储运中心、县生态农产品批发中心、徐村物流中心”四大中心建设。推进无线城市建设，在全县72个重点公共区域安装138个AP建设免费无线WiFi全覆盖，并投入运行。发挥县电商公共服务中心职能，帮助县规上工业企业在阿里巴巴等平台上铺店，提高传统工业企业电商应用，完成23家规上企业电商应用。

## 进出口贸易

【概况】 全年进出口贸易快速增长。全县实现外贸进出口总额3.28亿元，同比增长27.9%。其中出口总额3.21亿元，同比增长26.5%。

【自营出口】 出口产品仍然以机电产品、织带、箱包服装为主，其中机电产品出口总额为5955万元；占全县出口总量的19.5%；织带出口总额为2195万元，占比为7.2%；箱包服装出口总额为1318万元，占比为4.3%。从出口产品的整体态势看，机电产品是全县自营商品出口的主要品种。

【服务外包】 服务外包合同金额50万美元，完成离岸执行额44.59万美元，超额完成市下达目标任务。

(吴慧侨)

## 国有商业

【概况】 年末，在职人员14人，行政干部10人(其中领导5人)，事业编制4人。下设综合科、企业管理科、人事秘书科，下辖县饮食服务公司。4月对未换届党支部进行换届选举，将离休党支部并到退休党支部，从原来的7个党支部调整为6个党支部，全办共有党员85名。2016年，县商业办获温州市防范处理邪教工作先进集体。

【原食品厂房地产权属】 5月，原县烟糖公司所属位于大岙镇栖云路13号商业库区内长期存在争议的原食品加工厂房地产中的155.15平方米土地权属被县国土局确权给周月英、周玉珠等周氏后人。县商业办高度重视，在向县政府作专题汇报后，主要领导亲自带队分赴温州、瑞安等地调查取证，深入到供销、法院、消防等相关部门了解历史情况，走访当年知情者，到档案局查阅1958年以来的所有历史档案，复印历史资料140多份，整理撰写了7800多字的《关于原食品厂房地产权属情况的调查报告》，基本还原历史真相，及时向市人民政府提起行政复议，依法维护国有资产合法权益。

**【南田食品站房屋招标】** 及时采取维修加固，并扩建南田食品站房屋一层经营面积。7月1日顺利实施对外公开招标，以年租赁费22.2万元为最高标成功招租，年租赁费比房屋未维修前每年4.68万元提高3.7倍多。租赁期限5年，一次性收缴首3年租赁费66.6万元。

南田食品站旧貌（商业办提供）

南田食品站新貌（商业办提供）

**【周村街商业库区】** 完成库区路面建设工程，整治库区内几十年来难以解决的脏乱差问题，库区内两间旧仓库经改造后，取得年租赁费3.66万元的收益，梳理商业库区物流通道，提升商业库区市场价值。

周村街商业库区（商业办提供）

**【国有资产管理】** 加大工作力度，落实经营措施，督促承租人及时履行租赁（承包）合同，按时收缴租赁费，全年完成租赁费收入232.88万元，同比上年递增21%，达到国有资产保值增值的目的。

**【"大拆大整"专项行动】** 原百货公司D级危房搬迁腾空。根据上级的部署和要求，对商业系统范围内危旧楼房进行全面排查，制定原百货公司宿舍D级危房拆除方案，坚持以人为本，耐心细致地做好居住人员搬迁工作，帮助危房搬迁职工解决住房困难问题，至12月底，居住人员全部安全搬离，腾空危房。西坑战备仓库维护管理。拆除西坑战备仓库内的锅炉、违章棚，处理了生活垃圾和建筑垃圾等。

**【职工帮扶】** 采取特别救助措施，对下岗特困职工特别是重大疾病职工的生活，尽最大努力给予救助。全年共慰问退休职工153人次，发放慰问金9.18万元；帮助解决下岗职工生活困难44人，发放困难补助金11.29万元；重大疾病药费救助8人，发放救助金4.3万元。重视下岗职工养老保险经费保障，想方设法调剂资金安排，确保保险经费100%到位。

**【安全维稳】** 坚持不懈地抓好安全工作，对下属公司、出租场所等进行经常性的排查并整改；健全信访工作机制，畅通信访渠道，及时化解矛盾，把矛盾和问题解决在萌芽状态。

（王　欧）

## 供销合作

【概况】 文成县供销合作社联合社成立于1950年1月，机构几经变化，2009年确定为参公事业单位。内设办公室（人事监察科）、财务审计科、综合业务科（社有资产管理科）、合作经济指导科等4个职能科室，年末在职人员18人（行政编制15人，事业编制3人）。下属珊溪、玉壶、黄坦3家基层供销社。

【“农合联”工作】 制定“十三五”发展规划，协助县委农办（农业局）推进“三位一体”农村合作体系建设，推进区域性基层农业综合服务中心建设，培育农村经营服务综合体。开展农信担保业务，县兴合农信担保公司助力涉农企业解决贷款难问题，全年共担保30笔，担保金额1135万元。

【基层体系】 推进基层供销社项目建设，黄坦供销社生产资料门市部在上年完成图纸设计、项目预算的审核、施工招标等工作的前提下，完成施工60%。珊溪供销社巨屿为农服务平台建设工程完成前期评估、预算等工作。全年供销系统新增2家专业合作社；新建农村综合服务社11家和三类经营服务综合体1家。

黄坦镇农产品展示中心（供销社提供）

珊溪镇社区综合服务社（供销社提供）

【农村流通服务网络】 完善农资公司网上配送业务，强化农资配送服务网络功能，探索农村社区电子商务服务中心建设，与赶街网、文成团购网、文成特农汇等电商平台对接协调，全年农资销售额3858万元，其中销售各种化肥1.53万吨、农药102吨、农用薄膜类40.8吨。吉祥烟花公司实现销售收入110万元。

【协会建设】 县农产品经纪人协会获评“温州市示范性社会组织”称号，在为农服务方面发挥着重要作用。协会组织厂家技术人员为会员和农民群众免费维修茶叶、蔬菜等加工机械设备；协助举办县茶文化研讨会暨第三届“采茶节”；全年开展各类培训4次共150余人次；组织副会长单位“邱老汉”参选“2016中国农产品好品牌”评选，作为温州市唯一品牌入选；开展信用等级评定工作。

评茶员和茶艺师培训班（供销社提供）

【社有资产管理】 规范社有资产租赁业务，公司对到期的出租房进行评估，社有资产出（续）租工作，实现资产租赁收入最大化。

【档案管理】 投入20余万元，完成硬件设施配备，改造机关档案室为标准化数字档案室，聘请专业档案整理人员对企业改制、财务、人事档案、文件资料等进行整理入库，完成县级标准验收。

（钱云飞）

## 烟草专卖

【概况】 全年完成卷烟销量8375箱，同比下降10.35%（全市下降5.46%），销售额31220万元，同比下降11.21%（全市下降3.89%），单箱销售额3.72万元，同比下降0.96%（全市+1.65%）。全年完成税利7190万元，同比下降9.71%。全年共查获各类案件58起（其中查获真烟案件40起），同比增长286.7%；查获各类卷烟1141.9条（其中查获真烟1129.1条），同比增长85.67%，案值21.64万元；成功破获“4·22”互联网售假国标案件，抓捕涉案人员3人，市局对文成的市场净化率考核为100%，客户满意度保持高水平。

客户经理市场走访（烟草公司提供）

管理人员进行市场检查（烟草公司提供）

【管理服务提质】 “零售户网格化管理”是文成烟草“一县一品”项目。零售户网格化管理是将零售户按照一定的标准划分为若干个网格单元，每一个网格单元配置1名客户经理、1名配送员、1名专卖管理员，三员协作共管、信息互通、考核绑定，各网格单元内零售户自律互助、信息共享，实现最大限度地资源整合和利用。至年底，建成三星终端27户、二星终端76户、一星终端85户、准星终端278户；支付宝应用稳步推进，成功签约支付宝客户141户(口碑开店)，完成户均会员数14.77户，户均消费者个数43.2户，日均笔数2.1笔，完成全市的考核任务。

网格三员进行月度考核（烟草公司提供）

【社会公益】 2016年，文成烟草履行社会责任，参与新农村建设与社会公益事业。全年累计进行公益性捐助21万元，其中慈善一日捐项目5

万元，社区文明共建项目5万元，扶贫结对项目6万元，挂钩党建项目2万元，其他向弱势群体捐赠3万元。

（陈　鑫）

## 石油石化

【概况】　文成石油分公司是中国石化销售有限公司垂直管理的分支机构和直属销售企业，也是文成县成品油经营唯一的专业公司，承担全县成品油的战略储备、市场保障供应任务。年末，机构设置“二室五部一厅”，即经理室、办公室，零售管理部、安全数质量部、财务核算部、商业客户部、非油品管理部，综合销售营业大厅；下辖排门、西山、珊溪、南田、百丈漈、玉壶、九龙井、城关等8个加油站（IC卡充值点）。在职员工99人。2016年公司被评为文成县“安全生产先进单位”、温州市石油分公司“安全生产先进单位”“护航G20峰会先进单位”“先进基层党支部”等荣誉称号。

【经营状况】　经营范围涉及汽油、柴油、煤油、燃料油、润滑油、非油品便利店业务等。年末，油品总库存容量760多立方米。全年销售各类成品油3.2万吨，其中柴油1.2万吨；汽油2.0万吨，非油品便利店销售780万元，全年营业收入2.2亿元。

【珊溪加油站改扩建】　对加油站的改扩建做可行性分析、安评、环评等大量的工作，报省商务厅审批，投入资金160余万元，于11月15日进场开工改建，工期50天。改造后加油站库容达120立方米，增设油品95#汽油，两台加油机8枪。

【消防演练】　11月5日，由县安全生产委员会主办，由县安全生产监督管理局、县经济商务信息化局、县消防局、县环境保护局、县人防办、大峃镇人民政府协办，由中石化文成石油分公司独家承办的2016年文成县危化品消防安全应急综合大型演练举行。参加现场演练的消防官兵、员工100人，现场观摩人员100多人，演练模拟小轿车与大型油罐车相撞引起油品泄漏并发生火灾的实际场景，各部门、单位各司其职，分工合作、有条不紊的完成各个科目。此次演练是全县首次联合部门最多、参加人数最多、科目最全、规模最大的一次演练。通过演练进一步提高全体员工主动防控事故、降低安全风险、有效处置事故的应急处置能力，整体提升公司系统防火、防爆、防恐、防污染、防突发事件的应急管理水平。

【市场整顿】　为确保G20杭州峰会的顺利召开，根据省委7月28日《关于开展成品油市场专项整治》电视电话会议精神，8月2日，蔡爱东副县长召集公安、安监、工商、规划、经信、消防、运管、中石化等部门领导召开“文成县成品油市场突出问题专项整治推进会”，成立成品油市场整顿领导小组，对成品油市场存在的突出问题进行明确及分工。8月4日，由县府办副主任胡希文与公安局副局长吴建斌各带一队对全县30多家涉嫌非法经营柴油加油点及自用柴油工矿企业进行排查。取缔非法经营点4个，查处加油机4台，查处油罐5个，查处非法配送车1辆，查处封存油品7吨。

（王玮健）

# 旅游业

## 概述

【概况】 2016年，文成县贯彻省、市旅游发展大会精神，通过“紧扣全域旅游，深耕景观旅游，挖掘文化旅游，发展乡村旅游”的四部曲，在积极创建刘伯温故里国家AAAAA级旅游景区和实施旅游资源市场化改革的同时，不断加强产业间、部门间、区域间的统筹发展，继续强化“旅游+”和“+旅游”的内生动力，持续完善旅游要素和产业链，切实引导全县旅游产业转型升级，全面推进“全域旅游”建设，各项旅游经济指标保持稳定较快增长。全年来文旅游总人数576.33万人次，同比增长3.87%；实现旅游总收入28.63亿元，同比增长10.07%。各主要景区（点）累计接待游客100.90人次，同比增长10.10%，实现门票收入4302.22元，同比增长14.95%。全县接待过夜游客37.05人次，同比增长20.82%。年末，全县旅行社4家，星级饭店2家；全县国家AAAA级和AAA级旅游景区分别为3家和5家，其中2016年新增猴王谷景区和七星武阳乡村旅游景区为国家AAA级旅游景区。刘伯温故里旅游景区申报国家级AAAAA景区通过国家级资源评估。浙江省首个微电影基地落户文成。年末，列入1个市级特色小镇、1个省级特色小镇；2个市级旅游社区、6个市级特色旅游村；3个市级自驾车旅游驿站、4个市级旅游特色客栈、3个特色旅游购物场所。

2016年，文成县被列入“国家全域旅游示范区”创建单位名单，荣获浙江旅游总评榜之全域旅游推进奖和中国旅游报读者基地。

百丈漈西天屏瀑布（旅游功能区提供）

## 旅游规划

【一心】 以大峃镇为核心区域实施县城旅游化改造，初步实现要素完备、服务优质、管理高效的旅游目的地接待环境，重点谋划建设全域旅游展示中心、旅游商业综合体、服务业集聚区等项目建设。

【两轴】 水路轴和陆路轴。水路轴以“云江秀水·十里画廊”为代表，主打“休闲牌”。重点突出农耕文化、乡村文化和民俗文化特色，大力发展乡村民宿、乡村美食，营造乡村旅游氛围。谋划建设龙珠岛水文化主题公园、下湾旅游接待中心、九溪欢乐谷等项目。陆路轴以“青山翠谷·养生度假”为代表，主打“生态牌”。在322国道沿线的景区连接线内打造具有景观功能的绿道，缓解陆路旅游的交通压力。重点打造山水观光、休闲度假、养生养心、文化体验为一体的文成旅游长廊。

【六组团】 围绕水路和陆路两条轴线，根据不同区域实际情况形成伯温文化体验、禅修文化旅游、山水观光度假、森林养生度假、滨水休闲娱乐、侨乡慢城休闲等6个各具风情、各成特色的旅游组团。

## 旅游资源

【乡村旅游】 围绕“美丽乡村”建设，制定标准和规范，引导乡村旅游品质建设，促进良性发展，形成以玉泉侨情枫彩带、云江秀水闲情带、山水奇观寻幽带、刘基故里民俗带等4条精品景观带为主线的乡村旅游体系，其中武阳村、让川村、培头村等乡村旅游日趋火爆。乡村旅游的发展带动社会资本投入民宿的建设，根据《2016年乡村民宿培育工作计划》的安排，完成迷途铜铃、裸心岩、田园牧歌等13个点，230个房间，352张床位的年度建设目标。

【医疗旅游】 加强“旅游+康体”融合发展，利用丰富的“红枫古道”资源，在现有健身步道建设的基础上，启动“生态旅游小径”建设，进一步完善服务配套设施，着力打造独具区域优势的康体休闲品牌。重点推进西坑隐修谷、铜铃山清心谷等具备一定知名度的康体养生项目。

【商贸旅游】 加强“旅游+商贸”融合发展，依托省级服务业集聚区平台建设，重点扶持“侨品汇”和“特农汇”等龙头品牌。

【地产旅游】 加强“旅游+地产”融合发展，推进嘉南美地（二期）、天鹅堡小镇（二期）建设，谋划世博小镇、巨屿沙洲旅游综合体、大水桥福地养生中心等旅游地产项目。

【旅游资源改革】 实施旅游资源市场化改革，委托江西省城乡规划院进行全县旅游资源普查和资产分析，推进国有旅游资源的资产化、企业化、资本化，开展县域内国有旅游资源“三权分离”，建立完善所有权归国有、管理权归部门、经营权归企业的市场化结构，组建旅游开发投资有限公司，筹建10亿元的旅游产业发展基金，撬动社会投资逐步解决旅游开发“低小散”、资本运作不足等问题。旅游部门全年谋划世博小镇、天顶湖环湖绿道、朱阳九峰景区整合开发、航空小镇、刘伯温文化园等15个项目，对接森林氧吧小镇、航空小镇、云江秀水十里画廊、巨屿沙洲旅游综合体等11个项目。

## 旅游开发

【旅游招商】 年度招商任务3.5亿元，实际完成3.51亿元，完成率超100%。签署5个战略框架合作协议，分别是百丈漈天湖庄园、秋波谷风情小镇、投缘农业观光园、国际房车露营基地（环天顶湖绿道）、休闲运动度假村（跑马场）项目，总投资额12.49亿元。

【项目建设】 全年共有23个在建的重点旅游项目，总投资56.5亿元，年初总计划投资9.8亿元，实际完成14.24亿元，完成率为145.3%。其中，已完工的项目有百丈漈景区旅游服务中心、南田伯温山庄、二源镇湖底村绿色农庄、二源镇投缘农业观光园（一期）等，续建的项目有百丈漈洞式电梯暨上下入口服务设施、乡村A级景区建设、平和乡九龙山茶庄园、铜铃山镇天鹅堡小镇二期建设、天顶湖旅游接待中心（迦南美地）、百丈漈天湖庄园、铜铃山镇月老山景区改造提升工程、刘伯温文化园基础设施及主题场馆改建工程（刘基庙墓的基础设施建设）、铜铃山镇猴王谷提升工程、铜铃山镇种羊场特色民宿(绵岭民宿)等。

## 市场营销

**【节庆活动】** 开展特色节庆活动、助推旅游市场宣传。2016年,共举办文成畲族"三月三"活动、第二十三届上海国际茶文化旅游节暨文成首届茶文化旅游节、文成月老山首届长寿文化节、温州首届无人机航拍大赛启动仪式、2016年环浙江自行车公开赛(文成总决赛)中华第一高瀑·百丈漈爬坡竞赛、"百丈漈杯"2016MTI世界旅游小姐温州直选赛区总决赛暨文成县第二届瀑布节、文成县2016"第九届万种枫情节"等主题活动,扩大文成旅游影响力。

**【采风踩线】** 协调安排福建省、江西省及浙江省内金华、宁波、嘉兴、湖州等100多家旅行社来文采风,拓展疗休养市场文成占比份额;主动走出去,文成旅游功能区对接年度首个外事活动"美国旅游作家协会"考察团到文成举办理事会;安排干部配合浙江电视台钱江频道等电视节目组来文拍摄百丈漈、铜铃山、刘基故里等景区宣传片。

**【推介宣传】** 参加厦门海峡西岸博览会、温州国际会展中心户外旅游产品展览会、上海光大国际会展中心2016浙江(上海)旅游交易会、杭州银泰百货"从杭州出发,游诗画浙江——迎G20,自驾温州寻宝去"、上海新国际博览中心中国国际旅游交易会、温州职工疗休养主题旅游产品推介会等一系列宣传促销、政策推介和合作洽谈活动达几十次,推动文成进入大长三角旅游客源市场圈。

## 旅游活动

**【《十月》杂志携知名诗人作家到文成采风】** 3月18—20日,中国知名诗人作家采风团到文成采风。参加此次采风活动的有《十月》主编陈东捷、编辑谷禾、李浩,《诗林》主编潘虹莉,《诗刊》编辑聂权,《青春》执行主编育邦,《芳草》副主编哨兵,《星星诗刊》编辑熊焱,国内知名诗人、作家、评论家李元胜、汤松波、唐小米、东篱、韩文戈、程一身,浙江各地诗人代表达达、张敏华、赖子、伊有喜、乔国永、杨雄、周能兵、胡加平、白马、翁美玲、张巧慧、小路及本土文学爱好者等。

中国知名诗人作家本文采风(旅游功能区提供)

**【南田镇武阳被认证为首批市级旅游社区】** 4月7日上午,全市旅游社区工作推进会在温州大罗山举行,经现场检查评定,文成县武阳等4家社区符合温州市旅游社区规范标准,被认证为温州市首批市级旅游社区。

**【合作办学】** 5月11日,由浙江旅游职业学院帮助文成职业中专建设"旅游服务与管理、酒店经营与管理"专业对口扶持工作签约仪式在文成举行。根据协议内容,浙江旅游职业学院对口扶持时间为2016年至2019年,帮助文成职业中专开展专业教师培训、实训基地建设、旅游服务与管理专业的规划和建设、中职技能大赛辅导训练、开展"3+2"旅游服务与管理专业合作办学,为文成培养合格的旅游酒店管理专业人才。

5月17日，市人大常委会副主任黄德康一行到文成开展旅游执法检查（旅游功能区提供）

**【第二十三届上海国际茶文化旅游节】** 5月28—30日，“茗品国际静安 茶饮圆梦福地”2016年第二十三届上海国际茶文化旅游节在上海市静安公园开幕。文成县委常委、组织部部长徐清雨携县旅游功能区和县茶叶企业代表组团参加旅游推介会，以“山水文成·贡茶飘香”为主题，推介文成丰富的旅游资源，推广文成贡茶文化。

**【2016浙江（上海）旅游交易会参展】** 2016浙江（上海）旅游交易会于6月3—5日在上海光大国际会展中心举行，文成县旅游功能区携旅游企业亮相参展活动。浙江省副省长梁黎明、浙江省旅游局局长王文娟、上海市旅游局局长杨劲松和各市政府分管领导参加了该届旅游交易会。

2016浙江（上海）旅游交易会现场（旅游功能区提供）

**【省直机关疗休养基地授牌仪式】** 7月16日，省直机关疗休养基地授牌仪式在县旅游集散中心举行，省直机关工会主席章子仁为文成授牌，这标志着文成县正式成为浙江省直属机关职工疗休养基地。县委常委、常务副县长、组织部部长徐清雨，县政协副主席、总工会主席刘建华出席仪式。

省直机关疗休养基地授牌仪式（旅游功能区提供）

**【旅游发展大会暨刘伯温故里旅游景区创AAAAA动员大会】** 7月29日，县旅游发展大会暨刘伯温故里旅游景区创AAAAA动员大会在县文化中心顺利举行。会上，县委书记汪驰全面回顾总结近年全县旅游发展成果和经验，就下阶段的工作任务，特别是对刘伯温故里景区申创国家AAAAA级旅游景区做了重要部署。浙江省旅游局副局长杨建武、温州市旅游局局长王爱香等出席会议，文成县县长王彩莲主持会议。

**【七星武阳乡村旅游景区获评国家AAA级旅游景区】** 9月18日，根据国家标准《旅游景区质量等级的划分与评定》（GB/T17775—2003）和《旅游景区质量等级管理办法》《温州市AAA级旅游景区评定管理办法》，温州市旅游景区质量等级评定委员会办公室组织专家对文成七星武阳乡村旅游景区的景观质量、服务质量、环境质量和游客满意度进行现场检查，认定文成七星武阳乡村旅游景区达到国家AAA级旅游景区标准要求，成功获评国家AAA级旅游景区。

**【县旅游功能区到各景区进行灾后指导工作】** 受第14号台风"莫兰蒂"、17号台风"鲇鱼"的影响,全县各大A级景区均出现不同程度的山体滑坡、景区道路塌方、基础设施损毁等情况。10月2日,县旅游功能区书记王建军率队,与县安监局等部门分管领导,旅游功能区主要科室负责人,一同深入现场,实地查看和指导抢险救灾工作,就灾后重建、旅游安全工作作出要求。

安福寺道路损坏状况(旅游功能区提供)

**【文成·月老山养生长寿文化节】** 10月16日,中国长寿之乡——文成·月老山养生长寿文化节在月老山景区举行。活动以健康养生文化结合长寿孝道文化、弘扬中华优秀传统文化为主题,开展品尝绿泉养生茶、养生长寿宴、健康养生讲座、"漫"游吸氧等系列活动,共同揭开山中的"长寿密码":关爱老人、养生心理、养生保健、长寿锻炼、长寿饮食、长寿基因、睡眠长寿、长寿乡旅游,旨在提高人民生活幸福指数,共建和谐美好家庭。

**【美国旅游作家协会2016年会理事会活动走进文成】** 10月22—24日,美国旅游作家协会(SATW)理事会成员一行20人到文成,在文成开展该协会每年一次的理事会会议活动。在文成期间,美国旅游作家协会理事会成员一行实地考察了铜铃山景区,体验了天鹅堡滑雪和温泉,观看了文成特色文化表演,品尝了文成特色美食。

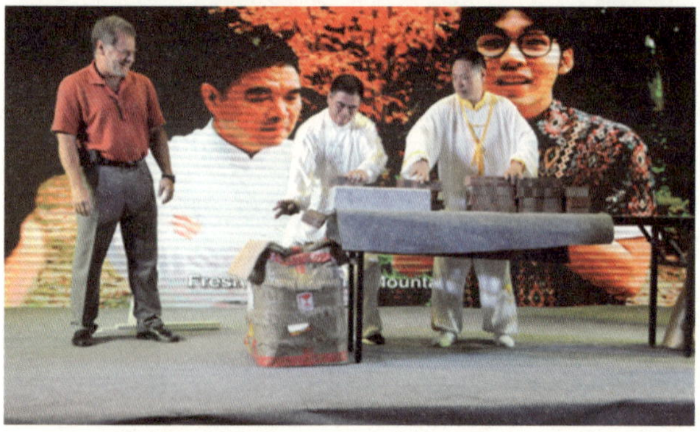

美国旅游作家协会活动剪影(旅游功能区提供)

**【中华第一高瀑·百丈漈爬坡赛】** 11月20日,2016环浙江自行车公开赛(文成总决赛)中华第一高瀑·百丈漈爬坡赛展开最终角逐,来自全省各地的200多名自行车爱好者参加。来自"Quick车队"的周克强夺得山地车精英组第一名;"杭州西摩单车"车队的施文通夺得大众公路车组第一名;"建大轮胎"车队的鲍添蔚夺得大众山地车组第一名;"遇见你很高兴"车队的吕春姣夺得女子组第一名。历经各个赛段,来自"浙江贝欧车队"的胡甜甜在男子组中个人总积分排名第一，来自“柯迈斯中国车队”的王丽在女子组中个人总积分排名第一。

2016环浙江自行车赛剪影(旅游功能区提供)

【百丈漈—飞云湖风景名胜区整改验收汇报及反馈会】 11月20日召开，中国风景名胜区协会副会长陈素伟、省风景名胜区协会会长杨荣伟及国内有关专家出席会议，县领导章寿禹、徐清雨参加会议。

【疗休养主题旅游产品推介活动】 11月25日，“神奇山水传奇温州”职工疗休养主题旅游产品推介活动在温州香格里拉大酒店举行。县旅游部门牵手县总工会，组织全县景区、旅行社、酒店代表20余人参会，推介文成疗休养主题旅游产品。推介会上，针对文成休养产品专题，着重从“可疗、可休、可养”3个方面向大家介绍文成旅游与疗休养之旅浑然天成的交融与特色。

【天顶湖生态农庄获评温州市劳模职工疗休养基地】 11月29日，温州市劳模职工疗休养基地颁奖仪式在天顶湖生态农庄举行，天顶湖生态农庄获评温州市劳模职工疗休养基地。天顶湖生态农庄先后荣获温州市十大最美农庄、温州市农业观光园、温州自助旅游营地驿站、温州市农业龙头企业、温州市科普教育示范基地等荣誉称号，内设绿色阳光餐厅、养生茶楼、特色民宿60间、帐篷野营、野外烧烤、青少年户外活动、儿童游乐场、户外灶台、四季花海。

【第九届万种枫情节】 12月8日，由文成县人民政府、温州市旅游局主办，中共文成县委宣传部、文成百丈漈—飞云湖生态旅游度假区管委会、文成县文化广电新闻出版局、浙江在线新闻网站承办的2016“寻梦中国醉美文成”全国微电影大赛颁奖暨文成县“第九届万种枫情节”开幕。举行2016“寻梦中国醉美文成”全国微电影大赛颁奖典礼，为获奖选手颁发万元大奖。活动推出“孝行天下先美丽枫情醉”主题，涵盖“世界旅游小姐大赛温州赛区总决赛”“文成县首届无人机摄影邀请大赛”等系列精彩子活动。

第九届万种枫情节开幕式(旅游功能区提供)

【温州市旅游市场推广工作专题会议】 12月8—9日，温州旅游市场推广工作专题会议在文成召开。温州市旅游局党组成员、调研员黄崇艺，雁荡山风景旅游管委会、各县(市、区)旅游主管部门分管市场推广的领导和科(处)室负责人参加会议。

温州旅游市场推广工作专题会议(旅游功能区提供)

**【铜铃山养生文化节】** 12月17日,“走进养生福地乐享森林氧吧”,铜铃山养生文化节在铜铃山景区隆重举办。活动由文成百丈漈—飞云湖生态旅游度假区管委会(旅游局)主办,浙江省铜铃山国家森林公园、文成县叶氏太极拳协会和静荷瑜伽馆承办。

叶氏太极拳表演(旅游功能区提供)

**【天鹅堡小镇入选浙江省休闲健康养生基地】** 天鹅堡小镇是文成美丽乡村“一心四片四带”中的一环,与石垟林场、安福寺、铜铃山景区、龙麒源景区等组成“山水奇观寻幽带”,融合森林养生、避暑度假、自然观光、人文古迹、畲乡风情等多种元素,小镇主推生态、美食、保健、游乐、运动等五大养生体系。2016年天鹅堡小镇入选“氧气旅程·悦享浙江”浙江省休闲健康养生基地目的地。

**【悦慢民宿畲家养生家宴】** “畲风畲韵中国畲味,浙山浙水畲家好滋味”,2016浙江省首届畲家乐特色菜点大赛在景宁举行,大赛由省农办、省民宗委主办,全省18个畲族乡镇共派出19支队伍参赛,在方寸灶台中比拼,在舌尖上较量。西坑镇悦慢民宿代表队畲家养生家宴获2016浙江省首届畲家乐特色菜点大赛金奖。

中青旅公司(旅游功能区提供)

**【猴王谷景区正式批准为国家AAA级旅游景区】** 根据国家标准《旅游景区质量等级的划分与评定》(GB/T 17775—2003)和《旅游景区质量等级管理办法》《温州市AAA级旅游景区评定管理办法》,经有关县(市、区)景评委推荐,温州市旅游景区质量等级评定委员会办公室组织评定,猴王谷景区达到国家AAA级旅游景区标准要求,同意批准为国家AAA级旅游景区。

**【最美森林古道】** 根据省林业厅在全省范围内开展的寻找和评选“浙江最美森林古道”活动结果,文成、景宁、泰顺联合申报的畲乡古道入选“浙江十大经典古道”,大会岭红枫古道入选“浙江十大风情古道”,道岭红枫古道入选50条最美红枫古道。

**【国家AAAAA景区入场券】** 2016年年底,国家旅游局全国旅游景区质量等级评定委员会在北京召开全国AAAAA级景区景观价值评审会，对文成刘伯温故里旅游景区进行景观资源评估。经过专家组评定，文成刘伯温故里旅游景区以高分通过景观价值评估，拿到AAAAA创建“入场券”。

## 旅游景区

【概况】 2016年，按照“创成一批、提升一批、储备一批”的创建思路，制定实施相应的年度工作计划。全县有国家AAAA级旅游景区3个，国家AAA级旅游景区5个，待创国家AAAAA级旅游景区1个，待创国家AAA级旅游景区1个。

【百丈漈景区】 “中华第一高瀑”以高峻雄壮冠绝华夏，其一漈之绝雄，二漈之绝奇，三漈之绝幽的特色阶梯形瀑布群，飞流如云端袭来，素练悬空，状如银河垂地，水珠飞溅，咆哮如雷，如烟似雾。

【铜铃山景区】 壶穴奇观，华夏一绝。经万年激流旋冲而形成的十二壶穴，瀑连瀑，潭叠潭，穴通穴，湍急雷鸣，震心摄魄。98.1%森林覆盖率，让你沐浴天然氧吧，尽情呼吸负离子，清心养肺。

【龙麒源景区】 体验畲族风情，踏青石板路、坐自渡小舟、过穿龙峡、游森林栈道；听一个关于三月初三的故事，感一场畲乡的民族情怀，来一次与畲族姑娘小伙的邂逅，品一桌丰盛地道畲族家宴。

【刘基故里景区】 游“天下第六福地”帝师故里南田，此景此居，仿佛时光流转，穿梭七百年的时空，侧耳倾听琅琅书声依稀可闻，发思古之幽情，追溯这片世外桃源的宁静致远。

【月老山景区】 在满天星斗映衬下的月老山，倾听细微流动的风，倾听落叶贴近大地的声音，与身边的那个她（他）十指相扣，许下爱的誓言。冬日冰雪世界的月老山，欣赏晶莹剔透的冰晶和美丽的雾凇奇观，尽情体验惊险刺激的滑雪乐趣。

【峡谷景廊景区】 溪水潺潺、佳景荟萃、神秘幽深、自然纯净、不染世尘的原始画廊，是户外拓展、激情漂流、烧烤野炊、篝火露营的休闲圣地。

【猴王谷景区】 在猴王谷观一出群猴的滑稽表演，领略人与动物的和谐，踏悬空观景台，上看陡峭山壁，下观万丈深渊，远眺千山一碧，让你彻底沉浸在山林之间，一片葱郁，一片蔚蓝，一片清澈，清心养肺！

## 行业管理

【概况】 文成县旅游部门狠抓旅游行业管理，保驾文成旅游行业安全，扬帆起航。组织多部门联合式检查景区、旅行社、民宿等涉旅企业85家次，发现隐患65处，整改65处，整改率100%。

【旅游培训】 邀请省市旅游教授、温州商学院知名专家，举办“旅游企业消防安全知识培训班”“旅游企业安全生产知识培训班”“民宿管理人员培训班”“乡村旅游人才培训班”等，参训轮训人员300多人。

【民宿创建】 培育民宿产业，下达年度民宿补助资金，指导完成2个民宿精品村创建，2个特色旅游客栈项目的建设和提升，24个民宿点培育计划；发放38位民宿业主培训考核合格证书；牵头相关科室、部门联合制作文成县民宿宣传画册，提高文成民宿知名度。

## 部分酒店

表17

| 序号 | 饭店名称 | 地址 | 包厢数 | 桌位数 | 床位数 |
|---|---|---|---|---|---|
| 1 | 文成宾馆<br>★★★ | 大峃镇文青路1号 | 18个包厢<br>2个宴会厅 | 80 | 151 |
| 2 | 阳光假日<br>大酒店 | 大峃镇伯温路5号 | 25个包厢<br>3个宴会厅 | 112 | 153 |
| 3 | 国际大酒店<br>★★★ | 大峃镇城东大道 | 21个包厢<br>3个宴会厅 | 110 | 204 |
| 4 | 鑫悦大酒店 | 大峃镇体育场路818号 | 1个大厅 | 1个大厅 | 122房间 |
| 5 | 新凯悦大酒店 | 大峃镇环城东路1号 | 6个 | 15 | 82 |
| 6 | 君悦大酒店 | 大峃镇车站东路1号 | | | 93 |
| 7 | 万豪酒店 | 大峃镇建设路135号 | | | 107 |
| 8 | 铜铃山森林度假村 | 铜铃山景区 | | 30 | 139 |
| 9 | 天鹅堡养生度假酒店 | 西坑镇石垟林场 | 5 | 17 | 123 |

## 部分餐饮

表18

| 序号 | 餐馆名称 | 地址 | 包厢数 | 桌位数 |
|---|---|---|---|---|
| 1 | 舍得坊 | 大峃镇体育场路60号 | 43 | 66 |
| 2 | 醉宵园美食城 | 大峃镇花园村 | 20 | 42 |
| 3 | 畲家宴餐厅 | 西坑镇龙麒源景区 | 2 | 22 |
| 4 | 伯温家宴餐厅 | 南田镇诚意路202-216号 | 8 | 50 |
| 5 | 望江楼 | 大峃镇伯温路 | 26 | 32 |
| 6 | 新利晶美食城 | 大峃镇邮政路81号 | 12 | 22 |
| 7 | 嘉盛美食城 | 大峃镇嘉盛花苑107号 | 16 | 24 |
| 8 | 转角一号 | 大峃镇嘉盛花苑107号 | 7 | 9 |
| 9 | 兄弟饭庄 | 大峃镇伯温路银都大楼一楼 | 10 | 32 |
| 10 | 刘基贡面 | 大峃镇二新街 | 6 | 15 |

## 农庄、农家乐

表19

| 序号 | 农庄名称 | 地址 | 包厢数 | 桌位数 |
|---|---|---|---|---|
| 1 | 山水果园<br>★★★★ | 大峃镇龙川村头村 | 15 | 40 |
| 2 | 山城溪鱼庄<br>★★★ | 大峃镇体育场路法院上首 | 20 | 48 |

续表19

| 序号 | 农庄名称 | 地址 | 包厢数 | 桌位数 |
|---|---|---|---|---|
| 3 | 怡情农庄<br>★★★ | 西坑镇石垟林场月老山景区 | 3 | 27 |
| 4 | 老百姓兔肉馆<br>★★★ | 峃口镇村桥头 | 13 | 20 |
| 5 | 天顶湖休闲农庄 | 百丈漈镇腾飞小区对面 | 15 | 50 |
| 6 | 仙人居生态农庄 | 黄坦镇富岙大桥旁 | 12 | 50 |
| 7 | 畲家寨 | 西坑镇 | 5 | 28 |
| 8 | 葫芦岗农家乐 | 西坑镇让川村 | 10 | 25 |
| 9 | 宏都农家乐 | 百丈漈镇 | 7 | 16 |
| 10 | 百丈飞瀑农家乐 | 百丈漈镇篁庄村 | 3 | 25 |
| 11 | 三毛农家宴 | 百丈漈镇篁庄村 | 4 | 35 |

## 民宿特色村(西坑镇让川村)

表20

| 序号 | 民宿名称 | 联系人 | 电话 | 房间类型 | 数量 | 总床位数 |
|---|---|---|---|---|---|---|
| 1 | 悦慢小院 | 黄琳琴 | 13868686803 | 单间 | | 10 |
| | | | | 标间 | | |
| 2 | 香樟小院 | 黄琳琴 | 13868686803 | 单间 | | 16 |
| | | | | 标间 | | |
| 3 | 红枫小院 | 黄琳琴 | 13868686803 | 单间 | | 24 |
| | | | | 标间 | | |
| 4 | 绿竹小院 | 黄琳琴 | 13868686803 | 单间 | | 16 |
| | | | | 标间 | | |

## 民宿特色村(南田镇武阳村)

表21

| 序号 | 民宿名称 | 联系人 | 电话 | 房间类型 | 数量 | 总床位数 |
|---|---|---|---|---|---|---|
| 1 | 迷途武阳 | 温经理 | 67760866<br>13506528711 | 套房 | 25 | 57 |
| | | | | 单间 | 32 | |
| 2 | 隐居武阳 | 胡晓波 | 13968910329 | 单间 | 3 | 41 |
| | | | | 标间 | 19 | |
| 3 | 福地人家 | 刘爱忠 | 632253 | 单间 | 4 | 19 |
| | | | | 标间 | 6 | |
| 4 | 百汇阳轩 | 刘建波 | 15088951097 | 单间 | 0 | 12 |
| | | | | | 6 | |
| 5 | 梦萦长廊民宿 | 胡建红 | 13868678992 | 单间 | 2 | 26 |
| | | | | 标间 | 11 | |

## 民宿特色村（黄坦镇培头村）

表22

| 序号 | 民宿名称 | 联系人 | 电 话 | 房间类型 | 数 量 | 总床位数 |
|---|---|---|---|---|---|---|
| 1 | 金钟山农庄 | 王素珍 | 660071 | 单间 | 3 | 31 |
| | | | | 标间 | 14 | |
| 2 | 畲家乐1号 | 钟一兵 | 18705879510 | 单间 | 14 | 14 |
| | | | | 标间 | 0 | |
| 3 | 畲家乐21号 | 钟祝荣 | 13706615182 | 单间 | 0 | 12 |
| | | | | 标间 | 6 | |
| 4 | 畲家乐22号 | 钟国荣 | 15869625527 | 单间 | 0 | 8 |
| | | | | 标间 | 4 | |
| 5 | 畲家乐25号 | 钟俊龙 | 13868695730 | 单间 | 1 | 9 |
| | | | | 标间 | 4 | |

## 民宿特色村（西坑镇梧溪村）

表23

| 序号 | 民宿名称 | 联系人 | 电 话 | 房间类型 | 数 量 |
|---|---|---|---|---|---|
| 1 | 梧溪客栈 | 富文杰 | 13868355929 | 单间 | 10 |
| | | | | 标间 | 7 |
| 2 | 畲家缘客栈 | 雷爱娥 | 13868687935 | 单间 | 0 |
| | | | | 标间 | 5 |
| 3 | 自然客栈 | 李华青 | 18958906978 | 单间 | 4 |
| | | | | 标间 | 0 |
| 4 | 龙溪农家乐 | 富标银 | 626048 | 单间 | 2 |
| | | | | 标间 | 3 |
| 5 | 好运来客栈 | 富娇英 | 13867755803 | 单间 | 1 |
| | | | | 标间 | 3 |

## 民宿特色村（百丈漈镇篁庄村）

表24

| 序号 | 民宿名称 | 联系人 | 电 话 | 房间类型 | 数 量 | 总床位数 |
|---|---|---|---|---|---|---|
| 1 | 吴峰农家乐 | 吴银峰 | 67781395 | 单间 | 2 | 30 |
| | | | | 标间 | 14 | |
| 2 | 金龙农家乐 | 刘金龙 | 67781080 | 单间 | 1 | 15 |
| | | | | 标间 | 7 | |
| 3 | 阿亮客栈 | 刘日亮 | 67781038 | 单间 | 0 | 28 |
| | | | | 标间 | 14 | |
| 4 | 三毛农家宴 | 刘小光 | 13968927732 | 单间 | 1 | 13 |
| | | | | 标间 | 6 | |

## 民宿特色村(岀口镇大垟口村)

表25

| 序号 | 民宿名称 | 联系人 | 电 话 | 房间类型 | 数 量 | 总床位数 |
|---|---|---|---|---|---|---|
| 1 | 洋洋农家客栈 | 胡碎华 | 630068 | 单间 | 1 | 25 |
| | | | | 标间 | 12 | |
| 2 | 望江客栈 | 彭福金 | 630068 | 单间 | 0 | 8 |
| | | | | 标间 | 4 | |
| 3 | 百味居 | 陈碎冰 | 683219 | 单间 | 0 | 8 |
| | | | | 标间 | 4 | |
| 4 | 大垟品客栈 | 蔡永共 | 18958733699 | 单间 | 2 | 12 |
| | | | | 标间 | 5 | |
| 5 | 青青草原 | 彭福贤 | 630068 | 单间 | 0 | 8 |
| | | | | 标间 | 4 | |

(旅游功能区供稿)

△ 迷途·绵岭客栈外景(农办提供)

# 交通　运输

## 概　述

【概况】 全年全社会公路货运量180万吨，同比增长6.5%，货物周转量23539万吨公里，同比增长6.4%；全社会客运量879万人，同比增长6.5%；旅客周转量44410万人公里，同比增长6.2%。截至年底，全县公路总里程1828.02公里，其中国道56.56公里，省道4.24公里，县道471.97公里，乡道173.82公里，专用公路40.28公里，村道1081.16公里。按技术等级分，二级公路71.01公里，三级公路72.85公里，四级公路666.19公里，准四公路855.14公里，等外公路162.85公里。全县等级航道6条，文成泰顺两县共有18公里，文成辖区航道33公里（其中，飞云湖跨县5级航道1条，文成管辖航道5公里，两县共有航道15公里；6级航道4条，文成管辖航道28公里，两县共有航道3公里），全年完成客运量2.078万人次，旅客周转量12.47万人公里。年末实有城市公交车30辆，全年实现客运量220万人次；出租车8辆，实现客运量5.5万人次；拥有农村客运班车96辆，客位1842位。城乡客运班车通村率为90.63%，全县机动车45828辆，同比增长0.24%；其中，汽车35943辆，同比增长16.47%。全县交通运输保持良好的发展态势，重大交通工程项目前期推进和工程建设进展顺利，全年完成投资3.15亿元。

## 交　通

【概况】 县交通运输局内设办公室、管理科、行政审批与建设科，年末人员29名（包含县交通建设管理所及县交通工程安全质量监督站事业人员），其中高级职称5人。局长：季建明；副局长：叶怀华、叶李林、夏克余；总工程师：吴士华。

【项目建设】 新56省道接南田公路工程于2月29日实现路基、路面、机电等全线贯通。工程路线总长29.2公里，主线起点位于县城新56省道徐村大桥西侧，途径百丈漈镇，终点到达南田镇与十南公路相接，全长24.75公里；二源连接线起点百丈漈西段村，终点二源镇，全长4.41公里。工程于2011年8月开工建设，按二级公路标准建设，总投资60453万元。

樟台至柳山公路完成投资3500万元，路基路面完工。起点位于峃口镇柳山牛头湾，途径石仓村、驮坪头等地，终点接老56省道，全程4.767公里，总投资7000万元，于2014年9月24日开工建设。

峃口绿道大桥主体工程完工。项目于2016年5月8日动工，总投资700余万元。

【项目前期】 G322文成樟台至龙川段改建工程全长约13公里，其中主线长8.5公里，连接线长4.5公里。主线采用一级公路兼顾市政标准进行建设，设计速度80公里/小时，路基宽24.5米，双向四车道；连接线采用二级公路标准进行设计，项目投资12.6亿元，项目建设期为36个月。工程政策处理工作全面推进，启动开工建设，完成投资2亿元。

G322文成西坑至景宁交界段改建工程起点位于文成县西坑镇让川村，与已建成的322国道文成花园至西坑段相接，终点为铜铃山镇下垟分界处。路线全长22.34公里，采用二级公路设计标准。项目总投资13.13亿元。完成工可编制审查、批复专项、工可审批、设计招标、初步设计审查。

青田至泰顺公路玉壶至泰顺段工程为规划省道S220的重要组成部分，起点位于玉壶镇太场，接文青公路，沿线经玉壶、上林、樟台、巨屿、珊溪等地，终点位于文成县与泰顺县的交界处，路线全长40公里，路基宽度10米。匡算总投资约20亿元。先行建设玉壶至峃口良坑段，总长20公里，预计总投资10亿元。完成省厅对项目进行工可审查。

【公共交通】 全年新增105路、106路两条公交线路，投入公交车辆11辆(105路路线由中樟开往樟岭村，单程9.3公里，投入公交车7辆；106路由吴垟村开往山坑，单程10.5公里，投入公交车4辆)，满足县城及周边居民的出行需求。完成《文成县公共交通发展规划(2016—2030年)》编制，县政府于6月2日印发。

（刘晓伟）

## 运 输

【概况】 全县拥有运输企业15家(其中：客运企业8家，普通货运企业6家，危险化学品运输企业1家)；全县共拥有营运客车188辆5255座位、出租车8辆32客位、公交车30辆570客位，开通各类客运线路76条(其中，跨省市5条、跨地市7条、跨县25条、县内39条)，全县拥有营运货车78辆532吨位。有水运渡口25个，其中，飞云湖库区18个(黄坦镇14个、珊溪镇4个)，飞云江上游7个(巨屿镇2个、峃口镇5个)；渡船10艘，其中钢质“三防”渡船7艘，木质渡船3艘。飞云湖库区有水运企业1家，客船4艘122客位。全年完成水运客运量2.08万人次，旅客周转量12.47万人公里。公路运输全年完成旅客运输量879万人和旅客周转量44410万人公里，同比增长分别为6.55%、6.16%；完成货物运输量180万吨和货物周转量23539万吨公里，同比增长分别为6.5%、6.39%。公路运输总周转量为25026万吨公里。

【春运】 2016年春运工作从1月24日开始至3月3日结束，历时40天。公路运输方面，投入营运客车201辆5492客位(不含17辆县城公交车辆323客位)，完成客运量76.07万人次，周转量3298.17万人公里。水路运输方面，投入运力船舶12艘，共186客位(包括营运和渡运)，完成客运量1.096万人次(渡运0.7万人次，营运0.396万人次)，客运周转量6.576万人公里。

【城乡客运】 做好城乡客运一体化工作，对未通达班车的行政村道路安全情况进行审查核实，新增开通班车行政村2个。建成港湾式停靠站30个以上，超额完成指标的同时，完成公交首末站的建设；未通达班车行政村36个，班车通达率90.63%。

【运政稽查】 投入稽查力量2413人次，与交警、路政、工商等部门联合执法，检查车辆上万车次，查获违章车辆130辆次，其中查处非法营运“黑车”5辆次，站外揽客17辆次，监控平台查处违章80起，完成监督整改80起，排查运输企业218家次，查出安全隐患29起，完成整改29起，停业整顿货运企业1家。

【港航管理】 联合海事部门联合行动、共同执法。出艇巡查航道25艘次，出动检查人员70人次，巡航里程1400多公里，未发现航道违章情况。组织安全检查78次，出动检查人员216人次，发现隐患1处，整改1处。

（刘晓伟）

## 公路管护

【公路站房建设】 樟台公路站业务站房工程总投资500万元，完成投入使用；巨屿公路站业务用房完成各项前期工作；拟建西坑公路服务站，列入县特色小镇建设范围。

【公路管养】 实施322国道生命安全防护示范工程56公里，总投资3700万元；实施农村公路大中修工程71.2公里，总投资2170万元；实施农村公路安保工程95.5公里，总投资1605万元；农村公路提升工程计划完成37.8公里；启动2017年项目6个，共25公里，完成路基16公里；完成岗院线、石驮线、一花线、营朱线等公路水毁修复；56省道花园至西坑段生态美丽示范路实施一期5.9公里，总投资500万元。投资300万元重建公路网管理与应急处置中心，完成光电缆、隧道摄像头、监控中心屏幕、非现场执法系统等铺设安装，整个平台建设进入调试阶段。

【路政管理】 处罚超限车辆79辆，卸载1621.8吨，罚款30.85万元。完成省市公路边“三化”问题点整治26个，其中省问题点输入省整治网；完成全县乡道以上公路沿线2623间赤膊房的调查登记；对全县17个乡镇无违建公路创建情况进行统计汇总，初步建立公路沿线违法建筑汇总表台账。完成2016年国省道交通标志标线图纸审查工作；完成全县部分交通事故多发点段的安全防护设施和交通事故多发地段整治37处。

【安全生产】 安排客运站场安保设施建设资金，对城南车站更换和配备安检仪、安检门、安检棒和X光机等设备。对车站停车区和发车区同时封闭管理，提升停车区与发车区、旅客候车厅与售票区物理隔栏安保设施，对站场内外周围护栏加高并加围铁丝网，对周边店面的后门进行电焊焊接封闭，停车场旅客出口安装自转单向门，禁止无关人员及车辆进站。配齐安保力量，落实经理带班制，安保安检人员从4名增配到17名，配备191名安全员跟车。执行客运实名制，做到旅客实名制购票，凭本人身份证和车票安检进站。加强对职工防恐反恐工作预案的学习培训与推演，强化驾驶员和安全员的安全教育，增强安全意识及防恐反恐应急能力。落实珊溪水库、渡口船舶GPRS监控。

【议案提案办理】 全年共收到人大代表提案56件(其中主办53件，会办3件)，解决32件，解决率60%；列入计划解决21件，占40%；政协委员提案21件(其中主办19件，会办2件)，解决9件，解决率为46%；列入计划解决的10件，占54%。

【廉政建设】 宣扬“清廉交通”核心价值理念，营造廉政文化氛围。结合全县“两学一做”活动和党章党规党纪学习等契机，多次利用党委理论学习中心组、党支部活动等专题组织学习党章党规党纪、《准则》和《条例》，学习有关反面典型通报材料，提高党员领导干部自警意识。年初制订《文成县交通运输局2016年党风廉政建设和反腐败重要工作的组织领导和责任分工》，落实相关工作任务，局党委与下属各单位签订年度党风廉政建设目标管理责任书。按照县纪委的要求认真落实开展党员干部谈心提醒活动，局党委书记定期与班子成员进行谈心谈话、班子成员与分管科室负责人以及联系单位负责人定期进行谈心谈话，全年领导班子开展谈心谈话20余次。

【主要亮点】 G322樟台至龙川段改建工程。采用“项目+运营期运营维护+政府购买服务”的方式引入PPP投资，通过竞争性磋商谈判确定投资。PPP模式在文成县尚属首例，这是在推动交通道路建设过程中进行的一次有益探索和尝试。

城乡公交一体化发展规划。《文成县公共交通发展规划(2016—2030年)》系统地制定文成县未来公共交通发展的规划方案、方针政策和建议，为今后全县城市公交、城乡公交、旅游客运专线的发展和布局以及出租车行业发展提供科学的参考依据。方案于2015年8月委托温州交通规划设计研究院编制。11月完成初稿，组织初步审查，结合文成实际，提出编制意见和建议；2016年1月，组织相关单位人员对修改的编制文本进行审查。3月提交县发改局组织相关单位对规划方案进行论证。4月底，县政府常务会议审议，6月2日印发。

台风应急抢险情况。受第14号台风“莫兰蒂”和17号台风“鲇鱼”影响，文成各地普遍出现大暴雨到特大暴雨，使文成境内大部分地区发生山洪灾害，给公路设施造成严重损失，省道塌方105处经济损失4100万元；县道塌方452处经济损失8850万元；乡道塌方296处经济损失4800万元。文成县交通运输系统根据应急抢险预案，及时组织力量，调集人机料，昼夜奋力抢通，清理塌方，抢修便道，全力以赴奋战在水毁抢修第一线，全年投入应急抢险人员2715人次，抢险机械设备391台次，抢险车辆1028辆次，抢险资金1164万元。

**【先进集体、先进个人名录】**

**先进集体**

2015年度安全生产工作先进单位(县交通运输局)；

2015年度旅游工作先进集体(县交通运输局)；

2015年度交通工程建设先进单位(县交通运输局)；

先进基层党组织(县交通运输局机关党支部)；

文成县“平安护航G20”工作先进集体(县道路运输管理局)。

**先进个人**

赵耀珍(县公路局)，2015年度文成县“三改一拆”工作先进个人；

叶怀华(县交通运输局)，2015年度安全生产工作先进个人；

刘晓伟(县交通运输局)、纪庆静(县运管局)，2015年度旅游工作先进个人；

季建明、黄少平、叶李林、林毅敏、梅慧珍(县交通运输局)、叶建斌(县公路局)、蒋金亮(县长运公司)，2015年度交通工程建设先进个人；

季建明、余荣仗(县交通运输局)，文成县“平安护航G20”工作先进个人。

(刘晓伟)

# 信息传媒

## 概述

【概况】 全年邮政行业业务总量1063万元，同比增长5.7%。邮政函件总量4.23万件，包裹总量51540件，自营和代理速递业务合计9622件，订销杂志15.86万份、报纸432.91万份。电信业务收入1.98亿元，同比增长12.6%。全县通信业务收入1.38亿元，年末固定电话用户数1.95万户，移动电话用户数18.47万户，互联网用户数18.41万户，其中宽带用户数4.62万户，移动互联网用户数13.79万户。

## 电信

【概况】 2016年，中国电信文成分公司有员工152人，下设综合管理部、销售部、政企客户部、网络部4个职能部室和城关、南田、珊溪、玉壶4个基层支局，总经理王浙江。全年主营收入2990万元，同比下降-3.8%，拥有固话用户2万余户，移动用户3万余户，宽带用户2万余户。

【网络设施建设】 优化无线网络，形成城区、郊区、交通干线(56主省道)、发达乡镇、主要风景区连续覆盖，移动互联网业务感知质量优良率95%以上。支撑大客户电路、电子政务网、教育网、卫生网维护。承接新建公安全球眼改造，启动二期眼点建设。承建文成视联网项目，并在G20峰会前开通使用。通过光改提速13个网格，退铜目标完成率207%，排全市第二。完成全年交换设备退网的总体任务、政企单位19多家的割接和2个母局及9的模块局退网的设备拆除和拍卖工作，实现节能减排目标。

【助推政府信息化】 中标建设民安工程90个高清全球眼改造项目、78所学校教育信息化网络设备升级改造项目、64个会场视联网项目等，提供网络技术支持，全面提升全县社会治安管理水平和科技防控能力，助推政府信息化建设。

【精神文明创建】 把精神文明建设与生产经营相结合，激发团队的内生动力。牢记社会责任，热衷公益事业，开展创“国卫”、学雷锋、树新风、文明交通等系列志愿服务活动。通过电子广告屏等载体宣传公民道德、文明礼仪、交通安全。开设道德讲堂，培养员工社会主义核心价值观。加强党风廉政和防腐倡廉建设，落实党风廉政责任制。

(邵晓华)

## 移动

【概况】 年末，中国移动文成分公司有员工79人，下设综合部、网络部、市场经营部、政企客户部4个职能部门和城关、南田、珊溪3个区域营业部，8所营业厅，115家社会网点。全年出账收入1.22亿元，移动通信用户数到达16.8万户，宽带2.7万户；累计完成信息化收入264.54万元。2016年，公司荣获“文成县2015年度双百结对共建文明先进单位”“温州市第五届劳动关系和谐企业”“浙江省职工书屋”等荣誉称号。至年底，公司拥有“全国巾帼文明岗”“全国五一巾帼标兵岗”“省级文明单位”“省级工人先锋号”“省级青年文明号”“市级文明服务示范点”等百余项荣誉。

【网络建设】 全年完成25个LTE宏站；13个G23期站点，17个LTE室分，8个G23期室分、10个WLAN、25个小微站；新增宽带覆盖量12666户；自建管道48.39孔公里，光缆总皮长513.915公里，新增光交数量44个，总光交数达到193个，实现公司健康平稳持续发展。至年底，公司拥有2G基站354个，3G基站202个，4G基站456个，WALN站点95个；有线宽带总覆盖91228户。全县384个行政村移动信号覆盖率100%，交通要道、旅游景区覆盖率99%。

【安全生产】 坚持“安全第一，预防为主，综合治理”的方针，以安全检查、隐患整改作为安全生产宣传教育的工作重点，抓好公司“人身、消防、财产、车辆”四大方面安全保障；落实手机客户实名制和G20峰会相关工作，协助打击“伪基站”及通信诈骗行为；开展信访维稳工作，设专人与地方政府进行协调联系，把各种矛盾和问题隐患解决在萌芽状态，实现全年“零事故”“零案件”，为企业创造一个稳定安全的生产经营环境，促进企业经济发展。

【廉政建设】 扎实推进“两学一做”学习教育，全年完成4个专题12场学习研讨会，同步开展“立足岗位，勇当先锋”活动，开展14次志愿者活动。加大反腐倡廉力度，推进嵌入式廉洁风险防控体系建设，共筛选34个流程，排查59个廉洁风险点，制订134条防控措施；全年检查风险岗位个数累计84个，检查风险点个数累计138个，检查记录表104份、核查关键样本320份、检查存在的问题并落实整改7项。落实“五微”教育活动，组建“文成移动廉政宣教员”等11个微信群，及时转发廉政宣教内容，发动员工广泛参与“五微”系列作品的创作。截至年底，1～6期微测试总参与率为99.6%；原创微段子采纳6条，收到廉政摄影作品25副、书画作品2副，微视频1个、微案例6个，全年“五微”作品累计得分51分，排名全市第三名。

【文明创建】 2016年，公司与文成县周山乡养根村、大峃镇永安社区签订新一轮为期3年的结对帮扶共建协议书，党员干部到结对村开座谈、拉家常、谋思路、话发展，与当地的干部群众面对面交流，摸清项目实施的情况；落实周山乡2万元扶贫资金，帮助周山畲族乡建设文化阵地；组织第一营业厅巾帼文明岗到巨屿镇穹口村，开展“送文化、送科技、送信息、送服务、送温暖”活动，走访全村3户困难家庭并送去2900元慰问金；向文成县第五届道德模范献爱心捐赠5500元手机话费共计11人；开展“学雷锋树新风清洁家园”志愿服务活动，到结对社区清理垃圾，为市民提供一个干净、舒适的场所，助力文成县“国家卫生县城”创建。

【慈善公益】 公司通过自身行业的延伸，借助全县的代销网点、手机维修、基站代维等渠道，为社会提供500多个就业岗位；开展“慈善一日捐”“爱心助学”“慰问空巢老人”“军民共建警民共建”“为双桂灾区人民免费手机充电”、保障“两会”“G20峰会”、抗击“尼伯特”“鲶鱼”台风及寒潮抗灾通信畅通等系列公益活动，赢得社会各界的高度赞誉。

（许银芳）

## 联　通

【概况】 2016年，文成联通企业综合实力得到明显提升，为广大用户提供全方位、高品质信息通信服务。年末,2G、3G网络基本覆盖全县;4G网络覆盖全县85%以上地区。

【网络建设】 推进4G网络建设,提高文成4G人口覆盖率。在核心商圈、高流量用户聚集区等区域部署4G+网络,利用载波聚合提升网络下行峰值速率,提升客户感知。全年完成开通4G站点156个。

【匠心服务】 以"让用户消费更放心,操作更贴心,体验更舒心"为宗旨,建立以客户为导向的服务体系,重点从服务环境,服务设施,服务流程,服务人员出发,满足客户的需求,提升客户忠诚度,真正抓住用户的心。

【企业文化】 鼓励员工树立正确的价值观,勤于思考,敢于迎接挑战;在生产经营中调整思路,树立规则意识、责任意识,努力创新,破除思维禁锢。

【文明创建】 把精神文明建设与生产经营工作相结合,积极探索,成效斐然。热心公益事业,组织开展各类便民服务,不定期组织义务献血、捐款等公益活动,传递正能量。

（程 文）

## 邮 政

【概况】 公司职能机构,设置一部一室两专业局,即市场经营部、综合办公室(党委办公室),金融业务局和函件局。年末,文成县邮政分公司在职职工120人,全年增加6人,其中邮政生产人员职业资格证书持高级5人,中级25人,初级45人;共产党员35人,全年党组织关系转出3人,转入2人。总经理刘正敏,总经理助理苏仕聪。2016年,荣获全省邮政金融"挑战不可能,实现新跨越"竞赛活动"先进单位"称号,玉壶支局被浙江省总工会授予"浙江省工人先锋号"称号、玉壶网点在全省邮政金融2015—2016年跨年度竞赛活动中荣获"银蚂蚁团队"荣誉称号,包裹业务在2016年温州邮政第一季度"春雷行动"中荣获"收入贡献奖""春节突击奖",廖丽琼获"浙江邮政好党员"荣誉称号。

【内部管理】 加强资金预算管理和日常监控管理,开展全县邮政范围内电商资金的专项审计调查工作、财务收支真实性审计工作、欠费整治工作,规范欠费核算,完善《用户欠费阶段性考核办法》,加强用户欠费管理。人力资源向"三个一把手"工程倾斜,全年调配7人,组织初级人才的评价选拔考试,入选4人,举办财务ERP、金融业务、电商业务、投递员转型等培训,参培人数达818人次。风险管控落实邮政安全生产和治安目标管理责任制的考核办法,与相关部门签订考核办法责任书。服务质量建立健全"两岗"履职。开展"服务质量提升月"活动。加强邮件处理规格、时限质量检查分析、核查邮件逾限原因,把控进出口T+1全程时限质量。

【护航G20】 5月25日,全面排查全县邮政玉壶、南田、珊溪、峃口、黄坦、西坑支局和巨屿和百丈漈营业所及城关营业组寄递渠道安全隐患情况。5月31日,全面部署G20峰会期间寄递渠道安全保障工作,切实查清安全生产现状以及隐患分布情况,对存在的事故隐患,采取严格的整改、整治措施。明确收寄工作各环节责任人,与各负责人和营业人员签订G20峰会期间寄递安全和寄递服务保障承诺书。6月7日,制订《G20峰会文成邮政安全服务保障工作方案》,加强邮件安全管理,确保收寄、网运、投递各环节邮件安全,严格执行"三个确保、四个严防、五个100%"。6月13日,举办G20峰会期间邮件寄递安全操作培训。6月21日,组织53名员工开展以"护航G20"为主题的消防知识培训。G20期间,文成邮政圆满完成各项安全服务保障任务,实现"零事故、零案件、零事件"。

【集邮文化】 7月4日，王孔文、林得胜、郑斌斌等文成县集邮协会会员赴“浙江省青少年集邮活动示范基地——泰顺县城关中学”就编写校园集邮教材等问题进行交流学习。8月，推出《集邮》校本教材提纲，包括12个单元，主要有“多彩的集邮活动”“伟大祖国锦绣河山”“中华民族大家庭”“中国独有的生肖文化”“历史长河”等内容。10月13日，该教材在文成县实验小学集邮文化系列课程迎来首讲，这是近年来县集邮协会第一次到中小学校园为集邮新生力量普及集邮知识，弘扬集邮文化，引导年轻力量建立高雅、健康的兴趣爱好，丰富课余文化生活。

【文明建设】 3月4日，组织青年志愿者参加县文明办举办的“创建国家卫生县城，志愿者在行动”主题实践活动。3月8日，组织女职工参加县第十二届女子健身展示活动暨“农行杯”庆“三八”趣味运动会。3月23日，开展“慈善一日捐”爱心捐赠活动。5月10日，城南储蓄所联合县妇联赴兴川村，举办“浓情五月，孝感恩情”包饺子公益活动。6月21日，组织志愿者在辖区内开展“迎接G20人人讲文明，做文明有礼浙江人”活动。

（蔡雄峰）

## 广播电视

【概况】 广播电视台机关内设机构有办公室、人事监察科、总编室、后勤保卫科、广播新闻综合频率、电视新闻综合频道、电视党建频道、广告新媒体中心、技术中心、马山转播台、网络管理服务中心11个科室，编制人数134人，在编人数134人。全年从业人员调出93人，考进53人，提任中层干部16人，调整中层岗位1个。

【广播电视播出】 全年《今日关注》播出43期，加强跟踪反馈报道，以新闻的力量推动社会发展。增设《红色星期一》和《党建周刊》，分别播出25期和24期。6月4日，增开《文成新闻》周六档。2016年，广播和电视在全省96家播出机构中分别进入前17位和22位，电视从5年前的88位上升了66位次，分别获得全省广播、电视新闻协作二等奖；在市台广播和电视新闻协作位居全市12家播出机构第7位和第5位，分别获得三等奖和二等奖。

【新闻宣传】 全年共播出广播电视新闻5482条，其中广播2674条、电视2808条。外宣总共播出657条，其中中国之声播出22条，浙江之声播出143条，温州电台播出194条；中央新闻联播播出1条，中央新闻频道播出5条，浙江卫视109条，温州《新闻联播》183条。完成宣传片、汇报片的制作任务，全年摄制完成《众志成城全力抗击台风莫兰蒂》《抗击台风鲇鱼》《飞云江治理工程》《养生福地诗话文成》《2015年度作风效能建设永远在路上》《整乡推进整县提升》《农村党建工作》《大拆大整专题汇报片》《台风防御警示录》《双桂宝丰村灾后重建》和《喜迎党代会迈上新征程》等10多部。

【广播电视数字化覆盖工程】 投入260余万元完成中央无线数字广播电视覆盖工程建设，于11月1日开始试播，免费为全民提供12套中央电视节目、4套本地电视节目，满足广播电视基本需求。

【采编播网络高清化改造】 启动采编播网络高清化改造，设计规划非编系统、媒资系统、播出系统的改造方案，以建设成一个网络化、高清化的媒体资源共享平台，满足新媒体业务的发展要求，经测算需投入600万元，分两年实施。2016年投入280万元完成采编网络、演播室、转播车等高清化改造，达到预期目标。

【设备更新改造】 全年投入100万元完成《今

日关注》及《红色星期一》等栏目相关采编播设备更新改造，新增高清摄像机、航拍无人机、摄影机等设备，提高栏目制播能力。

【对农栏目】 电视对农栏目有《乡韵》《农民之友》《科技之窗》《农事直通车》4档，分设三农政策解读、对农服务、种养殖技术推广等板块，播出时长10—15分钟。《乡韵》重点播报农村乡土人文；《农民之友》推广全省各地通用性对农节目；《农事直通车》重点播报当地“三农”信息；《科技之窗》播报当地最新科技种养殖技术推广及服务。广播开办的三档对农节目《走乡村》《农家有约》《农广天地》，每档时长15分钟以上，每周播出7次。广播对农栏目获得2016年度全省广播电视对农节目服务工程建设考核鼓励奖。

【播出管理】 修改和完善《文成县广播电视台安全播出应急预案》《卫星安全播出监控技术方案》《重要保障期零报告制度》和《安全播出巡查制度》。制定和健全《广播电视节目传送方案》《广播电视节目技术方案》，以及各科室机房管理规章制度和安全播出责任制。播出中心抽调精干力量组成安全播出应急小分队，建立督查机制。G20峰会召开前，开展系列护航G20专项行动。召开全台干部职工专题学习会，学习传达县平安护航G20行动誓师大会精神。成立“护航G20峰会”广播电视安全播出和安全生产工作领导小组。实行班子成员24小时带班值班制度，实行行政领导、技术人员双值班。严格落实监听监看和“零报告”制度。制定《文成县广播电视台“护航G20峰会”广播电视安全播出和安全生产工作实施方案》及应对各种突发事件应急处置预案。加强广电大楼物业管理。改造提升门禁系统、大楼消控系统和监控系统，开展车辆入库系列建设，加强物业保安力量和24小时值守等。

（王彩萍）

## 新闻中心

【概况】 县新闻中心负责承办文成县《文成新闻网》(网络)、《今日文成》(报纸)两大媒体。内设机构5个，即办公室、编辑部、专题部、技术部、新媒体办公室。在职职工27人，其中在编职工13人，合同制职工14人。2016年，县新闻中心获得县第六届“地税杯”青年辩论赛亚军、温州新闻网支站综合考评“融合创新奖”，《“谈改革发展看身边变化”系列报道》获文成县重大活动创新报道奖；文成新闻网微信公众号在温州市委宣传部、温州市文明办、温州市发改局(市信用办)主办，温州市信用协会、温州晚报承办的“助力信用温州·诚信微信刷屏大赛”中，获得优秀奖。

【文成新闻网】 中国文成新闻网(www.66wc.com)是经浙江省人民政府新闻办公室批准的文成县唯一的以新闻宣传为主的综合性新闻门户网。由文成县委宣传部主管，文成县新闻中心主办。坚持“第四媒体，第一时间”的办网理念，及时更新、发布新闻。每天更新国际、国内新闻。日均点击率17万余次，日最高点击率20余万次；全年及时准确发布本地各类新闻信息3300余条；转载发布国际国内及浙江等新闻15000余条。

【今日文成报】 《今日文成》由文成县新闻中心主办。设有要闻版、经济版、社会版，重点报道县委、县政府的重要决策和重要活动以及县域经济社会发展的重要成果、动态资讯、社会热点。为周二报（一周两报），发行量1万份左右。

【宣传重点】 紧跟全县“五水共治”工作热潮，办好《五水共治用镜头捕捉美中不足的细节》栏目，走访全县各个乡镇，对五水共治情况，进行监督和曝光，通过系列报道，形成舆论上的声势，引起部门乡镇的重视，助推全县五水共治工作的开展。加强节庆活动的宣传报道，对“第五届刘伯温文化节”“首届百丈漈瀑布节”“百丈漈音乐节”等全县“一月一节庆”系列活动进行宣传报道，在文成新闻网、《今日文成》，进行连续性、大篇幅的全面报道，起到较好宣传效应。12月中旬，配合县委宣传部做好网络文化节等网络专题活动，成功举办文成首届时评挑战赛。

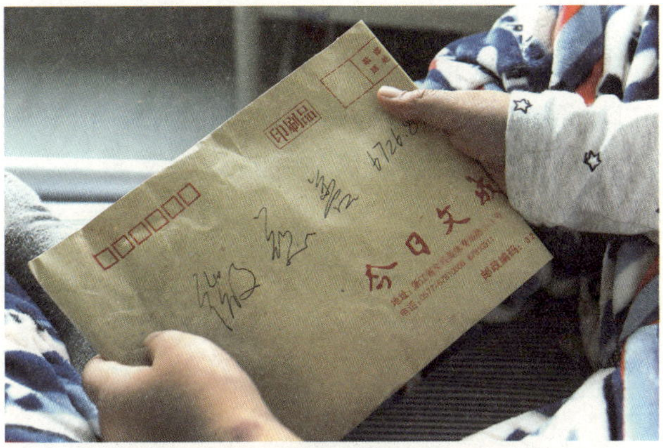


“你来捐我来送”活动（王健＼摄）

**【微信整合发展】** 与县委宣传部合作，成立新媒体运营中心，整合文成新闻网微信，发挥新闻网微信作用，拓展新闻客户端、微信、微博等新兴舆论阵地，创新报道形态，加强内容建设，做大做强网上正面宣传。至年底，新闻中心微信公众号关注人数5万余人。抗台期间最高一篇文章点击量达到13万人次。

**【微视频】** 打造《文网微视》品牌，推出《寻找抗战老兵》《糖甜》等微电影。进一步丰富文成新闻网宣传载体，新闻中心与社会影视达人合作制作发布微视频，每月推出1～2期微视频。推出《观察者观察这》系列，栏目特别邀请某一身份或某一职业人群，用他们的视角，对其他不同身份、不同职业人群进行一天的观察，体验对方的工作、生活，体会他人的不易，从而学会互相理解、互相尊重，共同促进社会和谐发展。微视频《文成往事之糖甜》《寻找文成抗战老兵》入围“文化中国”微视频征集评选活动并获优秀作品奖。

**【“微慈善”活动】** 为让更多的读者和市民参与到爱心接力，新闻中心发起微慈善接力活动，推出“你来捐、我来送”《微慈善》公益栏目。继续做好爱心墙栏目，通过爱心墙，收集爱心心愿和爱心线索，让爱成为接力赛，让想帮助他人的人有帮助的对象，让需要帮助的人有人帮助。

**【全国新媒体文成行】** 12月1日，“诗梦之旅 最美文成”2016全国新媒体文成行启动。把文成最美的东西看在眼中，映入心里，摄入镜头，汇入笔底，让社会各界进一步了解文成、认识文成、推介文成，感受“醉”美文成，为文成的发展献计献策，造势助威。

“诗梦之旅最美文成”2016全国新媒体文成行正式启动（王健＼摄）

**【反映民情】** 新闻中心通过民情热线、“流动民情站”、民情联络点，征集急需县委、县政府解决的经济社会发展中的热点、难点、重点问题，引导大家为全县建设献计献策，走进乡镇、社区，发放宣传资料，开展基层调查等方式，与基层群众沟通，了解百姓的所需所想。其中，“民情联络点”栏目以听民声、解民忧为宗旨，在每个乡镇设有联络点，群众有需要反映的问题可以到点上进行反映，中心将对联络点群众反映的问题进行梳理报道。全年走访全县全部56个农村社区，受理群众反映的民情、民事共227件，其中已采访并报道的197件，转为意见建议42件。

民情流动站（新闻中心提供）

【弘扬孝文化】 做好"孝行200"栏目，走进更多的乡镇社区，看望孤寡、贫困老人，为他们送上慰问金，进一步深化开展"孝行200"活动在近6年里，记者随着栏目走遍全县12镇5乡，走过200多个村子，共有441位老人受助，有51位受助者得到一次或多次回访。

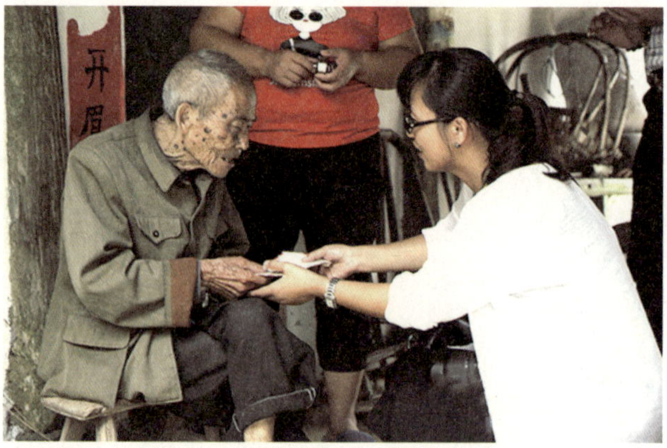

记者一行在双桂乡宝丰村看望慰问王良弟老人（朱伟\摄）

（张淑金）

# 综 合 管 理

## 机构编制管理

【概况】 县机构编制委员会办公室设3个职能科室:综合科、机构编制科、监督检查科。下属两个事业单位:事业单位登记管理局、机构编制实名制信息中心。核定行政编制8名,其中,主任1名,副主任2名;中层领导职数3名。核定事业编制5名。

【机构编制相关制度】 制定《实名制管理操作指南》,统一数据口径,规范实名制操作;设计空编核准、出入编等流程,固化制度,保持实名制数据科学性;出台"三制度",落实实名制管理员责任和考核办法;坚持"四管",建立长效机制,依法加强机构编制管理;突出理清"四本账",全面规范全县机关事业单位中层干部任前核职,推进干部管理制度化。

【乡镇行政区划优化调整和"三定"工作】 根据省里批复文件以及省里对构建乡镇"四大平台"建设要求,在全市率先完成乡镇的"三定"制订工作。紧紧围绕当前政府工作重点,单独设立村建办、综治办、人大办,在乡镇办公室挂法制办牌子。加强社会化服务体系,实体化设置便民服务、农业农村工作和综合社会服务"三大中心",相应独立设立安全生产、文化体育、统计、农经、民宗各事业站所。全年调增41名事业编制充实基层一线,协助做好乡镇人员分流到岗到位。

【综合行政执法改革】 根据"编随事走、人随编走"的原则,科学拟定并印发《实施方案》,明确机构设置、编制调配、人员划转等具体事项,及时落实人员划转到位。根据省市划转事项进度情况,及时跟进,明确县级第一批划转处罚事项;配合综合行政执法局建立健全联合执法协调机制;和各部门探索建立事中事后监管机制,推动执法力量下沉基层一线。指导协助综合行政执法局、住建局做好"三定"方案制订工作。

【乡镇"四个平台"建设】 召开专题会议学习研究上级文件精神,吃透摸准工作要求,深入一线调研,摸清基层优缺点,确定大峃镇、玉壶镇和黄坦镇为试点镇。通过建立"四个平台"工作QQ群、微信工作群等方式,指导试点镇结合实际拟定试点方案。结合全县实际,代拟《关于深化乡镇"四个平台"建设提升基层治理能力的实施方案(征求意见稿)》,二轮征求意见后,11月22日,县委副书记、常务副县长徐清雨召集部门及乡镇召开专题征求意见座谈会,听取平台建设涉及具体细节的意见和建议,完善实施方案。

【统一政务咨询投诉举报平台建设】 将涉及29个部门、40条非紧急类服务热线统一纳入整合范围,8月28日完成民情处置中心机构及人员划转到位。在县信访局增挂"文成县统一政务咨询投诉举报平台管理办公室"牌子,完成平台机构设置及编制调整工作。

【旅游体制改革】 针对旅游管理体制存在的管理部门之间职责交叉、主管部门机构规格低下、“小马拉大车”等问题，根据温市编〔2016〕37号文件精神，县编委会专题研究，上报《温州市百丈漈—飞云湖风景旅游管理委员会主要职责、内设机构和人员编制方案》，10月8日，市编办批复该方案。11月7日，百丈漈—飞云湖旅管会“三定”方案正式印发。

【县纪委派驻机构改革及“三定”工作】 全县共设置15个派驻（出）纪检组，划转机关行政编制56名调配纪委派驻工作，实现县属部门单位纪委派驻监督全覆盖。按照省市纪委内设机构调整要求，将原先11个内设科室调整为10个内设科室，重新印发县纪委（监察局）“三定”方案。

【权力清单“瘦身”】 根据《动态调整实施办法》，建立各部门联络员机制，同步推进省、市、县三级目录的比对规范和动态调整，从全县“一报”43家部门职权事项、部门职权8448项（含地税局），梳理到33家部门权力事项4914项，再进一步缩减到4258项，实现权力清单“瘦身”。

【责任清单“强身”】 严格按照省里的要求，“三措并举”为责任清单“强身”。一是将各级各部门确定的重大决策部署和年度重点工作目标，增列到年度责任清单内容、并对外公布；二是根据部门的“三定”以及上级最新精神，及时理顺工作中新出现的职责交叉问题，明确部门职责边界，补充完善涉及多个部门的职责分工，建立协调配合机制；三是围绕推进基本公共服务均等化，建立和完善基本公共服务清单。

【权责清单县乡两级全覆盖】 按照权责统一原则，理顺乡镇与县级部门、村关系，规范乡镇行政权力，明确责任事项，编制并公布乡镇“权责”清单，接受社会监督。4月，率先在全市完成乡镇“权责”清单延伸工作，将相关数据全部输入到浙江政务服务网平台。

【政府职能向社会组织转移】 到各部门开展调研对接，特别是与财政、民政等部门多次来回接洽，形成统一意见和工作思路。印发第二批具备承接政府职能转移条件的社会组织目录和2016—2017年度（第二批）政府职能向社会组织转移目录。11月23日，县编办、财政局联合组织召开政府职能向社会组织转移推进工作培训会，详细介绍政府职能转移工作的流程及注意事项，对下步工作作出具体部署。

【宣传部“三定”方案】 根据网络舆情与新闻宣传管理工作职能的变化，针对宣传部内设科室宣传科现有职能不对等、工作不适应的问题，以强化权责对等、促进部门职能有效发挥为目标，在充分调研、论证的基础上，重新对“三定”进行调整、优化、规范，重点对宣传科进行调整，将挂牌机构文化产业科分设为文化科，同时做好下属事业单位人员编制调整和职责明确。

【涉改单位人员身份过渡转换】 推进全县事业单位分类改革，理顺管理体制机制，加强事业单位干部队伍建设，实现事业单位机构人事管理科学化、规范化和精细化，联合人社部门，对全县涉及体制改革的12家单位进行深入的调研，通过召开座谈会等形式，充分征求相关部门和具体人员的意见。根据县编委意见，采取直接过渡和通过性考试的形式，阶段性推进相关人员的身份转换工作。全年对12家单位251人差额身份进行了转换。

【大学生村干部招聘“转事业”】 配合县委组织部、县人社局对全县大学生村干部开展调查摸底，搜集掌握第一手资料，结合本轮乡镇区划调整人员分流情况，认真核实空缺岗位，提出合理建议，优先并圆满完成14名大学生村干部转事业工作。

【乡镇、社区基层卫生服务人员优化调整】 乡镇区划调整后，全县从10个乡镇调整为17个乡镇，基层社区卫生服务室相应调整为乡镇卫生院，根据标准所需的基层卫生服务人员编制也应相应调整。与卫生部门一起通过开展调研、召开座谈会等方式，针对现有社区基层卫生服务队伍力量薄弱的环节，盘活现有卫技人员编制资源，调整乡镇基层卫生服务医疗机构设置，做好统筹配置乡镇基层卫技人员编制工作，促进基层卫生服务医疗机构发挥最大效用。

【公益事业单位事业编制报备员额制】 根据《关于印发浙江省省属医院机构编制标准指导意见的通知》(浙编办发〔2013〕36号)要求，县编委出台《关于对县级公立医院试行编制备案制管理的通知》(文编〔2015〕57号)文件，为做好公益事业单位事业编制报备员额制管理工作提供制度保障。敦促相关单位加快推进备案制管理工作进度，县卫计局已上报县级公立医院事业编制报备员额制方案。

【事业单位登记管理及年度报告书】 2015年应参加法人年度报告书报送的事业单位164家，截至3月31日，全部完成年度报告工作，在温州机构编制网公示，公示率达100%。2016年度新设立登记2家，共166家，变更登记31家，变更事项40项，注销登记1家，在线办理率100%。对新设立的2家单位，进行实地核查，确保登记信息真实、有效。开展全县事业单位法人的档案整理工作，共整理事业单位法人档案226个，其中注销56家，废止4家。

【机关群团统一社会信用代码】 5月参加全省赋码工作培训会议后，熟悉操作流程，制定操作指南，安排专人联络对接，详细解答事项，10月底，完成63家机关单位、7家群团单位的统一社会信用代码换证工作，完成率100%。

【民办事业统一登记】 组织参加市级动员部署会议，适时开展调研，走访了解情况，11月联合教育局、人社局、财政局在教育局会议室召开民办事业单位负责人专题座谈会，传达会议精神，解读政策文件，做好动员。有2家有意向。

【事业单位法人治理】 为推进事业单位改革，创新事业单位管理体制和运行机制，确保事业单位法人治理结构建设工作开展。4月成立文成县图书馆首届理事会，为全县开展事业单位法人治理结构的第二家，也是文成县在文化系统内成立的第一家法人治理结构单位，标志着全县法人治理试点工作实现向文化领域的拓展。

【中文域名注册查漏补缺】 全面梳理县各机关事业单位域名注册、网站挂标情况，对新设立且尚未注册域名的行政事业单位，督促其尽快注册。开展域名工作“回头看”，确保域名注册与网站挂标“全覆盖”。全县共有65家党政机关和事业单位完成标识申请和挂标，挂标率100%。

【常态化检查和专项检查】 建立巡回督查和定期检查机制，深入到各个部门单位开展调研、督查，及时掌握机构编制管理的实际使用情况，查摸问题，落实整改措施，确立编制工作及时跟进，服务到位。定期检查各部门单位机构编制使用情况，联合开展“吃空饷”整治，巩固控编减编工作成果。

【控编减编】 围绕“财政供养人员只减不增”的总目标，严格对照《全省控编减编工作执行情况专项督查实施方案》逐项自查、整改、落实，切实做好摸底、改革、审编、督查等四方面工作。2016年，全县行政编制保持在省定编制范围内不增加，事业编制按照省编委有关文件，教育卫生总额下降5%，共134名。

【机构编制问题整改】 做好省委巡视组关于全县领导干部“人编不一”巡视问题的整改工作，联合组织、人社等部门开展专项治理，建立长效联动机制，突出抓好编制“龙头”管理作用。配合抓好县主要领导经责审问题整改工作，开展自查自纠，抽调业务精干力量全力配合审计，针对审计问题全部制定整改方案，加强制度建设，确保问题不反弹，整改落实到位。

【日常编制管理】 各单位严格按照“单位报—编办审—组织（人事）核—入（出）编办理”流程办理出入编，全年系统内共出编1004人次，入编1056人次，完成在编变更2000条；批准调动空编使用单156份，共105名。事业单位考试机关空编使用核准40份，共61名。

【编外用工】 为进一步加强机关事业单位编外用工管理，有效减少财政供养人员，降低行政运行成本，以2015年度编外用工总数为底数，按照“只减不增”的原则，结合申报单位的编制数、空编数、工作量，对编外用工进行严格控制。全年各单位申请编外用工总量1071名，经审核，核准编外用工909名。

【中层干部职数核准】 建立中层干部核准机制，与县委组织部联合出台《文成县机关事业单位中层领导职数核准暂行办法》。全年共核准84次，551位中层干部职数。对一些中层干部超配单位严格把关，要求任前消化再审核，有效防止超职数配备中层干部及混岗情况发生。

【信息宣传】 严格按照《关于进一步加强全市机构编制信息宣传工作的通知》温编办发〔2016〕5号文件要求，多渠道、多举措狠抓信息宣传工作，实行信息工作“周任务、月汇报”制度，结合工作实际认真撰写调研信息，及时总结先进经验和做法，上报信息稿件。完善县机构编制网，及时公布上级文件精神和工作要求，发布最新工作动态，加大对外宣传力度，提升机构编制部门形象。全年中央编办录用信息4篇，省级编办录用信息5篇，市级编办录用信息57篇。

（周露曦）

## 发展计划管理

【规划管理】 完成并颁布实施文成县《十三五规划纲要》，完成《文成县“多规融合”规划方案》三稿和《“云江秀水、十里画廊”建设实施方案》送审稿，启动《文成县电动汽车充电基础设施专项规划》《2015年度文成县温室气体清单》等编制工作。颁布实施2个规划、完成组织评审3个规划、完成6个规划意见反馈工作。完成《文成飞云江流域可持续发展研究》等重大调研课题，其中《县域中医药健康服务产业的创新培育》等2个课题在《浙江经济》上刊登。

9月2日，多规融合规划方案汇报会（发改局提供）

【平台整合】 制定《文成县生态工业产业平台整合提升实施方案》，将“文成县生态产业园、巨屿工业园区、黄坦低丘缓坡生态产业基地、周壤工业园区”4个基地整合为“文成县生态产业园”，进一步优化平台布局结构，理顺管理体制和运行机制，推动大项目向大平台集聚、传统块状经济向平台经济转型。

【项目投资】 成立县重大平台和重点项目前期工作领导小组，协调和解决工作中的重大问题。上报温州市重大项目前期攻坚计划2个、重点建设前期项目3个；下达2016年度全县前期项目78个，谋划2016年重大招商和平台项目47个、总投资353.6亿元，全县项目前期攻坚计划50个。下达2016年重点项目前期经费1093万元。天顶湖旅游接待中心、兴福堂城市综合体（包括安置房）、文成森林氧吧小镇等重点项目进展顺利，全年累计完成固定资产投资73亿元，同比增长12%，完成市下达投资任务数的100%。省市重点、411项目完成投资16.55亿元，为年度计划的137.9%。争取到专项建设基金4979万元，落实银行配套贷款3亿元；争取省公共资金1450万元；中央预算内补助资金700万元。进一步完善政府代建运作模式和管理办法，正式出台《文成县政府投资项目代建制管理办法》，文成县职业中等专业学校（党校、成人教育中心）迁建工程、文成县第三小学建设工程、文成县殡仪馆迁建工程等代建项目顺利推进。

**【产业培育】** 制定省级服务业集聚区三年工作计划，集聚区2015年度综合评价工作，获得省发展和改革专项资金50万元。牵头培育健康服务业，委托编制《"云江秀水、十里画廊"整体建设方案规划》。开展服务业重大项目申报工作，天湖庄园等2个项目列入省服务业重点项目，安福寺（包括佛学院）等7个项目列入市服务业重点项目。加大重点企业扶持力度，推荐文成县农信社等企业申报市龙头企业，推荐国药控股等企业申报市高成长型企业。着力推动绿色发展，继续推进国家主体功能区试点建设，编制完成《文成县省级生态文明先行示范区创建实施方案》，4月成功列入省级生态文明先行示范区创建，6月成功列入首批省级低碳试点名单。完成2015年度温州市低碳循环发展综合考核，考核结果为二档良好。百丈漈垃圾填埋场项目纳入2016年省循环经济"991"项目库。继续推进高污染燃料锅炉淘汰工作，全年完成淘汰锅炉11台，全部完成市定任务，发放第一批、第二批锅炉淘汰补助资金119.66万元。

**【体制改革】** 推进特色小镇创建，1月26日，文成森林氧吧小镇成功列入浙江省特色小镇第二批创建名单；3月空中花园小镇纳入市第一批特色小镇名单。森林氧吧小镇委托浙江大学完成总规编制，7个专项规划全部编制完成；成立文成县兴旅建设投资有限公司，主要负责小镇重大政府投资基础设施（如小镇客厅）和配套设施的建设、投资、运营和管理；森林氧吧小镇城市客厅、毛泽东像章展馆、直升机临时起降点等项目顺利推进，完成投资6.18亿元（其中特色产业投资4.8亿元），为年度计划的103%。推进小城市培育试点建设，召开小城市培育试点建设工作推进会和大峃镇生态功能区小城市培育试点下一轮3年行动计划编制工作会议，对下一轮（2017—2019年）重点项目和扶持政策进行梳理和安排。推进县域经济体制综合改革，以多规融合为引领，制订县域经济体制综合改革年度工作计划，开展县域"空间格局优化、环境质量提升、生态经济发展、民生福祉提高"的绿色转型发展新路子探索。推进社会信用体系建设，开展"3·15"消费者日主题活动、诚信校园教育活动和"8·8"诚信日活动，制定出台信用体制建设相关措施政策，加快社会诚信体系建设。

5月5日，文成县空中游览暨温州至文成直升机航线首飞仪式（发改局提供）

【价格监管】 深化清费减负，免征涉及6项行政事业性收费，降低工商业用电和其他用电电费，减轻企业用电金额628.02万元。完成61个行政事业性收费单位收费数据系统录入、汇总、统计分析报告工作，据统计2015年度行政事业性收费总额为7358.7万元，比上年减少2742.3万元，降幅27.15%，收费总额占全县年财政收入的8.19%。实行行政事业性目录清单动态管理，在政府网站上公布行政事业性收费目录清单，及时变更收费变动情况。受理网络举报咨询11件，立案调查3件，结案3件，经济制裁总金额15936元，其中没收违法所得7842元，罚款8094元。在充分结合水源地实际及广泛征求社会各界意见建议的基础上，拟定《文成县大峃镇居民生活用水实行阶梯水价初步方案》并提交县政府常务会议审议通过，大峃镇居民从2017年开始执行生活用水阶梯水价。建立“一单两库”，即“随机抽查事项清单”随机抽查事项3项，“执法检查人员名录库”执法检查人员3人，“市场主体名录库”市场主体325个。

【粮食安全】 全年落实新增地方储备粮任务6800吨，其中代储小麦2860吨。落实县级储备粮规模14300吨（包括成品粮130吨），菜油15吨，代储省级储备粮3500吨。轮换出库县级储备粮4751吨。加快危仓老库维修改造，对中心粮库、大峃粮库、黄坦粮库、西坑粮库、二源粮库、南田粮库进行维修，重建黄坦粮库保管室。落实粮食应急加工企业5家，日加工能力160吨，应急供应点20家，应急监测点8家。开展第三期农户科学储粮专项工作，推广科学储粮仓5000套，全部发放到农户手中，并建立纸质和电子档案，截至年底，共推广储粮仓12105套。落实“订单粮食”政策，出台秋粮收购政策，推广“一站式”收购模式，完成“订单粮食”收购稻谷180吨。

8月26日，省发改委副主任徐幸视察九溪电站现场（发改局提供）

（郑春柳）

## 统 计

【概况】 县机构改革，将县统计局调整为与县发展和改革局（粮食局）合署办公（文委办发〔2015〕32号）。县统计局现有行政科室3个，分别为综合核算统计科、社会发展统计科、投资统计科（办公室与发改办公室合署办公）；下辖4个事业单位（社会经济调查队、统计普查中心〈参公单位〉、统计执法稽查大队和民生民意调查中心）；年末，在职干部32人（不含县发改〈统计、粮食〉局长）。其中，行政编制7人（含机关工勤1人），事业编制15人（含参公人员3人）临时工10人。其中，高级统计师1人，中级统计师4人，助理统计师3人。全年调入3人，招聘10人，调出1人。

【常规统计】 执行国家统计制度，充分发挥各科室的职能作用，圆满完成综合核算、农业、工业、商贸业、劳动工资、服务业、固定资产投资、房地产业、建筑业、科技等专业的2015年统计年报和2016年的定期报表任务。搞好上级布置和地方设置的各项抽样调查工作。做好规模以下工业企业、工业品价格、限额以下商贸业抽样调查等等，为上级部门的科学决策提供可靠的统计数据。做好能源统计工作，落实专人负责，把节能降耗作为党政考核的约束性指标来抓。

完成2016年度低收入农户增收致富统计监测，准确、及时地做好调查表的收集、审核、录入工作。按照上级统计部门的部署，开展各个专业的自查自纠工作，发现问题及时纠正，尽量将统计误差降至最低。加强对重点指标数据的趋势性分析、评估和预测。按时完成市局交办的“企业一套表”工作任务，组织专业人员开展一套表业务培训、讲解使用方法、强调账号管理要求，确保一套表数据安全。部署各专业借入企调研、入企指导、执法检查等契机开展一套表系统业务指导和问题收集，针对收集的问题改进工作；强化与商务、发改、经信的沟通，联合推动“四上”企业统计基层基础规范化建设，部门联动对企业一套表数据进行审核，提升一套表数据质量。

**【第三次农业普查】** 完成行政区域边界鉴定，普查小区划分，普查地图绘制等前期普查工作。成立县镇（乡）村3级普查领导小组和普查机构，精心选聘两员，组建普查队伍，扎实组织保障。编制普查经费预算，落实普查工作经费，保障普查需要。抓好普查业务培训，组织普查人员深入学习普查条例和有关会议精神，赴市参加学习40余人次，组织业务培训20余场，覆盖全县普查员600余人。启动宣传工作，充分利用电视、微信、短信、横幅等多种形式进行宣传，广泛提高社会知晓率和配合度。成功举办文成县第三次全国农业普查综合试点，为普查的顺利开展打下奠定良好基础。清查摸底工作有序开展，高效完成全县9000多户住户基本情况的排摸判断。现场登记全面推进，如期完成农业普查的各阶段工作任务。

**【专项调查】** 立足基层稳步推进专项统计监测。继续开展扶贫监测、粮食生产、1‰人口、劳动力情况等抽样调查，新增养老服务业发展情况和养老服务需求专项调查。配合相关部门组织开展妇女儿童发展规划、环境综合统计等经济社会综合监测评价工作。组织实施“平安三率”、创建国家卫生县城等社情民意调查，通过收集民意调查，反映民情、服务民生、不断显现统计调查的社会效应，以促进全县社会事业的快速发展。

**【统计基础】** 基层统计网络完善，乡镇统计队伍得到加强。贯彻落实温政办〔2016〕13号文件精神，行政区划调整期的统计基础工作得到夯实。12个镇单独设置统计办，5个乡以合署办公的形式设置统计办，统计办负责人与乡镇中层干部同等待遇；按照“只加强、不削弱”的总体要求，全县乡镇统计人员编制在区划调整前30人的基础上增加8人，总共38人。百丈漈、巨屿两镇作为文成的工业重镇，各增加编制1名，由原来的2名增加到3名。为了确保乡镇调整后统计工作顺利开展，按照乡镇本区域分离、态度能力优先、兼职向专职转化、无从事转岗的总体原则分流乡镇统计员，充分盘活乡镇统计队伍。按县政府要求于3月分流到位，避免拖累统计工作。全县通过招考乡镇统计员12人，化解空编问题。至年底，乡镇到岗统计员33人。完善村居统计员队伍，在年龄、工作态度、工作能力等方面适度把关，行政区划调整后全县384名村居统计员于二季度到岗到位，指定村统计负责人，落实村居统计员补助经费。推进部门与企业统计队伍建设，分别于5月和7月分组深入重要部门、“四上”企业，检查督促统计机构、统计人员的落实情况。进一步保障建设经费，有督有查，8月，与财政局联合发文，下达资金108万元给各乡镇，用于乡镇统计站的硬件、台账等规范化建设，基层统计力量得到加强。

**【统计执法】** 对全县专兼职统计人员进行统计普法培训和考试，增强各级各类统计人员依法统计的意识。加强对统计执法监督检查工作，及时纠正执法工作中存在的问题，依法统计工作得到了加强。加大执法力度，梳理权利事项，进行网上处罚系统基础数据配置，进行行政处罚网上系统模拟运行。全年统计执法稽查24家，立案查处1家。

【统计服务】 做好事前预警和全方位服务。本着“提高质量、多出精品”的原则，开展统计调查与分析。撰写统计分析、信息、内部参考50篇次，被市统计局采用25篇次，供领导批阅的内部参考11篇次。实行每月简析、每季度分析制度，对全县各主要行业的经济发展运行状况进行分析，对今后走势提出看法和建议。通过创新统计产品，采取多形式多渠道为政府和社会提供服务，不断加快信息发布的时间，提高信息发布的密度，及时反映全县经济和社会发展动态。编辑印发《统计月报》《统计公报》《统计年鉴》《统计内参》，收集温州市主要经济指标一览表，及时在网站上公布，从量上直观反映全县经济运行状况。充分利用文成电视台、文成新闻网等渠道不定期向全社会发布统计数据信息，以满足社会公众对统计信息的需求。

按照省委省政府办公室联合印发的《淳安等26县发展实绩考核办法（试行）》（浙委办发〔2015〕53号）通知，结合《淳安等26县发展实绩考核评分细则（试行）》，做好文成县发展实绩考核工作。强化与省市及26县统计部门的沟通，收集26县发展实绩相关经济指标情况；紧盯指标走向，收集整理《26县发展实绩考核可收集指标情况表》，及时提供各项指标在二类县考核中的得分情况，以及在文成、泰顺、洞头等同类县的排名情况；及时为风景旅游管委会、考绩办、发改、科技、经信、农办等部门提供26县发展实绩相关数据和指标解释以及当时在省内排名情况。

【法制宣传】 多种形式开展普法教育工作。坚持把宣传教育作为贯彻执行《中华人民共和国统计法》和促进统计事业健康发展的基础性工作，常抓不懈。充分利用新闻媒体、会议传达、悬挂标语等多种形式，广泛宣传《中华人民共和国统计法》及统计知识。组织统计人员学习统计法律法规，促使基层统计人员知法守法，深入“四上企业”开展业务指导，深入企业宣讲《中华人民共和国统计法》及《浙江省统计管理条例》等。

【统计工作制度】 进一步规范国民经济核算工作，发挥各部门在国民经济核算中的作用，提高GDP核算数据质量，制作《文成县重要经济指标一览表》，把GDP相关指标、26县发展实绩考核指标及市对县考绩项目考核指标一一梳理、汇总，定期呈报县主要领导及相关部门，时时监测全县各项经济指标。每月下旬申请召开GDP部门核算联席会议、每季度召开GDP核算部门联络员会议，强化对财政、经信、发改、农业、交通、金融、电信、商贸、住建等部门的统计指导业务，充分发挥部门统计力量。修改完善《2016年度文成县部门统计工作职责分工》，明确各部门统计工作职责，将各项考核指标分解到单位、科室和具体分管领导及具体负责人，建立部门工作联络机制，明确目标，落实责任，将各项动态数据预测预警常态化。

【工业数据分析】 全县实现工业总产值43.21亿元，其中规模以上工业产值25.84亿元，规模以下工业产值17.37亿元。全年培训2次，其中规模以上工业培训1次，培训人数33人次，规模以下工业培训1次，培训18人次。全年分析信息篇数3篇，其中分析2篇，信息1篇。全年开展统计数据自查3次，其中规模以上数据自查2次，分别在4月和8月，规模以下数据自查1次，在8月；上报自查报告2篇。规模以上企业库调整8家，其中“小升规”企业2家，退出企业6家，企业总家数较上年减少4家，共计27家。

（叶紫薇）

## 审 计

【概况】 文成县审计局设办公室、财政行事审计科、经贸审计科、法制审理科4个科室，下设经济责任审计中心和基建审计中心。党组书记、局长梅则铭，党组副书记、副局长胡冰亮，副局长钱德荣，纪检组长金琦，总审计师郑爱忠，党组成员毛定永。年末干部职工23人。局党支部被评为温州市先进基层党组织，1名党员被评为县级优秀共产党员。

【审计成果】 完成县本级政府2015年度财政预算执行、县本级预算单位公务支出公款消费、学前教育政策落实情况等6个调查审计项目和7个部门9位领导干部经济责任项目、9个投资项目造价结算审计工作。共查处违法违规金额4.04亿元，管理不规范金额3000万元，应上缴财政资金3.47亿元，应归还原渠道资金123万元，应缴纳的其他资金4786.4万元，应调账处理金额560.5万元，核减工程款635.89万元，全年共发布审计结果公告20个。1名副科领导干部因审计出问题被移送司法处理。

【重大政策跟踪审计】 根据上级审计机关的统一部署，围绕项目落地、资金保障、简政放权、政策落实、风险防范等方面，开展或继续开展对公务支出公款消费、五水共治、学前教育、支持浙商创业创新政策执行和浙商回归项目落地情况专项审计或审计调查。全面关注影响民生和群众切身利益的问题，重点关注3个方面：一是关注民生政策是否落实到位，是否实现政策目标，群众是否受益；二是揭露、纠正民生资金项目管理中存在的问题，提高民生资金使用效益；三是对发现的问题进行分析研究，提出审计建议，促进惠民政策落实。通过学前教育政策落实情况专项审计调查，揭示学前教育资金补助和使用、保教收费未报备、幼儿园室外活动场配置等方面的问题。根据审计建议，县教育局对2013年1月至2016年4月，全县13所公办幼儿园违规减免教职工子女保教费共75人计金额23.062万元的问题进行整改，并收回违规减免的资金。

【财政预算执行审计】 继续加强县本级财政预算执行审计，加快推进政府部门单位和乡镇财政决算审计，以财政资金分配、重大投资决策和项目审批、重大物资采购和招投标、国有资产和股权转让等重点领域、关键环节为重点，强化审计监督。重点围绕健全完善政府预算管理，加强财政资金审计，对县级财政预算管理、地税征管，以及峃口、周山、二轻等部门和单位同步开展审计。在审计内容上，对财政部门重点关注政府性债务、财政资金的存量和增量，审查财政资金安排、分配、使用环节存在的问题。财政组织预算执行审计重点关注部分乡镇涉农补贴资金发放情况，揭示违规领取补贴等问题，促进及时纠正。经审计，巨屿镇政府在“八项规定”出台后，仍延续以往的做法以镇所属23个行政村农村合作医疗保险工作考核奖惩兑现奖的名义，违规给镇干部发放兑现奖共计445891元，审计后，巨屿镇停止发放，并追回以前发放的补贴。县级预算执行审计重点关注违反中央“八项规定”、吃空饷、奢华浪费建设等问题，着力揭露和查处滥用职权、铺张浪费和侵害群众利益等问题。在审计对象上，延伸审计二、三级预算单位，并对一些重点税源企业和使用财政资金相对集中的“非国有”单位加强延伸调查，挽回税费收入。

【经济责任审计】 贯彻落实中央两办《党政主要领导干部和国有企业领导人员经济责任审计规定》，不断深化经济责任审计，重点关注领导干部贯彻落实法律法规和宏观经济政策情况、重大经济决策情况、履行国有资产管理职责及廉洁自律情况等，促进领导干部守法守纪、守规尽责。全年共安排7个部门9位领导干部进行经济责任审计，在全面审查领导干部经济责任履行情况的基础上，重点审查领导干部贯彻执行经济法律法规、党和国家方针政策和决策部署情况，落实中央“八项规定”、厉行节约和国务院“约法三章”相关要求情况，把机构设置、编制使用、“三公”经费等作为重要内容纳入审计范围。在审计过程中发现大部分单位责任人在职期间，严格遵守各项廉洁自律规定，单位财务收支基本真实合法，财务制度比较健全，各项经济指标完成情况良好，但财务管理不尽完善，存在移用专项资金、少缴各种税费等问题。如文成县电力开发投资有限公司长期以来公职人员兼职兼薪的问题，经审计后，夏某某主动缴回兼职薪金195131元，夏某某和陈某某共上缴文成纪律检查委员会廉政专户薪金105395.52元，由此终结历任行政领导在电投兼职兼薪的问题。通过审计，在完善干部监督管理机制、客观公正评价干部业绩、促进领导依法行政和廉洁自律等方面发挥重要作用，为各级党委考察任用干部提供科学依据。

【政府投资建设项目绩效审计】 以规范建设行为、节约政府投资、提高投资绩效为目标，加强对基础设施等方面重大投资项目的审计监督。全年共完成文成县百丈漈山区小流域农业生态工程一期Ⅰ、Ⅱ、Ⅲ标段工程、文成县花园新区保障性住房二期景观绿化工程等9个工程造价结算审计，项目总送审资金7829.91万元，审定金额7194.02万元，共核减造价635.89万元。通过审计对其中因虚增数量、高套定额、核算错误等问题造成的虚增工程造价部分予以核减，从而节约基建投入，节省财政资金。加大对经济责任、“五水共治”等审计项目过程涉及的建设工程实施情况审计力度，揭示政府投资项目前期管理中存在的立项手续不合规、项目计划编制不科学、未按规定进行招投标等问题，施工过程中存在的无设计施工，随意变更设计、施工挂靠现象和建设单位对施工单位报送的结算资料管理不到位等问题，资金管理中存在的工程造价虚高、少数项目未严格按照政府规定支付工程款等问题，科学评估项目建设的经济效益、社会效益、环境和生态效益，提出审计意见和建议，促进规范政府投资项目建设和管理。

【审计整改落实情况】 根据省审计厅的部署要求，认真开展“审计整改落实年”活动，县审计局出台《审计整改督查工作实施方案》，狠抓审计中发现的问题的整改落实，全面落实审计整改挂销号管理制度，结合上半年同级审计项目，进一步跟踪检查往年审计项目整改情况，通过加强公开促改、落实整改责任、严肃整改问责，结合县委县政府“年度考绩”和县纪委“单位廉情记分”等手段，切实提高审计查处问题整改率、审计移送事项成案率、审计成果运用转化率，着力推动体制、机制和制度完善，从而更加有效防范重大违法违纪、损失浪费以及乱作为、不作为问题的发生，更好地服务党委政府中心工作。9—10月，多次组织人员对《文成县2015年度县本级财政预算执行和其他财政收支审计报告》反映的问题进行跟踪回访，指导和督促被审计单位切实整改审计查出的问题；审计整改取得明显效果，截至10月底，同级审计查出的四大类29个方面问题基本整改到位，个别体制机制原因一时难以整改的，也明确整改措施和时限，或逐步整改到位，整改成效显著。据统计，全县共整改上缴财政资金17588.50万元，收缴税费140.86万元，下拨专项资金1525.55万元，归还原资金渠道244.30万元，核减工程款393.89万元。根据审计发现的问题，建立长效机制，县政府及有关部门修订出台《文成县政府投资项目代建制管理办法》《文成县小型建设工程简易招标暂行办法》等10项制度。

【审计队伍建设】 抓好领导班子建设和队伍建设。领导班子除了学好政治理论学习外，还把加强党性锻炼，提高领导班子的执政水平作为班子建设的重要议程来抓，在全县开展“短找板、谋实招、抓开局”专项活动中深入查找领导班子和队伍建设中存在的短板问题，研究制定补提短板的具体措施，抓好落实。抓好全体职工学习培训，充分利用外出审计、省市学习培训等载体，采用集中学习与自学相结合、自学与培训相结合，业余学习与集中学习相结合的方法，不断提高政策理论水平和思想政治素质，全年共选派20人次参加省市组织的各种培训班。严格审计程序，创新管理方法，加强重点环节审计质量控制。由个案审计逐步走向个案与专项审计调查并存，充分利用AO与OA两大系统，提升审计质量和工作效率。强化审计整改，确保审计成果有效落实。根据绩效管理要求，实行“审计项目限时办结制”，从发审计通知到下达审计决定，一环扣一环，均有时间限制，保证了审计任务按时完成。邀请市审计局领导来文开展审计法规专题讲座，撰写完成县志（1991—2011）审计部分初稿，及时发布审计信息和审计结果公告，进一步营造良好的审计社会氛围。

（周集慧）

## 市场监督管理

【概况】 2016年，县市场监督管理局设13个内设机构：办公室、组织人事科、政策法规科、行政审批科（注册分局）、食品安全综合协调科(应急管理科)、企业监督管理科（个体私营经济监督管理科）、市场规范管理科(广告监督管理科)、食品生产流通监督管理科、餐饮服务监督管理科、药品医疗器械监管科（保健食品化妆品监管科）、质量与标准化科（商标监督管理科）、计量与评管科、特种设备安全监察科；3个直属机构：稽查大队、网络经营监督管理办公室(信息化办公室)、消费者权益保护分局；7个市场监督管理所：大峃、珊溪、玉壶、南田、西坑、百丈漈、峃口市场监督管理所，其中百丈漈所和峃口所分别于10月、12月新设；辖6个事业单位：县食品药品综合检测中心、县计量检定测试所、县产品质量监督检验所、县消费者权益保护委员会办公室、县非公有制经济组织党建工作办公室、局机关后勤服务中心。年底，全局共有在职干部152人。

【市场发展】 全年新增各类市场主体2497户，新增注册资本37.15亿元。全县在册市场主体11890户，注册资本108.15亿元，分别较去年同期增长26.58%，52.32%。推进商事制度改革，实施“五证合一”“双告知”制度，创新推出“工位号注册”登记模式。探索政银合作“工商企业通”，将注册登记窗口延伸至四大银行各营业网点。助力企业健康发展，2015年度企业年报率99.85%、个体年报率97.13%、农专社年报率98.8%。全县新增七大产业小微企业115户，“个转企”38户。推动政银互通解决融资难题，为1020家小微企业减免税、费金额129万元。加强企业质量管理，累计导入卓越绩效管理模式企业4家；全年申报成功省著名商标2枚，市知名商标5枚，温州名牌产品8个。开展民企双对接活动，国有四大银行推出商标质押意向性贷款项目，促成2500万元商标质押贷款。

签订工商企业通协议（市监局提供）

【维护秩序】 全年立案176件，查结154件，移送涉嫌犯罪案件线索11条，罚没款162万余元。强化重点领域监管，开展“大拆大整”行动，排查经营户12675户，查处无照案件23件，案值50.83万元，拆除旧市场乱搭乱建共计5700平方米；开展成品油专项检查，排查非法加油点14处，责令关停3处，移送公安机关立案2起；查处建材产品质量违法行为，立案调查2起；开展民生领域计量器具监督检查，自来水表、燃气表首次安装强制检定率100%。查获“互联网”特大传销案件1件，涉案金额5400万元，批捕3人，取保候审2人。开展“无传销县”创建工作，17个乡镇覆盖率100%。完善社会信用评价体系建设，申报温州市信用管理示范企业5家，与文成人行、财政局出台联合惩戒制度，实现“一处失信、处处受限”。加强消费维权常态化管理，开展“3·15”宣传、大学生巡回宣讲、免费汽车义诊等活动，普及消费知识。在铜铃山镇创建3家放心消费示范单位及1个放心消费示范景区。发展义工10名，新增维权服务站3个。受理消费投诉105件，举报29件，微信投诉21起，挽回损失10.99万元。

开展市场巡查(市监局提供)

【食品药品安全整治】 开展“三大一严”“四小一市场”专项整治行动，实施生产、流通、餐饮及特药等各类专项清查行动，共检查食药经营单位6406户次，定量检测1300余批次，查处食药案件88件，移送线索8条，公布食品黑名单5家，录入食品安全金融征信系统不良信息20条。建成“阳光厨房”27家，县城火锅店阳光厨房全覆盖，小作坊备案率99.1%，成功创建百丈漈农贸市场为省级放心农贸市场，建成市场免费快检室5个，公众免费送检296批次。医疗机构药品购进台账建账率、药品质量年度自查报告提交率、药品储存条件合格率100%。县食品药品综合检测中心检测项目增加至261项次，顺利通过实验室资质认定。

县食品药品综合检测中心项目现场验收(市监局提供)

【特种设备安全检测】 开展高风险锅炉压力容器检查、安全生产整治、电梯和高速公路安全检查等行动，检查特种设备单位230家设备820台，排查安全隐患306个，完成整改306个，查封设备24台，立案查处8起。率先推出电梯维保人员登记制度和非公路用旅游观光车、滑索警示牌制度，鼓励乘客关注和举报违法违规，营造社会共治氛围。

【内部管理】 开展竞争上岗及“双向选择”回头看，进一步加强基层一线干部力量，基层人员占比提高到66.7%。为新招录干部举办为期10天的学习培训班，开展周一夜学、业务大比武、“传帮带”新干部拜师学艺等活动，促年轻干部快速成长。研发“市场监管APP”，搭建监管大数据平台实施智慧监管；持续推进基层站所建设，新设百丈漈、峃口等2个市场监管所。投入250万元完善基层执法设备，创建四星级规范化市场监管所1个，三星级2个。加强党风廉政建设工作，认真落实“一岗双责”。深入开展“两学一做”教育活动。深化系统行风建设，依托局监察室及县派驻纪检组，加大对上下班纪律、政务公开、着装规范等作风效能督查力度。

## 集体荣誉和先进个人一览

表26

| 序号 | 荣誉名称 | 文件名称（证书） | 发文时间 | 文号 |
|---|---|---|---|---|
| 1 | 非公党建推进工作有特色，记集体三等功 | 关于给予台州市市场监督管理局（工商局）等集体和虞彩琴等个人记功奖励的决定 | 2016-04-21 | 浙人社发〔2016〕36号 |
| 2 | 2015年度全省基层市场监管（工商）部门创先争优绩效评价优胜单位（强化市场秩序维护） | 关于通报2015年度全省基层市场监管（工商）部门创先争优先进单位的决定 | 2016-02-05 | 浙工商综〔2016〕6号 |
| 3 | 2011—2015年全市法治宣传教育先进集体 | | 2016.09 | 牌匾 |
| 4 | “平安文成”建设先进集体 | 关于表彰2015年度文成县社会管理综合治理先进集体和个人、平安建设先进集体的通报 | 2016-04-12 | 文委发〔2016〕16号 |
| 5 | 2015年度全县党委系统信息工作先进单位，先进个人（郑国游） | 关于表彰2015年度全县党委系统信息工作先进单位和先进个人的通报 | 2016-03-22 | |
| 6 | 2015年度行政审批服务工作先进单位，先进个人（林飒） | 关于表彰2015年度行政审批服务工作先进单位、优秀窗口和先进工作者的通报 | 2016-02-29 | 文政办发〔2016〕10号 |
| 7 | 2015年度食品药品安全工作先进单位，先进个人（余坚、邢玉钗） | 关于表彰2015年度食品药品安全工作先进单位和先进个人的决定 | 2016-03-24 | 文政发〔2016〕27号 |
| 8 | 2015年度全县政务信息工作先进单位，先进个人（陈瑞雪） | 关于表彰2015年度政务信息工作先进单位和先进个人的通报 | 2016-04-29 | 文政办发〔2016〕27号 |
| 9 | 文成县“平安护航G20”工作先进集体（县市场监管局，大峃市场监督管理所、南田市场监督管理所），先进个人（陈洁、叶东东、戴一可、张章） | 关于表彰文成县“平安护航G20”工作先进集体和先进个人的通报 | 2016-10-31 | 文委发〔2016〕33号 |
| 10 | 全市市场监管系统2015年度目标责任制考核前列奖 | 关于表彰2015年度全市市场监管系统目标责任制考核前列奖单位的决定 | 2016-01-26 | 温市监〔2016〕1号 |
| 11 | 新闻宣传工作先进单位，全市优秀官方微信，新闻宣传工作先进个人（刘江涛） | 关于表彰2015年度全市市监系统新闻宣传先进单位和先进个人的通知 | 2016-06-06 | 温市监〔2016〕23号 |
| 12 | 全市市场监管系统G20杭州峰会维稳安保工作先进单位（县市场监督管理局、珊溪市场监督管理所），先进个人（陈瑞雪、王明炎、吴海金） | 关于表彰G20杭州峰会维稳安保工作先进集体和先进个人的决定 | 2016-10-19 | 温市监〔2016〕47号 |
| 13 | 2015年度食品安全工作先进个人（吴英雅） | 温州市人民政府关于表彰2015年度食品安全工作先进单位和先进个人的通报 | 2016-03-30 | 温市监〔2016〕47号 |

续表26

| 序号 | 荣誉名称 | 文件名称(证书) | 发文时间 | 文号 |
|---|---|---|---|---|
| 14 | 温州市质量技术监督局授予南田市场监督管理所"温州市'服务保障G20杭州峰会工作'突出贡献集体"称号,授予陈丽平、魏禹文、程文元、朱月圆为服务保障G20杭州峰会工作突出贡献个人 | 关于表扬在服务保障G20杭州峰会工作中做出突出贡献集体和个人的通报 | 2016-11-25 | 温质发〔2016〕18号 |
| 15 | 温州市G20杭州峰会维稳安保工作先进个人(包陈杰) | | 2016.09 | 证书 |
| 16 | 优秀党务工作者(黄欧) | 关于表彰优秀共产党员、优秀党务工作者、先进基层党组织和富民党支部书记、党员致富带头人的决定 | 2016-06-30 | 文委发〔2016〕27号 |
| 17 | 授予县个体劳动者协会"2015—2016年度温州市优秀社会组织"称号 | 温州市民政局关于表彰2015—2016年度温州市优秀社会组织的通报 | 2016-11-21 | 温民社组〔2016〕157号 |
| 18 | 2015年度全市小微企业三年成长计划先进集体(县市场监管局),先进个人(林日进) | 温州市人民政府办公室关于2015年度全市小微企业三年成长计划先进集体及先进个人的通报 | 2016-08-16 | 温政办〔2016〕80号 |
| 19 | G20杭州峰会食品安全驻点保障监管工作做出贡献监管人员(黄建立) | 浙江省食品药品监督管理局关于对G20杭州峰会食品安全驻点保障监管工作做出贡献监管人员进行表扬的通知 | 2016-09-23 | 浙食药监办〔2016〕34号 |

(陈瑞雪)

## 安全生产监督

【概况】 2016年,全县共发生各类安全生产事故8起,死亡9人(其中工矿商贸死亡3人,道路交通死亡6人),直接经济损失302.08万元。没有发生较大以上的安全事故,保持安全生产形势的总体稳定,实现连续5年事故指标"零增长"。全年"两化一网"自查自报工作荣获全市第一名,安全生产标准化建设荣获全市二等奖,平安护航"G20"工作荣获温州市G20杭州峰会维稳安保工作先进集体。

【监管制度】 按照"党政同责、一岗双责、齐抓共管、失职追责"和"三个必须"的要求,牢固构建安全生产责任网络。一是完善安全生产责任体系。县政府与17个乡镇、37个部门和8家企业签订《2016年安全生产目标管理责任书》,乡镇、部门和生产经营单位签订责任书,生产经营单位与班组签订责任书。做到安全生产责任网全覆盖,不漏任何一个环节。二是落实"一岗双责"责任制。县政府常务会议两次专题听取全县安全生产工作情况汇报,落实"一岗双责"责任制,即由县长与各分管副县长签订领导安全生产目标管理责任书;由副县长与分管部门签订责任书;由监管部门与有关重点监管企业签订责任书,实施"叠加式"重点监管和责任追究。三是完善安全生产考核评价机制。全年县政府目标责任制考核中提高了安全生产工作的权重,对安全生产责任制实行单列考核,加强对责任制落实的监督考核,动态考核。把安全生产考核结果作为评价领导干部政绩的重要内容，与干部提拔任用相挂钩。全面实施安全生产警示通报、诫勉约谈措施。

【危险化学品领域安全综合整治】 推进危化品生产经营单位、油气输送管道、寄递危险化学品、废弃危险化学品处置的专项整治，以部门联合不间断高压监管态势，全力净化危险化学品领域安全环境。全县共有危险化学品企业30家，其中生产企业1家，经营企业29家。行动期间共检查企业305家次，查出安全隐患277处、提出整改意见246条、发放限期整改指令书22份。

【粉尘防爆“双月”攻坚专项行动】 按照《文成县粉尘防爆集中整治“双月”攻坚专项行动方案》（文政办发明电〔2016〕19号）文件精神，联合有关部门与属地乡镇，对涉尘企业进行逐家隐患“大会诊”，列明隐患清单，建立一企一册档案，当场会诊会商确定关停还是停业整顿的类别，严格落实“红、黄、绿”三色分类管理。经排查全县18家企业，列为红色管理9家（全部停产整改），列为黄色管理9家。企业因没有履行安全生产职责或企业中负责人没有履行安全生产管理职责被立案查处，共立案8起，行政处罚6万元。

【平安护航“G20”】 切实深化平安护航“G20”，通过条块联动检查、“网格”信息循环检查及决战期间24小时不间断巡查的方式，对隐患进行全面排查，邀请安全专家20余人次对企业进行“把脉会诊”，帮助企业制定整改方案，督促旧隐患整改，遏制新隐患发生，全面实现隐患“闭环管理”。深化安全执法，打击非法储存烟花爆竹、工业气瓶，非法销售油性油漆、香蕉水等行为37起，行政拘留37人。在护航期间关停企业8家，停产整顿企业32家。

【“四无”整治专项行动】 召开全县整治“四无”生产经营单位行动部署会，协同抓好全县“四无”（无证无照、无安全保障、无合法场所、无环保措施）生产经营单位集中整治，严厉打击安全生产领域各类非法违法生产经营活动，全面消除各类安全隐患。通过前期摸底全县共排查“四无”生产经营单位2317家，小作坊249家，整治“四无”743家，整治小作坊129家，全力坚守群众生命安全的底线。

【“三场所一行业”和职业卫生专项整治】 统筹推进“三场所一行业”和职业卫生专项整治，排查整治有限空间作业场所4家，排查整治喷涂场所8处，冶金行业9家，其中要求1家存在有限空间及涉尘问题企业进行停业整改；在职业卫生专项整治方面，健全完善职业卫生监管机制，部署开展用人单位职业卫生基础建设，全县排查摸底职业危害单位52家，接触危害因素689人，完成职业危害申报备案23家，组织举办“职业病防治法”宣传周活动，编印发放职业病防治宣传资料4500份。

【安全生产网格巡查】 深化安全生产网格巡查和隐患挂牌督办。以“两化一网”信息平台为载体，以信息化管理为手段，全面开展网格巡查，督促企业加强隐患自查自报自改工作，确保网格内隐患有效整改，实现“闭环管理”。全县生产经营单位405家，通过网格检查企业1281家次，排查一般隐患186条，重大隐患19条，全部整改到位。全面深化隐患治理分级挂牌督办，建立县镇（乡）两级隐患挂牌督办制度，全年市级挂牌督办2家，县级挂牌督办5家。

【安全生产社会化服务】 全力破解安全生产“不想管、不会管、不好管”的难题，扭转安全生产“大包大揽”的局面，针对全县旅游行业、冶金行业、机械行业和粉尘行业存在的监管不足，因地制宜开展社会化服务，列举“服务清单”加强企业自身安全监管，全县共有10家企业与中介服务机构签订协议，开展安全生产社会化服务。

**【企业安全标准化建设】** 把提高企业本质安全水平作为重要抓手，通过政策驱动、经济激励、上门服务等措施，引导和鼓励企业开展安全生产标准化、规范化和诚信机制创建活动。全年完成创建三级标准化企业50家(其中规上、限上企业32家)。

**【智慧式用电安全管理系统】** 围绕服务隐患排查治理和安全生产监管监察业务，建设资源共享、互联互通的安全监管信息平台，在全县推广智慧式用电安全管理系统，加强机关单位、企事业单位和生产经营单位的安装，有效提升全县本质安全特别是预防电气火灾事故的发生。与13个部门联系协调，探讨用电安全管理和使用新技术方面的情况和问题，研究解决用电安全重点难点问题。

**【综合协调】** 坚持敢于担当的意识，对处于失管或半失管状态的企业进行协调、督促、指导。全年由县安委办牵头，对接各乡镇和相关部门，妥善处置了漂流旅游项目、百丈漈镇天顶湖游船项目、平和乡打铁铺、养老场所等14个存在重大安全隐患的问题。批转相关安全生产领域隐患治理的文件8个。

**【宣传培训】** 谋划第十五个安全生产月活动，强化安全发展观念、提升全民安全素质，开展安全生产宣传进社区、进企业、进学校、进农村、进家庭活动，与17个乡镇以及市监局、卫计局、消防局等38个部门联动进行宣传。共悬挂安全标语横幅75条，张帖宣传画420张，发放安全生产宣传资料3万份。组织开展“安全生产宣传咨询日”“安康杯”竞赛、“最美安监人”“安全进企业志愿活动”等活动，评选出“最美安监人”6人；在各乡镇和企业开展新《浙江省安全生产条例》学习和宣传，印发新条例读本3000份；通过“12350”举报投诉电话，设立举报奖励机制，畅通渠道，落实有奖举报专项资金，鼓励社会监督，充分发挥群众监督作用。

（叶琪云）

## 行政审批服务

**【概况】** 文成县审管办为参公事业单位，编制16人，2016年底在位人数15人。设有综合科、业务科、督查科及下属两个事业单位：行政审批代办服务中心、信息服务中心。2016年全县行政审批和便民服务共收件90241件，办结89284件，办结率98.93%，其中县行政审批中心共收件42423件，办结41674件，办结率98.23%；网上多级联动办结253件。荣获“2016年度温州市行政审批与公共资源交易创新服务先进集体”；2016年度功能区、乡镇、县机关单位考绩被评为优秀单位。

**【“移动互联网+审批”改革】** 全省首创的构建以政务服务网移动端申报、内网审核办理、在线咨询监督、结果快递送达的“移动互联网+审批”综合服务平台，于12月底开通上线，完成文成县“移动互联网+审批”改革试点年度工作任务，实现105个审批服务事项“不来窗口也能办事”的目标。人民网、新华网等国家和省市媒体先后进行了报道。首批在全县28个涉批部门筛选出105个移动端直接办理事项申报材料总和从原来的591个减少为333个，申报材料取消率达43%。28个审批单位中27个单位的最终审批权授予到审批科长。事项办理时限总和由原先的598个工作日缩短到461个工作日，审批提速达23%以上；即办事项26个，占四分之一。实现数据共享，渠道融合，解决部门间的数据实时交换和信息共享，让群众跑路变为由数据和部门多跑路。开拓线上预约、咨询互动、查询、证照寄送等服务和全程电子监察；向浙江政务服务网管理员申请在文成审批中心大厅设立实名认证窗口，方便群众注册办事。通过移动端便捷申报办事平台暨“统一申报平台”的建设和进入平台内事项申请材料的梳理调减，办事申请表由后台自动生成无须再填写，变通处理法律规定的必须到窗口或部门提交的材料原件由审批部门实地踏勘时取回等，真正实现群众不跑路也能办事。

12月29日，文成县“移动互联网+审批”服务平台开通仪式（审管办提供）

【深化网上审批机制改革】 牵头协调公安、地税、民政等部门认真贯彻落实好省市统一部署的房屋权属证明、纳税证明、港澳通行证再次签注、行驶证补换等10项便民服务，实现相关证照网上申请、在线服务、快递送达。对19个试点事项材料进行规范，流程进行优化，在系统上做了配置，在县、乡镇、社区中心配备计算机、高拍仪、扫描仪等设备，设立网上审批自助服务点，配备专职工作人员协助网上申报。继续做好跨层级联动审批工作，按照“能上则上”的要求，将条件具备的14项社区—乡镇—县机关联动事项和7项县市联动事项于网络运行，乡镇区划调整前的10个乡镇已全面实施，新设立乡镇，按照“成熟一个，推进一个”的原则，首先在二源镇、周壤镇等乡镇开展，个别基础条件差的乡镇也将逐步推进。截至12月底，共受理跨层级联动办件282件。

9月2日，县审管办召开跨层级联动审批工作会议（审管办提供）

【浙江政务服务网文成平台建设】 优化提升现有网上审批系统，完善功能，增加互联网申报、预审（办理）事项，规范网上办事流程。改造门户网站网上申报页面，使其风格与省政务服务网一致，使用省里统一的用户合法性认证模块，对用户登录系统进行升级；在审批服务系统中增加网上预约申报功能，使网上申报的相关办件信息及申报材料可在审批系统中查看，并作出是否通过的答复。

【拓展无偿代办覆盖面】 联络各乡镇、招商局、经信局、发改局的代建办和前期办，将全县项目代办情况摸清。参与“五办联动”会议、项目前期工作例会、周二审批工作例会等会议，对全县的代办项目进行跟踪了解，实时掌握审批进度。与县驻企办协同合作，在审批中心设立驻企代办服务窗口，扩大代办渠道与优化代办方式。处理审批过程中的疑难问题，与各相关部门单位保持良好的工作互动。对实体经济、网络经济项目、小微企业等项目均推行全程无偿代办，实现上下联动的接力代办和部门间联动代办，扩大代办范围。

【乡镇便民中心建设】 配合县编办强化乡镇便民服务中心的机构建设。各乡镇便民服务中心作为各乡镇的一个下属事业单位，人员由乡镇所属事业各站所根据实际需要安排，内部调剂，具体负责乡镇便民服务中心的窗口工作。中心设主任1名（由乡镇分管领导兼任），专职副主任1名（按正股级配备），全面负责乡镇便民服务中心工作。推进基层站所的进驻工作，各个乡镇社保、医保、农技推广、企业服务、宅基地申请、准生证办理、流动人员证办理、法律调解、社会综治等行政审批职能均纳入乡镇便民服务中心，实行集中办理。市场监督所、规划所、土地所、派出所等关系民生的站所都进驻中心。每月对各乡镇便民服务中心进行业务指导并对各窗口的工作进行督查，查到问题及时整改。

【审批业务监管】 全面落实预登记制，推行审批窗口否决事项双告知制。设立预登记窗口，在县中心办理的事项，一律经过预登记窗口，预登记率达99%，全面推行否决事项双告知制。督查科人员通过审批办件系统对审批全过程进行实时监管，将监察结果落实到每月红旗窗口考评中。对行政审批改革及服务进行日常监督。每天两次不定时对大厅进行巡查监督，在QQ和微信平台及时对违反纪律的工作人员进行通报。利用中心大厅的75个摄像头，对大厅进行全面监控，每月把纪律情况反馈给相关部门和县分管领导，对多次违反纪律的人员函告原单位要求调换，全年调整1人。每月及时开展案卷内审、电子服务评价器跟踪、手机短信和电话回访满意度调查。全年，共发送手机短信31235条，收到回复5738条，满意率为96.34%，电子服务评价器有效评价满意率达99.78%，电话回访满意度为99.88%。整合畅通举报投诉热线，向社会广泛征集问题线索。高度重视作风效能投诉平台，及时处理群众反映的热点难点问题。

（戴丰珍）

## 公共资源交易

【概况】 县公共资源交易管理委员会办公室、县公共资源交易中心办公地点位于大峃镇西门街50号。2016年被温州市人民政府授予公共资源交易服务工作先进集体荣誉称号。

【招投标业绩】 全年共完成建设工程招投标、政府采购、国土资源交易和国有产权交易4大类项目总数341个，交易总额24.96亿元，增收节支2.30亿元。其中建设工程项目150个，中标价为6.58亿元，节约资金为1.48亿元，平均节约率为18.33%；政府采购项目185个，采购金额为17.93亿元，节约资金6648.22万元，平均节约率为3.58%；土地交易项目3宗，成交价为4249.08万元，增值资金1538.08万元，增值率达56.73%；产权交易项目3宗，成交价为319.8万元，增值资金52.70万元，增值率达19.73%。

【小型建设工程招标管理】 为提高全县小型工程承发包效率，规范交易行为，节约公共资源交易成本，加快工程前期进度，促进交易平台廉政建设，参照《中华人民共和国招标投标法》及有关法律法规，结合文成实际，制定出台《文成县小型建设工程简易招标暂行办法》（文政办发〔2016〕95号）。

【建设项目承包商诚信管理】 按照《工程建设项目承包商诚信管理办法》，建立入库企业信用信息库和企业诚信档案，记录工程建设项目承包商的基本情况、资质、质量、安全、信用等方面信息，录入施工项目在招投标过程、工程安全和质量大检查中发现的不良行为，实现招投标市场和建设现场的"两场联动"，将"守信激励，失信惩戒"信用功能引入招投标活动，实行诚信状态与行业监管、市场准入等挂钩，增强建设项目承包商诚信管理的针对性和可操作性。

【代理机构监管】 严格代理机构年度定点政府采购，规范建设项目招标人选择招标代理机构的行为，加强日常的监督管理和考核，实行优胜劣汰，确保工程的代理质量。

【招投标管理】 对依法必须招标项目，严格按制度核准招标方式和组织形式，除特殊工程项目外，政府投资项目一律实行公开招标和代理机构遴选制度。严把资格审查、投标保证金账户专人管理、评标专家抽选环节。严格招标代理机构资格市场准入，建立和实施对招标代理机构及其专职人员监管制度，严厉打击挂靠、出让代理资格、采用虚假招标、串通投标等违法方式操纵招标结果，规范招标文件编制行为，严格控制招标人人为抬高门槛，设置倾向性条款，排斥潜在投标人，影响公平竞争。制定出台《文成县招标投标违法案件联动管理办法》《文成县政府投资项目标后监督管理实施意见》，建立健全查处、移送、协办以及不良行为信息和标后监管联动管理机制，最大限度地预防招投标市场的违法行为。

【远程异地评标】 依托互联网，构建城市之间的建设工程远程异地评标网络系统，实现评标专家共享和交易中心评标设施、场所、监管环境等资源的共享，使聘请异地专家评标更加高效、经济、安全、方便、快捷。构建更加公平、公正的评标环境，避免人为因素干扰，减少“串标”“围标”等违法违规行为的发生，有效防止制度落实中的偏差，达到“科技监管”的目的。全年完成远程异地评标10宗。

【信息平台整合】 按照国家和省、市的工作部署，扎实做好公共资源交易平台整合工作，建设完成文成县电子招投标系统，与浙江省电子交易公共服务系统实现对接，融入浙江省政务服务网，整合共享市场信息和监管信息。

（雷云锋）

# 财政　税务

## 概　述

【概况】 财政收入持续增长。全年实现财政总收入10亿元，同比增长10.4%。其中，公共财政预算收入7.92亿元，同比增长13.7%；上划中央“六税”收入2.08亿元，同比下降0.5%。全年实现税收收入3.7亿元，同比增长18.7%。其中，增值税、营业税、企业所得税和个人所得税分别为0.32亿元、0.79亿元、0.46亿元、0.26亿元，分别同比下降5.8%、22.4%、15.7%、增长25.5%。财政支出不断增加。实现公共财政预算支出41.23亿元，同比增长21.2%。其中，一般公共服务支出4.22亿元，同比增长18.0%。

文成县2016年公共财政预算支出情况

表27

| 指　标 | 总量(万元) | 同比增速(%) |
|---|---|---|
| 公共财政预算支出 | 112320 | 21.2 |
| 其中：一般公共服务 | 42221 | 18.0 |
| 教育支出 | 76440 | 13.5 |
| 科学技术 | 2789 | 11.8 |
| 文化体育与传媒 | 9263 | 22.5 |
| 社会保障和就业 | 35707 | 0.2 |
| 医疗卫生与计划生育 | 52550 | 31.4 |
| 节能环保 | 10912 | 31.3 |
| 城乡社区服务 | 22696 | 102.5 |
| 农林水事务 | 77136 | 12.6 |
| 交通运输支出 | 21096 | -9.6 |

## 财　政

【概况】 2016年，全县财政总收入10亿元，增长10.4%；其中一般公共预算收入7.92亿元，增长13.7%，占财政总收入的79.2%；一般公共预算支出41.23亿元，增长21.2%。全县财政收支平衡，预算执行情况良好。

【财政收入】 一般公共预算收入中，税收收入为3.70亿元，占一般公共预算收入的46.7%，增长18.7%；非税收入为4.22亿元，占一般公共预算收入的53.3%，增长9.6%。加强税收收入征管。强化重点税源监控，对10万元以上的重点税源实施重点监控，建立台账并实行动态管理。做好收入预测分析，把握税源动态和收入进度。加大税收稽查力度，重点开展房地产、水电、能源公司等高收入行业稽查活动，全年共检查企业11户，查补总额324万元。规范非税收入管理。推动非税收入收缴电子化改革，银联网银支付、支付宝支付收费缴款试点成功。规范土地出让金管理，加快重点项目土地出让，催缴清收土地出让金。密切跟踪政策动向，做好项目对接，全年累计争取上级转移支付资金29亿元以及省财政厅政府债券5.5亿元。

【服务经济发展】 保障重点项目建设。着重抓好森林氧吧特色小镇、成职教、武阳书院、县人民医院迁建等省市重点建设项目的包装和投资，全年完成投资16.6亿元。创新投融资模式，利用银行融资、PPP、产业基金和政府购买服务等市场融资机制，保障重大民生项目建设。成立旅游产业发展基金，组建金控公司和文成县旅游产业基金管理委员会，制定出台《文成县旅游产业基金管理暂行办法》，到位资金2亿元。加快实体经济发展，安排资金544万元推进农业"两区"建设，累计建成粮食生产功能区71个，面积4.2万亩。完成"一事一议"助推美丽乡村农村电子商务项目并投入运营，实现销售额8000万元，服务100万人次，创造5000个就业岗位，带动综合社会效益4亿元，成为2016年全市比学赶超活动走进文成的参观点之一。围绕文化创意、物流运输、国内贸易、金融服务等重点领域，通过政策扶持、强化管理、优化服务、扩大宣传等措施发展总部经济，全年贡献税收1500万元。

【保障重点支出】 保障建设资金到位。争取上级转移支付资金29.51亿元，其中省财政厅重大基础设施投资专项资金0.5亿元。积极向省财政厅争取政府债券额度5.5亿元，其中，新增政府债券额度3亿元，置换额度2.5亿元，最大限度保障重大项目的建设资金。加大民生投入。安排教育支出7.64亿元，支持公办和民办教育互促互进，创成全国义务教育发展基本均衡县；安排文化体育与传媒支出9263万元，创成全省农村文化礼堂建设先进县、省级文化先进县、省级体育强县；安排医疗卫生支出5.26亿元，推进分级诊疗、县级公立医院改革等工作，基本实现基础卫生资源全覆盖；安排社会保障和就业资金3.57亿元，用于城乡居民最低生活保障、"五保"集中供养、农村医疗救助等方面。支持"三农"发展。安排农林水事务支出7.71亿元，安排扶贫资金4100万元，安排村干部报酬及村级组织运转等工作经费3273万元，全面落实各项强农惠农富农政策。

【推进财税改革】 深化部门预决算公开改革。在县政府政务网预决算公开专栏上，汇总公开部门预决算内容，接受社会各界监督，全年公开80个单位的2015年度决算和2016年度部门预算以及全县"三公经费"预决算报告和全县财政预决算报告，公开面达到100%。开展财政资金和公款竞争性存放改革。根据《文成县预算单位公款竞争性存放管理暂行办法》和《文成县财政资金公款竞争性存放管理暂行办法》，推进公款竞争性改革，完成县本级财政资金6.5亿元和预算单位公款4.8亿元的竞争性存放。加强财政专项资金改革。出台《文成县人民政府办公室关于开展盘活财政存量资金工作的通知》，开展结余结转资金清理整合，共盘活财政存量资金345项2.7亿元。建立专项资金绩效导向机制，根据《文成县人民政府关于建立财政专项资金绩效导向机制的意见》，对本级财政安排和因素法分配的专项资金全面推行绩效管理，促进资金绩效提升。推进乡镇财政管理改革。认真落实行政区划优化乡镇财政管理有关问题，加强乡镇财政资金数据库建设，规范乡镇财政预算编制，深化乡镇财政国库集中支付改革。

【规范财税管理】 加强行政事业单位经费标准化管理。严控"三公经费"和一般性行政支出，全年县级预算单位"三公经费"支出1963万元，比上年下降17.7%。抓好政府性投资项目审价，重点把握政府投资成本和规模，控制项目造价概算。全年完成预算项目140个，核减金额1258万元，综合核减率2.3%；完成概算项目2000万以上2个，核减金额881万元，综合审减率5.3%；完成结算项目255个，审减金额1097万元，综合审减率为8.3%。严格控制政府采购规模。进一步规范政府采购程序，全年进入县资源交易中心交易的政府采购预算为14.54亿元，实际成交合同金额13.89亿元，节约资金6496万元，资金节约率达到4.5%。加强国资监管。贯彻实施"1+10"国企管理政策，实行国有资本经营预算管理。开展第二批行政事业单位产权确权工作，加快“两证”办理。推行国企全面预算试点，试点推行国企领导人员职务消费预算和企业工资总额预算。加强财政监督。制定《文成县财政局内部控制基本制度（试行）》及《文成县财政局法律风险防控管理办法（试行）》等8个专项风险防控管理办法，完善财政内控制度。

【干部队伍建设】 开展“两学一做”系列教育活动。出台《2016年党风廉政建设和反腐败工作组织领导和责任分工》《2016年党风廉政建设和反腐败工作考核办法》等文件，落实党风廉政“五个一”工作机制，完善党风廉政主体责任制、“三书两报告”和纪实手册等制度，开展谈心提醒36人次，排查廉政风险。抓好干部教育培训。全年开办财税干部读书班3期，组织地税干部参加省市组织的财政系统骨干等业务培训9期。优化干部知识结构。鼓励干部参加学历、职称教育，2人取得本科学历，3人取得高级会计师职称。深化精神文明建设。巩固“基层文明单位”“青年文明号”等创建品牌，连续3年获全县千人评议机关满意单位第1名。开展志愿服务活动，为17位孤寡老人和5名留守儿童送去生活用品及学习用品，落实村容村貌整治和民生工程经费10万余元。树好财税对外形象。组织干部参与文成县全民健身跑、机关干部羽毛球赛、“三八”妇女节趣味运动会等系列活动，获县微型党课比赛优秀奖、县第六届青年辩论赛冠军、机关干部羽毛球赛和“三八”妇女节趣味运动会等系列活动团体项目一、二等奖等荣誉。

（赵林生）

## 地　税

【概况】 全年全县地税部门共组织收入10.50亿元，增长32.1%。其中，税收收入3.47亿元，增长2.2%；非税收入7.03亿元，增长54.3%。各项规费收入6.87亿元，增长55.9%。

【收入特点】 营业税大幅减少。营业税入库0.92亿元，下降38.4%；企业所得税入库4486万元，增长3.7%；个人所得税入库6428万元，增长25.5%；地方九税入库1.43亿元，增长50.2%，其中契耕两税增收幅度最大，分别为187.3%和453.1%。地方税入库2.8亿元，下降1.0%，地方税比重为80.7%，比上年提高8.5个百分点，高于省局地方税比重考核指标；构成一般公共预算收入的税收入库3.7亿元，增长18.7%，高于税收增幅5个百分点。行业结构欠合理。建筑业受“营改增”影响明显，一改高增长态势，税收占比为18%，下降5.1%，拉低税收增幅4.6个百分点。房地产业也受“营改增”影响，税收占比为31.4%，较上年下降3.5%，拉低税收增幅2.7个百分点。金融业受一次性影响因素较大，制造业整体行业依旧低迷，但电力、燃气及水的生产和供应业持续稳步增长，租赁和商务服务业也因政府新农投项目大幅增加，共计拉高整体税收收入增幅0.78个百分点。

【税务工作】 做好收入预测。科学编制组织收入预案，分解落实到各分局。要求各分局按月上报预测数，实时监控税款入库情况。注重收入分析。做好月度、季度税收情况分析和重点税源分析等日常分析工作，主要是分析房地产、建筑和金融等重点行业受经济形势和“营改增”宏观政策调整等造成的影响；加强专项分析，利用税收调查、减免税调查等渠道对企业数据信息开展分析，挖掘税源增收潜力。加强税源管理。组织开展10万元以上税源的摸底调查，建立台账实行动态管理。

【转型升级】 实现“金税三期”上线。上线前，累计清理税友龙版数据16526条次，全面完成省局要求的必清项目；累计开展学习培训22期，参培人数1238人。自10月8日正式上线以来，共办理业务近2万户次，入库税费15399万元。助推“营改增”。制定《全面推开营业税改征增值税改革试点工作实施方案》等系列文件，建立健全“营改增”工作机构；利用街头税宣活动、纳税人学校、税企QQ群、微信群等形式扩大政策覆盖面；成立国地税合作工作领导小组，完善国地税联席会议制度，协调落实“营改增”清税清票、数据采集移交、互设服务窗口等工作，确保“营改增”平稳过渡。落实税收优惠政策。会同有关部门制定促进建筑业和其他行业发展的财税扶持政策，全年累计减免各类税收8257.29万元，其中房产交易减免6246.56万元，小微企业减免180.81万元，高新技术企业减免124.55万元。

【税收法治】 做好行政规范性文件的相关工作。清理税收（费）规范性文件，理出全文有效的2个、全文失效废止文件4个、部分条款失效废止2个。制定《文成县地方税务局关于2016年税收执法督察出问题的处理意见》和《文成县地方税务局关于2016年执法督察四个项目自查情况的报告》等文件，做好年度税收执法督察工作，制订年度税收执法督察计划，组织自查和重点检查，落实整改措施。深化行政审批改革。对照省局《市、县（市）局地税局权力清单样本（2.0版）》进行同步梳理，保留的涉税行政许可事项仅3项。

【征收管理】 深化风险管理工作。积极应对市局推送的“两端”纳税人风险应对项目和省局第一批、第二批风险项目，自行开展全县286户纳税人的房产税、城镇土地使用税等5类涉税风险应对工作，排查风险点737个，发现存在风险企业129家，补缴税款346.67万元。加强国地税协作。共同推进“五证合一”“两证整合”注销流程互推等工作，互设窗口强化联合办税；联合开展个体定额户定额管理、小规模纳税人风险应对、“促转型、助发展、集中整治税收违法行为”专项行动等工作。助推“营改增”。组织各分局开展发票和税款清理，严格控制缓缴税款，加强后续征管。全年共清理欠税1698.92万元，缴销发票103.19万份，销毁地税发票44类99万份。推进《征管规范》落实。采取县局和分局分层学习培训的方式，对《浙江地税税收征管规范（1.0版）》进行培训，将税收征管规范执行情况纳入对各分局的日常考核中，确保征管规范试行工作稳步推进。

【纳税服务】 宣传税收政策。利用办税服务厅、电子显示屏、网站、微信、纳税人学堂、会议培训等渠道，第一时间推送最新政策、办事指南、政策解读等涉税内容；通过“税收宣传月”开展街头税宣、“红七月、服务月”等各类活动向纳税人发放新政策宣传资料。深化国地税协作。以落实《国家税务局地方税务局合作工作规范（3.0版）》为中心，继续实施国地税合作工作联席会议制度，联合开展国地税共管户专项风险应对、“五证合一、一照一码”、欠税控管等工作，联合出台《关于加强登记注册在外县的单位和个体户来文提供建筑服务的税收管理的通知》，强化后“营改增”时期的税收监管。做好纳税信用等级评定工作。评定纳税信用A级纳税人83户，以此结果为依据开展“税银互动——税易贷”项目，全年银行向重点型税源企业、成长型企业发放430万元融资贷款；配合县统战部、组织部、工商、社保、公检法等15个单位对全县非公有制经济代表人士进行综合评价，对全县374家企业的纳税信用进行评价；配合发改委做好跨部门协同监管和联合惩戒工作。提升纳税人满意度。制定《开展“问需求、优服务、促改革”暨迎接纳税人满意度调查专项活动实施方案》，成立“纳税人满意度调查工作”活动领导小组，通过实地走访、电话访问、短信回复、召开税企座谈会等多种方式，全面做好600家企业和200户个体户的需求采集工作。

【税务稽查】 加强税收专项检查。综合行业发展、税收增减、征管现状等指标，建立税收专项检查企业名单，开展重点行业、重点企业的税收专项检查。全年共检查企业17家，涵盖金融保险、房地产、建筑安装、投资管理、旅游市场和劳务中介等相关行业，查补入库共计474万元。加强举报案件查处。指派专人专门负责举报工作，重点打击发票违法犯罪活动，查处非法利用虚假发票入账实施偷税的违法行为。完善部门协作机制。对内加强与征管部门的联系与协作，实现管查信息互通共享，对外加强和国税稽查局及公安经侦部门的协作，形成治税全力。推进税务稽查"双随机一公开"。下发《文成县地方税务局关于转发〈浙江省地税系统税务稽查随机抽查管理实施办法（试行）〉的通知》，制定文成县地方税务局税务抽查事项清单、"双随机"抽查对象名录库和执法检查人员名录库，进一步实现简政放权。

【信息化建设】 规范地税系统网络安全建设。逐步优化财政地税网络边界的访问控制策略配置工作，按规做好防火墙的配置；做好地税系统的360防病毒系统安装部署工作，安装率100%。加强信息化知识宣传。落实计算机管理员制度，建立健全群防体系，举办网络与信息安全专题讲座一次。服务"营改增"。做好"营改增"的技术保障和服务工作，包括网络设置调试、打印发票调试等。助推金三系统上线。做好《税友龙版》的数据清理、机构代码设置、岗责设置和上岗前的双轨运行等工作，通过浙江地税数据管理平台累计修改数据107批次，约10万条记录，确保金三平稳上线。

（赵林生）

## 国　税

【概况】 2016年，县国税局围绕基本实现税收现代化的奋斗目标，努力奋进，相继打赢了营改增、金税三期上线、国地税征管体制改革、数字人事运行等多场硬仗，在组织收入、规范执法、优化服务、强化征管等方面均取得新的成绩，基本实现税收收入与地方经济发展协调增长、依法行政与优化服务同步推进、深化改革与完善机制相互促进、强化基础与工作创新有机结合、人本管理与治税环境统一协调的局面。

【组织收入】 坚持依法征税原则不动摇，深入分析税收走势及增减因素，加强重点税源企业全过程分析监控，严堵征管漏洞，加大评估和稽查力度，为文成经济社会发展提供有力的财力保障和政策支持。全年累计组织税收收入26381万元，同比增长21.68%；组织财政总收入21636万元，完成年度计划的116.77%；组织公共财政预算收入9695万元，完成年度计划的145.63%。

【营改增试点】 加强纳税培训辅导，组织12场培训，受训纳税人1425户次。做到开好票、报好税、分析好和改进好，顺利推进建筑业、房地产业、金融业、生活服务业等4大行业涉及1519户纳税人的"营改增"扩围工作。

【税收政策】 全面落实营改增试点、小微企业、研究开发费用加计扣除、固定资产加速折旧等各项税收政策，发挥税收在稳增长、调结构、促转型、惠民生上的职能作用。全年受理固定资产申报抵扣进项税额161.9万元，符合条件的企业享受研发费用加计扣除额309.85万元，残疾人工资加计扣除额107.32万元，办理福利企业退税385.88万元；办理各类减免税8082万元，营改增纳税人免征增值税33.02万元；365户小微企业免征增值税78.91万元，受惠面100%；97户小型微利企业减免企业所得税87.75万元，受惠面100%。起征点以下个体工商户免税销售额3.61亿元，农产品自产自销免税销售额2.26亿元；办理出口退（免）税1449万元。县国税局被评为"温州市2015年度小微企业三年成长计划工作先进集体"。

【纳税服务】 深入开展“便民办税春风行动”，推行温馨导税、全程服务、预约服务、免填单服务、“二维码一次性告知”等便民举措。配备24小时自助办税终端机，推行网上办税，上线运行“国税APP”，形成“办税服务厅、网上办税、自助办税”三位一体的多样化办税服务。服务措施的不断创新和落实，进一步提升纳税满意度。2016年纳税人满意度调查中，在全省93个县(市、区)局中排名第六，在温州13个县(市、区)局中排名第二。

【依法治税】 全面落实税收执法责任制，开展税收执法督察。全面实施兼职法制员制度。强化对“税收执法管理信息系统”预警及过错提示监控，做到防范关口前移。开展企业所得税汇算清缴，全年补缴企业所得税103万元。加大稽查工作力度，全年共组织检查纳税人11户，查补国税收入261万元。加强税法宣传，提高依法纳税遵从度，2016年被温州市委、市政府评为“六五”普法先进集体。

(林苇/李前备)

# 金融　保险

## 概　述

【概况】　全县金融运行总体平稳，存款增长明显快于贷款。全县共有银行业金融机构10家，机构网点70家，年末金融机构人民币存款余额234.98亿元，同比增长28.8%，其中城乡居民人民币储蓄存款157.15亿元，同比增长34.7%。年末金融机构人民币贷款余额102.12亿元，同比增长8.5%。年末个人贷款92.79亿元，同比增长11.4%，占年末人民币贷款总额的90.9%；非金融企业及机关团体贷款9.21亿元，同比下降12.7%。外汇存款4.60亿美元，同比下降31.7%。全年外汇汇入8.16亿美元，同比下降8.3%；2016年年底不良贷款1.52亿元，不良贷款率1.59%，比2012年的不良率1.92%，下降了0.33%，处于全市最低水平。

保险业发展良好。保险机构9家，全年保费收入2.5亿元，其中，财产险保费收入1.05亿元，同比增长10.5%；人身险保费收入1.47亿元，同比增长30.3%。全年赔付支出1.03亿元，同比增长37.3%。其中，财产险赔款支出0.6亿元，人身险赔款支出0.43亿元。

## 金融监管

【概况】　县金融办设综合科、发展金融科，下设民间借贷服务中心，年末在编员工7人。2016年末，全县有银行业金融机构10家（含村镇银行1家）、保险业金融机构9家、小额贷款公司2家、农村资金互助会7家。银行业机构人民币存款余额235.55亿元，各项贷款余额96.04亿元，不良贷款1.52亿元，不良贷款率1.59%；保险业机构全年保费收入2.5亿元，理赔支出0.75亿元；小额贷款公司总资产2.11亿元，全年累计发放贷款331笔，金额3.16亿元；农村资金互助会互助金总规模1.64亿元（含吸收互助金1.05亿元），全年累计投放互助金1345笔，金额1.79亿元。县金融办获"2015年温州市金融办系统先进集体称号"。

【企业股改】　修改和完善《关于加快建立现代企业制度推进区域资本市场建设的指导意见》《关于鼓励和支持企业进入全国中小企业股份转让系统挂牌的意见》等政策。出台《关于鼓励和支持企业股份制改造推进挂牌上市的意见》，引导企业利用资本市场直接融资，明确给予股改企业享受财政税收、土地转让、金融支持、专门奖励等优惠政策。全年县财政为股改企业发放补助37.3万元，为挂牌上市企业发放补助30万元。

多次举办股份制改造工作培训会，建立20家股改后备企业，走访企业100余家，发放宣传手册1000册，成立"代办员"制度落实专人负责。全年全县共完成"企转股"6家，新注册股份制公司2家，浙江股权交易中心创新板挂牌13家，成长板1家，有3家企业意向进入新三板。

【企业风险化解】 出台《关于开展银企"同进共退"分类帮扶和银行不良贷款处置工作的实施意见》，确定市县两级重点风险企业8家，完成处置8家，受理重点帮扶类企业12家，出具相关工作联系函6份，召开协调会34次，实地查看抵押物2次，出具相关的会议纪要3份，帮扶工作见成效13家。制定个性化的帮扶方案，坚持"一企一策"，有2家企业获批200万元的助保贷的帮扶资金，15家企业利用应急转贷资金转贷44笔，涉及金额1.13亿元。开展"构建诚信、惩戒失信"专项行动。建立"失信人名单"库和"约谈名单"库，开展失信企业和个人约谈行动，对有逃废债嫌疑的企业坚决予以打击。全年上报失信人77起，通过各类媒体曝光失信人200余人次，逃废债案件2起，打击3人次。

【金融创新】 2013年黄坦镇成立全市第一家农村资金互助会，截至2016年年底，全县7家互助会入会资金共计5843.87万元，入会会员12781人，吸收互助金10520.56万元。全市最活跃的文成县归农农产品产销互助会仅仅2016年就投放互助金433笔，累计投放金额4678.5万元，缓解社员之间的资金调剂困难，达到会员互助融通的目的。为有效解决企业个人融资难的问题，出台《文成县小额贷款保证保险试点工作方案》(文政办发〔2016〕31号)，全年有2家保险公司与2银行签订合作协议，放贷32笔，涉及金额830万元。各银行相继推出以小水电站电费收费权和旅游景区门票收费权、林权抵押贷款、小额快捷贷等产品，全年旅游门票收费权抵押贷款发放870万元，林权抵押贷款发放384万元，小水电站电费收费权抵押贷款发放500万元，缓解了旅游、农业经济发展的资金瓶颈。在全市率先出台《开展农村小额人身意外伤害保险的实施方案》，推出浙江省首单杨梅树主产区域提供的政策性保险，实行杨梅气象指数保险试点。

【处非工作】 开展非法集资宣传，提高群众辨别能力和防范意识。通过现场宣传，发送宣传册、宣传短信，电视台播放公益广告，借助金融网点电子跑屏宣传等方式开展非法集资宣传，有效提高宣传覆盖面和知晓率。全年开展现场宣传1次，发放《民间借贷及非法集资知识70问》等宣传册1000余册，电视台公益广告宣传3个月，发送宣传短信1.5万余条。开展风险排查，做好风险监测和预警工作。制定《关于开展全县非法集资风险排查的通知》，各乡镇和行业主管部门通过多种形式对投资理财类企业、非融资性担保、网络借贷平台(P2P)、农民专业合作社、房地产开发、小额贷款公司、典当行等涉嫌非法集资高发行业进行全面排查，全县共重点排查200多家，并就排查出来的风险点联合多部门进行分析和化解。

【地方金融监管】 多次牵头并召集县公安、市场监管、人行、银监等部门，对全县登记在册的地方金融组织进行现场检查，全年累计检查小额贷款公司、农村资金互助会、投资公司、互联网金融企业、典当行等地方金融组织100多家，对有问题的公司提出整改意见。出台《文成县农村资金互助会监管细则》，开创性提出一系列实用性强又接地气的监管方法，特别是建立乡镇干部协管员制。建立和完善地方金融监管与金融审判联席会议制度，定期召开研判县域内地方金融形势与分析金融案件发生审理情况。成立文成县地方金融监管工作协调小组，建立健全地方金融监督管理、风险监测、应急处置机制，切实加强地方金融监管工作。建立地方金融监管网格化管理联席会议制度，实行县级部门、乡镇、网格(社区)三级联动监管机制，在各类金融机构集聚的重点乡镇、网格(社区)均确定专人负责地方金融监管工作，建立健全沟通联络机制，实行地方金融监管的源头管控，建立健全风险防范机制，杜绝各种形式的非法集资活动，防范系统性和区域性风险的产生。

【民间借贷服务中心】 文成县民间借贷服务中心是温州市唯一一家由国资举办的民间借贷服务中心，中心在行政审批中心设窗口，工作人员2人。截至年底，累计登记2896笔，金额8.15亿元，为文成县民间借贷阳光化开了好头。

（赵徐徐）

## 银行业监管

【概况】 中国银监会温州监管分局文成办事处根据温州监管分局的授权，负责对辖内银行业金融机构业务活动的监督管理；银行业金融机构及分支机构的设立、变更、终止及其业务范围的初审；负责组织实施对银行业金融机构的现场和非现场的监管，依法对违法违规行为进行查处；审查辖内银行业金融机构及其分支机构高级管理人员任职资格；负责统计、分析、上报辖内银行业金融机构的有关数据、信息，并依据授权进行信息披露；负责对辖内金融风险进行分析、研究，并会同有关部门及时提出辖内银行业金融机构紧急风险处置意见和建议等。

【银行业机构】 2016年年底，辖内共有银行业金融机构10家，包括工商银行文成支行、农业银行文成支行、中国银行文成支行、建设银行文成支行、邮政储蓄银行文成支行、温州银行文成支行、文成县农村信用合作联社、浙江文成北银村镇银行、农发行文成信贷组等9家原有机构，新设民泰商业银行文成支行1家；筹建台州银行文成小微专营支行1家。共有全日制网点52个，非全日制网点17个，各类电子机具2048台，其中ATM机160台，POS机1094台，转账电话596台，自助服务终端198台。

【银行业经营情况】 全年辖区银行业金融机构各项存款余额267.46亿元，较年初增加41.29亿元，增长18.26%，其中人民币存款234.98亿元，较年初增加52.59亿元，增长28.80%，各项贷款余额102.12亿元，较年初增加8.04亿元，增长8.55%，其中不良贷款余额1.53亿元，较年初减少413万元，不良贷款率1.50%，较年初下降0.17%。

【法人机构监管】 持续推进文成县农村信用合作联社、文成北银村镇银行两家法人机构公司治理、“三农”服务、普惠金融、风险管理和改革创新发展。重点加强信用风险、流动性风险、操作风险和声誉风险的监管力度，组织召开年度、年中审慎监管会谈及外部审计三方会谈。

2016年第一次监管情况通报会（银监办提供）

【金融审判联席会议机制】 启动金融审判联席会议机制，会同文成县法院召开金融审判联席会议4次，对部分重点抵押物实施强制腾空，启动强制拍卖程序，提升“银法”互动力度。借力地方政府，对4家信用风险防控重点关注单位开展调研，推动县政府完善信用风险考核激励机制，增强压力传导效果。

【风险排查】 联合县公安局开展银行业金融机构安全检查，联合县金融办、人行、工商、公安等部门对辖内P2P网络借贷平台进行检查。

全年完成现场检查项目1个，对辖内文成县农村信用合作联社开展运营条线“清雷防险”专项现场检查，参加检查人员5人，累计投入60个工作日。

【行政许可事项】 审查通过高管人员任职资格24人，高管任职备案9人，批准文成县农村信用合作联社1家迁址、文成县农村信用合作联社徐村信用社、民泰商业银行文成支行2家网点开业、台州银行文成小微专营支行1家筹建。

【普惠金融】 督导农行、邮储、联社、村镇银行等涉农机构分工合作，对全县行政村进行摸底，对未铺设电子机具的53个行政村进行全面调研，按照分批推进、一村一策的要求，推动普惠金融渠道建设。截至12月底，文成辖内各类电子机具覆盖行政村数为372个，较年初增加35个；覆盖率为95.3%，较年初提升8.9%。

【市场风险整治】 开展“千人评议银行业金融机构”督查活动，规范银行服务，确保“七不准、四公开”要求落实到位。切实维护金融消费者权益，加强信访投诉查处，全年处理人大建议、政协提案1件，信访投诉3件。联合县金融办、人行、公安、工商等部门开展辖内P2P网络借贷平台风险专项整治，牵头起草工作方案，配合完成对辖内温商贷、翼龙贷、民爱金融等P2P网络借贷平台实地走访和现场检查工作。截至年底，温商贷、民爱金融撤出文成辖区。针对部分企业的疑似逃废债行为，对辖内银行业金融机构进行窗口指导，开展金融联合惩戒，维护金融债权，整肃金融环境。

文成银行业发展状况调研座谈会（银监办提供）

【反通讯（网络）诈骗行动】 开展文成银行业反通讯（网络）诈骗行动，加强同公安、宣传、电信等部门的协作，召开文成银行业反通讯（网络）诈骗工作会议，建立微信群，通力合作。全年辖内机构共成功堵截电信诈骗19起，挽回群众损失215.74万元。

文成县银行业反通信（网络）诈骗会议（银监办提供）

【农信社转型升级】 落实股份制改革事项，按照股改方案倒排时间表，推进文成县农村信用合作联社转型升级。经过多轮测算和沟通，联社股权优化方案基本敲定。同时借文成县农村信用合作联社总部迁址之机，对县城网点进行优化调整，将建设路密集设置的5个营业网点调整为3个，在伯温路上新增1个网点，以节约金融资源优化服务。

【北银风险管控】 督促文成北银村镇银行加强信用风险防控，下发年度监管意见书1份，要求对多头贷款和过度授信的个人客户开展风险排查；召开审慎监管会谈2次，要求及时将隐性不良贷款入账；下发风险监管提示单1份，要求实时监测不良贷款和拨备计提情况，确保充足的风险抵补能力。

【服务提升】 针对群众反映强烈的营业网点开门时间晚、等待时间长、服务态度差等问题对8

家银行机构进行专项调查，实地走访营业网点5个，要求各机构从提高管理、加大投入、强化服务等方面进行综合整治，切实提高客户服务满意度。部署农行、邮储、联社、村镇银行等机构做好山区网点“雪灾”“台风”的抗灾工作，做好对种养殖业贷款农户受灾情况的调查统计和灾后金融扶持工作。走访石垟、双桂等受灾严重的营业网点，查看灾情，慰问基层银行职工。

（银监办供稿）

## 人民银行

【概况】 2016年，支行围绕市中支“六+一重点”任务，履行基层央行职能，坚持全面从严治党、依规治党，结合意识形态工作，全面落实主体责任，强化党内监督，严格执行中央八项规定精神，持之以恒纠正“四风”，坚决贯彻供给侧改革，深入开展精准扶贫工作，促进经济社会持续健康发展。

【金融精准扶贫】 落实中央关于打赢脱贫攻坚战的战略部署，出台《文成县小额贷款保证保险试点工作方案》，以支持低收入农户、扶贫项目与特色产业发展为切入点，落实“四大扶贫”工程，全面提升全县县扶贫金融服务水平，增强扶贫金融服务的精准性和有效性，打一场惠及全县三分之一人口的扶贫战。在全辖构建起广覆盖、高效率、可持续的金融扶贫工作体系，指导金融机构在桂山乡所在地设立全县首个金融“精准扶贫金融服务点”。

【扶贫小额信贷】 加大由文成联社扶贫贴息贷款的投放力度，将扶贫小额信贷扩大到全辖8家银行业金融机构，便利低收入户获得贷款，全年增长30%以上。截至11月底，全县发放扶贫小额信贷10.90亿元，发放户数10100户，较年初增加2.91亿元，2710户，余额、户数分别比年初增长37%、36.55%；其中小额贴息贷款2770户，贷款余额7670万元，较年初增加1306户、3937万元，余额、户数分别比年初增长89%、105.46%。

【整体授信】 以“整村授信”“整镇授信”推动信贷增长。截至11月底，4家涉农金融机构对52个村开展整村授信，授信总额5.6亿元，授信农户1.3万户，已对4481户农户累计发放贷款2.5亿元，期末贷款余额、户数分别为2.5亿元和2426户；其中县级及以上信用村17个，授信总额2.4亿元，授信农户8086户，贷款余额和户数分别为6795万元和643户。

【扶贫工作满意度调查】 组织4家涉农机构下到乡镇富岙村、龙上村、稠泛村、湖底村，对本年度金融扶贫工作成效开展满意度调查。共投放问卷400份，回收有效问卷300多份，对接37户村民信贷需求，既了解农户的真实信贷需求，又掌握当前金融扶贫工作在农村的满意情况，为下一步金融扶贫工作开拓思路。

【扶贫再贷款定向支持】 2016年，向上级行争取扶贫再贷款额度1.6亿元，为全县金融扶贫注入更多低成本资金，定向支持当地特色种养殖业（如杨梅产业、水果种植采摘农家乐等）、生态旅游业。截至11月底，运用扶贫再贷款发放涉农贷款1.53亿元，共支持农户3642户和企业19户306万元，其中建档立卡低收入农户1287户贷款余额8049万元。

【降低社会融资成本】 引导银行业金融机构通过下降贷款利率，倒逼居高不下的民间借贷利率，体现金融在支持实体经济发展的“排头兵”作用。督促和引导民间融资利率下行，11月份全县民间借贷加权平均利率9.89%，比年初下降2.46个百分点，金融机构新发放贷款加权平均利率为7.08%，较年初下降1.2个百分点。

【金融IC卡在民生领域的推广及应用】 拓宽金融IC卡在民生领域应用范围，促进辖区金融消费者对于金融IC卡的认识与了解，在文成百丈漈“智慧”农贸市场设立金融IC卡推广试点，涉及农产品商户45家，试点运行12家。活动当天共计进行50余笔消费；在文成铜陵山景区设置金融IC卡绿色通道，突破景区金融IC卡零使用瓶颈，支持IC卡闪付，APPLE-PAY等手机云闪付功能。

【人民币整洁专项活动】 专题布置金融机构组织开展做好“让人民币更干净”专项活动工作。组织辖区金融机构主要负责人和业务部门相关人员，召开专题会议，及时传达上级行开展做好专项活动的精神，紧紧抓住投放、回笼两个主渠道，明确考核指标，有序安排各银行每月开展主题活动，按时上报宣传短片3个。做好柜台残损币的收缴，主动深入菜场、超市、农村等收缴残损币，加大投放力度。11月底，累积回笼小额残损币234万张，共计1458.8万元；累积投放572.2万元，为文成县流通人民币更干净营造良好环境。

【优化信贷投向】 出台《关于印发2016年文成县银项合作推荐项目名单的通知》(文银发〔2016〕20号)，引导金融机构重点支持基础设施项目、重点产业发展、特色小镇建设和企业技术改造，切实保障新建、在建和续建重点项目的合理资金需求。支持房地产市场“去库存”。认真落实差别化住房信贷政策和预调微调的窗口指导意见，以稳定住房消费、支持自住和改善性需求为导向，灵活调整个人住房贷款利率优惠水平，保障房价总体平稳。促进部分行业“去产能”。落实《转发〈关于金融支持工业稳增长调结构增效益的若干意见〉》(温银转〔2016〕29号)，坚持“区别对待、有扶有控”的原则，着力做好去产能金融服务。深化科技金融和绿色金融发展。落实《中国人民银行文成县支行、文成县科学技术局转发关于加大政策扶持力度进一步促进浙江省科技金融结合实施意见的通知》(文银发〔2015〕32号)加强与科技部门的对接，进一步推动专利权质押融资业务发展，加大绿色信贷投入，加大对全县科技型中小企业的金融支持。

【金融信用信息数据库的推广使用】 成功指导北银村镇银行接入个人征信系统。推动应收账款融资服务平台应用。建立“守信用信”机制，推动农村“三信”创建成果、信用评级结果的运用，促进信用环境修复。做好对外的窗口服务，截至11月底，个人征信查询2166笔。企业征信查询36笔，发放机构信用代码证565户。深化农村信用体系建设成果应用，鼓励有条件的地方开展农村信用体系示范点建设，将“三信”创建成果与“整村批发、集中授信”相结合。加强“三信”结果运用，在整村授信模式的基础上，引导涉农机构探索整镇授信模式。制定县级三信评定优惠政策。落实县级“三信”评定优惠政策，要求4家涉农金融机构予以落实，充分发挥信用户、信用村的典型示范作用。推动“精准扶贫定向授信”落地，在整村授信模式的基础上，引导涉农机构探索整镇授信模式。在二源镇开展精准扶贫定向授信仪式，提供扶贫再贷款授信4200万元，北银村镇银行配套授信2个亿元，为当地民宿业、种植业、旅游观光业等发展提供了资金保障

【支付结算项目】 贯彻实施《关于金融服务支持农村电子商务发展的指导意见》(杭银发〔2015〕187号)和《关于金融支持浙江省特色小镇建设的指导意见》(杭银发〔2015〕207号)，以“畅·惠支付工程”建设为抓手，推进电子支付业务在农村地区的应用，支持农村电子商务和特色小镇发展。至2016年底，农村地区网上支付、手机支付有效用户比例较上年分别提高5个和8个百分点，手机支付全年交易量同比增长1倍以上，创建完成珊溪镇、南田镇“电子支付应用示范镇”，确定上报材料文成县珊溪镇、

南田镇创建电子支付应用示范镇。开展对银行卡助农服务点巡检工作，按照《浙江省银行卡助农服务管理办法》(杭银发〔2014〕163号)的要求规范助农服务点标识牌的悬挂及登记簿的设置。巡检是否按规定样式悬挂银行卡助农服务标识牌，规定样式设置登记簿，承办银行对服务点的走访、巡检工作日常管理，推动银行卡助农服务点扩大业务功能，改善农村地区支付服务环境，提升服务水平，促进银行卡助农服务可持续发展。严格按规定标准、工作流程，落实好助农服务点财政补贴工作。

【执法检查监督】 全年共开展执法检查11次，其中综合业务检查1次、征信管理业务2次、金融统计业务2次、存款准备金业务1次、国库经收业务3次、人民币、假币收缴业务4次，收到较好成效，辖区各金融机构针对执法检查意见书提出的整改意见进行完善，提升金融服务水平，防范业务风险。

【国库监管】 加强对商业银行非税收入的监督检查，采取日常非现场检查和现场检查相结合的方式，规范非税收入管理，建立健全非税收入监督管理手段，建立财政专户收支数据报备制度，加强与财政和执收单位、代收商业银行等相关部门的协调力度，通过与各相关部门沟通，促进了非税收入资金及时清算和入库。严格按国库会计核算管理业务标准化操作，完善内控机制，堵塞管理漏洞，防范化解风险隐患，全面提升内外部履职水平。针对现场检查和国库集中自查中发现的问题及时进行更正，完善内控机制，从源头防范资金风险。

(人民银行供稿)

## 中国银行

【概况】 2016年年末，文成中行在职员工67人，严勇担任行长，刘碎锋副行长，章显党副行长，下设综合管理部，业务发展部，营业部，大峃支行，玉壶支行。

【主要指标】 2016年年末，支行本外币各项存款余额25.92亿元，比年初增长5.03亿元。其中，本外币储蓄存款余额为22.37亿元，比年初新增4.81亿元；本外币公司存款余额3.53亿元，比年初新增2080万元。本外币各项贷款余额8.56亿元

【中间业务】 实现中间业务收入1780万元，个人基础客户数34331户，信用卡发卡1035张，不良贷款清收3469万元。

【内控建设】 开展“双遏制”回头看(加强内部管控、遏制违规经营和违法犯罪)专项排查活动、“清雷排险”专项排查活动，定期召开支行防案分析会，组织全员学习最新的内控防案知识，学习典型案例，提升全体员工的内控风险意识。开展“学案例、讲操守、防风险”专题教育活动、道德风险警示教育活动、反腐倡廉警示教育活动，组织观看内控案件视频，定期开展桌面推演、案情演练，开展消防培训，反洗钱业务培训，组织召开“两学一做”专题教育活动，定期召开党支部会议，落实内控管理工作，全行内控工作水平更上一个台阶，为各项业务的发展保驾护航。

【文化建设】 围绕总行“担当社会责任，做最好的银行”战略导向，按照省行“调结构，抓收入，控不良，防案件，重党建”的总体工作思路，牢牢把握“清收化解，增加效益、内控防案”三大工作主线，效益不断提升，资产质量持续“双降”，品牌影响力不断提升。做好党建引领工作，加强领导干部党员的作风建设。将“关爱员工”落实到具体事实上，支行领导班子着力打造暖心工程，开展大走访大谈心活动，根据员工的需求开展丰富多彩的业余活动。

(王微微)

## 农业银行

【概况】 2016年，文成农行本外币各项存款43.03亿元，比年初增加5.04亿元，贷款余额11.85亿元，四行占比37.92%，比年初提升2.59%，总量增量均居四行第一；实现中间业务收入2184.06万元，贵宾客户指派率98.5%、贵宾发卡率58.9%；实现拨备后利润3628万元，经济增加值1824万元。

【内部管理】 全行以“业务发展，内控先行”为宗旨，始终把强化内部管理放在突出位置，作为一项长期的首要任务来抓，根据精细化管理的阶段目标和任务，制定推进措施，扎实开展各项工作，开展合规文化建设活动、安全保卫大检查、信贷合规文化大讨论等一系列活动，努力建设案件防控常态化机制，确保全年实现各条内控线安全无事故，年度内控综合评价继续保持一类行标准。

【服务三农】 探索与社区合作的金融服务模式，通过在巨屿镇、南田镇等6地离行自助网点建设、信用村建设、金融自治村建设等渠道建设，提高农行在农村的服务水平和能力。年末全行新增“六项行动”客户1户、新增有效村级账户2户、完成5个有效金融自治村、新型农业经营专业大户31户；6个惠农金融服务点星级全部达标，开展1次大型惠农医疗服务下乡活动和64场送金融服务下乡活动，跨行理财交易完成4260万元，村民信贷档案信息治理并完成预授信7542户；新增优质新农宝客户690户、农户贷款4245万元；惠农通有效信息机110台、惠农通星级服务点98台、惠农卡有效增量1112户、金益农，惠农理财余额6000余万元。

【企业文化】 通过组织员工开展“慈善一日捐”、为贫困学生助学捐款、无偿献血、反假币宣传、“送金融知识下乡”金融知识宣传等活动，在全行形成良好的企业文化氛围，促进全行员工职业素质提升。

（农业银行供稿）

## 工商银行

【概况】 全县设立两个网点，文成支行与玉壶支行。年末，全行本外币各项存款余额32.52亿元，比年初新增3.84亿元，其中，储蓄本外币存款余额20.65亿元，比年初新增4.64亿元，对公本外币存款11.87亿元，比年初减少7957万元。年末各项贷款余额5.2亿元，个人贷款余额3.38亿元，比年初减少8605万元，公司贷款1.82亿元，比年初减少2806万元，全行不良贷款余额3398万元，不良率6.54%，比年初新增1386万元，实现拨备前利润3162万元，中间业务收入1200万元。

【业务发展】 全年推进互联网金融建设，线上有电商平台“融e购”、通讯平台“融e联”、金融服务平台“融e行”，快捷支付“工银e支付”，线下发展各类O2O商户、二维码商户，通过“一元购”“扫码取现”等活动，吸引客户体验和周边商圈加入。搭建B2C个人与商户之间的桥梁，商户客户一手抓，让工行优秀的互联网金融产品有了更宽阔的应用场景。结合文成侨乡国际业务特色，以电子渠道结售汇牌价优惠、境外汇款手续费优惠为重心，带动电子银行业务的发展，以支行特色建设推动互联网思维下的零售化转型，是文成支行零售业务高端化发展的重要里程碑。

理财产品（工商银行提供）

【金融服务】 年初，支行营业部完成网点装修改造工作，以崭新的面貌对外营业，4月和7月，玉壶支行和支行营业部先后完成智能化网点改造。让更多的柜员充实到其他营销岗位，业务逐渐迁移至智能设备，简化业务办理流程，缩短业务办理时间，提高服务效率和客户满意度。因地制宜的坚持支行特色的发展思路，将绝大多数有结售汇需求的客户引导至智能终端，以往客户排队结汇的现象不复存在，取而代之的是智能终端结汇，大堂经理可以在最短的时间内、最有效的时机，向客户推荐各类产品，智能化改造对支行的竞争力影响意义深远。面对面的沟通，更能深入了解客户需求，为客户营销量身定制的产品。一次签名、一次授权，即可为客户完成开立账户、开立电子银行、开通工银e支付、开通融e联等一系列业务，既提升客户体验，又推广优秀产品，为零售化改革打下基础。

工商银行文成营业大厅（工商银行提供）

【内部管理】 以党建工作为抓手，完善内部治理结构，加大经营管理制度整合力度，强化内部管理，确保经营安全。发挥内控、运行、监察和保卫等岗位的监督检查职能，开展内控案防培训，强化干部员工风险意识、责任意识和自我保护意识。加强队伍建设，明确部门职能，完善干部选拔机制，加强青年干部培养力度，坚持可持续发展道路。开展各项活动，如"找风险防风险活动""防范网络通信诈骗宣传周""岁末年初安全大检查"等，提高员工警惕性与安全意识，确保全年安全生产无事故。

【企业文化】 以市分行的"耕心工程"理念为核心，开展具有特色的"家园文化"，以"团结协作、和谐共进"为主题，"快乐工作、幸福生活"为口号，倡导"心怀信念，勤耕则获"的价值理念。开展十八届六中全会精神的教育宣传培训工作，开展党员干部员工的作风建设，实事求是的工作原则，发挥党员干部的带头模范作用。开展各项工会文娱活动，改善伙食质量，多举措助力员工身心健康。开展岗位练兵活动，提升员工服务意识与业务技能。员工董文文在2016年行内和银行业系统内各项比赛获得优异成绩：文成支行获温州市银行业第十四届"银行杯"业务技能比赛综合项目第一名、浙江省金融系统银行业零售项目三等奖、中国工商银行浙江省分行第十五届业务技术比赛综合柜员第二名、中国工商银行温州市分行第十五届业务技能比赛"银行卡收单业务"第一名、"综合柜员"第二名。

（工商银行供稿）

## 建设银行

【概况】 建行文成支行在全县网点分布2个，在县城设立支行营业部，在玉壶镇设立玉壶支行，全行在职员工50人。存款时点余额为23.86亿元，其中个人存款余额19.15亿元，对公存款时点余额4.71亿元；贷款余额为5.64亿元，中间业务收入664万元，完成利润2350万元。

【业务发展】 机构业务以客户拓展、项目营销、同业合作为切入点，实现业务发展的复苏，多渠道拓展公司机构客户，夯实业务发展基础；推进文成县公用事业投资有限公司政府购买服务贷款业务合作，与浙江金融交易中心合作，成功为

“安居工程”融资，开展同业合作，实现业务发展的双赢。个人业务以外汇业务为特色，以转型发展为抓手，使各项业务得到较快发展，实现存款业务快速增长，营销新楼盘按揭业务，为居民购房提供业务支持。

【内部管理】 开展案件防控工作，确保无案件、无重大违规事件；做好安全保卫工作，为业务发展保驾护航；做精做细营运管理，提升整体风险防范能力；抓好渠道建设，为业务发展提供保障，完成营业部的重新装修工程和大楼维修工程；强化合规工作，突出“合规立行”和“合规就是保饭碗，违规就是砸饭碗”的理念。

（建设银行供稿）

## 温州银行

【概况】 2016年温州银行文成支行在职员工23人，内设综合部、业务部、营业部，下设玉壶社区支行。年末，本外币存款余额为22.15亿元，比年初增加5.8322亿元，增长35.74%；各项贷款余额11.57亿元，比年初增加5.56亿元，增长92.5%，表外资产投放5.8亿元；实现利润9200万元，比上年增加4700万元，增长104%，人均创利400万元。2016年被温州市文明委命名为“温州市文明单位”称号；被文成县人民政府评为“文成县社会管理综合治理先进集体”称号。

【业务发展】 存款、贷款规模创新高，存款、贷款和表外资产合计首次达40亿元。年内新增政府项目意向授信9.6亿元，对文成政府性项目累计授信超20亿元，全年累放贷款14.8亿元。

【内控管理】 狠抓内控建设，确保安全经营。年初行长室与各部室负责人签订安保、内控责任书，组织员工防暴预案、灭火演练1次，提升应对突发事件能力；加强员工的培训学习，各部室坚持每周学习制度；每年开展员工行为排查和上门家访，打造良好的行业廉洁文化。

【帮扶企业】 帮扶企业解困、化解金融风险、维护地方经济金融稳定，通过化解风险贷款300万元，支持企业引入新的股东，追加投资400余万元，购买新的生产设备，恢复生产矿泉水，救活原停产企业天顶湖饮料有限公司；帮扶县政府招商引资的百万山庄项目走出困境。

【党工团建】 做好党建和企业文化建设，做到“相容共济、和谐兴行”。充分发挥党支部的领导核心和战斗堡垒作用。履行社会责任，全行员工慈善一日捐1625万元，捐赠文成县第五届劳动模范、贫困户和武警官兵2万元人民币；开展一些有益员工身心健康的活动。

（温州银行供稿）

## 邮政储蓄银行

【概况】 全年退休1人，辞职2人，调离1人，新增校招人员3名，新增社招人员1名，截至年底，全行拥有在职职工51名。2016年获得文成县金融系统“工行杯”职工气排球比赛第一名，市分行组织的三人制篮球赛第三名。

【主要指标】 年末，个人储蓄存款日均余额9.25亿元，比2015年日均净增2.09亿元，其中自营网点4.88亿元，比年初净增6829万元；个人外汇存款日均余额1065万美元，其中自营网点日均余额503万美元；公司存款时点余额1.83亿元，日均余额1.69亿元。辖内小企业贷款余额4428万元，零售贷款结余金额3.73亿元。累计不良贷款金额749万元，不良率2.01%。

【中间业务】 全年累计销售人民币理财2.09亿元，日均保有量增量3730万元，销售基金918万元，综合保费819万元，销售国债305万元，实物贵金属交易量5.27万元，累计新增注册个人网银客户2976户、手机银行客户3671户、微信银行客户151户，短信保有量6305户，全年累计成功扣款额达10.81万元，信用卡累计发卡768张。

【业务发展】 通过制定阶段性劳动竞赛，持续开展大走访活动，立足农村市场，大力发展涉农业务，依托文成经济特色，发挥侨乡优势，铺开国际特色业务，实现信贷业务放量式增长，个人业务稳固增长和公司业务协调性发展。

【薪酬管理】 制定并下发《中国邮政储蓄银行文成县支行2016年奖金考核办法》《中国邮政储蓄银行文成县支行2016年综合客户经理绩效考核实施办法》。为1999年1月1日之后参加工作的在职合同工申请住房公积金补贴，35人符合条件享受待遇。

【内部审计】 全面实现案件"零容忍"目标，全年无案件、重大风险事件、重大违规风险发生，平稳运行。全年累计发现并处理问题23个，整改23个，处罚26人次，处罚金额2600元。

【风险管理】 发挥风险管理委员会在风险管理中的决策作用；拓宽不良资产处置渠道，开展不良贷款专项整治活动，全年累计清收逾期贷款金额878.48万元，核销呆账21笔、核销金额244.03万元。

【硬件投入】 营业部更换ATM机1台，新增移动展业1台，监控设施进行增容；城关支行新增叫号机1台；珊溪镇支行进行整体装修。县支行完成实训点的建设，实训点场地建筑面积约41平方米。

【党工团建】 全年发展预备党员1人，上缴党费4211.19元，补缴2008—2016年党费8820元；完成支部的换届选举工作。组织员工参加职工重病互助，保障员工利益；完成工会换届选举工作。发挥好党的助手和后备军作用，组织开展"小小银行家"邮储银行亲子活动、"烹然心动"2016年元宵节里送元宵活动、进校园开展"金融知识宣传"活动，提升邮储良好的公众形象。

（刘　静）

## 北银村镇银行

【概况】 2016年，文成北银村镇银行在县域主要经济重镇大峃镇、玉壶镇、珊溪镇、南田镇设立营业网点，增设多个金融服务点，合理布局，实行以总行为中心划分片区服务，实现县域内服务范围全辐射。年末，全行本外币各项存款余额7.51亿元，比年初增加1.03亿元。各项贷款余额为5.62亿元，比年初增加0.45亿元。2016年获得文成县金融系统职工气排球比赛第三名；余荣界获得文成县"最美职工·十佳职业道德标兵"先进个人。

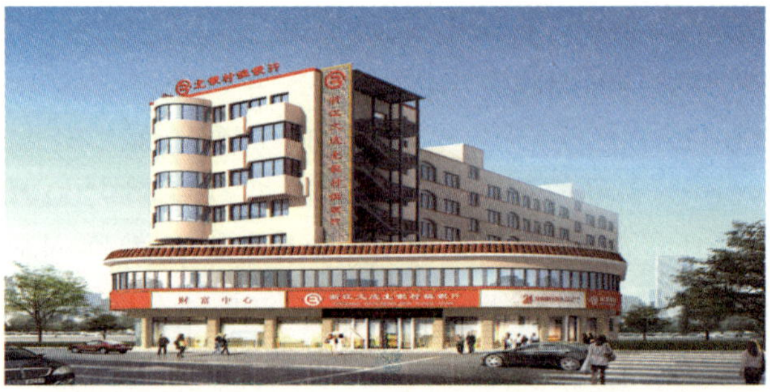

文成北银村镇银行大楼（北银村镇银行提供）

【业务发展】 存款业务。始终坚持"存款立行"的理念夯实发展基础，通过产品创新和业务品种、渠道完善实现存款新提升。各项存款增量在温州8家村镇银行中排名第4位。贷款业务。秉承北京银行审慎风险管理理念，严把贷款质量关。贷款增量在全县9家金融机构中排名第3位，在温州市8家村镇银行中排名第4位。2016年实现利润1056万元，解决99名员工就业问题。开业以来，累计缴纳税收近1500万元，累计投放涉农贷款超31亿元。

【内部管理】 完成基础制度梳理工作,进一步完善内控建设。梳理业务流程,提高工作效率,杜绝操作风险。严格执行“三查”制度,深入贷前调查、严抓贷中审查、落实贷后检查,贷款责任明确到岗、到人。以制度把控风险,制度先行,以制度管人、管事。思想领航,多层面教育、宣讲、案例分析、专业业务培训,务实务虚结合,统一思想、提高认识。

【系统建设】 依托北京银行及其杭州分行的帮扶与支持,2016年先后开通同城交换系统、征信系统、ACS前置子系统、农信银清算支付系统、电信防诈骗系统。

【支农惠民】 各支行因地域特色的不同,各有所长,呈现出差异化的发展趋势。立足“三农”,不断进行产品创新,持续推行走村入户、整村授信、精准扶贫工作。全年评定信用户1200多户,评选信用村14个。

贷款定向授信仪式(北银村镇银行提供)

【企业文化】 发挥党工团作用,丰富员工精神文化生活。组织员工参观永嘉书院等景点;开展“北银杯”职工篮球赛;开展慈善一日捐活动。各营业网点陆续开展送药下乡、扶贫助困、无偿献血、普及金融知识义务下乡宣传等活动。

慈善一日捐活动(北银村镇银行提供)

(余荣界)

## 农村信用社

【概况】 年末各项存款余额89.46亿元,比年初增加18.42亿元,增长25.93%。存款市场份额33.52%,比年初上升2.1个百分点,人民币存款市场份额36.23%,比年初上升0.84个百分点,存款总量连续多年位居全县各金融机构首位。各项贷款余额49.67亿元,比年初增加4.47亿元,增长9.89%,贷款市场份额48.59%,比年初上升0.54个百分点,贷款增量占全县各金融机构增量的54.87%。实现财务总收入5.14亿元,比上年增加3709万元,增长7.77%,利润总额1.56亿元,增长39%;上缴国家税收6300余万元,连续第六年被评为全县第一纳税大户。

【创业普惠】 自2016年,文成农信联社继续推进普惠金融工程,全面开展整村授信工作,逐村开展信息收集、小组评议、信息发布,尽量满足辖内农户的融资需求。全年共授信客户1.3万户金额9亿元;提高客户融资的满足度,为近2300户农户提高贷款额度近1.25亿元。主动求变,加强产品服务创新,满足客户多样化、个性化的融资需求。在“美丽乡村”品牌贷款的基础上,推出“金屋贷”“宜居贷”“农旅通”等10多个信贷产品;主动对接政银合作贷款项目,发放精准扶贫、养老保险、灾后重建、农房集聚、旧村改造等贷款，其中发放“金屋贷”2.6亿元、发放扶贫贷款1.3亿元、发放旧村改造等改善型住房贷款597户1.3亿元。举办全员创新大赛，成立5个专项研发小组，推出差异化信贷产品，主动迎合市场需求。

【市民卡智慧生活】 推进应用场景建设，持续做好市民卡的发放工作，全县市民卡总量30.8万张，市场占有率84.9%。不断丰富以市民卡为主要介质的“智慧生活”场景应用，实现农贸菜场（县城、百丈漈镇）、校园、公共交通、电影院、诊间结算、行政机关食堂、健身房、图书馆等8大场景应用。定期推出“买菜9折”“观影4折”“1元换购”“5元健身”等活动，让百姓享受智慧、便捷的现代化支付方式。

【助农服务点】 满足“家门口”的基础金融需求，在全县偏远山区布设助农服务点149家，全年累计为1.5万名客户提供8.5万笔取款及3.3万笔转账、缴费等服务，叠加残损币兑换、金融知识宣传站等服务功能，着力解决“金融服务最后一公里”的难题。

【代收代付业务】 切实提供“管家式”的生活助手服务，联社以普惠便捷的服务，为全辖农户提供56项代收代付业务，将水费、电费、数字电视费代扣优惠力度提高到9折，惠及客户15万户，全年让利超过500万元。

【内部管理】 按照“三有三无”的标准化操作核心理念，尝试建立具有自身特色的贷款发放技术。出台《员工十条禁令》，组织全员落实学习，树立员工廉洁合规“高压线”。组织观看警示教育片、外请讲师上党课，强化廉洁教育力度。多部门联动开展员工行为管理专项审计，对管理制度、员工行为等方面进行排查，从源头上防控案件风险隐患。以开展“平安护航G20”活动为抓手，严格完善物防、技防建设，确保G20峰会期间安全无事故，被市公安局评为G20峰会安保工作成绩突出集体。借助慈善分会平台做好捐助、义工活动等扶贫帮困工作，全年捐赠80万元。

（林王玲）

## 人保财险

【概况】 2016年，中国人民财产保险股份有限公司文成支公司仍租用文成县大峃镇建设路588～596号民用房做临时办公楼。公司设有办公室/人力资源部/财务部、理赔分部、客户服务部/出单分中心、电子商务业务部、个代营销部、直销业务部、非车业务部/银保业务部、农村保险事业部／农村普惠金融事业部8个本级部门，下设文成县第一营销服务部、文成县第二营销服务部、珊溪镇营销服务部3个营销服务部，全年新入员工3人，共有员工37人。公司业务覆盖车险、财产险、意外险、责任险、货运险、信用保证险、健康险、政策性农业保险等所有保险领域，全年保费收入4727万元，支付各项赔款2684万元，上缴税收超过425万元。2016年被县政府评为“2015年度金融工作先进单位”。

【理赔服务】 受第14号台风“莫兰蒂”、第17号台风“鲇鱼”影响，导致车险、农房险、农险、建筑工程险等标的受到不同程度的损失。理赔人员在未接到报案之前，主动奔赴重灾现场协助灾民抢险抢修，其间一直加班加点，连续作战，力争第一时间将赔款送至灾户手中，帮助他们恢复生产，重建家园。

理赔人员在现场勘验和加班核对(人保财险公司提供)

**【公益事业】** 2月,班子一行赴玉壶镇联民村,对“苏迪罗”受灾低保户刘臣斌进行春节慰问;3月,负责人范盛在二楼办公室现场接受保险消费者的咨询、投诉以及接听“3·15”电话热线两种方式,聆听消费者建议、意见并处理投诉;6月,开展以“慧眼·守信·明责”为主题的防范非法集资专题宣传月活动;10月,与文成中学、人寿保险文成支公司共同承办文成县第四届“国寿·人保”杯教职工羽毛球比赛。

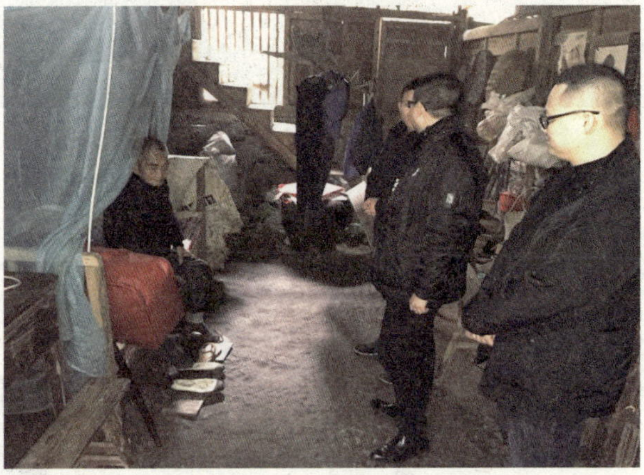

对受灾低保户刘臣斌进行春节慰问(人保财险公司提供)

第四届“国寿·人保”杯教职工羽毛球赛
(人保财险公司提供)

**【企业文化】** 9月,组织员工参加县金融系统职工气排球比赛,获第二名;10月,为庆祝建司67周年,开展“PICC员工爱心日”捐助活动,奉献爱心;节日组织干部员工走访慰问老同志活动;通过多种形式的企业文化建设活动,活跃员工的思想,增强队伍的向心力。

县金融系统职工气排球比赛(人保财险公司提供)

“PICC员工爱心日”捐助活动(人保财险公司提供)

(财险公司供稿)

## 人寿保险

**【概况】** 公司全年完成寿险总保费收入1.41亿元,其中首年期交保费4115万元;全年理赔金额1279.49万元,满期给付等金额2681.01万元;全年业务人员514人。2016年获得全省“五好单位”和全市A类公司荣誉称号。

**【理赔服务】** 全年受理个人理赔案件2015件,赔付金额1279.49万元,做好客户上门理赔服务,开辟理赔绿色通道,派人上门办理。双桂乡泥石流事件,公司第一时间将赔款送上门;龙川中堡村民房发生火灾事件,造成1人死亡1人受伤,均为残疾人,公司开启理赔绿色通道,派人协助政府相关部门做好送赔款上门服务。

**【公益事业】** 7月,在县金融办的牵头下,公司开展庆“七一”慰问老党员活动,和龙川乡建新村的老党员共过“七一”节,向该村的老党员送上慰问品。9月,在县民政局的牵头下,公司开展“孝行天下·关爱特困老人”活动,向全县的30位特困老人发放慰问金,共计3万元,同时向到场的特困老人赠送一份礼物。11月,公司赞助县教育系统,举办“国寿·人保”杯教职工羽毛球大赛。12月,在县卫计局的牵头下,开展“圆梦微心愿”活动,帮助南田镇小30位困难学生圆自己的微心愿。中国人寿始终秉持“成己为人,成人达己”的文化理念,一直致力于慈善事业,关爱困难群体,体现国有寿险企业应有的担当。

**【支农惠农】** 在珊溪、巨屿、峃口、百丈漈、西坑、南田、周山等乡镇开展农村小额意外险,全年承保1.1万人,实现保费收入30万元。

(刘　燕)

# 科技　教育

## 概　述

【概况】 全县国家高新技术企业5家；省级农业科技型企业12家、省级科技型中小企业26家、省级区域创新服务中心1家、省级高新技术企业研发中心2家、省级农业研发中心7家，市级科技创新企业29家、市级企业技术研发中心7家、市级专利示范企业5家。荣获浙江省“高成长科技型中小企业”1家，温州市科技创新百强企业3家。建成文成县首家市级众创空间，文成县山哥哥农业星创天地列入国家首批“星创天地”创建名单。与8所院校建设合作关系，挂牌成立浙江大学文成技术转移中心和国家大院名校温州联合研究院文成工作站。争取浙江省重大科技专项3个，荣获浙江省科技进步奖三等奖1项，温州市科技进步奖二等奖1项、三等奖2项。实施农业和社会发展项目53项，下达资金216.5万元，引导社会资金915万元，产生经济效益3410万元。落实县本级专利授权补助141万元，同比增长60.04%。全县知识产权意识显著提升，专利申请量与授权量继续大幅增长。2016年，全县专利申请量1188项，同比增长44.0%，其中发明专利申请量26件；专利授权量407件，其中发明专利授权量26件。

全县现有各级各类学校总计79所(含幼儿园30所)，在校学生33611人。其中，民办学校24所(含幼儿园)，在校生6281人。3～5周岁幼儿入园率98%，比上年提高0.3个百分点；小学与初中学龄儿童入学率均为100%；外来务工人员子女入学率100%。初中毕业生升学率97.8%，比上年提高0.5%。

**2016年文成县各类学校基本情况**

表28

| 指标 | 学校数（所） | 专任教师数（人） | 在校学生数（人） |
|---|---|---|---|
| 职业高中 | 1 | 77 | 1181 |
| 普通高中 | 2 | 221 | 2689 |
| 普通初中 | 16 | 645 | 6527 |
| 小学 | 24 | 1175 | 15742 |
| 特殊教育 | 1 | 12 | 157 |
| 幼儿园 | 30 | 397 | 7150 |

全县人均教育经费投入2069.59元，比上年增长8.9%。中小学生均占地面积34.75平方米，生均建筑面积15.26平方米，生均投入教育技术装备经费599.46元，生均图书40.24册，每百名学生拥有计算机26.41台。中小学实验室配齐率、教学仪器设备和音体美器材配备达标学校、公办学校五类基本功能室达标率、无线校园覆盖率、校园网建有率均为100%，创建数字化校园10所、标准化计算机教室共计73个(其中新增1个)、智慧教室22个、远程录播教室7个、创客实验室10个。教育技术装备指标达到省平均水平，100%的中小学达到教育信息化建设省级标准。

## 科　技

【概况】 县科学技术局(地震局)是县政府综合管理全县科学技术和地震工作的职能部门。总编制数15人,其中公务员编制6人,事业编制9人。下设办公室(行政审批科)、科技管理科、科技情报站、地震监测管理中心、星火办、知识产权管理中心等6个职能科室。2016年,全面实施创新驱动发展战略,深化科技体制改革,助推产业升级,为全县经济社会发展提供强有力的科技支撑。年末局机关行政人员6人,事业干部8人。文成县连续2年被评为全国县级防震减灾工作先进单位,县科技局连续3年被评为全省县(市、区)防震减灾工作先进单位,连续4年被评为全省科技宣传与普及工作先进单位,连续4年被评为全市科普工作先进集体,连续2年被评为全市科技宣传及政务信息工作先进单位。

【科技政策】 深化科技体制改革,出台《文成县关于发展众创空间推进大众创新创业的实施意见》《文成县创新创业种子资金管理办法(试行)》。贯彻落实《中华人民共和国专利法》,修订出台《文成县专利专项资金管理办法》。贯彻落实《浙江省防震减灾条例》,扎实推进防震减灾和震后重建工作。

【科技投入】 优化科技资源配置,发挥项目经费引领支撑作用。全年争取省市科技项目26项,经费414万元,同比增长2.5%。全年县财政预算科技项目经费500万元,安排科技平台建设经费338.5万元,主要用于众创空间建设、国家高新技术企业、科技型企业、企业研发中心、孵化器建设和科技创新券以及专利补助等。科技创新券发放45.5万元,使用11.67万元。安排科技项目44项,比上年减少25项;经费161.5万元,比上年减少109万元。

【科技进步奖】 浙江中星公司和浙江师范大学合作的"智能全自动冷轧管机关键技术开发及产业化"项目获浙江省科学技术进步奖三等奖,浙江中星公司"LG90-H型电控式冷轧钢管机"项目获2016年度温州市科技进步奖项目成果三等奖。表彰"新型高速铁路轨道扣件金属垫板产品开发"等文成县第八届科技进步奖6项。

【科技合作】 同浙江大学、浙江师范大学等8所大院名校的科技合作,引进培育人才,引进科技成果,合作开发项目,推进以企业为主体的产学研合作。3月,县政府先后与浙江师范大学、温州科技职业学院签订县校合作协议,成立国家大院名校温州联合研究院文成工作站,引进10所大院名校的专家。浙江华广公司与浙江师范大学合作的"高铁轨道扣件系统高性能锻压垫板产业化提升"项目获2016年省重点研发计划重大专项立项,获得150万元经费支持。温州科技职业学院成功开发青钱柳饮料,"青钱柳繁育及其深加工关键技术研究与产业化"项目获2017年度省重点研发计划26县绿色技术应用专项立项,首期获得100万元经费支持。委托浙江农林大学实施"青钱柳保健茶临床试验",项目进展顺利。

成立国家大院名校文成工作站(科技局提供)

【科技创新】 新增国家高新技术企业1家,省级科技型中小企业5家、省级高新技术企业研发中心1家,市级科技创新企业7家、市级专利示范企业2家。获全省"高成长科技型中小企业"1家。全年专利申请量1188件,同比增长43.83%,其中发明专利申请量380件;专利授权量407件,其中发明专利授权量26件。成功创建文成首家市级众创空间"文成县农e众创空间"。总投资173万元,面积2100平方米,招商入驻企业(团队)25家。以"现代农业+旅游+互联网"为特色,引进浙江大学"聚科社"服务平台,同时引进华盖基金、浙商创投、浙大友创等金融机构,为入驻企业(团队)开展知识产权代理、成果交易、检验测试、技术转移、金融与融资等一站式服务。开展创客创业活动,举办项目推荐会、科技培训6期。

文成县农e众创空间成功通过市级验收(科技局提供)

**【网上技术市场】** 全年技术合同登记交易额5180万元,完成全年任务指标的103.6%。文成圣山公司与温州科技职业学院合作的"青钱柳繁育及其深加工关键技术研究与产业化"项目在2016温州科交会成功签约,项目总投资450万元。二源绿色农业合作社以120万元成功竞拍北京亿久天农业科技有限公司"无土栽培技术"科技成果。

**【国家科技富民强县项目】** "国家科技富民强县行动计划专项——文成县肉兔产业提升关键技术集成与示范"成功通过上级主管部门项目验收,文成县成为国家科技富民强县试点县。项目实施期间,建成县级兔肉馆3家,县级肉兔文化展示厅2个,县级二级种兔场10个,县级标准化肉兔高效生产示范基地54个,开发兔肉新产品9个,全县从事肉兔养殖2.35万人。累计肉兔饲养量553万只,兔业产值(含加工)累计4.53亿元,获得上级财政补助443.7万元。

文成县国家科技富民强县项目成功通过验收(科技局提供)

**【特色农业产业】** 实施农业和社会发展项目53项,下达资金216.5万元,引导社会资金915万元,产生经济效益3410万元。举办文成县第二届糯米山药文化节,浙江省农科院和福建省林科所成功培育文成县优良糯米山药品种无菌繁殖组培苗。开展全县蔬菜产业专项调研,召开科技服务蔬菜产业工作座谈会,形成调研报告《文成县蔬菜产业发展现状与对策建议》。举办"六月红2016年文成杨梅品鉴会"、杨梅枯枝病防治技术培训和文成县创意农业发展研讨会等。

文成县第二届糯米山药文化节开幕式(科技局提供)

【科技特派员工作】 全年省市向文成派驻科技特派员20人，下派中药材、肉兔团队科技特派员2支。实施科技扶贫项目18项，经费110万元。在全国率先开展“最美科技特派员”评选活动，评出“文成县最美科技特派员”10名。组织科技特派员科技成果参加2016浙江农博会展出。浙江科技学院科技特派员林庶帮助周山乡发展彩色创意水稻，连续两年举办“稻梦之旅，邂逅畲乡”主题创意农业观光节，完成《畲族乡原生态民俗体育传承及其路径选择》和《文成畲族盘瓠文化的内涵与旅游发展的对策与建议》等课题研究。

【防震减灾】 开展地震台站“三化”建设，建成珊溪水库强震台9个，安装简易地震烈度计12台，配合省地震局实施“勘探文泰震区深部构造探测深地震反射”项目。开展防震减灾科普宣传活动8场，发放资料2.3万份。建成市级防震减灾科普教育基地1个。举办地震应急模拟新闻发布会。全年共发生M1.0级以上地震5次，最大震级为5月31日4时17分58秒在文成泰顺交界发生的M3.3级地震。启动Ⅳ级地震应急响应，快速部署和落实地震应急工作，“5·31”地震应急取得阶段胜利。

【科技服务】 推行高效便民的“移动互联网+审批”改革试点，全年受理审批服务事项597项，同比增长170%，办结597项，办结率达100%。编写科技简讯、政务信息126篇，被省市县各系统和媒体录用249篇次。“文成科技”微信公众平台发布图文信息131条，累计关注人数5863人。录制《科技之窗》电视节目24期，《科普天地》广播节目50期。全年开展“4·26”知识产权日、“5·12”防灾减灾日、科普下乡等主题宣传活动15场，举办科技培训17期，服务1260人次。

县科技局局长带队送科技下乡活动(科技局提供)

(包丽君)

## 教　育

【概况】 全县现有各级各类学校总计79所(含幼儿园30所)，在校学生33611人。其中，民办学校24所(含幼儿园)，在校生6281人。3～5周岁幼儿入园率98%，比上年提高0.3个百分点；小学与初中学龄儿童入学率均为100%；外来务工人员子女入学率100%。初中毕业生升学率97.8%，比上年提高0.5%。全县人均教育经费投入2069.59元，比上年增长8.9%。中小学生均占地面积34.75平方米，生均建筑面积15.26平方米，生均投入教育技术装备经费599.46元，生均图书40.24册，每百名学生拥有计算机26.41台。

【学前教育】 幼儿园30所，其中公办园14所，民办园16所，3～5周岁幼儿7157人，园均规模238人，3～5周岁幼儿入园率达98%，比上年提高3个百分点。

【义务教育】 小学23所，在校生1.58万人，比上年增加69人；入学率100%，与上年持平；在校生巩固率100%，与上年持平；毕业生升学率100%，与上年持平；校均规模687人。初中18所(含九年一贯制11所、特殊教育1所)，在校生6596人，比上年增加349人；入学率100%，与上年持平；校均规模366人。

【普通高中教育】 普高2所，在校生2719人，比上年增加73人；普通高中招生939人，初中毕业生升入普通高中的比例为54.8%，比上年提高0.2个百分点；初中毕业生升学率为97.5%（含县外就读），比上年提高0.1个百分点。

【职业教育】 中等职业学校1所，在校生1615人（职高974人，双证制成人高中641人）。2015学年招生599人，其中职业中专373人，成人高中226人。

【成人教育】 乡镇社区学校10所，覆盖面达到100%。新增市级示范社区一级学校2所、二级4所。创成3所省标准化成人学校，覆盖面达到100%，形成社区教育三级网络。创建省现代化成人文化技术学校1所，文成社区学院获评省级示范社区学校。

【特殊教育】 全县在册各类残疾适龄儿童218人，三残儿童169人。特殊教育学校1所，在职教师12人（专业教师4人），学生57人（县外15人），另送教上门服务45人，在普通学校随班就读102人，入学率93.58%。

【民办教育】 民办中小学5所，在校生2154人；民办幼儿园16所，在园幼儿4141人。深入实施民办教育综合改革，加大扶持力度，确保2016年民办学校教师人事代理、社会保险、最低工资、财政扶持、政府购买服务等执行到位，收费管理和各项优惠政策落实到位。民办学校办学成果突出，振中学校的初中组小合唱《MammaMia》、朗诵《剪纸花》及小学组合唱《孩子，别哭》《豆豆龙》、武阳书院高中组朗诵《我是一个任性的孩子》均获市级艺术节比赛一等奖，振中学校的初中组小合唱和小学组合唱作品代表温州市参加省级艺术节比赛，获全省一等奖。振中学校首届初中毕业生4名学生考入镇海中学创新班，3名学生被温州中学录取，武阳书院在温州十校联合体考试中名列前茅。民办教育成为文成教育事业发展中的重要增长点和促进教育改革的重要力量。

【教师队伍】 全县在编教职工2467人，在职专任教师2078人，其中幼儿在职专任教师134人，学历合格率为100%（全县幼儿专任教师397人，持证率86.9%）；小学专任教师1062人，学历达标率99.81%，比上年提高0.19%，中级及以上职称669人，比上年提高0.11%；初中专任教师537人，学历达标率100%，中级及以上职称384人，比上年增加0.17%；普高专任教师217人，学历达标率99.08%，比上年提高0.04%，研究生及以上学历16人，占7.37%，中级及以上职称146人，比上年增加0.12%；中职专任教师76人，学历达标率98.68%，比上年提高2.25%，研究生及以上学历3人，占3.95%，中级及以上职称54人，比上年增加0.13%；其余专任教师52人（特教12人、成教17人、实践基地22人）。

【素质教育】 加强育人工作，按照学段特点分层推进中小学德育工作，坚持全员、全科、全程育人原则，深入开展“四品八德”德育系列活动，实施“一校一品”德育特色项目建设工程，打造区域德育品牌。开展小学低段教育评价等工作，落实“六个严格、六项制度”“四个不得”，切实减轻学生过重课业负担。加强学生体质健康水平监测工作，组织义务教育五至八年级《体育与健康》学业质量测试抽查工作，推进学校阳光体育运动。强化质量意识，出台《文成县高中学校目标管理考核办法》和《文成县高中学校高考质量评估奖励办法》，激发高中教师课堂改革热情，提高课堂效率和教学质量。全年全县850名考生参加普通高校招生考试，录取率达96.7%，位居全市第一；本科录取率43.18%，位列全市第四，重点录取率9.06%，位居全市第七。在全市中小学艺术节比赛中，全县学生获一等奖5个、二等奖13个、三等奖41个；在全省中小学艺术节上首次斩获声乐类比赛一等奖2项；参加市青少年科技创新大赛，获一等奖10名、二等奖50名、三等奖8名；参加省、市级各类读书活动，获奖70多人次；举办县第十六届中小学生体育节，9个项目破县级纪录。

【教育装备信息化建设】 全县教育装备总值增至1.09亿元，当年投入教育装备经费1445万元，生均投入574元。中小学云图书馆推广率为100%，生均纸质图书藏书40.65册，生均添置纸质图书为2.61册。教学仪器设备、音体美器材配备达标的学校比例为100%。创建市示范功能室3个，学科教室3个，创新实验室6个，功能室建设示范校2所，功能室建设达标校9所。更新教育中心机房设备，更新计算机812台、多媒体152套；建设市级创客基地1所，创客空间9个；建设智慧教室6个；建设录播教室7个；更新智能广播设备7套；更新学生机房3个；教育城域网互联网带宽达到2Gbps，每日日常在线用户数达到4900户，每日访问网站数超过60万次。

【标准化学校创建】 创成省教育装备管理示范县，创建省义务教育标准化学校2所、省现代化成人文化技术学校1所、省级示范社区学校1所、省标准化成技校3所，创建市示范书香校园1所、市标准化书香校园3所，市一级社区学校1所、市二级社区学校3所，创建省一级、二级、三级幼儿园各1所，创建温州市义务教育办学水平二级学校2所，创建省绿色学校、市家长示范学校、市禁毒示范学校、市德育示范学校、市健康促进学校各1所。

【教育基础设施建设】 全县开工建设、续建、筹建县职业中专迁建工程、伯温小学、武阳书院、县第三实验小学、大峃中心幼儿园等8个项目，建设面积9.65万平方米，竣工面积0.88万平方米；改造破旧房0.65万平方米，完成投资额1.7亿元。

（蒋经洲）

# 文化 卫生 体育

## 概述

【概况】 年末共有文化站14个,文化馆1个,公共图书馆8个(包括乡镇图书分馆),艺术表演团体25家,电影放映影院3家。全年艺术团体演出6260场次;农村数字电影放映2676场次,观众38.52万人次。县图书馆借还图书31.07万册次,新增读者8432人,文献利用率达76%,到馆40万余人次。年末拥有国家级、省级、县级文物保护单位分别为1处、8处和76处,拥有国家级、省级、市级、县级非物质文化遗产分别为2个、3个、65个和147个。抓好乡镇"五有十化"建设,完成5个乡镇文化站的"五有十化"示范建设。举办"百场活动惠万民",包括第三届市民文化节系列活动、三月三畲族风情节、庆祝建党95周年文艺晚会等大型群众文化活动48场,组织文艺活动进文化礼堂142场,送戏下乡340场,送展览讲座89场,文化走亲10场。创作文艺精品参加省市系列赛事,完成文艺作品创作495个,其中声乐4个,舞蹈2个,小品2个,小戏1个,视觉艺术486幅。

全年,全县医疗机构诊疗病人179.25万人次,入院人数1.33万人,基层就诊比例61.2%;公立医院门诊均次费用169.24元,公立医院住院均次8389.66元,乡镇卫生院病床使用率33.7%;全年无孕产妇死亡,新生儿死亡率0.66‰,婴儿死亡率1.64‰,5岁以下儿童死亡率为3.94‰。

**文成县2016年卫生情况**

表29

| 指标名称 | 计量单位 | 数量 |
|---|---|---|
| 医疗卫生机构数 | 个 | 146 |
| 其中:医院、卫生院数 | 个 | 19 |
| 医疗卫生机构床位数 | 张 | 887 |
| 其中:医院、卫生院床位数 | 张 | 887 |
| 医疗卫生机构技术人员 | 人 | 1400 |
| 其中:医生数(执业医师+执业助理医师) | 人 | 599 |
| 医院、卫生院卫生技术人员数 | 人 | 1150 |
| 注册护士 | 人 | 501 |

全县体育场馆3个,体育场所485个。全年完成省小康体育村综合提升工程8个,登山健身步道3条,改造人工草坪门球场2个,省社区多功能运动场(笼式足球场)1个,创建省村级体育俱乐部6个,省体育特色乡镇1个,省级幼儿体育示范幼儿园1个,体育强镇复评3个,完成3~69周岁公民体质测试2000人,组织开展国家二级社会体育指导员培训50人次,三级社会体育指导员培训50人次,参加省级群体赛事6次,市级群体赛事15次,开展全县性群体活动30余次,参与人数3万多人次。文成籍运动员获全国少年田径锦标赛金牌1枚,获省青少年田径锦标赛金牌3枚,银牌3枚,铜牌1枚,获市少年儿童柔道比赛团体总分第一名,向市运动队输送优秀运动员9名;体育产业成功创建"浙江省运动休闲基地",获评省运动休闲旅游优秀

项目1个，省体育产业发展资金项目库补助2个，市运动休闲旅游示范基地2个，市户外运动精品线路1条，市运动休闲旅游优秀项目1个，承办中美篮球对抗赛1次，全国性体育品牌赛事3次，全省性体育品牌赛事2次、全市性体育赛事3次。6月16日，2016年“金立杯”中国围棋甲级联赛在百丈漈景区举行，来自全国各地的围棋选手齐聚文成，开展棋艺的切磋对决。6月26日，2016全国象棋男子甲级联赛在刘基故里武阳举行，2支全国象棋职业队伍为观众展示了4场巅峰对弈。10月8—9日，“江阴周庄”杯2016中国体育彩票全国象棋业余棋王赛浙江分区赛在县体育馆内隆重举行，来自全省7个地级市的64名象棋高手呈现了一系列精彩的棋艺对决。10月13日，2016年“刘伯温杯”中美篮球对抗赛在县体育馆内激情上演，浙江稠州职业篮球队与美国自由人NBA发展联盟明星联队为全县广大市民献上了一场精彩绝伦的“篮球盛宴”。11月20日，2016环浙江自行车公开赛(文成总决赛)在百丈漈举行，来自全国37支队伍共计184人参赛。12月31日，浙江省首届冰雪嘉年华在绿水尖滑雪场举行，来自全省各地的200多名参赛者参与了冰雪盛宴。

## 文化新闻出版

**【概况】** 内设职能科室为办公室、社会文化科（文化遗产科）、行政审批科、文化市场管理科，下属单位10个（其中新设立文成县文化中心管理处），年末人员76人（局机关9人，下属单位67人），其中具有高级技术职务资格的3人、中级13人。局长蒋海波、副局长张璐、周建旺、陈清清。县纪委派驻第四纪检组长：刘华芳。

**【文化服务体系建设】** 编制《文成县文化发展“十三五”规划》《文成县文化产业发展三年行动计划》，出台《关于加快构建现代公共文化服务体系的实施意见》。县图书馆创新阅读推广服务，引入儿童知识银行机制，实行晚上开放制度，组建文成县图书馆理事会。县文化馆创新推出“文艺快递”“文化礼堂点单”“网格化服务”等活动配送服务，全面打造文化干部服务基层“网格化”工程。

县图书馆理事会成立仪式（文广新局提供）

**【设施标准化提升】** 县文化馆被评为“国家一级馆”，完成县博物馆（以国家三级博物馆标准）建设并对外开放，告别了文成建县70年来没有博物馆的历史。推进区域调整后全县17个乡镇文化站“五有十化”工作建设。完成5个乡镇文化站“五有十化”示范建设。设“五有十化”奖励资金99万元，推行项目资金申报评审制，提高乡镇文化中心开展活动的积极性和资金使用效益。完成滨水公园水乡文化提升工程投额为5500万元，完成东方村美丽宜居示范村建设投资额为600万元。推进森林氧吧小镇文化建设。

**【文化惠民活动】** “百场活动惠万民”服务蓬勃开展，举办第三届市民文化系列活动等文艺活动162场，书香文成全民阅读活动300余场，摄影、美术等免费公益培训154期，“纪念红军长征胜利80周年专题展览”等展览讲座89场，送戏（包括鼓词）下乡338场，送电影下乡2676场，送书下乡2.5万多册。“文艺快递”服务得到市委宣传肯定。乡镇文化站举办各类文艺活动313场，建立各类文体团队共350余支，建立文化志愿者队伍3773人，文化礼堂开展活动700多次。

文化惠民活动（文广新局提供）

【文艺精品创作】 完成文艺作品创作495个，其中声乐4个，舞蹈2个，小品2个，小戏1个，视觉艺术486幅。小品《吃饭，请关手机》参加浙江省报送全国群星奖选拔节目录像。女声表演唱《和文成来一个深呼吸》获得省金兰花奖1次，村干部才艺大赛获得省银兰花奖1次，越剧小戏《旺财亭》等4个作品获得入围奖。根雕作品获得国家级金奖2个，银奖6个，铜奖6个，省级金奖4个，铜奖6个。组织拍摄微电影作品37部，《爱无声》等两部作品荣获第四届亚洲微电影艺术节金海棠奖，《我的老施》获2016中国梦微电影大赛三等奖，荣获2016"寻梦中国醉美文成"全国微电影大赛二等奖2个、三等奖5个、优秀奖8个。

【图书事业】 县图书馆全年接待读者48.3690万次，外借书刊31.39万册次，新增图书3.79万册，征收地方文献560种，年末总藏书量40.73万册，年度增长10.28%。县图书馆成为全国收藏畲族文书种类和数量最多最全的公共图书馆，被华东师范大学定为民间记忆与地方文献中心教研基地。开展第十一届未成年人读书节、第二十个世界读者日、第五个伯温读书节等活动。《特色小镇建设》获浙江省两会信息服务优秀信息产品，纪录片《初心》入选优酷"中青年人文关怀"话题。先后被评为温州市文明单位、文成县优秀社会科学普及示范基地等。

文成县首届读者联欢会（文广新局提供）

【广电事业】 完成送电影下乡“2131”工程，建成平和东方村等5个固定放映点。完善电影放映管理规范，确保放映安全，没有发生安全放映事故。完善农村应急广播管理、协调、应急机制，落实建设及维保经费79.2万元。农村应急广播体系建设100%全覆盖。认真实施广电低保工程，落实拨付补助资金92万元，实现全县低保用户8415户100%安装并免费收看有线电视。

【产业培育融合发展】 规划40多个文化产业项目。培育微电影文化产业，成立浙江省第一个县级微电影协会，引入社会资本300万拍摄网络大电影《睡前恐怖故事》，全年组织拍摄微电影作品37部。民营剧团培育取得进展，全县剧团25家，是全市最多的，其中曙光京瓯剧团成为规上文化企业。提升旅游产业的文化含量，做大做强刘伯温文化、养生文化、华侨文化和畲乡文化等文化品牌，挖掘红枫古道文化内涵，举办太公祭、月老山养生长寿文化节、畲乡“三月三”民俗风情节等节庆活动；树立叶大密雕像，推进太极基地的建设，举办太极培训活动；推进安福寺禅修文化活动等助推文旅产业发展。

【文物保护】 成功申报方坑太阴宫、依仁灯柱、养根施宅等3处为省级文保单位。完成大会岭古道、坦岐炼铁厂旧址等两大修缮工程和道岭古道长岭桥重建工程。玉壶中美合作所旧址（上新屋）修缮工程至年底完成整体工程量的85%。完成文物平安工程、三大安防工程。做好省图书馆临时办公旧址等10余处文保单位（点）的抢修工作。总投资逾550万元，对各级文物的保护力度达到历年之最，文物的保存完好率得到大幅提升。对全县各级文保单位进行不定期巡查，出动356人次，检查172次，未发生文物安全事故。

方坑太阴宫(文广新局提供)

养根施宅(文广新局提供)

依仁灯柱(文广新局提供)

【非遗保护传承】 完成第五批省级非遗名录、第十批市级非遗名录、第四批市级非遗项目代表性传承人、第四批市级非遗传承基地的申报工作。抓好圆木制作技艺等5项重点非遗生产性保护项目。拍摄完成《木圆》等3个“文成往事”系列非遗微宣传片。举行第二届木偶戏比赛、刘伯温文化进高校进洋课堂、丙申年元宵灯会等15个非遗传承活动。在温州大学开展“伯温杯”刘伯温传说情讲大赛，吸引上千名大学生参加。推进刘伯温文化国际化，举办“东方古典学的新视野”国际学术讨论会，邀请到来自韩国、日本、越南的专家学者26人以及华东师范大学等高校的专家学者30人参加。在刘伯温705周年诞辰之际，开展华侨子女非遗夏令营活动，组织华侨子女现场观摩太公祭秋祭大典。

7月18日，太公祭秋祭华侨子女夏令营活动（文广新局提供）

【博物馆建设】 文成县博物馆共有地下一层和地上三层，地下一层为文物库房、修复室和摄影室，一楼为大厅和临时展厅，二楼为基本陈列厅，三楼为三个专题展厅和办公区。承担全县可移动文物保护管理、收藏研究，教育展示等多种职能，是集中展现文成历史文化的亮丽窗口。11月30日，历时4年建设的县博物馆举行试开馆仪式，省文物局副局长曹鸿出席。基本陈列以“帝师故里天然文成”为主题，分“大美山川”和“长河掇珠”两部分，还有“千古人豪”“魅力侨乡”“畲山韵致”3个专题展，全面展示文成的地理概貌和人文历史发展进程。亚太地区手工艺大师高公博创作12座文成历史文化名人黄杨木雕像。现馆藏文物7900多件，品类涉及陶器、瓷器、金器、银器、木器、石器、书画及刺绣等。举办“第二届根雕艺术作品展”“纪念红军长征胜利80周年专题展览”等临时展览7期，参展观众13.9万人次。推出“博物馆小小讲解员”、博物馆奇妙夜等接地气活动。非国有博物馆的建设纳入“十三五文化发展规划”，毛泽东像章文化博物馆建设纳入特色小镇文化建设，浙南民俗博物馆进入装修阶段，赵少忠青石艺术博物馆有概念性方案。

文成博物馆试开馆仪式（文广新局提供）

【文化遗产日活动】 开展“第十一个文化遗产日”系列活动，活动涵盖糖画技艺展示、木偶戏展演、文成县文博图片、红枫古道专题图片和文成县第一次全国可移动文物普查及馆藏文物图片展、非遗进校园等。举办《浙江省非遗丛书——文成太公祭》暨太公祭保护座谈会，推动刘伯温文化保护工作。举办“凝望非遗记忆乡愁”摄影大赛，反映文成县现存的传统民俗、传统技艺、传统戏剧、曲艺、传统音乐、舞蹈、美术等非物质文化遗产资源，较好地展示和弘扬文成县优秀的传统文化，推进非物质文化遗产的保护和传承，促进全民参与。

【文化市场管理和行政执法】 开展文化市场护航G20、网吧、非法卫星地面接收设施、印刷行业、文物执法、消防安全等专项行动。认真开展“护苗”“清源”“净网”“秋风”等“扫黄打非”专项行动。在全县中小学开展“绿书签”系列宣传活动。制定《文成县“扫黄打非”进基层工作方案》，召开“扫黄打非”进基层专题部署会，推进“扫黄打非”进基层工作。全年，县文化市场行政执法大队出动检查1288人次，检查经营单位996家次，立案13起，办结13件。平安建设、综合治理、安全生产、消防安全工作部署周密、措施落实、监管到位，安全隐患整改及时，无安全责任事故发生。审批工作推出10个网上审批项目，实行外网移动终端申报、内网审核办理、在线咨询监督，结果快递送达的行政审批服务新方式。

### 2016年获国家、省、市荣誉总汇

表30

| 序号 | 奖项 | 颁奖单位 | 获奖单位(个人) | 获奖时间 |
|---|---|---|---|---|
| 1 | 和文成来一个深呼吸浙江省第十五届音乐新作演唱大赛金奖 | 浙江省文化厅 | 文成县文化馆 | 2016 |
| 2 | 和文成来一个深呼吸温州市第六届音乐新作演唱(演奏)大赛金奖 | 浙江省文化厅 | 文成县文化馆 | 2016 |
| 3 | 小迷彩2016年浙江省少儿声乐大赛入围奖 | 浙江省文化厅 | 文成县文化馆 | 2016 |
| 4 | 格力的旋转2016年浙江省第三节乡村排舞大赛入围奖 | 浙江省文化厅 | 文成县文化馆 | 2016 |
| 5 | 最珍贵的礼物温州市第二届戏剧小品大赛 | 温州市人民政府 | 文成县文化馆 | 2016 |
| 6 | 21克拉温州市第二届戏剧小品大赛 | 温州市人民政府 | 文成县文化馆 | 2016 |
| 7 | 旺财亭2016年浙江省新农村建设题材小戏会演入围奖 | 浙江省文化厅 | 文成县文化馆 | 2016 |
| 8 | 节日快乐浙江省村干部才艺大赛银奖 | 浙江省文化厅 | 文成县文化馆 | 2016 |
| 9 | 和文成来一个深呼吸浙江省“特色小镇”优秀节目展演金奖 | 浙江省文化厅 | 文成县文化馆 | 2016 |
| 10 | 村歌《天下第一漈》温州市村歌大赛银奖 | 市委宣传部 | 文成县文化馆 | 2016 |
| 11 | 又唱浏阳河浙江省首届“唱响浙江”声乐大赛入围奖 | 省音乐协会 | 文成县文化馆 | 2016 |
| 12 | 又唱浏阳河首届“唱响浙江”声乐大赛温州赛区决赛一等奖 | 省音乐协会 | 文成县文化馆 | 2016 |
| 13 | 俯瞰迦南美地2016年浙江省特色小镇摄影比赛二等奖 | 浙江省文化厅 | 文成县文化馆 | 2016 |
| 14 | 田园曲2016年浙江省特色小镇摄影比赛二等奖 | 浙江省文化厅 | 文成县文化馆 | 2016 |
| 15 | 冬季2016年浙江省特色小镇摄影比赛三等奖 | 浙江省文化厅 | 文成县文化馆 | 2016 |
| 16 | 天鹅堡小镇2016年浙江省特色小镇摄影比赛三等奖 | 浙江省文化厅 | 文成县文化馆 | 2016 |
| 17 | 猴王谷时光隧道2016年浙江省特色小镇摄影比赛三等奖 | 浙江省文化厅 | 文成县文化馆 | 2016 |
| 18 | 鸟瞰空中花园2016年浙江省特色小镇摄影比赛三等奖 | 浙江省文化厅 | 文成县文化馆 | 2016 |
| 19 | 飞机来了2016年浙江省特色小镇摄影比赛优秀奖 | 浙江省文化厅 | 文成县文化馆 | 2016 |
| 20 | 九天揽瀑2016年浙江省特色小镇摄影比赛优秀奖 | 浙江省文化厅 | 文成县文化馆 | 2016 |
| 21 | 山里来了模特队2016年浙江省特色小镇摄影比赛优秀奖 | 浙江省文化厅 | 文成县文化馆 | 2016 |
| 22 | 林间漫步2016年浙江省特色小镇摄影比赛优秀奖 | 浙江省文化厅 | 文成县文化馆 | 2016 |
| 23 | 森林氧吧2016年浙江省特色小镇摄影比赛优秀奖 | 浙江省文化厅 | 文成县文化馆 | 2016 |
| 24 | 龙麒源风光2016年浙江省特色小镇摄影比赛优秀奖 | 浙江省文化厅 | 文成县文化馆 | 2016 |
| 25 | 空中览胜2016年浙江省特色小镇摄影比赛优秀奖 | 浙江省文化厅 | 文成县文化馆 | 2016 |
| 26 | 舞龙闹元宵2016年浙江省特色小镇摄影比赛优秀奖 | 浙江省文化厅 | 文成县文化馆 | 2016 |
| 27 | 月老山一绝2016年浙江省特色小镇摄影比赛优秀奖 | 浙江省文化厅 | 文成县文化馆 | 2016 |
| 28 | 树屋酒店2016年浙江省特色小镇摄影比赛优秀奖 | 浙江省文化厅 | 文成县文化馆 | 2016 |
| 29 | 雨后彩虹2016年浙江省特色小镇摄影比赛优秀奖 | 浙江省文化厅 | 文成县文化馆 | 2016 |

（王灵华）

## 史 志

**【概况】** 中共文成县委党史县志办公室，是县委主管中共地方党史、地方志工作的机构和中共文成党史、地方志的科研机构，是县委直属的正科级事业单位，下设综合科、党史科、县志科，编制8人，年末在职人员8人。全年提拔任用1名中层正职，参加省市业务培训13人次，组织全县县志主笔培训200余人次。全年形成书稿520万字，其中定稿成书10册共300万字，总计印刷8300册。获全市党史地方志信息工作先进集体，胡珍敏获全市信息工作先进个人。

2月24日，省委党史研究室副主任曾林平到文成调研（史志办提供）

**【党史二卷】** 《中共文成历史》（第二卷）（意见征求稿）送省、市审阅后，省委党史研究室、市委党史研究室对送审稿进行意见反馈、指导；再次进行修改后，于7月中旬召开审稿会，原则上通过评审。8月下旬提交常委会审定，9月初送交省市复审，10月送出版社。启动出版程序后，继续按照市、省、中央党史出版社的审稿反馈意见，及时做好书稿修改工作。12月初，中央党史出版社返回修改意见稿并付印。全书40万字，全面系统地记录从1949年文成解放到1978年党的十一届三中全会召开的近30年来，中共文成县委带领广大干部群众进行社会主义革命和建设的艰辛曲折历程和取得的巨大成就。全书主线突出，观点鲜明，史料翔实，富有地方特色，既忠实记载文成人民在党的领导下进行社会主义革命和建设的成功实践，又客观反映文成经受“大跃进”“文化大革命”等严重挫折中的历史原貌，深刻总结历史经验和教训，是一部准确地把握党的历史发展主题和主线、主流和本质的基本著作，是一部弘扬主旋律的优秀作品，是继承和发扬革命先辈前赴后继、英勇奋斗精神的历史教科书。

7月14日，《中国共产党文成历史》第二卷（1949—1978）审稿会（史志办提供）

**【专题编研】** 通过上门查证，到省、市、县档案馆查阅等方法，克服档案缺失、资料不全、字迹不清、字体繁杂等诸多困难，完成《文成县优秀调研成果选编》《中共文成县委文件选编（2000—2002）》《中共文成县委文件选编（2003—2004）》《中共文成县委文件选编（2010—2012）》《中共文成县委文件选编（2013—2015）》《中共青景丽简志》等6个专题220万字的编研出版工作。

**【革命遗址保护】** 革命遗址是中国共产党人开展艰苦卓绝斗争的历史见证。保护挖掘和利用好这些城市的历史文化资源，不仅是为了传承和发扬爱国主义、革命传统教育，对提高城市的知名度，塑造城市人文精神，发展旅游业等，都具有现实意义。全年争取31万元专项资金用于革命遗址保护工作。红十三军驻地旧址(郭山)纪念场馆建设、玉壶狮岩寨战斗遗址纪念碑立碑、红军挺进师临时指挥部驻地(珊溪新红村)修缮全面进行。周定烈士纪念馆建设全面竣工,开展红色事迹专题资料征集,编审参展资料,提供图片,对周定烈士纪念馆、刘英纪念馆等红色场馆布展资料进行审核把关,确保红色场馆史料真实。

玉壶金星一门六英烈烈士陵园(史志办提供)

【续志编修】 严格执行主编负责制,落实责任编辑制度,采取措施抓好落实。邀请专家对全县续志承编单位的主笔进行业务指导,提升业务水平;联合县考绩办加强督考,公开进度;县分管领导约谈编写落后的单位,督促进度。扎实推进《文成县志》(续志)的编修顺利完成年度目标,合成县志(续志)初稿200万字。为给修志人员提供一个平台,指导、交流修志工作,编写《文成史志》2期,计30万字。

【文成年鉴】 《文成年鉴》实现公开出版。《文成年鉴》(2016)全面反映2015年文成县自然环境、经济、政治、文化、社会概括和发展情况,收录单位126家,9月底启动出版程序,12月底出书,全书总计68万字。

地方志工作成果展示(史志办提供)

【史志宣教】 5月18日,举办《地方志工作条例》颁布10周年纪念活动,邀请市志主编对全县入编单位的主笔进行业务指导并召开座谈会;在县城、中心镇、中心村宣传《地方志工作条例》,展示近10年来全县地方志工作成果,在全县掀起一股学志修志的热潮;利用伯温讲坛的平台,宣讲文成地方革命史,发放宣传资料2000余份;利用中国工农红军长征胜利80周年、建党95周年等纪念日,联合宣传部、文广新局、团委等部门开展征文比赛、诗歌朗诵、演讲比赛、红色讲解员大赛、图片巡展、红色火炬传递等系列活动。全年共计开展各类宣教活动56场次,受教育人员3万余人次。

12月29日,史志办副主任兰潮平讲述文成红色历史(史志办提供)

(季迎春)

## 档 案

【概况】 2016年，调入1人，调出1人，年末在职人员12人，内设3个科室(办公室、监督指导科、保管利用科)；1个下属事业单位(文成县电子文件和数字档案登记备份中心)。

【档案收集】 全年县档案馆接收县妇幼保健站的出生医学证明22147件，林业局山林延包档案1476卷；接收县委办，县住建局和大峃镇档案467卷，1343件，印章2枚，照片57张，奖牌3个。

【档案馆新馆建设】 2015年3月份启动文成县档案馆新馆建设，位于大峃镇龙川社区下田村，项目总用地面积6.49万平方米，为省重点项目。其中，档案馆设计为一幢5层的框架结构建筑，占地面积1642.1平方米，建筑面积7805.2平方米，其中1～4楼为档案馆，建筑面积5866.3平方米(对外公共服务用房1488.4平方米、业务技术用房1459.3平方米、档案库房2918.6平方米)，5楼为共享报告厅。

【档案信息服务】 全年接待社会各界利用档案资料和现行文件共计5912人次，提供档案资料8297卷(册)次，复印资料12577份(页)。

【档案信息化建设】 全年投入资金50万元，完成馆藏档案数字化加工6个全宗，4032卷，90.16万页，把所有数据信息导入到一期数字档案馆平台。全年数字化45个全宗(有些全宗都是以前的临时机构，案卷非常少)，11917卷，31.23条目录，174.96万页，实际使用数18.13万条，84.72页，婚姻档案、出生医学证明档案可以全部机检。

【档案安全管理】 建立日常维护制度，切断电源；经常性地检查库房，加强档案信息安全教育、强化安全防范意识，制定各项规章制度，严格技术措施，加强检查监督，杜绝档案信息失密、泄密现象的发生，确保档案信息网络系统安全。

【机关档案工作】 对机关各单位做好年度归档及数字档案室创建的业务指导，进一步规范机关档案室的档案整理及归档工作。全年完成15家单位创建数字档案室，4家单位示范数字档案室。

【档案管理人员】 参加全省局长培训班学习；组织参加省、市档案局组织的岗位培训、继续教育培训、数字化培训等；举办全县档案管理员业务培训，全年培训156人次；配合做好档案专业职称评审工作，1人被考评为助理馆员。

(叶苏红)

## 卫 生

【概况】 2016年，文成县共有医疗卫生机构146家，其中县属医疗卫生单位10家(县级医院2家)、卫生监督分所4所、乡镇卫生院17家、村卫生室(社区卫生服务站)61家(政府办48家、非政府办13家)、民营医院2家、门诊部医务室10家、个体诊所42家。巡回医疗点73家。卫技人员1398人，其中执业(助理)医师597人，注册护士501人；每千人口执业(助理)医师(常住)2.55人(按常住人口23.4万计算)；每千人口注册护士(常住)2.14人。全科医生80人，每万人全科医生数3.42人。医疗机构床位总数887张，每千人口床位3.79张。全县人均期望寿命81.53岁，孕产妇死亡率为0，新生儿死亡率0.66‰，婴儿死亡率1.64‰，5岁以下儿童死亡率为3.94‰。全年全县医疗机构诊疗128.55万人次，住院1.33万人次，基层就诊比例61.3%。门诊病人人均医疗费用121.83元，较去年增加3.4%；住院病人人均医疗费用8089.72元，较上年增长6%。

全县农村累计改水受益人口36.55万人，累计受益率97.10%，其中自来水受益率97.10%。农村家庭使用卫生厕所11.866万户，卫生厕所普及率94.19%，无害化卫生厕所普及率90.93%。

【公立医院改革】 8月，县人民医院新院长上任后，增派神经外科专家2名，填补医院多年脑外医师空缺；增加1名B超医师和1名眼科主任医师长驻医院。县中医院与温州市中医院合作设立温州市中医院文成分院，规定市中医院派遣1名中层以上干部担任执行院长，每周至少派遣4名专家来文坐诊。成功争取浙江中医药大学博士研究生社会服务实践基地落户县中医院。县级医院基本药物采购使用比例达56.32%，较上年同期提高5%。县人民医院实施临床路径管理的病例数达到出院病例数30.8%。推进县级公立医院编制备案制管理，新增报备员额479名。

【分级诊疗】 县人民医院在南田设立住院分部，全县联办住院分部增加到5家，全县多点执业医师39人，县级医院累计下派高年资主治职称以上医师在卫生院服务342天，服务住院与门诊患者2231余人次，授课20次，乡镇卫生院床位使用率从不足10%提高到33.7%，县域内就诊率达87.86%。

【责任医生签约服务】 明确重点人群，制作工作规范和绩效考核办法，规范签约服务工作。将玉壶镇卫生院和峃口镇卫生院列为责任医生签约服务工作示范单位，以点带面在县域内推进有效签约服务。把居民签约服务与老年人健康管理、慢性病随访、个性化健康指导等结合起来，开展现场咨询活动和讲座37次，发放宣传资料9391份。全年全县规范签约数8.73万人，规范签约率为22.05%，超过市定指标。

【基层服务能力】 珊溪镇、南田镇卫生院创成“2015—2016年度群众满意的乡镇卫生院”，玉壶镇卫生院成功创成温州市第二批中医药特色乡镇卫生院。全年定向培养10名本科生，37名专科定向生到岗入编，充实基层医疗卫生队伍。举行第五届基层临床综合技能大比武、基层医疗机构中医药适宜技术技能竞赛，开展浙江省基层卫生岗位练兵和技能竞赛县级理论选拔考试，提高基层医务人员业务能力。对66家基层医疗机构进行医院感染管理专项督导检查，对乡镇卫生院、村卫生室、个人诊所等111家单位开展医疗质量督查，严控医疗风险，促进基层医疗质量的提升。

【卫生基本建设】 县人民医院新建项目完成投资500万元，完成地质勘探、环境评估报告和初步设计方案，大峃镇政府完成征地政策处理，征地手续正组件上报审批。珊溪镇卫生院住院楼原址拆建项目、巨屿镇卫生院综合楼扩建项目、峃口镇卫生院门诊楼原址拆建项目都按计划有序推进。

【公共卫生】 开展健康档案核查、清理、规范工作，建立质控员制度，开展地毯式的下村入户摸底调查，加强考核督导，推进问题整改落实，全年全县城乡居民健康档案建档21.30万人，建立电子健康档案21.30万人，电子健康档案建档率82.86%，档案合格率90.19%，动态使用率54.55%。建立健全医疗和公卫相结合的服务模式，依托健康小屋平台，定期开展慢性病管理和下村入户随访工作。全县高血压、糖尿病、严重精神障碍规范管理率分别为60.84%、61.66%、52.45%。开展窝沟封闭学生总数2408人，封闭率98.17%，封闭完好率99.82%。

【疾病预防与卫生应急】 加强传染病信息报告管理，全年甲类传染病无报告病例，乙、丙类传染病共报告20种计1700例，死亡病例报告1例。投入资金67万余元，购买荧光检测器及柱后衍生系统，为全县预防接种点安装疫苗冷链监测及管理系统,省疾控中心下拨冷链车1辆、冷藏冷冻箱31台。加强基层培训指导,组织业务培训10次,开展现场指导294次,及时指导解决基层疾病预防控制工作存在的问题和困难,不断提高基本公共卫生服务水平。加强H7N9等重点传染病防控,及时处置聚集性疫情18起。启动应急预案,开展联防联控工作,规范预检分诊、发热门诊,加大应急物资储备,各项防控工作稳步推进,西坑镇三星级规范化预防接种门诊顺利通过省级复评。县人民医院通过卫生应急规范化医院创建初评。全力做好14号、17号台风的应急处置工作,组织15支医疗急救队奔赴灾区,做好灾后消杀,扎实开展多种形式的灾后防病知识宣教,确保大灾后无大疫。

【妇幼保健】 县、乡、村妇幼保健和计划生育技术服务资源优化整合。超额完成"两癌"筛查、农村妇女住院分娩补助、增补叶酸等项目列入县政府"十大民生工程"。全县7岁以下儿童健康管理1.98万人,保健覆盖率91.9%;0~3岁儿童系统管理8658人,系统管理率92.41%;新生儿访视率98.39%;5岁以下儿童中重度贫血患病率0.02%。全县孕产妇系统管理2773人,系统管理率90.98%;早孕建册率92.49%,产后访视率97.74%,高危孕妇管理率100%。落实优生"两免"政策,婚前医学检查2701人,婚检率76.43%;国家免费孕前优生健康检查1778人,人群覆盖率76.64%。全县新生儿死亡率0.66‰,婴儿死亡率1.64‰,5岁以下儿童死亡率为3.94‰,孕产妇死亡率为0。开展新生儿疾病筛查和产前筛查工作,新生儿疾病筛查1143例,筛查率为99.30%;产前筛查数1262人,筛查率109.74%。各乡镇积极创建三优指导中心,其中南田镇"三优"指导中心创成省级示范点。全县举办"三优"培训宣传活动共计30余场,参与人数900余人,发放各类"三优"宣传资料3000份。健全避孕药具服务体系,先后投放13台免费避孕药具发放机,在全县各村居、社区、流动人口聚集地、计生服务点等地设立460多个药具免费发放点,实现避孕药具"多渠道、全方位、开放式、全覆盖"的目标。

【卫生执法】 实施"网格化"监管,建立完善公共场所记分管理制度,试行"数字化"执法,全面应用移动执法系统,推广卫生监督协管信息化平台系统。试行医疗废物远程在线监管模式,加强单采血浆站、血透、医疗废物、院内感染等高危行业长效监管,改善整体医疗环境。加强监督体系建设,省级卫生监督协管示范点达到66.6%。开展"护卫健康温州"及"健康卫士"等一系列专项行动,检查相关单位3292户次,出具卫生监督意见书260份,立案查处49件,罚款11.75万元。先后出色完成护航G20、国卫创建、平安文成创建、抗台救灾、"大拆大整"无证集中整治等综合性卫生监督任务。双垟、永安和府前等社区开展社区生活饮用水卫生检测示范点工作,设置15个监测点,每月开展检测与公示。开展校园卫生安全健康系列行动,巩固提升学校卫生监管成效。15家公共场所通过市卫生监督所组织的卫生示范店验收。完成各项卫生监督考核指标,获得"2016年全市卫生计生综合监督工作督导考核优秀县"称号。

(赵治河)

## 计划生育

【概况】 2016年全县当年含往年共上报出生(含清查对象614人)6089人,计划生育率(剔除清查)为97.5%,出生率(含清查)为15.26‰,自然增长率为9.69‰。当年出生4574人,其中女婴2223人,出生性别比户籍(当年)为105.76:100;国统卫生性别比为106.90:100。

【计生服务管理】 加快卫生计生资源整合,设置卫生和计划生育办公室,原村计划生育服务室和村卫生室整合为“村卫生计生服务室”。开展全面两孩政策实施效果评估，对全县149个单位的1712个育龄妇女开展生育意愿调查。开展全面两孩政策实施专项督查，对乡镇政策法规执行、计生服务管理等工作进行督查整改。调整完善目标管理责任制指标设置和考核方法，与乡镇、部门签订目标责任书。坚持层层落实计划生育目标管理责任制，落实“三捆绑”制度，确定一个计划生育整治乡镇和14个整治村居，扣发2015年度上报的违法生育对象所属网格员以及出生漏报对应责任人的奖金和补贴共25万元。严格执行“一票否决”制，重点做好县“两代表一委员”的入选资格审查工作和全县非公有制经济代表人士综合评价工作，全县共上报单位661个，否决86个；上报个人10855人，否决1411人。

【依法行政】 全面推广生育登记服务制度，推广手机APP生育登记服务，全县生育登记服务卡发放3982份。完善制度，规范执法程序，加强行政执法监督，提高行政执法行为的规范性和透明度。加强社会抚养费卷宗审查，建立行政执法案卷评查制度，全年共审核100余份社会抚养费卷宗，确保行政执法程序和文书的规范性。强化出生性别比治理执法监管，部门联合开展集中整治“两非”专项执法检查活动2次，对全县的医疗保健机构、门诊、药店等41家单位进行深入执法清查。

【流动人口管理】 与48个县(市、区)计生部门签订流动人口计划生育管理和服务双向协作协议，建立市区县间信息通报制度，向全国各省、市、县反馈、提交信息2044条。每季度在全县范围内开展流动人口计划生育信息采集专项行动，以村为单位，对流动人口进行逐一登记、建档。依托流动人口计划生育规范化服务中心等工作阵地，开展流动人口计划生育均等化服务。

【计生家庭发展】 出台计划生育利益导向机制的补充文件，对利导政策予以明确说明。全面落实奖扶、特扶、公益金3项制度，全县计生家庭奖励扶助共投入253.03万元，受惠1806人；特别扶助投入83.76万元，受惠77人；公益金补助投入28.59万元，受惠102人；审核养老保险补助9335人。建立健全计生特殊家庭档案，开展志愿服务队定期入户探访活动，走访慰问失独家庭134人，发放慰问金7.12万元。开展纪念中国计生协成立36周年活动暨新家庭计划项目启动仪式。各乡镇围绕全生命周期，开展家庭保健、科学育儿、养老照护、家庭文化等系列活动共132场。

【协会工作】 开展宣传服务系列活动，在“5·29”会员活动日等节日期间，全县各级计生协会组织动员广大理事、会员、志愿者深入村居、企业、学校开展各项计生惠民服务活动和面对面宣传慰问活动。全县共发放3.12万份自制宣传品，联合妇联、文明办、团县委、教育局等单位共同开展形式多样的主题宣传服务活动12场次。深化生育关怀行动，推进青春健康教育工作，联合多部门出台《关于在全县深入开展青少年青春健康教育服务活动的实施意见》，明确各自职责，设立专项工作经费，借助各平台广泛开展青春健康教育进基地、进校园、进社区、进企业、进军营活动，全县累计开展250场《成长之道》，7场《沟通之道》，受益群众1.2万多人次。职业中专、黄坦中学每周开展一次“青春健康教育社团”同伴教育相关活动。建立“亲青门诊”，设立亲青热线电话，为青少年提供紧急避孕和非意愿妊娠救助等咨询服务。继续实施计生家庭幸福促进行动，帮扶计生困难家庭269户，其中县级安排52.65万元帮扶189户。投入10.33万元将全县481名村级计生服务员、71名计生特殊家庭成员纳入计生意外伤害综合保险。投入23.85万元为全县村计生服务员提供每人500元的健康体检。开展“生育关怀暖冬行”、圆梦“微心愿"等活动,共慰问124人6.2万元。落实市第七次"关爱女孩·爱心助学"对象,15名高中、大学新生获资助5.4万元;落实省"春苗计划"爱心助学对象,珊溪、西坑、黄坦和百丈漈等4个乡镇60名困难中小学生获资助6.82万元。落实省级"致富发展项目"百丈漈镇食用菌基地基础设施建设项目资助9万元。紧扣全面两孩政策,督导完善计生利导村规民约修订工作。全县共创建计生协会会员作用示范点20个,村级协会会员、志愿队参与创建国家卫生县城、抗台救灾等服务5000多人次。

【卫生专网建设】 完成县疾控中心、县级医院以及9个乡镇卫生院卫生专网建设,关闭外网访问,确保信息系统安全防护。对接市级平台,完成与市级转诊协同信息平台和市应急平台的对接,实现视频系统接入电子政务视联网平台。改造区域HIS系统流程,与健康档案系统进行互通,实现医生诊间随访、调用市级转诊协同平台数据等功能。全县乡镇卫生院的检验设备与LIS系统实现互联,降低医学影像的耗材成本,方便医务人员及病人调阅。扎实开展WIS系统数据清查,提高基层计生信息准确率。做好与公安、民政部门间的信息共享,实现新婚、户籍、出生、怀孕等信息的共享,合计2.88万条。

【卫生计生宣传】 举办全县卫计系统新闻宣传和信息工作培训班,提高宣传队伍素质。截至年底,被《健康报》《中国人口报》等国家级媒体录用23篇,被省卫生计生委网站、《健康浙江》等省级媒体录用70篇,被市卫生计生委网站、《健康温州》等市级媒体录用178篇,拍摄卫生计生专题片1期。召开全县医疗卫生工作新闻发布会并答记者问,重点介绍文成县"双下沉、两提升"工作开展等情况。发挥"健康文成"微信的宣传作用,开展基本公共卫生服务和"全面两孩"知识有奖问答活动,提高宣传影响力。强化典型示范,开展全县"最美卫生计生人"评选,在健康文成上推送先进事迹。结合文化礼堂、文艺下乡等活动阵地开展大型宣传80余场次,发放宣传资料3万余份,宣传品1万余份。

【作风建设】 深入开展作风建设专项行动,通过多种形式开展各类作风督查共31次,发放满意度调查表2264份,对督查中发现的问题进行反馈责令限期整改。开展规范医药购销和医疗服务专项行动,分动员教育、自查自纠、明察暗访和整改建制等4个阶段推进,着力解决医药购销和医疗服务领域损害群众利益的突出行为。开展廉政警示教育,组织全县卫计系统分批参观文成县反腐倡廉法纪教育基地,开展谈心提醒,全年局领导班子共谈心提醒118人次,全系统谈心提醒471人次。严肃问责违纪违规干部,全年记过处分2人,降低岗位等级1人,诫勉谈话2人,通报批评2起,调离岗位1人。

（赵治河）

## 体 育

【概况】 县体育事业发展局是隶属于县政府主管体育工作的直属机构,内设办公室、训竞科、群体市场科3个职能科室,下属单位1个即体育中心,兼管少体校,总编制数23人,年末在职人员22人,其中公务员编制8名,事业编制14名,安置1名转业士官。2016年,文成县成功创建"浙江省运动休闲基地",县体育局获评浙江省体育宣传工作优胜奖,九溪峡谷穿越项目获评浙江省运动休闲旅游优秀项目;云江秀水骑行线获评温州市户外运动精品线路;绿水尖和峡谷景廊获评温州市运动休闲旅游示范基地,猴王谷森林拓展项目获评温州市运动休闲旅游优秀项目。6月15日,县体育中心与浙江省黄龙体育中心正式签约战略合作并授挂分中心牌。

【主要领导名录】 县体育局党组书记、局长:刘飚;县体育局纪检组长、党组成员:胡碧华;县体育副局长、党组成员：郑国模；县体育局副局长、党组成员：吴刚；县体育局党组成员：王勇。

**【百姓健身房】** 位于体育馆一楼，总面积2100平方米，拥有体测室、私教室、瑜伽房、操房、重型器械区、动感单车房、健身大厅、有氧运动区、哑铃区、乒乓球室等功能区域，可同时容纳200余人进行健身活动，9月10日，正式对外开放运营。

**【马岙头挑战道】** 马岙头挑战道是原56省道文成县城至百丈漈公路，全长12.35公里，道宽8米，途中建有景观、骑行驿站、标牌标识等配套设施，适合自行车骑行、健身徒步等户外运动开展，于10月份改造完成。

**【运动休闲服务中心】** 位于县体育中心正门右侧，主要功能是为外来运动爱好者和游客提供线路引导、意外保险、方向定位和救援等服务，于12月完成装修并对外开放。

**【群众体育】** 全年共完成省小康体育村综合提升工程8个，登山健身步道3条，改造人工草坪门球场2个，省社区多功能运动场(笼式足球场)1个，创建省村级体育俱乐部6个，省体育特色乡镇1个，省级幼儿体育示范幼儿园1个，体育强镇复评3个，完成3~69周岁公民体质测试2000人，开展国家二级社会体育指导员培训50人次，三级社会体育指导员培训50人次，参加浙江省第二届女子体育节户外拓展、象棋、跳绳、羽毛球、健身气功、太极拳等省级群体赛事6次，参加温州市第七届老年人运动会象棋、太极剑、钓鱼、广场舞、气排球、门球、健身球操等项目比赛、温州市第一届市民运动会暨钓鱼、太极拳(剑)、健身排舞、象棋、围棋、篮球、嗒嗒球、健身气功、五人制足球、健美操、社会体育指导员技能大赛等项目锦标赛，开展全县性群体活动30余次，参与人数达3万多人次。

**【竞技体育】** 2月16日，文成少体校运动健儿首次以浙江省代表队身份参加2016年全国青少年“未来之星”冬季阳光体育大会。5月11—15日，文成籍运动员获省青少年田径锦标赛5金，3银，1铜。6月11日，文成籍运动员林勤伟获全国少年田径锦标赛跳远项目金牌1枚。10月29—30日，文成县代表队获市少年儿童柔道比赛团体总分第一名，共计9金、8银、7铜。全年向温州市体校输送优秀运动员9名。

**【体育产业】** 成功创建“浙江省运动休闲基地”，全年获评省运动休闲旅游优秀项目1个，省体育产业发展资金项目库补助2个，市运动休闲旅游示范基地2个，市户外运动精品线路1条，市运动休闲旅游优秀项目1个；谋划建设国家级航空体育飞行营地，完成1:500地形图测量工作；规划百丈漈环湖自行车赛道，邀请台湾直沐景观设计有限公司到文成勘察，多部门参与交流讨论，提出相关设计要求及技术参数，并提交到县旅游功能区指定的设计单位进行赛道设计，部分赛道已开工建设。

**【品牌赛事】** 6月16日，2016年“金立杯”中国围棋甲级联赛在百丈漈景区举行。6月26日，2016全国象棋男子甲级联赛在刘基故里武阳举行。10月8—9日，“江阴周庄”杯2016中国体育彩票全国象棋业余棋王赛浙江分区赛在县体育馆举行。10月13日，2016年“刘伯温杯”中美篮球对抗赛在县体育馆举行。11月20日，2016环浙江自行车公开赛(文成总决赛)在百丈漈举行，来自全国37支队伍共计184人参赛。12月31日，浙江省首届冰雪嘉年华在绿水尖滑雪场举行，来自全省各地的200多名参赛者参与活动。

(朱佳利)

# 社会生活

## 概述

【概况】 全县12镇5乡，年末总户数13.56万户，总人口40.20万人，男女比例为112.74∶100（以女性为100）（公安2016年报数据）。全县出生人口（含清查补报）共6089人，出生率为15.26‰，死亡人口2222人，死亡率5.57‰，自然增长率为9.69‰。2016年，计划生育率(剔除清查)为97.50%。全年国家免费孕前优生健康检查1919人，目标人群覆盖率82.72%。

2016年文成县人口数及其构成

表31

| 指标 | 年末数(人) | 比重(%) |
| --- | --- | --- |
| 全县总人口 | 401972 | 100.0 |
| 其中:城镇人口 | 121202 | 30.0 |
| 乡村人口 | 280770 | 70.0 |
| 其中:男性 | 213025 | 53.0 |
| 女性 | 188947 | 47.0 |
| 其中:0~17岁 | 81553 | 19.7 |
| 18~34岁 | 92908 | 24.3 |
| 35~59岁 | 155876 | 38.6 |
| 60岁及以上 | 71635 | 17.4 |

2016年，全县城镇单位（不含私营）从业人员平均劳动报酬76049元，同比增长15.43%，其中在岗职工平均工资90282元，比上年增长11.01%。据城乡居民住户调查，2016年城镇常住居民人均可支配收入32747元，同比增长9.0%；2016年城镇常住居民人均可支配收入32747元，同比增长9.0%；人均生活消费支出26317元，同比增长13.1%，其中食品支出8854元；城镇恩格尔系数为33.6%。农村常住居民人均可支配收入14414元，同比增长9.4%；人均生活消费支出15549元，同比增长29.7%，其中食品支出5108元;农村恩格尔系数为32.9%。

全县城乡居民基本养老保险参保118417人，企业职工基本养老保险参保31649人；城乡居民基本医疗保障353525人，城镇职工基本医疗保险参保22912人；参加工伤保险22172人；参加生育保险6720人；参加失业保险11309人。企业退休人员基本养老金月人均水平达到2680元；城乡居民基础养老金月人均最低标准提高到120元；失业保险月人均标准1224元；因工死亡职工供养亲属抚恤金月人均标准780元。2016年全年下岗失业人员实现再就业468人，其中就业困难人员再就业207人。年末城镇登记失业人员22人，城镇登记失业率2.71%。举办人力资源招聘会3次，开发公益岗位212个。全年完成用人单位劳动用工书面审查1632家，收受劳动人事争议仲裁申请案件23件，结案率100%。

年末，全县城乡居民享受最低生活保障对象9169户12348人、重度残疾人2185户2201人，全年下达低保资金4303.94万元，发放重度残疾人生活补贴1321.4645万元。农村低保标准提高到625元/月，同比增长16.8%，达到城镇最低生活保障水平，率先全市实际城乡低保标准一体化，低保人数占比3.13%，超额完成省定任务。全县社会福利收养性单位10个，其床位1922张，当年新增300张；居家养老服务照料中心229家，当年新建60家；农村老年食堂100个，当年新增23个。农村五保集中供养率98%，城镇三无集中供养率100%。发展社会组织210家，其中社会团体115家、民办非企业单位94家，基金会1家。当年新登记社会团体2家、民办非企业单位7家，基金会1家。全年办理结婚登记2860对、离婚登记610对，补发婚姻登记证1058本，出具无婚姻登记记录证明61份。办理收养登记12件。

## 人　事

【公务员考录】　按照“公开、平等、竞争、择优”原则，精心组织，严密部署，做好录用、调任、考试过渡的每一个环节。全年公务员考录计划78人，经过网上报名，资格初审、资格复审、面试、体检等程序，实际招录78人。完成2015年年底毕业警察学员7人录用工作。完成往年录用的6人公务员转正任职登记工作。

【公务员能力提升】　开展公务员“四类培训”，以职业道德教育为重点实施新一轮公务员更新知识培训，继续开展公务员网络学堂工作，督促各单位网络学堂管理员组织开展2016年度的在线学习。完成公务员网络学堂县财政局、县农业局等单位45人次的学分申报及62人次的网上调动审核，完成学分制学习任务。组织继续教育3期124人。管理继续教育证书登记系统，审核通过县刘基文保所等1家单位，审核发放证书21人。

【公务员考核和管理】　根据省市要求，及时召开会议部署全县公务员平时考核工作，会同组织部门贯彻实施《关于进一步做好公务员平时考核工作的实施意见》（试行），要求各单位建立平时考核制度，全县上报备案77家。做好2015年度国家行政机关副局级以下1406名公务员年度考核，确定优秀等次275人，称职1026人，基本称职1人，见习期间不定等次101人。完成公务员立功嘉奖上报及发证，记三等功38人，嘉奖237人。

【人才资源开发】　完善育才引才政策，加大对各类人才培养力度，引进紧缺人才。经面试合格，县人民医院紧缺人才直接试用12人，实际录用9人。审核上报市551人才第三层次申报第二层次1人。组织2家事业单位到武汉参加温州—武汉专场人才招聘会，达成初步就业意向37人。组织民营企业5家到温州参加民营企业高层次人才洽谈会。参与县人才新政起草工作。

【人员录用调配】　严格执行公开选调和调配制度。完成全县事业单位招聘工作人员的考录工作。招聘计划151人，实际录用151人。完成县道路运输管理局等12家单位252人转全额事业考试。完成面向大学生村干部招聘乡镇事业单位工作人员14人，完成18名定向培养的农村社区医生的体检、考察、办理聘用手续等工作。做好干部调配工作。全年为344人办理人事调动手续，其中县内调动304人，调出37人，调入3人。

【毕业生就业服务】　落实未就业毕业生扶持政策，引导和鼓励高校毕业生面向企业、农村基层就业。收到人事档案860份，寄出人事档案98份，开调档函112份，大中专毕业生报到人数536人，开出未就业落户通知书52份，大中专毕业生未就业帮扶53人，签订高校毕业生就业协议118份。

【职称评聘】　完成23人聘任高级专业技术职务，78人聘任中级专业技术职务，43人聘任技师的审核工作。完成经济师、工程师等各专业106人现场资格审核工作，确定129人具有初级专业技术职务。对141位通过教师系列初级专业技术职务评审的人员进行认定，并发文公布。

【人事管理】 做好体制调整后人员调配，向新设立乡镇输送37名工作人员，将乡镇水利管理站由县水利局派出机构调整为乡镇下属公益一类财政全额拨款事业单位，实行“条块结合，以块为主”的管理模式。对全县水利员重新进行调配，将44名水利员人事关系由县水利局管理调整为由各乡镇管理。将大峃镇城管中队、县住建局数字城管中心等8个单位85人的人事关系划转到县行政执法局管理。做好事业单位岗位设置后续管理工作。审核通过县检察事务中心、县国土局下属事业、县科技局下属事业、县文明办、县公共资源交易中心等岗位设置方案。审核因级别晋升或单位变动而岗位变动的313人。

【工资福利】 全面保障工资福利。严格执行机关公务员职务与职级并行制度，全县有200多人享受到改革红利。稳妥做好不占职数非领导职务转为相应职级待遇工作。按照文委发〔2016〕41号文件精神，做好乡镇工作人员工作津贴提高20%标准的调整工作。启用新工资管理软件系统，完成全县干部信息采集和工资正常晋升、晋级等变动审批工作，确保工资按时、准确发放。

【军转干部日常管理】 完成2016年企业军转干部收入情况核定上报工作。按照市局要求，做好“深入推进关爱活动”，进一步做好新形势下企业军转干部思想政治工作。2016年共发放各项补助及慰问金13.26万元。

（程　芳）

## 劳　动

【就业和再就业】 执行各类人员的认定标准，做好各类人员的认定和各项扶持政策落实工作。全县城镇新增就业人员1890人，完成任务的136%；下岗失业人员实现再就业468人，就业困难人员再就业207人；失业率为2.71%，控制在4%目标任务内。

农村电子商务创业就业孵化园。按标准建立农村电子商务创业就业孵化园，开展电商精准服务。2016年10月，邀请阿里巴巴、浙江邮政等公司近20名省级电子商务领域专家到文成开展农村电商服务活动，通过开展专题座谈会、电商培训会、现场服务指导、合作对接等形式，面对面就农村电商就业创业工作中存在的问题和瓶颈“问症”“把脉”，有力促进农村电商精准服务工作。

搭建就业平台，开展职业介绍、职业指导等工作，促进再就业。依托县人力资源市场，每季度定期召开大型人力资源招聘会，给用人单位和求职者提供一个固定场所。全年举办人力资源招聘会4次，参加现场招聘的企事业单位800多家，达成就业意向860多人，通过供求洽谈会、赴外劳务协作等多种形式为用人单位和求职者作好职介工作，取得较好社会效果。

2017人力资源招聘会一角（人社局提供）

【劳动技能培训】 采取培训单位自主申报的方式,将培训指标下达到各乡镇、各部门单位,提高培训的针对性和质量。全年共组织农村实用人才和新型职业农民培训1781人,其中农村实用人才和新型职业农民培训971人,农村富余劳动力就业技能培训810人。农民大学生培养150人,对维修电工、中式烹调师、母婴护理等7个工种1025名考生进行职业技能鉴定,合格896人。选送焦点固定太阳能聚光器和全自动红外连续捕鼠器两个项目参加温州市奇思妙想创业创新大赛,主推文成县根雕和竹艺品参加温州市创业创新博览会均获三等奖、优秀组织奖,并授予文成县农村电子商务产业园为市级创业孵化基地。

【劳动法律法规宣传】 加强劳动保障法律法规宣传力度,利用到企业、建筑工地检查的机会及和各种专项行动向劳动者发放《中华人民共和国劳动合同法》《农民工维权手册》《严禁非法使用童工》等宣传资料1.2万余份。联合县总工会、县安监局等部门开展以"工资不拖欠,维权要理性"等为主题的宣传服务活动。联合县司法部门开展"浙江省劳动人事争议调解仲裁条例"集中宣传日活动,提高群众的法律意识和法律素质。

【劳动关系调处】 推行"人性化"仲裁服务,坚持法律程序的严肃性与仲裁调解的灵活性紧密结合,增强柔性调解与人性仲裁的有序衔接,着力推进"人性仲裁",提高服务效能。全年共处理劳动争议案件23件,涉案金额110余万元;办结23件,其中调解14件,结案率100%。

【劳动监察】 联合住建、工会、乡镇对全县50多家建设施工项目、47家制造业、25家服务业进行专项检查,实施动态监控。在G20峰会前和期间,实行24小时在岗值班、全员待命,每日会商研判,实行"零报告"制度。全年完成用人单位劳动用工书面审查1632家,受理投诉举报案件76件,涉及劳动者826人,追回被拖欠的民工工资1100余万元,有效保障劳动者的合法权益。

（程　芳）

## 社会保障

【社保扩面】 通过创新工作机制和方法,争取领导支持,落实责任、强化督查,加强政策宣传等多项举措,扩面工作取得一定成效。全年新增养老、医疗、工伤、生育、失业保险分别7543人、813人、155人、227人、192人,均超额完成市下达目标任务。

【社会保障水平】 实施被征地农民养老保险和城镇职工养老保险衔接新政策,被征地农民月待遇从365元提高到1600元~1900元。群众参保积极性高,办理转保928人。出台城乡居民大病保险制度,实施15种特殊用药及大病保险政策,享受大病救助500多人,支付待遇620余万元。

【市民卡服务】 社会保障市民卡数据录入36万人,完成制发卡35.5万张。不断拓展市民卡功能,实现退休人员退休金发放、医疗保险报销费用支付、社保就业业务查询、公共自行车借用、城乡公交、超市购物、农贸市场等方面应用,广大参保人充分享受信息化带来的便利。

【医保改革】 全县16家医药机构均已全部实现"同城互认"、医保智能监管平台接入并实现医保全程智能化监管。联合卫技、财政、发改部门正式发文组织实施按病种付费结算工作。

【社保基金监管】 加强社保基金监管力度,集中时间和力量对全县定点医药机构全面核查工作,外伤调查核实应由第三方支付不列入医疗费报销45件103.8万元,保证基金的安全,维护参保群众的合法权益。全年社会保险5项基金收入115155万元，支出92615万元，累计结余118424万元。

【其他事项】 严格按要求做好公务接待和公务用车，全年全局“三公”经费共支出7.62万元。加强对重点领域、重要岗位、关键环节的监督，在人事考录、干部选拔任用、行政执法、重大项目支出等重大事项上，始终坚持民主集中制原则，领导班子讨论决定。开展社保、就业等专项资金检查，确保各项资金合理使用、安全运行。配合市县作风巡查，对巡查组反馈的问题，及时整改落实。全年办理人大代表议案建议3件。

（程　芳）

## 移民安置

【概况】 2016年是“十三五”规划的开局之年，移民工作紧紧围绕“改善移民、库区、安置区人民生产生活环境；增强移民创业致富，提高移民生活水平；全力维护移民社会稳定”目标而开展工作。

【移民后扶规划】 根据文成实际，委托河海大学修订《文成县水库移民后期扶持“十三五”规划》，规划改变过去单纯建设基础设施为主的做法，突出移民村美丽乡村建设、休闲旅游开发、物业经济发展，增加移民村集体收入，力争移民项目在“十三五”期间经济创收3万元以上；重视移民个人或合作社的创业致富项目培育、发展，每年新增投资100万元以上产业基地3个；壮大移民个体经济发挥模范作用。建立相关村的项目库，为今后5年项目实施提供指导意见。

【移民后扶资金】 修订《文成县水库移民专项资金和项目管理办法（试行）》，明确县移民办、乡镇、村的职责分工。突出移民村实施项目的业主职责，移民办行使业务指导与移民资金的监督管理。2016年，依照直补资金发放的时间要求，及时核减移民直补人员，发放移民直补资金433.8万元。落实项目218个，全年累计拨付移民资金4091万元，同比增长率127%，资金累计拨付率87.5%，同比增长15.5%。同时消化历年累计资金2200余万元，其中，针对库区、安置区基础设施相对完善，资金重点投入扶持有条件发展的村发展村集体经济和旅游发展，当年度累计完成项目58个，拨付资金1570万元。关注偏远库区村交通、水利等方面的基础设施建设，累计完成项目121个，拨付资金2140万元。

【移民村旅游】 主动对接全县大旅游的格局，确立“因地制宜，突出特色，两环布点，两区建设”思路，根据移民村的立地条件和资源条件，突出各自的自然环境、主导产业和村落文化特色，着重在环飞云湖和环天顶湖两大库区周边布点建设，形成环飞云湖产业区和环天顶湖文化区两大旅游区片。具体是环飞云湖产业区建设3个重点景区。在新联移民村，依托飞云江的江心岛，继续补助建设竹排泛江配套，形成婚纱摄影基地。在塘山移民村，种植改造杨梅1600亩，形成杨梅采摘等农事体验基地。在上坪移民村，依托25平方公里的森林，开辟21公里的步行绿道，建设森林养生和丛林穿越体验基地。环天顶湖文化区建设3个重点景区。在南田镇武阳村，突出刘基文化，改造提升刘基故里；在南田镇高村，突出畲族文化，建设畲族民俗村；在西坑叶岸村，突出宗教文化，建设禅修养生社区。在上述区域村，下达2016年度各类后扶项目资金2000余万元，150多个项目；其中落实440万元，用于建设6个孤岛村的农业配套道路的硬化，改变孤岛不通车的历史。

【化解移民难题】 采取多种举措，全力推进移民信访积案和历史遗留问题的解决。王李芬、蒋瑞芬的信访件通过法律渠道解决，其中王李芬案件已经省高院二审，但未判决；蒋瑞芬案件在二审诉讼中。

【移民分类融合】 根据《温州市民政局关于开展移民分类融合工作的通知》(温民移〔2016〕64号)文件精神,组织调研文成移民分类融合问题,决定结合以点带面形式,逐步改变社会对于移民的传统印象,使移民逐步融入当地社会生产生活。2016年度选取富强新村创建和谐村区,街头村创建移民幸福村居,选取五源村创建移民平安村区,树立典型。

【移民培训】 以提高移民自身发展能力为目的,以帮助移民增收致富为目标,结合库区和安置区产业结构调整、优势产业发展以及移民需求,通过举办培训班、部门联合培训等多种方式,在百丈漈镇、南田镇、巨屿镇等地方举办生态农业技能培训和移民干部培训。全年举办培训班6期,参加培训856人次。

(移民办供稿)

## 民政优抚

【城乡低保】 全面实现低保"城乡一体化",下发《文成县人民政府关于同意调整城乡最低生活保障标准的批复》(文政发〔2016〕102号),农村最低生活保障标准提高到城镇最低生活保障水平,城乡低保标准每人每月补差达到625元。在基本消除4600元以下贫困现象基础上,加大低收入家庭经济核对工作,年累计核对低保补助、重度残疾人补助、医疗救助、临时救助等申请对象经济状况4460人次,全年注销城乡低保和重度残疾人补助对象653户818人、调整920户1145人、新增940户1082人,基本实现"应保尽保、应退尽退"。年末全县在册低保和重度残疾人补助对象11354户14549人,低保占比3.13%,全年发放保障金6204.65万元。

【医疗救助】 做好困难群体参加基本医疗保险工作,资助14982名低保、重度残疾人参加城乡居民合作医疗保险,支出97.58万元。出台《文成县临时困难救助办法》(文政办发〔2016〕101号),成立文成县救急难公益基金会。设定最高救助标准8万元,全年救助1562人次,支出救助金额1050.36万元,社会救助首次实现覆盖流动人口。

文成县社会救助政策宣传月活动(民政局提供)

【集中供养】 五保供养政策进一步加强,农村"五保"集中供养对象383人,其中户院挂钩7人,集中供养率98%。

【困境儿童】 挂牌建立儿童福利指导中心,出台《关于提高孤儿和困境儿童基本生活费标准的通知》(文民〔2016〕68号),福利机构养育孤儿基本生活费提高至1357元/月,社会散居孤儿基本生活费由原来的620元/月提高到815元/月,困境儿童基本生活费由原来的450元/月提高到575元/月。开展农村留守儿童排查录入工作,全县录入系统5775人,全年核定发放生活补贴的困境儿童302名、孤儿18人,按季度发放基本生活费,年支出资金145.74万元。

【流浪乞讨】 落实特殊困难人员的救助、劝返和护送工作,全年出动车辆进行宣传、接送等17车次,劝导人数42人次,救助困难流浪乞讨人员416人次,发放临时救助金8.56万元。

【急难救助】 规范建设社区爱心驿站12家，新建周壤镇联丰村、公阳乡公阳村爱心驿站。对家庭主要劳动力死亡或伤残、重特大疾病、突发性火灾、其他重大临时困难以及流浪乞讨、自然灾害、“三无”病人等困难群体进行急难救助，全年实施急难救助32例，支出33.8万元。

【灾害救援机制】 编撰《文成县关于加强新形势下防台抢险救灾工作实施方案》《文成县避灾安置场所建设方案》，健全灾害应急救助体系，推进事后抢险救灾向规避灾害风险救困转移，统筹规划“1-17-385-X”避灾安置场所建设，利用2年时间全县建成县级避灾安置场所401个。开展“减少灾害风险，建设安全城市”国家防灾减灾日宣传活动，发放宣传资料5000余份、宣传品约3000份，接受咨询500余人次。

全国防灾减灾日活动（民政局提供）

【自然灾害救助】 2016年，全县先后遭受14号“莫兰蒂”、17号“鲇鱼”等台风灾害的侵袭并造成重大损失。14号“莫兰蒂”台风中，全县受灾人口11.35万人，其中死亡2人，倒塌房屋6户24间，严重损坏房屋5户10间，一般损坏房屋65户130间，造成90多个行政村交通中断，80个行政村206个配变台区18777户断电，损毁防洪堤133处16.4千米、决口12处0.7千米，损坏护岸164处，冲毁塘坝23处、渠道等灌溉设施351处、水文观测设施2个、农村饮用水设施47处，农作物受灾面积6.631万亩，成灾3.965万亩，直接经济损失1.78亿元。17号台风“鲇鱼”中，全县受灾人口16.87万人，其中死亡6人。全县倒塌房屋109间、严重损坏115间、一般损坏999间，1条省道（330省道）、21条县道、24条乡道中断，村道塌方212条，12个乡镇29条线路279个村70423户断电，9个镇116个村通信受影响，防洪堤损坏214处23.8千米，防洪堤决口18处1.1千米，损坏护岸244处，冲毁塘坝37处，灌溉设施损坏465处、水文遥测站和气象监测站损失2处，农作物受灾面积9.5万亩、成灾7.03万亩、水产养殖损失3.4万亩，直接经济损失8.18亿元。两次台风中，分别下达救灾资金365万元和585万元，紧急转移安置3万余人，发放大米6800斤、方便面2670箱、八宝粥2560箱、面条850斤、矿泉水4400箱、棉被2384条、草席1700张、其他救灾物资3052件。全年安排灾后重建和灾民救助资金1635万元，开展因灾倒房重建恢复工程。

抢险救灾现场剪影(民政局提供)

【社救定补】 1月起提高支宁返文对象生活困难补助标准,每人每月220元,惠及支宁返文人员180人。全县共有社救社定对象703人(其中精减退职职工55人,支宁返文人员180人),全年安排社救定补经费408万元。春节、七一等节日走访慰问老党员,发放慰问金113.28万元。

【临时救济】 全年全县发生火灾21起,受灾76户232人,直接经济损失358万元。县财政安排社会救济款160万元,争取省级补助123万元,帮扶救助以及慰问临时困难群众3095人。

【优待抚恤】 全年新增认定带病回乡退伍军人5名、伤残军人2名,烈士子女3名,参战退役人员2名,注销优抚对象56名。按优抚对象自然增长机制,提高部分重点优抚对象抚恤补助标准。完成全县316名优抚对象核查工作,更新完善1684名优抚对象数据信息,更换《残疾军人证》2本,换证率100%,全年下达各类抚恤补助金共计1100万元,拨优抚事业费20万元,分别帮助160多户优抚对象解决临时性生活困难。认真落实优抚对象医疗保障工作,发放医疗补助、门诊包干、基本医疗保险、城镇医疗保费等共计33.53万元,给576名定补的优抚对象统一缴纳“城乡居民合作医疗保险费”4.32万元;为26名一至六级残疾军人缴纳“城镇医疗保险费”10.95万元。做好60周岁以上的农村籍退伍军人老年生活补助发放工作,新增74名符合条件的60周岁以上的农村籍退伍军人,发放1056名农村籍退役士兵老年生活补助金125万元。启动“情系老兵——关爱复员军人”向社会购买优抚(双拥)服务试点工作,为75名老复员军人购买6万元的优抚服务。扎实军民鱼水情,元旦、春节、七一、八一等重大节庆和纪念日,走访慰问驻文部队、军烈属、复退军人等,发放猪肉、水产品、水果等价值8万元的慰问品,慰问金20万元。

县民政局局长施彩微到消防大队慰问(民政局提供)

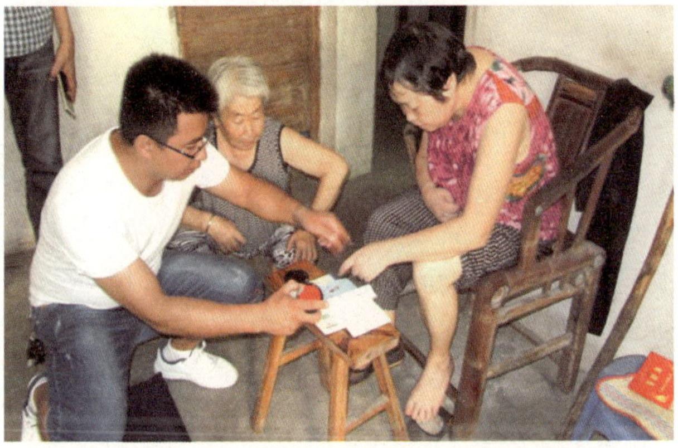

走访慰问优抚对象(民政局提供)

**【退伍安置】** 完成2015年度的120名退役士兵档案的审查移交以及自主就业信息(税收优惠管理)汇总上报工作。2016年共接收退伍军人126名,安排转业士官2名,发放培训告知书126份,组织59名退伍军人参加短期技能培训和高等学历教育,支出培训经费20余万元。将2016年度义务兵优待金提高到1.53万元/人·年,发放319名义务兵优待金517万多元,支出2015年冬季退役士兵自主就业一次性经济补助金332万多元,推荐30名退役士兵到市、县有关企业单位工作。深化复退军人信访和维稳工作规范化和制度化水平,建立完善上访应急预案,健全五项制度,接待来访78人次,妥善处理信访3件,来信来访处理率100%。

受理登记前来报到的退伍军人(民政局提供)

**【烈士褒扬】** 开展《烈士褒扬条例》宣传学习活动,按照自然增长机制调整在乡烈属抚恤补助标准,完成20名烈士遗属、2名因公牺牲军人遗属、6名病故军人遗属、82名部分烈士子女的"三属优待证"办理工作,协调县公交公司做好"三属"免费乘坐公交车爱心卡办理工作。给病故军人林荣贝的遗属发放一次性抚恤金11.1288万元。

**【养老服务】** 编制《文成县老龄事业发展"十三五"规划》,建成照料中心60家、"老年食堂"16个,新增养老床位300张。年末全县合计照料中心229家,"老年食堂"101个,老年床位1922张。推进日月星医养结合型养老院申报建设,与文成华数公司合作,在大峃镇兴川村、周壤镇项山村、双桂乡双垟包村居家养老服务照料中心点打造智慧养老平台。深化养老机构消防安全管理,完成大峃、珊溪、西坑、峃口敬老院4家养老机构消防安全整治,关停玉壶、南田、黄坦、百丈漈、巨屿镇敬老院、文成县光荣院6家消防问题单位。落实老年人优待工作,全县享受养老服务补贴总数1598人,发放养老服务补贴200余万元。加强专业队伍建设,培训养老护理员162人、家庭看护人员1590人。年末,全县有养老护理人员519人,家庭看护培训人员5273人。

老龄、养老事业十三五规划评审会(民政局提供)

【老龄工作】 全面深化高龄补贴、养老服务补贴、无起点医疗救助、关爱慰问、基本丧葬费减免等老龄优待政策，办理老年人优待证1232余件，发放高龄定补等补贴196.01万元，为3392位70周岁及以上老年人办理城区公交免费乘坐证。继续加强老龄服务设施建设，建成老年电大教学点41个、老年活动中心230个、老人协会224个、“银龄互助”组织67个。组织举办迎春慈善宴、“情系夕阳、关爱老人”等活动，敬老助老爱老氛围进一步浓厚。

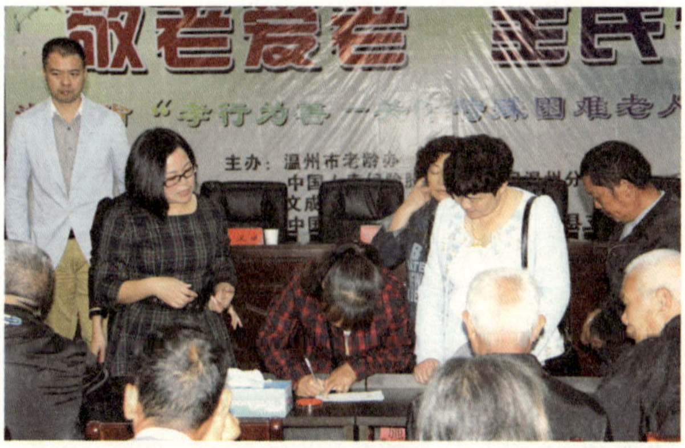

孝行为善启动仪式(民政局提供)

【基层民主】 增设铜铃山村，全县现辖56个农村新社区、385个行政村。村级“三务”公开率保持100%。修订村民委员会换届选举工作手册，全面启动村级组织换届前期准备工作。

【社区建设】 完善社区协商机制，开展社区改革调研工作，与瑞安市建立城乡社区建设对口见学活动互学共推单位，加强和巩固“三多”清理成果。

【社会工作】 选派优秀社工到广东参加社会工作实务能力培训，全县专业社工总数389人，占全县常住人口的万分之1.84。与全市首位社会工作督导、国家社工师、香港中文大学女性社会工作专业硕士研究生张露娜续签聘任合同，每月定期对全县社工机构及一线社会工作者面对面进行督导，提升社工机构整体水平和社工实务能力。深化留守老人、留守儿童、留守妇女的“三留守”社会工作，新增购买阳光之家社工服务中心“保护女童，阳光行动”走进校园生命安全教育等10项社会工作服务项目。落实“1+3”社工继续教育模式，开展社工人才继续教育网络。

【社会组织】 完成存量社会组织统一社会信用代码换证工作，新登记社会团体2家，民办非企业单位6家，基金会1家。全县社会组织总数210家，其中社会团体115家、民办非企业单位94家，基金会1家，5家社会组织获得县AAA级社会组织，2家社会组织获得县AA级社会组织。出台《文成县政府职能向社会组织转移目录和县本级具备承接政府职能转移条件的社会组织目录(第二批)》(文政办发〔2016〕86号)，新推荐社会组织18家。全年投入20.5万元公益金创投资助7家社会组织，开展项目8项；投入35万元，向8家社会组织购买政府服务项目11项。培育新增1家民办社工机构——尚同老年社会工作服务中心，年末全县有社会工作专业协会1家，民办社工机构5家。

【行政区划调整】 贯彻浙政函〔2015〕194号批复文件精神，继续抓好行政区划的调整及后续工作。经浙民区〔2016〕11号、温政函〔2016〕14、文政发〔2016〕3号等文件批复同意，调整大峃镇、珊溪镇、西坑镇、百丈漈镇、峃口镇范围，增设周壤、二源、铜铃山3镇和双桂、平和、公阳、桂山4乡及铜铃山村1个行政村。调整后，全县辖大峃、珊溪、玉壶、南田、黄坦、西坑畲族、百丈漈、峃口、巨屿、周壤、二源、铜铃山12镇，周山畲族、双桂、平和、公阳、桂山5个乡，56个农村新社区、385个行政村。

**【公共地名服务】** 加快《文成县地名志》编撰，启动全国第二次地名普查，收录各类地名4574条，涉及11大类31小类，其中水利电力通信设施类地名197条、陆地水系类地名50条、陆地地形类地名749条、行政区域类地名26条、非行政区域类地名34条、群众自治组织类地名423条、居民点类地名2313条、交通运输设施类地名465条、纪念地与旅游景点类地名81条、建筑物类地名37条、单位类地名199条，多媒体照片5100张，涉及条目4574条。开展地名标准化工作，新增标准道路名称17条，住宅区命名7个，编制安装门牌3063块，幢牌22块，室牌1299块。

**【平安边界创建】** 配合周边县市区完成平文线、文瑞线、苍文线、文泰线、文青线联检，定期开展平安边界互访，维护边界区域平稳安定。

**【殡仪馆迁建】** 殡仪馆迁建工程有序推进，通馆公路全线贯通，主体工程完工率90%。

**【殡仪服务】** 全年火化遗体2510具，火化率100%，减免基本丧葬费203余万元，惠及2462户家庭。

“文明祭祀绿色殡葬”宣传活动（民政局提供）

**【殡葬管理】** 全年出动650余人次，查处2012年以来违法私坟162座，清理整治石材加工点11个次，销毁私坟建材2000余件。跟踪管理骨灰安放流向2510例。完成全县85家公墓年检，出台《关于推行节地生态安葬的实施意见》（文政发〔2016〕150号），新批建村级生态墓地3座，镇级节地生态墓地1座。深入推进青山白化治理“三年行动”，全县完成“三边区域”私坟生态化改造1153座。

副县长雷宇到巨屿镇实地检查青山白化治理工作（民政局提供）

**【婚姻收养】** 全年办理结婚登记2860对、离婚登记610对，补发婚姻登记证1058本，出具无婚姻登记记录证明61份，办理收养登记12件。

**【福利企业】** 全年福利企业实现工业总产值3362万元，产品销售收入3754万元，实现应交增值税435万元。安置残疾职工82名，残疾职工安置比例49.7%。残疾职工全部劳动报酬211万元，人均每月2144元，残疾职工参保金额93万元，人均每月945元。

**【福利彩票】** 全年销售福利彩票1972.30万元，筹集福彩公益金394.5万元，其中留成94.8万元。

【慈善事业】 全县慈善分会10个、村级慈善工作站55个、村级帮扶基金33个，新增基金25万元，累计登记在册义工386人。开展“慈善一日捐”“定向捐”慈善捐赠活动，分别获得捐赠收入219.3万元、1058.9万元。全年助学428人次，发放助学金118.3万元；慰问贫困老人531人，发放慰问金10.2万元，临时困难救助和大病救助608人次，发放救助金62.45万元。组织实施“明眸工程”，208位疑似白内障患者接受市眼视光医院医生检查，其中146名白内障患者接受免费复明手术；组织实施“心希望工程”，16人接受杭州来文医生检查，其中5名患者分别获得“心希望工程”1万～6万元的减免救助；开展“无障碍进家庭”助残活动，为230名中风瘫痪和行动不便的残疾人员配发轮椅。宣传慈善法，组织开展《慈善法》有奖竞赛活动，印发《中华人民共和国慈善法》单行本1000本。

第七届“爱心人士结对贫困单亲儿童”救助行动（民政局提供）

温州市慈善总会为文成灾区捐款（民政局提供）

（施诚诚）

# 乡 镇 概 貌

## 大 岇 镇

**【概况】** 大岇镇位于温州市西南部、飞云江中上游，距温州市区87公里，因地形似举翅待飞的白鹤，故名“鹤城”。是文成县政治、经济、文化中心，对外开放的重要窗口、著名侨乡，国家重点镇、国家级生态镇，省级重点生态功能区小城市培育试点镇、省级文明县城、省级森林城市、省级体育强镇、基本创成国家卫生县城。新一轮行政区划调整后，全镇区域面积125.3平方公里，辖6个社区居民区、77个行政村，全镇户籍人口10.09万人。建成区面积9.54平方公里，常住人口6.73万人。行政编制数95人，在编在岗83人，在编不在岗3人；事业编制数75人，在编在岗74人，在编不在岗2人。全镇党总支13个，党支部138个，党员3298名。

大岇镇全景图（大岇镇提供）

**【党代会】** 6月7日，中共文成县大岇镇第十四届代表大会第一次会议在大岇召开，刘云代表镇党委作题为《咬定新目标、夯实抓开局，奋力谱写大岇“十三五”跨越发展新篇章》的工作报告，回顾总结“十二五”工作，研究部署“十三五”目标任务和2016年重点工作，选举产生新一届中共大岇镇委、纪委班子，动员全镇各级党组织和广大干部群众进一步认清形势，咬定新目标，适应新常态，立足新起点，谱写新篇章，为加快建设“绿色宜游、休闲宜居、高效宜业”为特质的“浙南山水文旅名城”奠定更加扎实的基础，努力实现全镇经济社会发展新跨越。大会选举刘云、杨小锋、赵沛标、林增金、林胜斌、叶胜、刘日力、王庆捷、吴世忠、李文福、王文梳等11人为中共大岇镇第十四届委员会委员，选举刘云为镇党委书记，杨小锋、赵沛标、林增金为镇党委副书记。大会选举叶胜、张陈丽、周珍、田金星、高明利、祝洪热、赵海珍7人为镇纪委委员，选举叶胜为镇纪委书记、张陈丽为镇纪委副书记。

**【人代会】** 6月27日，文成县大岇镇第十六届人民代表大会第一次会议在大岇召开，杨小锋同志代表镇人民政府向大会作政府工作报告，回顾总结“十二五”发展，研究部署“十三五”发展目标和主要任务和2016年主要目标和重点任务。刘文光代表镇人大主席团向大会作人大主席团工作报告，书面审查2015年财政预算执行情况和2016年财政预算草案报告及民政工作报告。会议通过政府工作报告、人大主席团工作报告、2015年地方财政预算执行情况和2016年地方财政预算草案的报告、民政工作报告等4个决议。大会选举产生杨小锋为镇长，李文福、王庆捷、王晓薪、雷锦凯等4人为副镇长的新一届镇人民政府领导班子；选举产生刘文光为主席，陈永登、胡启侯为副主席的新一届镇人大领导班子。

【经济发展】 全年全镇实现地区生产总值29.58亿元，同比增长8%；限上固定资产投资23.63亿元，同比增长38.27%；财政总收入237万元，同比下降85.1%，地方税收3.24亿元，同比增长83.1%；城镇居民人均可支配收入32730元，农民人均纯收入14460元，分别同比增长9%和9.8%。

【有效投资】 投资项目提质增效。加大项目政策处理力度，完成土地丈量1500多亩，龙丽温高速文成—瑞安段、龙船垟安置房等重点难点项目政策处理取得突破性进展，兴福堂城市综合体、苔湖街改造、国际首府、职业中等专业学校等重点项目加快推进。挖掘上沙垟旧村改造、大峃镇抗震安居工程、苔湖山生态农庄等表外新增项目10个，增加年度投资3.1亿元，全年完成投资24.15亿元。土地开发提速提效。推进“坡地村镇”和“旱改水”等项目，启动“旱改水”项目前期200亩，完成转而未供土地320亩、供而未用土地清理541亩，有效破解建设用地和占补指标制约。

【招商引资】 开展“招商引资突破年”活动，坚持领导带头、上下联动，形成新一轮“文商回归”热潮，全年实际利用资金2.52亿元，其中浙商回归到位资金1.78亿元，市外房地产到位资金0.74亿元，引进总部经济企业1家（欧景房地产开发有限公司）。

【生态经济】 推进“旅游+农业”。做优做强现代农业，坚持品牌化发展，实施农业“两区”品质提升工程，做大做强茶叶、杨梅、高山蔬菜3条产业链，全年落实粮食播种面积3.5万亩、产量1.2万吨，新建粮食功能区1300亩，建成农业示范园2个。全面推动“旅游+工业”。扶持发展旅游农产品加工、建筑业和来料加工业，完成限下转限上商贸企业5家，培育小微企业成长，完成7大产业小微企业112户，个体转为有限公司10户。全年完成工业性投资2971万元、工业总产值达到13.2亿元。全面推进无公害农产品、绿色食品、有机食品、原产地认证及名牌产品等五大农业品牌创建，重点培育扶持伯温酒业、山哥哥等农业龙头企业3家。加快实施“旅游+商贸”。实施电商“五进工程”，建立“农e众创空间”平台，依托绿云电商园区平台推进重点电商企业培育，创业孵化电子商务初创企业38家，启动文成县物流中心项目前期，完成县商务应急物资临时仓储中心建设，着力构建“互联互通”的物流网络。

茶园风光（大峃镇提供）

农村电子产业园（大峃镇提供）

【环境整治】 推进“两城创建”工作，针对时间节点、创建标准，落实联片领导、社区书记、驻村(居)干部目标管理责任制，最大限度争取全镇党员干部、人民群众、社会各界对“创国卫”工作的理解、支持和参与，为“两城创建”提供强大的群众基础。投入资金3000余万元，全年拆除旱厕、灰铺和乱搭建棚453个、面积1.02万平方米，清理乱点2000处、污水沟87处，背街小巷道路硬化面积2.5万平方米。新增“两创”宣传绘画标语2350多平方米、保洁宣传牌20个、垃圾桶、果壳箱980只，制作健康宣传栏52个。基本创成国家卫生县城。建立“网格化”责任制，加密巡查频次，重拳整治“青山白化”，完成新56省道沿线坟墓生态化改造238座。

大岱城区夜景(大岱镇提供)

【大拆大整】 全面消除各类安全隐患，努力改善发展环境，加快推进城乡转型发展。研究出台《大岱镇“大拆大整”专项行动实施方案》，制定专项集中整治行动方案和工作计划表，严格按照时间节点全力推进。全年完成危旧房排查25760间，建档1333间，整治城镇D级危房83间，整治率69.2%；拆除城乡D级危房20间、封存95间，C、D级危旧房共转移人员559人。集中开展“四无”生产经营单位整治，严格实行“四个一律”措施，依法查封取缔7家、依法拆除6家，完成小作坊整治43家、“四无”生产经营单位整治628家。开展流动人口及居住出租房屋拉网式、地毯式排查清理，完成流动人口排查登记3306人，流动人口数量减少3.02%。推进旧市场整治提升，完成旧市场整治3家。持续纵深推进违法建筑拆除专项行动，开工建设“三改”安置房50万平方米，完成拆违5.8万平方米，创成“基本无违建镇”。

【五水共治】 全面落实“河长制”和启动新一轮“三边三化”行动，加快推进泗溪河七期治理、龙溪花园段等治水项目。加强河道、三边区域考核督查机制和整改责任的落实，夯实提升沿边沿线和重点区域的环境形象。重点抓好农村生活污水治理和县城截污纳管建设，开工县城泗溪河沿岸两岸线缆入地工程，新建生活污水治理村11个。加大排水管网清淤疏通和路面修复力度，启动大岱镇城镇管网改造工程建设，增强城乡排污排涝能力。

【民生事业】 做好抢险救灾工作。投入资金6200万元，加大农村基础设施修复，确保第一时间恢复交通、供水、供电和通信。推进灾后重建工作，做好灾后重建选址、人员落实和搬迁安置点项目前期工作，启动异地就地搬迁安置点各5个。按照每人450元/月补助标准安排救灾资金，解决危房、地质灾害点233户、593人灾民临时安置。发展民生事业。进一步完善社会保障体系，城乡居民医疗保险和城乡居民养老补助标准提高和覆盖面逐年扩大。投入资金92.5万元，开工建设凤垟敬老院消防整治工程，初步构建多样化养老服务体系。大力发展来料加工业，发放加工费13.1万元。扩大就业覆盖面，新增城镇就业人数220人。推进职业中等专业学校迁建工程、大岱镇中心幼儿园、实验三小等一批教育重点工程，改善办学条件。利用农村文化礼堂、流动舞台，全年组织文艺骨干下社区、村居文艺演出50场次。开展全民健身活动，完成全民健身中心综合馆工程建设。实施“全面两孩”政策，努力让城乡居民享受更好的医疗卫生计生服务，启动建设县人民医院新建项目。

【交通治堵】 投入资金1000万元，新增市政道路4公里，新增公共自行车站点5个，新增自行车100辆。做好县城地下2个停车场规划论证工作，开工第五村停车场、珊门象溪谷停车场建设，启动凤垟、县前、石坟垟等停车场项目前期工作。

【平安建设】 深化平安建设信息系统与“网格化管理、组团式服务”两网融合，以高压态势严厉整治和打击影响社会治安的各类突出问题，全力维护社会和谐稳定。成功化解各类矛盾纠纷1130件，成功稳控化解省市县信访积案和非正常死亡案件27起、涉案金额350万元。严格落实“党政同责、一岗双责、齐抓共管”要求，开展居住出租房、合用场所、民宿消防安全整治专项行动，防范和遏制各类安全事故发生。探索安全生产监管体系建设，在全县范围公开招聘安监协管员41名，完成出租房、合用场所排查3158家，系统录入率100%；加大部门联合执法力度，通过停电、停水、行政拘留等强制手段，完成出租房、合用场所消防安全整治2654家，整治合格率84%；完成10人以上出租房整治30家，整治率100%；完成民宿消防安全整治2家，整治合格率100%。抓好道路交通、食品药品等群众最关注领域的安全管理，切实保障人民生命财产安全。

文化中心广场(大峃镇提供)

【基层党建】 坚持“因地制宜、整合资源、彰显特色、务实管用”的原则，制定村级活动场所3年建设计划，全面打造农村红色阵地。镇政府累计投入专项资金760余万元，新建维修珊门、下村、余山、上房等村民中心16个，创成党建示范点15个。制定强村发展“一村一策”方案，新增壮大村级集体经济项目21个，基本实现每村经营性收入达5万元以上。全面落实村干部坐(值)班制、五议两公开、三会一课、联审联签、“三务”公开等重要制度，确保村民中心门常开、人常在、事好办，有效拓宽反映社情民意的渠道，确保镇委、镇政府中心工作落实到位。加强基层队伍建设。学习贯彻党的十八届六中全会精神，深刻领会《准则》和《条例》，把中央全会精神传达到每一个支部、每一名党员。严格执行换届纪律“九个严禁、九个一律”规定，组织抓好“两代表”候选人资格审查和代表选举工作，全力营造风清气正的换届环境。12月17日召开中共大峃镇第十四届代表大会第二次会议，选举产生出席中共文成县第十三次代表大会代表39名。12月19日，全镇28个选区依法选举产生文成县第十六届人民代表大会代表42名。做好瑕疵“两代表”处置工作，第一批劝退瑕疵党代表11名。制订党员发展计划，坚持质量优先的原则，全年培育入党积极分子48人，发展预备党员59人，转正党员45名。贯彻落实干部选拔任用条例，切实形成干部选拔作用的新导向和新机制。全年任免中层干部38人次，其中新提任中层正股4人，新提任中层副股8人，因退休，工作变动等免职16人，平职交流10人；调整村居两委干部3人次。探索创新工作机制。以创建“笃志于峃”党员志愿服务品牌为抓手，结合“两学一做”专题教育活动，将志愿服务活动对象向全体党员延伸，组建党员志愿服务队11支、680人，推动党员志愿服务常态化。特别是在创国卫和平安护航G20期间，统一穿戴红马甲和党徽，主动开展志愿服务活动，受到社会的广泛好评。抓好两新党组织“覆盖检修”工作，调整两新党组织40个，保留独立党支部11个，撤销“空壳”党支部19个，组建拓展联合党支部11个，下派党建指导员22名。建立两新党员服务机制，构建线上线下“红色细胞网”，实现党员服务零距离。

【党风廉政】 全年完成市县镇三级农村作风巡查村35个，其中市县农村作风巡查组完成巡查村15个，全面进入整改阶段。全年受理信访举报57件，办结43件，办结率75.4%。坚持从严惩腐，立案10件，查处党员干部10人，其中开除党籍8人、党内警告1人，党内严重警告1人。加强会纪会风整治力度，组织开展正风肃纪行动，全年组织开展明察暗访20次，通报批评干部27人，谈心提醒谈话25人。贯彻落实中央“八项规定”、省委“28条措施”“六个严禁”、市委“1+8”文件和县委作风建设“1+10”文件精神，常态化整治四风问题，完成公车改革和办公用房清理，严控公务接待，全年“三公”经费支出同比下降66%。

**2016年大峃镇集体和个人荣誉**

表32

| 单位 | 时间 | 荣誉名称 | 授奖单位 |
|---|---|---|---|
| 大峃镇 | 2016年1月 | 温州市“百日维稳攻坚大会战”先进集体 | 中共温州市委办、市政府办 |
| 大峃镇 | 2016年3月 | 2015年度消防安全工作先进单位 | 文成县人民政府 |
| 大峃镇 | 2016年3月 | 2015年度“三改一拆”工作先进集体 | 文成县人民政府 |
| 大峃镇 | 2016年9月 | 文成县2016年“尊师重教”先进集体 | 文成县人民政府 |
| 大峃镇 | 2016年9月 | 2013—2015年度温州市防范和处置邪教工作先进集体 | 中共温州市委、市政府 |
| 大峃镇 | 2016年9月 | 2012年—2015年度温州市人民调解工作先进集体 | 中共温州市委、市政府 |
| 大峃镇 | 2016年9月 | 温州市“六五”普法工作先进单位 | 中共温州市委、市政府 |
| 大峃镇 | 2016年9月 | 2011—2015年全市法治宣传教育先进集体 | 中共温州市委、市政府 |
| 大峃镇 | 2016年9月 | 温州市G20杭州峰会维稳安保工作先进单位 | 中共温州市委、市政府 |
| 大峃镇 | 2016年11月 | 温州市先进调解委员会 | 中共温州市委办、市府办 |
| 大峃镇 | 2017年1月 | 文成县2016年度政协工作先进集体 | 文成县政协 |
| 大峃镇 | 2017年2月 | 2016年度乡镇财政管理工作先进单位(一等奖) | 文成县人民政府 |
| 大峃镇 | 2017年2月 | 2016年度考绩结果为良好单位 | 中共文成县委、文成县人民政府 |
| 大峃镇 | 2017年2月 | 2016度党建工作先进单位 | 中共文成县委、文成县人民政府 |
| 大峃镇 | 2017年2月 | 2016年度平安建设先进单位 | 中共文成县委、文成县人民政府 |
| 刘　云 | 2016年9月 | 浙江省G20杭州峰会先进个人 | 中共浙江省委、浙江省人民政府 |
| 刘　云 | 2016年3月 | 温州市2015年度“三改一拆”工作先进个人 | 温州市人民政府 |
| 杨小锋 | 2017年2月 | 温州市2016年度电网建设攻坚先进个人 | 温州市人民政府 |
| 赵沛标 | 2016年10月 | 文成县“平安护航G20”工作先进个人 | 中共文成县委、文成县人民政府 |
| 赵沛标 | 2017年2月· | 2014—2016年温州市信访工作先进个人 | 中共温州市委、温州市人民政府 |

续表32

| 单位 | 时间 | 荣誉名称 | 授奖单位 |
|---|---|---|---|
| 林胜斌 | 2106年4月 | 在2016年度全市乡镇(街道)专武干部集训中成绩优异，被评为“优秀学员” | 中共温州市委组织部、温州军分区司令部、温州军分区政治部 |
| 林胜斌 | 2016年7月 | 2015年度征兵工作先进个人 | 文成县人民政府、文成县人民武装部 |
| 王庆捷 | 2016年5月 | 2015年度全县交通工程建设先进个人 | 文成县人民政府 |
| 王庆捷 | 2017年2月 | 2016年度全县交通工程建设先进个人 | 文成县人民政府 |
| 邢金旺 | 2016年10月 | 文成县“平安护航G20”工作先进个人 | 中共文成县委、文成县人民政府 |
| 邢金旺 | 2016年3月 | 在2015年度工作中成绩显著，给予嘉奖一次 | 中共文成县委、文成县人民政府 |
| 柳小栩 | 2017年1月 | 2016年度人大工作先进工作者 | 文成县人民代表大会常务委员会 |
| 张蔚滨 | 2016年3月 | 十路英才百名“最美温州女性”妇干能人荣誉称号 | 中共温州市委宣传部、温州市妇女联合会、温州市人力资源和社会保障局、温州日报报业集团 |
| 张蔚滨 | 2016年3月 | 在2015年度工作中成绩显著，给予嘉奖一次 | 中共文成县委、文成县人民政府 |
| 朱旭新 | 2016年9月 | 温州市G20杭州峰会维稳安保工作先进个人 | 中共温州市委、温州市人民政府 |
| 朱旭新 | 2016年3月 | 在2015年度工作中成绩显著，给予嘉奖一次 | 中共文成县委、文成县人民政府 |
| 刘永丰 | 2016年2月 | 2015年度温州市安全生产监督管理系统先进个人 | 温州市人力资源和社会保障局、温州市安全生产监督管理局 |
| 刘永丰 | 2016年10月 | 文成县“平安护航G20”工作先进个人 | 中共文成县委、文成县人民政府 |
| 刘永丰 | 2017年3月 | 2016年度文成县安全生产监督管理系统先进个人 | 文成县人力资源和社会保障局、文成县安全生产监督管理局 |
| 赵海珍 | 2017年3月 | 温州市工会财会工作先进工作者 | 温州市总工会 |
| 赵海珍 | 2016年3月 | 文成县工会先进工作者 | 文成县总工会 |
| 张陈丽 | 2017年3月 | 2016年度温州市优秀基层纪检监察干部 | 中共温州市纪律检查委员会、温州市监察局 |
| 张陈丽 | 2016年7月 | 2015年度温州市农业丰收奖二等奖 | 温州市农业局 |
| 林　溪 | 2106年7月 | 2015年度征兵工作先进个人 | 文成县人民政府、文成县人民武装部 |
| 林　溪 | 2016年5月 | 2015年度国防教育工作先进个人 | 文成县国防教育委员会 |
| 周光灿 | 2016年7月 | 2015年度征兵工作先进个人 | 文成县人民政府、文成县人民武装部 |
| 叶　舟 | 2016年10月 | 文成县“平安护航G20”工作先进个人 | 中共文成县委、文成县人民政府 |
| 刘霖霞 | 2016年7月 | 温州市农业丰收奖二等奖 | 温州市农业局 |
| 刘　宏 | 2016年9月 | 浙江省首席水利员 | 浙江省水利厅 |
| 包静洁 | 2016年2月 | 温州市“百日维稳攻坚大会战”先进个人 | 温州市人民政府 |
| 包静洁 | 2016年4月 | 文成县文化工作先进个人 | 文成县文广新局 |
| 包静洁 | 2017年1月 | 温州市文化广电新闻出版工作先进个人 | 温州市文广新局 |

（邢金旺）

## 珊溪镇

【概况】 珊溪镇地处文成县南部22公里处，全省八大水系中水质最好的飞云江横穿而过，是国家重点工程——珊溪水库所在地，是国家级生态镇、浙江省中心镇、省级旅游经济强镇、省级森林城镇、省级文明镇、省级体育强镇和省级教育强镇，也是著名的革命老区。行政区划调整后，全镇地域面积117平方公里，辖珊溪、李井、南坑、西龙、仰山等5个社区，41个行政村（居），总人口44735人。2016年，珊溪镇立足“新起点”，矢志“新跨越”，围绕“宜居宜游宜商”省级中心镇建设目标，以引人聚人为先导，以城镇建设为依托，以环境再造工程为抓手，努力打造“人在画中，村在花中，镇在景中”的“灵秀珊溪”。获得2016年度温州市统计工作先进单位、温州市重点建设工作（立功竞赛活动）先进集体、全县政协工作先进集体、乡镇财政管理工作先进单位三等奖、宣传思想文化工作先进集体、文化礼堂建设工作先进乡镇、有效投资先进单位、党建工作先进单位、“大拆大整”专项行动先进单位。

【项目建设】 完成街尾片区过境公路的规划设计、珊溪—牛坑—塘山段的道路提升、牛坑—项坑段的道路硬化以及溧宁高速（文泰段）的土地勘测。年度固定资产投资在库项目36个，续建项目1个，新建项目35个，完成投资项目24个、投资额6.42亿元，完成率117%。实施3年特扶项目4个，总投资265万元，完工项目3个，开工项目1个，完成投资204万元。

【招商引资】 全年招商项目3个，到位资金19094万元，完成率73.44%。重点项目1个：下湾旅游接待中心。农业招商项目2个，重点推介项目2个。投资3.1亿的龙珠岛主题文化公园，完成选址、效果图设计；位于李井百万山的养老康复项目，与厦门商会达成初步投资共识。

【产业发展】 全镇农作物播种面积24637亩，粮食播种面积10421亩，蔬菜种植面积9032亩。在册工业企业57家，其中鞋帮加工企业16家，规上大型企业1家(珊溪电厂)，省级规下样本2家，分别是驮管坑水电站和双坑源水电站，市级样本1家(王森鞋帮加工厂)，规下工业产值2.3亿元。抽样规下批零住餐服务业9家，总营业额515.2万元。

【统计调查】 推进农村土地确权登记工作，农户承包地信息摸底调查完成100%，实地勘界完成38个村。开展第三次农业普查，完成农业普查电子地图边界界定。做好千分之五人口调查工作，9月完成前期工作，10月底完成宣传摸底工作，11月13日完成全部调查及数据上报工作。

【生态旅游】 谋划开发建设龙珠岛水文化主题公园、环湖绿道、乡村民宿。其中，龙珠岛水文化主题公园已完成可行性报告，飞云湖环湖绿道开工建设项坑——塘山段，天阳山庄民宿室内装修完成95%。

【生态建设】 以“无违建镇”为目标，推进“三改一拆”工作，突出新建违章管控，推进集镇主要街道、公路主干道的违章拆除工作，全年累计拆除违章20441平方米，完成全镇31个村（居）“无违建村”创建；以“河长制”为抓手，推进“五水共治”工作，建立镇、社区、村三级河长体系，沿河村级河段长及驻村干部开展日常河道保洁督查，每月不少于4次。以“三边三化”“清洁乡村”为载体，推进小城镇环境综合治理，完成公路沿线垃圾清理、危旧房拆除行动中遗留的建筑垃圾清理、坦歧段绿化建设等工作。以“严禁新建、翻新私坟”为要求，推进“青山白化”工作，对全镇范围内的坟墓实行严格的动态管控，共计拆除私坟196穴，实行坟墓生态化改造220座。

【灾后重建】 完成李井避震安居小区一期耕地表土剥离和建设用地规划许可审批，D、E区块管线方案会审、迁移陆续推进，160套联建房完成主体建筑一层；二期项目完成施工图初审，B区块成立业主建设委员会。推进"1+4X"重建方式，城镇规划区为"先锋"，南阳、五新、雅坪、李夏等4个X点中心村为"后卫"，加强灾后自建自救。全年落实自行购房指标48户，验收39户143人，发放补助资金267.42万元。

【大拆大整】 城乡危旧房方面，全镇干部进村入户，摸清危旧房底数，对鉴定为D级危房的住房严格落实"五个一律"措施，全年共计拆除D级危旧房269户275间，建筑面积33000平方米。"四无"方面，集中整治"四无"生产经营单位52家，"四无"小作坊17家。违章建筑方面，实行全天候日常巡查制度，切实掌握最新动态，共计拆除违章建筑20742平方米。城中村改造方面，完成坦歧湾底自然村52间7160平方米、街尾片区106间1.84万平方米、五新村24间2640平方米水边危险房屋拆除工作。流动人口及消防安全方面，按照"村不漏户、户不漏房、房不漏间、间不漏人"的原则，建立以流动人口为主的专业排查整治队伍，排查出租房229家、合用场所297家、民宿1家；整治出租房185家，合用场所173家、民宿1家。

【社会保障】 全面消除4600元低收入农户，落实低保户救助1060户1438人，新增74户114人，发放低保补助540.61万元，完成326户农村困难群众住房救助。开展"六联共促"帮致富活动，带动4个村及周边420户村民发展东魁杨梅面积3500亩。

【文化建设】 推进镇文化中心建设进度，建成南坑社区文体服务中心和鳌洋文化礼堂。利用镇文化站、文化礼堂等阵地在节假日和双休日期间开展丰富多彩的民俗活动、文艺演出、特色主题活动、春泥计划活动等，满足群众精神文化需求。做好文明村创建工作，下排坦村创成县级文明村，松源村、下山村、牛坑村通过县级文明村复评。坦歧、雅坪文化礼堂创成2016年县春泥计划示范点。

【平安建设】 紧盯平安创建"双十"目标，做好平安建设及护航G20杭州峰会工作，建立完善镇"班子领导三级创建整治责任制"，成立"珊溪镇G20杭州峰会实战、决战阶段安保工作协调办公室"。出台《关于进一步完善矛盾纠纷排查化解工作的意见》《矛盾纠纷三级调解机制》。开展"平安村(社区)""民主法治村(社区)""无邪教村(社区)"创建活动，全年共举办各类法制宣传培训班3次，发放宣传资料2万余份，悬挂横幅标语35条，党员干部接受培训500余人次，在校学生参加普法教育培训3000余人次。全年累计排查各类矛盾纠纷380起，成功调解365件，受理县信访局交办信访件15起，全部办结(其中息诉罢访1件)；成功化解一件事权在山东省德州市进京信访的对象南阳村毛兴内与开发商的纠纷；成功化解2件历史积案，一件是新建村下尾地珊溪水库征地遗留纠纷，另一件是历经25年的工程欠款纠纷。

【基层党建】 以基层组织建设"271"工程为载体，深化"两学一做"学习教育活动，实行"228"巩固蹲点法，全面贯彻落实村干部履职"双十清单"；成功完成全市乡镇党委换届试点工作，精心筹备村级组织换届前期工作；实行加减分制，出台村干部和网格员考核办法。严把党员积分制管理，全年发展党员40名，收缴党费10.9万元，其中补缴5.9万元；建设市、县、镇级示范村民中心4个、“红色驿站”2个，新建村民中心1个；全面完成27个村级老年协会的资产移交专项治理工作。围绕“红七月”创新“六大行动”，开展建党95周年主题纪念活动，挖掘宣传林梅伍、朱福财等党员先锋事迹；开展群、团、企建设和“红色”专线服务、“六联共促”帮致富活动。

（林欢雨）

## 玉壶镇

**【概况】** 玉壶镇是浙江省著名侨乡，位于文成、瑞安、青田三县交界处，镇域面积182.11平方公里，户籍人口4.7万人，在外华侨6.8万人，分别旅居在欧洲、中北美等40个国家和地区。全年全镇在建限额以上固定资产投资项目21个，新开工19个，续建2个，新建项目的开工率100%。完成固定资产投资5.29亿元，完成率103.82%；招商引资到位资金2.89亿元，完成率111.26%。2016年，玉壶镇获乡镇财政管理工作先进单位二等奖，中村村、碧溪村获文成县“平安护航G20”工作先进集体。

**【国际慢城】** 根据《文成县玉壶“国际慢城”创建规划》，慢城建设分成主城区的侨乡悠镇、垟头村的水巷炊烟、五一村的城郊野趣、五四村的溪谷幽居、光明村的归隐山居和碧溪村的碧谷新乡6大板块，预计建设资金17亿元。2016年，投资任务7353万元，7个项目，分别是LED节能路灯改造、田间绿道工程、城镇三级管网及城区道路“白改黑”工程、入城口欧陆风情街改造、慢行游步道、风车宿营基地、玉壶中美合作所修缮工程等。2016年，国际慢城联盟在葡萄牙维泽拉年会上正式授予玉壶镇“国际慢城”认证书。至此，玉壶镇成为全世界第255个“国际慢城”，也是中国第五个“国际慢城”、浙江省首个“国际慢城”。

国际慢城联盟总部正式授予文成县玉壶镇“侨韵”国际慢城称号（玉壶镇提供）

**【城乡统筹】** 以“镇当城建”理念，围绕“一轴两翼”城镇格局，推进东大门、栋头桥、梅园等重点区块开发。东大门开发，谋划建筑群、特色档酒店、核心商业区、休闲商业区等适合华侨投资项目。栋头桥小区CB-05-1地块已招投标，完成沿溪段绿道建设。玉壶镇梅园B地块开发项目已完工，完成投资额8106万元。同步推进城镇管网、华侨幼儿园、绿化品位提升、路灯环保节能灯等公共设施配套建设。强化要素支撑，供应土地12716平方米，申请农转用面积6158.78平方米，有效保障用地需求。

**【产业培育】** 围绕打造慢城旅游休闲产业体系，搭建产业平台，有计划地推进玉泉溪“一轴两翼”和栋头桥、东大门等产业板块和慢城核心街区的项目建设。大力培育现代农业，将油茶、中药材、青钱柳等主导农业产业，结合休闲旅游，通过土地流转方式，扩大规模。打造林岩杨梅基地、角山休闲养生园、东丰家庭农场、吕一蜜柚农业产业基地等一批现代化农业观光旅游产业基地。着力培育特色产业，围绕玉泉溪，融合中西元素，开办咖啡吧、酒吧、茶座等特色餐饮业，全年开业11家。努力培育新的经济增长点，扶持来料加工点2个，巩固加工点6个。

【生态环境】 狠抓“国际慢城”配套环境治理。启动交通主干道、壶山路入城口等重要区域的形象提升工程，新建自行车绿道网、垟头绿道游步道、慢行彩道等慢行系统。开展“大拆大整”专项行动，依法强制腾空危旧房152间，拆除违法建筑11622平方米。针对无房户，危旧房异地搬迁户，划定龙背村城中村改造项目和五一村、东樟村旧村改造项目。推进“五水共治”工作，完成3个村农村生活污水处理项目；完成城镇三级管网（入户管网）建设总工程量75%；完成污水处理厂尾水工程征地工作；完成玉泉溪两岸景观提升工程总工程量90%；落实畜禽长效管理制度，整治率100%。抓好“三边三化”“青山白化”等重点工作，强化骨灰流向跟踪机制，私坟整治638座。创新成立玉壶镇保洁队，负责建城区卫生，提升玉壶整体城乡形象。

【社会事业】 坚持将政府主要财力用于改善民生，实施“幸福民生三大工程”。一是做好困难群众救助。帮扶重点低收入农户增产增收154户，帮扶22户因病因灾重返“4600”以下农户脱贫，全年发放社会救助金729.87万元，新增低保、残保户67户。二是狠抓民生基础工程。启动龙背村30亩城中村改造，东樟村25亩、五一村40亩旧村改造项目，保障农民住房安全。完善农村留守儿童、留守老人关爱服务体系，引进社会力量发展养老育童服务产业，新建村居家养老中心7家，华侨幼儿园完工。加大农村基础设施建设力度，完成新林至驮庵、汤垟至小南坑、长丰至自来水厂等道路硬化工程，提升改造东金线公路5.36公里，建设五一村400余立方米水池。三是实施文化惠民工程，启动九南村文化礼堂建设和玉壶侨乡文化陈列馆规划方案修编工作。

【个人荣誉录】 2016年政协工作先进个人玉壶片联络组蔡明松。

2016年文成县“平安护航G20”工作先进个人程洲（玉壶镇）、陶伟忠（玉壶镇）、施晨曦（玉壶镇）、蔡露露（玉壶镇）、胡志朗（玉壶镇外村）、张根妹（玉壶镇上村）。

2016年度先进人大工作者包雪玲。

2016年温州市侨联系统先进个人胡海燕。

2016年党员致富带头人胡海华（玉壶镇裕山村村委会主任）。

2016年富民党支部书记朱进洪（玉壶镇角山村党支部书记）。

2016年优秀党务工作者蔡芳芳（玉壶镇党群办干事）。

2016年优秀共产党员周扬清（玉壶镇党群办科员）。

2016年优秀共产党员蔡明松（玉壶镇雅龙村党支部书记）。

（玉壶镇供稿）

玉壶全景图（玉壶镇提供）

## 南田镇

【概况】 南田镇位于县境西北部，是明朝开国元勋刘基故里，南田历史上曾属于青田县，因土地平坦广阔，又有一大片肥沃的良田而得名。南田镇拥有三张国家级“金名片”：国家级生态镇；刘基庙、墓为国家重点文保单位；《刘伯温传说》《太公祭》列入全国非物质文化遗产名录。2016年度，南田镇刘伯温故里武阳景区通过温州市旅游景区质量等级委员会评定，被正式批准为国家AAA级旅游景区。

【环境整治】 统筹推进“三边三化”“三改一拆”“无违建镇”创建等环境综合整治工作。全面推进“五水共治”工作，实现镇级污水处理设施全覆盖，完成三级管网改建工作80%，投入资金约2500万元，主管网共铺设2万余米，化粪池改造2000户左右，改造完成并接入户1300户左右，接户率80%以上，完成4个村农村生活污水治理，受益农户1000余户。全年“三改”项目完成综合整治14.9万平方米，完成任务数的149%，“无违建镇”创建工作在完成所有31个行政村的无违建村居创建，完成辖区所有无违建道路及河道的创建，同时全年处置违建面积2.2万平方米，完成全年任务的120%，10月被正式命名为无违建先进乡镇；全年鉴定D级危房186间，腾空105间，拆除81间。

【城镇建设】 新型城镇化建设步伐加快，镇域建成区面积10.74平方公里，建城区人口4868人。新建、改造建城区诚意路、伯温西路、参政路、华盖路、忠节路、南田街、市场路、文化大道等道路3.14公里。建成商品住房5.1万平方米、保障性住房2.9万平方米，华阳小区、南都花苑、城东小区等一批高品质住宅小区相继建成入住。刘伯温纪念馆暨浙江省廉政文化教育基地竣工，九都村历史文化古村落、伯温山庄、市政道路建设等旅游项目及配套设施建设稳步推进。美丽乡村建设成效突出，农村居住环境不断改善。改造新建县乡公路10公里，村道6.65公里，城乡交通条件显著改善。

【平安高地】 深入推进“平安高地”建设，全面运用法治手段处理信访问题，建立健全村、社区、镇“小、中、大”三级网格，彻底化解一批老大难信访积案，2016年度首次实现全年零非访，有效扭转信访多发态势，实现稳情向好发展。创新社区矫正、调解工作，全年在册在矫人员21人，接收社区矫正人员24人，解矫23人；在册归正人员154人，帮教率98%，建档率100%。全镇发生矛盾纠纷155件，调处成功150件，调处率100%，调处成功率96.7%。先后被评为2016年度“温州市G20杭州峰会维稳安保工作先进集体”“温州市文明单位”“温州市信访工作先进集体”等。

【民生事业】 全年城乡居民医保参保32463人，基金征缴244.77万元，参合率100%；发放各类困难对象补贴补助资金756万余元，惠及3250多名困难对象。加快养老服务体系建设，新建龙呑村、五源村2处养老服务照料中心。全镇低保金、医疗救助金和五保户供养金全面提标。完成农村危房改造332户。广泛开展群众性精神文明创建，深化刘伯温春秋二祭、元宵节舞龙灯等文化惠民品牌活动。顺利完成“鲇鱼”“莫兰蒂”等超强台风的防御救灾工作。

【项目建设】 实施“四镇三宜”（围绕“农业强镇、生态兴镇、名人立镇、旅游富镇”，打造宜游宜居宜业南田）目标，全年完成限额以上固定资产投资4.64亿元，完成率82%；社会性投资占比45%，政府性投资占比55%。全年共安排限额以上项目16个，诚意小区、伯温山庄、伯温小学等项目建设有序推进，13个新开工项目基本按时间节点要求开工。全年完成招商引资到位资金2.8亿元，完成率为116%。

【生态经济】 坚持把生态农业作为富民增收的基础产业，进一步做大做强猕猴桃、杨梅等高山水果以及毛豆、茭白等高山蔬菜品牌。改善农业基础设施，投入100余万元提升“三区两园”（水果主导产业示范区、蔬菜主导产业示范区、粮经轮作区，三源食用菌精品园、高新光明鱼稻共生园）。旅游产业取得新成效，刘基庙接待游客总人数相比去年增长67%。培育民宿、电商等新兴业态，新的经济增长点逐步形成，全镇拥有民宿9家。

【基层党建】 全镇共有基层党组织62个，党员总数1607名。出台《南田镇“一岗双责”全员抓党建工作责任制》，建立科室联片联村制度，引导科室人员融入“一线”，帮助研究解决驻点联系工作中遇到的困难和群众提出的急需解决的问题，培养全能型基层干部。平稳有序抓好村级组织换届前期准备工作。抽调相关科室人员联合开展专项行动，集中力量，分类处置，逐村核查，以群众反映的村干部个人问题为重点，全面核查2013年换届后村干部的违法违纪行为，坚持“发现一起，处理一起，警醒一片”。全年完成31个村的“清账”工作，查处党员干部违纪案件16起，移送司法机关1起。

**2016年度集体荣誉录**

表33

| 先进单位 | 荣誉称号 | 授奖单位 | 颁发时间 |
|---|---|---|---|
| 南田镇人民政府 | 2016年度文明单位 | 温州市精神文明建设指导委员会 | 2016.03 |
| 南田镇人民政府 | 温州市G20杭州峰会维稳安保工作先进集体 | 中共温州市委、温州市人民政府 | 2016.09 |
| 南田镇人民政府 | 文成县“弘扬长征精神践行‘两学一做’”主题演讲比赛组织奖 | 中共文成县委组织部、中共文成县委宣传部、文成县文化广电新闻出版局 | 2016.11 |
| 南田镇人民政府 | 文成县首届时事评论挑战赛优秀组织奖 | 中共文成县委宣传部、文成县新闻中心 | 2016.11 |
| 武阳村 | 浙江省美丽乡村特色精品村 | 浙江省“千村示范，万村整治”工作协调小组办公室 | 2016.10 |
| 武阳村 | 国家AAA级旅游景区 | 温州市旅游局 | 2016.02 |
| 武阳村 | 温州市旅游社区 | 温州市旅游局 | 2016.02 |
| 武阳村 | 温州市文明村 | 温州市文明办 | 2016.03 |
| 高村村 | 市级文明村 | 温州市文明办 | 2016.02 |
| 南田村 | 2016年市级示范村 | 温州市委组织部 | 2016.11 |
| 五源村 | 2016年市级示范村 | 温州市委组织部 | 2016.11 |
| 三源村 | 2016年市级示范村 | 温州市委组织部 | 2016.11 |
| 五源村 | 文成县“平安护航G20”工作先进集体 | 中共文成县委、文成县人民政府 | 2016.10 |
| 南田镇退休党支部 | 县先进基层党组织 | 文成县委 | 2016.07 |
| 龙岙村 | 县级文明村 | 文成县文明办 | 2016.03 |

**2016年度个人荣誉录**

表34

| 先进个人 | 荣誉称号 | 授奖单位 | 颁发时间 |
|---|---|---|---|
| 赵建怀 | 浙江省G20杭州峰会工作先进个人 | 中共浙江省委 浙江省人民政府 | 2016.09 |
| 吴哲海 | 温州市优秀党务工作者 | 温州市委 | 2016.06 |
| 刘　永 | 温州市G20杭州峰会维稳安保工作先进个人 | 中共温州市委、温州市人民政府 | 2016.09 |
| 刘日平、刘发发 | 县优秀共产党员 | 文成县委 | 2016.07 |

续表34

| 先进个人 | 荣誉称号 | 授奖单位 | 颁发时间 |
|---|---|---|---|
| 饶正靖 | 县征兵工作先进个人 | 文成县人民政府、文成县人民武装部 | 2016.07 |
| 饶正靖 | 优秀专武干部 | 文成县人民政府、文成县人民武装部 | 2016.05 |
| 李聪林 | 县“最美职工·职业道德标兵个人” | 文成县委宣传部、县总工会 | 2016.12 |
| 潘晓希 | 2015年度安全生产工作先进个人 | 文成县人民政府 | 2016.03 |
| 潘晓希 | 文成县“平安护航G20工作”先进个人 | 中共文成县委、文成县人民政府 | 2016.10 |
| 胡刘杰 | 文成县“平安护航G20工作”先进个人 | 中共文成县委、文成县人民政府 | 2016.10 |
| 周雪丹 | 文成县“平安护航G20工作”先进个人 | 中共文成县委、文成县人民政府 | 2016.10 |

（包芳芳）

## 黄坦镇

【概况】 黄坦镇地处文成县西南部，直线距县城10公里，全镇总面积196.5平方公里，是文成县国土面积最大的镇，其中耕地面积21635亩，山林面积222457亩，森林覆盖率67.12%，总人口3.5万人。2016年2月乡镇区划调整优化调整后，黄坦镇依然保留原来社区和村。设雅梅、王宅、稽垟、黄垟、富岙、云湖6个社区，下辖45个行政村，其中7个少数民族村。全镇共有基层党组织82个，党员总数1825名，其中农村党员1523人。黄坦镇东连大峃镇，南接珊溪镇、巨屿镇，西邻西坑畲族镇，北靠百丈漈镇、南田镇，是名副其实的“县城后花园”。

【社会经济】 2016年，全镇实现工农业生产总值2.84亿元；财政总收入1.75亿元；农村居民人均纯收入11438.3元，增长9.2%；全镇城乡居民存款余额4.33亿元，同比增长27%。全年完成规下工业产值1.41亿元，同比增长7.3%；超额完成限额以上固定投资6.4亿元，完成年度任务的124.1%。

【项目建设】 制定出台《黄坦镇大项目、大平台工作推进督查方案》，严格落实项目进度、项目责任、项目投资，确保每个项目按时有序推进。全年安排限额以上项目16个，总计划投资5.15亿元。完成投资6.39亿元，完成率124.1%，在一类镇中完成率排名第一，同比增长22.3%。其中续建项目3个，计划投资4500万元，完成5599万元，完成率124.4%；新开工项目13个，计划投资4.7亿元，开工11个，完成投资4.3538亿元，完成率84.5%。仙人居生态农庄旅游配套工程与灾后本地重建等表外项目23个，计划投资2.73亿元，已完成2.39亿元，完成率87.5%。同步到位浙商回归资金3.88亿元，完成率149.2%，全县排名第一。

【城镇建设】 围绕抗震安居工程3年实施计划，严格按照“城镇建设抓布局、重点项目推进度、遗留项目求破解”的要求，全力推进抗震安居工程建设，以云湖路为主干道，逐步将卫生院、黄坦小学和敬老院等公共资源向新城区转移，确保重点项目建设顺利进行。栖村垟抗震安居小区一期8幢204套住房全面完工，于9月初完成钥匙交付。栖村垟二期140套、三期350套、四期160套完成房屋的报名与摸文，工程完成部分主体二层。王宅小区100套安置房完成土地政策处理，开工建设。

【生态工农业】 重点培植青钱柳茶、飞云湖食用菌、飞云湖笋干、上口香、黄坦糖、新康番薯枣等农产品加工，形成黄坦旅游的拳头产品，对外集中“销售”。扶持高山蔬菜、鲜切花、铁皮石斛、糯米山药、黄芪、厚朴等特色农业，累计新增高山蔬菜300亩，鲜切花400亩，铁皮石斛300亩，黄芪200亩，厚朴1000亩，农业生产呈现规模化、集约化、生态化的良好态势。推进低丘缓坡产业基地建设，完成项目前期审批和道路部分55亩的土地报批和供地工作，完成施工图的编制及审查。累计发展木门加工、鞋帮等各类来料加工企业80余家，来料加工业逐步形成规模效应。

【生态旅游】 以加快融入“全域旅游化”战略目标为方向，将滨湖养生、畲乡风情、区位优势等资源集合到旅游板块上，完成集观光采摘基地和乡村民宿于一体的生态农庄提升建设4个；持续加大投入建设培头畲族风情村、稽垟旅游特色村以及56省道沿线富康村、周岙底村的美丽乡村建设；全面启动栖真寺重建与“东方慢城·飞云湖小镇”建设项目。举办培头村第九届“三月三”畲族风情节活动。

【环境整治】 联动五水共治、小城镇环境综合整治，统筹推进“五水共治”。以持续巩固养殖业污染整治成果为目标，加快城镇截污纳管工程建设，建成农村污水治理系统6个。加强水源保护力度，全面完成黄坦河道治理工程，确保水质常年维持在Ⅱ至Ⅲ类。实施小城镇环境综合整治。结合“文明示范一条街”试点建设，全面铺开小城镇环境综合整治，重点打造城区主干道兴华南路洁化、序化、美化“文明示范一条街”。全年投入资金300余万元，全面拆除城区内主干道沿街不规范店招与遮阳棚，完成267户商铺店招设计安装，全面开展马路市场整治，建成区综合环境得到极大的改善。

【大拆大整】 推进“大拆大整”专项行动，全镇累计排查危旧房11200户11522间，拆除危旧房178间27000余平方米，其中杜山村拆除90户99间13000余平方米；排查发现疑似危旧房639户1367间，鉴定C、D级危房618户1333间，全面开展危房治理改造工作。生产经营单位共排查920家，核实出“四无”生产经营单位305家，整改217家；无证无照33家，整改30家；无合法场所2家，整改2家；无安全保障291家，整改207家；小作坊46家，整改42家。城中村改造完成严本村栖村垟二期C区块47间房屋的面积丈量等前期工作，签订拆迁协议。合用场所共排查229家，基本完成整治；居住出租房共排查83家，整治完成71家，整治合格率85.5%；民宿共排查3家，完成整治3家，整治合格率100%。

【社会保障】 合理配置社会养老服务资源，在全镇范围内对困难老年人养老服务需求进行评估，改造完成塘底垟村村级居家养老服务照料中心。全面落实社会保障政策，切实抓好特困群众、特殊群体的社会救济、救助工作。全年发放各类困难对象补贴补助资金602.6万元，发放医疗救助资金63.6万元，发放优抚补助资金55.9万元，惠及1744人。继续深化殡葬改革，重点对“三沿五区”重点地段的坟墓进行整治，拆除新建、翻建坟墓22座，完成翻建私坟整改161座，公路沿线私坟整治61座。全面谋划黄坦镇小、黄坦敬老院、黄坦卫生院等一批民生福祉项目建设。

【社会维稳】 以“护航G20”为契机，建立健全“眼睛向下、重心下移、关口前置”的信访维稳工作制度，破解难题求稳定。全年排查矛盾纠纷、信访案件、信访积案和历史遗留问题共140件，化解138件。其中历史积案11件，化解4件，A类和领导包案的历史积案已经全部化解。成功劝访重点时间节点去京上访人员3人。做好培头“三月三”畲族风情节安保和应急预案、“6·24”专项活动安保、抗震安居工程栖村垟四期-2、栖村垟三期、变电所等项目开工建设的稳定风险评估等，确保不发生群体性事件。

【基层党建】 实施村干部履职“双十清单”，由镇委副书记、纪委书记、组织委员每月确定3个村，每月到村3次以上督查“双十清单”落实情况，全年完成6个村的督促落实，根据督查情况累计对存在坐班值班不到位、民主公开不及时等问题的7名村主职干部，予以扣发绩效报酬处理。制定《2016年度黄坦镇全员绩效考核实施办法》，实施基层组织建设“271”工程，投入200万元，推进基层组织建设“271”工程，完成9个示范村创建、31个达标村补齐短板、5个整转村整顿转化。深化农村党风廉政建设，严格执行《文成县小额建设工程交易管理办法》，全年受理招标项目90个。坚持每季度一次的党务、村务、财务公开制度，村务决策事项即时公开，真正落实群众在村务工作中的知情权、参与权、监督权，让村务权力在阳光下运行。

（罗　毅）

## 西坑畲族镇

【概况】 西坑畲族镇位于文成县西北部，总面积48平方公里，下辖11个行政村，3802户总人口12188人，其中4个畲族村，畲族人口2480人，是浙江省重点少数民族镇。全镇森林覆盖率达到95%以上，负氧离子高达1800个/立方厘米，两项指标均排在浙江省前列，全年平均气温20.3度，具备打造“森林氧吧特色小镇”的天然条件。

【效益农业】 扶持培育兔业、中药材、果树等符合西坑畲族镇实际的特色产业。扶持发展糯米山药、生姜、油茶种植，结合新一轮“三年特扶”行动，先后成立神农姜业有限公司、百龙中药材有限公司、西坑农产品供销合作社、兔业协会等中介组织。全镇主导产业示范村5个，分别是旁边垟村的野兔养殖，田寮塘垟村的野兔养殖和生姜种植，南坑垟村的水果种植。江山村的中药材种植，双前村的水果。

【生态旅游】 根据“养生养心宜游宜居生态西坑”发展战略，结合“刘基故里”的名人文化、安福寺的佛教文化、富有民族特色的畲乡文化，坚持旅游与产业配套，扶持发展民宿、农家乐等特色乡村旅游项目，畲家长桌宴品牌影响力越来越大。以溪后民族特色村寨建设和让川美丽乡村改造提升工程为主，全面提升美丽乡村建设。溪后民族特色村寨完成一期立面改造和屋顶平改坡、二期立面改造及竣工验收，三期立面改造和屋顶平改坡工程已过半。村口景观和广场已完成征地、设计、施工图。让川美丽乡村改造提升工程已完成设计稿及效果图，屋顶平改坡工程完成施工。

【计划生育】 履行计划生育工作职责，做到经常研究、经常部署、经常督查、常抓不懈、奖罚分明。全镇全年人口出生上报171人，出生人数中计划内出生162人，符合率94.76%，距离县定指标差0.24%。出生人口中女孩有92人，性别比是85.86∶100。优生检测应检90人，已检78人，参检率86.66%，达到县定指标。村规民约修订11个村，修订率100%，达到县定指标。

【基础设施】 推进城镇饮用水工程，启动建设西坑城镇自来水工程，改善江山、双前等15个行政村的饮用水设施；完成溪后岗背至马安岗公路路基工程和江山村等5村的村道建设工程，建成龙口降、肖山至足山等12条通自然村公路，基本实现水泥路面工程通自然村。实施农贸市场规范化建设及改造提升工程。建成西坑民族幼儿园项目。建成西坑民族文化馆及梧溪、南坑洋等村的文化礼堂；深入开展“三边三化”“三改一拆”“清洁乡村”行动，创成让川、梧溪两个美丽乡村示范村，创成国家环境优美乡镇。实施“五水共治”，完成梧溪河治理一期工程。推进“大拆大整”专项行动，开展危旧房排查整治工作，有效推进群众住房安全和加快城镇化建设步伐。

【项目建设】 全年固定资产投资任务3.6亿元，完成投资4.15亿元，完成率115.36%，招商引资任务1.5亿元，完成1.60亿元，完成率106.38%。重点项目建设12个，其中续建项目4个，新建项目8个。安福寺：续建金丝楠木园、禅修中心、天圣山天坛、怀老中心，启动浙江佛学院温州佛学院、安福寺山茶文化园、安福别院的前期规划设计和土地平整工作。聚贤农庄：进行防洪堤及地基的建设。让川民宿群旅游综合体：完成八栋民宿的建设、装修工作。国营苗圃规范化建设：完成塘垟苗圃点的建设，正式投入运营。油茶种植基地：完成西南油茶基地、双前油茶基地的道路改造，茶园基础设施升级工作。特色街区改造：完成西坑底特色街区8栋外立面试点工程、9栋平改坡示范工程等。抗震安居惠民工程：完成叶岸村沿溪小区的建设，完成叶岸大桥的重建工程，启动叶岸抗震安居小区的防洪堤建设、后山防泥石流网的铺设，启动小区大桥的勘探定点工作，完成前期政策处理及征地事宜。仙花谷现代农业产业园：完成规划设计，启动西坑葛绳湾天然蜂蜜基地的建设，完成土地平整，进行天然鲜花的种植及绿化铺设工作，勘察周边地理环境，进行产业园的后备建设。

【社会保障】 全年发放低保及重度残疾人补助费291.186万元，其中居民最低生活保障344户472人，发放补助费221.74万元，重度残疾人106户108人，发放补助资金69.44万元；上报残疾人困难生活补助219人，重度残疾人护理补贴人员122人；困境儿童21人，发放困境儿童基本生活费28.59万元；申请城乡困难居民社会医疗救助51人，发放医疗救助金28.43万元；申请临时救助68人，发放补助金5.44万元。全镇现有三属1人、伤残军人2人、复员军人2人、退伍军人38人，其中带病回乡1人、三老人员48人，发放优抚金20.97万元，社救定补对象12人，发放补助29万元，60周岁以上农村老年退役士兵28人，发放补助4.52万元；2015—2016年义务兵优待金有18人，发放一次性经济补助29.84万元。全年办理老人优待证60周岁以上有39人、70周岁以上42人，高龄补贴发放资金26.76万元，其中90周岁以上老人43人，100周岁以上老人2人。

【基层党建】 围绕“两学一做”一个主题教育，组织开展专题学习讨论4次，镇班子联村领导分别到11个行政村给农村党员上党课48次，党员累计听课836人次，上报体会文章182份，发放宣传资料1700余份。抓好党员发展工作，全年发展预备党员17名，按期转正11名，严格落实党员管理“十条红线”规定，开除党籍1名。实施推进“271”工程。确定梧溪、南坑垟村2个示范村，双前村1个整转村，8个达标村，全镇开展“村村晋位、整镇推进”活动，实施挂图作战。率先推出驻村干部和村主职干部“一周工作清单”制，通过日“写”清单明责任，周“晒”清单强监督，月“考”清单保实效，落实村干部坐(值)班制度。出台《西坑畲族镇村主职干部差异化管理办法(试行)》和《镇党建工作督查制度》，将月收入报酬及村党建工作月考核内容相挂钩。

（周河苗）

## 百丈漈镇

【概况】 百丈漈镇位于县城北部，以全国最高瀑布“百丈漈”作镇名，2016年1月，行政区划优化调整，分设百丈漈镇、二源镇（原二源乡辖区）。现镇域面积43.55平方公里，其中耕地面积6175亩，林地面积31731亩。辖3个社区14个行政村，人口1.3万人。百丈漈镇整体处于南田山夷平面（俗称高山小平原或小台地）上，最高点大会顶，海拔796.9米；最低点下培山脚，海拔约200米；平均海拔600多米。百丈漈山清水秀，风景优美，辖区内自然旅游资源丰富，有中华第一高瀑——百丈漈（落差207米）、天顶湖、峡谷景廊和仙人谷等景区景点。百丈漈历史悠久，人杰地灵，辖区内保存有全县较好的石庄古建筑群、大会岭古枫道、大会岭会云禅寺和篁庄福慧寺等。

【项目建设】 全年固定资产投资任务为5.04亿元，完成固定资产投资5.54亿元，完成率110%。其中18个新建计划项目中16个按期或提早开工，7个预备项目中的3个开工（新建项目完成投资3.09亿元，其中旅游项目1.07亿元，工业项目6153万元，其他项目1.41亿元；续建项目完成投资2.03亿元）。完成工业招商项目任务3个，完成旅游投资项目任务11个。

【生态农业】 大力实施“产业培育、龙头带动、绿色品牌”三项农业促进工程。重点扶持茶叶、杨梅、渔业和高山蔬菜稻米等基地建设，特别是新亭、镇头等村连片基地得到开发利用。持续推进天顶湖农庄的转型升级，新建一批农田道路、水利灌溉设施，基本完成农田设施全覆盖。旱改水项目在建3处187亩，启动6处780亩。

【生态工业】 百丈漈镇是全县主要生态工业基地之一，规划面积9000亩，开发面积1400亩，主要入驻企业以汽摩配、纺织和箱包为主。突出招商引资工作，抓住全市大拆大整的契机，变“被动”为主动，参加全市小微企业推介会，先后到瑞安塘下、温州等地，通过当地的“文成商会”等平台进行招商，共洽谈工业招商对象9家，考查核准的5家；着重做好在建企业的服务工作，先后服务7家企业顺利结顶或竣工。生态园区基础配套设施建设和小微园服务中心建设不断完善；配合土地局开展供而未用工业土地清理工作，通过主动约谈等方式，督促2家企业动工建设。

【生态旅游】 完成旅游投资项目任务11个，石庄古村落建设、篁庄特色街区改造工程、嘉南美地项目快速推进，完成环湖绿道一期和环湖前期谋划工作。天湖庄园、望湖山庄和仙人谷度假区等一批项目相继落地，推动旅游休闲产业的健康发展。

【城镇建设】 基础设施不断完善。以城镇“绿化、美化、洁化、亮化、序化”五化工程为抓手，加大基础设施投入力度，完成镇文化中心和敬老院等项目建设，城镇道路、路灯、管线、排污、垃圾收集、绿化等设施全面完善，镇农贸市场顺利启用。城镇管理得到加强。以“强化规划、突出特色、建管并举”的思路，城镇建设开发步伐不断加快。完成城镇总体规划修编和城镇商业布局规划，完成道路、门牌、店招、绿化、路灯和排水等管理机制。美丽村庄建设工作。以整治农村环境、优化农村面貌、促进农村发展为突破口，坚持用科学统筹的办法，把新农村建设与三改一拆、美丽乡村和库周环境整治相结合，协同推进。完成新亭美丽乡村工程。完成大南公路、老56省道、环湖的青山白化、赤膊房和湖面整治工作。开工建设腾飞小区至篁庄道路、石庄至长垄等道路提升改造工作。

【生态环境】 巩固和深化推进“三改一拆”和“五水共治”工作。突出拆改并举，巩固无违创建。围绕提升城区配套、加快旧村改造和马路市场整治，全年完成“三改”面积16.4万平方米。结合“三边二化”“大拆大整”工作，加大缓拆整改力度，先后拆除老56省道（盖后——十八公里）、大南线（新56省道南田连接线）、环天顶湖和城镇遗留缓拆类违章，共拆除违建12965平方米。通过“基本无违建镇”创建整改提升验收。完成农村危旧房改造315间，完成坟墓整治84座。督促加快“五水共治”工作。切实加强天顶湖水源综合治理，及时组织人员对因暴雨产生漂浮物和浮萍进行清理，着力减轻湖面污染。完成余留3个村的农村生活污水整治项目，城镇三级管网改造工程顺利推进。协同县公用集团做好城区百丈漈路污水纳管、长塘坑上游雨污分流工程的启动工作。完成百丈漈镇新饮用水源(包垟水库)的水资源论证、测量、地质勘探、可研等项目前期工作。镇政府计划投资1500万元,预计清淤总量42.3万立方米,全年完成15万立方米的清淤工作。

【民生事业】 全镇落实农村低保人员515户,674人,实行动态管理,做到应保尽保,应退尽退。全年注销35户45人,调整标准33户50人,新增低保对象40户58人,发放低保金295万多元;61人得到医疗救助,发放救助金36.56万元。开展医中医对精神病人住院救助,共有6人次得到救助;贫困残疾人生活补贴38人,发放救助金7.3万元;重度残疾人护理补助131人,发放救助金49.4万元。全镇共有集中供养五保老人10人。2016年全部完成农贸市场硬件改造,完成省级放心农贸市场创建工作。

【平安建设】 以"护平安、树标杆"创建活动和护航G20十大专项行动为抓手,实行"一月一研究、一旬一督查"制度,明确镇党政领导全员包村,对本村的平安维稳各项工作负责,成立村平安巡查组,按照"不漏一处矛盾,不落一点信息"的要求,负责各项信息的排查工作,切实做到排查隐患不留死角。通过清单式管理,层层落实任务,全面压实责任,推进平安建设工作落实落地。全年共进行80余次检查,出动650人次,检查750多个重点场所,查出问题800多个,现场整改500个,发放通知书64份,停业整顿店面7家。完成网格各类重点人员信息更新450余人。开展禁毒宣传10次,处置毒品种植工作6次,反邪教宣传活动6次,平安宣传10次。全镇共排查矛盾纠纷223件,成功调解223件。受理群众来信来访2件,答复2件,解决信访积案2件。

【基层党建】 按照"四个全面"要求,镇领导班子切实推进全面从严治党。对照省委20条、市委30条经验,全面加强党的思想、作风、组织建设和干部队伍建设,进一步增强党组织的凝聚力和战斗力。坚持以省市15项重点工作和县委部署的"271"工程和村干部履职"双十清单"为主要任务。深化"红色细胞工程"和"五星争创"活动,全面落实村民中心规范化建设,加大示范点创建和集体物业改扩建,全年投入1050万元,完成西里村、新亭村2个党建示范点,在建篁庄、外大会、长塘、镇头等4个村党建示范点。启动下石庄党建驿站、上石庄新村民中心、富垟物业、西段物业、底大会物业、同垟物业、盖后异地迁建、长垄异地迁建等8个场所和强村物业的前期工作。探索"强村十策",结合资源开发、资源保护、产业带动、物业出租、飞地经济等10种模式,新增解决村集体经营性零收入5个村,村集体收入同比增加35.2%。严格按要求下发基层组织运转经费和村干部报酬,确保基层组织建设得到保障。严格落实每月15日为固定党员活动日,集中开展学习教育、公益劳动和走访群众活动。坚持正确的用人导向,新提拔任用8名中层干部;加强后备干部队伍建设,不断优化后备干部储备库。研究完善村级班子及村主职干部考核办法及工作考核细则,对党建、信访维稳、青山白化、森林防火、党风廉政和财务管理、三改一拆、食品安全和五水共治等8项工作进行考核。并将考核结果与村干部绩效相挂钩,推动村干部创业干事热情。严格贯彻执行中央八项规定、省委"28条措施""六个严禁"、市委"1+8"文件和县委作风建设"1+10"等文件精神,镇纪委不定期抽查,考勤情况作为村干部年度考核和评优评先的重要依据,与村干部享受有关待遇、报酬、保险等政策挂钩;探索建立村干部退出机制,对任务完成差、作风不好、群众反映强烈的及时进行调整,全年共查处镇干部不按时上下班12人次,在全镇通报批评;查处履职不力村干部3名,扣罚1个月的工资,给予全镇通报。

## 先进集体

表35

| 单位 | 荣誉名称 | 授奖单位 |
|---|---|---|
| 百丈漈镇文化站 | 被评为2016年度全县文化工作先进集体 | 文成县文化广电新闻出版局 |
| 百丈漈镇人民政府 | 文成县2016年度“大拆大整”专项工作先进单位 | 中共文成县委、文成县人民政府 |
| 百丈漈镇人民政府 | 文成县“平安护航G20”工作先进集体 | 中共文成县委、文成县人民政府 |
| 百丈漈镇人民政府 | 文成县2016年度有效投资工作先进单位 | 中共文成县委、文成县人民政府 |
| 百丈漈镇人民政府 | 2016年度农村文化礼堂建设工作先进乡镇 | 中共文成县委办公室<br>文成县人民政府办公室 |

## 先进个人

表36

| 姓名 | 荣誉名称 | 授奖单位 |
|---|---|---|
| 刘旭红 | 2016年度未成年人思想道德建设工作先进个人 | 中文文成县委办公室<br>文成县人民政府办公室 |
| 刘旭红 | 2016年度全县宣传思想文化工作先进个人 | 中共文成县委宣传部 |
| 黄亦锋 | 2016年度美丽宜居(农房改造)示范村建设先进个人 | 文成县人民政府 |
| 王国钱 | 2016年度“三改一拆”和“无违建县”创建工作先进个人 | 文成县人民政府 |
| 赵岳丰 | 2016年度文成县粮食生产工作先进个人 | 文成县人民政府 |

（百丈漈镇供稿）

# 峃口镇

【概况】 行政区划调整后，原峃口镇划分为峃口镇、平和乡、双桂乡、公阳乡“一镇三乡”，峃口镇辖峃口、龙车、鱼局、城东、新联、九山、驮垟尾、良坑、渡渎、溪口10个行政村，户籍人口12750人，面积29.19平方公里。镇党委下辖党组织21个，党员533人。镇政府下设镇办公室(法制办公室，财政财务管理办公室)、党群工作办公室、经济发展办公室(统计办公室)、村镇规划建设办公室、社会事务管理办公室(民政事务办公室，人口和计划生育办公室)、社会事务管理办公室(民政事务办公室，人口和计划生育办公室)、综合治理(信访)办公室等6个行政内设机构科室，设便民服务中心、农业综合服务中心、综合治理和社会事业服务中心等3个事业单位综合性公共服务中心，全镇在编工作人员50人。2016年，全镇农业生产总值3012万元，工业生产总值4909万元；财政总收入2686.37万元；农民人均纯收入14414元。全年新任中层正职5人，立案6起，严重警告2人，开除党籍4人。开展督查检查20余次，查处干部违纪1人次，村干部及驻村干部因工作不到位通报批评12人次，解聘临聘人员1人，劝退村干部2人。

【党代会】 6月13日，中共峃口镇第二届代表大会召开，出席会议代表51名。会议选举产生中共峃口镇第二届委员会委员8名，分别为毛海伟、毛雄斌、刘双燕、刘俊峰、周洪、周赞、赵淑清、徐文鑫；选举产生纪律检查委员会委员5名，分别为毛海伟、陈斌、徐素凤、郭慧娴程云峰。召开纪委第一次全体会议，选举产生书记毛海伟，副书记程云峰；召开党委第一次全体会议，选举产生书记徐文鑫，副书记刘俊峰、周赞。

中共峃口镇第二届代表大会召开(峃口镇提供)

【人代会】 6月30日，峃口镇第二届人民代表大会第一次会议召开，出席会议代表49人。会议选举张淑芳为峃口镇第二届人民代表大会主席，选举黄成标为峃口镇第二届人民代表大会副主席，选举刘俊峰为峃口镇人民政府镇长，选举毛雄斌、周洪、雷武、李国平为峃口镇人民政府副镇长。

峃口镇第二届人民代表大会第一次会议召开(峃口镇提供)

【项目建设】 引进万信度假酒店、新联印象秋波谷两个招商引资项目，全年完成招商引资3203万元。飞云江治理二期工程项目政策处理进入扫尾阶段，龙丽温高速公路建设临时用地征地政策处理全部完成，峃口中意康乐养老院项目完成二期地块政策处理及前期工作，报国土局进行土地审。全年完成固定资产投资20708万元。

【生态环境】 全年新配备垃圾桶35个，修复污水处理设施5处，修复水利工程21个，修复农村水毁道路5条。开展集中拆违行动60余次，处置违法建筑面积9975平方米，拆违完成率125%；完成城中村改造数12.96万平方米，完成率129.6%；通过峃口、新联等8个行政村的“无违建村居”和全镇的“无违建先进镇与基本镇”创建验收。“大拆大整”综合整治，累计排查农村危旧房3179户3810间，腾空D级危房数48户62间5271平方米；排查“四无”生产经营单位205家，完成整治35家；排查居住出租房、合用场所、民宿消防安全53家，完成整治41家；流动人口累计登记398人次，出租房屋11间。

【平安建设】 全年共排查出16名重点人员，调解矛盾纠纷75起，办结信访件18件；掌握18个重点场所；企业单位共查处安全隐患266处，共发放28份安全生产责令整改书。G20期间实现“杭州不惹事、峃口不出事、绝对不出大事”的目标。

平安大巡防(峃口镇提供)

【抗台救灾】 台风“鲇鱼”致全镇1000余亩作物被淹，道路、山坡等大小塌方40余处，多村大范围受淹，水利设施损坏严重，直接经济损失1900余万元。镇干部深入一线、连续作战，转移群众1300多人，全力做好灾民安置工作。

“鲇鱼”台风后救灾（峃口镇提供）

【民生保障】 全年共新增低保24人，调整17人，注销22人；残疾人单独施保53人，注销6人；办理老人优待证39件；发放低保金131.17万元，残疾人补助金26万元，优抚资金15.09万元；申请建设一个居家养老服务中心；入户调查142个留守儿童信息。

【基层党建】 全年新成立拓展支部1个，新发展党员12名，慰问困难党员58人次，脱党处置失联党员1名，劝退党代表3人，开展“两学一做”教育。实行“271”挂图作战，对村民中心建设、“红色细胞工程”建设、党内组织生活、村级组织规范运行等重点攻坚任务进行细化、具体化，逐项建立包含责任人、整改措施、完成时间的攻坚计划。通过不断的督查与整改，实现了1个软弱落后村整转，2个换届重难点村转化，3个矛盾易发村“清风”，3个信访问题村“清仓”，10个村“清账”，所有村级组织全部达标。落实乡镇干部“两个20%”待遇和基层党建“四项保障”，制定“一村一策”村集体经济发展项目，减少经济薄弱村3个。新建峃口村民中心，开展新联村民中心示范点建设。

“两学一做”学习会（峃口镇提供）

## 2016年峃口镇县级及以上年度先进集体、先进个人名录

表37

| 先进单位或个人 | 荣誉称号 | 授奖单位 |
| --- | --- | --- |
| 徐文鑫 | 浙江省G20杭州峰会工作先进个人 | 浙江省委 浙江省人民政府 |
| 徐文鑫 | 2015年度温州市滨水公园建设先进个人 | 温州市城市管理委员会办公室 温州市城市管理与行政执法局 |
| 雷小明 | 文成县“平安护航G20”工作先进个人 | 中共文成县委 文成县人民政府 |
| 陈 斌 | 文成县“平安护航G20”工作先进个人 | 中共文成县委 文成县人民政府 |

续表37

| 先进单位或个人 | 荣誉称号 | 授奖单位 |
| --- | --- | --- |
| 谢杨华 | 文成县“平安护航G20”工作先进个人 | 中共文成县委　文成县人民政府 |
| 林贵东(龙车村) | 文成县“平安护航G20”工作先进个人 | 中共文成县委　文成县人民政府 |
| 章　雪 | 文成县优秀党务工作者 | 中共文成县委　文成县人民政府 |
| 郭慧娴 | 温州市党员干部现代远程教育优秀站点管理员 | 温州市委组织部 |
| 黄荣向(九山村) | 文成县优秀共产党员 | 中共文成县委　文成县人民政府 |
| 郑小南(渡渎村) | 县党员致富带头人 | 中共文成县委　文成县人民政府 |
| 九山村党支部 | 文成县先进基层党支部 | 中共文成县委　文成县人民政府 |

(章雪)

## 巨屿镇

**【概况】** 巨屿镇位于文成县南部,东南与平阳县接壤,西南连珊溪镇,西北倚黄坦镇,东靠峃口镇,距县城19.8公里。镇域总面积48.5平方公里,下辖23个行政村,总人口2.3万余人,为全县工业重镇。2016年,巨屿镇围绕建设宜业宜居宜游生态镇战略目标,坚持稳中求进的工作总基调,抢抓机遇,创新发展,各项工作有序推进,圆满完成全年经济社会发展各项任务。“五水共治”“三改一拆”、平安建设、大拆大整等工作走在全县前列。

**【重点项目】** 完成稠泛二期抗震安居项目主体建筑,飞云江治理二期顺利进场施工,统筹推进稠泛抗震安居小区四期、垟地边抗震安居小区一期等一批重点项目。全年完成固定资产投资4.2亿元,完成率达105%。不断深化“十三五”项目谋划,共谋划项目22个,投资额59亿元,着手统筹做好项目的土地、规划等前期要素保障工作,着力为下步的项目上马打好基础。

**【产业发展】** 推进特色农业、效益农业发展,成功打造潘山、徐龙油茶基地、潘岙、赤砂杨梅基地等精品项目。督促企业实施技改,加大服务企业工作力度,培育小微企业升级进位,有效推进园区企业的整体转型提质。全年全镇实现工业总产值8.9亿元,同比增长13.7%。做好“旅游+水”文章,依托云江秀水十里画廊,以打造休闲运动绿色栈道、文化创意区、亲水民宿区和婚庆基地、涉水娱乐基地的“一道两区两基地”平台为节点,谋划项目11个,总投资33亿元,其中,落实空间布局规划11个,实施政策处理等前期工作7个,落实招商引资项目主体2个。

**【大拆大整】** 对照“大拆大整”的工作要求,围绕危旧房、“四无”生产经营单位、违法建筑、出租房和合用场所的消防安全隐患、城中村改造、流动人口管理、农贸市场整治提升等7大行动任务开展全面大排查,共排查疑似城乡危旧房81户114间;排查“四无”生产经营单位372家,其中小作坊23家;排查出租房101间,合用场所217间;共抽查流动人口1000余人次,清查出租房100余间,排查出4名涉疆人员(已离开),对249名新增流动人口进行登记,注销流动人口247人。针对排查出来的底数,做到迅速行动,动真碰硬,认真处置。全年拆建D级危49户77间,整治C级房危22户25间;拆除违章建筑面积15904.78平方米,完成年度任务的159%;实施旧厂房改造项目2个、面积17332平方米,创成无违建先进镇;整治小作坊23家,整治其他

“四无”生产经营单位239家；整治10人以下出租房101间，合用场所205间；确定垟尾城中村改造项目，涉及改造开发建筑面积约31200平方米，计划拆除改造房屋150户，改造完成后可安置260户。

【城乡环境】 以“五水共治”“三边三化”美丽乡村等重点工作为抓手，强力提升城镇综合环境。推进云江二期治理工程的政策处理、进场施工；农村污水治理工程项目全部完工；加大对企业排污情况的管控，未发现异常情况；严格管控畜禽养殖，做到规模养殖即查即拆，对排查掌握的规模养殖对象全部整改到位。狠抓城镇环境整治，严格落实“门前三包”制度，加大商业占道经营的巡查管控力度，组织开展城镇乱点集中大整治行动；加大青山白化整治力度，共拆除坟墓30座，生态坟墓治理46座。

【社会事业】 完成桥头坑东路、赤砂黄龙连村公路等一批道路和农村饮用水改造工程。全镇城乡居民医保参保20997人，发放各类困难对象补助资金830余万元。落实抗震减灾各项工作，上报民房重建指标363户，完成稠泛二期抗震安居小区主体建筑，稠泛四期、垟地边一期抗震安居工程和花竹岭、项坑边、潘山、徐龙、三五新村等5个村级避灾中心建设有序推进。

【平安建设】 围绕平安护航G20的目标要求和创建“平安巨屿”两大重点任务，全力做到社会矛盾纠纷排查化解和安全隐患排查整治不留死角。全年排查矛盾纠纷48起，成功化解48起；深入工地、学校、小餐饮店、合用场所等单位开展平安自查，排查出安全隐患329处，全部整改到位。紧盯平安“三率”，广泛开展平安宣教活动，通过集中定点和入户宣传等方式，切实提高群众的知晓率、参与率和满意度。在7月的全市“护平安、树标杆”明察暗访中，巨屿镇的综合成绩排名全市第一。

【基层党建】 全面开展“两学一做”专题教育，深入实施“271”工程，推动村级阳光机制运行。开展“党建+”创建行动计划，创成德卡等市县两新党建示范点，巩固党在两新组织的坚强阵地。实行入党三联审制度和积极分子入党积分制，切实从源头上把好党员发展“入口关”。成立镇级党员教育支部，严格执行党员管理“十条红线”，全年处理22名因触犯“十条红线”的党员。制定出台《巨屿镇干部管理办法》《村级主职干部管理办法》等规定，强化干部作风建设。加强网络党建，依托“云江上游”微信公众平台，及时发布党建信息；全面推广“民情E通”，在党员干部和人民群众之间搭建起信息化桥梁。圆满完成镇级班子换届选举、全镇党组织换届工作和县党代表、人大代表选举工作。认真做好村级组织换届前期准备工作，完成村级组织“六清”行动。

（巨屿镇供稿）

## 周壤镇

【概况】 周壤镇位于文成县东北部，东连玉壶镇上林社区，南接大峃镇塔山社区，西邻大峃镇里阳社区、金朱林场，北抵玉壶镇，距县城9公里，文青线纵贯全镇5个行政村，是文成县东北大门的交通要塞。周壤镇是2016年1月由原大峃镇大壤社区、周南社区行政区划优化调整而成，是温州著名侨乡。全镇户籍人口18147人，常住人口3396多户、8762人，国外人口8000多人，镇域面积30.94平方公里，耕地9754亩，山林25562亩，辖15个行政村。镇党委、人大、政府三套班子成员12人，在编在职行政干部24人（退二线干部2人），事业干部20人，大学生村干部2人。全镇党总支2个，党支部21个，正式党员473名，预备党员17名。其中，非公企业党支部2个，党员9名。

周壤镇成立揭牌仪式(周壤镇提供)

【党代会】 中共周壤镇第十三届代表大会第一次会议于6月12日召开,全镇49名代表参加会议。林永波代表镇党委作题为《潜心谋新篇聚力促发展——全力打造欧陆风情宜居宜养特色小镇》的工作报告,会议听取和审议党委工作报告、纪委工作报告,表决通过《中共周壤镇代表大会代表任期制实施办法》《中共周壤镇代表大会代表提案、提议制度》《中共周壤镇代表大会代表现场询问制度》,选举产生中共周壤镇第十三届委员会、中共周壤镇纪律检查委员会。

党代会会场(周壤镇提供)

【人代会】 周壤镇第十五届人民代表大会第一次会议于6月22日召开,刘丽丹代表镇人民政府向大会作政府工作报告,叶华代表镇人大主席团向大会作人大主席团工作报告,大会审议并通过镇政府工作报告、人大主席团工作报告、财政预算草案及民政工作的报告,选举产生新一届镇领导班子,选举叶华为镇人大主席,刘丽丹为镇人民政府镇长。

人代会会场(周壤镇提供)

【项目建设】 谋定"十三五"期间含综合交通、休闲旅游、城镇开发、公共服务、生态文明提升等5大类9小项18个重点建设项目,完成各项重点项目的前期工作。完成入城口环境改造、灯笼垟欧式外立面改造、周墩村美丽乡村提升等3项工程设计方案;扎实推进联丰、岭南、周墩等3个村220亩"旱改水"项目;解决山洞口厂房历史遗留问题,启动安宁医院落户前期工作。全年新建项目10个,包装推介项目1个,完成投资额4891万元,完成率122.23%,超出年度任务数891万元。推进招商引资工作,全年招商项目3个,到位资金2222万元,完成率111.11%。其中华侨回归2222万元,完成率111.11%。完成石飞垟块区欧陆风情小镇项目投资意向书签订。

【产业发展】 规划具有周壤特色的"一带六区"产业布局,明确生态高效农业、健康服务业、乡村旅游、文化创意等新兴产业培育导向。2016

年，15家符合条件的农民专业合作社和家庭农场申报了农业储备项目。全年农作物播种面积11085.5亩，粮食播种面积6591.5亩，蔬菜种植面积3168亩；工业20家，规上大型企业3家，规上工业产值2008万元。

【生态环境】 以“大拆大整”“无违建镇”创建工作为载体，开展全镇建筑物普查摸底，做好对新建、在建建筑巡查登记，完成全镇15个行政村的“无违建村”创建，拆除存量违法建筑183处15229.69平方米，完成县定任务190.37%。“三改”工作受益建筑面积16.2万平方米，完成年度目标任务的200%以上。10月通过县、市无违建镇验收。抓好“五水共治”，加大资金投入。全年投入水利建设资金累计314.24万元。完成10个村的农村生活污水整治工作，全面完成县定农村生活污水治理扫尾工作。委托华汇工程设计集团编制城镇截污纳管项目建议书和可行性研究报告。加大丧葬陋习改革力度，完成文青公路两侧坟墓整改124座。科学规划设计四大关键区域景观建设，分别为57省道文青公路项山大岗岭隧道入口、联丰村三角地带、灯笼垟片区、周墩村入口。通过省市3次环境卫生检查，项山、联丰、岙底、周墩、岭岙等公路沿线村环境整治取得成效，城乡环境得到改善。

【大拆大整】 委托2家房屋鉴定中介单位沿溪、沿路、沿山，逐户、逐人、逐间开展排查，共鉴定896间危旧房，排查出D级危房89间、C级危房32间，人员全部转移腾空。拆除D级危房54间，加固C级危房12间。完成81户农村困难群众住房救助。确定以周壤镇府前路横街为中心，辐射联丰月出垟和项山石飞垟块区的城中村改造项目，改造面积26.57亩(17713平方米)、涉及152户，拆旧112间15000平方米，拟新建25000平方米。包括项山石飞垟第四房区块、联丰月出垟府前路横街区块两个子项目。排查“四无”生产经营单位174家，其中无安全保障61家，整改到位60家，下发整改通知书1家。排查企业8家，关停1家；排查合用场所39家，全部整改到位；排查出租房20家，6家已搬离，其他均已整改到位。流动人口共排查16处120人，其中县内28人，县外92人。完成大壤农贸市场改造提升工程。

拆除违法建筑(周壤镇提供)

【社会事业】 搭建便民服务平台，建立“一站式”服务窗口，完善基层站所配置。扎实推进居家养老照料中心建设，项山村居家养老服务照料中心被授予“温州侨界青年爱老护老基地”称号。加大公共财政对社会事业的投入，建设麻山、大坑老年活动中心，启动实施公立幼儿园和卫生院扩建项目。深化平安创建工作，排查各类矛盾纠纷78起，成功调解75起，受理信访案件6件，办结5件，息访1件，社会治安呈现良好态势。加强对居住出租房、合用场所、来料加工点消防安全排查整治。开展2016年夏秋季征兵工作，经过兵役登记、网上报名、身体检查、政治审查、走访等工作，完成女兵征兵任务1名。完成辖区内4个宗教场所和37个民间信仰场所的消防安全和人员全面排摸，保持与场所的密切联系，营造安全、和谐的宗教氛围。

志愿者在行动（周壤镇提供）

**【老协资产资金清理】** 完成老协资金、资产治理工作，对7个村老年协会资金资产进行移交，完成现金移交2.32万元，存款移交17.29万元，资产移交7宗，估价207万元。

**【基层党建】** 出台联村方案，下发《周壤镇基层组织建设工作组织领导和责任分工》的通知，确保每个村都有领导班子、网格员共同负责，选派1名班子成员担任村第一书记。制定出台《周壤镇网格责任人积分考核办法》，考核结果与网格责任人向乡镇倾斜的绩效奖金挂钩。完善选拔提任机制，选拔提拔中层干部13名，其中中层正职5名，女性干部6名。推进村民中心建设，投入资金20余万元完成10个行政村村民中心规范化建设；推进周墩、大坑、项山党建示范点建设；筹集资金55万元，确定整转村上龙村新建村民中心方案。推出《村干部坐班值班及请销假管理制度》《村两委主要干部积分考核办法》等制度，落实奖惩机制，通报村干部落实坐值班不力41人次，约谈35人次。启动“红色基金”募捐活动，在全镇20多个支部和单位中募得基金30万元。重点推进党员组织关系排查、“271”工程、村级换届“六清”行动等工作，深入开展“两学一做”学习教育，全面推行“周二集中服务日”和“工作一周清”等制度，镇村两级干部形象和为民服务效率得到进一步提高。

“两学一做”文艺宣讲团巡演（周壤镇提供）

**【镇级荣誉】** 2016年度温州市“三改一拆”行动先进集体；

2016年度乡镇财政管理工作先进单位；

2016年度文成县“大拆大整”专项行动先进单位；

2016年度文成县垦造耕地先进集体。

**【村级荣誉】** 2016年度文成县“平安护航G20”工作先进集体：联丰村；

2016年度温州市“五美”乡村先进村：大坑村。

**【个人荣誉】** 2016年度温州市消防工作先进个人：刘丽丹；

2016年度温州市“三改一拆”行动先进个人：赵赣生；

2016年度温州市党员干部现代远程教育优秀站点管理员：朱将霞；

2016年度文成县农村住房困难群众危旧房改造先进个人：林永波；

2016年度支持文商创业创新促进文成发展工作先进个人：叶华；

2016年度文成县垦造耕地先进个人：刘丽

丹，赵赣生；

2016年度文成县"平安护航G20"工作先进个人：朱伟德、汤裕仁、赵洲望、胡立活；

2016年度文成县人大先进工作者：何丽窕；

2016年度文成县优秀共产党员：新南村胡希珊；

2016年度文成县"最美环保人"：新南村胡希珊；

2016年度最美文化礼堂人：新南村胡绍流；

文成县首批"文化礼堂公益达人"：林太松。

周壤镇全景（周壤镇提供）

（朱将霞）

## 二 源 镇

【概况】 2016年1月，行政区划调整，二源设镇。二源镇位于文成县西北部高山平台，东邻玉壶镇，南倚大峃镇，西连百丈漈镇，北靠南田镇。距县城20公里，总面积45平方公里，其中耕地9396亩、林地39247亩。辖二源、朱阳、新东3个社区，17个行政村，3842户12320人。辖区内最高海拔951.8米，最低点海拔590米。是浙江省首个绿色稻米生产示范基地、浙江省第二批无公害农产品基地、温州市放心农产品基地、文成县重点农业镇和产粮区，素有"文成粮仓"美誉。

【项目建设】 完成限上固定资产1.63亿元，完成年度目标120%。完成总体规划初稿编制。基本完成二金线、朱岭线、谈九线3条公路道路改造提升的路基工程，全长约13.6公里，总投资约1113万元。完成山头至淡阳综合通信管道工程、城镇环境整治提升工程、向阳小区配套设施工程等项目招投标，完成城镇水厂选址、地形图、定界图、红线图、初步设计、征地程序上报等项目前期工作。完成谈阳村"旱改水"项目179亩土方、挡墙工程，进行水渠及泵房施工。完成谈阳龙下垄自然村、朱山村、廷坑下村"旱改水"项目立项共计213亩，其中谈阳龙下垄自然村垦造水田项目完成土方工程及挡墙工程的50%。完成庄后村、山头村、榅树根村"旱改水"拟立项约250亩的土地测量。完成污水管网建设、环境综合整治、农村公路改造提升等工程政策处理400户。

【产业发展】 成功申报浙江省首批"一区一镇"农业特色强镇项目，谋划从二源连接线至朱阳九峰景区沿路产业带，完成全镇农业产业发展规划编制。完成生态循环农业示范乡镇建设并通过验收，农业水利基础设施投入约2000万元。投缘农业观光园（一期）年度计划投资2000万元，完成投资4898万元，完成率244.9%，完成场地基础道路硬化、景观桥、停车场、公共厕所、游步道等设施建设，种植玫瑰花、紫薇桩、梨树、茶树、杜鹃花、石竹草等。邱老汉蔬菜基地和农庄的改造提升工程，年度计划投资1910万，完成投资2878万元，完成率150.7%。完成农业服务中心、农业物联网工程建设，完成3800平方米无土栽培工程建设。完成全镇17个村土地确权一轮公示，加大农业主导产业品牌营销力度，在农业招商、农业人才引进方面做了大量工作。野生千亩杜鹃花基地进行项目设计。千亩果园采摘园、驮田浙贝母基地、山头中药材基地等项目进行政策处理和招商对接。

【生态环境】 全年完成拆除违建1.03万平方米，完成年度目标130%，完成农村危旧房改造(修缮)740间，超额完成任务数185%。完成旧住宅区改造9.2万平方米，完成年度目标115%；8月份通过温州市“基本无违建乡镇”创建整改提升验收。“大拆大整”专项行动工作进展顺利，完成C级危旧房加固修缮36间，完成任务数的64.3%，D级危旧房腾空率100%，拆除改造50间，完成任务数的50%。推进二源初阳旧村改造，完成改造区域地形图测绘和民意调查。完成4个村的生活污水治理，严格落实“河长制”，开展对河道1月3巡活动，落实二源、谈阳、湖底、榅树根、廷坑下等流入天顶湖支流水质监管措施，实现河道日常管理和维护。组建镇畜禽养殖污染整治巡查队伍，对全镇畜禽养殖开展全面巡查。加大村庄环境综合整治力度，“三边三化”工作走在全县前列。完成湖底、驮田等5个村美丽乡村初步设计方案。

【民生事业】 谋划镇文化站和卫生院的规划选址工作，启动县级卫生镇创建工作。完成二源幼儿园扫尾工作，加快县“五有十化”试点单位二源社区文体服务中心建设。开展以“坟圈改绿、坟背植草、留有坟坦、四周植树”为标准的坟墓整治，全镇深埋绿化坟墓75座。严格落实H7N9禽流感联防联控防范措施，确保“早发现、早报告、早诊断、早治疗”。不断完善防台防汛应急预案，提高防台防汛指挥调度、应急抢险和灾后救助的效率。

【平安建设】 围绕“平安护航G20峰会”和创建“平安乡镇”两个目标，全面落实安全生产责任管理制，开展十大重点领域安全生产专项整治、粉尘防爆双月攻坚等专项行动。开工建设二源镇社会治理综合指挥平台和二源镇警务站，组建二源镇平安巡防队，各村组建群众性义务巡防队，强化群防群治。全面落实平安护航G20备战阶段各项工作，开展多种形式的平安建设宣传活动，提高“平安三率”。全面开展“网格大起底”行动，梳理出重点人、重点物、重点场所、重点事，狠抓格情分析。每周开展“护平安、树标杆”平安建设专项督查行动，累计出动人员车辆135人次，排查场所337处，发现整改问题286处，全部整改到位。开展矛盾纠纷排查化解工作，上半年共排查各类矛盾纠纷46起，成功调解41起。做好禁毒、反邪教等工作。建立“大拆大整”维稳工作联络制度，排查“四无”单位40家，完成整改40家；排摸出租房30家，完成整改30家；合用场所35家，完成整改29家。

【基层党建】 深入实施“271”工程。开展“示范、达标、整转”三大行动，挂图销号作战，对标提升，完成3个示范村创建，2个整转村销号，全镇17个村党组织全面晋升。制定《二源镇联村工作责任制》《二源镇驻村干部（网格员）管理办法》《二源镇驻村干部工作周报制度》，印发50册《二源镇驻村干部百事通》，督促干部走下村、沉下去、干好活、办好事，提升为民服务的能力。制定出台《二源镇村主职干部考核积分制》《二源镇村干部坐值班制度》《二源镇村干部退出机制》《村干部履职言行负面清单》等制度，全面推行村干部履职“双十清单”，保证村级干部责权一致、在职负责、在岗干事。开展“五清”行动，整顿转化换届重难点村2个，清核村帐17个，化解农村信访积案12件，完成乡镇换届工作。

（二源镇供稿）

## 铜铃山镇

【概况】 铜铃山镇于2016年1月挂牌设立，地处文成县西北部，东临西坑畲族镇，西接景宁畲族自治县东坑镇，西北与景宁梅歧乡相邻，距离县城42公里，辖石垟、下垟、岭后三个社区，17个行政村。全镇总面积155平方公里，全镇总人口10800人。铜铃山平均海拔452米，气温冬冷夏凉，夏能避暑冬赏雪，是文成境内少有的避暑观雪胜地。境内生物旅游资源多样，拥有“壶穴奇观，华夏一绝”山水奇观铜铃山、国内最高山“爱情主题”公园月老山以及“猴王观海、俯瞰群山小”的猴王谷3大景区，有浙南最大的室内外滑雪场：度假旅游城堡天鹅堡滑雪场、高山森林滑雪场绿水尖。全镇森林覆盖率95%以上，负氧离子高达1800个/立方厘米，两项指标均排在浙江省前列，全年平均气温20.3℃，具有打造“乡村旅游度假镇”“森林氧吧特色小镇”的天然条件。2016年，铜铃山镇获得文成县落实党风廉政建设责任制工作优秀单位、文成县平安创建先进单位、文成县第三届市民文化节优秀组织奖。

【党代会】 中共铜铃山镇第一届代表大会第一次会议于6月7日在铜铃山镇召开，蓝建荣代表镇党委作题为《凝聚精气神、扎实开新局，奋力建成铜铃山“乡村旅游度假示范镇”》的工作报告，会议审议通过党委工作报告、纪委工作报告2个决议，大会选举蓝建荣为中共铜铃山镇党委书记，选举李正益、钟汉忠、夏美妙、王荣伟、吴昌连、周裕前、蔡小彬为党委委员，选举夏美妙为中共铜铃山镇纪委书记，选举胡晓群、刘双月为纪委委员，对镇党委、纪委领导班子成员进行民主评议。

【人代会】 铜铃山镇第一届人民代表大会第一次会议于6月22日在铜铃山镇召开，李正益代表镇人民政府向大会作政府工作报告，刘玉明代表镇人大主席团向大会作人大主席团工作报告，审查2016年财政预算草案报告和民政工作报告，会议通过政府工作报告、人大主席团工作报告、2016年财政预算草案报告和民政工作报告4个决议。大会选举李正益为铜铃山镇人民政府镇长，选举王荣伟、郑晓建、吴春怀为铜铃山镇人民政府副镇长。

【规划引领】 以五大发展理念为引领，谋好“十三五”规划，坚持规划先行，统筹推进城镇建设，努力把铜铃山镇打造成宜游宜居宜业的休闲运动园林、国家低碳示范点，逐步形成具有森林元素、融入北欧风情的省级森林氧吧特色小镇。实施以“一加强三整治”（即加强规划设计引领，整治环境卫生、整治城镇秩序、整治乡容镇貌）为主要内容的小城镇环境综合整治行动，启动城镇旅游化改造和城镇旅游综合体项目前期工作，完成城镇规划前期测绘和镇区的总体规划及控制性详细规划初稿，确立“两翼”发展核心，镇东以"天鹅堡度假酒店"为核心，依靠“绿色旅游、健康休闲”的时尚理念，引进以环保生态、养生休闲为主的配套服务型企业，不断提升层次，带动全镇产业化结构升级。镇西以"欧陆风情街"为核心，以环境综合整治为抓手，加大外立面欧陆风情改造，推进线缆上改下、路面白改黑工作，优化绿化带生态化布局，加快建成宜游、宜居的乡村旅游度假示范中心建成区。

【项目投资】 加强招商引资政策力度，做好项目前期及要素保障，完成“十三五”土地利用总体规划修编和7个重点项目土地利用实施方案上报工作，成功签约清心谷养生园、火烧桥康体养生中心项目，重点包装华东第一大峡谷岩门，引进开发绵岭民宿、森林人家等项目，谋划雅庄旅游度假区、仙竹湾农庄、多彩枫龙珍稀彩叶林观赏园、铜铃山居等新项目。全年重点项目7个，建成项目3个，在建项目4个，完成固定资产投资2.31亿元，完成年度任务（2.3亿元）的100.3%；招商引资1.57亿元，其中浙商回归资金1.12亿元，完成率74.82%。启动镇级便民服务中心建设和16个村农网改造，建设镇卫生院，完成直升飞机停机坪、镇小（幼儿园）的规划选址、3.5万伏变电所等前期准备工作。完成322国道西坑至景宁段建设工可审查、线径及相关专项工作，完成工可批复。改造提升6个村民中心，规范16个村“两栏”，新建文化礼堂1家，改善提升3家。

【生态旅游】 确立建设“乡村旅游度假示范镇”的发展战略，按照“全域景区化”的要求，统筹推进“五水共治”“三边三化”“三改一拆”“美丽乡村”、绿满铜铃等重点工作，开展环境治理和生态保护，坚持产业围绕旅游来培育、项目围绕旅游来谋划，全力打造集休闲、运动、养生为一体的“森林氧吧旅游小镇”。围绕县里提出的八大新兴业态，结合铜铃山镇实际，努力在健康体育、养生养老、乡村民宿等特色产业培育上做文章，先后建成开发了天鹅堡室内滑雪、绿水尖滑雪滑草、绵岭民宿等一批产业项目，运动休闲，旅游度假已成为铜铃山镇新的经济增长点。深入实施“洁化、彩化、序化、亮化、美化”工程，提高农村建筑“精装修”水平，加快丰富乡村公路观景带建设内涵，打造全域景区特色秀美小镇。2016年，森林氧吧小镇铜铃山养生区块项目入选浙江省第二批42个特色小镇创建名单。

【产业培育】 构建以“森林养生+休闲运动”为主导的旅游产业，以AAAAA级景区标准创建为目标，坚持“小而精、小而美、小而特”的发展思路，以浙南闽北最大的滑雪康体中心——天鹅堡养生度假综合体、省级森林公园——石垟林场、时尚运动体验区——绿水尖滑雪(草)场为依托，辅以猴王谷景区、月老山景区等项目，推进运动休闲、避暑度假、生态旅游等产业，重点发展1家室内滑雪场、1家室外滑雪滑草场和游泳、温泉、露营等项目，冰雪小镇初具规模。精心扶持绿色生态产业，培育4家高效生态农业专业合作社，新增8家农家乐，改造提升精品农家乐1家，创成放心消费示范店农家乐3家。

【环境治理】 坚持综合整治和生态创建并举，加快“两山理论”转化工程，全力推进生态资源向生态资本转化；加快“三改一拆”和“无违建镇”创建，推进卫生乡镇、卫生村申报工作，率先完成全镇200户农村改厕工程，实行美丽乡村建设提升村容村貌4个，分别是石门村、丰龙村、上垟村、中垟村，投入建设资金180余万元。开展农村生活污水处理建设工程，完成兰桥坑临时垃圾中转站建设，解决镇区垃圾无人清运问题。加大对私坟的监管力度，重点整治“三边区域”视觉范围内的私坟，对40座坟墓全部进行生态改造，完成整治率173%，验收合格率100%。全面落实“河长制”，推行“三边三化”行动，加强三边区域考核机制和责任落实，提升环境形象。

【大拆大整】 推进“大拆大整”，系统谋划“大建大美”，改善城镇环境、完善城镇功能、提升城镇品质。推进大拆大整各项专项行动，全年完成“无违建镇”创建“一户一档”2133户，全镇共有危旧房52户110间，排查合用场所24家，出租房6家，民宿1家，全面落实消防安全综合治理各项措施；拆除违法违章建筑49处，计9744.5平方米，完成率达122%；完成城中村改造56198平方米，完成率112.39%。

【五水共治】 申请一批民生事项三年特扶资金，重点突出“绿水”保护治理工程，加强“河长制”制度责任落实，实行常态化巡逻机制，完成16村的畜禽养殖整治及2个村生活污水设施建设，启动3条主要河道12.3公里河长的防洪堤修建，完成河道200米范围内的2000多平方米建筑物拆除、河道沉积泥沙的清淤及移民坑防洪堤加固、堰坝设计等工作。

【民生事业】 做好便民服务工作，全年受理服务事项1025件，落实城乡居民合作医疗保险参保工作，完成率100%。抓好抗台救灾救济工作。面对第14号台风“莫兰蒂”及第17号台风“鲇鱼”强势来袭，全镇紧急转移危险地带人员1243人，及时发放台风受灾补助资金和物资12.5万元。医疗义诊1000余人次，减免看病购药费用近3万元。农村土地承包经营权确权登记颁证工作推进顺利，一轮公示完成率100%。

全年开展送戏下乡演出8场，重大节日娱乐活动12场，成功举办浙江省首届冰雪嘉年华、文成·月老山养生长寿文化节、首届森林美食文化节、铜铃山森林养生文化节等大型文化活动。选送参演的排舞、龙灯舞两项节目都荣获文成县比赛金奖，并获得县第三届市民文化节组织奖。农业精准扶贫工作扎实推进，完成低收入重点帮扶对象64户107人的申报工作，消除原“4600”对象246户353人，完成1400余户农业技术指导，检测农产品326批次，合格率100%。拥军优属工作取得实效，调整和改进民兵组织建设，全镇有应急排20人、军械修理分队20人、情报分队4人、普通民兵362人。做好征兵对象走访和选送工作，选送78名对象，确定8名应征合格对象。

利用农村文化礼堂、流动舞台，邀请县文艺演出团或组织文艺骨干开展文艺演出12场次。投入资金16万元，完成丰龙村文化礼堂建设。开展铜铃山镇0～12岁适龄儿童本地上学意愿调查，完成镇幼儿园、小学申请设点工作，完成学校初步选址。全面展开铜铃山镇卫生院改造提升工程，完成原石垟林场卫生院外立面改造及室内标准化建设。

【平安建设】 加强法治铜铃山建设，全面开展“百日奋战护航G20”活动，召开全镇G20峰会维稳安保工作会议3次，开展市级设卡点值守排查工作，领导班子分别带队不定期深入各村督查，各行政村成立工作组开展定期走访巡查，发现安全隐患146处，完成一般隐患整治144处，重大安全隐患2处，均抄告相关部门协同处理；缴获气枪仿真枪1把、土铳5把，查禁3处违规销售汽油零售点，没收私设电网用具2幅。全年共处理调解矛盾纠纷26起，解决25起，启动仲裁程序1起；信访件6件；全镇共有吸毒在册人员27人，管控有力无脱失；投入10万余元建成社会治安综合治理指挥平台和17个行政村的平安通配备。

【党风廉政】 全镇建立党委书记对党风廉政建设负总责、班子其他成员对分管工作的党风廉政建设负直接领导责任的工作机制，全年完成16个村的清账工作，作风巡查3个村，化解问题5个，解决2件历史遗留信访问题。劝退1名长期外出不能履职的村监会主任，开展正风肃纪检查12次，谈心谈话36人次，举办培训6期，宣传教育1300人次。收到信访件6件，办结6件，对11例违规违纪党员进行党纪处理。加强村监会管理，发挥村监会在村务监督过程中的良好作用，加大小额建设工程和农村集体“三资”管理工作，构建农村集体“三资”规范化、流程化、透明化管理体系，取得明显成效，全年没有发生“三资”违法违纪事件。

【基层党建】 推进农村基层组织活动场所规范化建设16个，其中示范3个。召开党委会专题研究党建工作12次，理论中心组学习14次，研究重大事项16项，搭建“铜画森铃”微信公众交流平台，及时处置网络舆情7起。严把“选、育、用、管”四个环节，民主选拔了13名中层干部，其中新提任中层正职3名。继续深化领导班子来联村责任制，采取班子联系、派驻第一书记等方式转化软弱涣散基层党组织3个。党建工作督查指导，强化“五议两公开”“三务公开”、重大事务审签等民主集中制度落实，推进村干部坐（值）班，开展巡查暗访33次，对12名村干部进行约谈和处罚，在全镇进行通报。全年完成失联党员和参教信教党员“双清零”的工作目标，发展36名入党积极分子和8名新党员，11名预备党员实现按期转正，处置8名不合格党员，18个基层党组织开展学习教育3668人次。开展“党员先锋行”系列活动，全镇380多名党员干部敢冲一线，主动参加抗台救灾，募捐爱心款1.6万多元，带头签订“大拆大整”“无违建”承诺书，6名党员自行拆除违章建筑，11名农村第一书记参与灾后自救、精准脱贫、壮大村集体经济、完善基础设施、调解群众纠纷等方面工作，

G20峰会期间实现“零”上访，“五水共治”、固定资产投资、“危旧房隐患排查和治理改造”等工作处于全县领先水平。

（胡晓群）

## 周山畲族乡

【概况】 周山畲族乡是文成县乡镇区域调整后唯一一个民族乡，距县城25公里，平均海拔600多米，全乡总面积14平方公里，下辖1个社区9个行政村，总人口为5060人，其中少数民族村4个，共有畲族人口1781人，占总人口的35%。乡机关少数民族领导干部4人，占36.3%；全乡8名县“两代表一委员”中，少数民族代表（委员）3人，占37.5%；44名乡人大代表中，少数民族代表14名，占31.8%；38名乡党代表中，少数民族代表13名，占34.2%。全乡人均收入低于5500元的有633户1918人，低收入农户集中村3个，低保救助对象198户279人。

【通乡公路等级提升】 推进通乡公路等级提升工程前期各项工作，按照四级公路标准对峃口镇下徐自然村至周山乡政府段14.5公里进行提升改造，项目概算总投资2918万元，建安费2156万元。施工单位进场，官坑、吴垟、周垟等村相继开工建设。累计完成投资1100万元，完成总工程量的38%。启动上坑至双桂垟山农村公路建设，对外交通状况将得到较大改善。

【通乡公路等级提升】 引进浙江森宇控股集团有限公司，采用公司示范+农户合作+政府扶持的方式，共同推动周山铁皮石斛产业化发展。3月底，官坑村杨梅树试种铁皮石斛试验基地相关基础设施全部建设到位，4月6日试种铁皮石斛2.5万株，长势良好。计划将在全乡大面积种植，建设铁皮石斛基地2000亩左右，一期200～300亩，总投资5000万元，二期1700亩，总投资约2亿元。

【生态环境】 统筹推进“五水共治”“三改一拆”“三边三化”等工作，及时清理“三边”区域环境脏、乱、差点。严控新增违法建筑，加强拆后土地利用，巩固“无违建乡”创建成果。推进大拆大整专项行动。全年拆除违法建筑面积2154平方米，超额完成县定任务。整改C级危房2户3间200平方米，腾空危房数55户79间6075平方米，拆除D级危房24户31间3110平方米，完成农村危旧住房治理改造任务的50%以上。严格实行河长制、河道保洁制，每村配备河道保洁员，签署河道保洁协议书，河道常年保持清洁；坚持“五水共治，治污先行”的原则，推进农村污水治理，农村生活污水治理项目涉及际下、上坑、双新3个村，项目总投资96.29万元，农户受益率96%以上。借助生态农庄、家庭农场、农业合作社三大载体，扩大生态农业种植规模，提高产品附加值，推动生态产业转型升级。重点扶持茶叶、红心猕猴桃、铁皮石斛三大生态产业，利用周山老茶耐泡味浓的特点，推出畲家老茶。不断完善周垟红心猕猴桃、际下铁皮石斛、双新红心柚等农业基地配套设施建设，建成茶叶精品园和红心猕猴桃采摘基地800多亩。

【美丽畲韵】 推进生态产业和美丽经济融合发展，实施吴垟美丽乡村提升工程、周垟民族特色广场、下徐迎宾牌坊、施氏古居广场等项目。吴垟村观景游步道、瀑布观景平台、坑底公园、下徐迎宾牌坊、上坑村停车场等项目已完工，启动周垟村村口景观工程、养根村民休闲活动中心、施氏古居广场修复等项目，进一步美化乡村视野。立足优势发展特色项目，借势云海奇观、高山日出、山涧瀑布等自然景观和畲乡特色民俗，建设养根户外露营基地、摄影观景平台、特色民宿、特色水果采摘和畲乡风情民俗民事体验活动等项目，全年建成摄影观景平台4个，特色民宿1家，农家乐1家，水果采摘基地1个。推进生态产业和休闲农业观光融合发展，引入观赏型花卉、特色瓜果等经济作物，在官坑村、吴垟村组织实施创意农业种植，尝试为企业品牌商标宣传提供创意种植，浙江电视台台标、森山铁皮石斛商标等知名图标也落户“彩色稻田”，配套休闲休憩、亲子互动等设施，打造田园式创意农业休闲观光园。7月30日举办“稻梦之旅、邂逅畲乡”活动，吸引县内外游客1200多人参加，引起省市县新闻媒体广泛关注和宣传报道。在“彩色稻田”最佳观赏期，周末每天都有400多人前来观赏，从而推进周山乡村休闲观光游的发展。

【平安建设】 建成际下村畲族文化墙绘长廊，定期举办民族体育运动会、“三月三”民俗文化节等群众喜闻乐见的文体活动，吸引众多居民热情参与，浓郁畲乡民族风情。充分发挥农村文化礼堂作用，不定期组织开展文艺演出、农业科技宣传培训等，全年各村文化礼堂共开展各类文艺演出10余场，农业科技宣传培训30余次，成为社区居民乐享精神文化生活的大平台。申报文化遗产保护，施氏古居成功通过省级文保单位审查。做好“两会”期间、G20期间、乌镇互联网大会等重点时段维稳安保和重点人员稳控工作，深入开展矛盾纠纷排查和消防、食品安全、安全生产等各领域隐患排查，全年共组织专项督查20余次，化解矛盾纠纷11件，排查整改问题35个，做到“小事不出村、大事不出乡”。周山社区实现安全生产“零事故”、综合治理“零案件”、连续4年评为全县唯一一个信访三无乡镇，社会和谐稳定。完成县第十六届人民代表大会代表选举工作，开展五星级幸福社区创建，成功创成市级五星幸福社区。

【基层党建】 推行“干部工作任务清单机制”和“工作痕迹化管理机制”，全面激活乡干部的工作积极性和工作热情；出台《周山畲族乡村干部“说、评、比”实施方案》，推行干部每周“说、评、比”，以每周乡干部例会为平台，例行干部主题发言、班子依次点评、书记全面总结三项议程，打造共同进步、创先争优的良好氛围。开展为期5天的半封闭式军事化集训，培养干部雷厉风行、令行禁止的纪律意识和规矩意识。现场打分《双十清单履职测评表》《村干部德能勤廉测评表》，制定《周山畲族乡村干部坐班值班补充规定》，通过细化村主职干部职责、明确村干部奖惩、强化日常督查指导等措施，进一步落实责任，倒逼村干部抓党建。

（张王伟）

## 双桂乡

【概况】 2016年1月行政区划调整复置。双桂乡位于文成县东南部，地处飞云江中上游，东连周山畲族乡、公阳乡，南邻平阳县怀溪镇，西接巨屿镇，北靠峃口镇，距离县城21公里，具有优越的地理位置。全乡总面积22平方公里，下辖8个行政村，耕地3335亩，山林10128亩，总人口9720人。乡党委下辖党组织13个，党员412人。2016年，双桂乡荣获温州市防台抢险救灾先进集体、文成县“平安护航G20”工作先进集体、文成县乡镇财政管理工作先进单位三等奖。

【项目建设】 全年完成限上固定资产投资5126万元，完成年度任务146.5%。推动吊降并移民安置小区、朱大垟农房集聚、自来水厂等3个历史遗留项目持续建设；完成桂溪河环境综合整治一期工程。重点谋划总投资2亿元的净因禅寺重扩建工程。

【生态环境】 围绕“宜居宜游·桂乡福地”生态休闲旅游化建设，开展“三改一拆”“五水共治”“三边三化”等工作，全年整治乱点共60多处，拆除违章建筑7230平方米，完成率120%，被县命名为“无违建先进乡镇”。抓好“五水共治”，加大资金投入，完成4个村污水管网因台风损毁修复工程，完成宝丰村污水管网铺设工程。抓好“三边三化”“清洁家园”等工作，完成灵溪线可视范围内52座坟墓生态化改造,完善“户集村收乡运县”垃圾处理系统,清理公路沿线环境卫生,落实保洁长效机制,城乡环境进一步改善。

**【社会事业】** 城乡居民医疗保险完成参保8909人,完成率100%;新增低保40户42人,其中新增残疾人保障2户2人;提升1个居家养老服务照料中心建设;重视人民武装工作,共输送新兵3人,完成征兵任务100%;开展4600以下低收入农户帮扶工作;完善乡文化站基础设施,鼓励文化多元化发展;不断加大科教文卫事业投入,加强服务力度,民生保障得到进一步落实。

**【山体滑坡自然灾害】** 9月28日,受17号台风“鲇鱼”影响,宝丰村短时雨量达535毫米,三条山洪暴发,引起山体滑坡,导致4户6间四层砖混结构房屋被冲毁,6人失联。至10月1日13时许,来自驻温部队、台州市以及文成县武警、公安、消防、交警、特警、民兵等330余人组成的搜救队,经过4天时间不间断的搜救,最后一位失联人员遗体被找到,至此确认遇难6人。山体滑坡灾情发生后,县委、县政府高度重视并第一时间组织应急救援队伍前往抢险救灾。省市领导非常重视救灾工作,时任市委书记徐立毅于29日下午,在道路还没有完全抢通的情况下,第一时间赶到宝丰村指导抢险工作;时任省委常委、常务副省长袁家军,带着省委省政府的关心和嘱托,代表夏宝龙书记、车俊省长到宝丰村受灾点,看望慰问受灾群众和一线救灾工作人员,指导救灾抢险工作,并就文成县当时的困难,明确给予帮助解决。此外,国家防总、省市有关部门的领导相继到文成指导帮助抢险救灾工作,社会各界,包括一些义工队也积极捐款捐物。尤其是台州及其他兄弟县市区的救援力量,为宝丰村搜救工作提供有力援助。乡党委认真做好接待和汇报工作,至10月1日下午,6名失踪人员全部找到后,搜救人员陆续撤离,全体乡村干部继续做好善后维稳工作。灾后确保灾民有饭吃、有水喝、有衣穿、有房住、有病可医。采取集中安置和投亲靠友相结合的方式,就近、妥善安置灾民,其中,投亲靠友的受灾群众共476人。在宝丰村文化礼堂、巨屿镇垟尾村居民中心设置2个临时安置点,共安置受灾群众127人,确保灾民生活。对受灾户给予每人每月280元的临时生活安置补助,按照文成县“救急难”实施办法,对于因灾遇难者家属的抚恤金总计35000元发放到位,10月6日,县医疗救助队在宝丰文化礼堂开展健康义诊活动,对受灾群众健康状态进行评估,给予建议。截止10月15日,全乡受灾群众全部安置到位,消除灾民的后顾之忧。特别是对6名遇难者家属安排专职人员保障他们的吃、住、行,及时做好心理辅导、搜救信息通报、遗体火化安葬等各方面工作。

**【灾后重建】** 引导D级危房户投亲靠友,落实327间D级危房“五个一律”措施,落实临时性民生救助政策;结合双桂地形地貌,制定初步的灾后重建安置方案。开展设施大恢复,完成总长4.5公里共3万多方的堤防决口加固修复工程;第一时间抓好交通、水利、通信、电力等基础设施修复工作,保障日常生产生活秩序。开展生产大自救,组织党员群众100多名,帮助农民抢收作物,挽回部分损失;发动村干部和志愿者开展灾后道路卫生清理清洁,落实灾毁设施安全措施,进一步保障人民群众安全。

**【平安稳定】** 加强矛盾排查与化解,全年接访34次,接访群众51批次186人次。做好G20期间维稳工作,强化网格化综治管理,加大信访调解力度,组织乡、村巡防队开展各类安全隐患的排查,排查出各类安全隐患120余个,整改到位105个,对一时无法整改到位,实行挂牌作战,限时整改。全力以赴抓好灾后稳定,将村两委、村巡防队、志愿者队伍等人员进行整合,组织群防群治力量开展道路清理、防疫消杀、警示设置、治安巡防和警务配合等工作，确保灾后社会稳定和谐。

【基层党建】 落实“三会一课”制度，突出抓好“固定党日”活动，探索把活动开展到田间地头，团结带领全乡各党员干部参与防台抢险救灾，进一步发挥党员先锋作用。强化村民中心阵地建设，打造红色主阵地，全乡8个村均实现有活动场所且面积达标，投资50万元重点建设桂溪、双垟包、垟山等村民中心示范点。规范执行，强化服务，8个村均全面严格落实村干部坐班、值班制度，保障群众办事。抓好“五议两公开”“联审联签”“三务”公开等制度，保障党务村务公开公正公平；借助“红色细胞”工程发挥党员干部的服务职能，全乡412名党员干部、30多支党群服务组深入各家各户，走访农户9253人，办实事658件，基层党组织作用充分发挥。廉政建设全面加强，严格制度执行，着力解决群众身边的不正之风和腐败问题，进一步营造风清气正的政治生态和发展环境。

（项方敏）

## 平和乡

【概况】 2016年1月行政区划调整复置。平和乡位于文成县东南面，处于文成、平阳、瑞安三县的交界处，素有文成县“东大门”之称，地理位置较为优越。辖区总面积为22平方公里，下辖10个行政村，56个自然村，总人口数为8868人。乡党委下辖党组织12个，党员415人。乡政府驻地平和村，下设党政综合办公室、经济发展和村镇规划建设办公室、综合治理和社会事务管理办公室等3个行政内设机构科室，便民服务中心、农业综合服务中心、综合治理和社会事业服务中心等3个事业单位。年末，全乡在编在岗28人，其中领导班子成员10人。2016年，平和乡始终坚持“生态立乡、茶叶富乡、旅游兴乡、和谐强乡”四大战略，以建设“美丽禅茶之乡”为目标，不断推进全乡经济社会发展。

【特色产业】 以九龙山日省名茶有限公司为龙头的茶叶产业发展，茶叶种植户以出售茶青为主，规模较大的茶叶专业合作社进行茶叶粗加工并销售；茶园总面积为3635亩，总产量67.88吨。平和打铁工艺传承百年，具有独特的单面“加生”技艺，产品主要销往温州、台州、金华、杭州、福建等地。全乡有打铁作坊21家，从业人员100多人。

【项目建设】 全年固定资产投资任务1.65亿元，强力推进招商引资，实际到位资金1100万元，超额完成招商引资任务。完成平和段高速公路用地政策处理；大垟口旧村改造（农房集聚）项目两幢安置房结顶；郭山村旱改水项目完成土地开挖160多亩，可增加水田面积35.5亩；公路改造提升工程、平和村小城镇环境综合整治工程、灵德寺扩建项目等做好前期准备工作；园口生态农庄、九龙山茶庄园、平和坑河道整治工程等重点项目进展顺利。

【生态环境】 开展拆违美化、青山白化治理和畜禽养殖污染治理，结合大拆大整专项行动，完成拆违59处、6367平方米，实现“无违建村（居）”全覆盖；完成三边区域坟墓生态化改造26座，坟墓禁新整治118座；拆除生猪养殖场所1005平方米；拆除平和村段河道鸡棚和鸭棚，平和坑水质保持二类以上。推进环境基础设施建设，完成总投资为217.5万元的下沙园、新田、郭山3个村的农村生活污水治理项目；新建亲水平台1处，河堤126米。健全落实环境卫生管理、畜禽养殖治理、“河长制”等长效管理机制。

【社会保障】 全年农村新型合作医疗保险人数7863人，参合率为93%，城乡居民养老保险新增41人；发放低保及重度残疾人补助费100.27万元，其中居民最低生活保障246户336人，补助86.79万元，重度残疾人28户28人，补助13.48万元；发放困境儿童基本生活费资金480元；临时救助10人，发放资金1.1万元；困难群众医疗救助52人，发放资金19.44万元；实施农村困难群众住房救助对象146户，解决困难群众住房安全及资金问题。

【文教体卫】 完成平和乡综合文化站2016年全市公共文化服务“五有十化”标准化工作，做到有基础设施、有管理人员、有专项经费、有常态活动及有稳定团队；购置文化设施，完善各功能室的功能，实行免费开放。开展文化体育活动，全年开展较大活动24场，如举办“粽情欢舞·茶香平和”全民健身运动会、在平和九龙山茶厂举行县茶文化研讨会暨第三届“采茶节”。维修东方村叶继普宅；文化站设立2个文化遗产展览室；省、市文物专家对申报省级文保单位的东方村太阴宫进行实地查看。全年全乡出生123人，其中男孩63人，女孩60人，性别比为100:105；计划外2例，计划生育率为98.37%。

【平安建设】 全年通过接访、约访、带案下访，化解各类信访案件共10件；受理各类矛盾纠纷23件，其中突发事件5起，人民调解8起，村调解10起，调处成功率达96%；对历史遗留的信访件实行重点人员乡领导包案3件、一般包案7件，办结10件。结合大拆大整专项行动，排摸出租房5家，合用场所25家，按期完成出租房、合用场所物理防火门隔离整治工作，整治率100%。制定护林防火应急预案，成立一支25人组成的森林防火队伍。全年召开安全生产专题例会5次，部署安全生产工作；多次组织人员对渡口、在建工程、打铁铺等存在安全隐患的点进行检查；排查摸底生产经营单位88家，需整治45家，完成整治45家，整治率100%。

【基层组织建设】 巩固基层组织建设百日攻坚行动成果，建立和完善下派第一书记后进村整治责任捆绑、“五议两公开”“三会一课”“四单一平台”、村干部坐值班等制度。全年吸收预备党员9名，转正党员3名。强化党员带头示范，大拆大整行动中，党员带头主动拆违章860平方米。抓好“271”工程落实，系统梳理各村存在的突出问题8个，实施挂图作战，逐一销号；组织党支部系统培训4期、298人次。“整乡推进、整县提升”，确定4个换届重点难点村，推出“1个联村领导+1个攻坚组”；开展“六清”行动，完成10个行政村的账务清理。完成村级老年协会资金资产专项治理，8个老人协会资金共移交4.92万元，注销账户1个，移交资产7宗，资产估价121万元，债权11万元，债务0.5万元。推进廉政建设，在全乡范围内开展党员审查工作，处置不合格党员3人，其中留党察看1人，开除党籍2人；严格执行线索处置和案件查办，组织梳理上报线索18条，1人被立案处理，1人移送司法处理，挽回村集体经济损失50余万元。

（潘李珍）

## 公阳乡

【概况】 2016年1月行政区划调整复置。公阳乡位于文成县东南部，飞云江流域九溪支流上游，距县政府所在地大峃镇23公里。区域面积18.2平方公里，下辖公阳村、水碓宅村、鹿堡村、上岳头村、白石坑村、驮尖村、金岭村7个行政村，总人口为6803人。耕地面积3859亩，山林面积14706亩。公阳乡有1500余年历史，源远流长，人文荟萃，乡贤辈出，唐朝中期就有居民繁衍生息，有保存较完好古民居群。历史名人有乾隆二品武显将军陈步云、礼部郎中叶文鼎、继道先生叶葵、高卧先生叶蕃、布政司理问叶光汝、叶氏太极宗师(创始人)叶大密等。2016年，公阳乡获2016年温州市民族宗教工作先进集体、文成县环境建设工作先进单位；徐伟慧获温州市G20维稳安保先进个人

【环境整治】 全年排查存在安全隐患农村危旧房226间，拆除D级危旧房22间，拆除面积2300平方米；拆除违章建筑78处5920平方米，完成率118%；排查出“四无”经营单位14家，完成整治12家，取缔2家；7个村全部建成“无违建”村，完成11间地基的平整，面积约700平方米。加大力度推进青山白化整治，完成坟墓改造43座，完成全年任务数的122%。加强公阳坑河道环境卫生整治，建立“一河一策”制度，全面落实“河长制”完善流域治理协调机制。加快农村生活污水处理进度，完成项目建设4个，等待验收。

【效益农业】 开发上岳头村油茶基地和休闲采摘游基地，新造高产油茶林120亩；打造集铁皮石斛、黑木耳、槟榔芋、覆盆子等基地为一体的休闲观光采摘园，总面积3060多亩。将传统的农耕方式升级成现代先进的管理种植模式，加快建设一批精品农业生产示范基地和农业精品园，促进农业旅游的发展。对薏仁米、柿子等农产品进行包装，注册商标，牵头与特农汇合作，对槟榔芋、蘑菇等土特产在网上进行销售。全年建设公阳游客接待点1个，购置观光旅游自行车15辆，举办利柿节等农业特色活动，实现农旅结合，打造农产品展销吃住玩一体的农业观光体验园。打造环乡旅游观光线路5公里，推广农业生态游和采摘体验游，带动当地休闲旅游产业，为当地百姓创收致富。

【项目建设】 全年共计划完成固定资产限上项目5个，总投资额2030万元，实际投资2270万元，完成率111.8%。入口改造提升工程快速推进，完成外立面粉刷、挡土墙建设等，文化墙正在施工中。编制九公线的实施方案，做好城乡总体规划、中心村建设规划；编制“东方太极小镇”实施方案，确定叶大密故居修复，太极广场，文化产业园等发展项目，对公阳村庄环境进行整治，对公阳叶宅进行适当修缮，对展览馆进行布展。

【社会保障】 完善社会保障制度，实施全民参保计划，基本实现法定人员全覆盖。推进社会救助制度改革，继续做好低保工作，全面实施临时救助制度，为特殊困难群众基本生活提供保障。全年全乡有低保对象200人，残疾人对象20人，发放低保金88.1万元，残疾人补助金10.7万元，优抚资金3.79万元。发展老龄事业，保障妇女权益，关心青少年发展，加强未成年人保护和困境家庭保障，做好残疾人基本公共服务和残疾预防，支持慈善事业发展。加强文物保护和文化遗产传承利用。抓好文化、体育等基础设施建设，大力推进全民健身。

【换届选举】 6月份完成换届选举，之后对换届工作进行“回头看”，审查出26名代表存在瑕疵，对2名党代表进行劝退处置，其余24名代表都递交辞职报告。严格把好县“两代表”人选质量关，完成选举。村级组织换届“五清”行动方面，在广泛深入“清底”的基础上，对7个村的村账进行地毯式清核。全乡排摸出7类共11个影响换届的重点问题和关键问题，确定3个换届重难点村，成立3个攻坚小组，实行“统一指挥，各自为战”的追击战法。转化换届工作负面影响人物4个，处理历史遗留问题3个，约谈干部6名，有效落实重难点村“清零”。

【基层党建】 认真落实党风廉政建设“两个责任”，学习贯彻党内“两部法规”。以岗位目标责任制为抓手，完善党内监督考评机制，加大公务支出、公务接待和农村“三资”管理监管力度。查办各类违纪违法案件，着力营造风清气正的干事氛围。全年乡班子成员共联系服务群众673人次。以“双十清单”落实为载体，结合各村实际，开展党建配对交叉检查。通过村与村之间互亮互比的“竞赛”，促使各村之间一针见血地指出存在的问题，让大家认识到自己在工作中的不足，起到相互交流学习、取长补短的效果。

（吴美琴）

## 桂山乡

【概况】 桂山乡地处文成县境南端，与泰顺、平阳、苍南三县交界，境内山峰陡峭，峰峦叠翠，最高峰“仙岩山”海拔高达1125米，被誉为“文成西藏”“文成青藏高原”。乡域总面积达27.5平方公里，辖7个行政村，户籍人口6360人。桂山素有“三乡”之称，即“生态之乡、农业之乡、绿色之乡”美誉。2011年桂山乡并入珊溪镇成立桂山社区，2016年1月20日行政区划调整后重新设立桂山乡。

【生态资源】 桂山境内层峦叠翠，山清水秀，拥有万亩竹园、千亩山林，森林覆盖率90%，经检测，常年空气质量优于国家一级标准，地表水水质达到Ⅱ级以上，清新纯净的空气中，富含大量的负氧离子；有着得天独厚的龙井坑、仙岩山、牛角岩、凤凰狮子山、古鳌源头、千年银杏树、百年古民居等。

千年银杏树(桂山乡提供)

【红色之乡】 1935年刘英、粟裕率领中国工农红军挺进师进入桂山，建立瑞青泰边革命根据地，几乎村村住过红军和地下党，全乡共有8位革命者被追认为烈士，至2016年年底，健在的新中国成立前老党员还有1名，抗战老兵2名(三垟、分水)。1985年，桂山乡被温州市命名为“革命老根据地乡”。

【党代会】 中共桂山乡第十三届代表大会第一次会议于6月15日在桂山乡召开，这是行政区划调整后桂山恢复建制乡以来的第一次党代会。会议听取、审议并通过桂山乡党委和纪委所作的《开局十三五 扎实谋新篇 全力打造“高山田园避暑养生之乡”》《开拓创新扎实工作 全力推进党风廉政建设和反腐败工作》的工作报告。报告规划展望桂山乡“十三五”时期的奋斗目标和主要任务，部署2016年目标任务和重点工作。会议依法顺利选举产生桂山乡第十三届委员会和纪律检查委员会，为桂山乡未来五年的发展提供了坚强的组织保证。

中共桂山乡第十三届代表大会第一次会议于召开
(桂山乡提供)

【人代会】 桂山乡第十五届代表大会第一次会议于6月28日在桂山召开。会议听取并审议通过桂山乡《政府工作报告》《人大主席团工作报告》《财政预决算报告》及《民政工作报告》；选举产生新一届乡领导班子，刘坚当选为乡人大主席，雷文宾当选为乡长，潘跃、陈思利为副乡长。会议指出，“十三五”时期，桂山乡将认真贯彻落实省市县乡重大决策部署，坚持以“创新、协调、绿色、开放、共享”五大发展理念为引领，紧紧围绕“宜游宜居生态县”战略目标，着力实现生态产业转型有新举措、美丽人居环境有新变化、民生事业发展有新改善，为全面打造“高山田园避暑养生之乡”而努力迈进。

桂山乡第十五届代表大会第一次会议召开(桂山乡提供)

【产业发展】 挖掘桂山得天独厚的生态资源，完成龙井瀑公园一期工程建设，创意农业种植100亩，委托编制《桂山乡凤狮村旅游特色村规划》，探索发展乡村休闲产业。加大精准扶贫力度，推进分布式光伏发电项目，累计(包括正在申报的)装机容量达315千瓦左右，受益农户23户。实施千亩农田质量提升工程、山区小流域农业生态治理工程、水稻产业提升工程等，展现高山田园特色风光。精心扶持农业主体，其中“绿环”被评为2016年文成县省级现代生态循环农业示范主体，“禄祥”(香菇种植)成功申报2017年浙江省农业综合开发产业化发展项目；引导农业电商企业温州问农食品有限公司回乡创业，入驻绿云电子产业园，年销售额在1000万元以上。

【大拆大整】 全乡累计排查危旧房屋544户，591间，其中鉴定C级危房327户334间、D级危房49户52间。对鉴定为C级危房的督促房主进行自行修缮，鉴定为D级的拆除40户42间，腾空封存9户10间。拆除存量违章建筑21处，面积3191平方米。

【民生事业】 抓好震后重建工作，全年落实民房重建31户，审核原房受损且民房未进行重建的899户，共计转账发放89.9万元；建成新兴村避灾(文化)中心，开工建设乡避灾(文化)中心、水尾自然村避灾点和分水村集中安置点建设。认真做好社会保障工作，城乡居民医疗保险参保率100%，政策性农村住房保险完成任务数100%，低保对象应保尽保。设立桂山乡校奖教奖学金，分设桂山卫生院，完成新卫生院选址定界。

【环境整治】 以建设美丽桂山为目标，推进大拆大整、“三边三化”、清洁乡村、无违建创建、五水共治等环境综合整治组合拳，进一步改善乡村环境。全年共拆除各类违章建筑6734平方米(任务数6000平方米)，完成率112%，拆除危旧房42间，如期创成“基本无违建乡”；完成仰砚线坟墓生态化治理96座(任务数37座)，完成率259%；全乡7个行政村实现农村生活污水处理、标准化垃圾收集点全覆盖；建成平溪垟尾湖生态治理工程、福全村美丽乡村建设项目，完成三垟、福全、凤狮“中国美丽乡村示范工程”初步设计，着手实施三垟村外立面、人行道改造工程。

平溪垟尾湖生态治理(桂山乡提供)

【基层党建】 规范村民中心建设，投入20万元建设三垟示范村，配备各村村民中心制度牌、公示栏、远教设备等硬件，全面“整乡推进、整县提升”“271”工程。强化“两学一做”“双十清单”工作推进，全面提升“两个质”的突破；年初开展党组关系全面排查，强化党员教育管理，加大学习力度，全乡范围开展党员志愿者服务活动，建立红色驿站、党员志愿服务站，发动党员带头清扫乡村街道、平安巡查、义工服务，充分发扬党员先锋模范作用，全年发展党员9名，转正预备党员6名，党内处分2名；规范村干部管理，制定出台《村干部积分考核制度》《村干部请销假制度》以及《村干部职务退出办法》，要求7个行政村工作日安排村书记、村主任、村监会主任带头坐班，其他干部轮流值班，周末安排人值班，并落实督查，全年开展坐值班督查15次，停发2名长期不在岗村干部报酬，组织约谈5名村干部并扣发工资。全面开展并完成“清底”“清零”“清风”“清障”“清仓”以及“清账”行动。

乡政府所在地全貌(桂山乡提供)

(徐明德)

# 人　物

## 浙江省“五一劳动奖章”获得者

**吴柳萍** 女 1967年12月出生，文成县第二实验中学副校长。从事教育工作28个春秋，连续担任班主任23个年头，主抓德育教育工作，同时兼任语文教学工作。工作上勤勤恳恳尽职，踏踏实实做事。在教学上，刻苦钻研教材和新课程标准，根据课本知识，联系生活实际和学生实际，参考远程教育资源，设计出最佳教学方案，带领学生在知识的海洋里遨游。在全县期末学业检测评估中连续6次获一等奖，获全县“育才”奖一等奖，获温州市首届名教师（模范班主任）称号，曾获文成县劳动模范、文成县专业技术拔尖人才、县优秀教师、市、县优秀班主任等称号。撰写的德育论文《方圆教育 司南人生——浙江省文成县第二实验中学德育实践经验谈》在2014年温州《现代教育》第一期发表并获县德育论文一等奖。吴老师是一位一直坚守欠发达地区的教育工作者，在教书育人的岗位上，她以赤诚的心吸引着学生，以出色的工作成绩赢得领导和同志们的好评，她将继续用她那质朴、纯真、执着的爱去谱写教育之歌。2016年获得浙江省五一劳动奖章。

## 浙江“好人榜”

**陈　云** 男 水电工师父，平和乡下沙园村人。他在危急关头，面对熊熊大火，不顾个人安危，勇救他人，以自己的行动诠释了见义勇为、救急救难的精神实质。1月4日，苏老伯和两个儿子在大峃镇鹤东村殡仪馆后山的田地烧草灰。突然火势蔓延难以控制，苏老伯困在火海并被烟熏晕。这时陈云前往附近寺院做工，瞧见凶猛火势，他二话不说，立即抄近路赶往火场，希望能在大火烧到山林前阻止火势继续蔓延。当发现火海中奄奄一息的苏老伯后，他义无反顾冲进火海抱出晕倒在地的苏老伯，在经过半小时的奋力灭火，火势渐熄后不留姓名匆匆离去。2016年入选浙江好人榜。

## 2016年“感动温州”十大人物

**林炳良** 男 1973年8月出生，峃口镇峃口村人，县城阿叮美发店老板。从2007年1月开始，他义务为峃口镇慈善敬老院集中供养的60多名孤寡老人理发，后因温州义工队的接手，他将阵地转移到黄坦慈善敬老院。2012年10月，林炳良将义务为老人理发的范围，扩大到大峃镇、黄坦镇、巨屿镇、珊溪镇、西坑镇、百丈漈镇等多个乡镇的敬老院，对孤寡老人进行义务理发的艰辛旅程累计近1000公里，为全县敬老院的孤寡老人义务理发6000多小时。10年的献爱心公益之路，深深打动了他身边的每一个人。2015年注册组建了“你我同行志愿服务队”，共有成员150人，均是来自全县各行各业的爱心人士。该团队服务宗旨是助老、助残、助学等特殊关爱。林炳良也曾先后获得文成县首届“十佳”道德模范、温州市优秀志愿者(雷锋式标兵)、温州市红十字奉献服务奖、温州市优秀共产党员、温州市优秀助残志愿者、温州市最美助残人、浙江省五星级义工、“浙江好人”、文成“十大杰出青年”等荣誉称号。

## 温州“民间体育达人”

**叶绍东** 男 1949年出生于上海市黄浦区,公阳乡叶大密之子、叶式太极第二代传人。他武术渊源深厚,深得叶大密先生的拳、剑和中医推拿技术真传。从2014年10月开始,一直受聘为文成县叶式太极拳研究会武术教练,共培训太极拳学员10多期(次)500余人次,其中考取武术段位的学员有100多人。教学期间,尽职尽责,以传承传统国学武术文化为宗旨,采取开放性教育方法,重视学员的思想道德素质培养,坚持普及推广“叶式太极拳”“叶大密文化”,与当地健康养老养生产业建设相结合,深受全县广大干部、职工、群众的认可。2016年在“寻找温州民间体育达人·标杆体育社团”评选活动中,叶绍东先生入围评选,在众多入围者中脱颖而出,最终斩获“民间体育达人”桂冠。

## 浙江省第二批“千名好支书”名单(文成部分)

叶益斌 男 文成县大峃镇珊门村党支部书记
林梅仙 男 文成县珊溪镇塘山村党支部书记
叶成怀 男 文成县百丈漈镇同垟村党支部书记
张仁建 男 文成县峃口镇新联村党支部书记
刘旭平 男 杭州文成商会党委书记、会长

## 浙江省“万名好党员”名单(文成部分)

程日华 男 文成县大峃镇上房村党支部书记
谢杭洲 男 文成县大峃镇党群办副主任
周建武 男 文成县大峃镇周徐村村委会主任
朱福财 男 文成县珊溪镇坦歧村党员
邱建平 男 文成县珊溪镇城管消防中队队长
周守开 男 文成县玉壶镇龙背村党支部书记
陈慧红 女 文成县玉壶镇玉壶社区党委书记
刘日平 男 文成县南田镇黄山村党支部书记
黄林跳 男 文成县南田镇利民村党支部书记
张小红 女 文成县黄坦镇前巷村党支部副书记
雷爱娥 女 文成县西坑镇梧溪村党支部副书记
陈诗耀 男 文成县百丈漈镇底大会村党支部书记
郑小南 男 文成县峃口镇渡渎村党支部副书记
张凤初 男 文成县巨屿镇龙前村党员
郑碎娥 女 文成县周壤镇项山村党支部委员
张圣珠 男 文成县二源镇谈阳村党支部书记
叶兴忠 男 文成县铜铃山镇都铺村党支部书记
陈邦雪 男 文成县周山乡吴垟村党支部书记
徐世彩 男 文成县双桂乡桂西村党支部副书记
叶银全 男 文成县公阳乡公阳村党支部副书记
毛定辰 男 文成县桂山乡桂库村党支部书记
赵运图 男 原文成县委统战部副部长
苏永胜 男 文成县公安局法制预审大队民警
孟小明 男 浙江省文成中学教师
田 毅 男 文成县人民医院医务科科长、内一科主任
周瑞杰 男 文成县烟草专卖局(分公司)市场管理员
王光钦 男 文成县求知中学教师
金玉堂 男 文成县绿洲果禽专业合作社党支部书记、社长
程启岁 男 文成县珊溪镇仰山杨梅合作社党支部书记

## 2016年“浙江省绿色家庭”名单

夏景裕 文成县巨屿镇方前村麦屿东路81号
钟翠梅 文成县玉壶镇洪地村

## 2016“浙江省文明家庭”名单

潘伟平　文成县巨屿镇垟地边村
胡晓波　文成县南田镇武阳村
叶还君　文成县岱口镇龙车村
钟翠梅　文成县玉壶镇洪地村

## 2016年度“温州市最美家庭户”名单

叶君还　文成县岱口镇龙车村
潘伟平　文成县巨屿镇垟地边村
胡碎华　文成县周壤镇外南村
林少云　文成县珊溪镇新建路220～222号
林钦花　文成县二源镇二源村
翁忠兰　文成县平和乡东方村
王邦伟　文成县珊溪镇李井社区新建村
吴家照　文成县玉壶镇新林村
吴杨芬　文成县大峃镇文化路150号701室

## 2016年度“温州市最美家庭户”提名奖名单

朱进洪　文成县玉壶镇角山村
胡晓波　文成县南田镇武阳村
雷妙聪　文成县南田镇南田村
叶信海　文成县周山畲族乡官坑村
周光平　文成县玉壶镇茗垟村
周运光　文成县铜铃山镇上垟村
张月柳　文成县铜铃山镇下垟村鹤城路
朱守令　文成县玉壶镇坳坪村
胡黄林　文成县周壤镇联丰村新丰北路95号

## 2016年度温州市优秀企业家

潘益文　浙江中星钢管机械有限公司（文成县）

## 2016年度温州市工业强县考核先进个人

胡曙明　文成县经信局
陈　铣　文成县发改局
林来来　文成县百丈漈镇

## 第六届“文成县十大杰出青年”名单

达　照　文成县佛教协会会长、温州佛学院副院长
朱夏相宜（女）　文成广播电视台《今日关注》栏目编导
刘丽梅（刘梅子）（女）今日美术馆签约艺术家
张　鑫　文成县阳光假日大酒店董事长
陈衍森　武警温州市支队文成县中队排长
林炳良　文成县“你我同行”志愿服务队负责人
郑　璐（女）文成县鑫鑫有机农业开发专业合作社理事长
赵东远　温州市天顶湖休闲农庄股份有限公司董事长
夏肇旭　珊溪印象摄影、墨影艺术微喷工作室负责人
蔡颖颖（女）上海体育学院女子散打队队长

## “最美文成人——第五届文成县道德模范”名单

诚实守信模范　富林愚
助人为乐模范　朱福财　胡大贞
敬业奉献模范　田　毅　胡建立　黄建东
孝老爱亲模范　翁　彩　黄少平
见义勇为模范　刘　伟

## “最美文成人——第五届文成县道德模范”提名奖名单

诚实守信模范　余玲颖
助人为乐模范　陈鹏程　翁祥松
敬业奉献模范　叶紫黎　陈小春　王淑珍
孝老爱亲模范　廖松竹　毛仙珍

## 2016年度文成县优秀企业家名单

康安贤　浙江德卡控制阀仪表有限公司
潘益文　浙江中星钢管机械有限公司
林大钧　文成县亨哈山珍食品有限公司
刘晶晶　浙江万喜精密铸造有限公司
叶金如　浙江瓯越交通建设有限公司
陈勇建　浙江海润建设有限公司
张　鑫　文成县阳光假日大酒店有限公司
叶益勇　文成县国际大酒店有限公司
项应乾　温州市淘梦网络科技有限公司

## 部分先进集体和个人

**2015年度浙江省优秀团组织、优秀团员：**
优秀团组织：县财税局团委、县广播电视台电视中心团支部
优秀团员：梅开、雷晨曦

**2015年度温州市两优　先：**
五四红旗团委：县公安局团委
五四红旗团支部：中国邮政储蓄银行文成支行团支部
先进团组织：珊溪镇团委、国税局团支部
优秀团员：施世威（百丈漈镇）
王　闯（温州市消防支队文成中队）
赵汉武（文成中学）
包晓微（文成县职业中专）
优秀团干部：吴哲海（南田镇团委副书记）
潘海武（卫计局团委书记）
刘茶芳（旅游局团支书）
王李淼（文成二高团委书记）

**2015年度浙江省少先队先进集体：**文成县实验小学
**2015年度浙江省优秀少先队员：**魏臣洋
**2015年度浙江省少先队优秀辅导员：**叶建赛
**2015年度浙江省少先队先进工作者：**刘越秀、叶玉燕

**2016年温州市美德好少年：**
程远宏（仰山小学）　王宾洛（实验二小）
程好（西坑镇校）　钟涵予（实验小学）
梁湘楠（南田镇小）

**2016年温州市十佳优秀少先队员：**
吴　彤（实验二小）

**2016年第七届温州市少先队争章技能展示活动：**
一等奖：赵翁艺祯（县实验小学）
二等奖：赵汉莲（县实验二小）
王　笛（县实验二小）
雷　艺（县实验二小）
余秀文（县实验小学）
季宸羽（县实验小学）

**2015年度温州市志愿服务工作先进集体：**
文成县第二高级中学、“你我同行”志愿服务队

**2015年度温州市优秀志愿者：**
梅　开　伍　丽　雷晨曦　张强强　叶　艳

## 2016年度市级以上工会先进个人

表38

| 姓名 | 时间 | 荣誉称号 | 授予部门 |
|---|---|---|---|
| 王晓英 | 2017.1 | 温州市优秀工会工作者 | 温州市总工会 |
| 夏青云 | 2017.1 | 温州市优秀工会工作者 | 温州市总工会 |
| 赵东远 | 2017.1 | 温州市优秀工会积极分子 | 温州市总工会 |
| 张剑锋 | 2017.1 | 温州市优秀工会积极分子 | 温州市总工会 |
| 刘少民 | 2017.1 | 温州市优秀工会积极分子 | 温州市总工会 |
| 张娜娜 | 2017.1 | 温州市优秀工会积极分子 | 温州市总工会 |
| 陈 光 | 2017.1 | 温州市优秀工会积极分子 | 温州市总工会 |
| 周春炫 | 2017.1 | 温州市优秀工会积极分子 | 温州市总工会 |
| 陈丹丹 | 2017.1 | 温州市优秀工会积极分子 | 温州市总工会 |
| 黄琳琴 | 2017.1 | 温州市优秀工会积极分子 | 温州市总工会 |
| 潘益文 | 2017.1 | 温州市优秀工会积极分子 | 温州市总工会 |
| 徐 彬 | 2017.1 | 温州市优秀工会积极分子 | 温州市总工会 |
| 张 鑫 | 2017.1 | 温州市优秀工会积极分子 | 温州市总工会 |
| 吴昌银 | 2017.1 | 温州市优秀工会积极分子 | 温州市总工会 |
| 胡速欣 | 2017.1 | 温州市优秀工会积极分子 | 温州市总工会 |

（李志娥）

# 附　　录

## 聚焦短板　发力破难
## 全力完成年度目标任务

——在县委十二届十一次全体(扩大)会议上的报告

县委书记　汪　驰

(2016年7月21日)

同志们:

这次全会的主要任务是:认真学习贯彻习近平总书记系列重要讲话精神,全面贯彻落实省委十三届九次全会、市委十一届十一次全会精神,回顾总结上半年工作,研究部署下半年任务,审议通过《中共文成县委关于补短板的实施意见》。

下面,我代表县委常委会向全会报告工作,请大家审议。

### 一、在肯定成绩中直面问题,切实增强赶超发展的责任感和使命感

今年以来,我们认真贯彻落实中央和省市委重大决策部署,谋实招、抓开局,补短板、创亮点,经济社会发展取得新成效,实现了"十三五"良好开局。上半年,全县地区生产总值增长8.5%;财政总收入、一般公共预算收入分别增长14.5%、12.4%;城乡常住居民人均可支配收入同比增长9.7%和10.3%;限上固定资产投资增长14.3%。

**(一)坚持谋定而后动,着力推进一批战略性引领性重大项目落地。**我们主动顺应趋势、把握大势,高起点高标准制定"十三五"规划建议,统领指引规划纲要与各类专项规划的编制与实施,谋划制定7大类27个"三年行动计划",完善重大项目推进机制,着力推动重大平台、重点项目落地达效,为"十三五"发展夯实基础、拓展空间。"森林氧吧小镇"等一批特色小镇加快实施,玉壶镇成为浙江省首个"国际慢城",成功摘取第一张国际金名片;56省道南田接线建成通车,龙丽温高速瑞文段、兴福堂"三改"项目、天圣山文化园等一批示范性亮点项目合力推进。

**(二)坚持"旅游+"产业导向,着力培育经济增长新动能。**我们立足文成产业发展基础,

坚持新业态培育与传统产业提升并抓，全力构建以旅游业为主导的生态产业体系。持续加大八大经济新业态培育力度，启动国有旅游资源市场化改革，有序推进刘伯温故里景区创A工作，天鹅堡小镇二期、百丈漈洞式电梯等一批旅游项目加快推进，上半年旅游综合收入增长29.2%。大力实施农业规模化、农庄化发展，实现农业产值同比增长5.1%。深入实施工业发展“三年提升计划”和小微企业“三年成长计划”，推进平台整合提升，实现了工业企稳回升，规上工业产值增长19.7%。

**（三）坚持治乱点与创亮点并抓，着力提升生态环境竞争力。**我们坚持整治与创建并重，着力将生态优势进一步转化为赶超发展的比较优势。坚持水岸同治，大力推进城乡污水管网建设，加快飞云江治理二期、泗溪河七期治理等一批治水工程建设，全面巩固“清三河”治理成果。强势推进“三改一拆”，强化“无违建”三级联创，获评全省“无违建”创建先进县。统筹推进“两路两侧”“三边三化”“两个县城创建”及美丽乡村建设等工作，启动国家生态文明建设示范县创建，获评全省“两路两侧”“三边三化”专项整治工作优秀县，国家卫生县城创建通过省级考核，成功纳入首批省级生态文明先行示范区创建县，入选首批省级低碳试点县。

**（四）坚持富民惠民安民，着力提升群众获得感。**我们坚持以最大努力为民办好事办实事，大力推进“十大民生工程”，狠抓“三年特扶”项目，深入推进精准扶贫，抗震安居工程等一批惠民项目加快推进。全面推进教育现代化县创建，稳步推进医药卫生体制改革，城镇幼儿园、乡镇卫生院等一批工程加快建设。深入实施文化惠民工程，获评全省文化礼堂建设先进县，城乡养老工作有力推进。全面深化法治文成、平安文成建设，司法体制综合改革在省市率先推进，平稳完成行政区划调整，坚决打好“平安护航G20大会战”，社会大局保持和谐稳定，实现了省级平安县“九连创”。

**（五）坚持全面从严治党，着力提升党的建设科学化水平。**我们严格落实党委（党组）抓基层党建、党风廉政、意识形态的主体责任，扎实开展“两学一做”学习教育，巩固拓展群众路线教育实践活动、“三严三实”专题教育成果。持续深化正风肃纪，深入开展作风建设“五大行动”，深化实施农村基层和县直单位作风巡查，查纠了一批腐败问题和不正之风。坚持正面舆论导向，持续深入开展新闻宣传和舆论监督工作，极力营造风清气正的舆论氛围，接受了省委对温州意识形态工作的延伸检查。全面推进“整乡推进、整县提升”工程，全力开展村级换届“六清”行动，扎实抓好乡镇换届，在全市率先开展村干部管理制度改革、率先完成乡镇党委换届。进一步发挥人大、政协工作职能，调动四套班子领导齐上一线，干事创业。充分发挥老干部在经济社会各个领域的重要作用，党管武装、统战、群团等工作水平逐步提升，发展合力进一步凝聚。

回顾分析上半年工作，全县整体发展呈现“亮点与难点并存，成效与问题交织”的态势，主要还存在以下突出问题和短板：从项目建设的进度看，一些重大项目推进仍然跟不上“十三五”时期大建设、大发展的形势要求，项目谋划、储备、争取、招商、政策处理、要素保障的全链条尚未打通，尤其是重大平台和亮点项目的推进力度仍然不大。从环境优势的转化看，抓环境与抓产业的融合度不高、联动性不强，投入与产出不匹配，生态品牌创建成果转化的跟进步伐仍然滞后。从人民群众的期待看，一些乡镇部门对民生实事的落实离群众期望值有较大差距，尤其是改善“上学难、看病难、养老难”等问题仍须更加努力。从社会治理的成效看，个别乡镇部门从源头化解矛盾纠纷的办法不多、力度不大，对群众的初信初访没有引起足够重视，导致问题和矛盾层层上交的现象仍然不少。从干事创业的氛围看，一些干部缺乏敢担当、善担当的精气神，“老办法不管用、新办法不会用”的能力恐慌问题较为突出，尤其是在换届过程中，

"等一等""放一放""拖一拖"的观望心理较为普遍,工作标准降格以求。如果任由上述问题存在和叠加,不仅会拖慢工作节奏、拖延发展步伐,而且会极大挫伤干部群众对文成赶超发展的信心。对此,我们一定要站在对文成长远发展负责、对文成人民福祉负责的高度,以务实的态度和举措,认真加以解决。

## 二、以"三年行动计划"为抓手,着力补齐发展中的突出短板

党的十八大以来,习近平总书记就补短板作出了一系列新论述,深刻阐明了补短板的重大意义、主要任务和具体要求,为我们开展补短板工作提供了行动指南和基本遵循。省委十三届九次全会专题研究部署补短板工作,向全省发出了补短板的动员令。市委十一届十一次全会聚焦短板、精准施策,为统筹推进温州转型发展明确了路径方向。我们要深刻领会习总书记重要论述的丰富内涵和精神实质,全面把握省市委关于补短板的总体要求,把思想和行动自觉统一到上级的决策部署上来,紧密联系文成实际,把补短扬长这一事关文成赶超发展的大战役打响打好。

**(一)要牢牢把握补短板的总体要求。**我们所说的短板,是指对改革发展稳定大局产生制约作用的关键性薄弱环节。短板肯定是问题,但并不是所有问题都是短板,只有那些事关全局性、长远性、基础性、根本性的突出问题,才能称之为短板。所谓补短板,就是要着力克服和解决关键性薄弱环节,达到补短增长、补短强长、补短扬长的功效,既有顶层设计、又有末端治理,既有长远任务、又有阶段要求,既是攻坚战、又是持久战,是一项工作任务十分繁重的系统工程。为此,我们要有效承接上级关于补短板工作的部署要求,结合文成实际,紧紧围绕如何查找短板、如何补齐短板、如何督促补齐、如何检验成效四个基本问题,始终坚持"问题导向、需求导向、效果导向""借势借力借智""集中资源办大事"三大理念,牢牢把握补短板的正确方向、基本标准、科学方法,一环紧扣一环,一招紧接一招,做到高起点、精准化补齐短板。

**(二)要牢牢把握补短板的有效抓手。**补短板,既要有明确的目标,更要有明晰的路径、载体和抓手。县委立足发展阶段特征,决定组织实施7大类27项"三年行动计划"。这一系列"三年行动计划"是目标与路径的有机统一,突出重点与全局的联系协调,强化条条与块块的相互联动,与补短板在内涵上具有契合性,在实践上具有一致性。我们必须把实施系列"三年行动计划"作为补短板的关键举措,按照"一年打基础、两年求突破、三年见成效"的进度要求,破难攻坚,久久为功,真正使补短板的过程成为推动发展、造福民生的过程。

**(三)要牢牢把握补短板的工作重点。**县委对照省委提出的六大短板和市委提出的九大短板,对照"十三五"规划目标,决定着重补齐交通发展、生态产业竞争力、城乡建设、生态环境、低收入农户增收致富、公共服务有效供给、基层社会治理和改革落地等八个方面短板。各地各部门都要认真找一找这"八块短板"在本地本单位有哪些具体表现,好好想一想能为补齐这"八块短板"做些什么,深入查一查除"八块短板"外自身还存在哪些突出短板。要按照县委既定的部署,往深里抓、往细处抓,努力加以补齐。

**第一,补齐交通发展短板。**交通短板是文成必解之题、必破之题。我们一定要把交通基础设施作为赶超发展的最大支撑,作为必须补齐的第一短板,按照"超前谋划、积极争取、加快建设"的工作要求,加快改变交通基础设施滞后的局面。关键要把握三个环节:一要统筹谋划。坚持一张蓝图统筹规划,围绕"如何向上争取省重点,如何对外实现互联互通,如何让县内路网更快捷",积极做好公路网络、铁路、水路、通用机场、枢纽站场等规划衔接,切实解决内外交通"通而不畅"问题,推进一体化集疏运体系

建设。要加大向上争取力度，抓紧研究和争取文青高速、温武铁路等关键交通项目，力争如期实现目标。二要加快建设。要把交通项目作为重中之重，按照重大交通项目"每年开工一个，三年建成一个"的进度要求，实行力量配最强、资金优先用、供地往前排、巡查重点抓，做到责任落实、执行有力、节奏加快，确保在建项目早建成、早见效，成熟项目早上马、早开工，前期项目减环节、缩流程，坚决避免出现"蜗牛工程"。三要优化开发模式。要坚持交通项目建设与沿线乡镇土地综合开发相结合，算大账、长远账，抓好沿线重大交通枢纽周边区块的土地储备和开发，以交通项目建设促进区块功能提升、土地增值，逐步形成城镇开发建设的良好循环。

**第二，补齐生态产业竞争力短板。**要把提升生态产业竞争力作为调结构促转型的重要路径，坚持以优化提升存量、培育优质增量为核心，着力推进产业与旅游融合、企业向平台集聚，加快构建生态特色产业链条，增强核心竞争力，着力改变我县产业低小散现状。要突出抓好三个关键：一要加快推进重大平台落地达效。把平台落地作为文成经济转型、城镇转型的首要突破口。按照规划设计、基础设施、环境营造和重大引领性项目"四个先行"的建设要求，集中资源要素，对准核心区块，加快推进天湖省级旅游度假区、省级服务业集聚区、特色小镇等主体平台开发建设，切实将重大平台打造成为招商引资的主阵地、有效投资的主战场、经济发展的新增点。二要加快推进存量提升与增量培育。坚持精细化、特色化发展，以做大规模、做强企业、做深加工为主方向，着力提升"文成贡茶""文成杨梅""文成高山蔬菜"三大龙头农业品牌，力争创建一批市级以上名牌农产品。全力抓好生态工业平台整合提升，深化"四换三名""三转一市"，加大工业企业综合评价，大力淘汰落后产能，引导企业兼并重组，倒逼企业转型升级。全力组织实施旅游主业化发展及八大经济新业态培育"1+8"三年行动计划，着力推进旅游项目精品化打造、旅游商品特色化开发、旅游产品快捷化流通，加快旅游与新兴业态融合发展，全力拉长旅游产业链条，加快培育新的经济增长点。三要加快推进科技创新大众创业。要借力培育创新平台，重点建设提升"校地科技合作交流、科技创新、孵化器公共服务、网上技术市场交易"四大平台；依托央视微电影基地和特色小镇等平台，探索搭建"候鸟式"创新创业空间，确保每年建设1家以上市级众创空间。要大力引导企业创新，全面落实科技创新各类优惠政策，鼓励企业深化产学研协同创新，实施初创型科技企业培育计划，培育壮大企业创新梯队。要积极营造创新环境，加大政府研发投入力度，做好财政科技资金整合和管理文章，发挥资金使用效益。要进一步完善留住人才的政策机制，把引进外来领军人才与培育本土创业人才有机结合，不断培育壮大创新创业人才队伍。

**第三，补齐城乡建设短板。**要把城乡一体化发展作为文成加快现代化的主引擎，坚持小县大城、特色城镇、美丽乡村"三位一体"新型城镇化战略，以空间重塑、形态重整、功能重构、产业重振为着力点，统筹推进规划、建设、管理，加快提升城镇综合能级、人民生活品质和区域竞争力，推进城镇转型与经济转型良性互动、融合发展。重点抓好三方面：一要强化城乡规划设计。突出规划引领，统筹土地、产业等各类资源配置，推进"多规合一"，加快形成城乡建设、产业布局、生态保护等有机衔接的规划体制，确保一张蓝图绘到底。要完善城镇设计，进一步优化重大设施空间布局，系统研究城市天际线、城镇色彩、建筑形态、具体区块的规划控制，推进规划设计成果运用。要统一开展全县村庄规划修编，有步骤分阶段有差异地推进村庄规划修编全覆盖。二要加快提升城镇功能形象。县城要加快实施重点片区开发和旧区改造三年行动计划，加快沿泗溪两岸立面改造、"管线入地"等形象功能重组，大力度推进林相改造、公共绿化、地下空间利用，加快物流中心专业市场的规划落地，强化总部经济、电子商务等产业支撑，加快形成苔湖新街、兴福堂、县旅游集散中心等一批现代城市新地标。中心镇要坚持旅游化改造的思路，重点推进“森林氧吧”“空中花园”“国际慢城”等特色小镇创建，突出抓好入镇口、主要街道的形象提升，着力改变“镇不像镇、村不像村”的落后形象。中心村要围绕四条美丽乡村精品线规划，坚持洁化、序化、美化“三化”并抓，加快打造农民可接受、可复制、可推广的农房样板，统筹推进传统村落保护利用、农村文化礼堂建管用、农村生活污水治理、生活垃圾减量化资源化处理等工作，着力打造“望得见山、看得见水、记得住乡愁”的美丽乡村“升级版”，争创全省首批美丽乡村示范县。三要加强城镇高效运行管理。要认真借鉴外地城市管理先进经验，进一步完善城镇管理体制，构建综合执法体系，推进城镇管理常态化。整合建设智慧文成管理平台，推进旅游、交通等领域智慧应用，促进城乡管理智能化、民生服务便利化。要切实加强公民城镇管理意识教育，建立健全公众参与机制，激发城镇管理的内生动力。

**第四，补齐生态环境短板。**要按照“绝不把违法建筑、污泥浊水、脏乱差的环境带入全面小康”的目标要求，坚持治乱点与创亮点并举，全力打好生态环境治理持久战、攻坚战，真正使绿水青山变成金山银山。重点抓好三项工作：一要强化乱点综合治理。坚持泥水同治、水岸齐抓，加快推进“治流域、清淤泥、建管网”，提速推进重大水利工程建设，全力争取实施“良好湖泊”，确保飞云江水质稳居全省八大水系之首。全面推进无违建县创建，打好“拆、改、用、控”组合拳，力争全县所有乡镇今年创成“无违建乡镇”。统筹推进“三边三化”“两路两侧”“两个县城创建”，健全综合治理长效机制，纵深开展农贸市场、背街小巷、城中村、城郊接合部等环境综合整治，强化“青山白化”治理，重拳整治沿江沿路视觉污染，不断改善区域整体环境。二要集中打造亮点项目。坚持连片整体推进，重点围绕56省道峃口至铜铃山镇沿线、峃珊线“云江秀水·十里画廊”、县城周边山体、珊溪库区两侧山体和四个国有林场等五大区块，着力把沿江沿路“百里画廊”打造成为我县最大的生态亮点，为全面建设“宜游宜居生态县”提供强有力的环境支撑。三要强化环境监察监管。树立环境问题“小题大做”理念，把最严格的环境标准贯穿经济社会发展全过程，落实有效举措，执行刚性制度，以最严密的监管、最精准的打击、最严厉的问责，做到严在平时、管到实处。

**第五，补齐低收入农户增收致富短板。**要把促进低收入农户持续增收作为一项重要的政治责任，坚持创新方法、整合资源、精准帮扶，确保低收入农户收入增长快于全县农民收入平均增幅，确保绝对贫困现象不出现反复。重点要抓好三项工作：一要拓宽农民增收渠道。以增强农民自我造血能力为根本，以“革命老区、少数民族地区、库区”等为重点，坚持产业帮扶、就业帮扶、创业帮扶、搬迁帮扶“多条腿”走路，鼓励发展乡村旅游、农家乐、民宿经济、来料加工，继续扶持农村电子商务发展，拓展农民增收致富门路。同时，整合落实各类涉农补助政策与资金，统筹推进旧村改造、危旧房改造、抗震安居工程建设，加快推进人口搬迁集聚，促进农民就地就近就业。二要壮大村级集体经济。坚持农民增收与集体增利相统一、强村与富民相结合，实施强村惠民“三年行动计划”，完善项目支持、资金扶持、人才支撑等系列政策，通过扶持薄弱村、规范提升富裕村、带动发展一般村，培育形成一批“发展强、党建强”的“双强村”。三要创新扶贫体制机制。加快整合扶贫资金和数据资源，实行扶贫资金与脱贫任务相挂钩，提高扶贫的精准度和资金的使用效率。完善教育、医疗等公共服务帮扶机制，切实阻断贫困代际传递。创新社会化帮扶机制，建立政府主导、社会参与的扶贫模式，突出解决因病因灾返贫问题。

**第六，补齐公共服务有效供给短板。**要把增加公共服务有效供给作为最大的民心工程，坚持普惠性、保基本、均等化、可持续方向，加快推进社会事业发展，不断完善公共服务体系，更好回应人民群众新期待，切实增加群众获得感。在具体工作中，要切实把握三条原则：一要坚持集中力量办实事。要以最大努力惠民生、增民利、保民安，集中力量办好一批必须办、办得了、办得好的实事，让群众得到看得见、摸得着的实惠。同时又不超越阶段，不脱离实际。二要坚持以人为本、重点施策。优先发展教育事业，以教育现代化县创建为抓手，优化教育资源布局，加快义务教育标准化学校建设，推动高中教育优质化发展、职业教育特色化发展，深入推进民办教育改革，促进全县教育质量整体提升。以全省卫生重点县建设为契机，抓好医药卫生体制改革，积极实行分级诊疗制度，组建县域医疗联合体，加强卫生服务能力建设，促进“双下沉、两提升”工作再上新台阶。深化农村文化体育建设，坚持政府主导、民间主办原则，进一步整合社会各类资源，推动工作重心下移，实现文体活动增量提质。大力发展老龄事业和养老产业，以拓展居家服务、建设社区照料、打造护理机构为重点，持续推进“统分结合”养老服务新模式，进一步促进养老公共服务均衡化。推进各类医疗保险制度统筹整合，逐步提高大病保险统筹层次和最高补偿限额，实现大病保险和社保制度全覆盖。同时，统筹相关部门的救助资源，建立“一门受理、协同办理”机制，增强救助的精准度和有效性。三要坚持政府托底、多元参与。发挥政府“有形之手”的主体作用，加快构建基本公共服务标准体系，推动标准化建设，坚决守住民生底线。善用市场力量，多用改革思维和创新办法，引导社会力量办医办学办养老，鼓励社会资本进入公共服务领域。

**第七，补齐基层社会治理短板。**要把抓好基层社会治理作为保障社会稳定和谐的治本之基，以县域治理体系和治理能力现代化为要求，切实打好基层治理组合拳，构建基层治理新格局。重点抓好三个环节：一要强化矛盾纠纷化解。健全县乡村三级矛盾纠纷源头预防机制，完善覆盖城乡的调处化解网络。严格落实信访工作责任制，高度重视初信初访，完善“四访”工作、领导包案等制度，发挥“12345”县长热线的咨询投诉查处作用，确保群众诉求上得来、领导干部下得去、信访问题及时解。严格落实信访事项终结制，善于运用法律手段解决非正常访、“闹访”等问题，引导群众走出“信访不信法”的误区。二要强化平安维稳工作。高度重视“平安夺金鼎、护航G20”工作，强化落实乡镇部门责任，实施峰会安保十大专项行动，确保社会大局持续稳定。深化基层社会治理“一张网”建设，加快构建以信息化为支撑的立体化治安防控体系，健全县、乡镇、村三级事件处理网上网下联动机制。深化交通、消防、食品药品等安全生产重点领域专项治理，严防重大安全事故发生。三要强化基层依法治理。注重提高基层干部运用法治思维和法治方式化解矛盾、维护稳定能力。深化“七五普法”，开展“法律六进”活动，加强乡风文明建设，弘扬家风家训，发挥村规民约作用，有效治理社会陋习，切实提高基层群众法治素养和文明素质。

**第八，补齐改革落地短板。**要把全面深化改革作为最大的发展机遇、最大的发展政策，加强制度供给，聚焦重点领域和关键环节，以改革落地的实际成果赢取更多的发展红利。重点要抓好三个方面：一要找准改革问题。坚持问题导向，全面梳理改革项目，重点围绕转变政府职能、经济转型升级、保障和改善民生、严肃党内政治生活等领域，查看改革措施是否落实、落实的效果怎样、未落实的症结所在，做到有的放矢、对症下药，确保改有所进、改有所成。二要抓实改革项目。抓紧盯牢“1+3”品牌改革项目和年度重点改革项目，坚持上下联动、集中发力，加快推进国家主体功能区建设、省级重点生态功能区小城市培育、司法体制改革、“坡地村镇”建设和低碳县试点等现有省级以上改革试点，找准先行先试的结合点和创新点，及时总结试点经验，打造一批改革的“文成样板”。三要健全改革机制。发挥县委全面深化改革领导小组总协调作用，加强县委改革办运作机制和能力建设，强化各级各部门协调配合，构建大改革工作格局。突出乡镇部门主体责任，建立县领导联系重点突破改革项目制度，打造上下贯通、层层负责的责任链条。积极探索开展第三方评估机制，健全改革考核评价体系，强化对领导干部的改革实绩考核。建立改革容错免责机制，支持保护敢抓敢管、坚持原则的改革者，形成允许试错、宽容失败的创新环境。

## 三、坚持把抓项目作为抓发展的突破口，狠抓年度目标任务落实

推动重点工作落实，完成年度目标任务，项目是主要支撑点和发力点。要坚持把“项目为王”作为抓好下半年工作的主线，强化上下联动、条块互动，撕开更大的口子，拉开更强的架势，形成更大的声势，使抓项目的过程成为比能力、比实绩、比发展的赛程，以抓项目的成效落实工作、推动全局。

**（一）要锁定目标抓进度。**要围绕完成“年度投资总量、投资结构优化、重点项目达效”三大考核目标，坚持增“量”与增“效”并重并抓，按照新建项目抓开工、在建项目抓形象的要求，紧盯省市重点督查项目、重大平台功能性项目和重大民生项目，把抓项目作为重中之重的工作，把项目协调会作为重中之重的会议，把重大项目推进机制作为抓落实的指挥棒，以目标倒逼路径方法，按任务倒排时间节点，大力发扬工匠精神，切实让项目“落地开花结果”。要聚焦项目计划与实际形象匹配度，抓好项目集中开工和季度“比学树”活动等载体，进一步形成“比高下、比强弱、比快慢”的良好局面，营造“你追我赶、争先恐后、创先争优”的浓厚氛围。

**（二）要瞄准标杆抓亮点。**要始终站在提升县域竞争力和美誉度的高度，高标准高起点打造一批引领文成长远发展、经得起历史检验的大项目好项目。要围绕“亮点项目够不够多”，反思谋得深不深、谋得准不准，按照“抓当年、谋明年、想三年”的要求，在各项工作中谋划推进更多拿得出、叫得响、对群众有说服力、在省市有影响力的亮点项目，形成梯次递补的亮点项目库。每个乡镇都要拿出1至2个可看可学的亮点项目，以此牵引和带动全局。要围绕“亮点项目够不够亮”，反思干得狠不狠、干得实不实，紧盯列入全市现场观摩的亮点项目，按照既定计划要求，抓住破局的“点”，谋好落实的“招”，保持打硬仗、攻坚战的气势和劲头，确保项目长出新形象、干部展示新作为、发展呈现新态势。

**（三）要聚焦难点抓保障。**要突出关键环节，打造“硬件更硬、软件更优”的保障链条。要精准抓牢招商引资这一“动力源”，摒弃“捡漏”思想，精算“投入与产出账”，选派最能干的干部，拿出最主要的精力，采取最贴心的服务，全力招大商引大企，促进项目回迁、资金回流、文商回归。要集中强化要素保障这条“基本线”，坚持整合资源与创新手段并抓，争取政策和拓宽渠道并行，通过抓好垦造耕地三年行动计划、“旱改水”示范项目、闲置土地清理，加大资金整合力度，探索基础设施投资基金、产业引导基金，大力推广PPP融资模式，最大限度争取政策性银行贷款等举措，切实破解用地和融资瓶颈制约，努力为项目建设提供充足的“阳光雨露”。要改善优化服务环境这一“软实力”，坚持促规范与优服务同步，紧盯“标前、标中、标后”三个关键环节，综合运用各种手段，重拳整治招投标市场乱象，并同步跟进“四单一网”建设，全面落实审批“绿色通道”，以更公平的环境、更优化的服务，为项目、为企业提供更充分的成长空间。要发力突破政策处理这一“老大难”，强化乡镇属地责任和片工委捆绑责任，常态化推进重大项目“清零”和“村霸、地霸”整治，确保重点项目推进到哪里，政策处理就提前跟进到哪里。

## 四、坚持全面从严治党，切实为干事创业提供坚强保障

干事创业，推动发展，关键在党，关键在干

部。要把全面从严治党贯穿于赶超发展的全过程，贯穿于党的建设和党内生活的各方面，不断提升党建工作科学化水平。

**（一）要牢牢抓住“两学一做”这一主线，为干事创业提供强大的思想保障。**把“两学一做”落实到思想自觉上，以增强灵活性、针对性、实效性为切入点，创新利用网上网下学习载体，因人因时分层分类精准施策，常态化推进学原文、读原著、悟原理，以党的最新理论成果武装头脑、激励人心、凝聚力量。把“两学一做”落实到党性教育上，坚持抓在日常、严在经常，把党章党规和习总书记建党95周年“七一”重要讲话等系列讲话，作为党性教育的必修课、常修课，有效开展主体办班、全封闭军事化培训、全员三年轮训，引导广大党员不断增强政治意识、大局意识、核心意识、看齐意识，做到学而信、学而用、学而行。把“两学一做”落实到行动自觉上，坚持“基础在学，关键在做”，以清单式落实党委（党组）抓意识形态的主体责任，抓好官方、网上、民间“三大舆论场”建设，牢牢掌握意识形态工作的领导权、管理权和话语权，以正确的舆论导向巩固干事创业的共同思想基础。

**（二）要牢牢抓住“整乡推进、整县提升”这一载体，为干事创业提供坚实的组织保障。**坚持“点上抓示范，面上抓规范”的思路，以“基层组织建设深化年”活动为载体，以“示范、达标、整转”三大行动为抓手，深入实施“271”工程，力争在全市率先实现“整乡推进、整县提升”。全面落实党员管理“十条红线”，严格执行“三会一课”“五议两公开”等制度，严格组织生活，激发党组织内生力。积极推进乡镇“红色驿站”综合建设，推动村级组织活动场所“达标创建”，真正实现村民中心建管用“三位一体”。要把农村党组织领导核心立起来，加强对各类组织的领导，让党的旗帜在文成每一个基层阵地高高飘扬。

**（三）要牢牢抓住县乡村换届这一契机，为干事创业提供坚强的队伍保障。**深入开展“选人用人管人规范年”活动，通过上下并重、选育并举、管爱并行，不断激发干部队伍活力。坚持好班长、好班子、好梯队的标准导向，精心抓好县乡换届各项工作，确保过程做到风清气正、结果实现选优配强。持续开展村级组织换届“六清”行动，健全不适任村干部退出机制，切实选好农村带头人。有效开展干部能力素质提升三年行动计划，积极搭建基层一线历练平台，刚性执行干部能上能下制度，努力打造一支作风过硬、担当实干、创新破难的干部队伍。

**（四）要牢牢抓住正风肃纪这一重点，为干事创业提供良好的政治生态。**要严明政治纪律和政治规矩，刚性执行党内“一准则、两条例”，全面落实换届工作“五类责任主体”责任清单和“四类对象”负面清单，以铁的纪律和规矩维护政治生态。加快建立涵盖重点领域、重要部门和关键岗位的信息共享平台，强化对权力运行和廉政风险的行政、纪检、检察一体化监督防控，以科学严密的制度机制强化政治生态。深入开展“敢担当、树标杆”作风建设五大行动，深化农村基层和县直单位作风巡查，严格实行“一案双查”，以铁腕问责倒逼作风改善，以“零容忍”态度惩治腐败，以正风反腐的高压态势净化政治生态。坚持“五个一”工作机制，推行“两个责任”清单管理，健全责任分解、检查督查、倒查追责的落实链条，以严格的责任落实保障风清气正的政治生态。

古语云，“上下同欲者胜”。文成要与省市同步实现全面小康，关键就在补齐短板、全面提升。各乡镇、各部门要切实加强组织领导，把思想和行动统一到县委的决策部署上来，鼓足干劲、大干实干，确保补短板各项任务付诸实践、结出硕果。县四套班子领导要率先垂范、以上率下，带头挑重担、破难题、抓落实，努力形成一级带一级、一级抓一级的示范效应；人大、政协要把补短板、抓落实作为围绕中心、服务大局的一项重点任务，始终冲在一线、发挥独特作用；要更好地发挥爱国统一战线和军政军民团结的作用，汇聚强大的智慧和力量；要借助老干部的政治优势、经验优势和智慧优势，增添更多正能量；群团组织要更加广泛、更加有效地调动群众的积极性、主动性、创造性，在参与补短板、抓落实的生动实践中建功立业，形成全民全力的强大势能。

同志们，五年看三年，三年看头年。加快赶超发展，既是上级的政治要求，也是文成人民的殷切期盼。让我们紧密团结在以习近平同志为总书记的党中央周围，在省市委的正确领导下，一张蓝图绘到底、一以贯之抓落实，全力完成年度目标任务，力争在“十三五”开局之年，交出一份让组织放心、让人民满意的成绩单！

## 文成县2017年十个方面民生实事项目

**1. 巩固脱贫。**实施精准扶贫，低收入农户人均可支配收入增长10%以上，达到12000元以上；加大教育扶贫力度，资助学生人数13000人以上；农村（行政村）实现村村通班车。[责任单位：县委农办（农业局）、县人力社保局、县教育局、县交通运输局]

**2. 防震减灾。**坚持避灾安置和养老设施同步建设，新建（拆建、改造、提升、调用）安置场所188个，开工重建台风灾后民房200户；防治地质灾害51处，地质灾害危险区避让搬迁8处92户477人。（责任单位：县民政局、县国土资源局）

**3. 综合交通治堵。**开工建设体育中心地下停车库、实验二中地下停车库和石坟垟生态停车场建设，做好城南车站地下停车场建设前期工作，开工建设停车泊位1200个，建成245个；启动县城智慧停车场建设，县城所有公交车辆实现移动支付。（责任单位：县国投公司、大峃镇、县交通运输局）

**4. 饮用水保障。**实施百丈漈、铜铃山、双桂等乡镇14个村自来水设施改造提升工程，努力提高农村饮用水保障能力。（责任单位：县水利局）

**5. 食品安全监管。**加快推进苔湖街、二中片区农贸市场建设，改造提升2家农贸市场；探索建立农贸市场蔬菜、肉类等食品可追溯机制，全力保障群众食品安全。（责任单位：大峃城市新区、县市场监管局）

**6. 教育设施建设。**开工建设文成中学扩建工程（武阳书院）、城东小学、南田伯温小学（二期）、东垟小学（扩建）；完成大峃镇、玉壶镇、西坑镇等乡镇中心幼儿园竣工投用。（责任单位：县教育局、相关乡镇）

**7. 文体惠民。**完成县城篮球场、羽毛球场等公共文体设施前期规划设计并启动建设。新增10家以上的农村文化礼堂，提升建设一批精品示范文化礼堂。（责任单位：县住建局、县体育局、县委宣传部）

**8. 医疗卫生。**开工建设县人民医院，启动县中医院和黄坦卫生院迁建工程前期，开工建设南林等3个村卫生室；每工作日有三甲医院派驻的副高以上职称医务人员在县级医院工作；开展全县孕妇免费产前筛查和免费补助。（责任单位：县卫计局）

**9. 审批服务。**推进以“放管服”为重点的行政审批制度改革，依托浙江政务服务网，进一步完善“移动互联网+审批”服务平台建设，全面完成“居民户口簿补发”、退休人员健康资质认证等100项审批服务事项“零上门”办理。（责任单位：县审管办、相关部门）

**10. 公共服务。**成立县物业管理中心，负责全县物业行业、资金使用和住宅小区公用配套设施监管；完成8个加油站车辆抓拍系统、16个重点部位人脸识别终端建设，新建改建公共视频监控点总150个，实现县、乡、村三级互联互通；搭建市场监管应急指挥平台，逐步将全县电梯、大型餐饮单位、药店和学校食堂纳入指挥中心，及时监控异常信息，防范风险；通过政府购买服务，建立一支专业电梯救援队伍，确保电梯故障处置及时有效。（责任单位：县住建局、县公安局、县市场监管局）

# 统计资料

## 2016年全市各县(市、区)和功能区主要经济指标情况表(一)

表39　　　　单位:亿元

| 地区 | 地区生产总值 | | 第一产业增加值 | | 农林牧渔业增加值 | | 第二产业增加值 | | #建筑业增加值 | | 规上工业增加值 | |
|---|---|---|---|---|---|---|---|---|---|---|---|---|
| | 实绩 | 同比(%) | 实绩 | 同比(%) | 实绩 | 同比(%) | 实绩 | 同比(%) | 实绩 | 同比(%) | 实绩 | 同比(%) |
| 全市 | 5045.40 | 8.4 | 138.81 | 4.1 | 141.05 | 4.2 | 2112.68 | 6.3 | 352.92 | 2.8 | 1149.76 | 7.9 |
| 鹿城区 | 877.05 | 7.5 | 1.85 | 4.3 | 1.87 | 4.3 | 244.10 | 2.1 | 71.15 | -7.9 | 77.00 | 6.6 |
| 龙湾区 | 384.44 | 9.0 | 2.33 | 3.5 | 2.34 | 3.5 | 213.78 | 7.6 | 32.45 | 6.8 | 92.00 | 8.4 |
| 瓯海区 | 487.01 | 8.6 | 6.79 | 4.0 | 6.86 | 4.0 | 257.17 | 6.9 | 60.85 | 4.6 | 125.48 | 8.0 |
| 洞头区 | 66.77 | 8.2 | 4.71 | 4.2 | 4.73 | 4.2 | 22.20 | 5.4 | 8.70 | 3.1 | 7.32 | 7.7 |
| 瑞安市 | 783.84 | 8.6 | 22.27 | 3.6 | 22.79 | 3.6 | 338.75 | 6.8 | 37.68 | 4.8 | 200.38 | 7.9 |
| 乐清市 | 838.40 | 8.9 | 21.46 | 3.7 | 22.03 | 3.7 | 404.24 | 7.4 | 31.33 | 5.4 | 292.83 | 8.6 |
| 永嘉县 | 359.27 | 8.6 | 13.31 | 4.3 | 13.48 | 4.4 | 176.98 | 7.0 | 33.95 | 4.5 | 92.22 | 8.1 |
| 平阳县 | 372.91 | 8.9 | 15.97 | 5.2 | 16.10 | 5.2 | 150.80 | 7.0 | 28.25 | 4.3 | 67.18 | 8.9 |
| 苍南县 | 460.17 | 8.4 | 31.93 | 4.5 | 32.52 | 4.6 | 180.37 | 6.3 | 39.88 | 4.1 | 70.15 | 7.4 |
| 文成县 | 79.07 | 8.4 | 8.44 | 3.8 | 8.51 | 3.8 | 22.51 | 5.0 | 9.22 | 1.0 | 6.46 | 10.0 |
| 泰顺县 | 81.31 | 8.3 | 7.84 | 3.9 | 7.90 | 4.0 | 23.71 | 4.8 | 14.06 | 3.2 | 4.22 | 6.3 |
| 瓯江口产业集聚区 | — | — | — | — | — | — | — | — | — | — | 1.48 | 9.6 |
| 浙南产业集聚区 | 204.74 | 8.5 | 0.60 | -2.7 | 0.61 | -2.7 | 146.91 | 7.1 | 14.93 | 0.3 | 82.98 | 8.5 |
| 浙南科技城 | — | — | — | — | — | — | — | — | — | — | 23.73 | 9.0 |

注:龙湾区不含经开区,洞头区不含瓯江口;瓯江口产业集聚区采用核心区数据,浙南产业集聚区采用温州经济技术开发区数据,下同

## 全市各县(市、区)和功能区主要经济指标情况表(二)

表40

单位:亿元

| 地区 | 第三产业增加值 | | 限上批零业商品销售额 | | 限上住餐业营业额 | | 规上营利性服务业营业收入(1-11月份) | | 限上消费品零售额 | | 外贸出口总额 | | 实际利用外资(万美元) | | 温商回归引进到位资金 | |
|---|---|---|---|---|---|---|---|---|---|---|---|---|---|---|---|---|
| | 实绩 | 同比(%) | 实绩 | 同比(%) | 实绩 | 同比(%) | 实绩 | 同比(%) | 实绩 | 同比(%) | 实绩 | 同比(%) | 实绩 | 完成率(%) | 实绩 | 完成率(%) |
| 全市 | 2793.91 | 10.4 | 3234.95 | 15.8 | 82.83 | 7.8 | 88.04 | 59.3 | 1089.01 | 13.6 | 1060.40 | -0.1 | 24330 | 79.8 | 694.77 | 106.89 |
| 鹿城区 | 631.10 | 9.9 | 1037.76 | 6.2 | 25.49 | -4.9 | 33.80 | 30.1 | 214.56 | 4.8 | 199.30 | -1.9 | 2007 | 100.4 | 60.00 | 103.45 |
| 龙湾区 | 168.33 | 11.0 | 897.80 | 24.5 | 5.60 | 21.4 | 12.70 | 60.5 | 232.37 | 16.4 | 122.68 | 5.0 | 150 | 5.4 | 66.54 | 112.78 |
| 瓯海区 | 223.05 | 10.8 | 222.29 | 17.1 | 5.09 | 9.5 | 10.82 | 86.3 | 113.58 | 19.5 | 117.38 | -4.3 | 365 | 10.4 | 65.30 | 112.58 |
| 洞头区 | 39.86 | 10.4 | 54.11 | -5.1 | 0.67 | -7.5 | 1.04 | 45.7 | 5.66 | -5.4 | 3.02 | 9.6 | 332 | 111 | 18.46 | 83.91 |
| 瑞安市 | 422.81 | 10.5 | 355.61 | 19.6 | 15.99 | 22.8 | 10.12 | 73.3 | 156.26 | 13.4 | 198.63 | 3.8 | 3853 | 110.1 | 69.07 | 109.64 |
| 乐清市 | 412.71 | 10.9 | 213.52 | 21.0 | 10.86 | 8.9 | 7.57 | 86.0 | 133.01 | 15.2 | 124.14 | 0.3 | 6377 | 182.2 | 73.65 | 113.30 |
| 永嘉县 | 168.97 | 10.6 | 112.22 | 16.6 | 5.32 | 9.4 | 3.10 | 137.9 | 55.69 | 18.6 | 41.25 | 6.3 | 150 | 7.5 | 58.90 | 109.08 |
| 平阳县 | 206.14 | 10.8 | 76.84 | 15.9 | 4.89 | 45.6 | 4.49 | 155.9 | 42.36 | 18.3 | 48.81 | 8.3 | 2102 | 105.1 | 59.89 | 110.91 |
| 苍南县 | 247.87 | 10.5 | 128.11 | 17.8 | 5.71 | -1.9 | 2.06 | 80.3 | 86.71 | 14.3 | 34.65 | -18.1 | 2266 | 113.3 | 55.50 | 102.79 |
| 文成县 | 48.13 | 10.9 | 10.19 | -20.7 | 1.09 | 2.2 | 0.20 | 80.6 | 8.51 | -2.7 | 3.05 | 27.5 | 0 | 0 | 22.12 | 100.53 |
| 泰顺县 | 49.76 | 10.8 | 8.61 | 11.1 | 1.64 | 11.4 | 0.38 | 63.9 | 10.96 | 9.9 | 2.65 | 3.8 | 100 | 50.0 | 22.70 | 103.19 |
| 瓯江口产业集聚区 | — | — | 0.08 | 0.4 | 0 | — | 0 | — | 0.08 | 0.4 | 0.85 | 1.2 | 0 | 0 | 29.68 | 112.00 |
| 浙南产业集聚区 | 57.23 | 12.7 | 117.81 | 40.3 | 0.47 | -2.7 | 1.76 | 327.5 | 29.26 | 30.1 | 67.33 | 6.6 | 5710 | 102.9 | 36.00 | 104.36 |
| 浙南科技城 | — | — | 119.87 | 37.0 | 0.46 | 89.6 | 5.42 | 39.8 | 34.17 | 18.8 | 14.09 | 2.6 | 918 | 77 | 19.73 | 179.32 |

注:外贸出口数据为海关口径,未包含一达通数据;实际利用外资采用温州自行统计数,省返回数为18830万美元

## 全市各县(市、区)和功能区主要经济指标情况表(三)

表41 单位:亿元

| 地区 | 财政总收入 | | #一般公共预算收入 | | 一般公共预算支出 | | #财政预算八项支出 | | 银行不良贷款 | | 商品房销售面积(万平方米) | | 城镇居民人均可支配收入(元) | | 农村居民人均可支配收入(元) | |
|---|---|---|---|---|---|---|---|---|---|---|---|---|---|---|---|---|
| | 实绩 | 同比(%) | 实绩 | 同比(%) | 实绩 | 同比(%) | 实绩 | 同比(%) | 余额 | 不良率(%) | 实绩 | 同比(%) | 实绩 | 同比(%) | 实绩 | 同比(%) |
| 全市 | 723.96 | 6.4 | 439.87 | 7.7 | 666.75 | 16.9 | 493.86 | 20.6 | 217.23 | 2.69 | 773.85 | 47.2 | 47785 | 8.5 | 22985 | 8.2 |
| 鹿城区 | 44.08 | 4.1 | 28.53 | 7.1 | 38.25 | 15.3 | 33.19 | 17.6 | 68.95 | 2.73 | 85.81 | 101.2 | 53535 | 8.0 | 27747 | 8.3 |
| 龙湾区 | 39.50 | 3.5 | 25.07 | 8.0 | 27.39 | 4.9 | 22.00 | 10.1 | 18.48 | 3.24 | 69.04 | 85.6 | 48217 | 8.7 | 28855 | 7.7 |
| 瓯海区 | 54.95 | 10.4 | 32.19 | 12.1 | 36.91 | 19.4 | 30.10 | 22.3 | 23.51 | 2.98 | 109.89 | 63.9 | 49521 | 8.3 | 28062 | 8.2 |
| 洞头区 | 11.51 | 20.1 | 6.52 | 27.6 | 20.34 | 8.2 | 13.79 | 12.2 | 0.99 | 1.55 | 5.33 | -7.5 | 37827 | 9.1 | 19907 | 8.4 |
| 瑞安市 | 98.01 | 3.1 | 59.05 | 4.0 | 92.80 | 26.3 | 63.53 | 24.3 | 25.41 | 2.55 | 104.41 | 73.9 | 50904 | 8.4 | 25570 | 8.0 |
| 乐清市 | 128.19 | 3.3 | 72.23 | 4.2 | 86.21 | 22.7 | 67.29 | 29.1 | 30.07 | 2.70 | 131.38 | 54.5 | 50263 | 8.4 | 26943 | 8.2 |
| 永嘉县 | 49.09 | 6.6 | 29.59 | 8.9 | 60.86 | 13.3 | 46.42 | 21.5 | 9.64 | 1.96 | 68.57 | 31.4 | 38246 | 8.8 | 18391 | 8.6 |
| 平阳县 | 43.89 | 7.7 | 27.77 | 8.0 | 54.70 | 19.6 | 39.44 | 22.9 | 12.31 | 2.83 | 88.22 | 31.4 | 39628 | 8.9 | 18861 | 8.6 |
| 苍南县 | 51.66 | 11.3 | 31.82 | 9.2 | 70.13 | 28.8 | 50.45 | 42.7 | 20.18 | 2.99 | 73.65 | 3.9 | 39729 | 8.8 | 18470 | 8.5 |
| 文成县 | 10.00 | 10.4 | 7.92 | 13.7 | 41.23 | 21.2 | 26.18 | 20.2 | 1.59 | 1.54 | 13.95 | 5.5 | 32747 | 9.0 | 14414 | 9.4 |
| 泰顺县 | 10.66 | 14.1 | 7.81 | 13.6 | 38.85 | 24.8 | 25.04 | 23.4 | 2.54 | 2.51 | 14.60 | -8.8 | 31337 | 9.5 | 14130 | 8.9 |
| 瓯江口产业集聚区 | — | — | — | — | — | — | — | — | — | — | — | — | — | — | — | — |
| 浙南产业集聚区 | 20.46 | 10.5 | 11.30 | 14.3 | 12.37 | 8.5 | 10.56 | 12.0 | 3.58 | 1.74 | 8.99 | 6.3 | — | — | — | — |
| 浙南科技城 | — | — | — | — | — | — | — | — | — | — | — | — | — | — | — | — |

## 全市各县(市、区)和功能区主要经济指标情况表(四)

表42　　　　　　　　　　　　　　　　　　　　　　　　　　　　单位:亿元

| 地区 | 固定资产投资 | | #工业投资 | | #工业技改投资 | | #民间投资 | | #重大基础设施项目投资 | | #重大产业项目投资 | | #高新技术产业投资 | | #生态环保投资 | |
|---|---|---|---|---|---|---|---|---|---|---|---|---|---|---|---|---|
| | 实绩 | 同比(%) | 实绩 | 同比(%) | 实绩 | 同比(%) | 实绩 | 同比(%) | 实绩 | 同比(%) | 实绩 | 同比(%) | 实绩 | 同比(%) | 实绩 | 同比(%) |
| 全市 | 3905.74 | 13.0 | 959.55 | 8.2 | 736.59 | 9.6 | 2348.09 | 5.3 | 544.96 | 30.4 | 1149.43 | 38.4 | 285.15 | 19.3 | 36.66 | 74.2 |
| 鹿城区 | 372.73 | 13.6 | 39.11 | -24.8 | 28.87 | -35.1 | 201.38 | 83.3 | 31.52 | 7.2 | 129.88 | -3.9 | 14.52 | -45.6 | 3.49 | 146.3 |
| 龙湾区 | 347.49 | 13.7 | 75.38 | 6.1 | 58.59 | 14.6 | 157.23 | -21.0 | 80.03 | 74.9 | 184.30 | 113.0 | 37.93 | 22.6 | 2.33 | 1724.3 |
| 瓯海区 | 401.15 | 13.8 | 53.97 | 7.9 | 42.08 | 1.7 | 224.81 | -2.2 | 46.29 | 20.7 | 156.05 | 60.0 | 16.06 | 41.4 | 3.22 | 20.9 |
| 洞头区 | 56.45 | -6.7 | 10.89 | 548.9 | 7.75 | 511.5 | 20.04 | -3.2 | 22.39 | 17.1 | 36.62 | 3.6 | 0.84 | -62.1 | 0.25 | -86.7 |
| 瑞安市 | 564.15 | 13.6 | 198.58 | 6.2 | 167.81 | 2.2 | 473.29 | 16.4 | 52.47 | 42.2 | 114.27 | 40.2 | 38.43 | 10.5 | 6.65 | 82.8 |
| 乐清市 | 631.56 | 13.8 | 255.62 | 15.1 | 209.53 | 15.3 | 444.00 | 5.5 | 77.58 | 18.7 | 129.77 | 35.1 | 102.85 | 24.2 | 12.45 | 55.6 |
| 永嘉县 | 311.45 | 13.7 | 61.67 | 6.2 | 47.70 | 16.0 | 201.08 | -0.5 | 22.65 | 21.4 | 53.88 | 44.5 | 14.73 | 131.8 | 2.55 | 1351.7 |
| 平阳县 | 384.12 | 13.5 | 78.87 | 9.4 | 53.17 | 18.9 | 177.65 | -20.8 | 41.14 | 86.5 | 80.19 | 49.5 | 10.12 | 26.7 | 3.89 | 274.9 |
| 苍南县 | 456.37 | 13.0 | 104.33 | 6.4 | 68.25 | 19.3 | 297.29 | 7.3 | 54.76 | 27.5 | 84.80 | 34.9 | 19.02 | 13.6 | 1.43 | 283.4 |
| 文成县 | 72.02 | 10.8 | 4.34 | 26.1 | 3.69 | 84.3 | 38.80 | 12.1 | 6.24 | 33.6 | 10.20 | 2.0 | 0.10 | -91.7 | 0.02 | 3.0 |
| 泰顺县 | 75.22 | 10.3 | 2.52 | -43.2 | 0.30 | -81.9 | 39.75 | -6.7 | 1.62 | 295.1 | 5.82 | 85.2 | 0.31 | 9.5 | 0.17 | — |
| 瓯江口产业集聚区 | 98.10 | 19.5 | 10.26 | 119.0 | 1.32 | 208.9 | 8.50 | 176.8 | 72.04 | 18.8 | 93.35 | 21.9 | 7.43 | 398.9 | 0.19 | -61.3 |
| 浙南产业集聚区 | 134.91 | 6.8 | 64.01 | 2.9 | 47.53 | 16.8 | 64.27 | 7.2 | 36.21 | 7.5 | 70.29 | 30.0 | 22.82 | 42.0 | 0 | — |
| 浙南科技城 | 31.55 | — | 2.57 | — | 1.33 | — | 1.10 | — | 1.53 | — | 27.07 | — | 0.43 | — | 0 | — |

## 全市各县(市、区)和功能区主要经济指标情况表(五)

表43　　　　　　　　　　　　　　　　　　　　　　　　　　　　单位:亿元

| 地区 | 规上工业科技活动经费支出 | | 高新技术产业增加值 | | 装备制造业增加值 | | 战略性新兴产业增加值 | | 新产品产值 | | 全社会用电量(亿千瓦时) | | #工业用电量(亿千瓦时) | |
|---|---|---|---|---|---|---|---|---|---|---|---|---|---|---|
| | 实绩 | 同比(%) | 实绩 | 同比(%) | 实绩 | 同比(%) | 实绩 | 同比(%) | 实绩 | 同比(%) | 实绩 | 同比(%) | 实绩 | 同比(%) |
| 全市 | 62.21 | 23.5 | 451.35 | 9.6 | 511.98 | 9.4 | 104.02 | 10.3 | 1344.79 | 13.8 | 378.32 | 10.0 | 226.81 | 8.6 |
| 鹿城区 | 3.35 | 26.4 | 23.54 | 10.2 | 16.85 | 5.4 | 2.49 | 13.1 | 92.56 | 3.8 | 41.22 | 9.0 | 13.94 | 8.1 |
| 龙湾区 | 3.66 | 8.2 | 31.46 | 12.4 | 31.94 | 10.5 | 7.38 | 7.3 | 125.60 | 8.3 | 52.63 | 10.0 | 39.07 | 8.5 |
| 瓯海区 | 6.96 | 67.9 | 27.76 | 9.9 | 38.46 | 10.1 | 9.06 | 10.7 | 150.33 | 32.5 | 39.41 | 8.0 | 24.10 | 5.5 |
| 洞头区 | 0.62 | 32.3 | 3.13 | 21.6 | 1.62 | 18.9 | 1.76 | 22.8 | 6.87 | -1.7 | 2.79 | 13.8 | 0.94 | 19.0 |
| 瑞安市 | 11.13 | 34.1 | 81.13 | 10.8 | 87.65 | 9.3 | 28.63 | 8.5 | 264.52 | 4.8 | 66.88 | 9.1 | 44.67 | 8.1 |
| 乐清市 | 20.32 | 14.1 | 159.72 | 7.3 | 224.52 | 7.7 | 36.25 | 6.1 | 369.15 | 11.7 | 56.17 | 13.0 | 31.95 | 14.0 |
| 永嘉县 | 5.73 | 1.4 | 37.67 | 9.8 | 35.35 | 9.4 | 1.28 | 9.5 | 128.27 | 10.8 | 25.70 | 8.6 | 15.00 | 4.9 |
| 平阳县 | 2.91 | 34.1 | 28.69 | 13.1 | 18.41 | 17.2 | 4.55 | 43.2 | 74.29 | 35.9 | 29.77 | 12.4 | 18.04 | 10.4 |
| 苍南县 | 2.53 | 23.8 | 14.98 | 12.5 | 6.91 | 18.4 | 3.89 | 17.4 | 38.85 | 71.1 | 51.47 | 8.3 | 31.85 | 6.2 |
| 文成县 | 0.28 | 19.1 | 0.57 | -24.2 | 0.57 | 2.1 | 0.35 | -1.2 | 4.14 | 9.8 | 4.23 | 21.7 | 1.81 | 30.7 |
| 泰顺县 | 0.45 | 556.0 | 0.53 | 11.4 | 0.36 | 32.1 | 0 | — | 2.51 | 48.8 | 3.86 | 8.4 | 1.24 | 3.6 |
| 瓯江口产业集聚区 | 0 | — | 0 | — | 0.37 | 46.0 | 0 | — | 0.71 | — | — | — | — | — |
| 浙南产业集聚区 | 4.26 | 24.4 | 42.18 | 10.2 | 48.97 | 13.2 | 8.37 | 21.3 | 86.98 | 15.9 | — | — | — | — |
| 浙南科技城 | 1.09 | 30.0 | 9.44 | 10.9 | 6.80 | 15.3 | 1.40 | 4.1 | 27.45 | 4.5 | — | — | — | — |

注:因用电量指标无法分解,龙湾区用电量包含经开区数据

## 2016年温州市民族村主要经济指标统计表

表44

| 序号 | 县(市) | 行政村名 | 农民人均可支配收入(元) | | | 2016年少数民族低收入农户人均纯收入 | 低收入农户人均8000元以上的户数/人数 | 集体经济(万元) |
|---|---|---|---|---|---|---|---|---|
| | | | 全村 | 少数民族 | | | | |
| | | | | 人均 | 比2015年增加或减少(+/-)元 | | | |
| 1 | 瑞安市 | 丁凤村(回) | 20100 | 20300 | +1960 | 7000 | 17户52人 | 71.5 |
| 2 | 瑞安市 | 后姜村(回) | 19500 | 19000 | +1000 | 7500 | 4户14人 | 14.3 |
| 3 | 洞头区 | 寮顶村(回) | 15200 | 14500 | +3000 | 14500 | 11/42 | 5 |
| 4 | 泰顺县 | 竹里村 | 14587 | 12897 | +3227 | | 50/185 | 170 |
| 5 | 泰顺县 | 左溪村 | 14400 | 14260 | +4137 | | 56/165 | 989.7 |
| 6 | 苍南县 | 富源村 | 13854 | 13745 | +1370 | 7720 | 118 | 5 |
| 7 | 苍南县 | 大厝基村 | 13528 | 13382 | +1310 | 6718 | 77 | |
| 8 | 苍南县 | 莒溪村 | 13358 | 13158 | +1275 | 9800 | 34 | 0.6 |
| 9 | 泰顺县 | 新北村 | 13250 | 13120 | +4034 | | 95/206 | 205.7 |
| 10 | 苍南县 | 流岐岙村 | 13000 | 13000 | +1700 | 5500 | 66 | |
| 11 | 苍南县 | 云遮村 | 12698 | 12479 | +1200 | 6730 | 60 | |
| 12 | 苍南县 | 鹤峰村 | 12658 | 12342 | +1200 | 8250 | 42 | |
| 13 | 瑞安市 | 民族村 | 12500 | 12000 | +1000 | 8200 | 15户53人 | 397 |
| 14 | 苍南县 | 福掌村 | 12469 | 12326 | +1220 | 6735 | 54 | |
| 15 | 文成县 | 培头村 | 12450 | 10890 | +1890 | 0 | 161/512 | 85 |
| 16 | 苍南县 | 后隆村(回) | 12371 | 12266 | +1366 | 5050 | 10 | |
| 17 | 泰顺县 | 里光村 | 12360 | 12630 | +3290 | | 35/112 | 162.1 |
| 18 | 苍南县 | 顶堡村 | 12354 | 12189 | +1300 | 7630 | 87 | 0.6 |
| 19 | 苍南县 | 黄坛村 | 12325 | 12216 | +1456 | 5050 | 11 | |
| 20 | 瑞安市 | 驮庵村 | 12300 | 12300 | +3500 | 8400 | 2户3人 | 45 |
| 21 | 苍南县 | 土家山村 | 12300 | 12100 | +1180 | 5000 | 75 | |
| 22 | 苍南县 | 小沿村 | 12270 | 12175 | +1525 | 5640 | 11 | 0.35 |
| 23 | 苍南县 | 凤楼村 | 12263 | 12225 | +1300 | 7700 | 82 | |
| 24 | 苍南县 | 官南村(回) | 12257 | 12176 | +1376 | 5100 | 9 | |
| 25 | 平阳县 | 书阁村 | 12200 | 12200 | +700 | 7800 | 35/103 | 2 |
| 26 | 苍南县 | 树枫村 | 12187 | 11926 | +1206 | 5340 | 2 | |
| 27 | 苍南县 | 五亩村 | 12176 | 12176 | +1100 | 5800 | 17 | |
| 28 | 苍南县 | 小源村 | 12173 | 12000 | +1170 | 5420 | 3 | 0.5 |

续表44

| 序号 | 县(市) | 行政村名 | 农民人均可支配收入(元) | | | 2016年少数民族低收入农户人均纯收入 | 低收入农户人均8000元以上的户数/人数 | 集体经济(万元) |
|---|---|---|---|---|---|---|---|---|
| | | | 全村 | 少数民族 | | | | |
| | | | | 人均 | 比2015年增加或减少(+/-)元 | | | |
| 29 | 苍南县 | 坳下村 | 12168 | 11995 | +1131 | 8520 | 9 | |
| 30 | 苍南县 | 四亩村 | 12131 | 11979 | +1229 | 5250 | 5 | |
| 31 | 苍南县 | 鹤山村 | 12116 | 12116 | +1200 | 8017 | 83 | 0.9 |
| 32 | 苍南县 | 上村村 | 12065 | 12060 | +1169 | 8340 | 37 | |
| 33 | 苍南县 | 桥南村 | 12015 | 12015 | +1148 | 9670 | 36 | |
| 34 | 苍南县 | 溪东村 | 12002 | 12002 | +1188 | 8700 | 31 | |
| 35 | 苍南县 | 大坪村 | 12000 | 11885 | +1143 | 7980 | 36 | |
| 36 | 苍南县 | 岭边村 | 11910 | 11876 | +1200 | 7879 | 45 | |
| 37 | 苍南县 | 大山村 | 11895 | 11795 | +1197 | 7210 | 26 | |
| 38 | 文成县 | 塘垄村 | 11889 | 10338 | +1538 | 7900 | 26/68 | 38.6 |
| 39 | 苍南县 | 东阳村 | 11872 | 11620 | +1260 | 5600 | 5 | 2.5 |
| 40 | 苍南县 | 苍北村 | 11861 | 11710 | +1150 | 6900 | 9 | |
| 41 | 苍南县 | 坑门村 | 11856 | 11721 | +1150 | 6721 | 51 | 5 |
| 42 | 平阳县 | 九岱村 | 11800 | 11800 | +1000 | 7800 | 85/400 | 5 |
| 43 | 苍南县 | 东山村 | 11753 | 11532 | +1150 | 6500 | 10 | |
| 44 | 苍南县 | 中岙村 | 11735 | 11551 | +1150 | 5400 | 78 | |
| 45 | 文成县 | 底庄村 | 11735 | 10305 | +1755 | 5700 | 52/152 | 23 |
| 46 | 苍南县 | 三联村 | 11725 | 11600 | +1010 | 6200 | 23 | |
| 47 | 苍南县 | 龙井村 | 11715 | 11572 | +1072 | 6000 | 10 | |
| 48 | 文成县 | 富康村 | 11680 | 10679 | +1779 | 0 | 24/79 | 65 |
| 49 | 文成县 | 石竹寮村 | 11625 | 10210 | +1360 | 5500 | 49/147 | 31 |
| 50 | 苍南县 | 顶村村 | 11621 | 11330 | +900 | 6000 | 70 | |
| 51 | 苍南县 | 兴庆村 | 11587 | 11526 | +1126 | 6800 | 20 | 0.3 |
| 52 | 苍南县 | 大峨村 | 11525 | 10998 | +1135 | 9680 | 11 | |
| 53 | 平阳县 | 王神洞村 | 11500 | 11500 | +1200 | 7300 | 73/330 | |
| 54 | 文成县 | 新康村 | 11460 | 9980 | +1780 | 5500 | 59/161 | 48 |
| 55 | 苍南县 | 拱桥内村 | 11387 | 11272 | +985 | 5500 | 16 | |
| 56 | 苍南县 | 王洞村 | 11349 | 11135 | +1120 | 8760 | 10 | |
| 57 | 文成县 | 驮岙村 | 11330 | 9950 | +1850 | 6500 | 64/196 | 60 |

续表44

| 序号 | 县(市) | 行政村名 | 农民人均可支配收入(元) | | | 2016年少数民族低收入农户人均纯收入 | 低收入农户人均8000元以上的户数/人数 | 集体经济(万元) |
|---|---|---|---|---|---|---|---|---|
| | | | 全村 | 少数民族 | | | | |
| | | | | 人均 | 比2015年增加或减少(+/-)元 | | | |
| 58 | 苍南县 | 垟丰村 | 11321 | 11321 | +985 | 6250 | 32 | 6.5 |
| 59 | 苍南县 | 下垟村 | 11312 | 11178 | +1198 | 5863 | 5 | |
| 60 | 永嘉县 | 小长坑村 | 11237 | 10660 | +1212 | | 104 | 37 |
| 61 | 苍南县 | 天井村 | 11110 | 10885 | +970 | 7960 | 12 | |
| 62 | 苍南县 | 园林村 | 11050 | 10870 | +930 | 5000 | 13 | |
| 63 | 文成县 | 高村村 | 11000 | 9500 | +1250 | 6500 | 8/27 | 111 |
| 64 | 文成县 | 周山下村 | 11000 | 9400 | +1000 | 9200 | 32/151 | 29 |
| 65 | 文成县 | 长垄村 | 11000 | 9150 | +150 | 6500 | 2/8 | 25 |
| 66 | 文成县 | 洪地村 | 10890 | 10450 | +1750 | 9405 | 42/147 | 49 |
| 67 | 苍南县 | 高山村 | 10852 | 10617 | +970 | 5800 | 11 | |
| 68 | 苍南县 | 下魁村 | 10610 | 10512 | +970 | 19000 | 51 | 1.9 |
| 69 | 泰顺县 | 翁地村 | 10410 | 9050 | +1507 | | 31/94 | 70 |
| 70 | 文成县 | 新林村 | 10230 | 9680 | +1680 | 8712 | 45/166 | 14.6 |
| 71 | 文成县 | 垟山村 | 10200 | 9200 | +900 | 8600 | 104/354 | 20 |
| 72 | 苍南县 | 三星村(回) | 10172 | 10076 | +870 | 5000 | 26 | |
| 73 | 苍南县 | 小心洋村 | 10152 | 10093 | +925 | 5100 | 37 | |
| 74 | 苍南县 | 库下村(回) | 10135 | 10135 | +913 | 5200 | 35 | |
| 75 | 泰顺县 | 苏北村 | 10050 | 9550 | +1550 | | 31/125 | 50 |
| 76 | 文成县 | 周山垟村 | 10010 | 9240 | +1440 | 8316 | 48/178 | 37.5 |
| 77 | 文成县 | 金岩村 | 9900 | 9350 | +1650 | 8415 | 30/138 | 6.64 |
| 78 | 泰顺县 | 灵乾村 | 9900 | 8200 | +1400 | | 8/30 | 51.4 |
| 79 | 平阳县 | 堂基村 | 9819 | 9350 | +850 | 8100 | 41/120 | 68 |
| 80 | 平阳县 | 畲龙村 | 9800 | 9800 | +300 | 5000 | 5/22 | 1.2 |
| 81 | 文成县 | 外南村 | 9800 | 9150 | +535 | 4800 | 18/53 | 80.8 |
| 82 | 文成县 | 驮尖村 | 9700 | 9300 | +2100 | 8300 | 0 | 92 |
| 83 | 文成县 | 际下村 | 9605 | 9335 | +933 | 9506 | 6/16 | 69.7 |
| 84 | 平阳县 | 溪南村 | 9600 | 9600 | +600 | 7800 | 76/335 | |
| 85 | 文成县 | 乌田村 | 9600 | 9600 | +1600 | 6500 | 5/7 | 10.4 |
| 86 | 泰顺县 | 三滩村 | 9600 | 9100 | +1600 | | 54/172 | 78.5 |

续表44

| 序号 | 县(市) | 行政村名 | 农民人均可支配收入(元) | | | 2016年少数民族低收入农户人均纯收入 | 低收入农户人均8000元以上的户数/人数 | 集体经济(万元) |
|---|---|---|---|---|---|---|---|---|
| | | | 全村 | 少数民族 | | | | |
| | | | | 人均 | 比2015年增加或减少(+/-)元 | | | |
| 87 | 泰顺县 | 仙居村 | 9600 | 9100 | +1600 | | 63/195 | 60.5 |
| 88 | 文成县 | 周垟村 | 9532 | 9275 | +928 | 7236 | 7/22 | 89.9 |
| 89 | 文成县 | 双新村 | 9521 | 9352 | +936 | 7518 | 6/18 | 107.4 |
| 90 | 文成县 | 西坑村 | 9481 | 9261 | +756 | 8688 | 64/194 | 425 |
| 91 | 文成县 | 上坑村 | 9418 | 9346 | +935 | 9297 | 5/15 | 41 |
| 92 | 泰顺县 | 下稔村 | 9390 | 8890 | +1490 | | 48/160 | 155.5 |
| 93 | 泰顺县 | 桥底村 | 9352 | 8336 | +1389 | | 13/53 | 97.1 |
| 94 | 平阳县 | 前山村 | 9350 | 9350 | +920 | 7100 | 44/125 | 40 |
| 95 | 泰顺县 | 玉塔村 | 9320 | 9115 | +95 | | 15/62 | 95 |
| 96 | 平阳县 | 山头庵村 | 9300 | 9300 | +246 | 7500 | 86/320 | 55 |
| 97 | 文成县 | 余山村 | 9300 | 9200 | +2700 | 6500 | 3/4 | 21.2 |
| 98 | 文成县 | 双前村 | 9232 | 9074 | +874 | 8612 | 14/51 | 68.6 |
| 99 | 文成县 | 陈钟村 | 9218 | 9213 | +439 | 6132 | | 37 |
| 100 | 平阳县 | 东北村 | 9200 | 9200 | +650 | 7200 | 110/421 | |
| 101 | 文成县 | 旁边垟村 | 9185 | 9098 | +977 | 8522 | 39/116 | 23.8 |
| 102 | 泰顺县 | 联新村 | 9180 | 8880 | +1480 | | 70/215 | 85.8 |
| 103 | 文成县 | 江山村 | 9168 | 8885 | +1250 | 5046 | 29/96 | 46.6 |
| 104 | 平阳县 | 余山村 | 9086 | 9086 | +1486 | 6000 | 54/282 | |
| 105 | 泰顺县 | 白溪村 | 9060 | 8870 | +1570 | | 35/132 | 40.5 |
| 106 | 泰顺县 | 建民村 | 8750 | 9010 | +1510 | | 28/112 | 13.4 |
| 107 | 平阳县 | 南朱山村 | 8650 | 8700 | +580 | 7200 | 50/223 | |
| 108 | 泰顺县 | 新湖村 | 8600 | 8600 | +1703 | | 20/56 | 11.5 |
| 109 | 泰顺县 | 北坑村 | 8500 | 8000 | +800 | | 80/320 | 425.8 |
| 110 | 泰顺县 | 承天村 | 8360 | 7898 | +1798 | | 11/40 | 42.7 |
| 111 | 平阳县 | 新联村 | 8200 | 7850 | +250 | 6500 | 70/210 | |
| 112 | 泰顺县 | 章前垟村 | 8100 | 7600 | +653 | | 30/120 | 28.4 |
| 113 | 泰顺县 | 龟垟村 | 7873 | 6922 | +1154 | | 17/87 | 48 |

注:数据按照,本年度全村农民人均可支配收入,由高到低排序

表45

## 2016年11月统计月报表

| 县名 | 财政总收入(亿元) | | 公共财政预算收入(亿元) | |
|---|---|---|---|---|
| | 2016年1-11月 | 同比±% | 2016年1-11月 | 同比±% |
| 淳安县 | 25.65 | 14.8 | 16.15 | 18.1 |
| 文成县 | 9.04 | 19.4 | 7.13 | 25.4 |
| 泰顺县 | 10.21 | 18.0 | 7.50 | 18.3 |
| 磐安县 | 12.67 | 6.5 | 7.49 | 6.0 |
| 衢江区 | 15.81 | 8.5 | 10.45 | 9.8 |
| 常山县 | 11.48 | -0.2 | 8.38 | 6.1 |
| 开化县 | 12.50 | 28.7 | 8.00 | 25.0 |
| 遂昌县 | 9.25 | 6.8 | 6.26 | 10.5 |
| 松阳县 | 8.17 | 15.3 | 5.30 | 13.7 |
| 云和县 | 7.10 | 5.1 | 4.27 | 4.9 |
| 庆元县 | 5.86 | 18.8 | 3.57 | 18.6 |
| 景宁县 | 11.07 | 7.9 | 5.90 | 11.5 |
| 龙泉市 | 10.51 | 10.4 | 7.33 | 13.5 |
| 文成位次 | 10 | 2 | 8 | 1 |

## 公众服务电话、常用电话、紧急电话号码表

表46

| | | | | | | | |
|---|---|---|---|---|---|---|---|
| 民警、匪警 | 110 | 急救中心 | 120 | 火灾、火警 | 119 | 交通事故、交警 | 122 |
| 天气预报 | 12121或96121 | | | 全国铁路客服中心 | 12306 | 公安短信报警 | 12110 |
| 森林火警 | 95119 | 号码查询 | 114 | 声讯服务 | 160 | 北京时间 | 117 |
| 邮政特快专递 | 11185 | 长途话费查询 | 170 | 电话报装 | 189 | 邮政编码查询 | 184 |
| 国际长途查询 | 106 | 国际受话人付费电话 | 108 | 国际长途挂号台 | 115 | 水上救援电话 | 12395 |
| 民航信息查询 | 2580 | 铁路信息查询 | 2585 | 气象综合信息 | 221 | 红十字会急救台 | 999 |

# 索 引

## 说 明

一、本索引采用主题分析法编制。
二、索引按主题词首字拼音字母顺序和音序排列，按标引词首字的汉语拼音音序排列，首字相同按第二字音序排列，以此类推。
三、标引词后的阿拉伯数字表示内容所在的页码。
四、《特载》《大事记》《人物》《附录》的内容不做索引。

### 阿拉伯数字



### A



### B

C



D

E



F

G

H

## J

K



L

M



N



O



P

Q



R



S

T



W

## X

## Y

## Z